Meyers Großes Taschenlexikon in 25 Bänden

Meyers Großes Taschenlexikon

in 25 Bänden

8., durchgesehene und aktualisierte Auflage
Herausgegeben und bearbeitet von Meyers Lexikonredaktion

Band 17 **pant — Pret**

B. I. Taschenbuchverlag
Mannheim · Leipzig · Wien · Zürich

Redaktionelle Leitung der 8. Auflage: Dr. Annette Zwahr

Die Redaktion ist am Ende des letzten Bandes genannt.

Die Deutsche Bibliothek – CIP-Einheitsaufnahme
Ein Titeldatensatz zu dieser Publikation ist bei
der Deutschen Bibliothek erhältlich.

Das Werk wurde in neuer Rechtschreibung verfasst.

Herstellung: Stefan Pauli
Typographie: Norbert Wessel
Satz: Bibliographisches Institut & F. A. Brockhaus Setzerei GmbH
(PageOne, alfa Media Partner GmbH)
Druck: Druckhaus Kaufmann, Lahr; kro druck, Karlsruhe; PVA, Landau
Bindearbeit: AIB, Augsburg; Progressdruck, Speyer; SIRC, Frankreich
Papier: 80 g holzfrei pigmentiert, Bilomat der Papierfabrik SAVA
Printed in Germany

Standardausgabe:
Umschlaggestaltung: glas ag, Seeheim-Jugenheim
Gesamtwerk: ISBN 3-411-11008-2
Band 17: ISBN 3-411-11178-X

Künstlerausgabe:
Umschlaggestaltung: Kitty Kahane, Berlin
Gesamtwerk: ISBN 3-411-11308-1
Band 17: ISBN 3-411-11478-9

pant..., Wortbildungselement, ↑pan....

Pantabangan, Staudamm und Bewässerungsprojekt am oberen Pampanga, Philippinen, in Zentralluzon, 150 km nordnordöstlich von Manila, 1977 fertig gestellt, Stauraum 2,1 Mrd. m^3; mit einer Bewässerungsfläche von 60 000 ha größtes Entwicklungsprojekt des Landes; Wasserkraftwerk.

Pantagruel [pãtagry'ɛl], bei F. Rabelais Sohn des Riesen ↑Gargantua.

Pantaleon *das,* Abart des ↑Hackbretts von vierfacher Größe, mit zwei Resonanzböden und 185 doppelten Darm- und Drahtsaitenchören; um 1697 von dem Musiker Pantaleon Hebenstreit (* 1667, † 1750) entwickelt.

Pantaleon, Märtyrer in Nikomedien, † um 305; nach der Legende Leibarzt Kaiser Maximians; Heiliger; Schutzpatron der Ärzte und Hebammen; einer der 14 ↑Nothelfer; Tag: 27. 7.

Pantaleoni, Maffeo, italien. Nationalökonom und Politiker, * Frascati 2. 7. 1857, † Mailand 29. 10. 1924; Vertreter der Grenznutzenschule. P. begründete mit V. ↑Pareto die mathemat. Richtung der italien. Volkswirtschaftslehre.

Pantalone [italien.] *der,* kom. Charaktermaske der Commedia dell'Arte; seit 1565 nachweisbar als alter spitzbärtiger Venezianer mit langen, nach ihm benannten roten Hosen; Typ des geschäftigen Bürgers und geizigen Vaters.

Pantalons [pãta'lɔ̃s, frz.] *Pl.,* knapp knöchellange röhrenförmige Männerhose, wohl der Arbeitskleidung der Schiffsleute entlehnt; in Distanzierung von höf. Kniehosen in der Frz. Revolution Gesinnungstracht der Jakobiner (↑Sansculotten). Seit Beginn des 19. Jh. setzten sich lange Hosen allg. in der bürgerl. Männerkleidung durch.

Pantanal [portugies. »Sumpf«] *das,* Niederung in W-Brasilien (Mato Grosso und Mato Grosso do Sul), 90–100 m ü. M., zw. dem Brasilian. Bergland und dem Paraguay, etwa 100 000 km^2; ein von vielen mäandrierenden Dammflüssen aufgeschüttetes Binnendelta mit zahlreichen Süßwasserseen (Umlaufseen, Dammuferseen), im S auch Salzwasserseen. Am Paraguay erstreckt sich eine 20–40 km breite gehölzlose Überschwemmungsniederung, die während der Hochwasserzeit (Mai bis Sept.) völlig unter Wasser steht, mit schwimmenden Grasteppichen, in den trockenen Monaten ein vorzügl. Mastweidegebiet. Nach O schließt eine von sommergrünen Feuchtwaldinseln und Dammuferwäldern durchsetzte Überschwemmungssavanne an. Nördlich von Corumbá wurde zur Erhaltung der ursprüngl. Tier- und Pflanzenwelt ein Nationalpark (138 000 ha) eingerichtet.

Pantani, Marco, italien. Straßenrennfahrer, * Cesenatico 13. 1. 1970; gewann u. a. die Tour de France 1998 (1997 Dritter) und 1998 sowie 1999 den Giro d'Italia.

panta rhei [grch. »alles fließt«], ein dem grch. Philosophen Heraklit zugeschriebenes Wort, das seine Lehre, wonach es kein unveränderliches, bleibendes Sein gebe, zusammenfasst. (↑Parmenides)

Pantelleria, vulkan. Insel in der Straße von Sizilien, zur Prov. Trapani, Italien, 83 km^2, 7 900 Ew.; bis 836 m ü. M.; Ausfuhr von Wein, Trauben, Feigen, Gemüse; Fischfang und Fremdenverkehr; Hauptort ist Pantelleria.

Pantheismus [grch. »Allgottlehre«], religionsphilosoph. Lehre, in der Gott und die Welt (die schöpfer. Natur) identisch sind; in reinster Form bei G. Bruno und Spinoza (»Deus sive natura«); älteste und verbreitetste Form des Gottesglaubens. In der neueren Metaphysik weisen z. B. das System F. W. J. Schellings mit der Gleichsetzung von Geist und Natur, das panlogisch-evolutionist. System G. W. F. Hegels, nach dem sich Gott durch den dialekt. Prozess der Welt selbst verwirklicht, sowie die vitalist. Philosophie H. Bergsons pantheist. Züge auf.

📖 *Schulz, Walter: Der Gott der neuzeitl. Metaphysik. Pfullingen [8]1991.*

Pantheon [grch.] *das,* die Gesamtheit der in einer polytheist. Religion verehrten Gottheiten; auch ein allen Göttern geweihtes Heiligtum. Das P. in Rom, ein zylindr. Backsteinbau mit Giebelvorhalle, zw. 118/125 und 128 n. Chr. errichtet, ist der größte Rundtempel und Kuppelbau der Antike. Der Innenraum wird von einer halbkugelförmigen Kuppel mit Kassettendecke (kreisrunde Lichtöffnung im Scheitel, Durchmesser 9 m) überwölbt; die Wände sind durch Nischen, in denen die Götterbilder standen, und Säulen gegliedert. Durchmesser und Höhe des Raums sind gleich: 43,2 m. 609 wurde das P. zu einer christl. Kirche, Santa Maria ad Martyres, geweiht; Begräbnisstätte u. a. von Raffael,

Pantheon in Rom; zwischen 118/125 und 128 n. Chr.

B. Peruzzi und von Mitgl. des italien. Königshauses.

Panthéon [pãte'ɔ̃, frz.] *das,* nationale Gedächtnisstätte- und Begräbnisstätte bedeutender Franzosen in Paris; urspr. als Abteikirche Sainte-Geneviève von J. G. Soufflot u. a. 1764–90 als Zentralbau auf dem Grundriss eines grch. Kreuzes errichtet. Das P. von Paris wurde zum Vorbild für zahlreiche Bauten, u. a. für das Kapitol in Washington (D. C.).

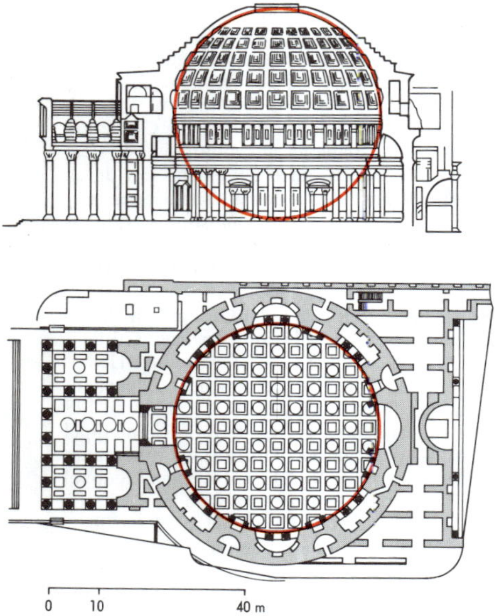

Pantheon: Längsschnitt (oben) und Grundriss des Pantheons in Rom

Panther [grch.] *der,* Raubtier, der ↑Leopard.

Panthergecko (Eublepharis macularius), bis 25 cm langer Gecko, von Kleinasien bis NW-Indien verbreitet; mit zahlreichen dunkelbraunen Flecken auf gelbem Grund.

Pantherlili|e (Lilium pardalinum), in Kalifornien und Utah beheimatete Lilienart mit großen, gelbrot gefleckten Blüten; einige Sorten werden als Gartenzierpflanzen kultiviert.

Pantherpilz (Amanita pantherina), Art der Wulstlinge mit braunem Hut, weißen Hüllflocken und weißen Blättern; Stiel mit ungeriefter Manschette und glattrandiger Knolle; dem Perlpilz ähnlich, sehr giftig; im Laub- und Nadelwald.

Panthersprung nach Agadir, zeitgenössisch geprägte Bezeichnug für die symbol. Zurschaustellung militär. Macht seitens der dt. Regierung durch die Abordnung des Kanonenboots »Panther« nach Agadir (1. 7. 1911), die mit dem von dt. Handelshäusern erbetenen Schutz ihrer Interessen nach der frz. Besetzung von Fès und Rabat begründet wurde. Die hierdurch ausgelöste 2. Marokkokrise konnte zwar beigelegt werden, doch geriet das Dt. Reich auf diplomat. Ebene zunehmend in Isolation.

Pantin [pã'tɛ̃], Stadt im Dép. Seine-Saint-Denis, im Ballungsraum Paris, Frankreich, 47300 Ew.; Großmühlen, Metall-, Maschinen- u. a. Industrie.

Pantoffel [frz.] *der,* Fußbekleidung aus Sohle und Vorderkappe, ohne Fersenteil. Der P. stammt aus dem Orient. In der Spätzeit des Röm. Reiches kamen P. über Byzanz nach Italien, von dort im 15. Jh. nach Dtl. und Frankreich (»pantouffle«) sowie in das übrige Europa. Aus Leder, Samt oder Seide wurde er von beiden Geschlechtern getragen. Seit den 1920er-Jahren fand der P. als sommerl. Straßenschuh **(Pantolette)** Eingang in die Damenmode.

Pantoffelblume (Calceolaria), artenreiche Gattung vorwiegend südamerikan. Rachenblütler mit sehr unterschiedlich gefärbten Blüten, deren Unterlippe pantoffelartig gestaltet ist; als Zimmerpflanze kultiviert.

Pantoffelblume: Calceolaria x hybrida

Pantoffeltierchen (Paramecium), Gattung gestreckt ovaler bis pantoffelförmiger ↑Wimpertierchen mit mehreren weitgehend kosmopolit. Arten, die v. a. in stark eutrophierten Gewässern heimisch sind.

Pantograph [grch.] *der* (Storchschnabel), einfaches, relativ ungenaues Zeichengerät zum maßstabgerechten Vergrößern oder Verkleinern einer mit einem Fahrstift nachgefahrenen Figur. Der einfachste P. besteht aus vier Stäben, die zu einem Gelenkparallelogramm zusammengefügt sind.

Pantokrator [grch.] *der,* Allherrscher; Begriff zur Beschreibung der Allmacht und Universalität Gottes; von den grch. Kirchenvätern auf Christus übertragen; als thronender und herrschender Christus Motiv v. a. in der byzantin. Kunst.

Pantomime [von grch. pantómimos »alles nachahmend«] *die,* darstellende Kunst, bei der Handlung und/oder Charaktere ohne Gebrauch der Sprache ausschließlich durch Mimik (Mienenspiel), Gestik bzw. Gebärden sowie tänzer. Bewegung ausgedrückt werden. Die P. ist als selbstständige Kunstform bereits 400 v. Chr. in Griechenland nachweisbar. Zu Chor- und Instrumentalbegleitung agierte – meist solistisch – ein Schauspieler mit Maske. In Rom war die P. von etwa 20 v. Chr. bis 500 n. Chr. eine beliebte Kunstgattung. Danach überlebte sie als Bestandteil von Vorführungen der Fahrenden sowie von volkstüml. Theaterformen. Ein zweiter Entwicklungsstrang war die Verwendung von musikbegleiteter P. im Renaissancetheater (Trionfi, Intermedien). In England und Frankreich entwickelte sich eine eigenständige, oft sozialkrit. Form der P., meist mit Harlekin bzw. Pierrot im Mittelpunkt. Elemente der Harlekin-P. überlebten in Zirkus und Varietee, ferner im Stummfilm (C. Chaplin) und Musikfilm. Die moderne, von M. Marceau und S. Molcho geprägte P. entwickelte eine Systematik der körperl. Ausdrucksmöglichkeiten und eine Technik des reinen Gebärdenspiels.

Pantomimik [grch.] *die,* Kunst der Pantomime.

Pantothensäure, ein ↑Vitamin des Vitamin-B-Komplexes.

Pantry ['pæntrɪ, engl.] *die,* Speisekammer, Anrichte, Bordküche (auf Schiffen, in Flugzeugen).

Pantschatantra, ↑Pancatantra.

Pantschen-Lama (Panchen Lama) [von tibet. Pan-chen rin-po-che »Juwel der Gelehrten«], neben dem Dalai-Lama der höchste geistl. Würdenträger des ↑Lamaismus; wird wie dieser immer wieder inkarniert. Der von der chines. Reg. favorisierte P.-L. Tschökyi Gyaltshan (* 1938, inthronisiert 1949) war Mitgl. des Nat. Volkskongresses der VR China. Nach seinem Tod 1989 beauftragten sowohl der Dalai-Lama wie die chines. Reg. Kommissionen mit der Suche nach der Reinkarnation des P.-L. Nachdem der Dalai-Lama im Mai 1995 den sechsjährigen Jungen Gedhun Tschökyi Nyima als Wiederverkörperung des P.-L. anerkannt hatte, setzte die chines. Reg. diesen an unbekanntem Ort gefangen, präsentierte im Nov. 1995 ihren Kandidaten und ließ ihn Anfang Dez. im Kloster ↑Tashilumpo inthronisieren. Polit. Bedeutung besitzt der Streit um die Nachfolge des P.-L. v. a. dadurch, dass dem P.-L. beim Tod des Dalai-Lama das Recht zusteht, dessen Reinkarnation zu bestätigen.

Pantun [malaiisch] *das* (Pantoun), malaiische Gedichtform mit vierzeiligen, kreuzweise gereimten Strophen.

Panty ['pɛntɪ, engl.] *die,* Miederhöschen, Strumpfhose.

Panzer [aus lat. pantex »Wanst«], **1)** *Waffensystem:* gepanzertes geländegängiges militär. Fahrzeug, dessen Aufbau, Bewaffnung und Ausstattung sowie Fahrleistung, Geschwin-

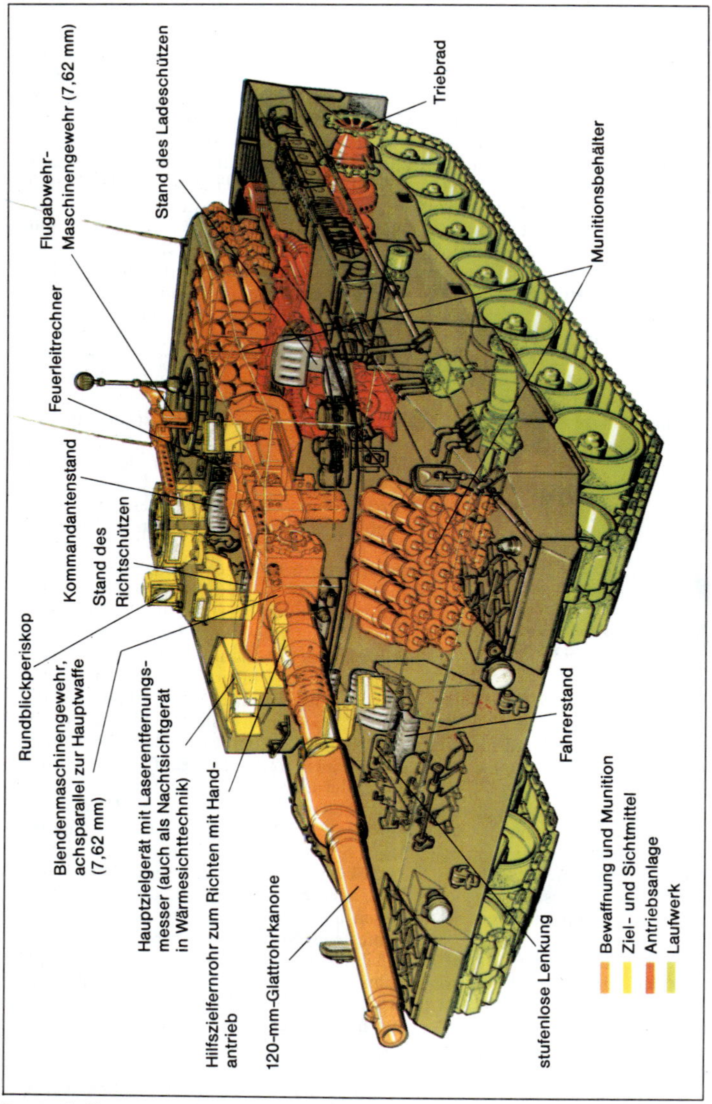

Panzer 1): Phantomzeichnung des Kampfpanzers Leopard 2

digkeit, Beweglichkeit u.a. dem jeweiligen Einsatzzweck entsprechen. Nach ihrem Gefechtsgewicht werden leichte (bis 20 t), mittlere und schwere (ab 40 t) P. unterschieden, nach ihren Hauptaufgaben schwer gepanzerte **Kampf-P.** (mit bis zu 5 Mann Besatzung), meist Vollkettenfahrzeuge mit einer im Drehturm untergebrachten P.-Kanone als Hauptwaffe; leicht gepanzerte **Schützen-P.** zur Durchführung der Kampfaufgaben der P.-Grenadiere mit leichten Maschinenwaffen, auch mit P.-Abwehrlenkraketen, meist

Halbkettenfahrzeuge; **Jagd-P.**, heute mit Raketenabwehrsystem; leichte **Flugabwehr-P.** mit Fla-Kanonen oder Fla-Raketen; lufttransportfähige **Luftlande-P.** zur Unterstützung der Luftlandetruppen, mit P.-Abwehrraketensystem; manövrierfähige **Späh-P.** (meist Rad-, seltener Kettenfahrzeuge) für Aufklärungszwecke. Zu den **Pionier-P.** gehören i. w. S. Berge- und Brückenlege-P. sowie i. e. S. die mit Spezialausrüstungen versehenen Pionierpanzer. **Minenräum-P.** sind modifizierte Kampf-P. mit Zusatzausstattung, **Minenverlege-P.** neuartige Waffensysteme, bei denen auf einem Kettenfahrgestell ein Minenwurfsystem installiert ist. **Transport-P.** sind Vielzweckfahrzeuge, meist nur mit einem MG bewaffnet. Sie dienen dem Transport von Menschen und Material, können aber auch als ABC-Abwehr-, Feuerleit- oder Radar-P. Verwendung finden. **P.-Mörser** sind modifizierte Transport- oder Schützen-P., deren Hauptwaffe der Mörser (Granatwerfer) ist. – Als Antrieb werden Diesel-, Otto- und Mehrstoffmotoren verwendet, daneben auch Gasturbinen. Die Übertragung der Antriebsleistung und die Lenkung erfolgt bei Räderfahrgestellen mit Allradantrieb. Bei Kettenfahrzeugen wird die Antriebsleistung auf zwei zahnradähnl. Triebräder (meist hinten) und von diesen auf die endlosen Gliederketten übertragen. Die Lenkung erfolgt durch vorübergehendes Stillsetzen einer Laufkette oder durch unterschiedl. Laufgeschwindigkeit beider Ketten. Um die Beobachtung aus dem geschlossenen Fahrzeug heraus zu gewährleisten, verfügt der P. über Sehschlitze, Periskope, Fernrohre und Winkelspiegel sowie über Nachtsichtgeräte. Für den Feuerkampf stehen rechnergestützte Feuerleitanlagen zur Verfügung. Moderne Kampf-P. besitzen kreiselgesteuerte Waffenstabilisierungseinrichtungen. – Unter der Tarnbez. »Tanks« wurden P. erstmals in der Sommeschlacht (1916) von den Briten eingesetzt.

📖 *Kraftfahrzeuge u. P. der Reichswehr, Wehrmacht u. Bundeswehr. Katalog der dt. Militärfahrzeuge von 1900 bis heute. Stuttgart [14]1992. – Leichte Jagdpanzer. Entwicklung – Fertigung – Einsatz, bearb. v. W. Spielberger u. a. Stuttgart 1992. – Schwere Jagdpanzer. Entwicklung – Fertigung – Einsatz, bearb. v. W. Spielberger, u. a. Stuttgart 1993.*

2) *Waffenwesen:* Schutzbekleidung gegen feindl. Waffeneinwirkung (↑Rüstung).

3) *Zoologie:* ein bes. hartes, starres Außenskelett mancher Tiere, v. a. zahlr. Käfer, höherer Krebse und Schildkröten.

Panzer|abwehr, *Militärwesen:* Gesamtheit der Maßnahmen zur Abwehr gegner. Panzer. Zur P. werden heute v. a. Kampfpanzer und P.-Raketensysteme verwendet. P.-Rohre (darunter die »Panzerfäuste«) werden zur unmittelbaren Selbstverteidigung von allen Soldaten eingesetzt. Passive P.-Kampfmittel sind P.-Minen (↑Panzer).

Panzer|abwehrraketensystem, Abk. **PARS,** in der Bundeswehr übl. Sammelbez. für versch. Waffensysteme, mit denen raketengetriebene Flugkörper zur Panzerabwehr verschossen werden. Verfeuert werden Panzerabwehrlenkraketen von tragbaren Lafetten, von Fahrzeugen (v. a. Jagd- und Schützenpanzern) und Hubschraubern aus. Die gegenwärtig überwiegend verwendeten P. werden meist über Draht (selten über Funk) gesteuert und arbeiten nach dem Zieldeckungsverfahren mit halbautomat. Lenkung über Infrarotortung (in der Bundeswehr z. B. Milan, TOW, HOT). In der Entwicklung befinden sich P. mit gegen Außeneinflüsse unempfindl. Laserlenkung und vollautomat. Zielverfolgung.

Panzer|abwehrrohr, Gattungsbez. für rückstoßfreie leichte Infanteriewaffen, mit denen raketen- oder mittels Treibladungen getriebene, im Flug jedoch nicht mehr steuerbare Geschosse verfeuert werden; Schussweite bis 400 m. P. deutscher Fertigung werden traditionell als **Panzerfaust** bezeichnet.

Panzer|artillerie, ↑Artillerie.

Panzer|aufklärungstruppe, in der Bundeswehr zu den Kampftruppen gehörende Truppengattung; liefert durch takt. Späh- und Radaraufklärung Informationen über die Feindlage.

Panzer|echsen, die ↑Krokodile.

Panzerfaust, ↑Panzerabwehrrohr.

Panzerfische (Placodermi), Klasse ausgestorbener Fische mit starkem Außenskelett aus Hautknochenplatten und knorpeligem Innenskelett, die während des Paläozoikums lebten. Zu den P. gehören die Ordnungen **Arthrodira** (bekannteste Gattungen: Coccosteus, Dinichthys), **Rhenanida** (rochenartig, mit großen Brustflossen, z. B. Gattung Gemuendina), **Antiarchi** (Gattung Bothriolepis) und **Ptyctodontida.**

Panzerglas, ein schuss-, druck- und schlagfestes Sicherheitsverbundglas, das aus drei oder mehr Glasscheiben besteht, die durch Zwischenschichten aus Kunststoff (z. B. Polyacrylester) unlösbar miteinander verbunden sind.

Panzergrenadier, in der Bundeswehr unterster Dienstgrad in der Panzergrenadiertruppe.

Panzergrenadiertruppe, in der Bundeswehr zu den gepanzerten Kampftruppen gehörende Infanterietruppengattung, in anderen Armeen als »mechanisierte Infanterie« oder »motorisierte Schützen« bezeichnet. Aufgabe der P. ist v. a. der Kampf gegen feindl. Infanteriekräfte und Kampfpanzer. Die P. wirkt häufig unmittelbar mit der Panzertruppe zusammen.

Panzerherz, entzündlich bedingte Kalkeinlagerungen in das Herzbeutelgewebe; führt zu verringerter Herzleistung (Herzinsuffizienz).

Panzerjäger, in der Bundeswehr unterer Dienstgrad in der Panzerjägertruppe.

Panzerjägertruppe, in der Bundeswehr zu den Kampftruppen gehörende Truppengattung, die mittels Panzerabwehrlenkraketen feindl. gepanzerte Kräfte bekämpft, bevor diese angreifen.

Panzerkrebse (Reptantia), Unterordnung der Zehnfußkrebse, mit meist kräftig gepanzerten, Meer oder Süßwasser bewohnenden Arten, z. B. Hummer.

Panzerlurche (Stegocephalia), ausgestorbene Lurche mit Hautknochen; lebten vom Oberen Devon bis zum Trias.

Panzerschrank, ↑Tresor.

Panzertruppe, zu den gepanzerten Kampftruppen gehörende Truppengattung, deren Aufgabe der Kampf gegen feindl. Panzerkräfte ist. Ausgestattet mit Kampfpanzern ist die P. zu schnellen, weiträumigen Bewegungen in allen Gefechtsarten befähigt und wirkt meist mit den Panzergrenadieren zusammen.

Panzerwangen (Scorpaeniformes), Ordnung der Knochenfische mit verknöchertem Kopf, oft mit Stacheln bewehrt. Zu den P. gehören z. B. die Drachenköpfe, Groppen, Knurrhähne.

Panzini, Alfredo, italien. Schriftsteller, *Senigallia 31. 12. 1863, †Rom 10. 4. 1939. Seine stilistisch ausgefeilte Prosa gibt eigenwillige, humorvolle und iron. Darstellungen der Alltagswelt, so der Roman »Sokrates und Xanthippe« (1914); veröffentlichte auch Novellen und Kinderbücher.

Paoay, Stadt im NW der Insel Luzon, Philippinen. – Die festungsartige Barockkirche St. Augustinus (um 1700) wurde als Zeugnis span. Kolonialarchitektur von der UNESCO zum Weltkulturerbe erklärt.

Pão de Açúcar [pãu d(i) a'sukar], der ↑Zuckerhut, das Wahrzeichen von Rio de Janeiro.

Paolini, Giulio, italien. Künstler, *Genua 5. 11. 1940; Vertreter der Arte povera; Zeichnungen, Collagen, Installationen mit kunsttheoret. Dimension.

Paolo Veronese, eigtl. P. Caliari, gen. Veronese, italien. Maler, *Verona 1528, †Venedig 19. 4. 1588; dort seit 1553 tätig, entwickelte er eine Malerei, in der sich kühne Verkürzungen mit klarer Gestaltung in leuchtendem Farbklang verbinden. Die Lebensfreude und Prachtentfaltung Venedigs im 16. Jh. spiegelt sich in seinen religiösen und mytholog. Gemälden, v. a. in den Darstellungen bibl. Gastmähler. Zu seinen Hauptwerken gehören die Decken-, Wand- und Altarbilder in San Sebastiano in Venedig (1555 ff.), die Fresken in der Villa Barbaro bei Vicenza (nach 1561) und Deckenmalereien im Dogenpalast in Venedig (1575–85).

Paolozzi, Sir (seit 1989) Eduardo Luigi, brit. Bildhauer und Grafiker italien. Herkunft, *Edinburgh 7. 3. 1924; lehrte 1977–81 in Köln, 1981–89 in München; schuf, neben einem vom Prinzip der Montage bestimmten umfangreichen bildhauer. Werk, Collagen, Zeichnungen, Druckgrafik sowie zahlr. Porträts.

Päoni|e [grch., paiōnía, eigtl. die Heilende] *die,* die Gattung ↑Pfingstrose.

Paoting, chines. Stadt, ↑Baoding.

Paotou, chines. Stadt, ↑Baotou.

Papa [lat., von grch. páppas »Vater«], urspr. Anrede für Bischöfe und Äbte; in der lat. Kirche seit dem 11. Jh. Titel des Bischofs von Rom (↑Papst); in der Ostkirche **(Papas, Pappas)** seit dem 3. Jh. für den orth. und kopt. Patriarchen von Alexandria.

Pápa ['pa:pɔ], Stadt im Bez. Veszprém, Ungarn, 33 900 Ew.; Textilind., Elektrogerätebau, Gießerei; Eisenbahnknotenpunkt.

Papabili [italien., zu papabile »zum Papst wählbar«], *kath. Kirche:* Angehörige der kirchl. Hierarchie (Kardinäle), die nach allgemeiner Auffassung begründete Aussicht haben, zum Papst gewählt zu werden.

Papadopulos, Georgios, grch. Offizier und Politiker, *Eleochorion (Peloponnes) 5. 5. 1919, †Athen 27. 6. 1999; führend am Militärputsch vom 21. 4. 1967 beteiligt, schlug als MinPräs. (1967–73) einen diktator. Kurs ein. 1973 schaffte er die Monarchie ab und war bis zu seinem Sturz (Nov. 1973) Staatspräs.; 1974 inhaftiert, 1975 zum Tod verurteilt, später zu lebenslanger Haftstrafe begnadigt.

Papageiblume, ↑Strelitzie.

Papageien [arab.-frz.] (Psittacidae), Familie etwa 0,1–1 m langer Vögel mit mehr als 300 Arten, bes. in wärmeren Gebieten der Neuen und Alten Welt (Ausnahme: Europa) und in Australien; Körper häufig bunt befiedert; mit am Nasenbein bewegl., hakigem Oberschnabel, der (ebenso wie der Greiffuß) auch zum Klettern dient. Nach dem Verhalten und der Entwicklung des Gehirns gehören P. zu den höchstentwickelten Vögeln. Ihr Stimmorgan befähigt sie zu außerordentlich modulationsfähigen Lautäußerungen, die bei einigen Arten zum Nachsprechen von Sätzen führen können. Zu den P. gehören die Loris (z. B. Blauwangenlori), die Kakadus (z. B. Arakakadu) und die Echten Papageien (z. B. Gelbkopfamazone). Viele Arten sind sehr selten geworden, einige wurden bereits ausgerottet. Zahlr. Arten lassen sich auch in Gefangenschaft züchten, u. a. Wellensittich und Nymphensittich.

Low, R.: Das P.-Buch. A. d. Engl. Stuttgart [2]1989. – Grahl, W. de: P. Lebensweise, Arten, Zucht. Stuttgart [9]1990.

Papageien:
1 Arakakadu, 2 Blauwangenlori

Papageienkrankheit, ↑Ornithose.

Papageifische (Scaridae), Familie der Barschartigen Fische, v. a. in trop. Meeren; farbenprächtige Korallenfische mit schnabelartig verwachsenen Kiefer- und breiten Schlundzähnen.

Papageitaucher, Art der ↑Alken.

Papagos, Alexandros, grch. Marschall (1949) und Politiker, * Athen 9. 12. 1883, † ebd. 4. 10. 1955; bis 1951 wiederholt Oberbefehlshaber des Heeres, unterwarf 1949 im Bürgerkrieg die kommunist. Aufständischen in N-Griechenland. 1952–55 war er Ministerpräsident.

Papain *das,* aus dem Milchsaft unreifer Früchte des Melonenbaums (Papayas) gewonnenes Enzymgemisch; wird für Fleischzartmacher u. a. Enzympräparate verwendet.

Papalismus [zu kirchenlat. papa »Bischof (von Rom)«] *der* (Papalsystem), die zentralist. Verfassung der kath. Kirche; Ggs.: ↑Episkopalismus und ↑Konziliarismus.

Papandreu, 1) Andreas, grch. Politiker, * auf Chios 5. 2. 1919, † Athen 23. 6. 1996, Sohn von 2); 1940–60 im Exil (USA); 1964–65 Min., nach Errichtung der Militärdiktatur (1967) in Haft, danach im Exil (Schweden, Kanada), Gründer (1974) und seither Vors. der »Panhellen. Sozialist. Union« (PASOK); 1981–89 und ab 1993 Ministerpräsident.

2) Georgios, grch. Politiker, * Kalenzi (Achaia) 13. 2. 1888, † Athen 1. 11. 1968, Vater von 1); gründete 1933 (bis dahin Liberaler) die Demokrat. (ab 1935: Sozialdemokrat.) Partei. Im Zweiten Weltkrieg war er in der Widerstandsbewegung aktiv; 1942–44 in italien. Haft. Von April 1944 bis Jan. 1945 stand er als MinPräs. an der Spitze der Regierung (bis Okt. 1944 der Exilregierung). 1961 gründete P. die Zentrumsunion. 1963 und 1964/65 war er erneut MinPräs.; ab 1967 unter Hausarrest.

Papanicolaou-Abstrich [-ˈlaːʊ-; nach dem grch. Anatomen und Pathologen George Nicholas Papanicolaou, * 1883, † 1962], Verfahren der ↑Zytodiagnostik.

Papantla de Olarte, Stadt im Staat Veracruz, Mexiko, in der Golfküstenebene, 78 000 Ew.; Zentrum eines Agrargebiets (Vanille); Fremdenverkehr; jährl. Volkstanzfest. In der Nähe bed. Ruinen aus vorkolumb. Zeit (↑El Tajín).

Paparazzo [italien.] *der,* umgangssprachl. italien. Bezeichnung für (aufdringl.) Pressefotograf, Skandalreporter.

Papatzonis, Takis, neugrch. Lyriker, * Eva (Messenien) 30. 1. 1895, † Athen 26. 7. 1976; schrieb moderne Lyrik mit religiöser Prägung und philosoph. Gedankengut.

Papau [indian.] *der* (Asimina), Gattung der Annonengewächse, kleine Bäume und Sträucher im atlant. Nordamerika. Der **Dreilappige P.** (Asimina triloba) mit großen braunen Blüten und gelben, essbaren Früchten ist in Europa Parkstrauch.

Papaver [lat.], die Pflanzengattung ↑Mohn.

Papaverin [lat.] *das,* Alkaloid des Opiums mit der Summenformel $C_{20}H_{21}NO_4$; P. wirkt direkt erschlaffend auf die glatte Muskulatur. Es wird v. a. bei Krämpfen des Magen-Darm-Kanals, der Gallen- und Harnwege, der Bronchien und bei peripheren Durchblutungsstörungen angewendet.

Papaya [span. aus karib.] *die,* ↑Melonenbaum.

Pape, Heinrich Eduard von, Jurist, * Brilon 13. 9. 1816, † Berlin 11. 9. 1888; war 1879–88 Präs. der Kommission zur Ausarbeitung eines BGB, beteiligt an Arbeiten zum HGB, zur ZPO und StPO.

Papeete [frz.], Hptst. von Frz.-Polynesien, auf der Insel Tahiti, 78 800 Ew.; kath. Erzbischofssitz; Handelszentrum, Konsumgüterind.; Fremdenverkehr; Hafen, Flottenstützpunkt, internat. Flughafen.

Papel [lat.] *die,* festes kleines Hautknötchen.

Papen, Franz von, Politiker, * Werl 29. 10. 1879, † Obersasbach (heute zu Sasbach, Ortenaukreis) 2. 5. 1969; 1918 Stabschef der türk.

4. Armee in Palästina, 1920–28 und 1930–32 MdL in Preußen. P. war vom 1. 6. bis zum 17. 11. 1932 Reichskanzler, seit Juli 1932 auch Reichskommissar für Preußen. Er ebnete der Reg. Hitler den Weg und wurde am 30. 1. 1933 Vizekanzler (bis Juli 1934) sowie erneut Reichskommissar für Preußen (bis April 1933). Er bereitete als Gesandter (ab Juli 1934, ab 1936 Botschafter) in Wien den »Anschluss« Österreichs an das Dt. Reich vor. 1939–44 war er Botschafter in der Türkei. Im Nürnberger Prozess gegen die »Hauptkriegsverbrecher« wurde P. freigesprochen, aber im Spruchkammerverfahren zu acht Jahren Arbeitslager verurteilt; 1949 entlassen.

Papenburg, Stadt im Landkreis Emsland, Ndsachs., östlich der Ems, mit dieser durch einen Kanal verbunden, 33 700 Ew.; Fehnmuseum; Werften (Bau von Kreuzfahrtschiffen und Tankern), Holzverarbeitung, Gardinenwerk; Blumenzucht; Hafen. - 1379 erwähnt, 1860 Stadtrecht.

Papenfuß, auch Papenfuß-Gorek, Bert, Schriftsteller, *Reuterstadt Stavenhagen 11. 1. 1956; gehörte zur oppositionellen DDR-Kulturszene Prenzlauer Berg (Berlin Ost); Lyriker mit radikalem Sprach- und gesellschaftskrit. Gestus (Zyklus »dreizehntanz«, 1988; »Berliner Zapfenstreich. Schnelle Eingreifgesänge«, 1996).

Paper ['peɪpə, engl.] *das,* schriftl. Unterlage, Schriftstück.

Paperback ['peɪpəbæk, engl.] *das,* kartoniertes Buch, i. d. R. mit Klebebindung (am Rücken des Broschurblocks angeklebtem Umschlag); im Ggs. zum Taschenbuch in »normalem« Buchformat.

Paphlagonilen, histor. Gebiet im nördl. Anatolien (Kleinasien); stand seit dem 6. Jh. v. Chr. unter lyd., später unter pers. und makedon. Herrschaft; im 1. Jh. v. Chr. römisch.

Paphos, Name zweier antiker Städte auf Zypern: das alte P. **(Palaipaphos)** mit einem Tempel der Aphrodite (UNESCO-Weltkulturerbe); 15 km nordwestlich davon das neue P. **(Neapaphos),** in röm. Zeit Hptst. der Insel.

Papias, Bischof von Hierapolis (Phrygien), *Phrygien um 65, †nach 130. Sein nur fragmentarisch erhaltenes Werk »Darstellung von Aussprüchen des Herrn« (130) enthält aus mündl. Überlieferung Nachrichten über Jesus und seine Jünger (»Papiasfragmente«).

Papier [von lat. papyrum, grch. pápyros »Papyrus(staude)«], flächiger Werkstoff, der zu 60 bis 95 % aus mechanisch oder chemisch aufgeschlossenen Fasern meist pflanzl. Herkunft besteht, die in einer wässrigen Suspension miteinander verbunden sind und unter Zusatz von Hilfsstoffen durch Entwässerung auf einem Sieb zur Blattform verfestigt wer-

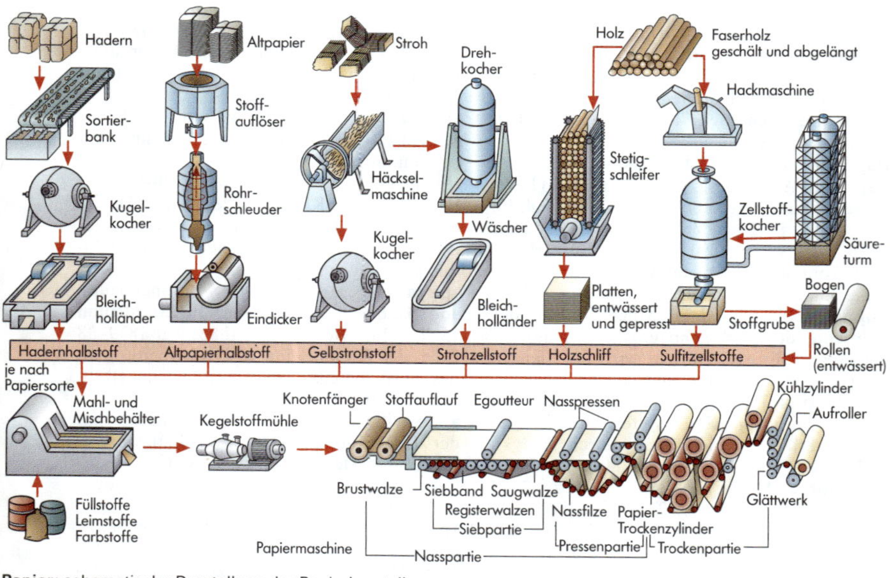

Papier: schematische Darstellung der Papierherstellung

den. P. mit einer flächenbezogenen Masse ab etwa 150 g/m² werden als Karton, über 600 g/m² als ↑Pappe bezeichnet. P. wird nach versch. Kriterien eingeteilt: nach Art der verwendeten Faserstoffe in **holzfreies** (zellstoffhaltiges), **holzhaltiges P.** (holzschliffhaltiges P.) und **Recycling-P.** (aus Altpapier); nach der Oberflächenbeschaffenheit in maschinenglattes, einseitigglattes, satiniertes und gestrichenes P.; nach Verwendungszweck in **graphisches P.** (Druck-P.), **Verpackungs-P.**, **Hygiene-P.** (z. B. Toiletten-P., P.-Taschentücher); **technisches** und **Spezial-P.** (z. B. Reaktionsdurchschreibepapiere, Kaffeefilter).

P. besteht grundsätzlich aus Fasern, Hilfsstoffen und Wasser. Neben pflanzl. Fasern aus ↑Zellstoff, Holzstoff (↑Holzschliff) und ↑Hadern (z. B. Baumwolle, Leinen-, Hanffasern) verwendet man seltener tier., mineral. oder synthet. Fasern. Daneben stellt Altpapier als Sekundärfaserstoff mengenmäßig die wichtigste Faserstoffquelle für die P.-Herstellung dar. Hilfsstoffe natürl. und synthet. Herkunft steigern die Produktivität bei der Erzeugung und Verarbeitung sowie die Qualität.

In der **Stoffaufbereitung** werden die Faserstoffe in Wasser bei niedriger Stoffdichte (5% = 5 kg trockener Stoff in 100 l Wasser) in einem »Pulper« (Stofflöser) durch rotierende Laufräder suspendiert; im nachfolgenden »Entstipper« werden die noch verbleibenden Faserzusammenballungen (»Stippen«) zerlegt. Anschließend wird die Fasersuspension einer mehrstufigen Reinigung unterzogen und in Mahlgeräten (früher Holländer, heute Refiner) mechanisch so behandelt, dass die einzelnen Fasern gekürzt und fibrilliert (in feine Strukturen zerlegt) werden, wobei ihre Flexibilität und spezif. Oberfläche zunimmt. Durch Zumischung versch. Hilfsstoffe in gelöster und ungelöster Form werden die späteren P.-Eigenschaften zusätzlich beeinflusst. Die eigentl. P.-Bildung erfolgt in der **P.-Maschine,** einer aus zahlr. Einzelelementen zusammengesetzten Fertigungsstraße. Man unterscheidet zw. Langsiebpapiermaschinen für einlagiges P., Rundsiebpapiermaschinen, kombinierten Kartonmaschinen für mehrlagige Produkte und Glättzylindermaschinen (Selbstabnahmemaschinen) für Hygienepapier.

Als Vorläufer des P. gilt ein aus Rindenbast hergestellter Beschreibstoff (Tapa), zu dem auch der von den Griechen und Römern verwendete ↑Papyrus zählt. Das P. aus Textilabfällen (Hadern) wurde in China erfunden (um 105 n. Chr.). In Europa begann die Fertigung von P. zunächst in Italien (Fabriano, 1276). 1390 nahm in Nürnberg die erste P.-Mühle Dtl.s ihre Arbeit auf. Die im MA. übl. Stampfwerke zur Halbstoffherstellung wurden 1640 in den Niederlanden durch Mahlwerke ersetzt. 1798/99 erfand der Franzose J. N. Louis Robert (um 1800) die P.-Maschine und 1844 der Sachse Friedrich Gottlob Keller (* 1816, † 1895) den Holzschliff.

📖 *Tenzer, H.-J.: Leitfaden der Papierverarbeitungstechnik. Leipzig 1988. – Wolf, H.-J.: Geschichte des graph. Verfahrens. P., Satz, Druck, Farbe, Photographie, Soziales. Ein Beitrag zur Geschichte der Technik. Dornstadt 1990. – Sandermann, W.: Die Kulturgeschichte des P. Berlin u. a. ²1992.*

Papierblume (Spreublume, Xeranthemum), zu den ↑Immortellen gehörende Gattung der Korbblütler mit sechs Arten (z. B. Xeranthemum annuum) im Mittelmeergebiet und in Vorderasien; Blütenköpfchen mit mehrreihigen trockenhäutigen Hüllblättern.

Papierblume: Xeranthemum annuum (Höhe 60–100 cm)

Papierboot (Papiernautilus, Argonauta argo), zu den ↑Kraken gehörender Kopffüßer; Weibchen mit papierdünner, spiralig gebauter Brutschale, Männchen zwerghaft klein.

Papierchromatographie, chromatograph. Trennverfahren (↑Chromatographie) für Substanzmengen im Mikrogrammbereich, wobei ein spezielles Filtrierpapier die stationäre Phase, ein Fließmittel (Lösungsmittel) die mobile Phase darstellt; neben der eindimensionalen P. (aufsteigende, absteigende, horizontale P.) gestattet die zweidimensionale P. (zweimaliger Durchlauf der Substanz bei Drehung des Chromatogramms um 90°) die Trennung komplexerer Gemische. Die P. ist heute weitgehend durch die ↑Dünnschichtchromatographie ersetzt.

Papiergeld, aus Papier hergestellte Geldwertzeichen; i. d. R. als ↑Banknote gesetzl. Zahlungsmittel.

Papiergewicht, *Sport:* ↑Gewichtsklasse im (Amateur-)Boxen der Frauen.

Papierkonservierung, das Haltbarmachen alter Schriftstücke, Zeichnungen, Bücher, Grafiken u. a. durch Behandeln und Stabilisieren mit neutralisierenden gasförmigen oder flüssigen Substanzen. Eine anschließende ultraviolette Bestrahlung mit Ozoneinwirkung tötet Mikroorganismen ab.

Pappel: fruchtender Zweig einer Schwarzpappel mit geschlossenen und geöffneten Kapseln

Papiermaché [papjema'ʃe, frz.] *das,* ↑Pappmaché.

Papiernautilus, *Zoologie:* Kopffüßer, ↑Papierboot.

Papiers collés [papje kɔ'le:, frz.], *Kunst:* von G. Braque und P. Picasso entwickelte »Papierklebebilder«, die durch Einfügung von Materialien wie Papier und gepressten Wachstuchstücken in die gemalte Bildfläche entstanden. Aus den P. c. entwickelte sich die Technik der ↑Collage.

Papierstaude, die ↑Papyrusstaude.

Papierwährung, das heute übl. Währungssystem, bei dem das gesetzl. Zahlungsmittel mit Ausnahme der Scheidemünzen aus Banknoten (Papiergeld) besteht.

Papilionaceae [lat.], die ↑Schmetterlingsblütler.

Papilionidae [lat.], Familie der Tagfalter, ↑Ritterfalter.

Papillarlinien [lat.] (Hautleisten), feine, leistenartige Riffelungen auf den Innenflächen der Finger und Zehen sowie der Hand- und Fußflächen, die häufig Leistenfiguren (Muster) bilden. In den P. ist der Tastsinn lokalisiert. Sie sind bis in alle Einzelheiten während des ganzen Lebens unveränderlich und werden als individualtyp. Merkmal im polizeil. Erkennungsdienst zur Personenidentifizierung (»Fingerabdruck«) genutzt (↑Daktyloskopie).

Papille [lat.] *die, Anatomie:* warzen- oder zapfenartige Erhebung der Haut oder Schleimhäute (z. B. Zungen-P.) bzw. Einmündungsstelle von Gängen (z. B. Gallengang).

Papillom [lat.] *das,* meist gutartige, zottige, von Epithel bedeckte Geschwulst aus gefäßführendem Bindegewebe.

Papillomvirus, zur Familie der Papovaviren gehörendes DNS-Virus, von dem bislang 75 humane Virustypen bekannt sind; am weitesten verbreitet sind die Virustypen, die gutartige Warzen an Händen und Füßen verursachen. Der Virustyp HPV-16 tritt weltweit in Verbindung mit Gebärmutterhalskrebs auf. P., die Warzen ausbilden, werden durch direkten Kontakt mit infizierten Hautregionen oder über kontaminierte Gegenstände übertragen.

Papin [pa'pɛ̃], Denis, frz. Naturforscher, * Chitenay (bei Blois) 22. 8. 1647, † (verschollen) nach 1712 in England; Hugenotte, stand 1687–1707 in hess. Diensten. P. erfand (1679/80) den Dampfkochtopf **(papinscher Topf)** mit Sicherheitsventil, baute eine Zentrifugalpumpe (1689), eine Versuchsdampfmaschine (1690) und eine Dampfpumpe (1698); sein dampfgetriebenes Schaufelradboot (1707) wurde von Bootsleuten zerstört.

Papini, Giovanni, italien. Schriftsteller, * Florenz 9. 1. 1881, † ebd. 8. 7. 1956; beeinflusste das italien. Geistesleben, u. a. durch seine Zeitschriften (Mitarbeiter und Hg. von »La Voce«, »Lacerba«, »Rinascita« [1950 ff. u. d. T. »Rinascimento«]), in denen die literar. Erneuerung diskutiert wurde; schrieb Essays, Biographien und autobiograph. Texte, u. a. »Ein fertiger Mensch« (1912), »Dante« (1933), »Weltgericht« (hg. 1957).

Papinianus, Aemilius, einer der bedeutendsten röm. Rechtslehrer, * um 150, wurde 212 auf Befehl Kaiser Caracallas ermordet. Sein Werk ist in den Pandekten (↑Corpus Iuris Civilis) bruchstückhaft überliefert.

Papismus [zu kirchenlat. papa »Papst«] *der, abwertend:* konfessionalistisch-starrer Katholizismus sowie die bedingungslose Gefolgschaft Papst und röm. Kurie gegenüber. – **Papist,** Anhänger des Papismus.

Papp [pɔp], László, ungar. Boxer, * Budapest 25. 3. 1926; u. a. Olympiasieger 1948 (Mittelgewicht), 1952 und 1956 (Halbmittelgewicht) sowie Europameister 1949 (Mittelgewicht) und 1951 (Halbmittelgewicht).

Pappatacifieber [-'ta:tʃi-; italien. pappataci »Mücke«], das ↑Dreitagefieber.

Pappe, flächiger, im Wesentlichen aus Fasern vorwiegend pflanzl. Herkunft durch Entwässern einer Fasersuspension auf einer Papier- (bzw. P.-) Maschine gebildeter Werkstoff von über 600 g/m^2 flächenbezogener Masse, im Unterschied zu ↑Papier und Karton. Die Einteilung der P. erfolgt nach Rohstoffen (P. aus Holzschliff, Altpapier u. a.), nach Herstellung (Hand-, Maschinen-P.) oder Eigenschaften (Hand-P., z.B. Pressspan; Weich-P., z.B. Dach-P.). Well-P. besteht aus glatten und gewellten Papierbahnen, die miteinander verklebt sind.

Pappel (Populus), Gattung der Weidengewächse in Europa, Asien, N-Afrika und Nordamerika; sommergrüne, raschwüchsige, meist sehr hohe Bäume von forstwirtsch. Bedeutung; einheimisch sind u.a. **Silber-P.** (**Weiß-P.,** Populus alba), bis 30 m hoch, Blätter unterseits dicht filzig behaart; **Espe** (**Zitter-P., Aspe,** Populus tremula), bis 25 m hoch; **Schwarz-P.** (Populus nigra) mit schwärzlich rissiger Borke; **Grau-P.** (Populus canescens), Kreuzung zw. Silber-P. und Espe; **Pyramiden-P.,** eine Varietät der Schwarzpappel.

Pappelblattkäfer (Melasoma populi), 10–12 mm lange Art der Blattkäfer mit gelbroten Flügeldecken. Larven und Käfer fressen Pappelblätter.

Pappelbock: Kleiner Pappelbock

Pappelbock, Bez. für zwei Arten der Bockkäfer, deren Larven in Pappeln leben: **Großer P.** (Saperda carcharias), 20–30 mm lang und gelblich behaart; **Kleiner P.** (Saperda populnea), 9–15 mm lang, Flügeldecken mit 4–5 hellen Flecken.

Pappenheim, Stadt im Landkreis Weißenburg-Gunzenhausen, Mittelfranken, Bayern, an der Altmühl, 4500 Ew.; Burgmuseum; Baustoffind., Kunststoffspritzwerk, Maschinenbau. – Altes Schloss (1593) und klassizist. Neues Schloss (1819/20, nach Plänen von L. von Klenze), Galluskirche (9.–15. Jh.), Pfarrkirche (1476 vollendet), ehem. Augustinerklosterkirche Hl. Geist (um 1493). – P., im 12. Jh. entstanden, wurde 1288 Stadt.

Pappenheim, fränkisch-schwäbisches Reichsministerialengeschlecht; seit 1193 erbl. Inhaber des Marschallamtes. Die reichsunmittelbare Grafschaft P. kam 1806 an Bayern. – Bed. Vertreter: **P.,** Gottfried Heinrich Graf zu (seit 1628), kaiserl. Reitergeneral des Dreißigjährigen Krieges, *Treuchtlingen 29. 5. 1594, †Leipzig 17. 11. 1632; trat 1623 in kaiserl. Dienste; in der Schlacht bei Lützen tödlich verwundet. Er und seine **Pappenheimer Kürassiere** waren als Draufgänger gefürchtet, als ritterl. Gegner geachtet.

Pappenheim, Bertha, Sozialarbeiterin und Frauenrechtlerin, *Wien 27. 2. 1859, †Isenburg (Landkreis Neuwied) 28. 5. 1936; entstammte einer wohlhabenden jüd. Familie; lebte seit 1889 in Frankfurt am Main; vertrat die Ziele der dt. ↑Frauenbewegung innerhalb jüd. Institutionen und gründete 1904 den »Jüd. Frauenbund«. P. entfaltete eine umfassende publizist. Tätigkeit. Weite Verbreitung erlangte bes. ihre Schrift »Sisyphus-Arbeit«, ein auf der Grundlage eigener Studienreisen verfasster Bericht über Prostitution und Mädchenhandel in Osteuropa und im Vorderen Orient.

Pappmaché [-maˈʃe; frz., eigtl. »zerfetztes Papier«] *das* (Papiermaché), formbare, breiige Masse, die durch Auflösen von Altpapier oder Zellstoff in Wasser unter Zusatz von z.B. Leimlösung, Stärke, Gips, Kreide, Schwerspat oder Ton hergestellt wird. P. kann jede beliebige Form annehmen, dann bemalt und schließlich lackiert werden. Es findet Verwendung u.a. für Spielzeug, kunstgewerbl. Gegenstände und Theaterdekorationen.

Pappus [grch.] *der, Botanik:* die ↑Federkrone.

Pappus von Alexandria, grch. Mathematiker um 320 n.Chr.; überlieferte in seinem Sammelwerk die mathemat. Kenntnisse des Altertums, daneben wertvolle Beiträge zur projektiven Geometrie, z.B. den **Satz des Pappus:** Auf zwei sich schneidenden Geraden g_1 und g_2 seien je drei vom Schnittpunkt O versch. Punkte festgelegt: A_1, B_1, C_1 und A_2, B_2, C_2. Die kreuzweisen Verbindungsstrecken schneiden einander in drei Punkten A, B, C. Diese drei Punkte liegen auf einer Geraden g.

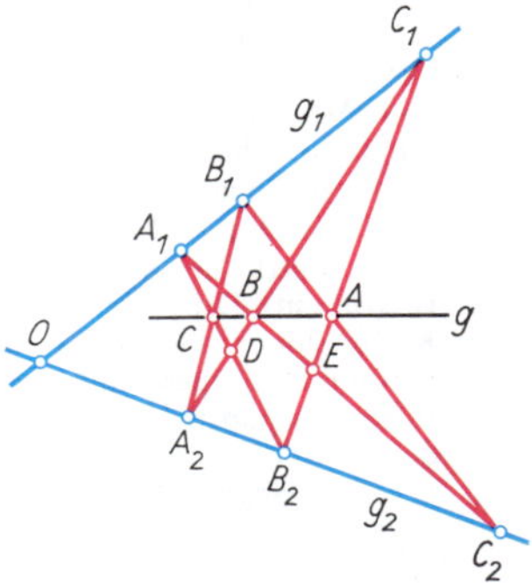

Pappus von Alexandria: Satz des Pappus

Eine Verallgemeinerung des pappusschen Satzes ist der ↑pascalsche Satz.

Paprika [serb.] (Capsicum) *der,* Gattung der Nachtschattengewächse in Mittel- und Südamerika; formenreiche Kräuter, Halbsträucher oder Sträucher mit kleinen Blüten und leuchtend gefärbten, meist scharf schmeckenden, vielsamigen Beerenfrüchten. Die heute in Nordamerika und Europa angebauten Kultursorten mit weißen, gelben, roten oder violetten Früchten **(P.-Schoten)** stammen vermutlich sämtlich von der einjährigen Art Capsicum annuum ab. Sie sind reich an Vitamin C und P sowie an Carotin und werden vielseitig verwendet: unausgereifte (großfrüchtige Sorten als **Gemüse-P.;** kleinfrüchtige Sorten als **Peperoni)** und ausgereifte als **Cayennepfeffer, Chilipfeffer** zur Bereitung von Gewürzen.

Papst [lat. papa »Vater«], das Oberhaupt der ↑katholischen Kirche mit den amtl. Titeln Bischof von Rom, Stellvertreter Jesu Christi, Nachfolger des Apostelfürsten, Oberhaupt der universalen Kirche, Patriarch des Abendlandes, Primas von Italien, Erzbischof und Metropolit der röm. Kirchenprovinz, Souverän des Staates der Vatikanstadt; Ehrentitel und Anrede »Heiliger Vater«; Selbstbez. oft »Servus Servorum Dei« (»Diener der Diener Gottes«; erstmals im 6. Jh.); andere Bez. zur Kennzeichnung seiner Stellung innerhalb der kirchl. Hierarchie »Summus Pontifex« (seit dem 13. Jh.) und »Pontifex maximus« (seit dem 14. Jh.). Kirchenrechtlich ist der P. Träger der obersten Leitungsvollmacht und (seit 1870) unfehlbare Lehrautorität in Glaubensfragen (↑Unfehlbarkeit) innerhalb der kath. Kirche. Völkerrechtlich ist er ein Souverän eigenen Rechts mit allen sich daraus ergebenden Befugnissen (v. a. dem aktiven und passiven Gesandtschaftsrecht, der diplomat. Immunität und dem Recht zur Einrichtung eigener staatl. [Verwaltungs-]Behörden). – Nach kath. Verständnis steht er in der direkten und ununterbrochenen Nachfolge des Apostels Petrus und beansprucht unter ausdrückl. Berufung auf Mt. 16, 18 f. auch nach dem 2. Vatikan. Konzil höchste apostol. Amtsgewalt **(Petrusamt).** Die Kirchen der anderen christl. Konfessionen, die allenfalls einen Ehrenprimat des P. anzuerkennen gewillt sind, sehen in diesem päpstl. Anspruch ein großes Hindernis, das einer Wiedervereinigung der Kirchen im Wege steht. Zur Anrede P. ↑Papa; Bestellung zum P. ↑Papstwahl. – Ob der P. seinen Nachfolger bindend bestimmen könne (Designation), ist strittig. – Als **Gegen-P.** wird derjenige bezeichnet, der eine P.-Wahl annimmt, obwohl bereits ein P. nach kanon Recht gewählt ist (oft nicht zu entscheiden). Seit dem 11. Jh. legt der neu gewählte P. seinen bürgerl. Namen ab und nimmt einen **P.-Namen** an (Ausnahmen: Hadrian VI. [1522–23] und Marcellus II. [1555]). Den ersten Doppelnamen trug Johannes Paul I.

📖 *Ohlig, K.-H.: Braucht die Kirche einen P.? Düsseldorf 1973. – Kelly, J. N. D.: Reclams Lexikon der Päpste. A. d. Engl. Stuttgart 1988. – Schatz, K.: Der päpstl. Primat. Würzburg 1990.*

Päpstin Johanna, ↑Johanna, Päpstin.

Papstkatalog, Verzeichnis der röm. Bischöfe in chronolog. Reihenfolge, z. B. Papstbuch (Liber pontificalis).

Papstkrone, die ↑Tiara.

päpstliche Akademien, kirchl. Gelehrten- und Künstlerkollegien mit Sitz in Rom. Internat. Bedeutung erlangt haben bes. die **Pontificia Accademia delle Scienze,** eine internat. und überkonfessionelle Vereinigung von Gelehrten zur Förderung der mathemat. und naturwiss. Forschung (gegr. 1603 als private gelehrte Gesellschaft) und die **Pontificia Accademia Ecclesiastica,** die päpstl. Diplomatenschule (gegr. 1701 als kirchl. Adelsschule).

Päpstliche Bibelkommission, Kommission aus kath. Bibelwissenschaftlern versch. Nationen und Richtungen zur Förderung der kath. Bibelwiss. und zur Unterstützung des kirchl. Lehramts.

Päpstliche Familie, die Geistlichen (kuriale Amtsträger; Ehrenprälaten) und Laien (leitende Beamte der Vatikanstadt; der Kommandant der Schweizergarde u. a.), die berechtigt und teilweise verpflichtet sind, den Papst zu umgeben, wenn er als Oberhaupt der röm. Kurie oder als Souverän der Vatikanstadt öffentlich amtiert.

päpstliche Hochschulen, päpstl. kirchl. Hochschulen unterschiedl. Ranges, v. a. in Rom, darunter die ↑Gregoriana.

päpstlicher Segen, der vom Papst gespendete ↑apostolische Segen.

Päpstlicher Stuhl, ↑Apostolischer Stuhl.

Päpstliches Jahrbuch, das ↑Annuario Pontificio.

päpstliches Wappen, der mit den päpstl. Insignien (zwei Schlüssel, Tiara) verbundene persönl. Wappenschild des Papstes.

Papsttum, Amt und Institution des Oberhauptes der kath. Kirche (↑Papst).

Geschichte: Der Aufenthalt des Apostels Petrus, der unter den Jüngern Jesu in der Urgemeinde eine besondere Stellung einnahm, in Rom und sein (historisch nicht nachweisbarer) Märtyrertod ließen seit dem 2. Jh. die Tradition entstehen, im Bischof von Rom den Nachfolger des Petrus zu erblicken und ihm innerhalb der Gesamtkirche eine besondere

Päpste

Ungewisse oder umstrittene Daten sind mit Fragezeichen versehen. Die Namen der im Annuario Pontificio als Gegenpäpste genannten Päpste sind eingerückt. Ordnungszahlen sind eingeklammert, wenn die Zählung der als rechtmäßig geltenden Päpste die so gekennzeichneten nicht berücksichtigte. Sterbejahre sind nicht angegeben, wenn sie mit dem letzten Regierungsjahr übereinstimmen oder unbekannt sind.

- Petrus … †64/67(?)
- Linus … 67–76(?)
- Anaklet I. … 76–88(?)
- Klemens I. … 90/92–101(?)
- Evaristus … 97–105(?)
- Alexander I. … 105–115(?)
- Sixtus I. … 115–125(?)
- Telesphorus … 125–136(?)
- Hyginus … 136–140(?)
- Pius I. … 140–154/155(?)
- Anicetus … 154/155–166(?)
- Soter … 166–174(?)
- Eleutherus … 174–189(?)
- Viktor I. … 189–198(?)
- Zephyrinus … 199–217(?)
- Kalixt I. … 217–222
  - Hippolyt … 217–235
- Urban I. … 222–230
- Pontianus … 230–235
- Anteros … 235–236
- Fabianus … 236–250
- Cornelius … 251–253
  - Novatian … 251–258(?)
- Lucius I. … 253–254
- Stephan I. … 254–257
- Sixtus II. … 257–258
- Dionysius 259/260–267/268(?)
- Felix I. … 268/269–273/274(?)
- Eutychianus … 274/275–282(?)
- Cajus … 282/283–296
- Marcellinus … 296–304
- Marcellus I. … 307–308(?)
- Eusebius … 309/310
- Miltiades … 311–314(?)
- Silvester I. … 314–335
- Markus … 336
- Julius I. … 337–352
- Liberius … 352–366
  - Felix (II.) … 355–365
- Damasus I. … 366–384
  - Ursinus … 366–367
- Siricius … 384–399
- Anastasius I. … 399–401
- Innozenz I. … 402–417
- Zosimus … 417–419
- Bonifatius I. … 418–422
  - Eulalius … (†423) 418–419
- Cölestin I. … 422–432
- Sixtus III. … 432–440
- Leo I. … 440–461
- Hilarus … 461–468
- Simplicius … 468–483
- Felix II. … 483–492
- Gelasius I. … 492–496
- Anastasius II. … 496–498
- Symmachus … 498–514
  - Laurentius … 498–506
- Hormisdas … 514–523
- Johannes I. … 523–526
- Felix III. … 526–530
- Bonifatius II. … 530–532
  - Dioskur … 530
- Johannes II. … 533–535
- Agapet I. … 535–536
- Silverius … 536–537
- Vigilius … 537–555
- Pelagius I. … 556–561
- Johannes III. … 561–574
- Benedikt I. … 575–579
- Pelagius II. … 579–590
- Gregor I. … 590–604
- Sabinianus … 604–606
- Bonifatius III. … 607
- Bonifatius IV. … 608–615
- Deusdedit (Adeodatus I.) … 615–618
- Bonifatius V. … 619–625
- Honorius I. … 625–638
- Severinus … 640
- Johannes IV. … 640–642
- Theodor I. … 642–649
- Martin I. … (†655) 649–653
- Eugen I. … 654–657
- Vitalian … 657–672
- Adeodatus II. … 672–676
- Donus … 676–678
- Agatho … 678–681
- Leo II. … 682–683
- Benedikt II. … 684–685
- Johannes V. … 685–686
- Konon … 686–687
  - Theodor … 687
  - Paschalis … (†692?) 687
- Sergius I. … 687–701
- Johannes VI. … 701–705
- Johannes VII. … 705–707
- Sisinnius … 708
- Konstantin I. … 708–715
- Gregor II. … 715–731
- Gregor III. … 731–741
- Zacharias … 741–752
- Stephan (II.) … 752
- Stephan II. … 752–757
- Paul I. … 757–767
  - Konstantin II. … 767–768
  - Philippus … 768
- Stephan III. … 768–772
- Hadrian I. … 772–795
- Leo III. … 795–816
- Stephan IV. … 816–817
- Paschalis I. … 817–824
- Eugen II. … 824–827
- Valentin … 827
- Gregor IV. … 827–844
  - Johannes (VIII.) … 844
- Sergius II. … 844–847
- Leo IV. … 847–855
- Benedikt III. … 855–858
  - Anastasius (III.) … (†879) 855
- Nikolaus I. … 858–867
- Hadrian II. … 867–872
- Johannes VIII. … 872–882
- Marinus I. … 882–884
- Hadrian III. … 884–885
- Stephan V. … 885–891
- Formosus … 891–896
- Bonifatius VI. … 896
- Stephan VI. … 896–897
- Romanus … 897
- Theodor II. … 897
- Johannes IX. … 898–900
- Benedikt IV. … 900–903
- Leo V. … 903
  - Christophorus … 903–904
- Sergius III. … 904–911
- Anastasius III. … 911–913
- Lando … 913–914
- Johannes X. … 914–928
- Leo VI. … 928
- Stephan VII. … 928–931
- Johannes XI. … 931–935
- Leo VII. … 936–939
- Stephan VIII. … 939–942
- Marinus II. … 942–946
- Agapet II. … 946–955
- Johannes XII. … 955–964
- Leo VIII. … 963–965
  - Benedikt V. … (†966) 964
- Johannes XIII. … 965–972
- Benedikt VI. … 973–974
  - Bonifatius VII. … 974, 984–985
- Benedikt VII. … 974–983
- Johannes XIV. … 983–984
- Johannes XV. … 985–996
- Gregor V. … 996–999
  - Johannes XVI. … 997–998
- Silvester II. … 999–1003
- Johannes XVII. … 1003
- Johannes XVIII. … 1004–1009

Päpste (Fortsetzung)

Sergius IV.	1009–1012
Benedikt VIII.	1012–1024
Gregor (VI.)	1012
Johannes XIX.	1024–1032
Benedikt IX. († 1055/1056)	1032–1045, 1047–1048
Silvester III.	1045–1046
Gregor VI. ... († 1047)	1045–1046
Klemens II.	1046–1047
Damasus II.	1048
Leo IX.	1049–1054
Viktor II.	1055–1057
Stephan IX.	1057–1058
Benedikt X.	1058–1059
Nikolaus II.	1058–1061
Alexander II.	1061–1073
Honorius (II.) († 1072?)	1061–1064
Gregor VII.	1073–1085
Klemens (III.)	1080–1100
Viktor III.	1086–1087
Urban II.	1088–1099
Paschalis II.	1099–1118
Theoderich ...... († 1102)	1100
Albert	1102
Silvester (IV.)	1105–1111
Gelasius II.	1118–1119
Gregor (VIII.) († 1137)	1118–1121
Kalixt II.	1119–1124
Honorius II.	1124–1130
Cölestin (II.) († vor 1127)	1124
Innozenz II.	1130–1143
Anaklet II.	1130–1138
Viktor (IV.)	1138
Cölestin II.	1143–1144
Lucius II.	1144–1145
Eugen III.	1145–1153
Anastasius IV.	1153–1154
Hadrian IV.	1154–1159
Alexander III.	1159–1181
Viktor (IV.)	1159–1164
Paschalis (III.)	1164–1168
Calixtus (III.)	1168–1178
Innozenz (III.)	1179–1180
Lucius III.	1181–1185
Urban III.	1185–1187
Gregor VIII.	1187
Klemens III.	1187–1191
Cölestin III.	1191–1198
Innozenz III.	1198–1216
Honorius III.	1216–1227
Gregor IX.	1227–1241
Cölestin IV.	1241
Innozenz IV.	1243–1254
Alexander IV.	1254–1261
Urban IV.	1261–1264
Klemens IV.	1265–1268
Gregor X.	1271–1276
Innozenz V.	1276
Hadrian V.	1276
Johannes XXI.	1276–1277
Nikolaus III.	1277–1280
Martin IV.	1281–1285
Honorius IV.	1285–1287
Nikolaus IV.	1288–1292
Cölestin V. .... († 1296)	1294
Bonifatius VIII.	1294–1303
Benedikt XI.	1303–1304
Klemens V.	1305–1314
Johannes XXII.	1316–1334
Nikolaus (V.) († 1333)	1328–1330
Benedikt XII.	1334–1342
Klemens VI.	1342–1352
Innozenz VI.	1352–1362
Urban V.	1362–1370
Gregor XI.	1370–1378
Urban VI.	1378–1389
Klemens (VII.)	1378–1394
Bonifatius IX.	1389–1404
Benedikt (XIII.)	1394–1423
Innozenz VII.	1404–1406
Gregor XII. .. († 1417)	1406–1415
Alexander V.	1409–1410
Johannes (XXIII.) († 1419)	1410–1415
Martin V.	1417–1431
Klemens (VIII.)	1423–1429
Benedikt (XIV.)	1425–1430
Eugen IV.	1431–1447
Felix V. .... († 1451)	1440–1449
Nikolaus V.	1447–1455
Kalixt III.	1455–1458
Pius II.	1458–1464
Paul II.	1464–1471
Sixtus IV.	1471–1484
Innozenz VIII.	1484–1492
Alexander VI.	1492–1503
Pius III.	1503
Julius II.	1503–1513
Leo X.	1513–1521
Hadrian VI.	1522–1523
Klemens VII.	1523–1534
Paul III.	1534–1549
Julius III.	1550–1555
Marcellus II.	1555
Paul IV.	1555–1559
Pius IV.	1559–1565
Pius V.	1566–1572
Gregor XIII.	1572–1585
Sixtus V.	1585–1590
Urban VII.	1590
Gregor XIV.	1590–1591
Innozenz IX.	1591
Klemens VIII.	1592–1605
Leo XI.	1605
Paul V.	1605–1621
Gregor XV.	1621–1623
Urban VIII.	1623–1644
Innozenz X.	1644–1655
Alexander VII.	1655–1667
Klemens IX.	1667–1669
Klemens X.	1670–1676
Innozenz XI.	1676–1689
Alexander VIII.	1689–1691
Innozenz XII.	1691–1700
Klemens XI.	1700–1721
Innozenz XIII.	1721–1724
Benedikt XIII.	1724–1730
Klemens XII.	1730–1740
Benedikt XIV.	1740–1758
Klemens XIII.	1758–1769
Klemens XIV.	1769–1774
Pius VI.	1775–1799
Pius VII.	1800–1823
Leo XII.	1823–1829
Pius VIII.	1829–1830
Gregor XVI.	1831–1846
Pius IX.	1846–1878
Leo XIII.	1878–1903
Pius X.	1903–1914
Benedikt XV.	1914–1922
Pius XI.	1922–1939
Pius XII.	1939–1958
Johannes XXIII.	1958–1963
Paul VI.	1963–1978
Johannes Paul I.	1978
Johannes Paul II.	seit 1978

Bedeutung zuzuschreiben. Diese Überlieferung sowie die Bedeutung Roms als Hptst. des Röm. Reiches verschafften der röm. Kirche Ansehen und führten im 3. Jh. seitens des Bischofs von Rom zur Beanspruchung eines (Ehren-)Vorranges unter den Bischöfen des Reiches, der im 4. Jh. als Jurisdiktionsprimat über die Gesamtkirche geltend gemacht wurde, jedoch nur in der lat. Kirche durchgesetzt werden konnte. Während der Zeit der Völkerwanderung (5./6. Jh.) wuchs neben der geistl. auch die polit. Autorität des P., die mit Leo I. einen ersten Höhepunkt erreichte. Für die Gestaltung der Beziehungen zw. Kirche und Staat wurde die von ↑Gelasius I. formulierte Lehre von den zwei Gewalten (↑Zweischwerterlehre) richtungweisend; für die Grundlegung des späteren Reichskirchensystems war die Taufe des Frankenkönigs ↑Chlodwig I. (wohl 498) von entscheidender Bedeutung. Die Einführung der zentralen Verwaltung des päpstl. Grundbesitzes (gen. Patrimonium Petri) durch Gregor I., das Entstehen des ↑Kirchenstaates sowie das Bündnis mit dem Fränk. Reich (800 Kaiserkrönung Karls d. Gr. durch Leo III. in Rom) und später mit dem Hl. Röm. Reich bildeten die ökonom. Basis, begründeten den polit. Anspruch und leiteten die im MA. überragende machtpolit. Stellung des P. ein. Die Geschichte des mittelalterl. P. ist einerseits geprägt durch den Kampf zw. dem röm. (dt.) Königtum und dem P. (↑Investiturstreit), der während des Pontifikats Gregors VII. seine schärfste Zuspitzung erfuhr (1076 Bannung Heinrichs IV.), andererseits durch die zunehmende Entfremdung von der Ostkirche (Absetzung der Patriarchen ↑Photios und ↑Michael Kerullarios), die 1054 zum Morgenländ. ↑Schisma führte. Das 12. und 13. Jh. sind gekennzeichnet durch schwere Konflikte mit den Staufern Friedrich I. und Friedrich II. Unter Innozenz III. erreichte das P. den Höhepunkt seiner weltl. Macht, dem jedoch im Ergebnis der Auseinandersetzungen mit den stauf. Kaisern eine weitgehende Abhängigkeit vom frz. Königtum folgte. Dem »Exil« von Avignon (1309–76) folgte das Abendländ. Schisma. Das 14. und 15. Jh. standen im Zeichen zahlr. innerkirchl. Reformbestrebungen (↑Reformkonzilien), die jedoch nicht zur Überwindung der Krise des P. (»Verweltlichung«) führten. Erst das in Abgrenzung zu den Positionen der ↑Reformation durchgeführte Konzil von Trient (↑Tridentinum) hatte eine innere Erneuerung des P. zur Folge. Als Förderer der Künste spielte das P. v. a. in der Zeit der Renaissance eine bedeutende Rolle, bes. das Pontifikat Julius' II. (Neugestaltung der Peterskirche). Im 17. und 18. Jh. Ausbau der röm. Kurie zum Verwaltungsorgan der Gesamtkirche im Sinne eines päpstl. Zentralismus und Absolutismus. Die Auseinandersetzungen des ausgehenden 18. und des 19. Jh. hatten vonseiten des P. drei Zielrichtungen: politisch gegen den Liberalismus; kirchenpolitisch gegen versch. nationalkirchliche Bestrebungen (↑Josephinismus, ↑Gallikanismus); theologisch gegen den ↑Modernismus. Das Jahr 1870 stand im Zeichen des 1. Vatikan. Konzils und des Verlustes des Kirchenstaates. Im 20. Jh. sind v. a. die Bildung des souveränen Staates der Vatikanstadt (1929; ↑Lateranverträge) und die Einberufung des 2. Vatikan. Konzils (↑Vatikanische Konzile) durch Johannes XXIII. hervorzuheben. Das Konzil leitete eine grundlegende Reform der kath. Kirche (↑Aggiornamento), ihre (vorsichtige) »Öffnung« zur Welt, den ökumen. Dialog (↑Ökumenismus) und das Gespräch mit den Weltreligionen ein. An Geist und Positionen des 2. Vatikan. Konzils haben seither alle Nachfolger Johannes' XXIII. festgehalten, wenn auch versch. Seiten (auch innerhalb der kath. Kirche) in der Betonung der päpstl. Autorität und des röm. Zentralismus unter dem Pontifikat von Johannes Paul II. eine Gefährdung des bereits Erreichten sehen.

📖 *Haller, J.: Das P. Idee u. Wirklichkeit, 5 Bde. Neuausg. Reinbek 1965. – Klausnitzer, W.: Das Papstamt im Disput zwischen Lutheranern u. Katholiken. Innsbruck 1987. – Schimmelpfennig, B.: Das P. Von der Antike bis zur Renaissance. Darmstadt [4]1996. – Denzler, G.: Das P. Geschichte u. Gegenwart. München 1997. – Fuhrmann, H.: Die Päpste. Von Petrus zu Johannes Paul II. München 1998.*

Papstwahl, Modus der Bestellung zum Papst. Wahlberechtigt sind alle Kardinäle, die das 80. Lebensjahr noch nicht vollendet haben; wählbar ist jeder männl. kath. Christ. Die Wahl erfolgt im ↑Konklave; gewählt ist, wer wenigstens zwei Drittel plus eine der Stimmen erhält.

Papua, Sammelbez. für die Ureinwohner Neuguineas, des Bismarckarchipels, der Salomoninseln und benachbarter Inseln, die sich v. a. sprachlich, z. T. kulturell von den verwandten Melanesiern unterscheiden; etwa 4,6 Mio. Menschen. Die P. betreiben im Tiefland Brandrodungswanderfeldbau, im Hochland auch Gartenbau; Jagd und Fischfang spielen ebenfalls eine Rolle. Die meist isolierten Siedlungen bestehen an der Küste und im angrenzenden Hinterland aus Dörfern oder Weilern, im Hochland auch aus Einzelhöfen.

Papua, ehem. austral. Territorium im SO von Neuguinea, jetzt der größte Teil von ↑Papua-Neuguinea.

Papua-Neuguinea [-giˈnea] (amtl. engl. Papua New Guinea, Pidgin English: Papua Niugini), Staat im westl. Pazifik, Ozeanien, umfasst den Ostteil der Insel Neuguinea, den Bismarckarchipel, den Louisiadearchipel, die D'Entrecasteauxinseln, die nördl. Salomoninseln Buka und Bougainville sowie zahlr. kleine Inseln und Atolle.

Staat und Recht: Nach der Verf. von 1975 (1991 geändert) ist P.-N. eine parlamentar. Monarchie im Commonwealth. Staatsoberhaupt ist der brit. Monarch, vertreten durch

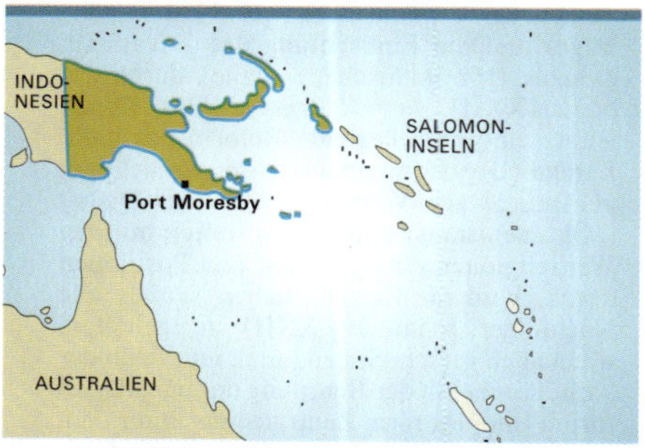

Papua-Neuguinea

Fläche	462 840 km²
Einwohner	(1998) 4,602 Mio.
Hauptstadt	Port Moresby
Verwaltungsgliederung	19 Provinzen und ein Hauptstadtdistrikt
Amtssprachen	Englisch, daneben Neumelanesisch und Hiri Motu (beides Pidginsprachen)
Nationalfeiertag	16. 9.
Währung	1 Kina (K) = 100 Toea (t)
Zeitzone	MEZ +9 Std.

einen Generalgouverneur. An der Spitze der Reg. steht der vom Parlament gewählte Premierminister. Die Legislative liegt beim Abg.haus (109 auf 5 Jahre gewählte Abg.). Einflussreichste Parteien: Pangu Pati (PP), People's Democratic Movement (PDM), People's Action Party (PAP), People's Progress Party (PPP), Melanesian Alliance (MA).

Landesnatur: Das Zentralgebirge, das die Insel Neuguinea von W nach O durchzieht, besitzt ausgedehnte Hochländer. Es erreicht im Mount Wilhelm im Bismarckgebirge 4 508 m ü. M. Im SW erstreckt sich ein bis 450 km breites Küstentiefland. Das nördl. Tiefland liegt zw. dem Zentralgebirge und dem Küstengebirge. Die Inseln sind meist vulkan. Ursprungs. Es herrscht trop. Regenklima (in der zentralen Gebirgsregion über 6 000 mm Jahresniederschlag). Trop. Regenwald, Sumpfwälder, Savannen und Grasländer bedecken das Land.

Bevölkerung: Die Mehrheit der Bev. besteht aus Papua, die sich in über 700 Sprachgruppen gliedern (↑Papuasprachen) und zu etwa 90 % im unwegsamen Bergland Neuguineas leben. Sie stehen teilweise auf neolith. Kulturstufe. In Küstennähe und auf den Inseln leben v. a. Melanesier, ferner Minderheiten von Mikronesiern, Polynesiern, Europäern u. a. – Es besteht keine allg. Schulpflicht; in Port Moresby gibt es eine staatl. Univ., in Lae eine TU (beide gegr. 1965). Die Analphabetenquote beträgt 48 %. – Mehr als 90 % der Bev. sind Christen, ferner gibt es Anhänger traditioneller Stammesreligionen.

Wirtschaft, Verkehr: Hauptzweige der Wirtschaft sind Bergbau und Landwirtschaft, von Letzterer leben rd. 85 % der Bevölkerung. In Kleinbetrieben (vielfach noch in Wanderfeldbau mit Brandrodung) und Plantagenwirtschaften Anbau v. a. von Bananen, Kokos- und Ölpalmen, Bataten, Zuckerrohr, Taro, Jamswurzel, Kaffee, Kakao, Kautschuk, Tee; Schweine- und Geflügelhaltung. Wälder bedecken 70 % der Landesfläche; Holzeinschlag wird für den Eigenbedarf und Export betrieben; Küstenfischerei dient dem Eigen-

Papua-Neuguinea

bedarf. Durch die Vergabe von Fanglizenzen an Ausländer für die Hochseefischerei werden weitere Einnahmen erzielt. Große Bedeutung hat der Abbau von Kupfer und Gold (auf Bougainville, Lihir und Porgera sowie bei Ok Tedi auf Neuguinea), ferner von Silber; Vorkommen von Chrom, Nickel, Kobalt, Blei, Zink, Bauxit und Erdöl werden erst z.T. genutzt. Die Ind. konzentriert sich auf die Verarbeitung landwirtsch. Güter; außerdem Zementwerke, Schiffbau. Exportgüter sind Kupfererz, Gold, Kaffee, Kakao, Kopra, Palmöl; Haupthandelspartner sind Japan, Dtl. und Australien. – Es gibt keine Eisenbahn; Hauptverkehrsträger sind Flugzeuge und Schiffe; das Straßennetz umfasst 21 433 km Straßen (nur z.T. befestigt); Tiefwasserhäfen sind Port Moresby, Rabaul und Madang; internat. Flughafen in Port Moresby.

Geschichte: Der aus dem ehem. austral. Territorium Papua und dem Treuhandgebiet ↑Neuguinea gebildete Staat erhielt am 16. 9. 1975 seine Unabhängigkeit. Die innenpolit. Entwicklung war in den folgenden Jahrzehnten im Wesentlichen bestimmt vom demokrat. Wechsel der Regierungen. Die führenden Parteien stellten u.a. mit M. Somare (Pangu Pati), J. Chan (PPP) und P. Wingati (PDM) den MinPräs. 1988/89 brach auf Bougainville ein Aufstand aus, der die Unabhängigkeit der Insel zum Ziel hatte. Getragen von der Bougainville Revolutionary Army (BRA) dauerte er bis zum Friedensschluss im April 1998 an. Der Bougainville-Konflikt führte zu Spannungen mit dem Nachbarstaat Salomoninseln.

Als Mitgl. der »Gruppe Melanes. Speerspitze« (P.-N., Vanuatu und Salomoninseln) tritt P.-N. für die Bewahrung der melanes. kulturellen Traditionen ein und fordert von Frankreich die Unabhängigkeit Neukaledoniens. 1991 schloss es ein Sicherheitsabkommen mit dem Austral. Bund. Auf einem Treffen des »Südpazifikforums« (SPF) in Madang (P.-N.) kritisierten die Teilnehmer scharf die Kernwaffenversuche Frankreichs (1995/96).

📖 *Löffler, E.: Geomorphology of Papua New Guinea. Canberra 1977. – Löffler, E.: Papua New Guinea. Richmond 1979. – Wesemann, H.: P.-N. Köln 1985. – Rath, G.: P.-N. Ein südpazif. Entwicklungsland auf dem Weg in das Jahr 2000. Hamburg 1989.*

Papuasprachen, Gruppe von etwa 700 Sprachen, die im größten Teil der Insel Neuguinea von den Papua, auf einigen benachbarten Inseln sowie im Zentrum und in Randgebieten des melanes. Raumes gesprochen werden. Sie zählen nicht zu den austrones. Sprachen.

Papyrus [lat.] *der* (grch. Papyros), Beschreibstoff in Rollen-, Blatt- und Buchform. Das entrindete Stängelmark der ↑Papyrusstaude wurde in dünnste Streifen geschnitten, dann kreuzweise geklebt und getrocknet. P. gelangte von Ägypten aus in die ganze antike Kulturwelt. Zum Schreiben diente ein schräg gekappter Binsenhalm, seit dem 3. Jh. v. Chr. der Rohrhalm mit gespaltener Spitze (Kalamos). Die Schrift wurde mit Lösungen von Kohlenschwärze (Ruß), auch mit Zinnober (rot), später mit Sepia- und Metalltinten ausgeführt. P. lässt sich in Ägypten für den Beginn des 3. Jt. v. Chr. nachweisen, doch ist die P.-Rolle als Beschreibstoff schon im 4. Jt. zu finden. Nach Griechenland kam die P.-Rolle wohl im 6. Jh. v. Chr. Seit dem 2. Jh. n. Chr. wurde der P. allmählich durch das Pergament verdrängt. – In Ägypten haben sich beschriftete P.-Blätter **(P.-Texte)** in Bodenschichten erhalten, die vom Grundwasser unerreicht blieben. Die ältesten und besterhaltenen sind die hieroglyph. Rollen, darunter der 40 m lange **Große P. Harris,** ein Taten- und Rechenschaftsbericht Ramses' III. Jenseitsdarstellungen finden sich in den »Totenbuch« gen. religiösen Textsammlungen. Weitaus bedeutender und zahlreicher als alle anderen P.-Gruppen (u. a. koptische, aramäische, phönikische, kanaanäische, hebräische, arabische P.) sind die **grch. P.,** die seit Alexander d. Gr. für Jahrhunderte die wichtigsten Zeugen antiken Lebens (Urkunden) und antiken wie christl. Schrifttums (↑Bibel) sind.

📖 *Schubart, W.: Einführung in die Papyruskunde. Berlin 1918, Nachdr. Zürich u. a. 1980. – Schubart, W.: Das Buch bei den Griechen u. Römern. Heidelberg ³1962. – Repertorium der griech. christl. Papyri, hg. v. K. Aland. Berlin 1976. – Bischoff, B.: Paläographie des röm. Altertums u. des abendländ. Mittelalters. Berlin ²1986.*

Papyruskunde (Papyrologie), histor. Hilfswiss. der Altertumskunde.

Papyrusstaude (Papierstaude, Cyperus papyrus), vom trop. Afrika bis Sizilien verbreitete Art der Gattung Zypergras. Die P. wurde seit dem Altertum kultiviert und zur Herstellung von Flößen, Matten und v. a. von Papyrus verwendet.

Paquimé [-k-], vorkolumb. Ruinenstätte im Bundesstaat Chihuahua, im NW Mexikos, am Rand der Stadt Casas Grandes (UNESCO-Weltkulturerbe); Museum.

Par [engl.] *das, Golf:* für jede Spielbahn festgesetzte Anzahl von Schlägen; richtet sich nach dem Abstand des Abschlags vom Loch.

Para, Währungseinheit in Jugoslawien; 1 Jugoslaw. Neuer Dinar (N. Din) = 100 P. (p).

Pará, 1) *der* (Rio P.), südl. Mündungsarm des Amazonas, rd. 320 km lang, bis 65 km breit; bildet mit dem Tocantins eine trichterförmige Mündungsbucht.

2) Bundesstaat im N von ↑Brasilien. Der Hauptteil P.s gehört der mit Urwald bedeckten Schwemmlandebene des Amazonas an. Im N erstrecken sich die Ausläufer des Berglandes von Guayana, der S hat Anteil an der Abdachung des Brasilian. Berglandes.

para... [grch.], vor Vokalen und h meist verkürzt zu **par...,** Präfix mit den Bedeutungen 1) neben..., bei...; 2) nebeneinander, miteinander; nahe stehend, ähnlich; 3) über – hinaus; 4) (von der Norm) abweichend, fehlerhaft; 5) Abk. **p-,** in der chem. Nomenklatur Vorsilbe zur Kennzeichnung der 1,4-Stellung von zwei Substituenten bei aromat. Verbindungen (z. B. 1,4- oder p-Dichlorbenzol).

Parabase [grch.] *die,* in der att. Komödie eine aus Gesang und Rezitation gemischte (meist politisch-satir.) Chorpartie aus sieben Teilen.

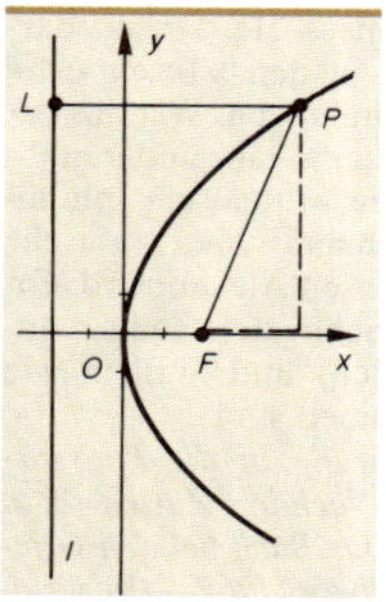

Parabel 2)

Parabel [grch.] *die,* **1)** *Literatur:* Form der Gleichniserzählung, bes. in der Lehrdichtung; zudem künstler. Gestaltungsprinzip; in der dramatisch-theatral. Darstellung eine besondere Form des Dramas.

2) *Mathematik:* ein ↑Kegelschnitt, dessen Punkte (z. B. P) von einem festen Punkt F (Brennpunkt) und einer festen Geraden l (Leitlinie) den gleichen Abstand haben: $\overline{PF} = \overline{PL}$ für alle $L \in l$. Das Lot vom Brennpunkt auf die Leitlinie schneidet die P. im Scheitel und liefert die Symmetrieachse der Parabel. Die von dem Brennpunkt zu einzelnen Punkten der P. gezogenen Geraden werden Brennstrahlen genannt. Die Scheitelgleichung der P. im kartes. Koordinatensystem lautet $y^2 = 2px$ mit einem Parameter p. (↑Wurf)

Parablacks [auch -blɛks, engl.], auf den Skiern (zw. Skispitze und Bindung) angebrachte (Kunststoff-)Klötze, die das Überkreuzen der Skier verhindern sollen.

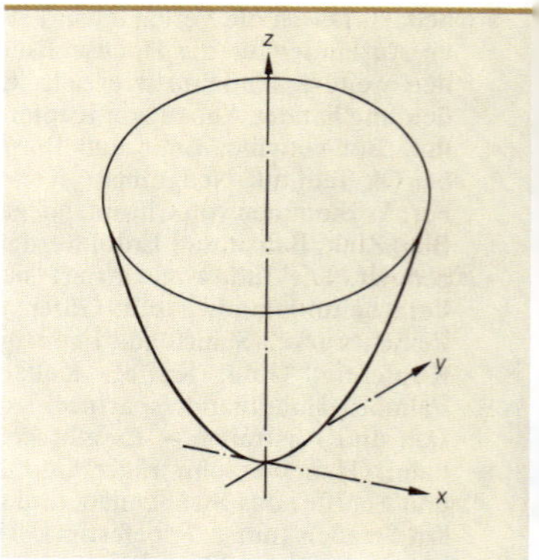

Paraboloid: Rotationsparaboloid

Paraboloid [grch.] *das, Mathematik:* gekrümmte Fläche ohne Mittelpunkt mit der Gleichung in Normalform $z = x^2/a^2 + y^2/b^2$. Durch Drehung einer ↑Parabel um die Symmetrieachse entsteht das **Rotations-P.,** ein spezielles **ellipt. P.** mit $a = b$. Man unterscheidet ellipt. von **hyperbol. P.** danach, ob ihre Schnittkurven mit einer bestimmten Schar paralleler Ebenen Ellipsen (im Sonderfall des Rotations-P. Kreise) oder Hyperbeln sind.

Parabolspiegel, ein Hohlspiegel in der Form eines Rotationsparaboloids zur Bündelung von Strahlen in seinem Brennpunkt oder zur Erzeugung paralleler Strahlen bzw. ebener Wellen; Anwendung v. a. bei Antennen, astronom. Spiegelteleskopen und Scheinwerfern.

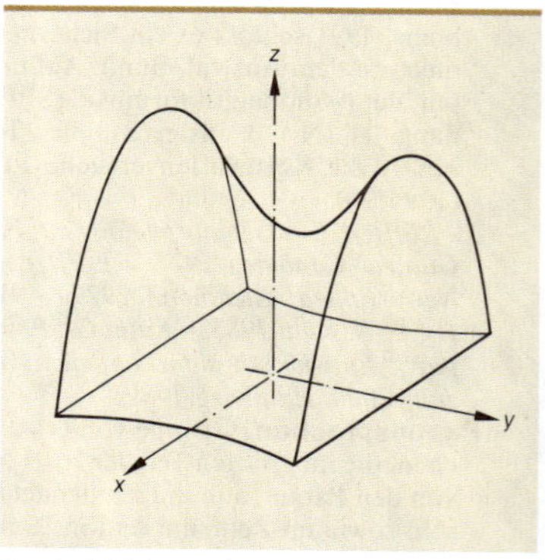

Paraboloid: hyperbolisches Paraboloid

Paracas, Halbinsel im S Perus, 18 km südlich des Hafens Pisco. – Die nach der Halbinsel ben. P.-Kultur (seit etwa 800 v. Chr.) brachte bes. dünnwandige Tongefäße hervor, die nach dem Brennen bemalt wurden; auch hoch entwickelte Textiltechnik; Schachtgräber. Zu Beginn unserer Zeitrechnung allmähl. Übergang in die Kultur der ↑Nazca.

Paracelsus, Philippus Theophrastus, eigtl. Philipp Aureolus Theophrast Bombast von Hohenheim, Arzt, Naturforscher und Philosoph, * Einsiedeln 11. 11. (?) 1493, † Salzburg 24. 9. 1541; Wegbereiter der neuzeitl. Medizin; wandte sich schärfstens gegen die bis dahin gültigen medizin. Autoritäten mit Ausnahme von Hippokrates; zog die meiste Zeit seines Lebens als Wander- oder Wundarzt durch Europa. P. hielt seine Vorlesungen in dt. Sprache, in der auch vorwiegend seine medizin. Werke abgefasst sind. Diese galten hauptsächlich der Syphilis und deren Therapie, den Berufskrankheiten der Berg- und Hüttenarbeiter, der Chirurgie und Wundbehandlung sowie einer allg. Lehre von den Krankheitsursachen. P. führte zahlr. chem. Substanzen in den Arzneimittelschatz ein. Außerdem verfasste er theolog., religionsphilosoph. und sozialpolit. Schriften.

Surya, G. W.: P. richtig gesehen. Bietigheim ³1980. – Allgeier, K.: P. München 1984. – Kaiser, E.: P. Reinbek 40.–42. Tsd. 1993. – Schipperges, H.: P. – heute. Frankfurt am Main 1994.

Paracelsusmedaille [-medalja], Auszeichnung, die jährlich vom Dt. Ärztetag an bes. verdiente Ärzte verliehen wird (seit 1952).

Parade [frz.] *die,* **1)** *öffentliche Repräsentation:* Vorbeimarsch militär. Verbände, Aufmarsch.
2) *Sport:* Abwehr, z. B. eines gegner. Schlags, Stichs oder Hiebs (Fechten, Boxen), Balls (durch den Torhüter), Schachzugs (bes. bei Schachgebot); beim Dressurreiten eine Reiterhilfe zum Wechsel des Tempos (halbe P.) oder zum Stand (ganze P.).

Paradies [grch. aus altpers.] *das,* **1)** *Baukunst:* Vorhof frühchristl. Basiliken, in dem der Reinigungsbrunnen stand, gleichbedeutend mit dem ↑Atrium. Später wurde der Name auch auf die Vorhallen der Kirchen übertragen, die für Büßer, kirchl. Verkündigungen, als Prozessionsstation, teilweise auch als Begräbnisstätte dienten und mit Asylrecht belegt waren.
2) *Religionswiss.:* in vielen Religionen verbreitete, inhaltlich unterschiedl. Vorstellung von einer Stätte (bzw. einem Zustand) der Ruhe, des Glücks, des Friedens und des Heils am Anfang und am Ende aller Zeiten; auch Insel (Gefilde) der Seligen, ↑goldenes Zeitalter, ↑Himmel, ↑Nirvana, ↑Schlaraffenland; im A. T. der Garten Eden.

Paradies|apfel, Wildapfelform auf der Balkanhalbinsel.

Paradiesvogel (lat. Apus), Sternbild des Südhimmels.

Paradiesvögel: Königsparadiesvogel

Paradiesvögel (Paradisaeidae), Familie etwa staren- bis rabengroßer Singvögel in trop. Regenwäldern Neuguineas, NO-Australiens und der Molukken; Männchen meist prächtig bunt befiedert, oft mit verlängerten Schmuckfedern. Zu den P. gehören u. a. der **Königsparadiesvogel** (Cicinnurus regius), 15 cm lang, und der **Große Paradiesvogel** (**Göttervogel,** Paradisaea apoda), bis 45 cm lang.

Paradiesvogelblume, ↑Strelitzie.

Paradieswitwe, *Zoologie:* Art der ↑Witwen.

Paradigma [grch.] *das,* **1)** *allg.:* Beispiel, Muster.
2) *Sprachwiss.:* 1) Gesamtheit der Formen der Flexion eines Wortes, bes. als Muster für die Flexion anderer Wörter (Deklinations- oder Konjugationsmuster); 2) (syntakt. P.), Anzahl von sprachl. Einheiten, zw. denen in einem Kontext zu wählen ist (z. B. »Er steht *hier*« und nicht etwa »*dort*«); Ggs. Syntagma.
3) *Wissenschaftstheorie:* ein von T. S. Kuhn eingeführter Begriff, der die Gesamtheit aller eine wiss. Disziplin in einem Zeitabschnitt beherrschenden Grundauffassungen (z. B. Raum-, Zeitvorstellungen, methodolog. Regeln) bezeichnet und somit festlegt, was als wiss. befriedigende Lösung angesehen werden kann. Nach einer These Kuhns lassen sich in der Wiss.geschichte wiss. Revolutionen im Sinne von **Paradigmenwechseln** definieren, wie z. B. die Übergänge von der aristotel. zur klass. und von dieser zur relativist. Mechanik.

Parador [span.] *der,* auch *das,* staatl. span. Luxushotel für Touristen.

Paradoxie [grch.] *die,* Aussage, die einen Widerspruch im Sinne der formalen Logik enthält; i. w. S. das ↑Paradoxon. Der Begriff P. wurde v. a. in der Geschichte der Mathematik in Zusammenhang mit dem Unendlichen und Problemen der Mengenlehre verwendet.

Paradoxon [grch.] *das,* **1)** *allg.:* scheinbar widersinnige, in sich widersprüchl. und der allg. Erfahrung zuwiderlaufende Aussage, die jedoch eine andere, höhere oder spezif. Wahrheit spiegelt.

2) *Physik:* in scheinbarem Widerspruch zu physikal. Gesetzen stehendes Phänomen, z. B. das **hydrostat. P.** (↑Hydrostatik), das ↑hydrodynamische Paradoxon, das ↑Zwillingsparadoxon, das ↑olberssche Paradoxon. – Ein echter, nicht aufzulösender Widerspruch heißt **Antinomie.**

Paradschanow, Sergei, georg. Filmregisseur armen. Herkunft, *Tiflis 18. 3. 1924, †Jerewan 20. 7. 1990; Opfer dogmat. Kulturpolitik (u. a. 15 Jahre in Haft); drehte poetisch-myth. Filme, gleichnishaft und reich an Farbsymbolik, u. a. »Schatten vergessener Ahnen« (1964), »Die Granatapfelblüte« (1969), »Kerib, der Spielmann« (1988).

Paraffine [zu lat. parum »zu wenig« und affinis »teilnehmend an etwas«], i. w. S. die ↑Alkane; i. e. S. bei Raumtemperatur feste, wachsartige Gemische von überwiegend unverzweigten Alkanen **(Normal-P.)** mit 18–32 Kohlenstoffatomen. P. werden meist durch Entölung und Raffination aus dem bei der Entparaffinierung von Erdölfraktionen anfallenden ↑Gatsch gewonnen. Unter 50 °C schmelzende P. werden als **Weich-P.,** über 50 °C schmelzende als **Hart-P.** bezeichnet. Sie dienen u. a. zur Herstellung von Kerzen und Lebensmittelverpackungen. Gemische von flüssigen P. bilden das **Paraffinöl,** das als feines Schmieröl (↑Weißöl), z. T. auch medizinisch zur Herstellung von Salben sowie als Darmgleitmittel **(Paraffinum liquidum)** dient.

Parafiski (Hilfsfiski, intermediäre Finanzgewalten, Finanzintermediäre), Institutionen zw. dem öffentl. und dem privaten Bereich, die an der Erfüllung öffentl. Aufgaben mitwirken. Die P. verfügen über organisator. Selbstverw. und finanziell weitgehende Autonomie mit kollektiver Finanzierung, z. B. über Zwangsabgaben (Pflichtbeiträge zur gesetzl. Sozialversicherung u. a.), oder weitgehend autonom verwalteten staatl. Zuschüssen. Als P. gelten u. a. die gesetzl. Kranken-, Unfall-, Renten- und Arbeitslosenversicherung, Ind.- und Handelskammern sowie Landwirtschaftskammern, Kirchen und Religionsgemeinschaften, Arbeitgeberverbände und Gewerkschaften sowie die öffentlich-rechtl. Rundfunkanstalten.

Paraganglien, Nebenorgane des vegetativen Nervensystems, die nicht der Erregungsleitung dienen, sondern endokrine Funktion besitzen, z. B. das Nebennierenmark (sympath. bzw. chromaffine P.) oder die zur Steuerung von Atmung und Kreislauf dienende weizenkorngroße Karotisdrüse (Glomus caroticum).

Paragenese [grch.] *die,* auf bestimmte Bildungsbedingungen zurückzuführende Mineralgemeinschaft in einem Gestein oder auf einer Lagerstätte.

Paragesteine, ↑Orthogesteine.

Paragliding [-glaɪdɪŋ, engl.] (Gleitsegeln, Gleitschirmfliegen), Sportart mit speziellen Fallschirmen, die den Paraglider bei günstigen Windverhältnissen von Bergkuppen sanft ins Tal tragen; gesteuert und gebremst wird mit zwei Steuerleinen, der Start erfolgt durch Abwärtslaufen des Sportlers, damit sich der Schirm mit Wind füllt.

Paragramm [grch.] *das,* Buchstabenänderung in einem Wort oder Namen, wodurch ein scherzhaft-kom. Sinn entstehen kann, z. B. »Biberius« (Trunkenbold) von lat. bibere (trinken) statt »Tiberius«.

Paragraph [grch. »Randzeichen«] *der,* kleiner nummerierter Abschnitt in einem Schriftwerk (wiss. Werk, Handbuch, Gesetzbuch), bes. Einzelvorschrift eines Gesetzes, einer VO, bezeichnet durch das P.-Zeichen: §, *Pl.* §§.

Paraguay ['paragvaɪ, paragu'a:i; indian. »Papageienfluss«] *der,* Fluss in Südamerika, rechter und größter Nebenfluss des Paraná, 2 500 km lang; entspringt im brasilian. Bundesstaat Mato Grosso, durchfließt vielfach sumpfiges Schwemmland (Pantanal) und mündet oberhalb von Corrientes. Er ist bis Corumbá für größere Schiffe befahrbar.

Paraguay ['paragvaɪ, paragu'a:i] (amtlich República del P.), Binnenstaat in Südamerika, grenzt im NW und N an Bolivien, im O an Brasilien, im S und W an Argentinien.

Staat und Recht: Nach der Verf. vom 22. 6. 1992 ist P. eine präsidiale Rep. Staatsoberhaupt und oberster Inhaber der Exekutive (Reg.chef) ist der auf fünf Jahre direkt gewählte Präs. (Wiederwahl nicht möglich). Er ist Oberbefehlshaber der Streitkräfte und ernennt die Mitgl. des Kabinetts. Die Legislative liegt beim Zweikammerparlament, bestehend aus Senat (45 Mitgl.) und Abg.haus (80 Abg.); die Legislaturperiode beträgt fünf Jahre. Einflussreichste Parteien: National-Republikanische Vereinigung-Colorado Partei (ANR-PC), Authent. Liberal-Radikale Partei (PLRA), Partei der Nationalen Begegnung (PEN).

Landesnatur: P. besitzt überwiegend Flachlandcharakter. Es wird vom Fluss Paraguay in zwei Großeinheiten geteilt. Östlich des Stromes erstreckt sich ein subtrop. Tafel- und Bergland, reich an Niederschlägen, mit immergrünen Wäldern. Es bricht in einer Stufe zur fruchtbaren, weniger feuchten Paraná-Paraguay-Senke ab, in deren südl. Teil sich weite Sumpf- und Überschwemmungsgebiete erstrecken. Im W breitet sich die eintönige, trocken-heiße Aufschüttungsebene des Gran Chaco aus; sie ist überwiegend mit Savannen, Quebrachowäldern und Dornbuschformationen bedeckt.

Bevölkerung: Rd. 95 % der Ew. sind Mestizen, etwa 3 % Indianer (Guaraní), die übrigen Europäer und Asiaten. Hauptlebensraum ist die Ostregion; rd. drei Viertel der Bev. leben im Gebiet um die Hptst. Asunción. In der dünn besiedelten Westregion leben nur 3 % der Gesamtbev., v. a. Indianer und Mennoniten (meist dt. oder schweizer. Herkunft). – Die allg. Schulpflicht (7.–14. Lebensjahr) kann nicht überall durchgesetzt werden. P. hat eine staatl. (gegr. 1890) und eine kath. Univ. (gegr. 1960) in Asunción sowie weitere Hochschulen. – 96 % der Bev. sind Katholiken, 2 % Protestanten.

Wirtschaft, Verkehr: Wichtigster Wirtschaftszweig ist die Landwirtschaft, bei der die Viehwirtschaft (v. a. extensive Rinderhaltung in den Savannengebieten) führend ist; Anbau der Grundnahrungsmittel Mais, Maniok und Bataten sowie der Exportprodukte Baumwolle, Sojabohnen, Erdnüsse v. a. in der Ostregion. Vorherrschend sind kleinbäuerl.

Paraguay

Fläche	406 752 km²
Einwohner	(1999) 5,36 Mio.
Hauptstadt	Asunción
Verwaltungsgliederung	17 Departamentos und der Hauptstadtbezirk
Amtssprachen	Spanisch, Guaraní
Nationalfeiertage	14. und 15. 5.
Währung	1 Guaraní (₲, G) = 100 Céntimos (cts)
Zeitzone	MEZ −5 Std.

Betriebe, die sich mit Unterstützung der kath. Kirche in Kooperativen zusammengeschlossen haben. Obwohl mehrere Agrarreformen durchgeführt wurden, bewirtschafteten Großbetriebe, die nur 3 % aller Produktionseinrichtungen darstellen, nach wie vor 80 % der landwirtsch. Nutzfläche. Forstwirtschaftlich genutzt werden etwa 25 % der Waldfläche; auch Gewinnung von Tannin, äther. Ölen u. a. Erschließungsarbeiten am Paraná haben zu großflächiger unkontrollierter Abholzung geführt. Nachgewiesene Eisen-, Mangan- und Kupfererze werden noch kaum ausgebeutet. In Zusammenarbeit mit Brasilien wurde 1991 das Großkraftwerk Itaipú (12 600 MW) am Paraná fertig gestellt. Die Ind. verarbeitet in erster Linie landwirtsch. Erzeugnisse und Holz. Daneben bestehen Glasfabriken, Textilind., eine Erdölraffinerie und ein Zementwerk. – Wichtigste Verkehrsträger für den Außenhandel sind die Flüsse Paraguay und Paraná; bedeutendster Binnenhafen ist Asunción. P. hat Freihafenrechte in Buenos Aires, Santos, Paranaguá und Antofagasta. Einzige wichtige Eisenbahnstrecke ist die staatl. Verbindung von Asunción nach Encarnación (441 km). Von 60 000 km Straßen sind nur rd. 3 000 km asphaltiert; P. hat 705 km Anteil an der Carretera Pan-

Paraguay

americana. Neben dem internat. Flughafen in Asunción ist ein zweiter bei Ciudad del Este im Bau.

Geschichte: Das 1537 von Spanien gegr. Asunción wurde Kolonisationsmittelpunkt des oberen La-Plata-Gebietes. 1609 errichteten die Jesuiten bei den Guaraní-Indianern Missionsstationen (Reduktionen), aus denen am Mittellauf des Uruguay und Paraná der **Jesuitenstaat** entstand. Obwohl ohne geschlossenes Territorium, brachten es die Reduktionen durch Anpassung an die Sitten der Guaraní und einen hohen Organisationsgrad zu wirtsch. Wohlstand. Nachdem 1767 die Jesuiten vertrieben worden waren, wurden die Reduktionen unter Zivilverw. gestellt und verfielen allmählich. 1811 erklärte sich P. unabhängig und bildete unter dem Diktator J. Francia (1814–40) einen wirtsch. und politisch isolierten Freistaat. Unter Francias Nachfolger C. A. López öffnete sich das Land wieder ausländ. Einfluss und Kapital. Sein Sohn und Nachfolger F. S. López suchte im Krieg gegen Argentinien, Brasilien und Uruguay das Land aus der Umklammerung durch diese Länder zu befreien und einen Zugang zum Meer zu gewinnen. Doch P. wurde wirtsch. völlig vernichtet (nur ein Fünftel der Bev. überlebte, ein großer Teil des nutzbaren Territoriums ging verloren); es konnte sich erst im 20. Jh. wieder erholen. Im Ersten Weltkrieg blieb P. neutral. Nach dem Chacokrieg gegen ↑Bolivien (1932–35) erhielt P. im Friedensvertrag von Buenos Aires (21. 7. 1938) den größten Teil des umstrittenen Chaco zugesprochen. In der Folge des Krieges wurden die Militärs zur beherrschenden Macht; einflussreichste Partei war die National-Republikan. Vereinigung (ANR). Die Verflechtung zw. diesen beiden Kräften wurde immer enger, bis 1954 General A. Stroessner nach einem Putsch als Armee-Oberbefehlshaber und ANR-Parteichef das Präsidentenamt übernahm. 34 Jahre lang übte er die Reg.gewalt diktatorisch aus, formal alle fünf Jahre durch Wahlen bestätigt. Am 3. 2. 1989 wurde er durch einen blutigen Putsch gestürzt, Präs. wurde General A. Rodríguez (ANR, gewählt am 1. 5. 1989). Dieser leitete einen Demokratisierungsprozess ein: Am 1. 12. 1991 wurde eine verfassunggebende Nat.versammlung gewählt, gleichfalls mit Mehrheit für die ANR. Die neue Verf., die 1992 in Kraft trat, beschnitt die Rechte der Militärs deutlich. Am 10. 5. 1993 fanden unter internat. Beobachtung Präsidentschafts- und Parlamentswahlen statt; da sich die Opposition nicht auf einen gemeinsamen Kandidaten geeinigt hatte, wurde der Vertreter der ANR, J. C. Wasmosy, zum Präs. gewählt. Ein versuchter Militärputsch von General L. Oviedo im April 1996 endete zwar mit seiner Verhaftung und Verurteilung, doch wurde er auf Veranlassung des 1998 gewählten Präs. R. Cubas Grau (ANR) amnestiert. Als der Präs. der Forderung des Parlaments, den General wieder festzusetzen, nicht nachkam, wurde ein Amtsenthebungsverfahren eingeleitet. Um dem zuvorzukommen, trat Präs. Cubas Grau im März 1999 zurück. Begleitet waren diese Ereignisse von heftigen Unruhen in Asunción, die erst ein Ende fanden, als das Parlament Senatspräs. L. González Macchi (ANR) zum Präs. ernannte.

📖 *Wilhelmy, H. u. Rohmeder, W.: Die La-Plata-Länder. Braunschweig u. a. 1963. – P., hg. v. T. Heydenreich u. J. Schneider. München 1984. – Zoomers, E. B.: Rural development and survival strategies in Central P. Amsterdam 1988. – Nickson, A.: Historical dictionary of P. Metuchen, N. J., ²1993. – Brachetti, A.: Gegenwärtige Entwicklunsprojekte bei den Indianern in P. Marburg 1995, – Fregosi, R.: Le P. au XXe siècle. Paris 1997. – The transition to democracy in P., hg. v. P. Lambert u. A. Nickson. Basingstoke 1997.*

paraguayische Literatur [ˈparagvaɪ-, paraguˈa:i-], ↑lateinamerikanische Literaturen.

Parahelium, ↑Orthohelium.

Paraíba, 1) *der,* (Rio P.), Fluss in SO-Brasilien, 1 100 km lang, entspringt im Staat São Paulo in der Serra do Mar, durchfließt den Staat Rio de Janeiro, mündet unterhalb von Campos in den Atlantik.

2) Bundesstaat im NO von ↑Brasilien. Der größte Teil P.s gehört der nordöstl. Abdachung des Brasilian. Berglands an. Das Dürregebiet des W ist durch Bewässerungsanlagen für Viehzucht und Baumwollanbau nutzbar gemacht worden. An der O-Abdachung und im Küstentiefland werden Baumwolle, Zuckerrohr, Tabak, Kaffee angebaut.

Paraklet [grch. »Helfer«] *der,* in den Abschiedsreden Jesu im Johannesevangelium (Joh. 14–16) der »Geist der Wahrheit«, der der Gemeinde nach Jesu Tod beistehen, sie trösten, lehren und leiten wird.

Parakou [paraˈku], Provinzhauptstadt im zentralen Benin, 106 700 Ew.; kath. Bischofssitz; Handelszentrum in einem Baumwollanbaugebiet; Endpunkt der Bahnlinie von Cotonou; Güterumschlagplatz; Flugplatz.

Par|aldehyd (Paraacetaldehyd), trimeres, zykl. Polymerisationsprodukt von Acetaldehyd (chemisch das 2,4,6-Trimethyl-1,3,5-trioxan); unangenehm riechende, farblose, in Wasser nur wenig lösl. Flüssigkeit, die durch Einwirkung katalyt. Mengen von Mineralsäuren gebildet wird. P. dient als Lösungsmittel für Öle, Wachse, Gummi und ist Zwischenprodukt für organ. Chemikalien.

Paralinguistik, Teilgebiet der Linguistik, das diejenigen Signale im Kommunikationsprozess erforscht, die die sprachl. Äußerungen begleiten (z. B. Gestik, Mimik, Sprechtempo, -intensität).

Paralipomena [grch. »Beiseitegelassenes«], **1)** *allg.:* Ergänzungen, Nachträge, Textvarianten u. a., die für die Veröffentlichung eines literar. Werkes (zunächst) nicht berücksichtigt wurden; wichtig für textkrit. Untersuchungen.

2) *Bibelwiss.:* die Bücher der ↑Chronik 2).

Parallaxe [grch. »Vertauschung«] *die,* allg. der Winkel zw. den Verbindungsgeraden zu einem Punkt (Objekt) von zwei versch. Beobachtungsorten aus, deren geradlinige Verbindung, die Basis, bekannt ist. Die P. ist als scheinbare Verschiebung des Objekts **(parallakt. Verschiebung)** beobachtbar. Sie dient in der Astronomie zur Bestimmung der Entfernung eines (der Erde nahen) Gestirns. Die **tägl. P.** beruht auf der Erdrotation. Dabei ist die **Höhen-P.** der Winkel, unter dem vom Gestirn aus der zum Beobachtungspunkt zeigende Erdhalbmesser erscheint. Steht das Gestirn im Zenit, so ist sie gleich null, steht es im Horizont, so hat sie ihren größten Wert **(Horizontal-P.).** Die **Fixstern-P.,** der Winkel, unter dem von einem Fixstern aus der Erdbahnhalbmesser um die Sonne erscheint, dient zur Bestimmung der Entfernung der Fixsterne. Diese – auf der Bewegung der Erde um die Sonne beruhende – **jährl. P.** beträgt für den der Erde nächsten Stern Proxima Centauri 0,765″, was einer Entfernung von 4,3 Lichtjahren entspricht. Bei P. unter 0,01″ wendet man indirekte Methoden (z. B. trigonometr., photometr.) der Entfernungsbestimmung an. Die **säkulare P.** beruht auf der Bewegung des Sonnensystems relativ zu den benachbarten Sternen. – Bei fotograf. Kameras (außer bei einäugigen Spiegelreflexkameras) ist die P. die Abweichung zw. Bildausschnitt im Sucher und auf dem Film, wenn die Sucherachse nicht mit der opt. Achse des Objektivs übereinstimmt.

Parallaxensekunde, ↑Parsec.

parallel [grch.], **1)** *allg.:* nebeneinander verlaufend, in gleichem Abstand, gleichartig, vergleichbar, gleichzeitig.

2) *Datenverarbeitung:* gleichzeitig und unabhängig voneinander ablaufend. Beispiele solcher Prozesse sind die parallele Datenübertragung (Parallelübertragung), bei der Zeichen (Bits, Bytes) p. voneinander über eine entsprechende Anzahl von Leitungen übertragen werden, sowie die parallele Datenverarbeitung (↑Parallelverarbeitung).

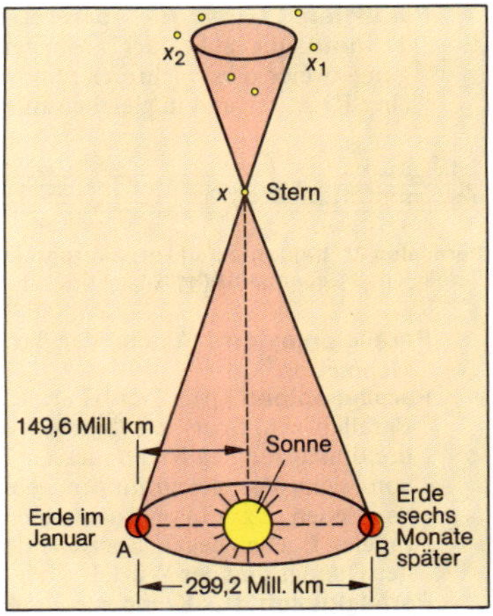

Parallaxe: die schematische Darstellung der jährlichen Parallaxe zeigt die scheinbare Verschiebung des Ortes x eines Sterns zu x_1 und x_2 bei verschiedenen Stellungen A und B des Beobachters

3) *Geometrie:* zwei in einer Ebene liegende Geraden heißen p. **(Parallelen),** wenn sie keinen gemeinsamen Schnittpunkt haben. Analog sind zwei Ebenen im dreidimensionalen Raum p., wenn sie keine Gerade gemeinsam haben.

Parallelanleihe, internat. Anleihe, die von einem Emittenten mit möglichst gleicher Ausstattung in mehreren Ländern angeboten wird. P. bilden keine einheitl. Emissionen, sondern Bündel koordinierter, an die Marktgegebenheiten der jeweiligen Länder angepasster Teilemissionen (Tranchen). Bei gleichem Nominalzins wird ein bestehendes Zinsgefälle zw. den verschiedenen nat. Kapitalmärkten über den Ausgabepreis und die Laufzeit ausgeglichen.

Parallelbetrieb, 1) *Datenverarbeitung:* (Simultanbetrieb) Arbeitsweise eines Rechners, bei der im Ggs. zum Serienbetrieb mehrere Funktionseinheiten gleichzeitig an mehreren Aufgaben oder an mehreren Teilen einer Aufgabe arbeiten.

2) *Elektrotechnik:* Zusammenarbeit parallel geschalteter elektr. Maschinen oder Geräte bei Wechselstrom. Weiträumiger P. von Energieverteilungsnetzen ist üblich, um bei Störungen in einem der Netze die Stromversorgung so weit wie möglich aufrechtzuerhalten.

Parallelen, **1)** *Geometrie:* ↑parallel.
2) *Musik:* die auf- oder absteigende Bewegung zweier oder mehrerer Stimmen in gleicher Richtung und in gleichen Intervallen.

Parallelen 2): 1 Akzentparallelen; 2 verdeckte Parallelen; 3 Gegenparallelen

Parallelen|axiom, Axiom der ↑euklidischen Geometrie.

Parallel|epiped [grch.] *das* (Parallelepipedon, Parallelflach, Spat), ein geometr. Körper im dreidimensionalen Raum, dessen Oberfläche von sechs Parallelogrammen gebildet wird, von denen je zwei kongruent sind und in parallelen Ebenen liegen. Spezielle Formen sind der Quader und der Würfel.

Parallelgeschäft, ↑Kompensationsgeschäft.

Parallelismus [grch.] *der,* **1)** *Psychologie:* (psychophysischer P.) ↑psychophysisches Problem.
2) *Rhetorik:* als rhetor. Figur gleich oder sehr ähnlich gebaute, aufeinander folgende und sich in ihrem Sinn bestärkende Sätze oder Verse; literar. Kompositionselement durch die Wiederholung gleichrangiger Teile im Aufbau der Fabel eines Werkes.

Parallelkreis, *Geographie, Geophysik:* der Breitenkreis, ↑Breite.

Parallelmarkt, Finanzmarkt, der sich ergänzend zu einem originären Markt (Börse) bildet (z.B. der außerbörsl. Telefonhandel mit börsennotierten Wertpapieren). Auch inoffizielle Devisenmärkte in Ländern mit Devisenbewirtschaftung und internat. Finanzmärkte werden als P. zu den nat. Geld- und Kapitalmärkten bezeichnet. P. unterliegen keinen spezif. Regulierungen, ihre Kurse weichen z.T. erheblich von den offiziellen Kursen ab.

Parallelmontage [-mɔnˈtaːʒə], *Filmtechnik:* Wechsel der Einstellung zw. zwei oder mehreren simultanen, aber räumlich getrennten Handlungen, die durch Kreuzschnitt (↑Crosscutting) ineinander montiert sind (z.B. bei einer Verfolgungsjagd).

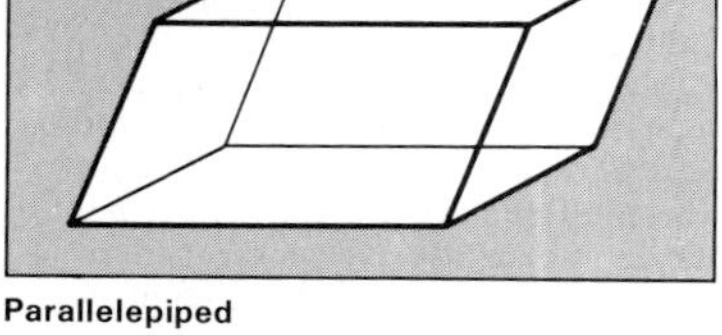

Parallelepiped

Parallelogramm [grch.] *das,* ein Viereck, bei dem je zwei sich gegenüberliegende Seiten parallel und gleich lang sind; die Gegenwinkel eines P. sind gleich groß ($\alpha = \gamma$, $\beta = \delta$) und ergänzen sich zu 180°. Die Diagonalen halbieren einander, das P. ist punktsymmetrisch zum Diagonalenschnittpunkt (E). Der Flächeninhalt F ist das Produkt aus der Länge einer beliebigen Seite (z.B. a) und der zugehörigen Höhe h.

Parallelrechner, Computer, bei denen im Ggs. zu herkömml. Rechnern voneinander unabhängige Teilaufgaben einer komplexen Aufgabe nicht nacheinander von einem Prozessor, sondern ↑parallel von einer Vielzahl von Mikroprozessoren bzw. ↑Transputern abgearbeitet werden. Die mit P. erreichbare Steigerung der Rechengeschwindigkeit ist bes. im Bereich der Bildverarbeitung und für Simulationsverfahren erforderlich.

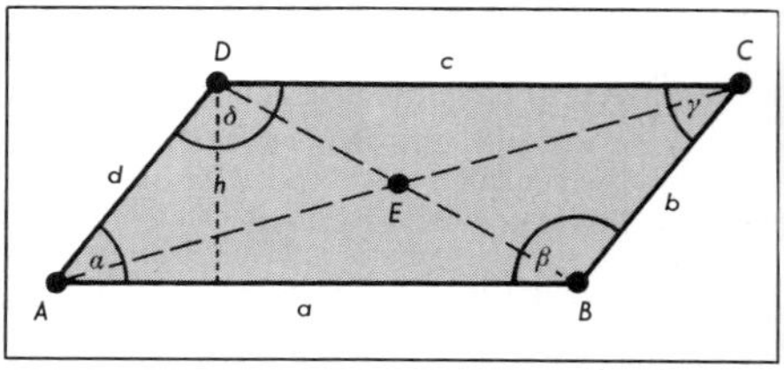

Parallelogramm

Parallelschaltung, Grundschaltung, bei der jeweils die Ein- und Ausgänge der Schaltungselemente verbunden sind. Bei zwei Widerständen addieren sich die Leitwerte zu einem Gesamtleitwert, bei zwei magnet. nicht gekoppelten induktiven Elementen addieren sich die reziproken Induktivitäten zu einem reziproken Wert der Gesamtinduktivität, bei zwei Kondensatoren addieren sich die Kapazitäten. Ggs.: ↑Reihenschaltung.

Parallelslalom, *alpiner Wintersport:* (Zweierstart-)Disziplin beim ↑Slalom und beim ↑Snowboarden (hier außerdem auch »Parallelriesenslalom«).

Paralleltonart, ↑Tonart.

Parallelverarbeitung, *Datenverarbeitung:* gleichzeitige Bearbeitung eines Programms durch mehrere Prozessoren. Die P. setzt voraus, dass in sich abgeschlossene Aufgaben definiert werden können, die den einzelnen Prozessoren zur Bearbeitung übertragen werden.

Parallelwährung, Währungssystem, in dem zwei Edelmetalle (meist Gold und Silber) frei ausprägbar sind und als gesetzl. Zahlungsmittel gelten. Zw. den Metallen besteht im Ggs. zur Doppelwährung kein festes Wertverhältnis.

Paralogismus [grch.] *der,* Trugschluss, Fehlschluss.

Paralympics [pærəˈlɪmpɪks, engl.], Spiele behinderter Leistungssportler im Anschluss an die Olymp. Spiele, die (seit 1988 [Sommer] bzw. 1994 [Winter]) regelmäßig am gleichen Ort, 10 bis 14 Tage nach Abschluss derselben, stattfinden. In den Sommersportarten werden Spiele seit 1960, in den Wintersportarten seit 1976 durchgeführt. Veranstalter der P. ist das Internat. Paralymp. Komitee (IPC; gegr. 1989, Sitz: Brügge). Die Behindertensportler und -sportlerinnen, die für die P. zugelassen sind, unterteilen sich in fünf Kategorien (diese wiederum in Schadensklassen; je höher der Grad der Behinderung, desto niedriger die Klasse): 1) Blinde und Sehbehinderte; 2) spastisch Gelähmte; 3) Rollstuhlfahrer/Querschnittsgelähmte; 4) Amputierte und anders körperlich Behinderte; 5) geistig Behinderte. 1996 in Atlanta wurde erstmals eine »Cultur Paralympiad« veranstaltet, mit dem Ziel, das Verständnis für die Kunst von Behinderten zu fördern. – Die P. entwickelten sich aus den von dem brit. Sportmediziner Sir Ludwig Guttmann (* 1899, † 1981) initiierten »Weltspielen der Gelähmten« (1960–72), denen sich 1976–84 die »Olymp. Spiele der Behinderten« anschlossen. Die Bez. P. gibt es offiziell seit den Spielen in Seoul 1988. (↑Behindertensport)

Paralyse [grch.] *die,* vollständige Lähmung durch Schädigung motor. Nervenbahnen; führt bei längerem Bestehen zu Muskelschwund. Die **progressive P.** ist ein Spätstadium der Syphilis, das durch allmählich fortschreitende Zerstörung der Großhirnrinde sowie körperl. und geistigen Verfall gekennzeichnet ist.

Paralysis agitans, die ↑Parkinson-Krankheit.

paramagnetische Elektronenresonanz, ↑Elektronenspinresonanz.

paramagnetische Kernresonanz, ↑Kernspinresonanz.

Paramagnetismus, Eigenschaft bestimmter Stoffe, in einem äußeren Magnetfeld eine in Feldrichtung zeigende Magnetisierung aufzuweisen. Der P. beruht auf dem Vorhandensein permanenter magnet. Momente infolge nicht abgesättigter Spin- und Bahndrehimpulse in unvollständig besetzten Elektronenschalen der Atome. Diese magnet. Momente sind wegen der Wärmebewegung ungeordnet; im Magnetfeld stellen sie sich jedoch entgegen der Wärmebewegung bevorzugt in Feldrichtung ein. Die Magnetisierung und damit auch die magnet. Suszeptibilität sind im Allg. temperaturabhängig (↑Curie-Gesetz). Typ. paramagnetische Stoffe sind z. B. Chrom und Aluminium.

Paramaribo, Hauptstadt von Surinam, 15 km oberhalb der Mündung des Suriname, 192 000 Ew.; Univ., landwirtsch. Forschungsanstalt; Holzverarbeitung, Textil-, Metallindustrie, Werft; Hafen, internationaler Flughafen.

Paramente [mlat.], die ↑liturgischen Gewänder sowie die der Ausstattung des gottesdienstl. Raums dienenden Tücher.

Parameter [grch.] *der,* **1)** *Datenverarbeitung:* Bez. für Platzhalter in einer Programmeinheit, der erst bei der konkreten Verwendung (Aufruf) der Programmeinheit festgelegt wird. **Formale P.** stehen in der Programmeinheit, **aktuelle P.** im Aufruf der Programmeinheit.

2) *Mathematik:* eine neben den eigentl. Variablen (z. B. den Ortskoordinaten) einer Gleichung, Funktion o. Ä. auftretende Hilfsvariable, deren Wert festgehalten oder systematisch verändert wird, um das Verhalten der entsprechenden Funktion o. Ä. zu untersuchen; tritt z. B. als Hilfsvariable bei Kegelschnitten auf.

3) *Musik:* v. a. im Zusammenhang mit Neuer Musik gebräuchl. Bez. für die einzelnen Dimensionen des musikal. Wahrnehmungsbereichs. Man unterscheidet primäre P. wie Tonhöhe, Lautstärke, Tondauer und Klangfarbe und sekundäre P. wie Artikulation, Klangdichte, Gruppencharakteristik. In der ↑seriellen Musik werden die musikal. P. isoliert betrachtet und nach Reihen (↑Zwölftontechnik) geordnet.

4) *Physik:* Bez. für solche Variable, die bei dem gerade vorliegenden Prozess konstant gehalten werden, von Versuch zu Versuch aber verändert werden können.

Parametritis [grch.] *die,* Entzündung des Beckenbindegewebes (Parametrium) zw. Gebärmutter und Beckenwand. Ursache ist das Einwandern von Bakterien (bes. Staphylokokken und Streptokokken), meist über die Lymphbahnen. Die Behandlung erfolgt mit Antibiotika.

paramilitärisch, **1)** vormilitärisch, z. B. die Ausbildung vor dem eigentl. Militärdienst.

2) halbmilitärisch; bezeichnet nicht zu den eigentl. Streitkräften eines Landes gehörende, mit militär. Gerät ausgestattete besondere Polizeitruppen (Grenzpolizei, Küstenwacht), in manchen Staaten bestehende Zivilschutztruppen, »Volksmilizen«, ferner militärähnl. »Kampfformationen« extremist. Parteien.

Paramnesie [grch.] *die,* Form der Gedächtnisstörung, bei der die Erinnerung durch Illusion oder Halluzination verfälscht ist.

Páramo [span.] *der,* Vegetationsformation feuchter Tropengebirge, durch steif büschelige Gräser, Rosetten- und Polsterpflanzen sowie durch Wollkerzengewächse geprägt.

Paraná, 1) *der,* Strom in Südamerika, 3 700 km lang, entsteht aus den Quellflüssen Rio Paranaíba und Rio Grande in SO-Brasilien, die sich unter 20° s. Br. zum P. vereinigen, nimmt den Paraguay auf und mündet in Argentinien mit einem bis 70 km breiten Delta in den Río de la Plata; bis Santa Fe von Seeschiffen befahrbar; Wasserkraftwerk Itaipú (12 600 MW; Endausbau 14 000 MW).

2) Bundesstaat im S von ↑Brasilien. P. gehört zum größten Teil dem südbrasilian. Hochland an; im O Viehzucht und Holzwirtschaft, im N Kaffee- (wichtigste Kaffeezone Brasiliens), Soja- und Weizenanbau.

3) Hptst. der Provinz Entre Ríos in Argentinien, am Fluss P., mit dem gegenüberliegenden Santa Fe durch Fähren und einen Tunnel verbunden; 206 800 Ew.; Erzbischofssitz; Univ., Museen; Verarbeitung landwirtsch. Produkte; Hafen, Flugplatz. – 1853–62 war P. Hptst. von Argentinien.

Parandowski, Jan, poln. Schriftsteller, * Lemberg 11. 5. 1895, † Warschau 26. 9. 1978; seit 1933 Präs. des poln. PEN-Clubs; Erzählungen, Romane, bes. zur Antike (»Der olymp. Diskus«, 1933).

Paranoia [grch. »Wahnsinn«, zu pará »neben« und noũs »Verstand«] *die,* Wahnkrankheit, wobei die formalen Denkprozesse und das Affektleben außerhalb des meist systematisierten Wahnsystems (Eifersuchts-, Verfolgungs- oder Beziehungswahn) weitgehend erhalten sind; auch Bez. für paranoide Verlaufsform der Schizophrenie (Paraphrenie).

paranormale Phänomene, die Erscheinungen der außersinnl. Wahrnehmung und Psychokinese, die sich einer wiss. Erklärung entziehen.

Paranuss [nach dem brasilian. Staat Pará], der schwärzl. dreikantige Samen des im nördl. Südamerika heim. **P.-Baumes** (**Brasilnussbaum,** Bertholletia excelsa). Die P. **(Brasilnüsse, Brasilkastanien)** sind wohlschmeckend und nahrhaft.

Paraphasie [grch.] *die,* ↑Sprachstörung, bei der es zur Vertauschung von Wörtern, Silben oder Lauten kommt.

Paraphierung [grch.-frz.] *die,* bei diplomat. Verhandlungen die vorläufige Unterzeichnung eines Vertrages durch die Unterhändler, indem sie zum Zeichen der Verbindlichkeit des Textes die Anfangsbuchstaben ihrer Namen **(Paraphe)** unter das Dokument setzen; die P. begründet noch keine Rechtsverbindlichkeit des Ausgehandelten.

Paraphrase [grch.], **1)** *Musik:* frei ausschmückende Bearbeitung von Musikstücken, Fantasie über ein Tonstück.

2) *Sprachwiss.:* Umschreibung eines sprachl. Ausdrucks mit anderen Wörtern oder Ausdrücken; freie, sinngemäße Übertragung in eine andere Sprache (im Unterschied zur ↑Metaphrase).

Paraproteine, entartete Eiweißkörper im Blut (unwirksame Antikörperglobuline), die sich bei bestimmten Blutkrankheiten (z. B. Plasmozytom, lymphat. Leukämie) bilden.

Parapsychologie, die (umstrittene) Lehre von den okkulten Erscheinungen, d. h. von außersinnl. Wahrnehmungen (Telepathie, Hellsehen, Präkognition, Prophetie) und von physikalisch unerklärbaren seel. Wirkungen auf physikal. oder biolog. Vorgänge (Psychokinese, Telekinese); die P. fasst diese heute als »Psi-Phänomene« zusammen. Quellen der Forschung sind statist. Versuche mit beliebigen Versuchspersonen, spontane Erlebnisse (Ahnungen, Wahrträume, Visionen, Erscheinungen, Spuk usw.) und qualitative Versuche mit bes. begabten Sensitiven (Medien).

📖 *Psi, was verbirgt sich dahinter?, hg. v. E. Bauer u. W. von Lucadou. Freiburg im Breisgau u. a. 1984. – Lucadou, W. von: Psyche u. Chaos. Neue Ergebnisse der Psychokinese-Forschung. Freiburg im Breisgau 1989. – Rýzl, M.: P. Tatsachen u. Ausblicke. A. d. Amerikan. Genf u. a. [8]1992.*

Parasailing [ˈpærəseɪlɪŋ, engl.] *das, Freizeitsport:* outdoorsportl. Disziplin, bei der ein an einem fallschirmartigen Gerät hängender Sportler mittels einer Leine (gezogen von einem Motorboot oder Kfz) über einer Wasser- oder Landfläche in bis zu 100 m Höhe fortbewegt wird. P. ist weder organisiert, noch werden Wettbewerbe ausgetragen. In Dtl. ist die Ausübung von P. verboten.

Paranuss:
Zweig mit Blüten des Paranussbaumes und aufgeschnittene Frucht mit Paranüssen

Parasiten [grch.-lat.] (Schmarotzer), Bakterien-, Pflanzen- oder Tierarten, die ihre Nahrung anderen Lebewesen (Wirten) entnehmen und sich vorübergehend oder dauernd an oder in deren Körper aufhalten. Man unterscheidet **Ekto-P.,** die auf der Körperoberfläche des Wirts leben, und **Endo-P.,** die im Innern des Wirts leben (z. B. Eingeweidewürmer). – Meist ist ein Parasit ganz spezifisch an ein bestimmtes Wirtstier oder eine Wirtspflanze gebunden. Es gibt aber auch P., deren vollständige Entwicklung nur durch einen oder mehrere Wirtswechsel möglich ist, z. B. bei den Bandwürmern. Die Erhaltung der Art wird durch eine große Eizahl (z. B. Spulwurm: rd. 50 Mio.), durch vegetativ sich vermehrende Larvenstadien (z. B. Hundebandwurm) oder Zwittrigkeit (z. B. Bandwürmer) gesichert. Bei Pflanzen unterteilt man die P. (Phyto-P.) in Halb- und Voll-P.; die **Halb-P.** (**Halbschmarotzer;** z. B. Mistel) haben voll ausgebildete grüne Blätter und sind zu eigener Photosynthese befähigt. Die **Voll-P.** (**Vollschmarotzer,** z. B. Kleeseide) haben kein Chlorophyll und meist vereinfachte Vegetationsorgane.

Parasitenwelse (Schmerlenwelse, Schmarotzerwelse, Trichomycteridae), Familie der Welse mit etwa 185 Arten im trop. Südamerika, bis 6 cm lang und sehr schlank. P. leben im freien Wasser, parasitäre Formen in Kiemenhöhlen anderer Fische. Der 6 cm lange und 3 mm dicke **Candiru** (Vandellia cirrhosa) kann in die Harnröhre badender Menschen eindringen und sich im Harnleiter oder in der Harnblase festsetzen.

Paraski [-ʃi:] *der* (Fallschirmskispringen), internat. Bez. für die aus Zielspringen (Fallschirmsport) und Riesenslalom bestehende Wintersportdisziplin. Die Gesamtwertung ergibt sich aus der Addition der jeweils erreichten Plätze. Ausgetragen werden Einzel- und Mannschaftswettbewerbe. – Der Ursprung des P. liegt in der Tradition des Bergrettungsdienstes, deshalb ist er vorwiegend in den Alpenregionen angesiedelt.

Parasolpilz, ein Speisepilz, ↑Schirmlinge.

Parästhesie [grch.] *die,* Missempfindung, anomale Körperempfindung, z. B. Taubsein der Haut, Einschlafen der Glieder.

Parasympathikus [grch.-lat.] (parasympathisches Nervensystem), Teil des vegetativen Nervensystems, Gegenspieler des ↑Sympathikus. Zum P. gehören vier vom Hirnstamm ausgehende Gehirnnerven (Augenmuskelnerv, Gesichtsnerv, Zungen-Schlund-Nerv, Eingeweidenerv), von denen der Eingeweidenerv der wichtigste ist, sowie die Rückenmarknerven der Kreuzbeinregion. Überträgersubstanz an den Nervenenden des P. ist das Acetylcholin. Der P. wirkt hemmend auf die Atmung, verlangsamt die Herztätigkeit, setzt den Blutdruck herab, regt die Peristaltik und Sekretion des Verdauungssystems an, fördert die Glykogensynthese in der Leber, steigert die Durchblutung der Geschlechtsorgane und innerviert den Ziliarmuskel sowie den Irismuskel.

Parataxe [grch.], *Sprachwiss.:* Beiordnung von Sätzen in einer Verbindung mehrerer Hauptsätze (Syntax, Übersicht).

Parathion [grch.] *das,* Insektizid und Akarizid, eine organ. Phosphorverbindung, die unter der Bez. **E 605** vertrieben wird; wirksam gegen viele Insekten, für Warmblüter sehr giftig.

Parat|hormon [grch.], Peptidhormon der Nebenschilddrüse mit regulator. Funktion im Calcium- und Phosphatstoffwechsel.

Parathymie [zu grch. thymós »Leben«, »Gemüt«] *die,* Störung des Gefühlslebens, bes. als Gefühlsumkehrung, z. B. bei Schizophrenie; äußert sich in einer dem Erlebnis inadäquaten Gefühlsreaktion.

Paratyphus [grch.], durch Schmierinfektion und infizierte Lebensmittel übertragene typhusähnl. meldepflichtige Infektionskrankheit; Erreger sind Stäbchenbakterien (Salmonella paratyphi A, B oder C). Kennzeichen sind Durchfall, Fieber, Benommenheit.

Paravent [para'vã, italien.-frz.] *der* oder *das,* Wandschirm, Ofenschirm; ↑spanische Wand.

par avion [-a'vjɔ̃; frz. »mit (dem) Flugzeug«], durch Luftpost (Vermerk auf Postsendungen).

paraxiales Gebiet, *Optik:* der Strahlenraum in Nähe der opt. Achse eines abbildenden opt. Systems, in dem von Abbildungsfehlern abgesehen werden kann.

Parazentese [grch.] *die,* Einschnitt in das Trommelfell; ermöglicht Sekretabfluss bei eitriger Mittelohrentzündung.

Parazoa [grch.] *Pl.,* Teil des Tierreichs zw. Protozoen und Metazoen; einziger Tierstamm: ↑Schwämme.

parboiled ['pɑ:bɔɪlt, lat.-frz.-engl.], vorbehandelt, um die Vitamine zu erhalten (von Reis).

Parchim, 1) Landkreis in Meckl.-Vorp., 2 233 km^2, (1998) 109 700 Einwohner.

2) Kreisstadt von 1) in Meckl.-Vorp., im Tal der Elde, 20 900 Ew.; Baustoff-, Hydraulikwerk. Nahebei Flughafen »Westmecklenburg«. – Backsteinhallenkirchen St. Marien (13.–16. Jh.) und St. Georgen (13.–15. Jh.), Rathaus mit Treppengiebel (14. Jh., Anfang 19. Jh. erneuert); Fachwerkhäuser (v. a. 17. Jh.). – Entstand in der Nähe der gleichnamigen Burg; 1225 Stadtrecht.

Parcours [parˈkuːr, frz.] *der,* **1)** *Motorsport:* vielseitige Rennstrecke für Geschicklichkeitswettbewerbe.
2) *Pferdesport:* festgelegte Hindernisstrecke für Sprungprüfungen im Turnier.

Pardubice [-tsɛ] (dt. Pardubitz), Stadt im Ostböhm. Gebiet, Tschech. Rep., an der Mündung der Chrudimka in die Elbe, 94 400 Ew.; Hochschule für chem. Technologie, Ostböhm. Museum, Kunstgalerie, Theater; chem., pharmazeut., Lebensmittelind., Erdölraffinerie; Pferderennbahn. – Bartholomäuskirche (16. Jh.), Schloss (auf got. Fundamenten, im 16. Jh. im Renaissancestil umgebaut), Grünes Tor (ehem. Stadttor, 16. Jh.). – P. erhielt 1340 Stadtrecht.

Paré [paˈre], Ambroise, frz. Chirurg, * Bourg-Hersent bei Laval um 1510, † Paris 20. 12. 1590; Leibchirurg Karls IX. und Oberwundarzt am Hôtel-Dieu (Paris); verbesserte die Schusswundenbehandlung und Amputationstechnik wesentlich.

Pareidolie [zu griech. eídolon »Bild«] *die,* Sinnestäuschung, bei der tatsächlich vorhandene Gegenstände zu neuen Erscheinungen umgeformt und unvollkommene Sinneseindrücke ergänzt werden.

Par|enchym [grch.] *das,* **1)** *Anatomie:* Gesamtheit aller für ein Organ spezif. Zellen. Das P. ist eingebettet in bzw. umgeben von Bindegewebe.
2) *Botanik:* pflanzl. Grundgewebe, das meist aus kugeligen Zellen besteht.

Parentalgeneration [zu lat. parentalis »elterlich«], *Genetik:* Eltern- oder Ausgangsgeneration einer Kreuzung.

Parentel [spätlat. parentela »Verwandtschaft«] *die,* Gesamtheit der von einem gemeinschaftl. Stammvater Abstammenden.

parenteral [grch.], unter Umgehung des Magen-Darm-Kanals zugeführt; betrifft v. a. Arzneimittel, die injiziert werden.

Parenthese [grch.] *die,* den Gedankenablauf eines Satzes unterbrechender Einschub, auch die zur Kennzeichnung dienenden Satzzeichen (Gedankenstriche, Kommata oder Klammern).

Parese [grch.] *die,* unvollständige ↑ Lähmung.

Paret, Rudi, Orientalist, * Wittendorf (heute zu Loßburg, Landkreis Freudenstadt) 3. 4. 1904, † Tübingen 31. 1. 1983; Prof. in Bonn und Tübingen; widmete sich bes. der Erforschung des Korans und erarbeitete eine wiss. kommentierte dt. Übersetzung (1963–66).

Pareto, Vilfredo, italien. Volkswirtschaftler und Soziologe, * Paris 15. 7. 1848, † Céligny (Kt. Genf) 19. 8. 1923; Ingenieur, 1870–90 (zuletzt als Generaldirektor) in der Eisenindustrie tätig, 1893–1911 Prof. für polit. Ökonomie in Lausanne als Nachfolger von L. Walras und Mitbegründer der Lausanner Schule (↑ Grenznutzenschule). P. suchte durch Anwendung mathemat. Methoden eine exakte Wirtschafts- und Sozialtheorie zu entwickeln. Seine Arbeiten zur Preis- und Gleichgewichtstheorie sowie seine Theorie der Wahlakte begründeten die ordinale Nutzenkonzeption (↑ Nutzen). Auf P.s Analysen fußt die moderne Wohlfahrtsökonomik (↑ Pareto-Optimum) und eine Theorie der personellen Einkommensverteilung (P.-Verteilung). Die auf P. zurückgehende Theorie »vom Kreislauf der Eliten« fand Eingang in Vorstellungen des Faschismus.

Pareto-Optimum [nach V. Pareto], Begriff der Wohlfahrtsökonomik für einen Zustand, bei dem Produktion und Einkommensverteilung nicht verändert werden können, ohne dass bei der Umverteilung ein Wirtschaftssubjekt seinen Nutzen auf Kosten eines anderen erhöht.

Paretti, Sandra, eigtl. Irmgard Schneeberger, Schriftstellerin, * Regensburg 5. 2. 1935, † (Selbstmord) Meilen 12. 3. 1994; seit 1969 in der Schweiz; sehr erfolgreich mit Gesellschaftsromanen vor genau recherchiertem histor. Hintergrund (u. a. »Der Winter, der ein Sommer war«, 1972; »Der Wunschbaum«, 1975; »Südseefieber«, 1986).

par exprès [-ɛksˈprɛ, frz.], durch Eilboten (Vermerk auf Postsendungen; ↑ Eilzustellung)

Parfait [parˈfɛ, frz.] *das,* 1) pastetenartiges Feinkosterzeugnis, z. B. Gänseleber-P.; 2) halbgefrorenes Speiseeis.

Parforcejagd [parˈfɔrs-, frz.], Hetzjagd, bei der die Jagdgesellschaft zu Pferd einer auf das Wild angesetzten Hundemeute folgt, die vom »Piqueur« geführt wird; in Dtl. seit 1936 verboten. Eine P. rein sportl. Art ist das Jagdreiten.

Parfüm [frz., zu parfumer »durchduften«] *das* (Parfum), Bez. für die aus natürl. oder synthet. Riechstoffen unter Zusatz von Haftmitteln (Fixateuren) und Lösungsmitteln (meist reinem Äthanol) hergestellten Duftkompositionen. Für die P.-Herstellung wählt man die Riechstoffe entweder so aus, dass Gerüche entstehen, die natürl. Vorbildern gleichen, oder man stellt sie nach bestimmten Rezepturen so zusammen, dass sich Fantasiegerüche ergeben (Mode-P.). Als Fixateure, die v. a. die Verdunstung der Riechstoffe herabsetzen, werden Extrakte wohlriechender Harze (u. a. von Benzoeharz oder Olibanum) und anderer pflanzl. Produkte (z. B. Iriswurzel) verwendet, daneben auch tier. Fixateure wie Ambra und Moschus sowie synthet. Produkte wie Exalton und Zibeton.

Faure, P.: Magie der Düfte. Eine Kulturgeschichte der Wohlgerüche. Von den Pharaonen zu den Römern. A. d. Frz. Neuausg. München 1993.

pari [italien.], *Bank-* und *Börsenwesen:* zum Nennwert; der Kurs eines Wertpapiers ist **über p.,** wenn er höher, **unter p.,** wenn er niedriger als der Nominalwert ist.

Paria [von Tamil paṛaiyar »Trommelschläger«] *der,* Name einer niedrigen Kaste in Tamil Nadu, der in Unkenntnis des ind. Kastensystems auf alle kastenlosen Inder übertragen wurde. Die P., auch »Unberührbare« genannt, da ihr körperl. Kontakt Kastenhindus befleckt, leben als Außenseiter in der Gesellschaft der Hindus. Sie gehen oft als »unrein« geltenden Berufen nach. Trotz sozialer und wirtsch. Integrationsbemühungen (z. B. durch M. K. Gandhi) werden sie v. a. in Dörfern noch heute diskriminiert. – Von M. Weber in übertragenem Sinne in die Soziologie eingeführt.

Paria, bergige Halbinsel in NW-Venezuela, umschließt mit der Insel Trinidad den **Golf von Paria.**

Paricutín, Vulkan in Mexiko, in der Cordillera Neovolcánica, 2 575 m ü. M., wurde als erster Vulkan bei seiner Bildungstätigkeit (1943 bis 1952) genau beobachtet.

Paridae [lat.], die ↑Meisen.

parieren [lat.-span.-frz.], *Reitsport:* ein Pferd (durch reiterl. Hilfen) in eine mäßigere Gangart oder zum Stehen bringen.

pari|etal [lat.], *Anatomie:* 1) wandständig, zur Wand eines Organs oder Gefäßes gehörend; 2) zum Scheitelbein gehörend.

Parini, Giuseppe, italien. Dichter, *Bosisio (heute Bosisio-Parini, Prov. Lecco) 23. 5. 1729, †Mailand 15. 8. 1799; bed. italien. Vertreter des Klassizismus und der Aufklärung, beschrieb in satir. Versen das müßige Leben des Adels (4 Tle., 1763–1801, zusammengefasst u. d. T. »Der Tag«).

Paris, die Pflanzengattung ↑Einbeere.

Paris [frz. pa'ri], Hauptstadt und größte Stadt Frankreichs, innerhalb des Dép. Ville de P. (gegliedert in 20 Arrondissements), 105 km², (1995) 2,105 Mio. Einwohner. Das innere Stadtgebiet wird im Wesentlichen umschlossen vom Ring der äußeren Boulevards, an die sich die Vorstädte (Faubourgs) anschließen. P. liegt beiderseits der Seine, im Pariser Becken, das von z. T. steil abfallenden Plateaus (150–200 m ü. M.) umgeben ist, deren große Wälder (Saint-Germain, Marly, Rambouillet, Fontainebleau u. a.) als Erholungsgebiete dienen.

P. hat sich zu einem Zentrum des Landes entwickelt, in dem stärker als in irgendeiner anderen europ. Hptst. Bevölkerungsballung, polit. und Verwaltungsfunktionen, geistige, kulturelle und wirtsch. Aktivitäten konzentriert sind. Neben den obersten Staatsbehörden haben viele internat. Organisationen hier ihren Sitz (UNESCO, OECD u. a.); P. ist ferner Sitz eines kath. Erzbischofs, eines Erzbischofs der russisch-orth. Kirchen in Europa, der Vereinigung der Prot. Kirchen Frankreichs, des Zentralrates der Juden für Frankreich und Algerien. – Ranghöchste wiss. Einrichtung Frankreichs ist das ↑Institut de France (mit der Académie française), die bedeutendste Bibliothek die Bibliothèque Nationale (Pflichtexemplare seit 1537). P. ist Sitz der ältesten frz. Univ., der ↑Sorbonne, und zahlr. anderer Hochschulen, Forschungsinstitute und des ↑Collège de France. Von den Kunstmuseen sind als wichtigste zu

Paris: Basilika Sacré-Cœur; 1874 begonnen

nennen: Louvre, Musée d'Orsay, Musée National d'Art moderne (im Centre National d'Art et de Culture Georges Pompidou), Musée Cluny, ferner bed. Spezialsammlungen (u. a. zu P. Picasso, A. Rodin, E. Delacroix, H. de Balzac, V. Hugo). Histor. Museen sind u. a. das Musée Carnavalet (zur Stadtgeschichte), das Musée de la Monnaie, das Musée de l'Armée (Hôtel des Invalides). P. hat mehr als 60 Theater, am berühmtesten die ↑Comédie-Française und die Opéra Garnier; 1990 wurde die Bastille-Oper eingeweiht.

Wirtschaft und *Verkehr:* P. ist die Wirtschaftsmetropole des Landes. Von größter

Paris: Blick über die Seine auf die Kathedrale Notre-Dame de Paris (begonnen 1163)

Bedeutung ist der Dienstleistungsbereich; auf den Raum P. entfällt ein Viertel der im tertiären Sektor Frankreichs Beschäftigten. Im europ. Bank- und Börsenwesen hat P. eine führende Stellung. Auch in der Ind. ist der Raum P. führend: Bes. stark vertreten sind Metall-, Auto-, Luftfahrt- und elektrotechn. Ind., Baubetriebe und chem. Ind. Eine Sonderstellung nehmen die »Articles de Paris« ein (Parfümerie, Bijouterie, Bekleidung u.a.), die Weltgeltung erlangt haben. P. ist führendes europ. Modezentrum und Mittelpunkt der frz. Filmindustrie. Der Energieversorgung dienen neben eigenen Großkraftwerken, die an das frz. Verbundnetz angeschlossen sind, u.a. zahlr. Erdöl-, Erdgas-, Industriegas- und Fertigproduktleitungen aus Groningen, Lacq, Lothringen und Le Havre. Ein wichtiger Wirtschaftsfaktor ist für P. auch der Fremdenverkehr. P. ist Hauptknotenpunkt des frz. Eisenbahnnetzes (sechs internat. Bahnhöfe) und größter Binnenhafen des Landes. Die Untergrundbahn (Métro) verfügt über ein Streckennetz von über 200 km, das durch ein neues Schnellbahnsystem erweitert wird. Internat. Flughäfen sind Charles de Gaulle bei Roissy-en-France, Orly und Le Bourget.

Stadtbild: Das Stadtbild ist im Lauf der Zeit mehrfach einschneidend verändert worden, zuletzt unter Napoleon III. durch Baron ↑Haussmann. Das histor. Zentrum liegt auf der Île de la Cité, dem Ausgangspunkt der Besiedlung: Kathedrale ↑Notre-Dame de Paris (begonnen 1163), Justizpalast (alter Königspalast, vielfach umgebaut), mit der Sainte-Chapelle (geweiht 1248) und der Conciergerie (14. Jh.). Die Seineufer sind durch mehr als 30 Brücken miteinander verbunden (die älteste: Pont Neuf, 1578 begonnen), die Quais mit ihren histor. Bauten zw. Pont de Sully und Pont d'Iéna wurden von der UNESCO zum Weltkulturerbe erklärt. Nordöstlich der Île de la Cité (Rive droite, »Rechtes Ufer«) entstand aus einer mittelalterl. Festung seit dem 16. Jh. der ↑Louvre, Ausgangspunkt der Hauptachse der Stadt, die heute über Tuileriengarten, Place de la Concorde (1755–75; seit 1836 mit dem Obelisken von Luxor, 13. Jh. v. Chr., in der Mitte), Champs-Elysées, Place Charles de Gaulle (früher Place de l'Étoile) mit dem Arc de Triomphe (Triumphbogen, 1806–36) bis zur neuen Bürostadt La Défense (mit Hochhaus La Grande Arche, 1989) reicht. Vom Arc de Triomphe gehen sternförmig die Avenuen aus, die von den Großen Boulevards gekreuzt werden. Zu den berühmten Vierteln (Quartiers) des »Rechten Ufers« gehören die Vorstadt Saint-Honoré mit der Madeleine-Kirche (1764–1842), das Quartier du Palais-Royal (1633–36, mehrfach umgebaut), das Quartier de l'Opéra (erbaut von C. Garnier, eingeweiht 1875) mit der Place Vendôme (1699 ff.), der Marais mit den Stadtpalästen des Adels und der Place des Vosges (ältester Platz von P., 1605–12), das Viertel der ehem. Markthallen (auf einem Teil des ehem. Markthallengebiets entstand 1972–87 ein bis zu 20 m in die Erde reichendes Einkaufs- und Kulturzentrum, das Forum des Halles), u. a. mit dem ↑Centre National d'Art et de Culture Georges Pompidou (vollendet 1977) und das Künstlerviertel ↑Montmartre, in dem die Basilika Sacré-Cœur liegt (1874 begonnen). Die ältesten Viertel südlich der Seine (Rive gauche, »Linkes Ufer«) sind die Vorstadt Saint-Germain-des-Prés um die gleichnamige Kirche (990–1021) und das Quartier Latin mit den Universitätsbauten (Sorbonne) und dem ↑Panthéon (1764–90). Die Paläste der Vorstadt Saint-Germain beherbergen heute die Nationalversammlung (Palais Bourbon, 1722–1807), Ministerien, Botschaften und Museen. Weiterhin befinden sich auf dem »Linken Ufer« der Eiffelturm (↑Eiffel), der Invalidendom (1677–1706; Grabstätte Napoleons I.), das Palais du Luxembourg mit dem Garten (1615–25) und das Künstlerviertel Montparnasse, das vom Turm Montparnasse (209 m, vollendet 1973) überragt wird. Ein neues Stadtviertel entstand im NO mit dem Ausstellungsgelände ↑La Villette. Innerhalb der Stadt und am Rand befinden sich große Parkanlagen (↑Bois de Boulogne, Monceau) und berühmte Friedhöfe (Père-Lachaise, Montparnasse, Montmartre).

Die Umgebung von P. ist reich an Naturschönheiten, geschichtl. Erinnerungen, Baudenkmälern sowie an Kunstschätzen: ↑Versailles, ↑Saint-Denis, ↑Sèvres, ↑Maisons-Laffitte, ↑Saint-Germain-en-Laye, ↑Meudon.

Geschichte: Das gall. Oppidum **Lutetia Parisiorum** auf der Île de la Cité, seit 52 v. Chr. römisch, wurde 486 vom Frankenkönig Chlodwig erobert und 508 Hptst. des Fränk. Reiches. Unter den Karolingern wieder zum Grafensitz abgesunken, wurde die Stadt mit den Kapetingern Ende des 10. Jh. Mittelpunkt des frz. Reiches, im 12.–14. Jh. wuchs sie rasch. 1420–36 befand sich P. in engl. Hand. 1572 war P. Schauplatz der ↑Bartholomäusnacht. Im 17./18. Jh. war P. der geistige Mittelpunkt Europas, mit dem Sturm auf die ↑Bastille 1789 Ausgangspunkt der Frz. Revolution. Der Zentralismus der Ersten Rep. und des Kaiserreichs festigte die Stellung der Stadt. 1841–45 wurde P. stark befestigt, während des Zweiten Kaiserreichs schuf Baron Haussmann die großen Achsen, die das Stadtbild bestimmen. Im Jan. 1871 wurde P. von den dt. Truppen eingeschlossen; kurz darauf brach der Aufstand der Pariser Kommune aus. Die Befestigungen wurden nach 1918 eingeebnet.

📖 *Lavedan, P.: Histoire de P. Paris ^{3}1977. – Kimpel, D.: P. Führer durch die Stadtbaugeschichte. München 1982. – Bussmann, K.: P. u. die Ile de France. Köln ^{8}1987. – Martin, H.: Moderne Architektur P.: 1900–90. A. d. Frz. Hamburg u. a. 1988. – Lavedan, P.: Histoire de l'urbanisme à P. Paris ^{2}1993. – P. Aus dem Frz. Karlsruhe ^{3}1997.*

Paris, *grch. Mythos:* Sohn des trojan. Königs Priamos und der Hekabe (Hekuba), entschied einen durch ↑Eris entfesselten Streit der Göttinnen Hera, Athene und Aphrodite um den Preis der Schönheit zugunsten der

Paris: Gebäude im Stadtteil »La Défense«, in der Mitte die 110 m hohe »Grande Arche« von Johann Otto von Spreckelsen

Aphrodite **(P.-Urteil),** die ihm die schönste Frau, ↑Helena, versprach. Er entführte Helena und gab dadurch den Anlass zum ↑Trojanischen Krieg. Die nachhomer. Dichtung erzählt, dass P. den Achilles durch einen Pfeilschuss tötete und selbst durch Philoktet fiel.

Paris [pa'ris], Gaston, frz. Romanist, *Avenay-Val-d'Or (bei Reims) 9. 8. 1839, †Cannes 5. 3. 1903; seit 1872 Prof. am Collège de France in Paris; begründete die roman. Philologie als wiss. Disziplin.

Parise, Goffredo, italien. Schriftsteller, *Vicenza 8. 12. 1929, †Treviso 31. 8. 1986; schrieb satir. Romane, u.a. »Der schöne Priester« (1954), »Der Chef« (1965), sowie Kurzgeschichten (»Sillabario n. 1«, 1972; »Sillabario n. 2«, 1982; beide zus. dt. u.d.T. »Fibel der Gefühle«).

Pariser Becken (Seinebecken), geolog. Mulde in N-Frankreich, deren Mittelpunkt ungefähr durch Paris bezeichnet wird, zwischen Armorikan. Massiv (Bretagne), Zentralmassiv und Rhein. Schiefergebirge; aufgebaut aus schüsselförmig ineinander liegenden Trias-, Jura-, Kreide- und Tertiärschichten. Der Wechsel von härteren und weicheren Schichten hat ringförmig verlaufende Schichtstufen herausgebildet, die nach außen zu steil abfallen (Côtes), nach innen sich sanft abdachen.

Pariser Bluthochzeit, die ↑Bartholomäusnacht.

Pariser Club (Pariser Klub), 1956 entstandenes informelles Forum westl. Ind.staaten zur Klärung von Zahlungsschwierigkeiten hoch verschuldeter Entwicklungsländer und in zunehmendem Maße auch osteurop. Staaten. Teilnehmer sind v.a. Gläubigerländer und Vertreter der Weltbank, des Internat. Währungsfonds u.a. internat. Organisationen. I.d.R. wird zur Wiederherstellung der Kreditwürdigkeit der Schuldnerländer beschlossen: Konsolidierung der Kredite durch neue Darlehen mit geänderten Konditionen, Änderung des Tilgungsplans, Umwandlung öffentl. Darlehen in rückzahlungsfreie Zuschüsse, Umwandlung öffentlich garantierter privater Kredite in öffentl. Darlehen.

Pariser Frieden, Bez. für mehrere in Paris unterzeichnete Friedensverträge, u.a.:

1) Pariser Frieden vom 10. 2. 1763 zw. Großbritannien und Portugal einerseits sowie Frankreich und Spanien andererseits zur Beendigung des Siebenjährigen Krieges: Frankreich trat Kanada, Louisiana westlich des Mississippi, einige Inseln der Kleinen Antillen und das Mündungsgebiet des Senegal an Großbritannien ab und erhielt von diesem die Inseln Saint-Pierre und Miquelon; Spanien trat Florida und die 1762 erworbenen Gebiete westlich des Mississippi an Großbritannien ab, erhielt aber den westl. Teil Louisianas.

2) Pariser Frieden vom 3. 9. 1783 zw. den USA und Großbritannien zur Beendigung des Unabhängigkeitskrieges: Anerkennung der 13 Vereinigten Staaten von Amerika durch Großbritannien.

3) Pariser Frieden vom 30. 5. 1814 und **vom 20. 11. 1815** zw. Großbritannien, Österreich, Preußen und Russland (Quadrupelallianz von Chaumont) einerseits und Frankreich andererseits zur Beendigung der Befreiungskriege: im Vertrag von 1814 wurde Frankreich auf die Grenzen vom 1. 1. 1792 beschränkt, im Vertrag von 1815 erhielt es nur die Zusicherung für die Grenzen des Jahres 1790.

4) Pariser Frieden vom 30. 3. 1856 zur Beendigung des ↑Krimkrieges, abgeschlossen zw. dem Osman. Reich, Großbritannien, Frankreich und Sardinien sowie Russland zuzüglich der nicht am Krieg beteiligten Staaten Preußen und Österreich.

5) Pariser Frieden vom 10. 12. 1898 zw. den USA und Spanien zur Beendigung des Spanisch-Amerikan. Krieges: Spanien trat Kuba, Puerto Rico, Guam und (gegen Zahlung von 20 Mio. $) die Philippinen an die USA ab.

6) fünf **Pariser Vorortverträge** zw. der Entente und den Mittelmächten (1919/20), beendeten den Ersten Weltkrieg: ↑Versailler Vertrag, die Verträge von ↑Saint-Germain-en-Laye, ↑Trianon, ↑Neuilly-sur-Seine und ↑Sèvres.

7) fünf **Pariser Friedensverträge,** nach der Pariser Friedenskonferenz (»Konferenz der 21 Nationen«; 29. 7.–15. 10. 1946) abgeschlossen am 10. 2. 1947 zw. den Alliierten des Zweiten Weltkriegs sowie den ehem. Kriegsverbündeten Dtl.s (Bulgarien, Finnland, Italien, Rumänien und Ungarn). Die Großmächte trafen v.a. folgende Gebietsregelungen: Italien verlor Istrien, die Adriainseln sowie Fiume und Rijeka an Jugoslawien (Triest wurde Freistaat; Anhang: Gruber-De-Gasperi-Abkommen zu Südtirol), den Dodekanes an Griechenland; Ungarn musste – bei Annullierung der beiden Wiener Schiedssprüche – N-Siebenbürgen an Rumänien, den Großteil der Batschka an Jugoslawien sowie drei Dörfer an die Slowakei abtreten und erhielt die Zusage, dass die ungar. Minderheit nicht aus der Slowakei vertrieben werde. Bulgarien behielt die S-Dobrudscha, musste aber das eroberte Vardar-Makedonien, SO-Serbien und W-Thrakien wieder abtreten; Rumänien verlor Bessarabien und die N-Bukowina wieder an die UdSSR, die außerdem von Finnland erneut Karelien sowie zusätzlich die Prov. Petsamo erhielt.

Pariser Kommune, ↑Kommune.

Pariser Konferenzen, Bez. für versch. Konferenzen, die in Paris stattfanden:

1) Ententekonferenz (24.–29. 1. 1921): legte die vom Dt. Reich zu leistenden ↑Reparationen fest.

2) Sachverständigenkonferenz (11. 2.–7. 6. 1929): die Vertreter Belgiens, Frankreichs, Großbritanniens, Italiens und Japans einerseits und Dtl.s andererseits beschlossen die Ablösung des Dawesplanes durch den Youngplan.

3) Außenministerkonferenzen (25. 4. bis 12. 7. 1946 und 23. 5.–20. 6. 1949): die Außenmin. Frankreichs, Großbritanniens, der UdSSR und der USA erzielten keine Einigung über die Deutschlandfrage; der Gegensatz zw. der UdSSR und den Westmächten verschärfte sich weiter.

4) Sechsmächtekonferenz (20. 6. 1950–18. 4. 1951): die Außenmin. der Benelux-Staaten, der Bundesrep. Dtl., Frankreichs und Italiens beschlossen die Errichtung der Europ. Gemeinschaft für Kohle und Stahl.

5) Sechsmächtekonferenz (27.–30. 12. 1951): die Außenmin. Belgiens, der Bundesrep. Dtl., Frankreichs, Italiens, Luxemburgs und der Niederlande stimmten der Bildung einer Europ. Verteidigungsgemeinschaft zu; Unterzeichnung am 27. 5. 1952.

6) Außenministerkonferenzen (19.–23. 10. 1954): beschlossen wurden die ↑Pariser Verträge.

7) Vietnamkonferenz (zusammengetreten am 13. 5. 1968): Vertreter der USA und der Rep. (Süd-)Vietnam einerseits sowie der Demokrat. Rep. (Nord-)Vietnam und der provisor. Revolutionsreg. Süd-Vietnams andererseits verhandelten über die Beendigung des Vietnamkrieges; die Teilnehmer billigten am 23. 11. 1973 offiziell den in amerikanisch-nordvietnames. Geheimgesprächen ausgehandelten Waffenstillstandsvertrag.

Pariser Seerechtsdeklaration, am 16. 4. 1856 unterzeichnete völkerrechtl. Grundsätze des Seekriegsrechts: Abschaffung der Kaperei (↑Kaper), Aufstellung von Regeln für eine ↑Blockade, Schutz der neutralen Schifffahrt im Krieg. (↑Prise)

Pariser Verbandsübereinkunft, Abk. **PVÜ** (Pariser Übereinkunft, Pariser Union), 1883 in Paris abgeschlossene **Internat. Konvention zum Schutz des gewerbl. Eigentums,** mehrfach revidiert (zuletzt in Stockholm 1967). Der PVÜ gehören die meisten Staaten der Welt (auch Dtl., Österreich, Schweiz) an. Die Angehörigen der Verbandsländer genießen Rechtsschutz für Patente, Gebrauchs- und Geschmacksmuster, Marken, Handelsnamen, Herkunfts- und Ursprungsangaben sowie gegen unlauteren Wettbewerb. – Sonderabkommen von Mitgl.staaten der PVÜ sind u.a. das **Madrider Markenabkommen** (1891), das Rechtsschutz von Fabrik- und Handelsmarken in allen Vertragsstaaten entsprechend dem jeweiligen nat. Recht gewährt; das **Madrider Herkunftsabkommen** (1891), das der Unterdrückung falscher Herkunftsangaben auf Waren dient. Heute wird die PVÜ auf einzelnen Gebieten von neueren europ. Abkommen überlagert (↑Patent).

Pariser Verträge, am 23. 10. 1954 in Paris unterzeichnetes und am 5. 5. 1955 in Kraft getretenes Vertragswerk, das zum Gewinn der Souveränität für die Bundesrep. Dtl. und zu ihrer Einbeziehung in das westeurop.-amerikan. Bündnissystem führte. Vorausgegangen waren die Bonner Verträge von 1952 (↑Deutschlandvertrag), die nach dem Scheitern der ↑Europäischen Verteidigungsgemeinschaft nicht verwirklicht worden waren. Die P. V. beruhen auf der Londoner Neunmächtekonferenz (28. 9.–3. 10. 1954) zw. Belgien, der Bundesrep. Dtl., Frankreich, Großbritannien, Italien, Kanada, Luxemburg, den Niederlanden und den USA. Sie bestehen aus dem Protokoll über die Beendigung des Besatzungsregimes, dem Vertrag über den Aufenthalt ausländ. Streitkräfte in der Bundesrep. Dtl., dem Protokoll über den Beitritt der Bundesrep. Dtl. und Italiens zum geänderten und ergänzten ↑Brüsseler Vertrag vom 17. 3. 1948 und damit zur ↑Westeuropäischen Union, dem Protokoll über den Beitritt der Bundesrep. Dtl. zur ↑NATO und dem Abkommen über das Statut der Saar zw. Frankreich und der Bundesrep. Dtl. (↑Saarland). Die P. V. bildeten bis zum Inkrafttreten des ↑Zwei-plus-vier-Vertrages (15. 3. 1991) die völkerrechtl. Grundlage der Bundesrep. Dtl. in ihren äußeren Beziehungen.

Pariser Vorortverträge, ↑Pariser Frieden 6).

Paris-Roubaix [-ruˈbɛ], *Straßenradsport:* ein ↑Klassiker.

Parität [lat. zu par »gleich«] *die,* **1)** *allg.:* (zahlenmäßige) Gleichheit, Gleichstellung. Die paritât. Besetzung eines Gremiums erfolgt unter gleichmäßiger Berücksichtigung versch. Gruppen; paritât. ↑Mitbestimmung.

2) *Geldwesen:* als **Währungs-P. (direkte P.)** das von den Währungsbehörden in einem System fester Wechselkurse festgelegte Austauschverhältnis zwischen inländ. Währung und einem anderen Wertträger wie dem Sonderziehungsrecht **(SZR-P.)**, dem Gold **(Gold-P.)** oder einer anderen Währungseinheit (z. B. US-Dollar; **Dollar-P.**). Die **Kurs-P. (indirekte P.)** ist das Wertverhältnis zweier Währungen aufgrund von Angebot und Nachfrage an Devisenbörsen. (↑Kaufkraftparität)

3) *Physik:* eine Quantenzahl zur Kennzeichnung des Verhaltens von physikal. Zuständen oder Elementarteilchen gegenüber räuml. Spiegelungen, häufig am Koordinatenursprungspunkt, die die Werte +1 **(gerade** bzw. **positive P.)** oder −1 **(ungerade** bzw. **negative P.)** annehmen kann. Die frühere Annahme, dass bei Wechselwirkungen zw. Elementarteilchen grundsätzlich die P. erhalten bleibe **(Erhaltung der P.)**, d. h., dass zu jedem Gegenstand auch sein Spiegelbild in der Natur realisierbar sein solle, wurde 1956 durch T. D. Lee und C. N. Yang (Nobelpreis für Physik 1957) entkräftet. Sie entdeckten die **Nichterhaltung der P. (P.-Verletzung)** bei schwachen Wechselwirkungen (Mesonenzerfälle, Betazerfall), die auf den Eigenschaften der dabei stets auftretenden ↑Neutrinos beruht. Daraus folgt, dass Neutrino und Antineutrino nicht ident. Teilchen sind (↑CPT-Theorem).

Paritätischer Wohlfahrtsverband, ↑Deutscher Paritätischer Wohlfahrtsverband e. V.

Paritätsbit (Prüfbit), *Informatik:* eine zusätzl. binäre Stelle (Bit) in einem nach einem Binärcode codierten Zeichen oder Wort. Das P. dient zum Informationsschutz bzw. zur Datensicherung beim Speichern und Übertragen von Daten.

Park [engl.-frz., von mlat. parricus »Gehege«] *der,* urspr. Tiergehege (Wild-P.), dann weiträumiger Garten, bes. der frei angelegte Landschaftsgarten (↑Gartenkunst), auch unter Naturschutz stehendes Gebiet (Nationalpark).

Park [pɑːk], Mungo, schott. Arzt und Afrikareisender, *Fowlshiels (bei Selkirk, Scottish Borders) 10. 9. 1771, †(ertrunken im Niger) Jan. 1806; reiste 1795–97 von der Mündung des Gambia zum Niger und erkannte, dass dieser nicht mit dem Gambia oder Senegal zusammenhängt. Auf seiner zweiten Reise (1805/06) befuhr er von Bamako aus den Niger flussabwärts bis zu den Stromschnellen von Bussa (heute Kainji-Stausee).

Parka [russ.-eskimoisch-engl.] *der* oder *die,* knielanger, oft mit Pelz gefütterter Anorak mit Kapuze.

Park-and-ride [pɑːk ənd 'raɪd, engl.], Organisationsprinzip im Großstadtverkehr zur Entlastung der Innenstädte; Kraftfahrer stellen ihre Autos auf Parkplätzen am Stadtrand ab und fahren kostenlos mit öffentl. Verkehrsmitteln ins Zentrum.

Parkbahn, *Raumfahrt:* Umlaufbahn eines Raumflugkörpers um die Erde oder einen anderen Himmelskörper, von der aus der Flugkörper zu seinem eigentl. Ziel gestartet wird.

Parken, vorübergehendes Abstellen eines Fahrzeugs; jedes länger als drei Minuten dauernde Halten (§ 12 Abs. 2 StVO). Das P. ist u. a. verboten vor und hinter Kreuzungen bis zu 5 m von den Schnittpunkten der Fahrbahnkanten, bis zu je 15 m vor und hinter Haltestellenschildern, vor Grundstücksein- und -ausfahrten, auf Fußgängerüberwegen und schmalen Fahrbahnen. Der Vorrang an einer **Parklücke** gebührt dem Autofahrer, der diese zuerst und unmittelbar (gleiche Straßenseite) erreicht (§ 12 Abs. 5 StVO). Kurz-P. ist mit Parkscheibe und Parkuhr möglich.

Parker ['pɑːkə], **1)** Charlie, eigtl. Charles Christopher P., gen. Yardbird, amerikan. Jazzmusiker (Altsaxophonist, Komponist), *Kansas City (Mo.) 29. 8. 1920, †New York 12. 3. 1955; der wichtigste Wegbereiter des Bebop, wirkte stilbildend auf die gesamte Entwicklung des Modernjazz.

2) Dorothy, amerikanische Schriftstellerin, *West End (N. J.) 22. 8. 1893, †New York 7. 6. 1967; Theater- und Literaturkritikerin, Kriegskorrespondentin im Span. Bürgerkrieg, Drehbuchautorin; verfasste Gedichte und Kurzgeschichten.

Parkes-Prozess ['pɑːks-; nach dem brit. Metallurgen Alexander Parkes, *1813, †1890] (Parkes-Verfahren), wichtiges Verfahren zur Anreicherung und Abtrennung von Silber aus silberhaltigem Werkblei (↑Blei). Durch Zugabe von Zink zur Bleischmelze scheidet sich ein silberhaltiger Zinkschaum ab **(Reichschaum;** mit 3–8 % Silber), aus dem man durch Abdestillieren von Zink das **Reichblei** (mit 8–12 % Silber) erhält.

Parkett [frz.] *das,* **1)** *Börsenwesen:* der Börsensaal, in dem der Handel stattfindet; auch Bez. für den amtl. Handel, zurückgehend auf die dafür übliche Bez. an der Pariser Börse (parquet) im Unterschied zur ↑Kulisse.

2) *Hausbau:* Fußbodenbelag aus Holz (meist Eiche, Buche, Kiefer) in Form von Stäben, Riemen, Tafeln, Platten oder Mosaiklamellen. P. kann mit Fußbodenlack versiegelt werden.

3) *Theater:* im Parterre gelegener vorderer Teil des Zuschauerraums.

Parkettierung, *Mathematik:* lückenlose und überlappungsfreie Überdeckung der Ebene mithilfe zueinander kongruenter, zusammenhängender Teilstücke. Eine P. mit regelmäßigen n-Ecken ist nur für $n = 3, 4, 6$ möglich. – Interessant sind auch P. mit zwei oder mehr verschiedenen Grundfiguren. Quasiperiodische P. erlauben auch eine fünfzählige Symmetrie.

Parkhurst ['pɑ:khə:st], Helen, amerikan. Pädagogin, *Durand (Wis.) 7. 3. 1887, †New Milford (Conn.) 1. 6. 1973; entwickelte nach Erfahrungen als Lehrerin einer einklassigen Landschule, dem Studium bei M. Montessori und als Leiterin einer eigenen Schule (1916–42) 1920 einen Reformplan für eine höhere Schule, den ↑Daltonplan.

Parkinson ['pɑ:kınsn], Cyril Northcote, brit. Historiker und Publizist, *Barnard Castle (Cty. Durham) 30. 7. 1909, †Canterbury 9. 3. 1993; 1950–58 Prof. in Singapur; wurde v. a. bekannt durch seine ironisierenden »Regeln« **(parkinsonsche Gesetze)** über die eigendynam. Entwicklung bürokrat. Verwaltung in Behörden und Unternehmen zu aufgeblähten Apparaten, die sich zunehmend mit sich selbst beschäftigen, ineffizient arbeiten und an ihrer eigenen Kompliziertheit zusammenzubrechen drohen.
Werke: P.s Gesetz u. a. Untersuchungen über die Verwaltung (1957); P.'s law, or the pursuit of progress (1958); Das Mañana-Gesetz (1970).

Parkett 2): verschiedene Verlegemuster; oben (von links): Läuferverband, Fischgrätenverband; unten (von links): in Würfelform verlegte Kurzstäbe, Flechtboden aus zwei Stäben mit andersfarbigen dazwischengelegten Würfeln

Parkinson-Krankheit [nach dem brit. Arzt James Parkinson, *1755, †1824] (Schüttellähmung, Paralysis agitans, idiopathisches bzw. primäres Parkinson-Syndrom), Degeneration von Stammhirnbezirken mit den Anzeichen des ↑Parkinson-Syndroms. Die P.-K. ist eine häufige neurolog. Erkrankung des fortgeschrittenen Lebensalters; sie tritt gewöhnlich im 5. und 6. Lebensjahrzehnt, meist bei Männern, in Erscheinung und verläuft langsam fortschreitend. Zu den Ursachen gehören möglicherweise Wechselbeziehungen zwischen genet. und (tox.) Umweltfaktoren. Die Behandlung erfolgt medikamentös durch Substitution von Dopamin mit Levodopa; Krankengymnastik v. a. zur Besserung der Bewegungsvorgänge.

Thümler, R.: Die P.-K. Informationen u. Ratschläge. Neuausg. München u. a. 1996.

Parkinson-Syndrom [nach dem brit. Arzt James Parkinson, *1755, †1824] (symptomatisches bzw. sekundäres P.-S., früher Parkinsonismus), zusammenfassende Bez. für Krankheitsbilder versch. Ursache (z. B. bei Zerebralsklerose, nach epidem. Gehirnentzündung, Kohlenmonoxid-, Mangan- oder Methylalkoholvergiftung, Behandlung mit Neuroleptika), bei denen eine Schädigung der Substantia nigra des Stammhirns im Vordergrund steht. Symptome sind starke Verlangsamung der Willkür- und Ausdrucksbewegungen (»Maskengesicht«), gebeugte Haltung, leise und monotone Sprache, kleinschrittiger, z. T. schlurfender Gang, Tremor (Zittern der Hände und Finger); außerdem auch Stimmungslabilität und Melancholie.

Parlament [zu frz. parler »sprechen«] *das,* Volksvertretung, die aus einer oder zwei Kammern bestehen kann. Beim Einkammersystem beruht die Mitgliedschaft i. d. R. auf Wahl; beim Zweikammersystem kann die Zugehörigkeit zur Ersten Kammer außer durch Wahl durch Erblichkeit, Ernennung, Amtsstellung oder Mitgliedschaft in berufsständ. Organisationen begründet werden, während die Mitgliedschaft in der Zweiten Kammer sich i. d. R. aus Wahlen ergibt. Zentrale Kompetenzen des P. sind die Gesetzgebungskompetenz, die Haushaltsautonomie und die Kontrolle von Regierung und Verwaltung. Hat das P. entscheidenden Einfluss auf die Reg.bildung, so entsteht das Reg.system des ↑Parlamentarismus. – Das P. der Bundesrep. Dtl. ist der ↑Bundestag. Die Volksvertretungen der Länder heißen Landtag, Abgeordnetenhaus (Berlin) oder Bürgerschaft (Bremen, Hamburg). Der ↑Bundesrat ist kein P., sondern ein Vertretungsorgan der Länder. – In *Österreich* und der *Schweiz* heißt das aus zwei Kammern (Österreich: Nationalrat und Bundesrat, Schweiz: Nationalrat und Ständerat) bestehende P. Bundesversammlung.
Geschichte: Bereits im 13. Jh. wurde der große Rat der engl. Könige als »Parliament« bezeichnet. Doch erst Mitte des 19. Jh. entwi-

ckelte sich aus diesem histor. Begriff eine generelle Bez. für alle repräsentativen, i.d.R. gewählten Körperschaften, während bis dahin die histor. Namen (Reichstag, Cortes, Landstände) verwendet wurden. Deutsche P. gab es in Süd-Dtl. (seit 1815) und in Preußen (seit 1848); eine dt. Nationalrepräsentation verwirklichte sich erstmals in der Frankfurter Nationalversammlung (1848). Mit dem auf dem allg., gleichen Wahlrecht beruhenden Reichstag des Dt. Reiches von 1871 wurde ein nat. P. geschaffen, das allerdings auf Gesetzgebung und Budgetrecht beschränkt blieb. Erst die Parlamentarisierung der Reichsregierung 1918 und die Weimarer Reichsverfassung gaben ihm Einfluss auf die Regierungsbildung.

📖 *Patzelt, W. J.: Abgeordnete u. Repräsentation. Amtsverständnis u. Wahlkreisarbeit. Passau 1993. – Demmler, W.: Der Abgeordnete im P. der Fraktionen. Berlin 1994. – Das Deutsche P., hg. v. R. Süssmuth. Stuttgart u. a. [3]1995.*

Parlamentär [frz.] *der,* im Kriegsvölkerrecht Unterhändler zw. Krieg führenden Parteien, kenntlich an einer weißen Flagge (der Missbrauch der P.-Flagge gilt als Kriegsverbrechen). Der P. ist nach dem Völkerrecht unverletzlich.

Parlamentarier *der,* Abgeordneter, Mitgl. eines Parlaments.

Parlamentarische Kontrollkommission, eine vom Bundestag aus dem Kreis seiner Mitgl. gewählte Kommission, die mindestens einmal im Vierteljahr zusammentritt (Nachrichtendienstekontroll-Ges. vom 11. 4. 1978). Sie kontrolliert die Bundesreg. hinsichtlich der Tätigkeit des Bundesamtes für Verfassungsschutz, des Militär. Abschirmdienstes und des Bundesnachrichtendienstes.

parlamentarische Monarchie, Form der ↑Monarchie.

parlamentarischer Geschäftsführer, Abgeordneter im Dt. Bundestag, der mit Verw.- und Geschäftsordnungsfragen seiner Fraktion betraut ist; wird meist als Mitgl. des ↑Ältestenrats benannt.

Parlamentarischer Rat, von den elf Landtagen der westl. Besatzungszonen Dtl.s 1948 gewählte Versammlung von 65 Abg., die am 1. 9. 1948 in Bonn zur Beratung und Formulierung des ↑Grundgesetzes 2) zusammentrat; Präsident war K. Adenauer.

Parlamentarismus *der,* i.w.S. Bez. für alle Reg.formen, in denen das Parlament als gewählte Repräsentation des Volkes (oder der Nation) die Gesetzgebungs- und Budgethoheit besitzt und zur Kontrolle der Reg. das Interpellations- und Enqueterecht (↑Anfrage, ↑Untersuchungsausschuss) wahrnimmt. In dieser Sicht umfasst der Begriff P. auch das Präsidialsystem. I. e. S. bezeichnet P. das **parlamentar. Regierungssystem,** in dem das Parlament des Weiteren die Zuständigkeit besitzt, den Reg.chef zu wählen und dessen Kabinett zu bestätigen. Im Ggs. zum Präsidialsystem ist die Reg. vom Vertrauen des Parlaments abhängig. Spricht das Parlament der Reg. das Misstrauen aus (Misstrauensvotum), muss sie zurücktreten, bei einem konstruktiven Misstrauensvotum jedoch nur dann, wenn das Parlament zugleich einen neuen Reg.chef wählt. Die Reg. kann eine Gesetzesvorlage mit der Vertrauensfrage verbinden. Erhält sie bei der Verabschiedung dieses Gesetzes keine Mehrheit, muss sie zurücktreten oder durch Vorschlag an das Staatsoberhaupt Neuwahlen veranlassen.
Die im Zusammenhang mit der Entstehung des modernen Parteiwesens stehende Aufgliederung der Parlamente in Fraktionen stellt das Prinzip der Gewaltenteilung, bes. zw. Exekutive und Legislative, durch die enge Verschränkung von Parlamentsmehrheit und Reg. infrage, weil die Fraktion der Reg.partei nicht nur die Reg. stellt, sondern auch deren Politik parlamentarisch absichert. Da die Parlamentsminderheit nicht mit der Reg. verschränkt ist, kommt ihr als Opposition im parlamentar. Reg.system eine »systemtragende« Rolle zu; sie hat im Wesentlichen anstelle des Gesamtparlaments die Kontrolle der Reg. übernommen.

📖 *Kluxen, K.: Geschichte u. Problematik des P. Frankfurt am Main [2]1990. – Zeh, W.: P. Histor. Wurzeln – moderne Entfaltung. Heidelberg [5]1991.*

Parlamentsausschüsse, aus Abgeordneten zusammengesetzte Organe der Volksvertretung. Die Ausschüsse des Bundestages sind z. T. im GG zwingend (Ausschuss für auswärtige Angelegenheiten, Art. 45a GG) oder fakultativ (Untersuchungsausschüsse, Art. 44 GG), zu einem größeren Teil nur in der Geschäftsordnung vorgesehen. Die wesentl. Sacharbeit des Bundestages, bes. die Gesetzesberatung, wird in den Ausschüssen geleistet. Die Zahl der Mitgl. bestimmt das Parlament, die Zusammensetzung regelt sich nach dem Stärkeverhältnis der Fraktionen, diese benennen die Mitglieder.

Parlamentsnötigung (Nötigung von Verfassungsorganen), Straftat, die begeht, wer ein Gesetzgebungsorgan des Bundes oder eines Landes oder die Bundesversammlung rechtswidrig mit Gewalt oder durch Drohung mit Gewalt nötigt, ihre Befugnisse nicht oder in einem bestimmten Sinn auszuüben; mit Freiheitsentzug von einem bis zu zehn Jahren, in minder schweren Fällen von sechs Monaten bis zu fünf Jahren bedroht (§ 105 StGB).

parlando [italien.], *Musik:* Vortragsweise des Textes in gleichen Notenwerten bei leichter Tongebung, dem schnellen Sprechen ähnlich, bes. in der italien. Opera buffa des 18. und 19. Jahrhunderts.

Parler, weit verzweigte Architekten- und Bildhauerfamilie des 14. Jh.; der Name entstand aus der Berufsbezeichnung »Parlier« (Stellvertreter eines Bauhüttenmeisters). – Bedeutende Vertreter:

1) Heinrich, Baumeister, * um 1300, Vater von 3), Großvater von 2); war in Köln als Parlier beim Dombau tätig, ab etwa 1330 vermutlich am Bau des Langhauses der Heiligkreuzkirche in Schwäbisch Gmünd. 1351 begann er dort den Bau des Hallenchors, eine der großartigsten Leistungen der dt. Spätgotik und Vorbild für eine Reihe weiterer Bauten.

2) Heinrich, gen. H. von Gmünd, Baumeister und Bildhauer des späten 14. Jh., Enkel von 1); schuf die Figur des »Hl. Wenzel« im Dom zu Prag (1373). Vermutlich war er auch in Brünn (Chorbau von St. Jakob, Pieta in St. Thomas, 1385) und Köln (Petersportal des Doms) tätig. Er ist vielleicht identisch mit einem am Bau des Mailänder Doms beteiligten Baumeister gleichen Namens.

Peter Parler: Altstädter Brückenturm in Prag; 1357

einrich Parler: Heiligkreuzkirche in chwäbisch Gmünd; 1330 ff.; Blick vom Mittelschiff den Hallenchor; 1351 ff.

3) Peter, Baumeister und Bildhauer, * Schwäbisch Gmünd 1330 oder 1333, † Prag 13. 7. 1399, Sohn von 1); wurde 1353 oder 1356 von Kaiser Karl IV. nach Prag berufen, um den Dombau fortzuführen. Der 1385 geweihte Chor zeigt neben typ. Merkmalen der P.-Architektur neue Bauformen (Parallelrippengewölbe des Chors, Netz- und Sterngewölbe der Sakristei und der Wenzelskapelle, erstes Fischblasenmaßwerk der dt. Spätgotik). Neuartig in Idee und Ausführung ist auch das umfassende bauplast. Programm, u. a. im Chorumgang die sechs Grabmäler der Přemysliden (als eigenhändig gesichert das Grabmal Ottokars I., 1377), die 21 Porträtbüsten am Triforium, darunter die des Künstlers selbst (1375–85). Weitere Werke sind die Karlsbrücke und der Altstädter Brückenturm in Prag (1357), der Chorumgang von St. Bartholomäus in Kolín (1360–78), der Chor der Allerheiligenkirche auf dem Hradschin in Prag (1370 ff.).

parlieren [grch.], 1) reden, plaudern; sich miteinander unterhalten, leichte Konversation machen; 2) in einer fremden Sprache sprechen, sich unterhalten.

Parma, 1) Provinz in der Region Emilia-Romagna, Italien, 3 449 km^2, (1997) 394 000 Einwohner.

2) Hauptstadt von 1), am N-Fuß des Apennin, 168 000 Ew.; Univ. (1065 gegr.), Konservatorium, Museen, Galerien; Maschinenbau, Schuh-, Textil-, pharmazeut. Ind., Musikinstrumentenbau, Herstellung von Parmaschinken und Parmesankäse. – Roman. Dom

(12./13.Jh.; Relief der Kreuzabnahme und Bischofskathedra von B. Antelami; Kuppelfresko von Correggio) mit frei stehendem Campanile (1284–94), roman. Baptisterium (begonnen 1196, Bau und Skulpturen von Antelami); San Giovanni Evangelista (1498–1510, Barockfassade, Kuppelfresken u.a. von Correggio), Madonna della Steccata (1521–39, Deckenfresko im Chor von Parmigianino); Palazzo della Pilotta (um 1583 begonnen; enthält die Galleria Nazionale mit Sammlungen von Hauptwerken Correggios u.a.), Teatro Farnese (1618/19; lange Zeit das größte Theater Europas). – P., eine etrusk. Siedlung, wurde 183 v.Chr. röm. Kolonie. Im MA. häufig zw. Guelfen und Ghibellinen umkämpft, kam 1322 nominell an den Kirchenstaat, stand jedoch meist unter mailänd. und frz. (1500–12, 1515–21) Herrschaft; war 1545–1860 Hptst. des Herzogtums P. und Piacenza.

Parma, AC (Assoziazione Calcio), italien. Fußballklub, gegr. 1913; internat. Pokalerfolge: Europapokal der Pokalsieger (1993) und UEFA-Pokalsieger (1995, 1999).

Parma und Piacenza [-pia'tʃɛntsa], ehemaliges italien. Herzogtum, bestand 1545–1860 (1748–1848 mit dem Herzogtum Guastalla verbunden). Es war bis 1731 im Besitz der Farnese, dann bis 1803 der span. Bourbonen, danach frz. (seit 1808 als Dép. Taro) und 1815–47 im Besitz der früheren frz. Kaiserin Marie Louise, dann wieder der Bourbonen.

Parmenides (P. von Elea), grch. Philosoph, *um 515 (um 540?) v.Chr., †um 445 (um 470?) v.Chr.; neben Zenon der wichtigste Vertreter der eleat. Philosophie. Sein Lehrgedicht »Über die Natur« schildert, wie der Dichter von der Göttin Dike über die Wahrheit des einen Seins belehrt wird. Alles Einzelseiende in seiner Vielfalt und Veränderung ist für P. nur »trügerischer Schein«, allein das unveränderl. Sein ist wirklich; dieses ist erkennbar durch Denken.

Parmesan [nach der Stadt Parma] *der* (Parmesankäse), würziger, halbfetter, bes. zum Reiben geeigneter italien. Käse.

Parmigianino [parmidʒa'ni:no], eigtl. Girolamo Francesco Mazzola, italien. Maler und Radierer, *Parma 11. 1. 1503, †Casalmaggiore 28. 8. 1540; gelangte, beeinflusst von Correggio, zu einem spannungserfüllten manierist. Stil. Seine Porträts und Gemälde v.a. religiöser Thematik sind gekennzeichnet durch eine beweglich-sensible Linienführung und extrem überlängte Figurenbildung von raffinierter Eleganz und Farbgebung. – *Werke:* Selbstbildnis aus dem Konvexspiegel, auf eine Kugelkalotte aus Holz gemalt (um 1523/24, Wien, Kunsthistor. Museum); Der bogenschnitzende Amor (um 1533/34, ebd.); Antea (Porträt, 1535–37, Neapel, Museo e Gallerie Nazionali di Capodimonte).

Parnaíba, Rio [rriu̯ -] *der,* Fluss in NO-Brasilien, 1 700 km lang, von der Mündung in den Atlantik etwa 670 km weit schiffbar.

Parnass *der* (grch. Parnassos), Kalkgebirge in der Landschaft Phokis, Mittelgriechenland, bis 2 457 m ü.M.; Bauxitvorkommen; am S-Fuß liegt Delphi. Der P. galt im Altertum als Sitz des Apoll und der Musen; daher Sinnbild der Dichtkunst.

Parnassia [lat.], die Pflanzengattung ↑Herzblatt.

Parnassiens [parna'sjɛ̃], frz. Dichtergruppe der 2. Hälfte des 19. Jh.; ben. nach der Anthologie »Le parnasse contemporain« (3 Tle., 1866–76). Die P. pflegten, orientiert am Konzept des ↑L'art pour l'art, eine unpersönl., gegenstandsbezogene Lyrik von großer Formstrenge. Bed. Vertreter: u.a. C. Leconte de Lisle, J. M. de Heredia, F. Coppée.

Parnes [hebr.] *der,* im Rotwelschen seit 1737 nachgewiesene jidd. Bez. für den jüd. Gemeindevorsteher.

Parnon *der,* Gebirge in Griechenland, in der südöstl. Peloponnes (Lakonien); höchste Erhebung ist der Malevos (1 935 m ü.M.).

Pärnu (dt. Pernau), Hafenstadt, Seebad und Kurort in Estland, an der Rigaer Bucht, 51 800 Ew.; Fischkonserven-, Holz- und Leinenindustrie, Maschinenbau. – Reste der Stadtbefestigung (15. Jh.).

Parochie [mlat., von grch. paroikia »Wohnen an fremdem Ort«] *die,* in der frühmittelalterl. Kirche entstandene Bez. für die Kirchengemeinde (↑Pfarrei), weil die Christen (unter Bezug auf 1. Petr. 1,17) das ird. Leben als Leben in der Fremde ansahen. – **Parochus,** bezeichnete v.a. im Mittelalter den Gemeindepfarrer.

Parodie [grch. »Nebengesang«] *die,* **1)** *Literatur:* Werk, das in satir., krit. oder polem. Absicht ein anderes, als bekannt vorausgesetztes Werk unter Beibehaltung kennzeichnender Formmittel, aber mit gegenteiliger Intention nachahmt. Aus der entstehenden Diskrepanz zw. Form und Aussageanspruch resultiert der kom. Effekt.

2) *Musik:* seit dem 15. Jh. gebrauchte Bez. für die Verwendung einer bestehenden Komposition in einem neuen Zusammenhang. Das P.-Verfahren konnte sich in der Veränderung von Stimmenzahl, Satzstruktur, Rhythmik, Melodik und Harmonik oder Umtextierung zeigen. Eine große Rolle spielte es im Schaffen J. S. Bachs. Der P. entspricht beim Lied die ↑Kontrafaktur.

Parodiemesse, Messenkomposition unter Verwendung eines schon vorhandenen Musikstücks.

Parodontitis [grch.] *die,* vorwiegend im Bereich der Wurzelspitze oder im Bereich des Zahnfleischsaums lokalisierte bzw. von dort ausgehende akute oder chron. Entzündung des Zahnhalteapparats (Parodontium); mit Ablagerung von Zahnstein, Bildung eitriger Zahnfleischtaschen und Lockerung der Zähne.

Parodontium [grch.] *das* (Zahnhalteapparat), der den Zahn im Kiefer befestigende Halteapparat (Zahnalveole, Wurzelhaut, Zahnzement).

Parodontopathien [grch.], Sammelbegriff für alle Erkrankungen des Zahnhalteapparats.

Parodontose [grch.] *die* (Paradentose), weitgehend entzündungsfreier Schwund des Zahnhalteapparats. Zahnfleisch und Kieferknochen werden langsam fortschreitend oder schubweise abgebaut, sodass der Zahn allmählich aus seinem Zahnfach herauszuwachsen scheint. Trotz weit reichenden Zahnbettschwunds können die Zähne noch lange fest im Kiefer verankert sein. Bei fortschreitender Erkrankung treten schließlich Zahnlockerung, Zahnwanderung und später Zahnverlust ein.

Parole [frz. »Wort«] *die,* **1)** *allg.:* Leitspruch, Wahlspruch (politisch) Gleichgesinnter; (militär.) Kennwort, Losung.

2) [paˈrɔl] *Sprachwiss.:* von F. de Saussure geschaffene Bez. für die konkrete sprachl. Äußerung, den Sprechakt, im Unterschied zur ↑Langue.

Paroli [italien.-frz.] *das,* Verdoppelung des ersten Einsatzes beim Pharaospiel; heute noch in der Wendung **Paroli bieten,** Widerstand entgegensetzen.

Paronomasie [grch.] *die* (lat. Annomination), die Wiederholung desselben Wortstamms in anderer syntakt. Funktion, z.B. »Wer sich auf den verlässt, der ist verlassen« (↑Redefiguren, Übersicht).

Paros, Insel der Kykladen, Griechenland, 195 km², 7900 Ew., bis 747 m ü.M.; Fremdenverkehr. Nahe des Hauptorts P. (2700 Ew.) liegen die Brüche des reinweißen **parischen Marmors.**

Parotis [grch.] *die,* ↑Ohrspeicheldrüse.

Parotitis epidemica, der ↑Mumps.

Paroxysmus [grch.] *der,* **1)** *Geologie:* gesteigerte vulkan. oder tekton. Aktivität.

2) *Medizin:* Anfall, hochgradige Steigerung von Krankheitserscheinungen.

Parry Islands [ˈpærɪ ˈaɪləndz; nach dem brit. Polarforscher Sir William Parry, * 1790, † 1855], Inselgruppe im Kanadisch-Arkt. Archipel, heute unbesiedelt; Hauptinseln: Devon, Cornwallis, Bathurst, Melville und Prince Patrick.

Parsec [Kw. aus **par**allax **sec**ond, Parallaxensekunde] *das,* Einheitenzeichen **pc,** Längeneinheit in der Astronomie: 1 pc = $3{,}0856776 \cdot 10^{16}$ m. Das P. ist jene Entfernung, von der aus die ↑astronomische Einheit (AE) unter einem Winkel (↑Parallaxe) von einer Bogensekunde (1″) erscheint: 1 pc ≈ 206265 AE ≈ 3,263 Lichtjahre.

Parseier Spitze, Gipfel der Lechtaler Alpen, Tirol, Österreich, mit 3038 m ü.M. die höchste Erhebung der Nördl. Kalkalpen.

Parsen [pers. »Perser«] (Parsi), die Anhänger des ↑Parsismus; wanderten nach der islam. Eroberung Persiens (642) nach Indien aus, wo sie bis heute geschlossene Gemeinschaften bilden (v.a. im Raum Bombay). Ihre Zahl, etwa 130000 in Indien und rd. 21000 in Iran (v.a. Teheran), ist im Abnehmen begriffen.

Parseta [parˈsɛnta], Fluss in Polen, ↑Persante.

Parseval, August von, Ingenieur und Luftschiffkonstrukteur, * Frankenthal (Pfalz) 5. 2. 1861, † Berlin 22. 2. 1942; konstruierte 1897 mit Hans Bartsch von Sigsfeld (* 1861, † 1902) den Drachenballon (↑Fesselballon) und baute 1902–06 das erste der nach ihm benannten unstarren **P.-Luftschiffe** (Prallluftschiffe, ↑Luftschiff), dem bis zum Ende des Ersten Weltkriegs 27 weitere folgten.

Parsifal, ↑Parzival.

Parsismus *der,* von ↑Zarathustra gestiftete Religion. Das ↑Awesta, die hl. Schrift des P., ist durch einen ethisch orientierten Dualismus gekennzeichnet. Dem Schöpfergott ↑Ahura Masda (nach ihm auch die Bez. **Mazdaismus** für den älteren P.) als Garant der rechten (guten) Ordnung steht ↑Ahriman als Verkörperung des durch Lüge und Zerstörung gekennzeichneten bösen Prinzips, dem Unheil und Tod entspringen, gegenüber. Der Kampf beider bestimmt das kosm. Geschehen, die Geschichte und die individuelle Existenz der Menschen. Der Mensch hat zw. beiden zu entscheiden. Er ist befähigt, das Böse zu überwinden und in Übereinstimmung mit der rechten Ordnung zu leben. Zarathustras Forderung, Gutes zu denken, zu reden und zu tun, bestimmt die daraus folgende Ethik des P. Im Kultus kommen v.a. dem hl. Feuer als Symbol Ahura Masdas und den rituellen Reinigungsvorschriften zum Schutz vor Befleckung durch Ahrimans Dämonen zentrale Bedeutung zu. Die Bestattung Verstorbener erfolgt als Luftbestattung auf den als »Türme des Schweigens« bekannten ↑Dakhmas. Heute ist zum klass. Lehrsystem die Erwartung eines endzeitl. Retters (»Saoschyant«)

hinzugetreten, der 3000 Jahre nach Zarathustra zum Jüngsten Gericht erscheinen wird. Seine Blütezeit erlebte der P. in Persien während der Herrschaft der Sassaniden (224–642). Als **Zoroastrismus** (nach der gräzisierten Namensform seines Stifters) war er in dieser Zeit pers. Staatsreligion.

📖 *Widengren, G.: Die Religionen Irans. Stuttgart 1965.*

Parsons ['pɑ:snz], **1)** Sir Charles Algernon, brit. Ingenieur, *London 13. 6. 1854, † auf einer Reise zu den Westind. Inseln 11. 2. 1931; Erfinder der mehrstufigen Überdruck-Dampfturbine (**P.-Turbine,** 1884 gebaut); sie entwickelte sich seit 1900 zu einer bedeutenden Großkraftmaschine für den Kraftwerks- und Schiffsbetrieb.

2) Talcott, amerikan. Soziologe, *Colorado Springs (Col.) 13. 12. 1902, † München 8. 5. 1979; Prof. an der Harvard University (1944–79); Begründer und Hauptvertreter der ↑strukturell-funktionalen Theorie. Außerdem entwickelte P. eine voluntarist. Theorie des Handelns und schrieb einflussreiche Arbeiten zur Sozialisation und Persönlichkeitsentwicklung.

Pars pro toto [lat. »ein Teil fürs Ganze«] *das,* Redefigur, die einen Teilbegriff anstelle des Gesamtbegriffs setzt, z. B. Kopf für Mensch.

Part [von lat. pars »Anteil«, »Teil«] *der,* **1)** *Musik:* der für ein Instrument oder eine Singstimme vorgesehene, separat geschriebene oder gedruckte Teil einer Komposition.

2) *Seehandelsrecht:* (Schiffspart) Miteigentumsanteil eines Mitreeders an Schiff und Zubehör. Eine **Partenreederei** ist eine gemeinschaftlich betriebene Reederei mehrerer Personen mit einem ihnen gemeinsam gehörenden Schiff.

3) *Theater:* Rolle in einem Stück.

Pärt, Arvo, estn. Komponist, *Paide 11. 9. 1935; emigrierte 1980 nach Wien, lebte ab 1982 in Berlin; bezog anfangs serielle Techniken in sein Schaffen ein und wendete sich dann in Auseinandersetzung mit der Musik des MA. einem formenstrengen, einfachen Stil zu; schrieb u. a. drei Sinfonien (1964, 1966, 1971), Kammermusik, Orgel- und Vokalwerke, darunter »Berliner Messe« (1991, für Chor oder Solisten, Streicher und Orgel), »Litany« (1994, für Chor und Orchester).

Partei [frz., zu lat. pars »Teil«] *die,* **1)** *Politik:* i. w. S. organisierte Gruppe von Gleichgesinnten; i. e. S. (polit. P.) permanent organisierter Zusammenschluss von Bürgern mit gemeinsamen sozialen Interessen und polit. Vorstellungen über die Gestaltung der staatl., gesellschaftl. und wirtsch. Ordnung mit dem Ziel der Übernahme, der Behauptung bzw. der Kontrolle der Herrschaft im Staat. Politische P. gibt es bereits seit der Antike, das moderne P.-Wesen entwickelte sich jedoch erst mit der Durchsetzung des Parlamentarismus. Die ersten P. in den USA und in Europa waren (bei eingeschränktem Wahlrecht) bürgerl. Honoratioren- oder **Repräsentations-(Patronage-)P.,** die den Charakter reiner Wähler-P. hatten. Seit dem letzten Drittel des 19. Jh. entstanden mit fortschreitender Erweiterung des Kreises der Wahlberechtigten **Massen-P.** mit bürokrat. P.-Organisationen auf kommunaler, regionaler und nat. Ebene. Diese entwickelten sich nach dem Ersten Weltkrieg zu demokrat. oder totalitären **Integrations-P.,** die nicht nur einen großen Teil ihrer Anhängerschaft als Mitgl. mobilisierten (Mitglieder-P.), sondern auch deren private Lebensbereiche erheblich (im Falle totalitärer P. vollständig) zu bestimmen suchten (Weltanschauungs-P.). Seit dem Zweiten Weltkrieg besteht in den westl. Staaten eine starke Tendenz zur Herausbildung von **Volks-P.,** die mit einem parteiinternen wirtsch. und sozialen Interessenausgleich und einer deutl. Entideologisierung einherging. In letzter Zeit gewinnen die sich auf regionale bzw. kommunale Bereiche beschränkenden **Rathaus-P.** (z. B. Freie Wählervereinigungen) zunehmend an Bedeutung. – Bereits im Vormärz bildeten sich die wichtigsten parteipolit. Richtungen von Konservatismus, Liberalismus und Sozialismus aus, die sich in und nach den europ. Revolutionen von 1848/49 endgültig als P. der Rechten, der Mitte bzw. des Zentrums und der Linken formierten. Die Entwicklung der Arbeiterbewegung führte zur Bildung proletar. Arbeiter-P. (Klassen-P.). Aus religiös-konfessionellem Gegensatz und aus dem Widerspruch zw. modern-liberalem Staat und Kirche entstanden Religions- und konfessionelle P. In multinat. Staaten formierten sich P. nach ethn., sprachl. oder regionalen Kriterien.

Organisation: Mit Ausnahme der P. in den USA, die eine förml. Mitgliedschaft nicht kennen **(offene P.),** sind P. heute geschlossene Verbände mit förml. Beitritt, regelmäßigen Aktivitäten, Mitgliedsbeiträgen, oft auch P.-Steuer für Mandatsträger **(geschlossene P.).** Sie verpflichten ihre Mitgl. oft auf ein P.-Programm. Kleinste (Basis-)Organisationsformen können Komitees, Ortsvereine, Zellen (bei kommunist. P.) und Milizen (bei faschist. P.) sein. Die Basisorganisationen sind überregional zusammengefasst, deren wichtigstes Organ der P.-Tag ist und deren Geschäfte von einem P.-Vorstand geführt werden. Die Struktur der P.-Organisation ist jeweils in einer Satzung vorgeschrieben. Je nach der Anzahl der in einem Staat aktiven und einflussreichen P. unterscheidet man zw. Einparteien-, Zweiparteien- und Mehrparteiensystem. Die staatsrechtl. Stellung der P. ist in Dtl. durch das GG geregelt; Art. 21 GG bestimmt in Verbindung mit dem P.-Gesetz i. d. F. v. 3. 3. 1989, dass die P. bei der »politischen Willensbildung des Volkes« mitwirken, ihre Gründung frei ist, ihre innere Ordnung demokrat. Grundsätzen entsprechen muss, eine eventuelle Verfassungswidrigkeit nur das Bundesverfassungsgericht feststellen kann und über ihre Finanzierung gemäß dem P.-Gesetz öffentlich Rechenschaft abgelegt werden muss.

📖 *Nohlen, D.: Wahlrecht u. P.-System. Opladen ²1990. – Fenske, H.: Deutsche P.-Geschichte von den Anfängen bis zur Gegenwart. Paderborn u. a. 1994. – Alemann, U. von: Parteien. Reinbek 1995.*

2) *Recht:* im materiellen Recht die jeweiligen Partner eines Vertrages (Vertrags-P.); im Verfahrensrecht die Person, die vor Gericht für sich Rechtsschutz verlangt (z. B. Kläger) oder gegen die der Rechtsschutz begehrt wird (z. B. Beklagter).

Parteibetrieb, Form des Zivilprozesses, die den Parteien Beginn und Durchführung des Prozesses überlässt; Ggs. Offizialbetrieb (Amtsbetrieb). Die ZPO regelt ein Mischsystem; das Ingangsetzen wird durch die Parteien, das Inganghalten durch das Gericht betrieben.

Partei des Demokratischen Sozialismus, Abk. **PDS,** polit. Partei, hervorgegangen im Dez. 1989 aus der ↑Sozialistischen Einheitspartei Deutschlands (SED). Vors. war von Dez. 1989 bis Jan. 1993 G. Gysi, 1993–2000 L. Bisky (* 1941), seither Gabriele Zimmer (* 1955). Die PDS sucht sich im gesamtdt. Parteienspektrum als linke Oppositionspartei mit besonderem Blick auf die Probleme der früheren DDR darzustellen. – Bei der Bundestagswahl am 2. 12. 1990 erreichte sie 2,4 % (Wahlgebiet Ost 11,1 %) der Zweitstimmen (17 Abg.), am 16. 10. 1994 4,4 % (30 Abg., da vier Direktmandate), am 27. 9. 1998 5,1 % (36 Abg.). In Meckl.-Vorp. 1998 erstmals Reg.beteiligung in einem Bundesland (mit der SPD).

Parteienfinanzierung, die Deckung der laufenden Kosten der Arbeit polit. Parteien und ihrer Wahlkampfkosten aus Beiträgen von Mitgl. und Mandatsträgern, Einnahmen, die eine Partei z. B. aus ihrem Vermögen und Veröffentlichungen erzielt, Spenden und staatl. Zuschüssen. In Dtl. müssen die Parteien über die Herkunft und die Verwendung ihrer Mittel öffentlich Rechenschaft ablegen. In einem Urteil vom April 1992 stellte das Bundesverfassungsgericht entgegen seiner vorherigen Rechtsprechung fest, dass der Staat verfassungsrechtlich nicht gehindert ist, die Parteien für ihre allgemeinen Aufgaben aus Haushaltsmitteln zu subventionieren. Es legte aber die Obergrenze für den Anteil der staatl. Finanzierung an den Etats dieser Parteien mit 50 % ihrer Gesamteinnahmen (relative Obergrenze) fest. Das Parteiengesetz i. d. F. v. 31. 1. 1994 trägt dem Urteil Rechnung. Es begrenzt zudem den Gesamtumfang der staatl. P. auf eine bestimmte Summe (absolute Obergrenze, ab 1. 1. 1998 245 Mio. DM).

📖 *Arnim, H. H. von: Die Partei, der Abgeordnete u. das Geld. Mainz 1991.*

Parteienprivileg, ↑ Parteiverbot.

Parteifähigkeit, die Fähigkeit, in einem Gerichtsverfahren Partei zu sein. Parteifähig ist, wer rechtsfähig ist, also alle natürl. und jurist. Personen, ferner die OHG, die KG, der Arbeitgeberverband und die Gewerkschaft sowie polit. Parteien. Der nicht rechtsfähige Verein ist im Zivilprozess nur passiv parteifähig, er kann nur verklagt werden, nicht aber selbst klagen (§ 50 ZPO).

Parteiprozess, Rechtsstreit, in dem die Partei sich selbst vertreten kann, also nicht dem ↑Anwaltszwang unterliegt; Ggs.: Anwaltsprozess.

Parteispendenaffäre, seit Mitte der 1970er-Jahre angegriffene Praxis der Parteien, Spenden aus dem Bereich der Wirtschaft u. a. über gemeinnützige Organisationen an sich selbst weiterzuleiten. Mit dem Prozess (Aug. 1985 bis Febr. 1987) gegen den Flick-Manager E. von Brauchitsch und die ehem. Wirtschaftsmin. H. Friderichs und O. Graf Lambsdorff (beide FDP) erfuhr die P. einen ersten Höhepunkt (Flick-Affäre). Durch die im Nov. 1999 offenbar gewordene langjährige Finanzpraxis der CDU (»Schwarzgeldsystem«) wurde in einer neuerl. P. das gesamte System der Parteienfinanzierung infrage gestellt.

Parteiverbot, mit der gerichtl. Feststellung der Verfassungswidrigkeit einer polit. Partei verbundenes Verbot dieser Partei. Verfassungswidrig sind Parteien, die nach ihren Zielen oder nach dem Verhalten ihrer Anhänger darauf ausgehen, die freiheitlich demokrat. Grundordnung zu beeinträchtigen oder zu beseitigen oder den Bestand der Bundesrep. Dtl. zu gefährden (Art. 21 Abs. 2 GG). Die Feststellung der Verfassungswidrigkeit und der Ausspruch des P. ist nur dem Bundesverfassungsgericht vorbehalten (»Parteienprivileg«); notwendig für das Verfahren ist ein Antrag des Bundestages, des Bundesrates oder der Bundesregierung.

Parteivernehmung, als Beweismittel im Zivilprozess die Vernehmung einer Partei ähnlich einem Zeugen; nur zulässig, wenn ein Beweis noch nicht vollständig erbracht ist oder andere Beweismittel nicht zur Verfügung stehen. Das Gericht kann die Beeidigung (stets nur einer Partei) anordnen (§§ 445 ff. ZPO). – In *Österreich* ist die P. in den §§ 371 ff. ZPO geregelt. In der *Schweiz* kennen einzelne kantonale Zivilprozessordnungen die P. (auch »Parteieinvernahme«).

Parteiverrat (Prävarikation), pflichtwidriges Beraten beider Parteien in derselben Rechtssache durch denselben Anwalt oder Rechtsbeistand, bei Vorsatz strafbar (§ 356 StGB).

Partenreederei, *Seehandelsrecht:* ↑Part.

Partens, Val, bündnerroman. Name des ↑Prättigaus.

Parthenocissus [grch.-lat.], Pflanzengattung, ↑Jungfernrebe.

Parthenogenese [grch.] *die, Zoologie:* die ↑Jungfernzeugung.

Parthenon [grch. »Jungfrauengemach«] *der,* Marmortempel der Athene Parthenos auf der Akropolis von Athen, 447–432 v. Chr. von Perikles durch Iktinos und von Kimon durch Kallikrates unter Aufsicht des Phidias errichtet, im 6. Jh. n. Chr. in eine christl. Kirche, später in eine Moschee umgewandelt, 1687 bei der venezian. Beschießung durch Explosion stark beschädigt; die Restaurierungsarbeiten begannen 1834 (erneut 1986). Der P. ist ein dor. Peripteros (30,9 m breit und rd. 69,5 m lang mit 8 × 17 Säulen von 10,43 m Höhe). Im Kultraum, der Cella, stand das Goldelfenbein-Standbild der Athene Parthenos von Phidias. Ein Fries mit Reliefdarstellungen aus dem Festzug der Panathenäen lief rings um die Cella. Auf den 92 Metopen über dem Architrav des Säulenumgangs sind Kämpfe der Götter und Giganten (O), der Lapithen und Kentauren (S), die Schlacht von Marathon (W), früher als Kampf der Athener mit den Amazonen gedeutet, und der Kampf um Troja (N) dargestellt, die Giebelgruppen zeigen im O die Geburt der Athene, im W den Streit zw. Poseidon und Athene um Attika. Der Hauptteil des Skulpturenschmucks gelangte 1803–12 nach London (↑Elgin Marbles).

Parthenos [grch. »Jungfrau«], Beiname der Göttin Athene.

Parther (altpers. Parthawa), urspr. iranischer Stamm südöstlich des Kasp. Meeres (W-Khorasan), um 555 v. Chr. vom Perserkönig Kyros II. unterworfen und zur Satrapie **Parthien** erklärt. In die seleukid. Prov. **Parthia** drangen um 250 v. Chr. die ebenfalls iran. (halb-)nomad. Parner ein und nahmen den Namen P. an. Unter Arsakes I. (Begründer der Arsakiden-Dynastie) schufen sie das **P.-Reich** (Hptst. Nisa, später Ktesiphon), das, vom Euphrat bis zum Indus reichend, bes. durch die Beherrschung der O-W-Handelswege Bedeutung hatte. Im 1. Jh. v. Chr. wurden die P. eine ständige Bedrohung für die Römer **(P.-Kriege).** Im 3. Jh. wurden sie von den ↑Sassaniden unterworfen.

📖 *Schippmann, K.: Grundzüge der parth. Geschichte. Darmstadt 1980.*

Parthenon: Tempel der Athene Parthenos auf der Akropolis von Athen, von Nordwesten gesehen; 447–432 v. Chr.

parthische Kunst, die Kunst der Parther unter der Arsakiden-Dynastie (247 v. Chr.–224 n. Chr.). Die p. K. weist v. a. seit dem 1. Jh. v. Chr. bestimmte einheitl. Züge auf, die sich weit über das Kerngebiet (Iran) hinaus auch im ehem. babylonisch-assyr. Reichsgebiet beobachten lassen. In der Architektur geht die Entwicklung vom antiken Stützenbau (Säulenbauten in Persepolis) zur Massenbauweise mit Lehmziegeln oder Schalenmauerwerk und zur Monumentalisierung der Wölbetechnik (Tonnengewölbe, Kuppeln). Der Iwan, die zum Hof geöffnete, auf der Rückseite geschlossene tonnengewölbte Halle, erstmals in parth. Palastanlagen (Nisa, Damgan, Assur, Uruk, Hatra) gebaut, wurde später von der islam. Kunst im Moscheenbau übernommen. Stadtanlagen wurden rund oder polygonal gebaut (Ktesiphon, Merv, Hatra).

Plastik und Malerei lösten sich seit dem 1. Jh. v. Chr. von achaimenid. und hellenist. Vorbildern durch Bevorzugung der Frontalansicht in starrer Haltung, der Blick der großen Augen auf den Betrachter gerichtet. Häufig ist eine Opferszene, zuerst belegt auf dem Fresko der Konon in Dura-Europos. Könige und Götter wurden als Reiter in der Steppentracht (Ärmelrock, lange Hose) der nordostiran. Stämme dargestellt. Jagdszenen und Reiterbilder sind neue Motive. Die Kleinkunst zeigt schöne Goldschmiedearbeiten: Trinkschalen, Gürtelbeschläge, Schmuck mit Zellenschmelz und Halbedelsteinen, aus Elfenbein geschnitzte Trinkhörner. Die Keramik ist häufig grün glasiert.

📖 *Brentjes, B.: Steppenreiter u. Handelsherren. Die Kunst der Partherzeit ... Leipzig 1990.*

Partialbruch (Teilbruch), ein Bruch, dessen Nenner sich nicht in ein Produkt zerlegen lässt. Die Zerlegung einer gebrochen rationalen Funktion in einfachere Teilbrüche **(P.-Zerlegung)** ist für die Integration solcher Funktionen bedeutsam.

Partialdruck, in einem Gemisch von Gasen oder Dämpfen der von einer Komponente des Gemisches ausgeübte Teildruck. Bei idealen Gasen verhalten sich die P. der einzelnen Komponenten so, als ob jede Komponente der Mischung den Raum allein ausfüllen würde. Die Summe der P. ist gleich dem Druck des Gemisches (daltonsches Gesetz).

Partialtöne, *Musik:* die Teiltöne, ↑Obertöne.

Partie [frz.] *die,* **1)** *allg.:* Teil, Abschnitt, Ausschnitt.

2) *Betriebswirtschaft:* bestimmte, qualitativ homogene Menge an Werkstoffen, aus denen in einem entsprechenden Produktionsverfahren (P.-Fertigung) eine homogene Menge an Endprodukten erzeugt wird.

3) *Handel:* größerer Warenposten; auch zu normalen Preisen unverkäufl. Ware (Partieware).

4) *Musik:* die Gesangsrolle in Oper und Operette.

5) *Sport* und *Spiel:* Durchgang, Runde (Schach, Billard).

Partikel [lat.] *die,* **1)** *allg.:* Teilchen, Stückchen.

2) *Physik:* das ↑Teilchen.

3) *Sprachwissenschaften:* nicht flektierbares Wort (Präposition, Konjunktion, Adverb).

Partikularismus [lat.] *der,* meist abwertend verwendeter polit. Begriff, bezeichnet Bestrebungen zur Durchsetzung polit., wirtsch. und/oder kultureller Sonderinteressen eines Teilgebietes im Sinne staatsrechtl. Eigenständigkeit. Im Extremfall erwachsen aus dem P. Bemühungen zur Lösung aus der bestehenden Gemeinschaft (Separatismus).

Partikularrecht, das nur in einem Teil einer rechtl. Gebietseinheit geltende Recht, bes. das Landesrecht.

Partikulier [lat.] *der, Binnenschifffahrt:* Schiffseigner, der im Ggs. zum Reeder sein Schiff meist selbst führt und i. d. R. nicht mehr als drei Schiffe besitzt.

Partimento [italien.] *das* und *der,* in der Musik des 17./18. Jh. Bez. für eine schriftlich fixierte Stimme (teils bezifferter Bass, teils melod. Linie), zu der auf einem Tasteninstrument eine Melodie improvisiert wurde.

Partisan [frz.-italien.] *der,* Freischärler, Widerstandskämpfer. P. bilden Gruppen oder Verbände von Freiwilligen aus den Bewohnern eines besetzten Gebietes, um außerhalb der Streitkräfte den Kampf gegen den eingedrungenen Kriegsgegner zu führen. Das ältere Völkerrecht ließ sie als »Irreguläre« schutzlos, die Haager Landkriegsordnung vom 18. 10. 1907 erstreckte ihren Schutz auf »Freiwilligenkorps« nur, sofern sie einen verantwortl. Führer haben, ein bestimmtes ständig benutztes und aus der Ferne erkennbares Abzeichen tragen, die Waffen offen führen und die Gesetze und Bräuche des Krieges achten. Unter denselben Voraussetzungen sind die P. durch das Genfer Abkommen zur Verbesserung des Loses der Verwundeten und Kranken der Streitkräfte im Felde und durch das Genfer Abkommen über die Behandlung der Kriegsgefangenen (beide vom 12. 8. 1949) als »legale Kombattanten« geschützt. (↑Guerilla)

Partisane [frz. pertuisane, von italien. partigiana] *die,* zum Stoß dienende Stangenwaffe mit blattförmiger Klinge und seitl. Nebenspitzen; kam im 15. Jh. auf.

Partita [italien.] *die, Musik:* vom 16. bis 18. Jh. Bez. für den einzelnen Teil einer Reihe von

Variationen; seit dem 17. Jh. auch allgemein ein Instrumentalstück oder eine suitenartige Folge von Sätzen.

Partition [lat.] *die, Logik* und *Philosophie:* allg. die Zerlegung eines Ganzen in Teile, deren Summe wieder das Ganze ergibt (z. B. bilden Pflanzen, Tiere und Menschen das Reich der Lebewesen); i. e. S. die Aufteilung eines Begriffsinhaltes in Merkmale (z. B. ein Quadrat ist viereckig mit vier gleich langen Seiten und vier rechten Winkeln).

Partitur [italien.] *die,* die Aufzeichnung sämtl. Stimmen eines Musikstücks in Notenschrift auf übereinander liegenden Liniensystemen, sodass die gleichzeitig erklingenden Noten untereinander stehen. Für die Reihenfolge der Instrumente hat sich seit der Wiener Klassik die Anordnung herausgebildet (von oben nach unten): Holzbläser (Flöten, Oboen, Klarinetten, Fagotte), Blechbläser (Hörner, Trompeten, Posaunen, Tuba), Pauken u. a. Schlagzeug (hier auch Harfe, Klavier, Celesta, Xylophon u. a.), Streicher (Violinen, Viola, Violoncello, Kontrabass). Chor- und Solostimmen stehen über dem Bass, konzertierende Instrumente über der 1. Violine. Die **Klavier-P.** ist ein Klavierauszug, der die Stimmen in P.-Form enthält.

Partizip [lat.] *das* (Partizipium), Mittelwort (↑Verb, Übersicht).

Partizipation [spätlat. participatio, zu lat. particeps »teilhabend«] *die, bildungssprachlich:* die auf dem Eingebundensein in etwas (z. B. ein Unternehmen) beruhende Teilhabe an etwas (z. B. dem Unternehmenserfolg); in der heute weitgehend vorherrschenden *sozialwiss. Begriffsverwendung* die Teilhabe bzw. der Grad der Teilhabe (die Mitwirkungsmöglichkeiten) von Einzelnen oder Gruppen an Entscheidungsprozessen und Handlungsabläufen in übergeordneten Organisationen (z. B. Gewerkschaften, Parteien) und Strukturen (Gesellschaft, Staat); von den Sozialwiss.en beschrieben als komplexes Zusammenspiel zw. institutionellen Strukturen, konkreten polit. Ereignissen, Gruppeneinbindungen und individuellen Merkmalen.

Partizipationsschein, Abk. **PS,** Wertpapier, das Vermögensrechte (Anspruch auf Anteil am Gewinn und Liquidationserlös), nicht aber Mitgliedschaftsrechte (z. B. Stimmrecht) an einer AG verbrieft. P. werden in der Schweiz seit 1963 ausgegeben und sind dem dt. Genussschein ähnlich.

Partnach *die,* rechter Nebenfluss der Loisach in den oberbayer. Alpen, entspringt 1 500 m ü. M. an der Zugspitze, durchfließt die enge **P.-Klamm,** mündet bei Garmisch-Partenkirchen.

Partnerschaft, *Soziologie:* Prinzip des vertrauensvollen Zusammenwirkens zw. Personen, Organisationen oder auch Staaten, die ihre Ziele nur gemeinsam unter gegenseitiger Kompromissbereitschaft, auch unter Einsatz entsprechender institutionalisierter Konflikt- und Kompromissregelung erreichen können (z. B. Sozial-P.; P. für den Frieden).

Partnerschaft für den Frieden (engl. Partnership for Peace), Abk. **PFP,** von den NATO-Verteidigungs-Min. im Okt. 1993 konzipiertes und auf dem NATO-Gipfel in Brüssel am 10./11. 1. 1994 verabschiedetes Programm zur partnerschaftl. Zusammenarbeit der Länder des ehem. Ostblocks (einschl. der GUS) mit der NATO. Die PfP wird seit 1997 im Euro-Atlantischen Partnerschaftsrat der NATO weitergeführt. Die prakt. militär. Zusammenarbeit zielte v. a. auf gemeinsame Friedensmissionen im Rahmen der UN oder der OSZE und erlebte im Einsatz der ↑IFOR in Bosnien und Herzegowina einen ersten Höhepunkt.

Partnerschaftsgesellschaft, seit dem 1. 7. 1995 rechtlich möglicher Zusammenschluss mehrerer natürl. Personen zur Ausübung eines freien Berufs in Form einer Gesellschaft des privaten Rechts. Grundlage ist das P.-Ges. vom 25. 7. 1994. Die P. erlaubt es Angehörigen freier Berufe, sich wie gewerblich Tätige zu organisieren und sich in einer registerfähigen personengesellschaftsrechtl. Form zusammenzuschließen. Der P.-Vertrag bedarf der Schriftform; die P. wird in Partnerschaftsregister beim Amtsgericht eingetragen.

Partnerstadt, ↑Städtepartnerschaft.

parts per ... ['pɑ:ts pə:, engl.], Teile je ..., Einheiten für Konzentrationsangaben (↑pp-Einheiten), z. B. parts per million, Abk. ppm.

Partus [lat.] *der,* die ↑Geburt.

Party ['parti, engl. 'pɑ:tɪ] *die,* zwangloses Fest, gesellige Feier (im Bekanntenkreis, mit Musik und Tanz).

Partytomaten ['parti-], die ↑Cocktailtomaten.

Parusie [grch. »Anwesenheit«, »Ankunft«] *die,* das Hervortreten der verborgenen Gottheit; Christi Erscheinen (»Wiederkunft«) am Jüngsten Tag zur Abhaltung des Endgerichts; Beginn der endgültigen Gottesherrschaft.

Parvati [Sanskrit »Bergtochter«], andere Namen: Sati, Uma; hinduist. Göttin; Gattin des Shiva. (↑Durga)

Parvenü [frz.] *der,* Emporkömmling.

Parvoviren, Familie weltweit verbreiteter hüllenloser DNS-Viren; für Mensch, Hund, Katze und Schwein pathogene Arten (z. B. die fieberhafte, mit Erbrechen und Durchfällen einhergehende Katzen- sowie Hundeparvovirose). Die Gattung Dependovirus (auch als **adeno-assoziierte Viren,** Abk. **AAV,** oder defekte P. bezeichnet) ist bei ihrer Vermehrung auf die Anwesenheit eines Helfervirus angewiesen.

Parzelle [frz.] *die,* abgegrenztes Grundstück, Flurstück.

Parzen [lat. »die das Kind zur Welt bringen«], urspr. drei röm. Geburtsgöttinnen (Nona, Decuma, Morta); später den grch. ↑Moiren gleichgesetzt.

Parzival [-f-] (Parsival, Parsifal), Held des bedeutendsten und bestüberlieferten höf. Romans, den Wolfram von Eschenbach um 1200–1210 in 24810 Reimpaarversen schuf. Als Hauptquelle wurde der unvollendete Versroman »Perceval« (1181–88) von Chrétien de Troyes nachgewiesen. P. lebt nach dem Tod seines Vaters Gahmuret mit der Mutter Herzeloyde in einer einsamen bäuerl. Waldsiedlung, erhält eine ritterl. Erziehung durch seinen Onkel Gurnemanz, wird in die Artusrunde aufgenommen und schließlich König der Gralsburg, nachdem er in versch. Entwicklungsstufen die moral. Qualität zu diesem Amt erlangt hat. – Bühnenweihfestspiel »Parsifal« von R. Wagner, 1882. (↑Artus)

Pas [pa, frz. »Schritt«] *der, Ballett:* Tanzschritt; **P. de deux,** Tanz zu zweit, die geschlossene Solo-Tanznummer für eine Ballerina und ihren Partner.

PAS, Abk. für **p**ara-**A**mino**s**alicylsäure (↑Aminosalicylsäure).

Pas (Pa · s), Einheitenzeichen für ↑Pascalsekunde.

Pasadena [pæsəˈdi:nə], Stadt in Kalifornien, USA, Wohnvorort von Los Angeles; 134800 Ew.; technolog. Institut (gegr. 1891), Forschungszentrum für Weltraumfahrt; Museen, Gemäldegalerien; Bau von elektron. Geräten, Präzisionsinstrumenten sowie Luftfahrt- und Raketenzubehör. Nördlich von P. der Mount Wilson mit Observatorium.

Pasargadai (Pasargadae), Ruinenstätte der Residenz des Achaimenidenkönigs Kyros II. (559–529 v. Chr.) nördlich von Schiras in S-Iran mit den Resten von zwei Palastanlagen, einer Zitadelle, zwei Grabbauten und einem hl. Bezirk mit Feuertempel und -altären.

Pascal [nach B. Pascal] *das,* Einheitenzeichen **Pa,** abgeleitete SI-Einheit des Druckes; $1\ \mathrm{Pa} = 1\ \mathrm{N/m^2} = 10^{-5}$ bar.

Pascal, Blaise, frz. Mathematiker, Physiker und Religionsphilosoph, * Clermont-Ferrand 19. 6. 1623, † Paris 19. 8. 1662; baute die Kombinationslehre und die Wahrscheinlichkeitsrechung aus, entdeckte die Eigenschaften der Zykloide, erörterte das ↑pascalsche Dreieck, arbeitete an der Konstruktion einer Rechenmaschine, wies die Abnahme des Luftdrucks mit der Höhe durch Messungen mit dem Barometer nach und entdeckte das Gesetz der kommunizierenden Röhren. Im Kloster Port Royal wandte er sich nach einem myst. Erweckungserlebnis dem ↑Jansenismus zu (niedergelegt im »Mémorial«, 1654); seine »Lettres à un Provincial« (1656/57) sind ein scharfer Angriff gegen die Gesetzesmoral der Jesuiten. Eine Schrift zur Verteidigung des Christentums konnte er wegen seiner Krankheit nicht mehr vollenden (veröffentlicht u. d. T. »Pensées«, 1670). – Obwohl selbst Naturwissenschaftler, war P. im Religiösen der große Gegenspieler des naturwiss. Rationalismus und Optimismus; der Verstand könne nur zusammen mit einer »Logik des Herzens« funktionieren. Die Logik soll die genaue Grenze angeben, wo der Glaube beginnt, und die vom Glauben erzwungenen Widersprüche so exakt wie möglich formulieren. P. begründet seine Glaubensbeweise in Anlehnung an die geometr. Axiomatik und an die Wahrscheinlichkeitsrechnung. So kommt die Vernunft zur Einsicht ihrer Unzulänglichkeit und zu dem Entschluss, im Absurden und im log. Widerspruch das Zeichen der höchsten Wahrheit zu erkennen. – Wirkungsgeschichtlich reicht der Einfluss P.s über S. Kierkegaard, F. Nietzsche und die frz. Existenzialisten bis in die Gegenwart.

Loeffel, H.: B. P. 1623–1662. Basel u. a. 1987. – Béguin, A.: B. P. Aus dem Frz. Reinbek 1992.

PASCAL [nach B. Pascal], höhere imperative ↑Programmiersprache, eine Weiterentwicklung von ALGOL 60, 1968–72 von dem Schweizer N. Wirth formuliert. P. stellt Ausdrucksmittel für die strukturierte Programmierung zur Verfügung und findet durch leichte Erlernbarkeit sowie die Entwicklung effizienter Übersetzer in vielen Anwendungsbereichen immer stärkere Verbreitung, v. a. auch auf Personalcomputern.

pascalscher Satz [nach B. Pascal], Satz der projektiven Geometrie: Verlängert man die Seiten eines einem regulären Kegelschnitt einbeschriebenen Sechsecks, so liegen die Schnittpunkte je zweier Gegenseiten auf einer Geraden, der **pascalschen Geraden.** Der p. S. ist die Dualform des ↑brianchonschen Satzes.

pascalsches Dreieck, ein von B. Pascal in Form eines gleichschenkligen Dreiecks aufgestelltes Zahlenschema, wobei jede Zahl die Summe der beiden ihr am nächsten stehenden Zahlen der vorausgehenden Reihe ist.

1
1 1
1 2 1
1 3 3 1
1 4 6 4 1
1 5 10 10 5 1
. . . .

Die Zahlen der $(n + 1)$ten Reihe sind die ↑Binomialkoeffizienten von $(a + b)^n$.

pascạlsches Gesetz [nach B. Pascal], das Grundgesetz der ↑Hydrostatik.

Pascạlsekunde [nach B. Pascal], Einheitenzeichen **Pa s, Pa · s,** SI-Einheit der dynam. ↑Viskosität, 1 Pa s = 1 N s/m².

Pasch [frz.] *der,* beim Würfelspiel ein Wurf mit gleicher Augenzahl auf jedem Würfel; auch Dominostein mit gleicher Punktzahl auf beiden Seiten.

Paschạ [türk.] *der,* im Osman. Reich Titel der obersten Offiziere und Beamten. In der Türkei wurde der Titel 1934, in Ägypten 1953 abgeschafft.

Paschalis, Päpste:

1) P. I. (817–24), † Rom 11. 2. 824; erhielt von Ludwig I., dem Frommen, den Besitz des Kirchenstaates und die Freiheit der Papstwahl bestätigt (817, »Pactum Ludovicianum«); krönte 823 Lothar I. zum Kaiser; Heiliger, Tag: 11. 2.

2) P. II. (1099–1118), * Bieda di Galeata (bei Ravenna), † Rom 21. 1. 1118; beendete den ↑Investiturstreit in England und Frankreich, unterstützte den Aufstand Heinrichs V. gegen seinen Vater; sein Vorschlag einer radikalen Lösung des Investiturstreits im Reich (Investiturverzicht Heinrichs) scheiterte.

Pạschen, Friedrich, Physiker, * Schwerin 22. 1. 1865, † Potsdam 25. 2. 1947; Prof. in Tübingen und Bonn, 1924–33 Präs. der Physikalisch-Techn. Reichsanstalt und Prof. an der Univ. Berlin; wandte die balmersche Formel auf die infraroten Linien des Wasserstoffspektrums an **(P.-Serie),** entdeckte, mit Ernst Back (* 1881, † 1959), den in starken Magnetfeldern auftretenden **P.-Back-Effekt** für die Aufspaltung der Linien eines Atomspektrums.

Pạschtu *das* (Paschto), ostiran. Sprache, von den Paschtunen in Afghanistan, dem Pandschab und in NO-Belutschistan gesprochen; seit 1936 Amtssprache Afghanistans.

Paschtunen (in Pakistan Pathanen, früher auch Afghanen), staatstragendes Volk Afghanistans, z. T. im heutigen Pakistan, rd. 25 Mio. Angehörige; sprechen Paschtu; meist sunnit. Muslime. Außerhalb der großen Städte wird die paschtun. Gesellschaft noch weitgehend durch das Stammeswesen mit seinem strengen Ehrenkodex geprägt.

Pascoais [paʃ'kuaiʃ] (Teixeira de P.), eigtl. Joaquim Pereira Teixeira de Vasconcelos, portugies. Dichter, * Gatão (Prov. Porto) 2. 11. 1877, † ebd. 14. 12. 1952; schrieb Lyrik, Dramen, Biographien (»Paulus, der Dichter Gottes«, 1934), Romane und Essays im Sinne eines mystisch-pantheist. Sehnsuchtskults, der seine Werte aus der portugies. Vergangenheit bezieht (»Saudosismo«).

Pạscoli, Giovanni, italien. Dichter, * San Mauro di Romagna (heute San Mauro Pascoli, Prov. Forlì-Cesena) 31. 12. 1855, † Bologna 6. 4. 1912; ab 1905 Prof. für italien. Literatur in Bologna. P. erneuerte die italien. Lyrik: In einfacher, am klass. Latein geschulter Sprache besingt er – meist in melanchol. Stimmung – die Natur und die Welt des Kindes (u. a. »Myricae«, 1892; »Primi poemetti«, 1897; »Canti di Castelvecchio«, 1903; »Le canzoni di re Enzio«, 1908; zweisprachige Auswahl: »Die letzte Fahrt. L'ultimo viaggio«, 1989). Übersetzungen von Homer; Dantekommentar.

Pas de Calais [padka'lɛ], frz. Name der Straße von Dover.

Pas-de-Calais [padka'lɛ], Département in N-Frankreich, an der Kanalküste, 6 671 km², (1995) 1,435 Mio. Ew., Hptst. ist Arras.

Pas de deux [padə'dø:, frz.] *der,* Balletttanz für eine Solotänzerin und einen Solotänzer.

Pasewalk, Kreisstadt des Landkreises Uecker-Randow in Meckl.-Vorp., am rechten Ufer der Uecker, 13 200 Ew.; Futtermittelwerk, Baustoffindustrie. – Schachbrettartige Stadtanlage mit z. T. mittelalterl. Befestigung; Hallenkirchen St. Marien (14. Jh.) und St. Nikolai (13. und 16. Jh.). – Um 1050 erwähnt; um 1250 (Magdeburger) Stadtrecht.

Pašić ['paʃitɕ], Nikola, serb. Politiker, * Zaječar 31. 12. 1845, † Belgrad 10. 12. 1926; leitete 1891/92 und mit kurzen Unterbrechungen 1904–18 als MinPräs. die Politik Serbiens in enger Anlehnung an Russland mit dem Ziel der Vereinigung der Serben mit den Südslawen Österreich-Ungarns. Als jugoslaw. MinPräs. (1921–26) förderte er den großserb. Zentralismus gegenüber den Kroaten und Slowenen.

Pasigraphie [grch. »Allgemeinschrift«] *die,* ↑Ideographie.

Pasing, seit 1938 Stadtteil von München.

Pasiphae, 1) *Astronomie:* ein Mond des Planeten ↑Jupiter.

2) *grch. Mythos:* Tochter des Helios, Gemahlin des Minos; entbrannte in leidenschaftl. Liebe zu einem Stier und gebar den Minotaurus.

Pasłęka [pa'sṷɛŋka], Fluss in Polen, ↑Passarge.

Pasmore ['pɑːsmɔː], Victor, brit. Maler und Grafiker, *Warlingham (Cty. Surrey) 3. 12. 1908, †auf Malta 23. 1. 1998; anfangs gegenständl. Darstellungen, später neben konstruktivist. Kompositionen, die sich der Objektdimension nähern, auch zweidimensionale Arbeiten mit großen klaren und pointierten Formen auf hellem Grund.

Paso [span.] *der,* auch *das,* kom. Zwischenspiel auf der klass. span. Bühne.

Paso, Fernando del, mexikan. Schriftsteller, *Mexiko 1. 4. 1935; Autor fantastisch-surrealist. Romanwerke von universalgeschichtl. Dimensionen, u. a. »José Trigo« (1966), »Palinurus von Mexiko« (1977), »Nachrichten aus dem Imperium« (1987).

Paso doble [span. »Doppelschritt«] *der,* lateinamerikan. Gesellschaftstanz im $^2/_4$- oder $^3/_4$-Takt; nach 1945 Turniertanz.

Pasolini, Pier Paolo, italien. Schriftsteller, Filmregisseur und -schauspieler, *Bologna 5. 3. 1922, †(ermordet) Ostia 1. 11. 1975. Seine kompromisslose Haltung und die hohe Gestaltungskunst bei schonungsloser Offenheit machen P. zu einer zentralen Gestalt der italien. Literatur und des internat. Films der Nachkriegszeit. Er schrieb Lyrik, z. T. in friaul. Sprache (u. a. »Poesie a Casarsa«, 1942; »Gramsci's Asche«, 1957), neorealist. Romane (»Vita violenta«, 1959; »Der Traum von einer Sache«, 1962), kulturkrit. Essays (»Freibeuterschriften«, 1975), Tagebücher und Theaterstücke (»Pylades«, 1968; »Affabulazione oder Der Königsmord«, 1971). Als Drehbuchautor arbeitete P. u. a. für F. Fellini. Seine eigenen, ab 1961 entstandenen Filme stehen zunächst in der neorealist. Tradition (»Mamma Roma«, 1962), die späteren sind metaphys. Parabeln aus archaischen oder surrealen Welten: »Das 1. Evangelium Matthäus« (1964), »König Ödipus« (1967), »Teorema« (1968), »Medea« (1969), »Decamerone« (1970), »Die 120 Tage von Sodom« (1975).

📖 *Zigaina, G.: P. u. der Tod. A. d. Italien. München u. a. 1989. – Naldini, N.: P. P. P. Eine Biographie. A. d. Italien. Berlin 1991. – Schweitzer, O.: P. P. P. mit Selbstzeugnissen u. Bilddokumenten. Reinbek 1991.*

Paspel *die* (frz. Passepoil), schmales Band mit angewebtem Wulstrand; dient zur Einfassung und Verzierung von Geweberändern und als Vorstoß z. B. an Kanten, Kragen und Taschen.

PA-Sprengstoffe, ↑Ammonite.

Pasquill [italien.] *das,* anonyme oder pseudonyme, gegen eine bestimmte Persönlichkeit gerichtete Schmähschrift. Die Bez. geht auf einen bildhauer. Torso zurück, der nach einem schmähsüchtigen Mann namens Pasquino benannt und 1501 vor dem Palazzo Braschi in Rom aufgestellt wurde. Dichter, Professoren und Studenten pflegten an dieser Statue scharfe satir. Epigramme (Pasquinate) anzuheften.

Pass [von lat. passus »Schritt«] *der,* **1)** *Baukunst:* got. Maßwerkfigur, gebildet aus Kreisbögen gleichen Durchmessers; nach deren Zahl unterscheidet man u. a. Dreipass, Vierpass.

2) *Geographie:* von der Natur vorgezeichnete begeh- oder befahrbare, meist schmale Einsattelung an einer Wasserscheide, v. a. im Hochgebirge; zur **Passhöhe** führen die **Passstraßen** als Zugangswege. Ein schmaler steilwandiger P. heißt **Engpass.**

3) *Recht:* Urkunde zur Legitimation im internat. Verkehr, die auch im Inland als Ausweis (↑Personalausweis) gilt. Der Passinhaber genießt den konsular. Schutz des passausstellenden Staates. In fast allen Staaten besteht für den Grenzübertritt und den Aufenthalt von Ausländern eine Passpflicht, häufig ergänzt durch einen Sichtvermerkzwang (Visum, ↑Sichtvermerk). Ausnahmen von der Passpflicht sind im Einzelfall aus humanitären Gründen möglich. Ferner genügt in weiten Teilen (v. a. West-)Europas und im Verhältnis zu den OECD-Staaten die Vorlage des Personalausweises (Weiteres zu Personenkontrollen: ↑Schengener Abkommen).
In Dtl. unterliegt das Passwesen der ausschl. Gesetzgebung des Bundes (Art. 73 Ziff. 3 GG), die Ausführung obliegt den Ländern. Maßgebend ist das Pass-Ges. vom 19. 4. 1986 mit ergänzenden Vorschriften. Der P. darf nur Deutschen im Sinne des Art. 116 Abs. 1 GG ausgestellt werden. Seit 1. 1. 1988 wird ein maschinenlesbarer, angeblich fälschungssicherer P. nach europ. Muster (Europ. Reisepass) als gebührenpflichtiges nat. Dokument ausgegeben. Für Eil- und Notfälle ist der vorläufige P. vorgesehen; amtl. P. sind der Dienst-, Ministerial- und Diplomatenpass. Als **Passersatz** sind u. a. zugelassen: Personalausweis, Kinderausweis (für Kinder und Jugendliche unter 16 Jahren), Seefahrtbücher, Ausweise für Binnenschiffer, Lizenzen und Besatzungsausweise für Fluglinienpersonal. Die Gültigkeit des Reisepasses beträgt 10 Jahre für Personen ab dem 26. Lebensjahr; eine Verlängerung ist unzulässig. Der P. kann aus bestimmten Gründen (z. B. zum Schutz innerer oder äußerer Belange der Bundesrep. Dtl.) versagt oder entzogen werden. P. und Personalausweis der DDR waren

bis 31. 12. 1995 gültig. – In *Österreich* ist das Passwesen im Pass-Ges. 1992 bundeseinheitlich ähnlich wie in Dtl. geregelt; die gewöhnl. Gültigkeitsdauer für P. beträgt zehn Jahre. In der *Schweiz* gilt die Pass-VO vom 17. 7. 1959. Seit dem 1. 4. 1985 wird ein neu gestalteter fälschungssicherer P. ausgegeben; der bisherige verlor zum 1. 1. 1991 seine Gültigkeit.

4) *Sport:* in Mannschaftsspielen die gezielte Ball- (im Eishockey: Puck-)Abgabe, das genaue Zuspiel zu einem Mitspieler; je nach Richtung unterscheidet man Steil-, Diagonal-, Quer- und Rückpass. »Doppel-P.«: schneller Ballwechsel zw. zwei angreifenden Spielern.

5) *Zoologie:* (Passgang) eine Gangart der Vierfüßer (z.B. beim Kamel, seltener beim Pferd), bei der das rechte oder linke Beinpaar gleichzeitig gesetzt wird; führt zu schaukelnder Bewegung; im Pferdesport (Dressur) unerwünscht.

Passacaglia [-ˈkalja, italien.] *die,* zwei- bis viertakt. Satzmodell span. Ursprungs in langsamem $^{3}/_{4}$-Takt, das in Italien im 17. Jh. als Vor-, Zwischen- und Nachspiel in Arien und Tänzen, auch in der Bühnenmusik, verwendet wird. Daneben erscheint im 17./18. Jh. die P. als Variationskomposition über einer ständig wiederholten vier- oder achttaktigen Bassmelodie (Basso ostinato), die vorherrschend wird. Bes. bekannt ist die Orgel-P. von J. S. Bach.

Passage [paˈsaːʒə, frz.] *die,* **1)** *allg.:* 1) Durchgang, Durchfahrt; 2) Textabschnitt.

2) *Architektur:* Ladenstraße, die durch einen Häuserkomplex führt.

3) *Musik:* schnelle auf- oder absteigende Tonfolge in solist. Instrumental- oder Vokalmusik, als Tonleiter-P. oder Akkordpassage.

4) *Reitsport:* Figur der hohen Schule, Trab in höchster Versammlung (Schwungtrab).

Passageinstrument [paˈsaːʒə-], ↑Durchgangsinstrument.

Passah [hebr.] *das* (Pessach, Pascha), jüd. Fest zur Erinnerung an den Auszug der Israeliten aus Ägypten (Exodus; 2. Mose 12); eines der drei jüd. Hauptfeste (neben dem Laubhüttenund dem Wochenfest). Das P.-Fest beginnt am Abend des ersten Frühlingsvollmonds (14. Nissan) und dauert in Israel sieben, in der Diaspora acht Tage. Charakteristisch ist der Verzehr bestimmter Speisen mit symbol. Bedeutung (z. B. Bitterkräuter, ↑Mazza). Das Bratenstück erinnert an das **P.-Lamm,** das bis zur Tempelzerstörung (70 n. Chr.) zu P. im Jerusalemer Tempel geopfert wurde.

📖 *Schmitt, Rainer: Exodus u. Passa, ihr Zusammenhang im A. T. Freiburg im Breisgau u. a. ²1982.*

Passamezzo [italien.] *der,* 1) italien. Schreittanz des 16./17. Jh., eine Art schnelle ↑Pavane; 2) Teil der ↑Suite.

Passarge *die* (poln. Pasłęka), Fluss in Polen, entspringt bei Hohenstein, mündet ins Frische Haff; 169 km lang.

Passarge, Siegfried, Geograph, *Königsberg (Pr) 26. 2. 1867, †Bremen 26. 7. 1958; Prof. in Breslau (1905) und Hamburg (seit 1908); bereiste v. a. Afrika und Südamerika; zahlr. Beiträge zur Geomorphologie und Landschaftskunde.

Passarowitz, Stadt in Serbien, ↑Požarevac.

Passate [niederländ.], sehr beständige bodennahe Winde, die auf beiden Erdhalbkugeln vom subtrop. Hochdruckgürtel zur äquatorialen Tiefdruckrinne gerichtet sind; infolge der Bodenreibung und Erddrehung auf der Nordhalbkugel wehen sie als **Nordost-P.,** auf der Südhalbkugel als **Südostpassate.**

Passau, 1) Landkreis im RegBez. Niederbayern, Bayern, 1 530 km², (1998) 184 100 Einwohner.

2) kreisfreie Stadt und Verw.sitz von 1), am Zusammenfluss von Donau, Inn und Ilz, 50 200 Ew.; Univ.; zahlr. Museen; Zahnradfabrik, Druckereien, elektrotechn., Bekleidungsind., Orgelbau, Glockengießerei, Brauereien; Ausgangspunkt der Personenschifffahrt auf der Donau; dt.-österr. Grenzstadt. – Auf der Landzunge zw. Donau und Inn liegt die Altstadt, rechts am Inn die Innstadt (mit der Wallfahrtskirche Mariahilf, 1627), an Donau und Ilz die ehem. Fischer- und Schoppersiedlung (Schiffbauer) Ilzstadt. In der Altstadt befindet sich der Dom St. Stephan (Krypta 1261, spätgot. Chor, sonst 1668–78) mit einer der größten Kirchenorgeln (1924–28), südlich die alte bischöfl. Residenz (14. Jh., 1662–80 erneuert), östlich die Neue Residenz (1771 vollendet). Weitere Bauwerke: Severinskirche (im 5. Jh. gegr., flach gedecktes Langhaus 9. Jh., Chor um 1476), Heiligengeistspital (1345) mit Kirche (1442), Salvatorkirche (1479), St. Paul (1678), Marian. Votivkirche (1619) u. a. Kirchen; Rathaus (Kernbau 1393, Binnenhöfe und Laubengänge 16./17. Jh.). Links der Donau Schloss Freudenhain (Ende 18. Jh.), über der Stadt die ehem. Feste Oberhaus (1219 begonnen, im 14./15. Jh. und 16.–18. Jh. ausgebaut), auf der Landspitze zw. Donau und Ilz die ehem. Feste Niederhaus (wohl seit dem 14. Jh.). – Im 1. Jh. v. Chr. kelt. Siedlung **(Boiodorum),** im 1. Jh. n. Chr. röm. Kastell **(Boiotro);** namengebend wurde das Mitte des 2. Jh. für die 9. Bataverkohorte errichtete Lager **Batavis.** Im 7. Jh. bayer. Herzogshof; im 8. Jh. karoling. Königshof, seit 739 Bischofs-

Passau 2): Zusammenfluss von Inn (vorn), Donau (Mitte) und Ilz; im Mündungswinkel zwischen Donau und Ilz die ehemalige Feste Niederhaus, darüber die ehemalige Feste Oberhaus

sitz; 999–1803 bischöfl. (seit 1217 fürstbischöfl.) Herrschaft; 1255 Stadtrecht.

3) Bistum und ehem. Hochstift. 739 Bestätigung des Bistums durch Bonifatius; seit 798 Suffraganbistum von Salzburg; seit 1612 Entwicklung zu einem Zentrum der Gegenreformation; unter Kaiser Joseph II. Abtrennung des österr. Teils des Bistums (sechs Siebentel seines Territoriums); seit 1728 exemtes Bistum; 1803 Säkularisation; 1817/21 Bildung der neuen Diözese P. als Suffraganbistum von München-Freising.

Passauer Vertrag, zw. Kurfürst Moritz von Sachsen und dem Röm. König Ferdinand I. geschlossener Vertrag, am 15. 8. 1552 von Kaiser Karl V. bestätigt; setzte die seit 1547 (↑Schmalkaldischer Krieg) gefangen gehaltenen Fürsten Johann Friedrich I. von Sachsen und Philipp den Großmütigen von Hessen wieder in Freiheit, hob das Augsburger Interim (1548) auf und bereitete den Augsburger Religionsfrieden (1555) vor.

passe [pas, frz.], die Zahlen von 19 bis 36 betreffend (in Bezug auf eine Gewinnmöglichkeit beim Roulett).

Passeiertal (italien. Val Passiria), linkes Seitental der Etsch in Südtirol, 34 km lang, von der Passer durchflossen, die, vom Timmelsjoch kommend, bei Meran mündet; Hauptort ist Sankt Leonhard (693 m ü. M.; 3 000 Ew.).

Passepartout [paspar'tu:, frz.] *das* oder *der,* meist unter Glas liegende Papier- oder Kartonumrahmung für eine Zeichnung, Grafik oder Fotografie.

Passepied [pas'pje, frz.] *der,* alter frz. Rundtanz in raschem $^3/_4$- oder $^3/_8$-Takt, vom 16. bis 18. Jh. beliebter Hof- und Gesellschaftstanz; auch in die Suite übernommen.

Passgang, *Zoologie:* Gangart der Vierfüßer, ↑Pass 5).

Passiergewicht, gesetzl. Mindestgewicht umlaufender Münzen; auch (16./17.–19. Jh.) Gewichtsstück zur Prüfung von Münzgewichten.

Passierscheinabkommen, vier Abkommen, zw. 1963 und 1966 von Vertretern des Senats von Berlin (West) und der DDR unterzeichnet. Danach konnten die Bewohner von Berlin (West) zu bestimmten Zeiten (z. B. Ostern, Weihnachten) Verwandte in Berlin (Ost) besuchen.

Passierschlag (Passierball), *Tennis:* meist hart geschlagener Ball, der an dem ans Netz vorgerückten Gegner vorbeigespielt wird.

Passiflora [lat.], die Gattung ↑Passionsblume.

Passimeter [lat.; grch.] *das,* Feinmessgerät für Innenmessungen an Werkstücken.

Passion [lat.] *die,* **1)** *allg.:* starke, leidenschaftl. Neigung, Liebhaberei.

2) *bildende Kunst:* Darstellungen aus der Leidensgeschichte Christi in Malerei und Plastik, seit frühchristl. Zeit v.a. als Zyklus (Türreliefs von Santa Sabina in Rom, Glasmalereien in der Kathedrale von Chartres, Lettnerreliefs im Naumburger Dom, Fresken Giottos in der Arenakapelle in Padua, graf. Folgen von M. Schongauer und A. Dürer).

3) *christl. Religion:* das Leiden und Sterben Jesu Christi (P.-Geschichte).

4) *Musik:* In der Liturgie der Karwoche wird die Leidensgeschichte Christi nach den vier Evangelisten feierlich vorgelesen bzw. gesungen. Frühe Beispiele für eine musikal. Ausgestaltung einzelner Textpartien gibt es aus dem 15. Jh. Im 16./17. Jh. bildete sich ein Typus mit geteilter Vortragsweise in einstimmige chorale Rezitation (Evangelist) und mehrstimmigen Choralsatz (übrige Partien) heraus, der wegen der kontrastierenden Stimmen- und Rollenzuweisung **responsoriale P.** genannt wird (z.B. O. di Lasso, J. Walter, H. Schütz). Ein zweiter Typus mit durchgängig mehrstimmiger, motett. Satzweise **(durchkomponierte P.)** begegnet u.a. bei J. A. Burck, C. de Rore, L. Lechner und C. Demantius. Im Zuge der Entwicklung des Generalbassstils entstand im 17. Jh. die **orator. P.** für Einzelsänger (Evangelist, Christus usw.), Chor und Orchester; sie bringt außer dem Bibeltext lyr. und lehrhafte Betrachtungen in Rezitativ- und Arienform für die Einzelsänger sowie selbstständige Instrumentalstücke. Orator. P. wurden u.a. vertont von G. F. Händel, G. P. Telemann, R. Keiser, G. Böhm, J. P. Krieger. Höhepunkte bilden die beiden P. von J. S. Bach (»Johannes-P.«, 1724; »Matthäus-P.«, 1729). Daneben gibt es zwei weitere P.-Typen, die sich von den vorgenannten P. durch eigens gedichtete Texte unterscheiden: die **P.-Kantate** (z.B. »Der Tod Jesu«, Dichtung von K. W. Ramler, Musik K. H. Graun, 1755) und das **P.-Oratorium** (z.B. »Der für die Sünde der Welt gemarterte und sterbende Jesus«, Dichtung von B. H. Brockes, 1712, jeweils vertont von R. Keiser, G. F. Händel, G. P. Telemann, J. Mattheson). P.-Oratorien wurden auch von A. Caldera, A. Scarlatti, N. Jommelli, G. Paisiello und J. A. Hasse geschaffen. Im 20. Jh. wurde im Zuge der Wiederentdeckung der klass. Vokalpolyphonie auf die A-cappella-Formen der responsorialen und der durchkomponierten P. (H. Distler, J. Ahrens, E. Pepping, K. Thomas) zurückgegriffen. Zum anderen entstanden P., die sich an den Mitteln der Neuen Musik orientieren und sich nicht mehr den oben genannten P.-Typen zuordnen lassen (K. Penderecki, M. Kagel).

Passional *das,* um 1300 entstandenes, 110 000 Reimverse umfassendes Sammelwerk in drei Büchern, von denen das erste wunderbare Ereignisse aus dem Leben Jesu sowie Marienlegenden, das zweite Leben, Werk und Wunder der Apostel und Johannes des Täufers sowie eine Erzählung über den Erzengel Michael, das dritte v.a. 75 Heiligenviten nach der Ordnung des Kirchenkalenders enthält.

passionato [italien.] (appassionato), musikal. Vortragsbezeichnung: leidenschaftlich.

Passionsblume (Passiflora), Gattung der zweikeimblättrigen Familie P.-Gewächse; meist kletternde Halbsträucher oder Stauden, v.a. im trop. Amerika. Die bis 25 cm großen Früchte (Grenadillen, Granadillen) sind bei einigen amerikan. Arten essbar (↑Maracuja). P. sind beliebte Zimmerpflanzen, z.B. die **Blaue P.** (Passiflora violacea).

Passionsblume: Zuchtform der Blauen Passionsblume

Passionsmystik, ↑Mystik.

Passionsspiele, geistl. Schauspiele, die das Leiden und Sterben Christi darstellen; urspr. Erweiterungen der ↑Osterspiele. (↑Oberammergau)

Passionszeit, seit dem 9. Jh. gebräuchl. Bez. für den Abschnitt des Kirchenjahres, der dem Gedächtnis der ↑Passion Jesu Christi gewidmet ist; in der kath. Kirche bis 1969 die beiden letzten Wochen der 40-tägigen Fastenzeit; in den evang. Kirchen die Zeit vom Sonntag Invocavit bis Karsamstag; in den orth. Kirchen die 40-tägige Fastenzeit mit einer vier Sonntage umfassenden Vorfastenzeit.

passiv [auch -ˈsi:f, lat.], untätig, keine Initiative ergreifend; leidend, hinnehmend; willensträge.

Passiv *das* (Passivum), *Sprachwiss.:* Leideform, verbale Kategorie, bei der das grammat. Subjekt nicht Träger der Handlung, sondern von ihr betroffen ist. Ggs.: ↑Aktivum. (Verb, Übersicht)

Passiva (Passiven), Vermögensteile eines Unternehmens, die auf der **Passivseite** (Habenseite) der ↑Bilanz ausgewiesen werden: Eigenkapital, Rückstellungen, Verbindlichkeiten; Ggs.: ↑Aktiva.

passiver Widerstand, ↑gewaltfreier Widerstand.

passives Abseits, *Fußball:* keine strafbare Abseitsstellung (↑Abseits) eines Angreifers, insofern er nicht auf Ball, Spiel und Gegner einwirkt.

Passivgeschäfte, Bankgeschäfte, die sich als Verbindlichkeiten auf der Passivseite der Bankbilanz niederschlagen (unter anderem Sicht-, Termin-, Spareinlagen, langfristige Darlehen, Emission von Sparbriefen und Schuldverschreibungen); Ggs.: ↑Aktivgeschäfte.

Passivhaus, Weiterentwicklung des ↑Niedrigenergiehauses, dem zum Heizen außer Sonnenenergie keine Fremdenergie zugeführt werden muss. Durch sorgfältige Auswahl von sehr sparsamen Geräten und solarer Warmwasserbereitung wird auch dieser Energieverbrauch stark vermindert. Der Gesamtenergieverbrauch verringert sich dadurch auf etwa 30 kWh/m^2 im Jahr, was bei bestehenden Gebäuden allein etwa dem Energieverbrauch für Licht und Haushaltsgeräte entspricht. Bei P. ist ein möglichst gleichmäßiges Strahlungsangebot von etwa 2,5 kWh/Tag während des Jahres erforderlich. Nicht zu vermeidende jahreszeitl. Schwankungen müssen durch Wärmespeicher (↑Solarheizung) ausgeglichen werden. Zur optimalen Ausnutzung der Sonneneinstrahlung werden lange Südfassaden mit großen Fensterflächen versehen. Die Hauptnutzungsräume liegen im Bereich der Sonneneinstrahlung, und die Dachschräge ist nach der Sonneneinstrahlung im Winter ausgerichtet.

Passivierung, 1) *Betriebswirtschaftslehre:* kontenmäßiges Erfassen von Positionen auf der Passivseite der Bilanz; die passivierten Werte heißen Passiva.

2) *Chemie:* natürl. Bildung oder künstl. Erzeugung eines elektrochem. Zustandes von Metalloberflächen, wodurch die Metalle chem. Widerstandsfähigkeit **(Passivität)** gewinnen und vor Korrosion geschützt sind. Dieser Zustand beruht z. B. auf der Bildung einer porenfreien dünnen Oxiddeckschicht bei Aluminium, Nickel oder Chrom, die das darunter liegende Metall schützt. P. wird erreicht durch anod. Oxidation der Oberfläche **(anodischer Korrosionsschutz)** oder chem. Stoffe wie Chromate, Nitrite oder Hydrazin in Gegenwart von Sauerstoff **(Passivatoren).** Bestimmte Metalle und Legierungen (z. B. »nicht rostender Stahl«) werden an der Luft spontan passiv.

Passivismus *der,* Verzicht auf Aktivität, bes. in sexueller Hinsicht.

Passivität *die, Sport:* in einigen Kampfsportarten (z. B. Judo, Ringen) Bez. für denjenigen Regelverstoß, der in einer völlig auf Defensive abgestellten Kampfweise besteht; kann geahndet bzw. bestraft werden.

Passivlegitimation, *Prozessrecht:* ↑Sachlegitimation.

Passpunkt, *Photogrammmetrie* und *Fernerkundung:* in einem Bild eindeutig erkennbarer Objekt- bzw. Geländepunkt, dessen Lage in einem der Vermessung zugrunde liegenden Koordinatensystem bekannt ist. P. dienen zur Rekonstruktion der Abbildungsgeometrie, z. B. bei der topograph. Kartierung nach Luftbildern.

Passung, *Technik:* die Beziehung zw. gepaarten Teilen (z. B. Welle und Lager), die durch den Maßunterschied bestimmt wird und eine bestimmte Funktion sowie die Austauschbarkeit sicherstellt. Nach der Art der Passflächen unterscheidet man **Rund-, Flach-** und **Kegelpassung.** Der Herstellungsspielraum für das Maß des fertigen Werkstückes wird im ISO-Toleranzsystem als Toleranzfeldgröße durch eine Ziffer gekennzeichnet. Man unterscheidet je nach Toleranzfeldgröße und -lage **Spiel-P.** (nach dem Paaren ist Spiel vorhanden), **Press-P.** (nach dem Paaren besteht eine Pressung zw. den Teilen) und **Übergangs-P.** (es kann Spiel oder Pressung vorhanden sein).

Passus [lat.] *der,* **1)** *allg.:* Abschnitt, Stelle eines Textes.

2) altröm. *Längeneinheit,* entsprach 1,48 m.

Passwort (Kennwort), *Informatik:* gespeicherte Zeichenfolge, durch deren Eingabe der Benutzer Zugang zu bestimmten Hardwareeinrichtungen, Programmen oder Daten erlangt, v. a. beim Anmelden in einem Computersystem. Das P. ist prinzipiell nur dem berechtigten Benutzer bekannt und dient der ↑Datensicherung.

Passy [pa'si], Frédéric, frz. Volkswirtschaftler und Politiker, * Paris 20. 5. 1822, † Neuilly-sur-Seine 12. 6. 1912; Mitbegründer der Internat. Friedensliga (1867) und der Interparlamentar. Union (1888), 1881–89 liberaldemokrat. Abgeordneter; erhielt 1901 mit H. ↑Dunant den Friedensnobelpreis.

Pasta *die,* italien. Bez. für Teigwaren.

Paste [zu italien.-mlat. pasta »Teig«, »Brei«] *die,* **1)** *allg.:* streichbare Masse.

2) *Pharmazie:* teigige, streichfähige Salbenzubereitung zur äußerl. Anwendung auf der Haut.

Pastell [italien.] *das,* ein mit Pastellfarben gemaltes Bild. Die **Pastellfarben** werden aus Farbpaste in Stiftform gepresst. Sie haften nur leicht auf der Oberfläche und können zu feinsten Übergängen »verrieben« werden; durch Besprühen mit Fixativ werden die Farben wischfest gemacht. Die zarten, duftigen Farben des P. entsprachen bes. dem Geschmack des 18. Jh., in dem Rosalba Carriera das Bildnis-P. zur Vollendung entwickelte und bed. Nachfolger in M. Q. de La Tour, J.-B. Perronneau und J.-E. Liotard fand. In neuerer Zeit malten und zeichneten mit P.-Farben bes. É. Manet, O. Redon, E. Degas, H. de Toulouse-Lautrec, M. Liebermann und H. Janssen.

📖 *Handell, A. u. Trainor, L.: Pastellmalerei. A. d. Amerikan. Wiesbaden u. a. 1985.*

Pasternak, Boris Leonidowitsch, russ. Schriftsteller, *Moskau 10. 2. 1890, †Peredelkino (bei Moskau) 30. 5. 1960, Sohn des Malers Leonid P. (*1862, †1945); studierte in Moskau und Marburg; in seiner Lyrik und in Verserzählungen Meister einer bildreichen, musikal. Sprache (Lyriksammlung: »Meine Schwester, das Leben«, 1922; »Die zweite Geburt«, 1932; »Wenn es aufklart«, 1956/59; Prosa: »Lüwers Kindheit«, 1924); fand weltweite Beachtung durch seinen Roman »Doktor Schiwago« (zuerst in italien. Übersetzung 1957; verfilmt; Abdruck in »Nowy Mir« 1988), der wegen seiner nicht systemkonformen Auffassung der Revolution und seiner religiösen Aussage in der UdSSR nicht erscheinen durfte. Autobiographisch ist »Menschen und Standorte« (1957 entstanden, 1967 veröffentlicht). P. war auch ein hervorragender Übersetzer (Shakespeare, Goethe, Kleist, Rilke). Den Nobelpreis 1958 musste er ablehnen (1989 postum an seinen Sohn J. Pasternak überreicht).

📖 *Erinnerungen an B. P., hg. v. F. Thun. A. d. Russ. Berlin 1994.*

Pasterze *die,* größter Gletscher der Ostalpen, in den Hohen Tauern, Österreich, am Fuß des Großglockners, 20 km^2 Eisfläche, 9 km lang.

Pastete [lat.] *die, Gastronomie:* 1) feine, kalte, schnittfähige Fleisch- oder Fischspeise; 2) als warmes Gericht eine mit Ragout gefüllte (Blätterteig)hülle mit Deckelteil; 3) Konfiseriewaren in der Art von Pralinen.

Pasteur [pas'tœ:r], Louis, frz. Chemiker und Mikrobiologe, *Dole 27. 12. 1822, †Villeneuve-l'Étang (heute Marnes-la-Coquette, bei Sèvres) 28. 9. 1895; gründete 1888 das ↑Institut Pasteur. P. entdeckte an den Salzen der Weinsäure die opt. Isomerie und schuf die Grundlagen für die Stereochemie und Polarimetrie. Ab 1854 beschäftigte er sich mit der alkohol. Gärung und entdeckte, dass sie stets von Mikroorganismen hervorgerufen wird und dass Erhitzen zur Abtötung von Mikroorganismen führt (↑Pasteurisieren). Auch bei Tierkrankheiten sowie bei Sepsis und eitrigen Erkrankungen erkannte P. Mikroorganismen als Ursache und entwickelte ab 1881 Impfstoffe gegen Geflügelcholera, Schweinerotlauf und Milzbrand. Aus dem Rückenmark tollwütiger Tiere gewann P. einen Impfstoff gegen Tollwut, den er 1885 erstmals erfolgreich erprobte.

Pasteurisieren [pastør-; nach L. Pasteur], Haltbarmachen von Lebensmitteln, bes. Getränken (z. B. Milch, Obstsäfte, Bier), mittels Wärmebehandlung. Durch Kurzzeiterhitzen auf Temperaturen unter 100 °C werden die lebensmitteleigenen und mikrobiellen Enzyme inaktiviert und die vegetativen Zellen der meisten Bakterien abgetötet; im Gegensatz zum Sterilisieren bleiben jedoch die Bakteriensporen keimfähig. Pasteurisierte Lebensmittel sind daher nur beschränkt haltbar.

Pasticcio [pas'tittʃo; italien. »Pastete«, »Mischmasch«] *das,* **1)** *Kunstgeschichte:* im 17. Jh. aufgekommene Bezeichnung für ein Bild oder eine Skulptur, in denen die Manier oder einzelne Motive anderer Künstler, oft in betrügerischer Absicht, nachgeahmt sind.

2) *Musik:* aus Teilen verschiedener Opern eines oder mehrerer Komponisten zusammengestelltes »neues« Werk; auch Musikstück, zu dem mehrere Komponisten Sätze lieferten.

Pastinak:
Gemeiner Pastinak
(Höhe 30–100 cm)

Pastinak [lat.] *der* (Pastinaca), Gattung der Doldengewächse mit 14 Arten in Europa und W-Asien. In Dtl. kommt nur der formenreiche **Gemeine P.** (Pastinake, Hammelmöhre, Pastinaca sativa) vor.

Pastior, Oskar, Schriftsteller, * Hermannstadt 20. 10. 1927; lebt seit 1968 in der BRD; Verfasser von Prosastücken, Hörspielen und experimenteller Lyrik. – *Werke:* Offne Worte (1964); Ein Tangopoem u. a. Texte (1978); Sonetburger (1983); Lesungen mit Tinnitus. Gedichte 1980–1985 (1986); Kopfnuß, Januskopf: Gedichte in Palindromen (1990); Das Hören des Genitivs (1997).

Pastis [frz.] *der,* Kräuteraperitif mit dominierendem Anteil von Anisöl; wird meist mit Wasser (oder Eis) verdünnt.

Pasto (San Juan de P.), Hauptstadt des Dep. Nariño, Kolumbien, 2525 m ü. M., am Fuß des Vulkans Galeras (4276 m ü. M.), 310700 Ew.; Univ.; Konsumgüterindustrie.

Pastor [auch pas'to:r; lat. »Hirt«] *der,* bes. in Nord-Dtl. übliche Bez. für kath. und evang. Pfarrer; auch als Anrede.

Pastor, Ludwig Freiherr von Campersfelden (seit 1916), Historiker, * Aachen 31. 1. 1854, † Innsbruck 30. 9. 1928; ab 1886/87 ebd. Prof., 1901 Direktor des Österr. Histor. Inst. in Rom, 1920 österr. Gesandter beim Vatikan. Sein Hauptwerk ist die »Gesch. der Päpste seit dem Ausgang des MA., 1477–1799« (16 Bde., 1886–1933).

pastoral, 1) den Pastor und sein Amt betreffend; seelsorgerisch; 2) auch *abwertend:* salbungsvoll; 3) ländlich, idyllisch.

Pastoralbriefe, seit dem 18. Jh. Sammelbez. für drei an die Paulusschüler Timotheus und Titus gerichtete Briefe im N. T. (1./2. Tim., Tit.). Die P. sind von der paulin. Theologie geprägt; die Verfasserschaft des Paulus wird jedoch in der heutigen Forschung fast einhellig ausgeschlossen.

Pastorale [italien. »Hirtenstück«] *das,* auch *die,* eine vom Schäferspiel des Sprechtheaters ausgehende Operngattung, v. a. im 17. und 18. Jh. In der Instrumentalmusik finden sich Pastoralsätze mit charakterist. $^6/_8$-Takt und Imitation von Schalmeienmelodik, u. a. bei J. S. Bach, G. Frascobaldi, G. Torelli, F. Manfredini. Davon ist auch die weihnachtl. Pastoralmesse geprägt (Manfredini, M. Haydn, K. Kreutzer). Der Programmmusik stehen Pastoralsinfonien der Zeit um 1800 nahe (u. a. auch L. van Beethovens 6. Sinfonie F-Dur op. 68, Uraufführung 1808 in Wien).

Pastoralreferent, *kath. Kirche:* Theologe (oder Theologin), der (die) in den meisten deutschsprachigen Diözesen hauptberuflich Aufgaben in der Seelsorge u. a. kirchl. Aufgabenfeldern (z. B. Jugendarbeit) wahrnimmt, für die die Weihe nicht erforderlich ist.

Pastoralsynode, *kath. Kirche:* die aus Bischöfen, anderen Klerikern und Laien zusammengesetzte Gesamtsynode eines Landes.

Pastoraltheologie, innerhalb der kath. Theologie Bez. für die ↑praktische Theologie; in der evang. Theologie die Berufstheorie zum Pfarrerberuf.

Pastorelle [frz. »Schäferlied«] *die* (Pastourelle), lyr. Form der europ. Literatur des Mittelalters. Thema ist die Werbung eines Ritters um die Gunst einer Schäferin; die Blütezeit der altprovenzal., altfrz. und mhd. P. lag im 13. Jahrhundert.

pastos [italien.], **1)** *allg.:* dickflüssig, teigartig. **2)** *Malerei:* dick aufgetragen (von Ölfarben).

Pastrana Arango, Andrés, kolumbian. Politiker, * Bogotá 17. 8. 1954; für ein konservatives Bündnis 1998 zum Präs. gewählt.

Pasyryk, Trockental im östl. Altai, Russland. Im P. wurden 1929 und 1947–49 fünf größere und neun kleinere Kurgane (Grabhügel) ausgegraben, in denen das Bodeneis die einbalsamierten Toten, skyth. Häuptlinge des 5.–3. Jh. v. Chr., konserviert hatte; diese waren in ihren Festgewändern, mit kostbarem Hausrat sowie mit ihren Reit- und Zugpferden bestattet worden.

Pataca, Abk. **Pat.** *die,* Währungseinheit in Macau; 1 P. = 100 Avos.

Patagonilen, der südlichste Teil Südamerikas, südlich des Río Colorado, umfasst die beiden Großlandschaften West- und Ost-P. Der Feuerlandarchipel wird oft ebenfalls zu P. gezählt. **West-P.** umfasst die Patagon. Kordillere, also die stark vergletscherten, bis 4058 m hohen Anden südlich des 38. Breitengrades, mitsamt den vorgelagerten Halbinseln und Inseln und ist weitgehend chilen. Staatsgebiet. **Ost-P.,** das eigentl. P. (etwa 650000 km^2), umfasst das der Patagon. Kordillere östlich vorgelagerte Tafel- sowie Schichtstufenland, das außer einem kleinen Gebiet an der Magellanstraße zu Argentinien gehört. Im Regenschatten der Anden gelegen, ist es trocken und weist nur niedrige Sträucher, Büschelgräser und im S Polsterpflanzen auf. – Die O-Küste wurde 1520 von F. de Magalhães entdeckt. Die Besiedlung setzte nach 1883 ein; eingeführt wurde Schafzucht, zunächst zur Erzeugung von Wolle, später auch von Fett und Fleisch. Gefrierfleischfabriken in den Hafenstädten exportieren direkt. Neben Steinkohlenabbau in El Turbio bed. Erdöl- und Erdgasfelder um Comodoro Rivadavia und Plaza Huincul.

Patan (Lalitpur), Stadt in Nepal, südlich von Kathmandu im Kathmandutal, 48600 Ew.; Nahrungsmittel-, Holzindustrie, Baumwollverarbeitung. – Königspalast aus dem 17. Jh., zahlreiche buddhist. und hinduist. Tempel.

Patarener *die,* Bez. der ↑Katharer in Italien.

Patassé, Ange-Félix, zentralafrikan. Politiker, *Paoua 25. 1. 1937; Studium in Frankreich; 1966–76 Min. in versch. Ressorts; wurde 1976 Premier-Min. unter Bokassa, der ihn 1978 entließ. P. ging nach Paris ins Exil, wo er die »Bewegung für die Freiheit des Volkes von Zentralafrika« (MLPC) gründete. Versuche, nach der Entmachtung Bokassas 1979 und erneut 1982 die Macht durch Wahlen bzw. durch einen Putsch zu erringen, scheiterten und führten ihn erneut bis 1992 ins Exil; seit den Präsidentschaftswahlen vom Aug./Sept. 1993 Staatspräsident.

Patchwork ['pætʃwəːk; engl. »Flickwerk«] *das,* Aneinanderfügen von Textil- und Lederflicken versch. Farben, Formen und Muster in harmon. Buntheit zu Haustextilien und Kleidung.

Patchwork-Familien ['pætʃwəːk-], Familien, die durch Scheidung und Wiederverheiratung von Eltern mit Partnern, die ihrerseits Kinder mit in die Ehe bringen, eine neue Art von Großfamilien bilden; als Begriff Mitte der 1990er-Jahre geprägt.

Pate [mhd. pade, zu lat. pater »Vater«], **1)** *christl. Kirchen:* der Zeuge oder die Zeugin **(Patin)** bei der Taufe (ggf. auch bei der Firmung); urspr. der Bürge der erwachsenen Taufbewerber (Katechumenen; ↑Katechese); mit dem Aufkommen der Kindertaufe (Ende 2. Jh.) außerdem der mündige Vertreter des noch unmündigen Täuflings, der für diesen das Glaubensbekenntnis ablegt. Der P. übernimmt im Verständnis der christl. Kirchen neben den Eltern Mitverantwortung für die christl. Erziehung des **Patenkindes.** Das Recht zum Patenamt kann Kirchenmitgl. im Rahmen der ↑Kirchenzucht (zeitweilig) entzogen werden.

2) *umgangssprachlich:* Oberhaupt einer mafiosen Organisation.

Patella [lat. »Schüssel«] *die,* Kniescheibe (↑Kniegelenk).

Patellarsehnenreflex, der ↑Kniesehnenreflex.

Patene [lat.-grch.] *die,* liturg. Gerät (flache Schale) zur Aufnahme des Brotes bzw. der Hostien bei der Abendmahls- oder Eucharistiefeier.

Patent [mlat. (littera patens) »landesherrlicher offener Brief«] *das,* 1) Urkunde über eine öffentl. Rechtshandlung, durch die einem Privaten ein Recht verliehen wird (z. B. Jagd-P.), früher auch die Bestallungsurkunde (z. B. Offizierspatent).

2) das dem Erfinder oder seinem Rechtsnachfolger vom Staat für sein Gebiet erteilte, zeitlich begrenzte Monopol für die wirtsch. Nutzung einer Erfindung (z. T. anders bei ↑Arbeitnehmererfindungen). Das P.-Recht ist geregelt im P.-Gesetz i. d. F. v. 16. 12. 1980. Patentfähig sind nur techn. Erfindungen (keine wiss. Theorien, mathemat. Methoden, Pläne und Verfahren für gedankl. Tätigkeiten, Heilverfahren u. Ä.), die neu sind (d. h. den Stand der Technik überschreiten), auf einer erfinder. Tätigkeit beruhen und die eine gewerbl. Verwertung gestatten; liegen diese Voraussetzungen nicht vor, kommt eine Anmeldung als ↑Gebrauchsmuster infrage. Ausgeschlossen vom P.-Schutz sind Pflanzensorten und Tierarten, jedoch können Erfindungen, die mit mikrobiolog. und gentechnolog. Verfahren zu tun haben, patentiert werden (↑Biopatent, ↑Genpatent).

Haben mehrere eine Erfindung unabhängig voneinander gemacht, so steht das Recht auf das P. dem zu, der die Erfindung zuerst beim ↑Patentamt angemeldet hat. – P. werden auf schriftl. Antrag und nach Überweisung einer Anmeldungsgebühr vom P.-Amt nach Überprüfung von Form und Inhalt (wenn die Schutzfähigkeit festgestellt wird) erteilt und im P.-Blatt veröffentlicht. Die Anmeldung muss den Gegenstand der Erfindung, die durch das P. geschützt werden soll, kurz und genau bezeichnen, angeben, was als patentfähig unter Schutz gestellt werden soll (P.-Anspruch), die Erfindung beschreiben und, soweit erforderlich, durch Zeichnungen erläutern. Innerhalb von drei Monaten nach Veröffentlichung der P.-Erteilung kann grundsätzlich jeder hiergegen Einspruch erheben. Der Beschluss der über den Einspruch entscheidenden P.-Abteilung unterliegt der Beschwerde zum Bundespatentgericht. Die Schutzdauer des P. beträgt 20 Jahre; danach kann ergänzender Schutz nach § 16a P.-Gesetz gewährt werden. – Dem P.-Inhaber steht das alleinige Recht zu, den patentierten Gegenstand gewerbsmäßig herzustellen, anzubieten, in Verkehr zu bringen oder zu gebrauchen. Das P. kann auf einen anderen übertragen (P.-Veräußerung) oder zur Benutzung (Lizenzerteilung) überlassen werden; auch ist es vererblich. Bei Vorliegen eines öffentl. Interesses u. a. Voraussetzungen muss das P.-Amt die Lizenz auch gegen den Willen des P.-Inhabers erteilen (Zwangslizenz). Die Verletzung eines P. kann zivil- und strafrechtlich verfolgt werden. Das Erstreckungs-Ges. vom 23. 4. 1992 bestimmt, dass sich die am 1. 5. 1992 in den alten Bundesländern bestehenden P. und P.-Anmeldungen auf die neuen Bundesländer erstrecken. Die gleiche Regelung besteht für die neuen Bundesländer mit Auswirkung auf die alten.

In *Österreich* ist das P.-Recht durch das P.-Gesetz 1970 (mehrmals novelliert) geregelt. Die Anmeldung erfolgt beim P.-Amt in Wien. Oberste Rechtsmittelstelle ist der P.- und Markensenat. In der *Schweiz* entspricht das materielle P.-Recht im Wesentlichen dem dt. Recht (Ges. vom 25. 6. 1954), verfahrensrechtlich bestehen jedoch Unterschiede. Für P.-Anmeldungen ist das Eidgenöss. Institut für Geistiges Eigentum (Abk. IGE) Bern (P.-Amt) zuständig. – Einen Weltpatentschutz gibt es noch nicht, jedoch wichtige zwischenstaatl. Vereinbarungen, insbesondere die ↑Pariser Verbandsübereinkunft und das Europ. P.-Übereinkommen vom 5. 10. 1973. Aufgrund des Letzteren arbeitet das **Europäische P.** in München (Zweigstelle in Den Haag) seit 1. 6. 1978. Ein von diesem Amt erteiltes europ. P. gibt in jedem Vertragsstaat dieselben Rechte wie ein nationales P. (↑Gemeinschaftspatent)

📖 *Reichel, H.-R.: Gebrauchsmuster- u. Patentrecht – praxisnah. Ehningen ²1992.*

Patentamt (Deutsches P.), dem Bundesjustizministerium unterstellte Behörde in München, 1949 als Nachfolgerin des Reichs-P. errichtet. Das P. ist im gesamten Bundesgebiet zuständig für die Erteilung von Patenten, für Einsprüche dagegen, für die Eintragung und Löschung von Marken, Gebrauchs- und Geschmacksmustern. Seit 1978 gibt es das Europ. P. (↑Patent).

Patentanwalt, Berater und Vertreter auf dem Gebiet des Patent-, Gebrauchsmuster- und Markenwesens; freier Beruf, dessen Zulassungsvoraussetzungen (abgeschlossenes techn. oder naturwiss. Studium, jurist. Prüfung, techn. Praxis, Vorbereitungszeit) in der P.-Ordnung vom 7. 9. 1966 sowie in der Ausbildungs- und Prüfungsordnung i. d. F. v. 8. 12. 1977 geregelt sind. Ergänzend gilt EG-Recht.

Walter Horatio Pater

Patentgericht (Bundespatentgericht), Bundesgericht für die Entscheidung über Beschwerden gegen Beschlüsse des Patentamtes sowie über Klagen auf Erklärung der Nichtigkeit oder Zurücknahme von Patenten und auf Erteilung von Zwangslizenzen (entsprechende Zuständigkeit für Gebrauchsmuster und Marken). Sitz: München. Rechtsmittelinstanz: Bundesgerichtshof.

Patentieren, 1) *Metallurgie:* Wärmebehandlungsverfahren für Stahldraht oder Stahlband. Das Gut wird auf 850–1 100 °C erhitzt und danach z. B. in einem Blei- oder Salzbad von 400 bis 550 °C abgekühlt, um ein für die Kaltverformung (Ziehen, Kaltwalzen) günstiges Gefüge zu erhalten.

2) *Recht:* das Schützen einer Erfindung durch Patent.

Patentklassifikation, Aufschlüsselung und Systematisierung des gesamten Gebiets der Technik zum Zwecke der weltweiten Vereinheitlichung der Patentanmeldungen, -einteilungen und -prüfungen. Grundlage ist das Straßburger Abkommen über die Internat. P. (Abk. IPC) von 1971.

Patentstreitsachen, Zivilprozesse, die auf Ansprüchen aus Rechtsverhältnissen beruhen, die im Patent-Ges. geregelt sind (z. B. aus Patentverletzungen, Lizenzvertrag); zuständig sind Spezialkammern (i. d. R.) bestimmter Landgerichte.

Pater [lat. »Vater«] *der,* Titel und Anrede eines kath. Ordensgeistlichen.

Pater [ˈpeɪtə], Walter Horatio, engl. Schriftsteller, *Shadwell (heute zu London) 4. 8. 1839, †Oxford 30. 7. 1894; Prof. ebd., vertrat in formvollendeter Prosa eine ästhet. Weltanschauung, schrieb den philosoph. Bildungsroman »Marius der Epikureer« (2 Bde., 1885), ferner »Imaginäre Porträts« (1887).

Pater Brown [- braʊn], Hauptfigur in den Kriminalromanen von G. Chesterton; ein kath. Priester, der sich als Meisterdetektiv betätigt.

Pater Familias [lat. »Vater der Familie«] *der, röm. Recht:* das Familienoberhaupt, ↑Patria Potestas.

Paterna, Stadt westlich von Valencia, in SO-Spanien, 43 800 Ew.; Lebensmittelind., Maschinenbau, Spinnereien; Keramikherstellung; Militärstützpunkt.

Paternalismus *der,* das Bestreben (eines Staates), andere (Staaten) zu bevormunden.

Paternoster [lat. »Vater unser«], **1)** *christl. Religion: das,* das ↑Vaterunser.

2) *Technik: der,* ein ↑Aufzug.

Paternostererbse (Abrus precatorius), in den Tropen verbreiteter Schmetterlingsblütler, Kletterstrauch mit (durch das Toxin

Abrin) sehr giftigen rotschwarzen Samen, die zu Schmuck und Rosenkränzen verarbeitet werden.

Paternostererbse: paarig gefiedertes Blatt und geöffnete Hülse mit Samen

Pâte sur Pâte [patsyrˈpaːt; frz. »Masse auf Masse«] *das,* Porzellan- und Steingutverzierung durch weiße, dünne Reliefs aus gleicher Masse, die, auf den farbigen Untergrund aufgelegt, den Grund z. T. durchscheinen lassen; nach chines. Vorbildern in der 2. Hälfte des 19. Jh. in den Manufakturen von Wedgwood, Sèvres, Berlin und Meißen verwendet.

patetico [italien.], musikal. Vortragsbez.: erhaben, feierlich, leidenschaftlich, pathetisch im Ausdruck.

path... [grch.] (patho...), leiden..., krankheit...

Pathanen, ↑Paschtunen.

Pathé [paˈteː], Charles, frz. Filmindustrieller, *Chevry-Cossigny (Dép. Seine-et-Marne) 26. 12. 1863, †Monte Carlo 25. 12. 1957; gilt mit der 1896 zus. mit seinem Bruder Émile P. (*1860, †1937) geschaffenen Gesellschaft Pathé Frères als Begründer der frz. Filmindustrie.

Pathelin [paˈtlɛ̃; frz. »Schmeichler«, »Schwindler«] (Patelin), Hauptfigur der anonymen, um 1465 verfassten Farce »Maistre Pierre P.«; Held ist ein betrüger. Advokat, der zum Schluss selbst betrogen wird; oft nachgedichtet (in Dtl. von J. Reuchlin und Hans Sachs).

Pathétique [pateˈtik, frz.] *die,* Titel musikal. Kompositionen: 1) **Grande sonate pathétique,** Klaviersonate in c-Moll op. 13 von L. van Beethoven. 2) **Symphonie pathétique,** sechste Sinfonie in h-Moll op. 74 von P. Tschaikowsky.

Pathet Lao, 1944 entstandene, kommunistisch orientierte Guerillabewegung in ↑Laos.

Pathfinder [ˈpɑːθfaɪndə; engl. »Wegbereiter«, »Bahnbrecher«], Name einer amerikan. Raumsonde zur Erforschung des Mars. P. war am 4. 12. 1996 gestartet und erreichte den Mars planmäßig am 4. 7. 1997. Mithilfe des von der Erde über die Mutterstation ferngelenkten Rovers ↑Sojourner begann zwei Tage nach der Landung die erste mobile Erkundung einer fremden Planetenoberfläche. Zur Bestimmung der Zusammensetzung des Marsbodens diente dabei ein auf dem Rover montiertes Röntgenspektrometer. Aufgabe der P.-Mission war u. a. auch die Suche nach Lebensspuren.

Pathogenese, die Gesamtheit der an der Entstehung und Entwicklung einer Krankheit beteiligten Faktoren.

Patholinguistik *die,* Teilgebiet der angewandten Sprachwiss., das sich mit der Diagnostik, Erklärung und Therapie von Sprachstörungen beschäftigt.

Pathologie [grch.] *die,* Gebiet der Medizin, das sich mit der Erforschung von Ursachen, Entstehungsweise und Verlaufsformen von Krankheiten und den durch sie hervorgerufenen organ. Veränderungen (patholog. Anatomie, Histo-P.) und funktionellen Auswirkungen (Pathophysiologie) beschäftigt. Als Bereich der ärztl. Weiterbildung (mit dem Teilgebiet der Neuro-P.) wird die P. vom **Pathologen** (Arzt für P.) ausgeübt.

Pathos [grch.] *das,* Feierlichkeit, Leidenschaftlichkeit; in der »Poetik« des Aristoteles Hauptelement des Tragischen, wesentl. Voraussetzung für die Katharsis.

Patience [pasiˈɑ̃s, frz.] *die,* Kartengeduldsspiel mit zahlr. Varianten, meist von einer Person gespielt (mit einem Kartenspiel von 52 Blatt).

Patiens [lat.] *das, Sprachwissenschaft:* Ziel einer Verbalhandlung: in den indogerman. Sprachen wird es durch den Akkusativ (zum Beispiel im Aktivsatz »er baut ein Haus«) oder (im Passivsatz) durch den Nominativ bezeichnet (z. B. »das Haus wird durch ihn gebaut«).

Patient [lat. patiens, patientis »erduldend«, »erleidend«] *der,* Kranker in ärztl. Behandlung, auch generell derjenige, der ärztl. Betreuung in Anspruch nimmt.

Patiententestament (Patientenverfügung), umgangssprachl. Bez. für eine schriftl. Erklärung, in der der Erklärende für den Fall einer schweren, unheilbaren Erkrankung (oder eines schweren Unfalls) seinen Ärzten, seiner Familie sowie allen Betroffenen versichert, dass er nicht mit künstl. Mitteln am Leben erhalten werden möchte, und fordert, dass ihm ein schmerzloser, natürl. Tod ermöglicht werden soll. Ob das P. die behandelnden Ärzte verpflichten kann, auf lebensverlängernde Maßnahmen zu verzichten, ist sehr umstritten. (↑Sterbehilfe)

Patina [italien., eigtl. »Firnis«] *die,* allg. eine durch Einwirkung von Chemikalien oder Bestandteilen der Luft entstehende Schicht auf Metallen; i. e. S. die helle, graugrüne, seidig glänzende, durch Einwirkung der Atmosphäre entstehende Schicht auf Kupfer und seinen Legierungen. **Natürl. P.** bestand früher vorwiegend aus bas. Kupfercarbonaten (gebildet mit dem Kohlendioxid der Luft), heute aus bas. Kupfersulfaten (gebildet mit dem Schwefeldioxid der Luft). **Künstl. P.** wird mit Ammoniumsalzen, Essigsäure, feuchtem Kohlendioxid oder Pflanzensäften erzeugt (häufig bei Kopien oder Fälschungen von Kunstwerken). Bei **imitierter P.** wird eine Grünfärbung durch Auftragen lösl. Kupfersalze hervorgebracht. Die Untersuchung der P. kann Aufschluss über Alter und Echtheit antiker Bronzen geben.

Patinir (Patenier), Joachim, niederländ. Maler, *Dinant oder Bouvignes-sur-Meuse (heute zu Dinant) um 1485, †Antwerpen vor dem 5. 10. 1524; leitete mit seinen fantast. Landschaften, den allegor. »Weltlandschaften«, mit bibl. Szenen die fläm. Landschaftsmalerei ein.

Patio [span.] *der,* Innenhof eines Hauses, zu dem sich die Wohnräume hin öffnen; häufig mit Boden- und Wandfliesen (Azulejos), Springbrunnen und Bepflanzung ausgestattet. Der P. ist ein Überrest maur. Baugewohnheiten und breitete sich mit der spanisch-portugies. Kolonisation vom Mittelmeergebiet bis nach Lateinamerika aus.

Patisserie [frz.] *die,* feines Kleingebäck.

Patkaigebirge, das Grenzgebirge NW-Birmas gegen Assam (Indien), bis 3826 m ü. M.

Patmos, Insel des Dodekanes, Griechenland, 34 km², 2500 Ew.; nach altkirchl. Überlieferung Verbannungsort des Evangelisten Johannes, der hier seine »Geheime Offenbarung« (↑Apokalypse des Johannes) geschrieben haben soll; Kloster des hl. Johannes (gegr. 1088 mit bed. Bibliothek).

Patna, Hauptstadt des Bundesstaates Bihar, Indien, am Ganges, 917000 Ew.; Univ., bed. oriental. Bibliothek, Museum; Glas-, Textil-, Metall-, Teppich- u. a. Ind., Getreidehandel. – Als **Pataliputra** im 5. Jh. v. Chr. gegr.; 4.–2. Jh. v. Chr. Hptst. der Mauryadynastie, im 4. Jh. n. Chr. Hptst. der Guptadynastie; 1541 neu gegründet.

Patois [pato'a, frz.] *das,* Mundart, Provinzidiom, das auf die engere (meist) ländl. Lebenswelt beschränkt ist; die Bez. hat oft einen verächtlichen Beiklang.

Paton ['peɪtn], Alan, südafrikan. Schriftsteller, *Pietermaritzburg 11. 1. 1903, †Hillcrest (bei Durban) 12. 4. 1988; schrieb u. a. die Romane »Denn sie sollen getröstet werden« (1948), »Aber das Wort sagte ich nicht« (1953) und die Erzählungen »Und deinen Nächsten wie dich selbst« (1961).

Patou [pa'tu], Jean, frz. Modedesigner, *in der Normandie 1880, †Paris 1936; eröffnete 1919 einen Haute-Couture-Salon in Paris. P. entwarf eine sportl. Tageskleidung und elegante Abendkleider in klarer Linienführung; auch Parfüm. Obgleich viele seiner Kreationen stilistisch richtungweisend waren, stand sein Schaffen stets im Schatten von Coco Chanel.

Patras, Hauptstadt der Region Westgriechenland und des VerwBez. Achaia, auf der Peloponnes, am Golf von P., 142000 Ew.; orth. Erzbischofssitz, Univ.; Konservenfabriken, Weinkellereien, Textil-, Papier-, Reifen-, Zementind.; Fährverbindung mit Ancona (Italien). Wichtiger Ausfuhrhafen (Wein, Korinthen, Oliven, Olivenöl).

Patria Potestas [lat.], im röm. Recht die vom Familienoberhaupt (Pater Familias) ausgehende väterl. Gewalt über seine ehel. und adoptierten Kinder sowie deren legitime Abkömmlinge.

Patriarch [grch., eigtl. »Sippenoberhaupt«] *der,* **1)** *A. T.:* Bez. für die »Erzväter« (Stammväter) des Volkes Israel: Abraham, Isaak, Jakob (und dessen Söhne).

2) *christl. Altertum:* seit dem 5./6. Jh. Titel der Bischöfe von Rom, Alexandria, Antiochia, Konstantinopel und Jerusalem als den Oberhäuptern jeweils eines Verbandes von Kirchenprovinzen **(Patriarchat).**

3) *Judentum:* (hebr. Nassi, grch. Ethnarch) zw. 70 und 425 n. Chr. Titel des polit. und religiösen (Vors. des Synedrions) Oberhauptes der Juden in Palästina und im Röm. Reich.

4) *lat. Kirche:* Ehrentitel des Papstes **(P. des Abendlandes)** sowie für einige Bischöfe (Venedig, Lissabon, Jerusalem).

5) *Ostkirche:* Titel der Ersthierarchen der altoriental. Kirchen und der eigenständigen orth. Kirchen von Russland, Serbien, Bulgarien, Rumänien sowie der altkirchl. Patriarchate.

Patriarchat [grch. »Vaterherrschaft«] *das,* **1)** Amt und Amtsbereich eines Patriarchen.

2) Sozialstruktur, in der der Vater oder Älteste in einer Verwandtengruppe die Vorherrschaft innehat; i. w. S. Vorrangstellung des Mannes in Gesellschaft, Politik, Wirtschaft, Kultur, Kirche; Ggs.: Matriarchat.

Patricius [lat.], **1)** im alten Rom der ↑Patrizier, seit Konstantin d. Gr. ein Ehrentitel (»Vater des Staates«).

2) im frühen MA. der Titel des Schutzherrn von Rom, den der Exarch von Ravenna als Vertreter des byzantin. Kaisers führte. Papst Stephan II. (III.) verlieh den Titel »P. Romanorum« 754 dem Frankenkönig Pippin III.

Patrick ['pætrɪk] (Patricius), Missionar (»Apostel Irlands«), *in Britannien um 385, †in Nordirland 461; Organisator der ↑iroschottischen Kirche; Heiliger, Tag: 17. 3.

Patrickskreuz ['pætrɪks-], *Heraldik:* rotes Schrägkreuz auf weißem Grund; seit Ende des 17. Jh. als Symbol Irlands angesehen, 1801 in den Union Jack eingefügt.

patrilineare Abstammung, die Zuordnung der Nachkommen zur Verwandtschaftsgruppe des Vaters; Ggs.: matrilineare Abstammung.

Patrimonialgerichtsbarkeit, früher die mit dem Besitz meist eines Ritterguts (Patrimonium) verbundene niedere Gerichtsbarkeit über die Hintersassen, wurde i. d. R. durch einen auf Vorschlag des Gutsherrn vom Staat bestellten Gerichtshalter (Justiziar) ausgeübt; 1877 in Dtl. endgültig abgeschafft.

Patrimonium [lat.] *das, röm. Recht:* väterl. Erbgut, Vermögen; »P. Caesaris« war das kaiserl. Privatvermögen.

Patrimonium Petri [kirchenlat. »(Grund-)Besitz des Petrus«] *das,* der Grundbesitz der Kirche von Rom. (↑Kirchenstaat)

Patriot ['pætrɪət, engl.] *die, Waffentechnik:* bodengestütztes Flugabwehrsystem amerikan. Herkunft; geeignet zur Kampfführung gegen Luftziele in praktisch allen Höhen und begrenzt zur Abwehr ballist. Raketen; Reichweite 80 km.

Patriotische Front, ↑Simbabwe (Geschichte).

Patriotismus *der,* Vaterlandsliebe, die Verehrung, Hingabe und gefühlsmäßige Bindung an Werk, Traditionen und die Gemeinschaft des eigenen Volkes bzw. der Nation. Der P. äußert sich u. a. in der Wertschätzung von Symbolen und historisch bedeutsamen Ereignissen sowie dem Respekt vor Institutionen und Personen, die der staatl. Integration dienen, verbunden mit Dienst- und Opferbereitschaft; er ist somit mehr an der staatl. Tradition orientiert als der ↑Nationalismus, in den er münden kann.

Patristik [zu lat. pater »Vater«] *die* (früher Patrologie), theolog. Disziplin, deren Gegenstand Lehre und Schriften der frühchristl. Theologen (Kirchenväter und -schriftsteller) sind.

Patrize [nach Matrize gebildet, zu lat. pater »Vater«] *die, Münz-* und *Drucktechnik:* Stempel mit positivem Bild, der in der Münztechnik durch Reduktion nach dem Modell angefertigt wird. Nach dem Härten wird die P. in ungehärteten Stahl eingesenkt und so die Matrize (Prägestempel) hergestellt. In der buchbinder. Deckenfertigung ist die P. die Abformung von der Matrize. Zw. Matrize und P. erhält dann die Buchdecke unter Druck eine Blind- oder Farbprägung.

Patrizier [lat.], **1)** im alten Rom die Mitglieder des Geburtsadels **(Patriziat)** als Nachkommen der Geschlechter- und Sippenhäupter im Unterschied zu den Plebejern, den Angehörigen der Plebs.

2) im spätmittelalterl. und neuzeitl. Europa die Mitgl. städt. Oberschichten (Kaufleute, Ministerialen, zugezogener Landadel); aus ihrer Mitte ergänzte sich zunächst der Rat. Ihre Herrschaft wurde in den Zunftkämpfen des 14. Jh. und durch die Ausbildung fürstl. Territorialstaaten erschüttert.

Patroklos, bei Homer Waffengefährte des Achill; im Trojan. Krieg von Hektor getötet.

Patron [lat.] *der,* **1)** *altröm. Recht:* der Schutzherr im Verhältnis zu den Klienten, die ihm Dankbarkeit und polit. Folgschaft schuldeten.

2) *kath. Kirche:* (Schutz-P.) der ↑Schutzheilige.

Patronage [-ʒə, frz.] *die,* urspr. Schutzherrschaft; Begünstigung von Personen beim gesellschaftl. (bes. berufl.) Aufstieg, bes. bei der **Ämter-P.,** d. h. bei der Besetzung von Stellen im Staatsapparat zur Sicherung eigener Vorteile oder Macht.

Patronat [lat. »Schutzherrschaft«] *das,* **1)** im alten Rom urspr. das Verhältnis des Grundherrn zu seinen Hintersassen, später das des Freilassers zum Freigelassenen, des Anwalts zum Klienten, des einflussreichen Römers (z. B. Senator, ehem. Magistrat) zu Provinzen und Gemeinden, deren Interessen er politisch und gerichtlich vertrat.

2) *kath. Kirche:* das schützende Verhältnis eines Heiligen zu der Person oder dem Sachbereich, für die man ihn als Patron anruft. (↑Schutzheiliger)

3) *kirchl. Rechtsgeschichte:* (P.-Recht) Rechtsbeziehung zw. kath. oder evang. Kirche und dem Stifter einer Kirche oder eines Benefiziums bzw. dessen Rechtsnachfolger (Kirchenpatron). Dessen Recht, Vorschläge für die Besetzung eines kirchl. Amtes machen zu dürfen, beruhte auf dem mittelalterl. Eigenkirchenwesen (↑Eigenkirche) und konnte deshalb auch von Laien **(Laien-P.)** wahrgenommen werden. Zu den Pflichten gehörte v. a. die Übernahme der Baulast. Die früheren P. sind heute sowohl in der kath. als auch in der evang. Kirche fast überall aufgehoben worden.

Patrone [frz. aus lat.] *die,* **1)** *allg.:* kleiner, in ein Gerät oder einen Apparat einsetzbarer, meist zylindr. Behälter (für Tinte, Kleinbildfilm u. a.).

2) *Textiltechnik:* Musterzeichnung auf kariertem Papier **(P.-Papier)** für die Herstellung von Geweben, nach der u. a. die vorgesehene ↑Bindung festgelegt wird.

3) *Waffentechnik:* bei Feuerwaffen urspr. die aus Papier, Leinwand oder wollenem Zeug, seit Mitte des 19. Jh. aus Metall gefertigte Hülle für die Treibladung; heute die im Ggs. zur »getrennten Munition« zu einem Stück vereinigte, Geschoss, Treibladung, Zündhütchen und Metallhülse umfassende Munition (»P.-Munition«) der Faustfeuer-, Handfeuer- und Maschinenwaffen, z. T. auch der Geschütze. Spezielle P. ohne Geschoss sind die **Platz-P.** (nur Knallsatz), **Gas-P.** (Tränengas) und **Leucht-P.** (Treib- und Leuchtsatz) zu Übungs-, Selbstverteidigungs- und Signalzwecken. Bei **Schrot-P.** besteht die Hülse aus Pappe oder Kunststoff, der Hülsenboden aus Metall. Großkalibrige Faustfeuer-, Handfeuer- und Maschinenwaffen werden mit **Zentralfeuer-P.** geladen, bei denen die Treibladung durch Auftreffen des Schlagbolzens auf das Zündhütchen, das in der Mitte des Bodens angeordnet ist, gezündet wird. Für kleinkalibrige Jagd- und Sportwaffen werden überwiegend **Randfeuer-P.** verwendet, bei denen die Zündmasse in den Hülsenboden eingegossen ist und durch Aufschlag auf den verbreiterten Rand gezündet wird.

Patronymikon [grch.] *das,* Personenname, der vom Namen eines Vorfahren, meist des Vaters, abgeleitet ist, z. B. *Friedrichsen, Friedrichs* (aus Friedrichs Sohn), im Schottischen *MacAdam* (Sohn des Adam). Seltener ist das ↑Metronymikon.

Patrouille [pa'trʊljə, frz.] *die,* Spähtrupp, Streife (Militär, Polizei).

Patrozinium [lat.] *das,* **1)** *kath. Kirche:* die Schutzherrschaft eines Heiligen **(Patron)** über die ihm geweihte Kirche. Ihm zu Ehren wird jährlich das **Patronatsfest** gefeiert.

2) *röm. Rechtsgeschichte:* die von den Großgrundbesitzern gegen den kaiserl. Widerstand wahrgenommene Schutzfunktion für einzelne Bürger und Ortschaften.

Patscherkofel, Aussichts- und Skiberg südlich von Innsbruck, Tirol, Österreich, 2 247 m ü. M.; Seilbahn von Igls; Landschaftsschutzgebiet mit Alpengarten.

Patschuliöl [aus Hindustani], äußerst intensiv riechendes Öl aus den fermentierten Blättern des südasiat. Lippenblütlers Pogostemon cablin; zur Parfümherstellung verwendet.

Patt [frz.] *das,* **1)** *Politik:* unentschiedener Ausgang u. a. bei Wahlen und Abstimmungen.

2) *Schach:* eine Stellung, in der die am Zug befindl. Partei nicht im Schach steht, aber keinen Zug mehr tun kann, ohne in ein Schachgebot zu geraten. Die Partie endet unentschieden.

Pattadakal, Dorf im Bundesstaat Karnataka, S-Indien, nordöstlich von Badami. – Zahlr. Hindutempel (7./8. Jh.), die die unterschiedl. Architekturstile N- und S-Indiens zeigen (UNESCO-Weltkulturerbe). – P. war im 8. Jh. Hptst. der Calukya-Dynastie.

Pattaya, Badeort in Thailand, am Golf von Thailand, rd. 120 km südöstlich von Bangkok; 56 000 Ew.; eines der größten Tourismuszentren SO-Asiens.

Patten ['pætən], Christopher (Chris) Francis, brit. Politiker, *Blackpool 12. 5. 1944; 1992–97 letzter Gouv. der Kronkolonie Hongkong; seit 1999 Mitgl. der Europ. Kommission (zuständig für Äußeres).

Pattensen, Stadt im Landkreis Hannover, Ndsachs., an der Leine, 13 000 Ew.; Zweigmagazin des Niedersächs. Hauptstaatsarchivs, Schloss Marienburg (1858–67); Stahl-, Maschinen-, Fahrzeugbau.

Pattern ['pætən; engl. »Muster«] *das,* **1)** *Jazz:* Variationsform, bei der die Melodie bei jeder Wiederholung verändert, das rhythm. Schema jedoch beibehalten wird.

2) *Sprachwissenschaft:* ein Strukturmodell für einen Satz, nach dem eine unbegrenzte Anzahl gleich strukturierter Sätze mit unterschiedlichen lexikal. Elementen gebildet werden kann, so u. a. Artikel + Substantiv (im Nominativ) + Verb (im Imperfekt) + Artikel + Substantiv (im Akkusativ), z. B. »der Lehrer (Schüler) nahm das Heft (Lineal)«.

3) *Verhaltens-* und *Sozialwissenschaft:* vielseitig verwendeter Begriff, z. B. für ein bestimmtes ritualisiertes oder institutionalisiertes Verhaltensmuster oder ein aus bestimmten, meist wiederkehrenden Elementen zusammengefügtes Ablaufschema (u. a. Testvorlagen).

Patternpainting ['pætənpeɪntɪŋ] *das,* Richtung der zeitgenöss. Malerei mit Schwerpunkt um 1980 in den USA, die großformatig-dekorative Ornamente zu farbenfrohen Kompositionen vereinigt (Decorative Art); beeinflusst v. a. von H. Matisse, R. Dufy und A. Derain, vom Jugendstil und außereurop. Volkskunst (Asien, Südamerika). – Abb. S. 64.

Patterson ['pætəsn], Floyd, amerikan. Boxer, *Waco (Tex.) 4. 1. 1935; u. a. Olympiasieger 1952 (Mittelgewicht), Weltmeister im Schwergewicht der Berufsboxer 1956–59 und 1960–62; 64 Profikämpfe (55 Siege).

Pattinando [italien.] *das, Fechten:* die mit einem Schritt vorwärts verbundene Angriffsbewegung.

Patton [pætn], George Smith, amerikan. General, *San Gabriel (Calif.) 11. 11. 1885, †(nach Autounfall bei Mannheim) Heidelberg 21. 12. 1945; bed. Panzerstratege, nahm im Zweiten Weltkrieg zunächst an den Kämpfen in Nordafrika teil, landete 1943 mit der 7. US-Armee auf Sizilien, befehligte

1944/45 die 3. US-Armee in Frankreich und Süddeutschland.

Pau [po:], Hptst. des Dép. Pyrénées-Atlantiques, SW-Frankreich, im Pyrenäenvorland, 83 900 Ew.; Univ., Fallschirmspringerschule; Textil-, Leder- und Metallind., Fremdenverkehr; das Schloss (12.–16. Jh.) ist heute Nationalmuseum (Gobelins und Möbel). – P. wurde 1460 Hptst. der Grafschaft Béarn, 1512 des Königreichs Navarra.

Pauke (Kesselpauke, italien. Timpano), Schlaginstrument, bestehend aus einem halbkugelförmigen Resonanzkörper (Kessel) aus Kupferblech oder Kunststoff mit darüber gespannter Membran (Fell) aus gegerbtem Kalbfell oder Kunststoff, die mit Schlegeln angeschlagen wird. Das Fell kann mithilfe von Spannschrauben am Felldruckreifen versch. straff angespannt und dadurch in versch. Tonhöhen gestimmt werden. Die im 19. Jh. erfundene **Maschinen-P. (Kurbel-, Pedal- und Drehkessel-P.)** lässt sich auch während des Spiels umstimmen und dadurch streckenweise melodisch einsetzen. Im Unterschied zur Trommel hat die P. eine feste Tonhöhe, die im Umfang von etwa einer Sexte verändert werden kann. Gebaut werden versch. Größen mit einem Felldurchmesser von 20 bis 80 cm. Gewöhnlich wird die P. paarweise (im Quart- bzw. Quintabstand gestimmt) eingesetzt, in Sinfonie- und Opernorchester der neueren Zeit drei-, vier- und mehrfach. Die P. ist orientalischer Herkunft, sie gewann seit dem 17. Jh. zunehmende Bedeutung für die europäischer Orchestermusik.

Paukenhöhle, Teil des Mittelohrs (↑Ohr).

Paul, Herrscher:
Griechenland: **1) P. I.,** König (1947–64), *Athen 14. 12. 1901, †Tatoi (bei Athen) 6. 3. 1964; dritter Sohn König Konstantins I., ⚭ seit 1938 mit Friederike Luise von Braunschweig-Lüneburg, lebte 1924–35 und 1941 bis 1946 im Exil, folgte König Georg II. 1947 auf den Thron.
Russland: **2) P. I.** (russ. Pawel I. Petrowitsch), Kaiser (1796–1801), *Sankt Petersburg 1. 10. 1754, †ebd. 24. 3. 1801; Sohn Katharinas II., die ihn von allen Staatsgeschäften fern gehalten hatte. Nach seiner Thronbesteigung stellte er sich in scharfen Gegensatz zur Politik seiner Mutter. P. ordnete die Thronfolge neu (1797 Einführung der Primogenitur). Als Verehrer christl. Rittertums wurde er 1798 Großmeister des Malteserordens und schloss sich nach der frz. Besetzung Maltas 1798 der 2. Koalition gegen Frankreich an (bis 1799), trat aber 1800 auf die Seite Napoléon Bonapartes. Er gliederte 1801 Georgien dem Russ. Reich an. P., dessen despot. Auftreten ihn verhasst machte, wurde bei einer Offiziersverschwörung ermordet.

Paul, Päpste: **1) P. III.** (1534–49), früher Alessandro Farnese, *Canino (Prov. Viterbo) Febr. 1468, †Rom 10. 11. 1549; leitete innerkirchliche Reformen ein, unterstützte die neuen Orden (1540 Anerkennung der Jesuiten) und ordnete die Inquisition neu (1542 Schaffung des Heiligen Officiums). P. förderte die Kunst in besonderer Weise; er übertrug Michelangelo den Weiterbau der Peterskirche. Seinem natürlichen Sohn verlieh er das Herzogtum Parma und Piacenza (↑Farnese).

Patternpainting: Miriam Shapiro, »Invitation«; 1982 (Privatbesitz)

2) P. IV. (1555–59), früher Gian Pietro Carafa, *Sant' Angelo a Scala (bei Arellino) 28. 6. 1476, †Rom 18. 8. 1559; Mitbegründer (1524) und erster Oberer der ↑Theatiner; verfolgte seine Ziele, Kirchenreform und Abwehr des Protestantismus, mit kompromissloser Härte; veröffentlichte 1559 den ersten Index der verbotenen Bücher.

3) P. V. (1605–21), früher Camillo Borghese, *Rom 17. 9. 1552, †ebd. 28. 1. 1621; beförderte innerkirchlich die kath. Reform und die Weltmission; hielt am Herrschaftsanspruch des mittelalterl. Papsttums fest. In sein Pontifikat fallen der erste Prozess gegen G. Galilei (1616) und die Vollendung der Peterskirche.

4) P. VI. (1963–78), früher Giovanni Battista Montini, *Concesio (bei Brescia) 26. 9. 1897, †Castel Gandolfo 6. 8. 1978; 1922–54 Tätigkeit im Päpstl. Staatssekretariat; seit 1954 Erzbischof von Mailand; seit 1958 Kardinal; unter seinem Pontifikat Weiterführung und Abschluss des 2. Vatikan. Konzils (Einrichtung der ↑Bischofssynode; Liturgiereform; Revision des Kirchenrechts); legte innerhalb der durch das Konzil ausgelösten ökumen. Bestrebungen den Schwerpunkt auf den Dialog mit der orth. Kirche (1964 und 1967 Begegnungen mit ↑Athenagoras I.); erstrebte im Rahmen der von ihm initiierten »vatikan. Ostpolitik« eine Verbesserung der Beziehungen zu den sozialist. Staaten Ost- und Südosteuropas (1974 Amtsenthebung Kardinal ↑Mindszentys); 1976 Suspendierung von Erzbischof ↑Lefebvre. Wichtige Verlautbarungen waren die Enzykliken ↑Populorum progressio (1967) und ↑Humanae vitae (1968).

Paul, **1)** Bruno, Architekt, Designer und Grafiker, *Seifhennersdorf 19. 1. 1874, †Berlin 17. 8. 1968; arbeitete zunächst als Zeichner für den »Simplicissimus« (zahlr. Karikaturen) und die »Jugend«. Als Designer (Möbel, Innenausstattungen) orientierte er sich an Jugendstil und Art déco. Mit seinen architekton. Entwürfen (Villen, Zweckbauten) der 1920er-Jahre näherte er sich dem Internationalen Stil; entwarf auch Plakate.

2) Hermann, Germanist, *Salbke (heute zu Magdeburg) 7. 8. 1846, †München 29. 12. 1921; Prof. in Freiburg im Breisgau und München, gehörte mit W. Braune und E. Sievers zu den Führern der ↑Junggrammatiker; Begründer der »Altdt. Textbibliothek«, Hg. von »Grundriß der german. Philologie« (2 Bde., 1891–93), »Dt. Wb.« (1897), »Dt. Grammatik« (5 Bde., 1916–20).

3) Jean, Schriftsteller, ↑Jean Paul.

4) Wolfgang, Physiker, *Lorenzkirch (bei Strehla) 10. 8. 1913, †Bonn 7. 12. 1993; ab 1950 Prof. in Göttingen, 1952–80 Direktor des Physikal. Inst. der Univ. Bonn, erhielt für die Entwicklung des Ionenkäfigs **(Paul-Falle)**, der viele Arbeiten im Bereich der atomaren Präzisionsspektroskopie erst möglich gemacht hatte, mit H. G. Dehmelt und N. F. Ramsey den Nobelpreis für Physik 1989.

Paul-Ehrlich-Institut (Bundesamt für Sera und Impfstoffe), 1896 in Berlin mit P. Ehrlich als erstem Leiter gegr., seit 1972 selbstständige Bundesbehörde in Frankfurt am Main; dient der staatl. Prüfung von immunbiolog. Produkten (Heilseren, Impfstoffe u. a.) und Arzneimitteln.

Paulhan [po'lã], Jean, frz. Schriftsteller, *Nîmes 2. 12. 1884, †Boissise-la-Bertrand (Dép. Seine-et-Marne) 10. 10. 1968; war 1925–40 Chefredakteur der »Nouvelle Revue Française« (N. R. F.), Mitgründer der ab 1941 illegal erschienenen Widerstandszeitschrift »Les Lettres Françaises«. P. schrieb Essays zu sprachkrit. Fragen sowie Erzählungen.

Pauli, **1)** Fritz Eduard, schweizer. Maler und Grafiker, *Bern 7. 5. 1891, †Cavigliano (Kt. Tessin) 10. 9. 1968; entwickelte, von Symbolismus und Expressionismus ausgehend, seinen eigenen Stil. Im Mittelpunkt seines Werkes steht der bedrohte, verfolgte, nach Erlösung strebende Mensch.

2) Wolfgang, schweizer.-amerikan. Physiker österr. Herkunft, *Wien 25. 4. 1900, †Zürich 15. 12. 1958; Prof. in Zürich, arbeitete über Relativitäts- und Quantentheorie und stellte 1924 das nach ihm benannte Ausschließungsprinzip auf (↑Pauli-Prinzip); erhielt 1945 den Nobelpreis für Physik.

Paulick, Richard, Architekt, *Roßlau (Elbe) 7. 11. 1903, †Berlin (Ost) 4. 3. 1979; Schüler von H. Poelzig und 1927–30 bei W. Gropius tätig. Nach seiner Emigrationszeit in China (1933–49) beeinflusste er maßgeblich den Wiederaufbau der Städte in der DDR. – Fertighaus aus Stahl in Dessau-Törten (1925–26, mit G. Muche); Wiederaufbau der Dt. Staatsoper Berlin (1951–55); Wohnsiedlungen in Hoyerswerda (1957 ff.) und Halle-Neustadt (1964 ff.).

Paulikianer (Paulizianer, Paulicianer), Ende des 7. Jh. wahrscheinlich in Armenien entstandene, den Manichäern (↑Manichäismus) verwandte, wohl noch von den Marcioniten (↑Marcion) beeinflusste dualistisch-gnost. Gemeinschaft. Die P. lehnten das A. T. und Teile des N. T. ab, ebenso die Sakramente, die kirchl. Ämter, die Kreuzes- und Bilderverehrung und die Ehe. Die Christologie war gnostisch geprägt. Vorübergehend zu großer polit. Macht erstarkt, wurden die P. im 9. Jh. von den oström. Kaisern verfolgt und nach ihrer endgültigen Niederlage (872) nach Thrakien

Paulskirche

verbannt, wo möglicherweise unter ihrem Einfluss die ↑Bogomilen entstanden.

Paulina von Thüringen, Benediktinerin, † Münsterschwarzach (heute zu Schwarzach am Main; Landkreis Kitzingen) 14. 3. 1107; lebte nach dem Tod ihres zweiten Mannes mit gleich gesinnten Frauen als Reklusin im Thüringer Wald und gründete das Doppelkloster ↑Paulinzella, in das sie Mönche aus Hirsau aufnahm.

Pauling ['pɔːlɪŋ], Linus Carl, amerikan. Chemiker, * Portland (Oreg.) 28. 2. 1901, † Big Sur (Calif.) 19. 8. 1994; Prof. in Pasadena, San Diego, seit 1969 an der Stanford University in Palo Alto. P. führte den Begriff der Elektronegativität ein und trat durch quantenmechan. Arbeiten über die chem. Bindung hervor. Für die Entdeckung der α-Helix-Struktur vieler Proteine mithilfe der Röntgenstrukturanalyse erhielt er 1954 den Nobelpreis für Chemie. 1962 erhielt er den Friedensnobelpreis für seine Arbeit in der internat. Friedensbewegung.

Paulownie: Blauglockenbaum (Höhe 12–30 m)

Paulinzella, Ortsteil der Gem. Rottenbach im Landkreis Saalfeld-Rudolstadt, Thüringen. – Ehem. Benediktinerabtei mit dreischiffiger Säulenbasilika nach Hirsauer Vorbild (1124 geweiht, seit dem 17. Jh. Ruine).

Pauli-Prinzip [nach W. Pauli] (paulisches Ausschließungsprinzip), Prinzip der Elementarteilchenphysik, dem alle Elementarteilchen mit halbzahligem Spin (Fermionen) gehorchen. Danach kann in Fermionen-Systemen jeder durch einen Satz von Quantenzahlen charakterisierte Zustand nur durch ein Teilchen besetzt werden. Das P.-P. erklärt die Gesetzmäßigkeiten des Atombaus, weil niemals zwei oder mehr Elektronen eines Atoms für alle ihre vier Quantenzahlen übereinstimmende Werte haben können. Hierauf beruht der Schalenbau der Elektronenhülle der Atome und damit auch das Periodensystem der Elemente. Für ↑Bosonen gilt das P.-P. nicht.

Paulowni|e *die* (Paulownia), Gattung der Rachenblütler, in den Tropen und Subtropen heim. Holzgewächse. Der **Blauglockenbaum** (Paulownia tomentosa) mit blassvioletten bis purpurblauen Blüten in bis 30 cm langen Rispen wird in wärmeren Gebieten Europas kultiviert.

Paulskirche, ehem. evang. Kirche in Frankfurt am Main; 1848/49 Tagungsort der ↑Frankfurter Nationalversammlung. Der Zentralbau wurde 1789 begonnen (1829–33 vollendet); nach 1945 Wiederaufbau als Versammlungsraum. Für die Wandelhalle schuf J. Grützke 1987–90 das Rundbild »Zug der Volksvertreter«.

Paulskirchenbewegung, v. a. von der SPD und dem DGB getragene Protestbewegung gegen die Eingliederung der beiden dt. Staaten in gegeneinander gerichtete Militärbündnisse; benannt nach ihrer Auftaktveranstaltung am 29. 1. 1955 in der Frankfurter Paulskirche (etwa 1 000 Teilnehmer; »Dt. Manifest«); mit der Ratifizierung der Pariser Verträge im Dt. Bundestag (27. 2. 1955) brach die P., der sich Hunderttausende angeschlossen hatten, ab.

Paulus (jüd. Name Saul), christl. Missionar (»Apostel der Heiden«) und Theologe, * Tarsus Anfang des 1. Jh., † (Martyrium?) Rom 60 oder 62 (?); Verfasser der ältesten Schriften des N. T. Quellen für seine Biographie sind v. a. seine darin enthaltenen Briefe an die christl. Gemeinden in Rom, Korinth, Gala-

Reisen des Paulus

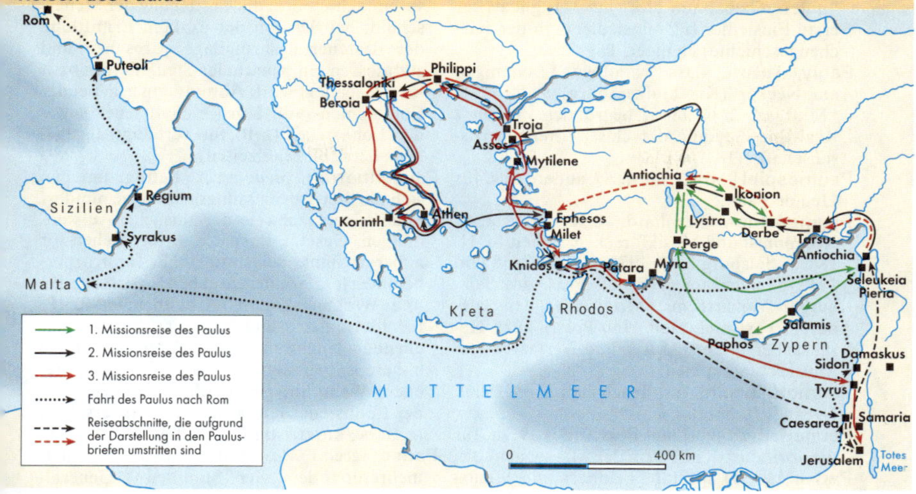

tien, Philippi, Thessalonike und an Philemon (↑Paulusbriefe) sowie bedingt die nach seinem Tod mit bestimmten theolog. Intentionen entstandene ↑Apostelgeschichte.

P. entstammte einer streng jüd. Familie, besaß das röm. Bürgerrecht, war hellenistisch gebildet und verfügte über eine pharisäisch-theolog. Ausbildung. Von Beruf war er Zeltmacher. Um 30 erlebte er vor Damaskus eine Christusvision (»Damaskuserlebnis«; Apg. 9,3–9), die er als seine persönl. Berufung zum Apostel auffasste. In der Folge begründete er die »Heidenmission« (↑Heidenchristen) in Antiochia. Seine Missionstätigkeit nach dem ↑Apostelkonzil (nach der Apg. drei Missionsreisen) legte den Grund für die christl. Mission im Röm. Reich. Nach Gemeindegründungen in Kleinasien (Galatien) gründete er in Philippi, Thessalonike und Korinth die ersten christl. Gemeinden Europas. Jüd. Anfeindungen führten nach der Rückkehr von der dritten Missionsreise 57/58 in Jerusalem zur Verhaftung. Als röm. Bürger appellierte er an den Kaiser. Er wurde nach Rom überstellt, wo er vermutlich unter Nero den Märtyrertod fand. – Schon früh wurde P. als Heiliger verehrt; Tage: 29. 6. (zus. mit Petrus) und 25. 1. (»Pauli Bekehrung«). Zeugnis seines theolog. Denkens ist v. a. der ↑Römerbrief. – In der bildenden Kunst oft zus. mit Petrus dargestellt, v. a. im Kreis der Apostel; schon früh in einem eigenen physiognom. Typus: längl. Gesicht, fast kahler Kopf, langer Bart; Attribute: Buch und Schwert.

Eichholz, G.: Die Theologie des P. im Umriß. Neukirchen-Vluyn [7]1991. – Lohse, E.: P. Eine Biographie. München 1996. – Becker, J.: P., der Apostel der Völker. Tübingen [3]1998.

Paulus, Friedrich, Generalfeldmarschall (1943), * Breitenau (heute zu Guxhagen, Schwalm-Eder-Kr.) 23. 9. 1890, † Dresden 1. 2. 1957; im Zweiten Weltkrieg seit 1942 Oberbefehlshaber der 6. Armee, mit der er im Raum Stalingrad von sowjet. Streitkräften eingeschlossen wurde. Er kapitulierte entgegen den Befehlen Hitlers am 31. 1. 1943 mit der Süd-Gruppe seiner Armee. In sowjet. Kriegsgefangenschaft (bis 1953) schloss er sich nach dem 20. 7. 1944 dem »Bund Dt. Offiziere« an.

Paulusbriefe, im N. T. von ↑Paulus verfasste oder ihm zugeschriebene Briefe: Röm., 1./2. Kor., Gal., Eph., Phil., Kol., 1./2. Thess., 1./2. Tim., Titus, Philem.; mit Sicherheit von Paulus: 1. Thess., Gal., 1. Kor., Phil., Philem., 2. Kor. und Röm. (in der Reihenfolge ihrer Abfassungszeit 50–56).

Paulus Diaconus, langobard. Geschichtsschreiber, * Friaul um 720, † Montecassino nach 787; am Königshof in Pavia erzogen, wurde um 774 Mönch in Montecassino. Seit 782 schrieb er am Hofe Karls d. Gr. die Geschichte der Bischöfe von Metz, ein Vorbild späterer Bistumsgeschichten. Sein Hauptwerk ist die »Historia Langobardorum«, die eine Darstellung der Geschichte seines Volkes mit der Überlieferung zahlreicher langobard. Sagen verbindet.

Paulus von Theben, frühchristl. Anachoret, *untere Thebais um 228, †um 341; gilt als der erste Einsiedler (»Ureinsiedler«) in der Kirchengeschichte; Heiliger, Tag: 15. 1.

Pauly, August, klass. Philologe, *Benningen am Neckar (Kr. Ludwigsburg) 9. 5. 1796, †Stuttgart 2. 5. 1845; begründete »Pauly's Real-Encyclopädie der class. Altertumswissenschaft« (1837 ff.).

Paumespiel ['po:m-, lat.-frz.], andere Bez. für ↑Jeu de Paume.

Paumgartner, Bernhard, österr. Dirigent, Komponist und Musikforscher, *Wien 14. 11. 1887, †Salzburg 27. 7. 1971; war 1917–38 und 1945–53 Direktor, 1953–59 Präs. des Salzburger Mozarteums; Mitgründer der Salzburger Festspiele (seit 1960 Präs.), auch Herausgeber älterer Musik und Verfasser von Musikerbiographien.

Paumotu|inseln, frz. Inselgruppe im Pazif. Ozean, ↑Tuamotuinseln.

Pauperismus [lat.] *der,* Begriff des 19. Jh. für die vorindustrielle Form der Massenarmut.

Pausanias, 1) spartan. Feldherr und Staatsmann, †Sparta 467/466 v. Chr.; befehligte in der Schlacht bei Platää 479 v. Chr. die verbündeten Griechen (↑Perserkriege). Nach der Einnahme von Byzanz führte er dort ein tyrann. Regiment. 469 v. Chr. (?) schließlich vertrieben, kehrte er nach Sparta zurück und wiegelte die Heloten auf. Er floh vor den Euphoren in den Tempel der Athene, wo er eingemauert wurde und verhungerte. – Biographie von Cornelius Nepos.

2) grch. Schriftsteller aus Kleinasien, schrieb zw. 160 und 180 n. Chr. einen Reisebericht über Griechenland (»Periegesis tes Hellados«), wichtige Quelle für die Gesch., Kunstgesch., Archäologie und bes. Religionsgesch. Griechenlands.

Pausa/Vogtl., Stadt im Vogtlandkreis, Sachsen, in einem Talkessel der Weida, 4 200 Ew.; Herstellung von Bettwäsche, Tuben und Baustoffen, Holz- u. a. Gewerbe. – Rathaus (1892) mit gläsernem Globus (1934) auf dem Dach (»Mittelpunkt der Erde«).

Pauschale [nlat. Bildung zu dt. Bauschsumme] *die,* Geldbetrag, durch den eine Leistung, die sich aus versch. Einzelposten zusammensetzt, ohne Spezifizierung abgegolten wird.

Pauschalreise, eine Reise, bei der der Reiseveranstalter von sich aus versch. Leistungen (z. B. Beförderung und Unterkunft) auswählt, miteinander verbindet und zu einem einheitl. Gesamtpreis anbietet. Beim Abschluss eines derartigen ↑Reisevertrages gelten zum Schutz des Reisenden zwingend die Vorschriften der §§ 651 a ff. BGB.

Pauschbesteuerung (Pauschalbesteuerung), vereinfachte Form der Festlegung der Steuerschuld, bei der von der exakten Ermittlung der Besteuerungsgrundlage abgesehen und stattdessen ein pauschaler Steuerbetrag bzw. -satz festgelegt wird; Anwendung u. a. bei der Einkommen- und Körperschaftsteuer sowie der Lohnsteuer (z. B. für verbilligt abgegebene betriebl. Mahlzeiten).

Pauschbetrag, *Steuerrecht:* Betrag, um den sich die Steuerbemessungsgrundlage mindert ohne Einzelnachweis der tatsächl. Aufwendungen. Gesetzl. P. sind u. a. vorgesehen für außergewöhnl. Belastungen (P. für Körperbehinderte), Sonderausgaben (Vorsorge-P.) und Werbungskosten (Arbeitnehmer-P., P. für Journalisten und Musiker). Bei entsprechendem Nachweis kann der Steuerpflichtige höhere Aufwendungen steuerlich geltend machen. Weiterhin gibt es die Pauschalierung der Lohnsteuer mit ermäßigten Steuersätzen (z. B. bei kurzfristig Beschäftigten).

Pause [grch.] *Musik:* das Aussetzen einer, mehrerer oder aller Stimmen (↑Generalpause) für einen zeitlich begrenzten Abschnitt; wird durch besondere Zeichen in der Notenschrift angegeben.

Pause [Herkunft unsicher], Durchzeichnung; ↑Lichtpause.

Pausewang, Gudrun, Schriftstellerin, *Wichstadtl (heute Mladkov, Ostböhm. Gebiet) 3. 3. 1928; lebte lange in Lateinamerika; schrieb Romane für Kinder und Jugendliche, u. a. »Plaza Fortuna« (1966), »Die Entführung der Doña Agata« (1971), »Die Wolke« (1987), »Die Rotwengel-Saga« (1993), »Der Glücksbringer« (1995).

Paustowski, Konstantin Georgijewitsch, russ. Schriftsteller, *Moskau 31. 5. 1892, †ebd. 14. 7. 1968; stellte anfangs in romant., zum Exotischen neigenden Romanen und Erzählungen das Leben auf See und in Hafenstädten, später mit zunehmend realist. Stilmitteln aktuelle Probleme des sowjet. Lebens dar, u. a. »Segen der Wälder« (R., 1949). Autobiographie (6 Bde., 1946–64).

Pavane [frz.; eigtl. »(Tanz) aus Padua«] *die* (Paduana), aus Italien stammender, würdevoll geschrittener Hof- und Gesellschaftstanz des 16. und 17. Jh., meist in geradem Takt, ohne Auftakt. In der Instrumentalmusik bildete die P. den Einleitungssatz der dt. Tanzsuiten kurz nach 1600.

Pavarotti, Luciano, italien. Sänger (Tenor), *Modena 12. 10. 1935; gehört zu den führenden Interpreten seines Fachs und ist, bes. mit Partien aus italien. Opern, gefeierter Gast an den bed. Opernhäusern der Welt; auch Konzertsänger und (seit 1988) Opernregisseur.

Pavelić [-litç], Ante, kroat. Politiker, * Bradina (Herzegowina) 14. 7. 1889, † Madrid 28. 12. 1959; emigrierte 1929 nach Italien; gründete und leitete von dort aus, an den Ideen des italien. Faschismus orientiert, die ↑ Ustascha, wurde 1941 (mit dt. und italien. Unterstützung) Staatschef des »Unabhängigen Staates Kroatien«; musste 1945 fliehen, bildete 1949 in Argentinien eine Ustascha-Exilregierung; ging 1957 nach Spanien.

Pavese [italien.] *die,* im MA. gebräuchl. großer Schild mit einem am unteren Ende befestigten Stachel zum Einsetzen in die Erde.

Pavese, Cesare, italien. Schriftsteller, * Santo Stefano Belbo (Prov. Cuneo) 9. 9. 1908, † (Selbstmord) Turin 27. 8. 1950; als Antifaschist 1935/36 nach S-Italien verbannt, übersetzte u. a. J. Joyce und W. Faulkner. Seine neorealist. (kurzen) Romane und Erzählungen, die meist in seiner piemontes. Heimat spielen, schildern menschl. Versagen und Vereinsamung (u. a. »Der schöne Sommer«, R.-Trilogie, 1949; »Junger Mond«, R., 1950); auch die Gedichte und Tagebücher (»Das Handwerk des Lebens«, 1950) zeigen tiefe Resignation.

Lenzen, V.: C. P. Tödlichkeit in Dasein u. Dichtung. Ein Porträt. München u. a. 1989.

Pavia, 1) Provinz in der Lombardei, Italien, 2 965 km², (1997) 494 800 Einwohner.

2) Hptst. von 1), Italien, vor der Mündung des Tessin in den Po, 75 400 Ew.; Bischofssitz; Univ. (gegr. 1361), PH, Priesterseminar; Herstellung von Näh- und Landmaschinen, Haushaltsgeräten, Fernsehapparaten, Schuh-, Bekleidungs-, Chemiefaserind., Gießereien; durch einen Kanal mit Mailand verbunden. – Geschlechtertürme (v. a. 12. Jh.), Kastell der Visconti (1360–65); Dom (begonnen 15. Jh., ein Hauptwerk der lombard. Renaissance), Basilika San Michele (1155 geweiht); Broletto (ältestes lombard. Rathaus, urspr. 11. Jh., Umbauten im 13. und 16. Jh.). – P. war eine der Residenzen Theoderichs und 572–774 die Hptst. des Langobardenreichs, dann des karoling. Italien, bis es 1359 von den Visconti unterworfen und später dem Herzogtum Mailand einverleibt wurde. In der **Schlacht bei P.** (24. 2. 1525) erlitt Franz I. von Frankreich eine Niederlage durch Kaiser Karl V.

Paviane [niederländ., aus altfrz. babouin, von baboue »Maul«] (Papio), zu den Meerkatzenartigen gehörende Gattung 50–115 cm langer afrikan. Hundsaffen mit kräftigem Gebiss, starken Überaugenwülsten und lebhaft gefärbten, stark entwickelten Gesäßschwielen; leben herdenweise in Savannen und Steppen; u. a. der **Mantelpavian** (Papio hamadryas), Männchen mit grauer Mantelmähne, und der zentralafrikan. **Anubispavian** (Papio anubis).

Paviane: Mantelpavian

Pavillon ['paviljɔ̃, frz.] *der,* kleiner, meist frei stehender Baukörper, v. a. im Barock; als Gartengebäude errichtet oder einem Hauptbau (Schloss) zugeordnet. Als Teil eines Schlosses (Eck-P., Mittel-P.) zeichnet er sich durch eine vom Hauptbau abgesetzte Dachform aus.

Pavle, eigtl. Gojko Stojčević, serb. orth. Theologe, * Kućanci (Slawonien) 11. 9. 1914; Studium in Belgrad (1936–40) und (weiterführend) in Athen (1955–57); war 1957–90 Bischof von Raška (Raszien) und Prizren und ist seit 1990 Erzbischof von Peć, Metropolit von Belgrad und Karlovci und Patriarch der Serben (Primas der ↑ serbisch-orthodoxen Kirche).

Pavo [lat.] (Pfau), ein Sternbild am Südhimmel.

Pawlodar, Hptst. des Gebiets P. im N Kasachstans, am Irtysch, 340 700 Ew.; TU; Traktorenbau, Aluminium-, Erdölverarbeitungswerk, Nahrungsmittelind.; Flusshafen.

Pawlow, Iwan Petrowitsch, russ. Physiologe, * Rjasan 14. 9. 1849, † Leningrad (heute Sankt Petersburg) 27. 2. 1936. Sein Hauptinteresse galt der Physiologie der Verdauung, speziell der nervalen Steuerung der dabei beteiligten inneren Sekretion. P. erhielt dafür 1904 den Nobelpreis für Physiologie oder Medizin. Die Beschäftigung auch mit der »höheren Nerventätigkeit« führte ihn zur Unterscheidung zw. unbedingtem und bedingtem Reflex sowie zur Erforschung des Lernens durch Konditionierung. P. meinte dabei auf die übl. psychologischen Begriffe verzichten zu können und versuchte, alle psych. Vorgänge (auch Denken, Sprechen) auf der Grundlage physiolog. Prozesse zu erklären. Der **Pawlowismus** bestimmte für lange Zeit nicht nur die russ. Psychologie, sondern bildete auch die Grundlage der reflexolog. bzw. mechanistisch orientierten Psychologie, speziell des frühen ↑Behaviorismus, sowie der Lernforschung.

Asratjan, Ė. A.: I. P. P. Aus dem Russ. Leipzig [3]1986.

Pawlowa, Anna Pawlowna, russ. Tänzerin, *Sankt Petersburg 12. 2. 1881, †Den Haag 23. 1. 1931; bis 1909 Primaballerina am Marientheater in Sankt Petersburg, 1909–11 Solistin in S. Diaghilews »Ballets Russes«; danach eigenes Ensemble. Ihr berühmtester Solotanz war das 1907 von M. Fokin für sie choreographierte Drei-Minuten-Ballett »Der sterbende Schwan« (Musik von C. Saint-Saëns).

Pawlowsk (1918–44 Sluzk), Stadt in Russland, südlich von Sankt Petersburg, 26 100 Ew.; Bau von Kleinbussen. – Auf einer Anhöhe in einem 600 ha großen Park das klassizist. Schloss, die ehem. Sommerresidenz der russ. Kaiserfamilie (1782–86 erbaut, nach Brand 1803/04 wieder hergestellt; heute Museum); Gartengestaltung nach engl. Vorbild.

Pax [lat.] *die,* röm. Göttin, Personifikation des Friedens; ihr wurde in Rom unter Augustus die ↑Ara Pacis Augustae errichtet.

Pax Christi [lat. »Friede Christi«], kath. internat. Friedensbewegung, 1944 in Frankreich entstanden, seit 1951 in einem Internat. Sekretariat (Sitz: Antwerpen) und nat. Sektionen organisiert.

Pax Romana [lat. »röm. Friede«], die durch Rechtsnormen und eth. Grundrechte gesicherte Friedensordnung des Röm. Reiches bes. im 1. Jh. des Prinzipats; auch **Pax Augusta** (»Kaiserfrieden«) genannt.

Pay-as-you-use-Prinzip [peɪ æz jʊ ˈjuːz -, engl.], Prinzip der Finanzierung langfristig nutzbarer öffentl. Investitionen, wonach künftige Generationen entsprechend ihrer Nutzung der langlebigen Einrichtungen an den Finanzierungslasten beteiligt werden. In der Praxis bedeutet dies Finanzierung der Investition durch Anleihen und Aufbringung der Mittel für den Schuldendienst durch Steuern der folgenden Generationen.

Paycard [ˈpeɪkɑːd, engl.] *die,* aufladbare Chipkarte zum bargeldlosen Bezahlen.

Payer, Julius Ritter von, österr. Polarforscher, *Schönau (heute zu Teplice) 1. 9. 1842, †Bled (Slowenien) 30. 8. 1915; führte 1872–74 die österr.-ungar. Nordpolarexpedition, die das Franz-Josef-Land entdeckte. Nach ihm ist die **P.-Spitze** (2 000 m ü. M.) in O-Grönland benannt.

Payerne [paˈjɛrn], Bezirkshauptstadt im Kt. Waadt, Schweiz, 7 300 Ew.; Zigarrenfabrik, Fleischwarenherstellung. – Urspr. römisch; 962 begründete Adelheid, Gemahlin Ottos I., durch Schenkung die Benediktinerabtei (1538 aufgehoben; roman. Abteikirche des 11./12. Jahrhunderts).

Payne [peɪn], Thomas, amerikan. Publizist und Politiker, ↑Paine, Thomas.

Paysage intime [peizaʒɛ̃ˈtiːm, frz.] *das,* die schlichte und stimmungsvolle Landschaftsdarstellung in der frz. Kunst des 19. Jh., bes. der Schule von ↑Barbizon.

Paysandú, Hptst. des Dep. P., Uruguay, 75 000 Ew.; Flusshafen am Uruguay; Fleischverarbeitung u. a. Industrie.

Pays d'Auge [pɛiˈdoːʒə], Landschaft in der Normandie, Dép. Calvados, Frankreich; mit Hecken umgrenzte Weiden für Rinder- und Pferdezucht; Herstellung von Käse (Camembert u. a.), Cidre und Calvados; Hauptort ist Lisieux.

Pays de la Loire [pɛidlaˈlwaːr], Region in W-Frankreich, umfasst die Dép. Loire-Atlantique, Maine-et-Loire, Mayenne, Sarthe und Vendée, 32 082 km², (1995) 3,135 Mio. Ew.; Hptst. ist Nantes.

Pay-TV [ˈpeɪtiːˈviː, engl.], besonderes Fernsehprogramm, das i. Allg. monatlich zu bezahlen ist, um die codiert ausgestrahlten Sendungen mithilfe eines Decoders empfangen zu können. Beim **Pay-per-Channel** wird die Gebühr für einzelne Spartenkanäle, beim **Pay-per-View** für jeweils abgerufene Sendungen erhoben (Sonderform: **Münzfernsehen,** z. B. in Hotels).

Octavio Paz

Paz [pas], Octavio, mexikan. Schriftsteller, *Mixcoac (heute zu Mexiko-Stadt) 31. 3. 1914, †Mexiko-Stadt 19. 4. 1998; war 1945–68 im diplomat. Dienst; gilt als einer der bedeutendsten Lyriker (dt. Auswahl 1971 u. d. T. »Freiheit, die sich selbst erfindet«; »In mir der Baum«, 1987; »Die andere Stimme«, 1990) und Essayisten der Gegenwart (»Das Labyrinth der Einsamkeit«, 1950; »Die andere Zeit der Dichtung«, 1974; »Hombres en su siglo ...«, 1984). Seine visionären, surrealistisch beeinflussten Gedichte, seine Prosatexte und Publizistik zeigen auch seine Kritik an jeder geistigen oder phys. Unterdrückung; Gründer (1976) und Hg. der Ztschr. »Vuelta«. Er erhielt 1984 den Friedenspreis des Dt. Buchhandels, 1990 den Nobelpreis für Literatur.

Ruy Sánchez, A.: O. P. Leben u. Werk. Eine Einführung. A. d. Span. Frankfurt am Main 1991. – Wawerla, G.: Die Lyrik von O. P. Frankfurt am Main 1999.

Paz Estenssoro ['pas-], Victor, bolivian. Politiker, *Tarija 2. 10. 1907; Jurist, gründete 1940 den Movimiento Nacionalista Revolucionario (MNR), 1952–56 Staatspräs., verstaatlichte die Zinnminen und führte eine Agrarreform durch. 1960–64 (durch Putsch gestürzt) und 1985–90 war er wieder Staatspräsident.

Pazifik *der,* ↑Pazifischer Ozean.

Pazifikation [lat.] *die,* Beruhigung, Befriedung.

pazifische Inseln (engl. Pacific Islands), die Inselwelt des Pazif. Ozeans, ↑Ozeanien.

Pazifischer Krieg 1) Salpeterkrieg, ↑Chile, Geschichte.

2) Pazifikkrieg, im Zweiten ↑Weltkrieg der von Japan (nach der teilweisen Besetzung Chinas) geführte Kampf zur Eroberung des pazif. Raumes, in dessen Verlauf ab 1941 große Teile SO-Asiens unter japan. Herrschaft gerieten, aber durch die militär. Gegenoffensive der Alliierten wieder verloren gingen (Kapitulation Japans 1945).

Pazifischer Ozean (Pazifik, Stiller Ozean, Großer Ozean), größtes der drei Weltmeere, zw. Asien und Australien im W und Amerika im O, mit zahlr. Inseln und Inselketten; 166,2 Mio. km², einschl. der Nebenmeere 181,3 Mio. km² (35 % der Gesamt- und nahezu 50 % der Wasserfläche der Erde); größte Erstreckung von N nach S nahezu 15 000 km, von O nach W über 20 000 km; mittlere Tiefe 4 280 m, im Marianengraben bis 11 034 m **(Witjastiefe).** Die größten **Nebenmeere** sind das Australasiat. Mittelmeer und die Philippinensee sowie die Randmeere Bering-, Ochotsk., Japan., Ostchines. Meer und Gelbes Meer, Korallen- und Tasmansee, Golf von Kalifornien und Golf von Alaska. Die mittlere Wassertemperatur beträgt im Bereich des therm. Äquators 29 °C, im Beringmeer 1 °C und im Bereich von 60° südl. Breite 5 °C. Der Salzgehalt liegt zw. 36,9 ‰ am südl. bzw. 35,9 ‰ am nördl. Wendekreis und 29–33 ‰ im Ochotsk. Meer. Nahezu die gesamte Umrandung des P. O. ist eine Kette tätiger bzw. jüngst erloschener Vulkane. Häufig sind Erd- und Seebeben, bes. im Bereich der Tiefseegräben am Ostrand vieler Inselketten. Untermeer. Rücken und quer dazu verlaufende Schwellen gliedern den P. O. in submarine Großbecken (Philippinen-, Marianen-, Nord-, Mittel-, Ostpazif. Becken); den Rücken und Schwellen sowie dem Beckengrund sitzen zahlr. Vulkane auf. Insgesamt liegen im P. O. etwa 10 000 Inseln (Sachalin, Japan., Neuseeländ. Inseln, Taiwan u. a.) mit einer Landfläche von 3,6 Mio. km². Die Grundbedeckung besteht aus rotem Tiefseeton und Globigerinenschlamm, in der Nähe von Vulkanen aus Vulkanschlick, im polaren Bereich aus Diatomeenschlamm. Die Mischungsgebiete kalter und warmer Strömungen sind pflanzen- und fischreich. Wachsende Bedeutung haben Schiffs- und Luftverkehr sowie der Fremdenverkehr. Der Grund des P. O. ist reich an Manganknollen u. a. Naturschätzen.

Nicholas, A.: Die ozean. Rücken. A. d. Frz. Berlin u. a. 1995. – Ott, J.: Meereskunde. Stuttgart ²1996.

Pazifismus [lat.] *der,* Grundhaltung und Bewegung, die aus eth. Gründen Gewaltanwendung sowie militär. Vorbereitung eines Krieges verwirft und kompromisslose Friedensbereitschaft fordert. Mittel gegen bewaffnete Okkupationen sollen ↑soziale Verteidigung u. a. Formen des ↑zivilen Ungehorsams sein. Der radikale P. auf christl. Grundlage wurde von myst. Spiritualisten des 16. Jh. sowie von den Mennoniten und Quäkern vertreten. Der moderne P. hat sich im 19. Jh. in den **Friedensgesellschaften** entwickelt. Das Internat. Friedensbüro (Sitz: Bern, bis 1919 Genf) entstand 1891 als Zentrale sämtl. Friedensgesellschaften. Im Ersten Weltkrieg äußerte sich der radikale P. auch literarisch (H. Barbusse), ferner praktisch in den Gruppen, die die Kriegsdienstverweigerung verfochten. Durch den Nationalsozialismus wurde der P. in Dtl. unterdrückt. Unter dem Eindruck des Zweiten Weltkriegs und der weltpolit. Spannungen, die er hinterließ, sowie angesichts der Entwicklung von Atomwaffen erhielt der P. neue, starke Impulse (↑Ostermarschbewegung; ↑Kriegsdienstverweigerung). In Anbetracht der rüstungspolit. Entwicklung seit dem Ende der 1970er-Jahre v. a. im Spannungsfeld zw. NATO und Warschauer Pakt entwickelte sich die ↑Friedensbewegung. Auf den P. gehen viele Ansätze der ↑Friedensforschung zurück.

📖 *Holl, K.: P. in Deutschland. Frankfurt am Main 1988. – Wette, W.: Militarismus u. P. Bremen 1991.*

Pázmány ['pa:zma:nj], Péter, ungar. kath. Theologe, *Großwardein (heute Oradea) 4. 10. 1570, †Preßburg 19. 3. 1637; entstammte einer kalvinist. Adelsfamilie; 1583 Übertritt zum Katholizismus; seit 1587 Jesuit; seit 1598 Prof. in Graz; seit 1616 Erzbischof von Gran; seit 1629 Kardinal; als Kirchenpolitiker, sprachgewaltiger Prediger und Schriftsteller führende Persönlichkeit der Gegenreformation in Ungarn; gründete u. a. die Univ. in Tyrnau (die spätere Budapester Universität).

Paznaun *das* (Paznauntal), Talschaft im westl. Tirol, Österreich, zw. Verwallgruppe im N und Silvretta- und Samnaungruppe im S, 35 km lang. Hauptorte sind Kappl (1 256 m ü. M.), Ischgl (1 376 m ü. M.), Galtür (1 584 m ü. M.); Fremdenverkehr (v. a. Wintersport).

Paz Zamora [pas s-], Jaime, bolivian. Politiker, *Cochabamba 15. 4. 1939; gründete 1971 den Movimiento de la Izquierda Revolucionaria (MIR). 1974 war er in Haft, danach im Exil; 1982–85 Vizepräs. und 1989–93 Staatspräsident.

Pb, chem. Symbol für ↑Blei.

pc, Einheitenzeichen für ↑Parsec.

PC, Abk. für 1) ↑**P**ersonal**c**omputer, 2) ↑**P**oly**c**arbonate.

PCB, Abk. für ↑**P**oly**c**hlor**b**iphenyle.

p. Chr. (n.), Abk. für **p**ost **Chr**istum (**n**atum).

PCM, Abk. für ↑**P**uls**c**ode**m**odulation.

PCMCIA [pi:si:emsi:ai'eɪ, Abk. für engl. **p**ersonal **c**omputer **m**emory **c**ard **i**nternational **a**ssociation], *Datenverarbeitung:* internationale Vereinigung, die Standards für PC-Cards, d. h. periphere Einheiten, festlegt, vorzugsweise für Notebooks und andere tragbare Computer. Die Norm erstreckt sich sowohl auf die Schnittstelle als auch auf die Kartengröße.

PCP, Abk. für ↑**P**enta**c**hlor**p**henol.

PCR [pi:si'ɑ:; Abk. für engl. »**p**olymerase **c**hain **r**eaction«], die ↑Polymerase-Kettenreaktion.

Pd, chem. Symbol für ↑Palladium.

PDA [Abk. für engl. **p**ersonal **d**igital **a**ssistent], *Datenverarbeitung:* kleines, in der Hand zu haltendes elektron. Notizbuch mit Flachbildschirm, auf dem auch die Eingabe – mithilfe eines Stifts – erfolgt; besitzt u. a. Datenbank-, Terminverwalter-, Fax- und E-Mail-Funktionen.

PD-Regler, ↑Regler.

PDS, 1) Abk. für italien. **P**artito **D**emocratico della **S**inistra (Demokrat. Partei der Linken), 1990 unter diesem Namen aus der Italien. KP hervorgegangene Partei.
2) Abk. für ↑**P**artei des **D**emokratischen **S**ozialismus.

Peace Corps ['pi:s kɔ:; engl. »Friedenskorps«] *das,* 1961 von Präs. J. F. Kennedy ins Leben gerufene amerikan. Organisation freiwilliger Entwicklungshelfer (Ärzte, Lehrer, Techniker); Vorbild für Entwicklungsdienste vieler Länder.

Peace River ['pi:s 'rɪvə; engl. »Friedensfluss«] *der,* Fluss in Kanada, 1 923 km lang, entspringt mit zwei Quellflüssen in den Rocky Mountains (Williston Lake, 1 660 km²); nördlich des Athabascasees vereinigt sich der P. R. mit dem Slave River (Sklavenfluss; Ausfluss des Athabascasees); Quellfluss des Mackenzie.

Peacock ['pi:kɔk], Thomas Love, engl. Schriftsteller, *Weymouth 18. 10. 1785, †Lower Halliford (Cty. Surrey) 23. 1. 1866; schrieb humorvolle satir. Romane um geistreiche Sonderlinge (»Nachtmahr-Abtei«, 1818, »The misfortunes of Elphin«, 1829).

Peak [pi:k, engl.] *der,* Bergspitze, -gipfel.

Peano, Giuseppe, italien. Mathematiker, *Cuneo 27. 8. 1858, †Turin 20. 4. 1932; bed. Beiträge zu den Grundlagen der Mathematik und zur mathemat. Logik. Sein **peanosches Axiomensystem** stellt die natürlichen Zahlen auf eine axiomatisch einwandfreie Basis und bildet die Grundlage der mathemat. ↑Induktion. P. schuf außerdem die ↑Welthilfssprache Interlingua.

Peanuts ['pi:nʌts; engl. »Erdnüsse«], umgangssprachl. Bez. für Kleinigkeit, bes. für als unbedeutend erachtete Geldsumme.

PEARL [pə:l; Abk. für engl. **p**rocess and **e**xperiment **a**utomation **r**ealtime **l**anguage], ↑Programmiersprache für die Lösung von Aufgaben im Bereich der Automatisierung. PEARL ist als Echtzeitsprache geeignet für Anwendungen bei der Prozessdatenverarbeitung, Prozessautomation sowie für Ablauf- und Maschinensteuerungen.

Pearl Harbor ['pə:l 'hɑ:bə], Flottenstützpunkt der USA an der S-Küste der Hawaii-Insel Oahu, nordwestlich von Honolulu. – Am 7. 12. 1941 überfielen von Flugzeugträgern gestartete Einheiten der japan. Luftwaffe ohne vorherige Kriegserklärung P. H., konnten aber trotz der Zerstörung zahlr. Kriegsschiffe eine Ausschaltung der amerikan. Pazifikflotte nicht erreichen. Dieser Angriff führte zum Kriegseintritt der USA gegen die Achsenmächte.

Pears ['pɪəs], Sir (seit 1978) Peter, engl. Sänger (Tenor), *Farnham (Cty. Surrey) 22. 6. 1910, †Aldeburgh (Cty. Suffolk) 3. 4. 1986;

wurde bekannt durch seine Interpretationen von Partien aus Werken B. Brittens, die für ihn geschrieben waren.

Pearson ['pɪəsn], Lester Bowles, kanad. Politiker, *Toronto 23. 4. 1897, †Rockcliffe Park (bei Ottawa) 27. 12. 1972; 1948–57 Außenmin., hatte maßgebl. Anteil an der Gründung der NATO; 1958–68 Vors. der Liberalen Partei, 1963–68 MinPräs. 1957 erhielt er für seine Bemühungen um die Beendigung der Sueskrise (1956) den Friedensnobelpreis.

Peary ['pɪərɪ], Robert Edwin, amerikan. Nordpolarforscher, *Cresson Springs (Pa.) 6. 5. 1856, †Washington (D. C.) 20. 2. 1920; stellte 1901 die Inselnatur Grönlands durch Umfahrung im N fest, erforschte 1905 Grinnell- und Grantland, erreichte am 6. 4. 1909 die unmittelbare Nähe des Nordpols.

Peć [pɛ:tɕ] (alban. Pejë), Stadt in der Prov. Kosovo (Serbien), Jugoslawien, 42 100 Ew.; Leder-, Holzind., Kunstgewerbe. – Ehem. Patriarchenkloster, in den drei Kirchen (13./14. Jh.) bed. Fresken. – 1202 erstmals erwähnt, 1463–1918 türkisch.

Pech, schwarzer, zähflüssiger bis fester Rückstand der Teerdestillation, der vorwiegend aus polyzykl. Aromaten, heterozykl. Verbindungen und Phenolen besteht. P. wird meist nach der Herkunft benannt (z. B. Steinkohlenteer-P., Braunkohlenteer-P.) oder nach dem Erweichungspunkt: **Weich-P.** (Erweichungspunkt 40 °C), **Mittel-P.** (70 °C) und **Hart-P.** (85 °C). P. wird u. a. zur Herstellung von P.-Koks, P.-Lacken und Kohlenstofffasern sowie von Teerpappen und als Weichmacher für Kautschuk verwendet.

Pechblende, ein Mineral, ↑Uranpecherz.

Pechnase (Pecherker), kleiner, unten offener Vorbau an den oberen Stockwerken mittelalterl. Befestigungen, von dem man siedendes Pech u. a. auf den Angreifer hinabgoss.

Pechnelke (Klebnelke, Lychnis viscaria), staudiges, europ.-asiat. Nelkengewächs mit klebrigen Stängelteilen unter den oberen Knoten und karminroten Blüten, auf kalkarmem Grasboden.

Pechstein, ein natürl., wasserhaltiges Gesteinsglas, das bei schneller Erstarrung von Ergussgesteinen entsteht; braun, rot, grün oder schwarz, pechartig glänzend.

Pechstein, **1)** Claudia, Eisschnellläuferin, *Berlin (Ost) 22. 2. 1972; u. a. Olympiasiegerin 1994 und 1998 über 5 000 m sowie Weltmeisterin 1996.

2) Max, Maler und Grafiker, *Zwickau 31. 12. 1881, †Berlin (West) 29. 6. 1955; übersiedelte 1900 nach Dresden, seit 1906 Mitgl. der ↑Brücke. Ab 1908 lebte er meist in Berlin. 1914 reiste er zu den Palauinseln. Die Auseinandersetzung mit der Kunst der Inselbewohner prägte sein Werk nachhaltig. 1933 erhielt er Ausstellungsverbot. 1945 wurde er Prof. an der Berliner Akademie. In seinen graf. Arbeiten und Gemälden entwickelte er v. a. die dekorativen Möglichkeiten des dt. Expressionismus.

Peck, Gregory, amerikan. Filmschauspieler, *La Jolla (Calif.) 5. 4. 1916; variationsreicher Darsteller des amerikan. Films: u. a. »Weites Land« (1958), »Ein Herz und eine Krone« (1953), »Moby Dick« (1956), »Wer die Nachtigall stört« (1962), »Old Gringo« (1988), »Kap der Angst« (1991).

Peckinpah ['pekɪŋpɑ:], Sam, eigtl. David Samuel P., amerikan. Filmregisseur, *Fresno (Calif.) 21. 2. 1925, †Inglewood (Calif.) 28. 12. 1984. – Filme: u. a.: »Sacramento« (1961); »Wer Gewalt sät ...« (1971); »Steiner« (1976).

Pecos River ['peɪkəs 'rɪvə], linker Nebenfluss des Rio Grande im SW der USA, 1 490 km lang, entspringt in New Mexico in den östl. Rocky Mountains, fließt (z. T. tief eingeschnitten) am W-Rand des Llano Estacado und des Edwards Plateau, mündet in Texas; Stauwerke für Bewässerungsfeldbau.

Pécs [pe:tʃ] (dt. Fünfkirchen), Hptst. des Bez. Baranya, im südl. W-Ungarn, größte Stadt Transdanubiens, 172 200 Ew.; zwei Univ.,

Max Pechstein: Stillleben; um 1913 (Mannheim, Städtische Kunsthalle)

techn. FH; Museen; elektrotechn., chem., Textil-, Lebensmittelind.; im Mecsekgebirge Bergbau auf Steinkohle und Uranerz. Im Umland v.a. Obst-, Wein-, Gemüsebau. – Dom St. Peter (dreischiffige roman. Basilika mit vier Türmen und fünfschiffiger Krypta, mehrfach restauriert); ehem. Moschee (16. Jh.). – Als **Sopianis (Sopianae)** bed. Straßenknotenpunkt der röm. Kaiserzeit, unter Diokletian Hptst. der Provinz Valeria; 4. bis Mitte des 6. Jh. und seit 1009 Bischofssitz; im 9. Jh. einer der Hauptorte des Großmähr. Reiches, erstmals **Quinque Ecclesiae** (»Fünfkirchen«) genannt; gehörte seit Bildung des Königreichs Ungarn zu diesem; im Mittelalter größte ungar. Stadt, von großer kultureller Bedeutung; 1541–1687 unter osman. Herrschaft; 1681 Ansiedlung von Deutschen, 1780 Erhebung zur königlich-ungar. Freistadt.

Pedal [zu lat. pedalis »zum Fuß gehörig«] *das,* mit dem Fuß zu betätigender Hebel **(Fußhebel)** oder Kurbel **(Tretkurbel)** zum Übertragen oder Auslösen von Bewegungen, z. B. Fahrrad-P., Gas-P. Bei Musikinstrumenten die mit den Füßen zu spielende Klaviatur (Orgel) sowie Fußhebel zur Tonbeeinflussung (Klavier, Harfe, Pauke).

Pedanterie [frz.] *die,* ein Verhalten, das durch übersteigerten Ordnungssinn, formales, auf nebensächl. Einzelheiten bezogenes Handeln und ein enges, wenig flexibles Denken gekennzeichnet ist.

Peddigrohr (spanisches Rohr), die bis 4 cm dicken Stängel bestimmter lianenartiger, kletternder Rotangpalmen; für Korbwaren verwendet.

Pedell [von mlat. pedellus, bedellus »(Gerichts)diener«] *der,* Hausmeister einer Schule oder Hochschule.

Pedersen, Charles J., amerikan. Chemiker norweg. Herkunft, * Pusan (Süd-Korea) 3. 10. 1904, † Salem (N. J.) 26. 10. 1989; stellte in den 60er-Jahren erstmals Kronenäther her und entdeckte, dass in die von den Molekülen gebildeten Hohlräume Fremdatome eingelagert werden können. P. wurde damit zum Begründer der »Wirt-Gast-Chemie«. 1987 erhielt er mit D. J. Cram und J.-M. P. Lehn für »die Entwicklung und Verwendung von Molekülen mit strukturspezif. Wechselwirkung hoher Selektivität« den Nobelpreis für Chemie.

Pedi, zu den ↑Sotho zählendes Bantuvolk in der Nordprovinz, Rep. Südafrika. Die etwa 1 Mio. P. leben von Lohnarbeit, Ackerbau und Rinderhaltung.

Pedicularis [lat., zu pediculus »kleine Laus«], die Pflanzengattung ↑Läusekraut.

Pedigree ['pedɪgri:, engl.] *der,* Stammbaum in der Pflanzen- und Tierzucht.

Pediküre [frz.] *die,* Fuß- und Nagelpflege.

Pedologie [grch.] *die,* die ↑Bodenkunde.

Pedosphäre [grch.] *die,* Teil der Biosphäre, die oberste, meist etwa 5 m tiefe Bodenschicht, die von Lebewesen besiedelt ist.

Pedretti, Erica, schweizer. Schriftstellerin, * Sternberg (bei Olmütz) 25. 2. 1930; in der Schweiz seit 1945; verarbeitet in Romanen und Erzählungen v. a. ihre Erinnerungen an die mähr. Heimat (»Heiliger Sebastian«, R., 1973; »Veränderung«, R., 1977; »Engste Heimat«, 1995).

Pedro, span. und portugies. Fürsten, ↑Peter.

Pedro Ximénez ['peðro xi'meneθ, span.] *der,* spät reifende und ertragsstarke weiße Rebsorte mit hohem Zuckergehalt der Beeren; bes. in S-Spanien; wird zu Likörweinen (v. a. Malaga) verarbeitet.

Peel [pi:l], Sir Robert, brit. Politiker, * bei Bury (Cty. Lancashire) 5. 2. 1788, † London 2. 7. 1850; 1822–27 und 1828–30 Innenmin., 1834/35 und 1841–46 Premiermin. P. war der eigentl. Begründer der späteren ↑Konservativen und Unionistischen Partei. Er reformierte das Strafrecht und gründete die Londoner Polizei (die Bez. »Bobby« geht auf P.s Vornamen zurück). P. führte 1846 mit seinem Eintreten für die Abschaffung der Getreidezölle seinen Sturz als Premiermin. herbei.

Peele [pi:l], George, engl. Dramatiker, getauft London 25. 7. 1556, begraben ebd. 9. 11. 1596; schrieb lyr. Bühnenwerke: »The love of King David and Fair Bethsabe« (hg. 1589), »The old wives tale« (erschienen 1595).

Peeling ['pi:-, engl.] *das,* die ↑Schälkur.

Peene *die,* **1)** schiffbarer Küstenfluss in Meckl.-Vorp., mit dem eigentl. Quellfluss Kleine P.; 143 km lang. Unterhalb von Anklam erweitert sie sich zw. dem Festland und Usedom zum 46 km langen **P.-Strom** (westl. Zugang zum Stettiner Haff) und mündet bei Peenemünde in den Greifswalder Bodden; bis Anklam für Seeschiffe befahrbar.

2) der westl. Mündungsarm der ↑Oder 1) zw. Festland und der Insel Usedom.

Peenemünde, Gemeinde im Landkreis Ostvorpommern, Meckl.-Vorp., im NW der Insel Usedom, 560 Ew.; Museum zur Raketenentwicklung; Hafen, Flugplatz. – P. war 1936–45 Entwicklungsstätte für Raketenwaffen (insbesondere V1 und V2), 1945–89 Militärstützpunkt des Warschauer Paktes (Marine-, Luftstreitkräfte), danach bis 1996 der Bundeswehr.

Peepshow ['pi:pʃəʊ; engl., zu to peep »verstohlen hinsehen«], auf sexuelle Stimulation zielendes Sich-zur-Schau-Stellen einer sich bewegenden, nackten Person (meist Frau), die gegen Geldeinwurf durch das Fenster einer Kabine betrachtet werden kann.

Peer ['pɪə; von frz. Pair] *der,* Angehöriger des brit. Hochadels, führt den Titel Lord. Die P.-Würde **(Peerage)** ist erblich in direkter männl. Linie, ausnahmsweise in weibl. Linie (Peeress) und Nebenlinie; seit 1958 Ernennung auf Lebenszeit möglich (Life Peer). Der Erbadel verlor durch eine Reform des House of Lords 1999 das Recht auf Sitz und Stimme im Oberhaus.

Peergroups ['pɪəgru:ps, engl.], ein aus der amerikan. Jugendsoziologie stammender Begriff für spontan gebildete Spiel- und Freizeitgruppen von Kindern und Jugendlichen mit großer Bedeutung für die Sozialisation.

Pẹffekoven, Rolf, Finanzwissenschaftler, *Gummersbach 29. 6. 1938; seit 1970 Prof. u. a. in Bochum und Mainz (seit 1983); beschäftigt sich v. a. mit Fragen des Finanzausgleichs, der internat. Finanzbeziehungen, der Finanz- und Steuerpolitik; seit 1991 Mitgl. des Sachverständigenrats zur Begutachtung der gesamtwirtsch. Entwicklung.

Pẹgasos, *grch. Mythos:* ↑Pegasus.

Pẹgasus, 1) *Astronomie:* ein Sternbild des nördl. Himmels.

2) *grch. Mythos:* (Pegasos) das geflügelte Ross, das aus dem Rumpf der von Perseus getöteten Medusa entsprang und von Bellerophon gezähmt wurde; als er auf P. zum Himmel hinaufreiten wollte, warf dieser ihn ab. – Durch den Hufschlag des P. entstand die Quelle Hippokrene, die dichter. Inspiration verleiht. Deshalb gilt P. als Symbol der Dichtkunst.

Pẹgau, Stadt im Landkreis Leipziger Land, Sachsen, an der Weißen Elster, 5 200 Ew.; Metallbau, Metallwaren- (bes. Türschlösser), Fleisch- und Wurstwarenherstellung. – P. entstand im Anschluss an ein 1092 von Wiprecht von Groitzsch gegründetes Kloster; 1190 wurde die Neustadt angelegt; Laurentiuskirche (vor 1189) mit Grabmal Wiprechts; Rathaus (1559).

Pegel *der,* **1)** *Messtechnik:* logarithmiertes Verhältnis zweier Energie- oder Feldgrößen gleicher Art, wovon die Nennergröße eine festgelegte Bezugsgröße ist, z. B. beim ↑Schalldruckpegel der Bezugsdruck $p_0 = 2 \cdot 10^{-5}$ Pa. Der **Nutz-P.** ist der P. eines übertragenen Signals. Der max. Nutz-P. an einem Messpunkt (unter Einhaltung bestimmter Verzerrungsbedingungen) ist der **Nenn-P.** Der Spannungs-P. an einem Messpunkt – wenn kein Nutz-P. vorhanden ist – wird **Stör-P.** genannt. Der Effektivwert des Stör-P., der mit einer innerhalb des Übertragungsbereichs frequenzabhängigen Anzeige gemessen wird, ist der **Fremdpegel.**

2) *Wasserbau:* Messeinrichtung zur Bestimmung des Wasserstandes von Gewässern, Behältern und des Grundwasserstandes im Boden. Der P.-Nullpunkt liegt unter dem niedrigsten bekannten Wasserstand. **Latten-P.** sind senkrechte oder schräge Messlatten mit einer Teilung. **Schreib-P. (Limnographen)** zeichnen den P.-Stand laufend auf, es gibt mechan. **Schwimmer-P., Druckluft-P.** und **elektr. Fern-P.** (mit Fernübertragung der Aufzeichnungen eines Schwimmers). Die laufenden P.-Ablesungen bilden auch die Grundlagen für die Feststellung von abfließenden Wassermengen.

Pegmatịt [grch.] *der,* grob- bis riesenkörniges, meist relativ helles Ganggestein. P. kristallisieren aus Restschmelzen, die sich am Ende der Hauptkristallisation von Tiefengesteinen bilden und mit leicht flüchtigen Bestandteilen angereichert sind. Am häufigsten ist **Granit-P.,** der bes. Quarz, Kalifeldspat, Muskovit oder Lithiumglimmer, oft Turmalin, bisweilen Topas oder Beryll enthält; Träger wichtiger Mineral- und Erzlagerstätten.

Pẹgnitz, 1) *die,* Nebenfluss der Rednitz im nördl. Bayern (Franken), 85 km lang, entspringt in der Stadt P., versinkt beim Eintritt in die Fränk. Alb in Karströhren des Weißen Jura (320 m unterird. Lauf), mündet bei Fürth.

2) Stadt im Landkreis Bayreuth, Bayern, am O-Rand der Fränk. Schweiz, 14 400 Ew.; Pumpen- und Armaturenbau. – Erhielt 1355 Stadtrecht, die in und um P. betriebene Eisenerzgewinnung wurde 1967 eingestellt.

Pẹgnitz|orden (Pegnesischer Blumenorden, Gekrönter Blumenorden), 1644 in Nürnberg von G. P. Harsdörffer und J. Klaj gegr., von Sigmund von Birken (*1626, †1681) und Magnus David Omeis (*1646, †1708) fortgeführte Sprachgesellschaft, bei der fast ausschl. virtuose Dichtung und ästhet. Theorie im Mittelpunkt standen. Der Kreis pflegte eine Dichtung von gesellig-anmutigem Charakter und betonte formale Virtuosität, bes. in Bezug auf Reim- und Klangspiele.

Pẹgu (Bago), Stadt in S-Birma, nördlich von Rangun, 150 400 Ew.; Nahrungsmittel-, Holz-, Textilind., Metallverarbeitung. – Buddhist. Wallfahrtsziel mit zahlr. Pagoden und einer 1881 im Dschungel wieder entdeckten Kolossalstatue des liegenden Buddhas. – 573 n. Chr. gegr., Hptst. des Mon-Reiches P., im 18. Jh. von Birmanen erobert.

Péguy [pe'gi], Charles Pierre, frz. Schriftsteller, *Orléans 7. 1. 1873, ⚔ bei Villeroy (Dép. Seine-et-Marne) 5. 9. 1914; Schüler H. Berg-

Ieoh M. Pei: Glaspyramide im Hof des Louvre in Paris; 1989

sons; gründete 1900 die bed. literarisch-polit. Zeitschrift »Cahiers de la quinzaine«; stand in der Dreyfusaffäre auf republikan. Seite, wandte sich um 1908 einem myst. Nationalismus zu; Vertreter des ↑Renouveau catholique. P. schrieb Versdichtungen (u.a. »Das Mysterium der Hoffnung«, 1911) und das lyr. Drama »Jeanne d'Arc« (1897).

Pehlewi ['pɛç-] *das,* mittelpers. Sprache aus der Zeit von 300 v. Chr. bis 950 n. Chr. (↑iranische Sprachen). Sie diente als Amts- und Verkehrssprache des Sassanidenreichs und ist aus dieser Zeit besonders in Inschriften belegt. Aus nachsassanid. Zeit, besonders ab dem 9. Jh., stammt die zoroastr. Literatur der Parsen, darunter die theolog. Enzyklopädien des Parsismus, »Denkart« und »Bundahischn«, und »Zend«, der Kommentar des Awesta. Vom weiteren P.-Schrifttum ist ein Roman über den Begründer der Sassanidendynastie erhalten. Die **P.-Schrift** ging aus der aramäischen Verwaltungssprache und -schrift hervor, im 9. Jh. (Buch-P.) wurden die 22 aramäischen auf 14 oft mehrdeutige Buchstaben reduziert.

Pei [peɪ], Ieoh Ming, amerikan. Architekt chines. Herkunft, *Kanton 26. 4. 1917. Mit seinen Werken, geprägt durch strenge Geometrie, ein feinsinniges Formgefühl und eine offene Haltung gegenüber den techn. Möglichkeiten von Architektur, wirkte er weit über die USA hinaus. – *Bauten:* Kennedy International Airport in New York (1970); Ostgebäude der National Gallery of Art in Washington, D. C. (1978); Glaspyramide im Hof des Louvre in Paris (1989); Bank of China in Hongkong (1989); Museum für Moderne Kunst in Athen (1993 ff.); Rock-'n'-Roll-Hall of Fame and Museum in Cleveland, Ohio (1994).

Peichl, Gustav, österr. Architekt und Karikaturist, *Wien 18. 3. 1928; veröffentlichte ab 1958 Karikaturbände unter dem Pseudonym **Ironimus** (»Mein Österreich«, 1975; »Laßt Linien sprechen«, 1982). In seinen Bauten suchte er eine Synthese von Form und Funktion zu verwirklichen (u. a. Erweiterungsbau des Städelschen Kunstinstituts in Frankfurt am Main, 1987–90; Kunst- und Ausstellungshalle in Bonn, 1989–92; ORF-Landesstudio in Sankt Pölten, 1997).

Peierls, Sir (seit 1968) Rudolf Ernst, brit. Physiker dt. Herkunft, *Berlin 5. 6. 1907, †Oxford 19. 9. 1995; im Zweiten Weltkrieg an der Entwicklung der Atombombe beteiligt; Arbeiten zur theoret. Festkörperphysik und über den Aufbau der Materie, schuf u. a. eine Theorie des Diamagnetismus bei Metallen.

Peies [hebr.], Schläfenlocken der orthodoxen Juden.

Peikiang, Fluss in China, ↑Bei Jiang.

Peilen [zu Pegel], **1)** *Messtechnik:* Feststellen des Flüssigkeitsstands in einem Tank mit einem Peilstab durch das Füllrohr oder durch ein Peilrohr.

2) *Navigation:* Richtungsbestimmung durch Winkelmessung zw. einer Bezugsrichtung und einem terrestr. Objekt oder einem Gestirn (Astronavigation) mit Peildiopter, Peilaufsatz auf Magnetkompass oder Kreiselkompass **(opt. P.).** Beim P. mit Kompass müssen die Werte mit der Fehlweisung für den anliegenden Kurs in rechtweisende Werte umgewandelt werden. Erst dann lassen sich zugehörige Standlinien in die Seekarte eintragen. In der Luftfahrt erfolgt **Funkpeilung,** bei der der Einfallswinkel einer elektromagnet. Welle an einem Peilort gegenüber einer Bezugsrichtung bestimmt wird. (↑Funknavigation)

Peine, 1) Landkreis im RegBez. Braunschweig, Ndsachs., 534 km², (1998) 129 100 Einwohner.

2) Krst. von 1) in Ndsachs., am Mittellandkanal (Hafen), 49 300 Ew.; Stahlwerke; Erdölraffinerie, Süßwarenind., Brauerei, Mälzerei, Maschinen- und Gerätebau. – Um 1220 gegr.; gehörte 1260–1802/03 zum Hochstift Hildesheim.

peinlich, *Rechtsgeschichte:* Strafen an Leib und Leben betreffend. Die **peinliche Befragung** war im Inquisitionsprozess die Hauptvernehmung des Angeschuldigten, später auch die Befragung unter der Folter.

peinliche Gerichts|ordnung, die ↑Carolina.

Peintregraveur [pɛ̃trəgraˈvœːr, frz.] *der,* Malerradierer, nach eigener Erfindung stechender oder radierender Künstler im Ggs. zum Reproduktionsstecher.

Peinture [pɛ̃ˈtyːr, frz.] *die,* kultivierte, meist zarte Farbgebung, Malweise.

Peiping, 1928–49 Name von ↑Peking.

Peipus|see (estn. Peipsi järv, russ. Tschudskoje osero), See beiderseits der Grenze zwischen Estland und Russland, etwa 2 670 km² groß, 125 km lang, bis 50 km breit und 14,6 m tief, durch den **Warmen See** (170 km²) mit dem **Pleskauer See (Pskower See;** 710 km²) verbunden und nach N durch die Narwa zum Finnischen Meerbusen entwässernd; Fischfang. – In der Schlacht auf dem Eis des P. (5. 4. 1242) besiegte Alexander Newski den Dt. Orden.

Peirce [ˈpɪːəs], Charles Sanders, amerikan. Philosoph und Mathematiker, *Cambridge (Mass.) 10. 9. 1839, †Milford (Pa.) 19. 4. 1914; als einer der Begründer des Pragmatismus von bedeutendem Einfluss auf die amerikan. Philosophie; zahlr. Beiträge zur modernen Mathematik.

Peischan, Gebirge in China, ↑Bei Shan.

Peisistratos, Tyrann von Athen, *um 600 v. Chr., †528/527 v. Chr.; Vater von Hippias und Hipparch; gelangte wohl 539 an die Macht. P. ließ die Verfassung Solons bestehen, verbesserte jedoch darüber hinaus die wirtsch.-sozialen (u. a. Zerschlagung des Großgrundbesitzes, Subvention für Kleinbauern) und polit. Verhältnisse; Förderer von Wiss. und Kunst.

Peißenberg, 1) ↑Hoher Peißenberg.

2) Marktgemeinde im Landkreis Weilheim-Schongau, Oberbayern, 586 m ü. M., am O-Fuß des Hohen P., 11 700 Ew.; Bergbaumuseum; Herstellung von Fotoapparaten, Entstaubungsanlagen und Gasturbinen, Kleiderfabrik. – Roman. Kapelle St. Georg (12. Jh.). – Der Pechkohlenbergbau wurde 1971 eingestellt.

Peiting, Markt im Landkreis Weilheim-Schongau, Oberbayern, im Alpenvorland, 11 600 Ew. Nach Einstellung des Pechkohlenbergbaus (1968) entstanden mittlere Industriebetriebe (Kunststoffverarbeitung, Herstellung von Fotozubehör, Uhrarmbändern und Spanplatten). – Kath. Pfarrkirche St. Michael (Turm und Krypta wohl 12. Jh., übrige Bauteile aus dem 18. Jh.).

Peitschenhieb|syndrom, ↑Schleudertrauma.

Peitschenkaktus, die Gattung ↑Schlangenkaktus.

Peitschenwurm (Trichuris trichiura), 3–5 cm langer Fadenwurm mit peitschenartig verjüngtem Vorderkörper; parasitiert im Dick- und Blinddarm des Menschen; v. a. in trop. Ländern.

Peitz (sorb. Picnjo), Stadt im Landkreis Spree-Neiße, Brandenburg, am N-Rand des Niederlausitzer Braunkohlengebiets, 6 600 Ew.; Hüttenmuseum; Karpfenzucht in Teichen südlich von P. (Peitzer Teichlandschaft). Etwa 4 km östlich das Braunkohlenkraftwerk ↑Jänschwalde.

pejorativ [lat.], *Sprachwiss.:* abwertend, eine negative Bedeutung besitzend.

Pekannüsse [indian.] (Pecannüsse), die etwa 5 cm langen Früchte des Pekannussbaums (↑Hickorybaum).

Pekař [ˈpɛkarʒ], Josef, tschech. Historiker, *Malý Rohozec (bei Turnov, Nordböhm. Gebiet) 12. 4. 1870, †Prag 23. 1. 1937; seit 1905 Prof. in Prag, bekannte sich zur dt.-tschech. Kultursynthese; schrieb u. a. »Jan Žižka und seine Zeit« (4 Bde., 1927–33), »Wallenstein 1630–1634« (2 Bde., 1937).

Pekaris [karib.] (Nabelschweine, Tayassuidae), Familie der Paarhufer mit kurzem, spitzem Kopf, kurzem Rüssel und scharfem Gebiss; leben gesellig vom südl. Nord- bis zum mittleren Südamerika.

Pekesche *die,* taillierter Überrock der poln. Männertracht mit Knebelverschluss; seit dem frühen 19. Jh. Jacke der Verbindungsstudenten.

Pekinese *der* (Pekingese, Peking-Palasthund), chines. Zwerghunderasse; Widerristhöhe 15–25 cm, üppig und lang behaart, mit kurzer, abgestumpfter Schnauze, Hängeohren und über dem Rücken gebogener, buschig behaarter Rute.

Peking (chines. Beijing, 1928–49 Beiping, Peiping), Hauptstadt von China, im äußersten N der Großen Ebene; als regierungsunmittelbar verwaltetes Stadtgebiet (16 808 km²) (1997) 12,6 Mio. Ew. (davon in der Stadt P. [1993] 7,15 Mio. Ew.); Sitz der obersten Verwaltungs-, Justiz- und Militärbehörden; geistiger Mittelpunkt Chinas; Akademien der Wiss., mehrere Univ., Hoch-, Fachschulen, Forschungsinstitute, Museen (u. a. das Palastmuseum), Bibliotheken, Planetarium, zoolog. und botan. Garten. Seit 1949 vollzieht sich eine starke industrielle Entwicklung: Porzellan-, Textil-, Maschinen-, Werkzeug-, Elektronik-, chem., petrochem., Eisen-, Stahl- u. a. Industrie. P. ist seit 1949 um ein Drittel seiner bisherigen Fläche gewachsen. Im NW entstand ein neues Hochschulviertel, im O ein neues Ind.viertel; Flusshafen Tong Xian (nördl. Endpunkt des Kaiserkanals), internat. Flughafen, U-Bahn.

Stadtbild: Der Grundriss der alten Stadt ist ganz regelmäßig. Die von einer sechs Meter hohen Mauer mit elf mächtigen Toren umgebene, fast quadrat. **Innere** oder **Mandschustadt** im N enthält die ehemalige Kaiserstadt, diese wieder die von einer roten Mauer eingeschlossene einstige **Verbotene** oder **Rote Stadt** mit dem ehemaligen Kaiserpalast (UNESCO-Weltkulturerbe), in ihm die größte Samml. chines. Kunst. In der Kaiserstadt befinden sich der künstl. Jingshan (früher Meishan, »Kohlehügel«, 50 m), künstl. Seen mit dem Winterpalast, zahlr. Tempel und Paläste, in der Inneren Stadt ehemalige Prinzenpaläste, der große Konfuzius-(Kongmiao-) und der Lamatempel (Yonghe Gong), Pagoden und Hochschulen, im SO der Inneren Stadt das frühere Gesandtschaftsviertel, im S der Platz des Himml. Friedens (Tian'anmen-Platz), den im N das Tor des Himml. Friedens von der Kaiserstadt trennt. Die rechteckige, ebenfalls von einer Mauer umgebene **Äußere** oder **Chinesenstadt** im S enthält den Himmelstempel (UNESCO-Weltkulturerbe) und den Ackerbautempel. Bed. moderne Bauten, u. a. das Hotel Xiangshan von I. M. Pei (1983), Japanisch-Chines. Jugendaustauschzentrum von Kurokawa Kishō (1986–89), P. Lufthansa Center (1988–91). – In der Umgebung von P. viele Tempel, Klöster, Paläste, Kaisergräber. Der 15 km nördlich von P. gelegene Sommerpalast gehört ebenfalls zum UNESCO-Weltkulturerbe.

Geschichte: Die Stadt, deren Anfänge bis ins 12. Jh. v. Chr. zurückreichen, war etwa ab dem 10. Jh. n. Chr. unter wechselndem Namen Herrschaftssitz sowie Handels- und Verw.zentrum. 1215 von den Mongolen erobert. 1271–1368 Hptst. der mongol. Yuan-Dynastie als **Daidu** oder (mongol.) **Khanbalyk** (von dem 1275 eintreffenden Marco Polo als »Kambaluk« wiedergegeben); wurde 1421 unter dem Namen P. (»Nördl. Hptst.«, im Ggs. zu Nanking, der »Südl. Hptst.«) Sitz der Ming-, 1644 der Mandschukaiser und war seitdem (außer 1928–49) die Hptst. Chinas. 1937–45 von japan. Truppen besetzt; 1949 von der kommunist. Volksbefreiungsarmee eingenommen und seitdem Hptst. der VR China.

Hürlimann, M.: P. u. seine Geschichte. Zürich 1976. – Die Paläste der Verbotenen Stadt, mit Beiträgen v. Y. Zhuoyun u. a. A. d. Chines.

Peking: der Platz des Himmlischen Friedens mit der Großen Halle des Volkes (1959 entstanden; links) und dem Tor des Himmlischen Friedens (rechts)

Hong Kong 1988. – Beijing. Kunst u. Kultur einer alten Hauptstadt, Text v. Y. Chongnian. A. d. Chines. Peking 1995.

Pekinger Volkszeitung (chines. Renmin Ribao), Zentralorgan der KP Chinas, in dem alle offiziellen Verlautbarungen erscheinen.

Pekingkohl, ↑Chinakohl.

Pekingmensch (Chinamensch, Sinanthropus), aufgrund von Knochenfunden in Zhoukoudian bei Peking (seit 1927) beschriebene Gruppe des Homo erectus (↑Mensch) aus dem mittleren Pleistozän (Schädelvolumen etwa zw. 900 und 1 100 cm^3).

Peking|oper, bekannteste Bühnenspielform Chinas, Anfang des 19. Jh. aus nord- und südchines. Sing- und Schauspieltechniken entstanden, mit nach Darstellungstypen klassifizierten Charakteren, sparsamen Requisiten, stilisierten Bewegungsabläufen mit festgelegten Bedeutungen; thematisch werden v. a. klass. chines. Stoffe bearbeitet. Nach 1949 wurde die P. von den Kommunisten für propagandist. Zwecke genutzt.

Pektine [grch.], in den Zellwänden höherer Pflanzen vorkommende, überwiegend aus Galakturonsäure aufgebaute Polysaccharide. P. dienen als Gelierungsmittel und Emulgatoren.

Pektorale [mlat., zu lat. pectus »Brust«] *das,* **1)** *Altertum:* kostbarer, verzierter Brustschmuck, im MA. auch Bruststück eines Harnischs.

2) *kath. Kirche:* ↑Brustkreuz hoher Geistlicher.

Pekuliarbewegung, a) die Relativbewegung eines kosm. Objekts (z. B. eines Sterns) gegenüber einer Gruppe gleichartiger Objekte (z. B. Nachbarsterne); b) die wahre Bewegung eines Sterns an der Himmelssphäre, d. h. derjenige Anteil an seiner scheinbaren Bewegung, der nicht durch die ↑Parallaxe bewirkt wird.

Pelagial [grch. »offene See«] *das,* Zone des freien Wassers im Meer und in Seen; Ggs. Benthal.

Pelagianismus *der,* die von Pelagius (* Britannien [?], † nach 418 [?]) u. a. gegen Augustinus vertretenen Anschauungen, wonach es eine Erbsünde nicht gibt, der Mensch kraft der Gnade Gottes eine natürl. Fähigkeit (einen freien Willen) zum Bösen wie zum Guten besitzt und durch eigene Bemühungen das Heil erlangen kann, wenn er durch die Gnade unterstützt wird. Der P. führte seit 411 zum **Pelagian. Streit,** an dessen Ende seine Verurteilung durch das Konzil von Ephesos (431) stand. In der abgemilderten Form des **Semi-P.** (Festhalten an der Erbsünde bei gleichzeitiger Betonung der menschl. Willensfreiheit) blieb der P., obwohl 529 verurteilt, noch lange wirksam.

pelagisch [grch.-lat.], *Geologie:* dem Tiefseebereich angehörend oder in diesem gebildet (pelag. Sedimente).

Pelagische Inseln (italien. Isole Pelagie), vulkan. Inselgruppe südlich von Sizilien, Italien, 26 km^2, rd. 4 500 Ew.; Fischfang (auch Schwämme), Obst-, Weinbau; auf der Hauptinsel Lampedusa Fremdenverkehr.

Pelagonija *die,* Beckenlandschaft (600–700 m ü. M.) in der Rep. Makedonien (Hauptorte Prilep und Bitola) und in Griechenland (Hauptort Florina); Tabakbau; um Ptolemais Braunkohlentagebau.

Pelargoni|e [grch.] *die* (Geranie, Pelargonium), Gattung der Storchschnabelgewächse mit rd. 250 Arten, v. a. in Südafrika; gärtnerisch wichtig sind u. a. **Edel-P.** (**Engl. P.**; mit roten, rosafarbenen oder weißen Blüten), die v. a. als Beet- und Balkonpflanzen dienenden **Efeu-P.** (mit verschiedenfarbigen Blüten) sowie die aus einer Kreuzung hervorgegangenen **Zonal-P.** (**Scharlach-P.**; mit verschiedenfarbigen, auch gefüllten Blütendolden).

Pelasger, Name eines in vorgrch. Zeit vielleicht im östl. Thessalien (Pelasgiotis) beheimateten Stammes, bereits von antiken Autoren auf die ganze vorindogerman. Bev. Griechenlands und auf die vorröm. Bev. Italiens übertragen.

Pelayo [-jo], span. Nationalheld, † Cangas de Onís (Asturien) 18. 9. 737; wahrscheinlich ein westgot. Adliger, der in den astur. Bergen den Widerstand gegen die Araber anführte und mit dem Sieg von Covadonga 718 oder 722 die ↑Reconquista einleitete. Er begründete das Königreich Asturien.

Pelé, eigtl. Edson Arantes do Nascimento, brasilian. Fußballspieler, * Três Corações (Minas Gerais) 21. 10. 1940; gewann mit der Nationalmannschaft Brasiliens drei Weltmeisterschaften (1958, 1962, 1970), war u. a. WM-Endrundenteilnehmer 1966 und Südamerikas Fußballer des Jahres 1973. Er war 1995–98 Sportminister Brasiliens.

Pelée, Montagne [mɔ̃taɲpəˈle] (Mont Pelé), aktiver Vulkan im NW der Insel Martinique, Kleine Antillen, 1 397 m ü. M.; zahlreiche Tätigkeitsperioden in neuerer Zeit; verheerender Ausbruch am 8. 5. 1902 (Zerstörung der damaligen Hauptstadt Saint-Pierre; rd. 40 000 Tote).

Pelerine [lat.-frz.] *die,* capeartig fallender Schulterkragen auf Kleidern und Mänteln; auch Mantel- oder Regenumhang.

Peleus, *grch. Mythos:* Sohn des Aiakos, Vater des Achill; nahm am Zug der Argonauten teil; jagte mit Meleagros und Atalante den

Kalydon. Eber; wurde nach vielen Heldentaten unsterblich.

Pelikane [grch.] (Pelecanidae), Familie der Ruderfüßer, in allen Kontinenten; Vögel mit plumpem Körper (bis 1,8 m lang) und schwertförmigem, vorn hakigem Oberschnabel und ebenso langem Unterschnabel, zw. dessen Unterkieferästen die Kehlhaut einen großen, dehnbaren, fangnetzartigen Hautsack bildet. Die sich von Fischen ernährenden P. leben hauptsächlich in Kolonien in den Tropen und Subtropen. Der **Rosapelikan** (Pelecanus onocrotalus), nur zur Brutzeit rosafarben, und **Krauskopfpelikan** (Pelecanus crispus) brüten auch in SO-Europa (v. a. im Donaudelta). Der **Braunpelikan** (Pelecanus occidentalis) Amerikas lebt von Meeresfischen, auf die er sich aus der Höhe herabstürzt. – Nach dem Volksglauben soll der Pelikan seine Jungen mit dem eigenen Blut ernähren; er galt daher als Sinnbild aufopfernder Mutterliebe und des Opfertodes Christi.

Pelikane: der Rosapelikan ist nur zur Brutzeit rosafarben

Pelindaba, Kernforschungszentrum der Rep. Südafrika, 30 km westlich von Pretoria, nach dem der 1996 unterzeichnete **Vertrag von P.** zur Schaffung einer kernwaffenfreien Zone in Afrika benannt wurde.

Pelion *der* (neugrch. Pilion), Gebirge an der O-Küste Thessaliens, Griechenland, auf der Halbinsel Magnisia, bis 1 551 m ü. M., bewaldet.

Pelite [zu grch. pēlós »Ton«], feinkörnige Sedimentgesteine mit Korngrößen unter 0,02 mm.

Pella, 1) Hptst. des alten Makedonien (ab 413 v. Chr.), nordwestlich von Saloniki, Griechenland; Blütezeit unter Philipp II. und Alexander d. Gr. – Ausgrabungen (seit 1957) legten bed. Baureste und Mosaiken aus hellenist. Zeit frei.

2) antike Stadt in Palästina, etwa 30 km südlich des Sees Genezareth. Ausgrabungen 1958, 1963 und 1967 legten u. a. Reste eines Amphitheaters und von Thermen frei.

Pellagra [italien.] *das,* chron., durch unzureichende Zufuhr von Niacin, einem Bestandteil des Vitamin-B-Komplexes, hervorgerufene Vitaminmangelkrankheit; tritt meist infolge einseitiger Ernährung auf, z. B. bei ausschl. Maisernährung. Symptome sind v. a. Hautentzündung und Pigmentierung der Haut an Stellen, die dem Sonnenlicht ausgesetzt sind, Durchfall und Störungen des Zentralnervensystems. Die Behandlung umfasst vollwertige Ernährung und Nicotinamidgaben.

Pellegrini, Alfred Heinrich, schweizer. Maler, * Basel 10. 1. 1881, † ebd. 5. 8. 1958; Schüler von A. Hoelzel in Stuttgart, beeinflusst von F. Hodler, P. Gauguin und E. Munch; gestaltete Wandbilder, ferner Landschafts- und Figurenbilder, Porträts.

Pellets ['pelɪts; engl. »Kügelchen«], Sammelbez. für aus pulvrigen bis feinkörnigen Stoffen geformte, häufig kugel- oder walzenförmige Stücke. In der Metallurgie werden z. B. feinkörnige Erze zu P. verarbeitet; auch pulvrige Kunststoffprodukte und wirkstoffhaltige Futtermischungen werden zu P. geformt. In der Kerntechnik versteht man unter P. Brennstofftabletten zur Füllung von Brennstoffhüllrohren.

Pellico, Silvio, italien. Dichter, * Saluzzo (Prov. Cuneo) 25. 6. 1789, † Turin 31. 1. 1854; 1818/19 Mit-Hg. der Zeitschrift »Il Conciliatore«, die die Einigung Italiens vorbereiten und die Romantik in Italien verbreiten sollte; war 1820–30 als Mitgl. der ↑Carboneria eingekerkert (die Haftzeit schilderte er in »Meine Gefängnisse«, 1832); schrieb u. a. die Tragödie »Francesca da Rimini« (1815).

Pellworm, eingedeichte Marschinsel im nordfries. Wattenmeer, Schlesw.-Holst., 37 km^2, 1 100 Ew.; Viehwirtschaft; Fremdenverkehr (Nordseebad); Sonnenkraftwerk, Windkraftanlagen; bis zur Sturmflut von 1634 mit Nordstrand verbunden. – Roman. Alte Kirche (12. Jh.) mit spätgot. Schnitzaltar, Schnitgerorgel (1711); der Westturm ist seit seinem Einsturz 1611 eine eindrucksvolle Ruine.

Pelog [javan.] *das,* ↑indonesische Musik.

Peloide [grch.], durch biologisch-geologische Vorgänge entstandene Substanzen, zum Beispiel Torfe, Schlämme, Erden, mit hohem Wärmebindungsvermögen und großer Ionenaustauschfläche. P. werden medizinisch als wässrige Aufschwemmungen zu Bädern und Packungen verwendet, v. a. bei chronischen rheumatischen oder gynäkologischen Erkrankungen und Gelenkversteifungen nach Knochenbrüchen.

Pelopidas, theban. Heerführer, ⚔ Kynoskephalai 364 v. Chr.; war an der Befreiung Thebens von den Spartanern beteiligt, entschied 371 die Schlacht bei Leuktra; Biographien von Plutarch und C. Nepos.

Peloponnes *der,* fachsprachl. *die* (grch. Peloponnesos), südl. Halbinsel Griechenlands, durch den Isthmus von Korinth (1881–93 Kanaldurchstich) mit Mittelgriechenland verbunden; umfasst als Region 15490 km^2, (1991) 606000 Ew.; Verw.sitz ist Tripolis. Die rauen und dünn besiedelten Gebirge (bis 2407 m ü. M., Schaf- und Ziegenweiden) stehen in schroffem Ggs. zu den fruchtbaren, dicht besiedelten Tallandschaften.

Peloponnesischer Krieg, 431–404 v. Chr. geführter Krieg zw. Athen (Att. Seebund) und Sparta (Peloponnes. Bund) um die Vorherrschaft in Griechenland. Die 1. Phase des Krieges begann mit dem Einfall des spartan. Bundesheeres in Attika (431–421 v. Chr., so genannter Archidam. Krieg nach dem König von Sparta, Archidamos II.); die athen. Seekriegsstrategie wurde durch den Ausbruch der Pest in Athen (430, 429 Tod des Perikles) nicht wirksam. Nach mehreren erbitterten Kämpfen fielen in der Schlacht vor Amphipolis 422 der spartan. Feldherr Brasidas und der athen. Stratege Kleon. 421 kam es durch den Athener Nikias zum Friedensschluss zw. beiden Krieg führenden Bünden, der Athens Machtstellung wahrte. Der athen. Überfall auf Melos (416) und das Scheitern der ↑Sizilischen Expedition (415–413) leiteten die 2. Phase (414–404; Dekeleischer Krieg) ein. Es kam zu Seeschlachten mit wechselndem Erfolg; 404 wurde Athen durch eine Seeblockade vonseiten des spartan. Flottenführers Lysander zur Kapitulation gezwungen. Sparta löste Athen als grch. Vormacht ab.

Lotze, D.: Lysander u. der p. K. Berlin 1964. – Thukydides: Der P. K., übertragen v. A. Horneffer. Neuausg. Essen 1993.

Pelops, *grch. Mythos:* Sohn des ↑Tantalos, der ihn schlachtete und den Göttern als Speise vorsetzte, um ihre Allwissenheit zu prüfen; P. wurde von ihnen neu belebt. Durch Betrug gewann er die Tochter des Königs ↑Oinomaos, Hippodameia, zur Frau, die ihm Atreus und Thyestes gebar. P. wurde ein mächtiger König in Südgriechenland, das nach ihm Peloponnes (»Insel des Pelops«) genannt wurde.

Pelota [span. »Ball«] *die,* Rückschlagspiel zw. Einzelspielern oder Mannschaften (bis je zehn Personen) mit löffelartigem Schläger (Chistera) auf einem 60 × 16 m großen Feld mit 18 × 9 m großer Mauer (Fronton), gegen die der rückprallende Ball von 6,5 cm Durchmesser nach einmaligem Aufspringen auf dem Boden vom Gegner zu schlagen ist; Punktwertung.

Pelotas, Stadt im Staat Rio Grande do Sul, Brasilien, 290700 Ew.; kath. und staatl. Univ., älteste landwirtsch. Hochschule Brasiliens (gegr. 1883); Mühlen, Schuh-, Textil- u. a. Ind., Lederverarbeitung, Schlachthäuser.

Peloton [pəlɔ'tɔ̃; frz., eigtl. »kleiner Haufen«, zu lat. pila »Ball«, »Knäuel«] *das,* **1)** *Militärwesen:* 1) im Zeitalter der Lineartaktik (18. Jh.) zum Zweck des organisierten Feuerkampfes gebildeter Teil des Bataillons. Beim P.-Feuer gab abwechselnd jeweils eines der acht P. im Bataillon geschlossen eine Gewehrsalve ab, sodass der Eindruck des »rollenden Feuers« entstand. 2) Exekutionskommando.

2) *Straßenradsport:* das geschlossene Fahrerfeld bei Straßenrennen.

Pelplin, Stadt in der Wwschaft Pommern, Polen, 8500 Ew.; kath. Bischofssitz; Zucker-, Möbelfabrik. – Ehem. Abteikirche (heute Kathedrale), eine lang gestreckte Basilika mit Querschiff (1280–1320); im Konventgebäude Diözesanmuseum mit Bibliothek und Schatzkammer (1272–76).

Peltast [grch.] *der,* leicht bewaffneter Fußsoldat im antiken grch. Heer.

Peltier-Effekt [pɛl'tje-], nach dem frz. Uhrmacher und Physiker Jean Charles Athanase Peltier (* 1785, † 1845) benannter, 1834 entdeckter thermoelektr. Effekt, die Umkehrung des Seebeck-Effekts, der beim Fließen eines elektr. Stromes in einem Leiterkreis aus zwei versch. Metallen A und B auftritt. Dabei wird zusätzlich zur jouleschen Wärme eine Wärmemenge Q **(Peltier-Wärme)** an der Verbindungsstelle beider Metalle erzeugt oder aufgenommen; sie ist der Stromstärke I des von A nach B fließenden Stromes und der Zeit t proportional, $Q = P_{AB} \cdot I \cdot t$ ($P_{AB} = -P_{BA}$, **Peltier-Koeffizient**). Der bes. starke P.-E. von Halbleitern kann zum Bau von **Peltier-Elementen** genutzt werden, die insbesondere als Halbleiterkühlelemente zur Kühlung **(Peltier-Kühlung)** oder zur thermoelektr. Erwärmung **(Peltier-Heizung)** verwendet werden.

Pelton-Turbine ['peltn-] (Becherturbine), von dem amerikan. Ingenieur Lester Allan Pelton

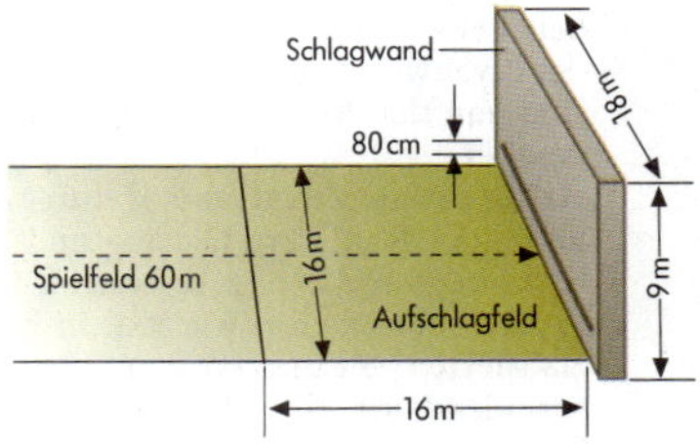

Pelota: Spielfeld

A. R. Penck: Ohne Titel; 1974 (Privatbesitz)

(* 1829, † 1908) 1880 erfundene Freistrahlturbine mit becherartigen Schaufeln (↑Wasserturbine).

Pelusium, altägypt. Hafenstadt an der östlichsten Nilmündung. Durch seinen Sieg bei P. (525 v. Chr.) begründete Kambyses II. die Perserherrschaft über Ägypten.

Pelvis [lat.] *die,* ↑Becken.

Pelvoux [pɛlˈvu] (Massif du P.), gletscherreiche Berggruppe der Dauphiné-Alpen in Frankreich; höchste Gipfel: Les Écrins (4 102 m ü. M., Nationalpark), La Meije (3 983 m ü. M.), Mont P. (3 946 m ü. M.).

Pelz [aus lat.], das aus dem Fell eines Tieres vom Kürschner durch Zurichtung gewonnene Erzeugnis, das P.-Werk (Rauchwerk, Rauchware).

Pelzflatterer (Riesengleitflieger, Cynocephalidae), Familie katzengroßer, den Insektenfressern nahe stehender Baumsäugetiere SO-Asiens mit fast den ganzen Körper umgebender Flughaut **(Flatter-** oder **Flugmaki).**

Pelzkäfer, Art der ↑Speckkäfer.

Pelztiere, Säugetiere, die ihres Pelze liefernden Fells wegen gezüchtet oder gejagt werden; weltweit mehr als 100 Tierarten, einige sind von der Ausrottung bedroht und daher geschützt.

Pelztierzucht, Zucht und Haltung Edelpelze liefernder Raubtiere (Fuchs- und Marderarten) und Nagetiere (z. B. Nutria, Chinchilla) in Kleinbetrieben sowie v. a. in hierauf spezialisierten Pelztierfarmen. Wirtsch. entscheidend ist die Produktion bestimmter Farbmutationen (bei Nerzen z. B. gibt es zehn Hauptfarben, bei Füchsen sind acht Mutanten von vorrangiger Bedeutung). Neben dem Pelz wird z. T. auch das Fleisch genutzt (Nutria). Nerze und Füchse werden v. a. in den skandinav. Ländern, in Russland und Nordamerika gehalten; in Dtl. überwiegend Nerzzuchten.

Pemba, Koralleninsel vor der Küste Ostafrikas, mit Sansibar zu Tansania gehörend, 984 km², (1994) 314 000 Ew.; Hptst. ist Chake Chake; Ausfuhr von Gewürznelken und Kopra.

Pembroke [-brʊk] (walis. Penfro), Stadt in Wales, an einer Bucht des Milford Haven, 15 600 Ew.; Erdölraffinerie, Leichtindustrie; Fährverkehr mit Irland. – Ruinen einer um 1090 errichteten und im 12. und 13. Jh. erweiterten normann. Burg.

Pembrokeshire [-brʊkʃɪə], County im äußersten SW von Wales, 1 590 km², (1995) 113 500 Ew., Verw.sitz ist Haverfordwest (15 km nördlich von Pembroke).

Pemmikan [indian.] *der,* haltbare Fleischzubereitung nordamerikan. Indianer; das Fleisch wurde getrocknet, zerklopft, mit Beeren und heißem Fett gemischt; heute als Konserve.

Pemphigus [grch.] *der,* ↑Blasenausschlag.

P. E. N. [Abk. für engl. **P**oets, **E**ssayists, **N**ovelists, »Dichter, Essayisten, Romanschriftsteller«] (PEN, PEN-Club), 1921 gegr. internat. Schriftstellervereinigung (Präs. seit 1997: Homero Aridjis), die für weltweite Verbreitung aller Literatur sowie für ungehinderten Gedankenaustausch auch in Krisen- und Kriegszeiten eintritt; die Mitgl. (durch Zuwahl aufgenommen) verpflichten sich zur Bekämpfung von Rassen-, Klassen- und Völkerhass und zum aktiven Eintreten für Pressefreiheit und Meinungsvielfalt. 1999 gab es 131 Zentren in über 100 Staaten. Sitz des Internat. P. E. N. ist London. Das dt. Zentrum, 1933 ausgeschlossen (ab 1934 bestand in London ein durch dt. Emigranten gebildeter »PEN-Klub dt. Autoren«), wurde 1949 als »Dt. P. E. N.-Zentrum« neu gegründet; 1951 spaltete es sich in ein »Dt. P. E. N.-Zentrum der Bundesrep.« (seit 1972 »P. E. N.-Zentrum Bundesrep. Dtl.« mit Sitz in Darmstadt; Präs.: E. Kästner, D. Sternberger, H. Böll, H. Kesten, W. Jens, M. Gregor-Dellin, C. Amery, G. Heidenreich, Ingrid Bacher, 1996–98 K. O. Conrady) und ein »Dt. P. E. N.-Zentrum Ost und West« (seit 1967 »P. E. N.-Zentrum Dt. Demokrat. Rep.«, Sitz in Berlin [Ost], ab 1990 »Dt. P. E. N.-Zentrum [Ost]«, Präs. 1991–98 D. Schlenstedt, 1998 B. K. Tragelehn). Im Okt. 1998 vereinigten sich beide dt. Zentren zum »P. E. N.-Zentrum Deutschland« (Sitz: Darmstadt), zu dessen erstem Präs. C. Hein gewählt wurde. Ein österr. PEN-Club wurde 1922 in Wien gegründet; seit 1973 gibt es einen »Gegen-PEN« junger Autoren, die »Grazer Autorenversammlung«. Schweizer. PEN-Clubs befinden sich in Basel, Genf und Winterthur. Ein Romani-PEN-Club wurde 1989 gegründet (Präs.: A. B. Bengsch). Seit 1989 gab es zahlr. Wieder- und Neugründungen in den osteurop. Staaten: Das erste sowjet., jetzt russ. P. E. N.-Zentrum wurde 1989 gegründet, seit 1992 gibt es ein alban. und ein palästinens. PEN-Zentrum.

Hermand, J.: Die deutschen Dichterbünde. Von den Meistersingern bis zum PEN-Club. Köln 1998.

Peña ['pεɲa, span.] *die,* Berggipfel, Fels.

Penalty ['pənəltɪ; engl. »Strafe«] *der, Sport:* Strafstoß, -schuss oder -wurf, wenn durch groben Regelverstoß ein sicheres Tor verhindert wurde (Fußball, Eishockey, Handball u. a.).

Penang, Gliedstaat Malaysias, ↑Pinang.

Penaten [lat.], die am häusl. Herd (die Laren und P. der Familie) und im Vestatempel Roms (die P. des Staates) verehrten röm. Gottheiten der Vorratskammer (penus).

Pence [pens, engl.], Plural von ↑Penny.

Penck, 1) Albrecht, Geograph, * Leipzig 25. 9. 1858, † Prag 7. 3. 1945; schrieb grundlegende Arbeiten zur Geomorphologie: »Morphologie der Erdoberfläche«, 2 Bde. (1894); »Die Alpen im Eiszeitalter«, 3 Bde. (mit E. Brückner, 1901–09).

2) A. R., eigtl. Ralf Winkler, Maler, Grafiker und Bildhauer, * Dresden 5. 10. 1939; Vertreter des Neoexpressionismus, übersiedelte 1980 in die Bundesrep. Dtl.; seit 1989 Prof. an der Kunstakademie in Düsseldorf. Er entwickelte für seine Aquarelle, Gouachen, Zeichnungen und großformatigen Bilder ein Zeichensystem, dessen Formensprache den Kürzeln prähistor. Felsbilder ähnelt, inhaltlich als »Signal« existenzieller Problematik gedeutet werden kann; er schuf auch Skulpturen.

Pencz [pεnts], Georg, Maler und Grafiker, * Nürnberg um 1500, † Leipzig zw. 10. und 15. 10. 1550; 1532 Stadtmaler in Nürnberg (nachdem er 1525 wegen obrigkeitsfeindl. Äußerungen der Stadt verwiesen worden war), 1550 Hofmaler des preuß. Herzogs Albrecht in Königsberg; gehört als Stecher zu den ↑Kleinmeistern. Seine mytholog. und religiösen Gemälde waren anfangs von A. Dürer, dann von italien. Vorbildern des Manierismus beeinflusst; er schuf meisterhafte Porträts.

Pendant [pã'dã:, lat.-frz.] *das,* ergänzendes Gegenstück; Entsprechung.

Pendel [lat.], ein um eine Achse **(ebenes P.)** oder um einen Punkt **(räuml. P.)** frei drehbarer Körper, der nach Auslenkung aus seiner Ruhelage unter dem Einfluss einer Kraft (meist der Schwerkraft) eine period. Schwingung ausführt. Ein idealisiertes P. ist das **mathemat. P.**, bei dem ein Massenpunkt der Masse m am freien Ende eines masselosen, undehnbaren Fadens der Länge l (bei Vernachlässigung der Lager- und Luftreibung) unter dem Einfluss der Fallbeschleunigung vom Betrag g steht. Physikalisch kann es in guter Näherung durch einen kleinen, aber schweren Körper an einem langen materiellen Faden **(Faden-P.)** realisiert werden. Die Bewegungsgleichung des Massenpunktes für ein ebenes mathemat. P. (P.-Gleichung) lautet: $\ddot{\varphi} + \omega^2 \sin \varphi = 0$ (ω Kreisfrequenz). Bei kleiner Auslenkung φ ist die Schwingungsdauer $T = 2\pi/\sqrt{lg}$ masseunabhängig. Ein P. mit $T = 2\,\text{s}$ wird als **Sekunden-P.** bezeichnet. Bewegt sich der Massenpunkt nicht auf einem Kreis, sondern auf einer Zykloide **(Zykloiden-P.),** ist die Schwingungsdauer von der Amplitude unabhängig. – Das ebene **physikal. P.** oder **physische P.,** ein reales P., ist ein um eine Achse A drehbarer (ausgedehnter) Körper. Der P.-Länge l des

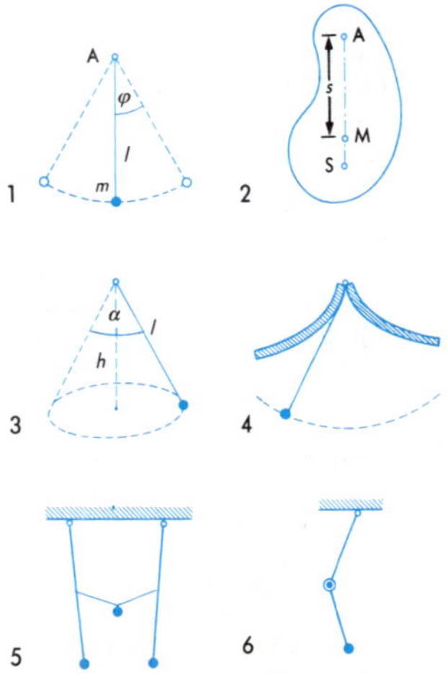

Pendel: 1 mathematisches Pendel (A Drehachse, φ Auslenkungswinkel, l Fadenlänge, m Pendelmasse); 2 physikalisches Pendel (M Massenmittelpunkt, S Schwingungsmittelpunkt); 3 Kegelpendel (α Öffnungswinkel, h Kegelhöhe); 4 Zykloidenpendel; 5 symphatische Pendel; 6 Doppelpendel

mathemat. P. entspricht die **reduzierte P.-Länge** $l_{red} = J/m \cdot s$, mit J als Trägheitsmoment des Körpers und s als Abstand der Achse vom Massenmittelpunkt des P.; seine Schwingungsdauer ist geringer als die eines mathemat. Pendels. Eine Sonderform des physikal. P. ist das **Ausgleichs-** oder **Minimal-P.,** dessen Schwingungsdauer von der P.-Länge und den sie beeinflussenden Größen, z.B. der Temperatur, nahezu unabhängig ist. – Beim **Kegel-P.** durchläuft ein Massenpunkt einen horizontalen Kreis, sodass der Aufhängefaden den Mantel eines Kegels erzeugt. Außer der Schwerkraft werden auch Feder- und Torsionskräfte zum Bau von P. ausgenutzt **(Feder-P., Dreh-P.).** Zw. zwei gleich langen P. mit identischer Masse, die durch eine Feder oder einen belasteten Faden gekoppelt sind **(sympath. P.),** tritt Resonanz auf, da sie dieselbe Schwingungsdauer haben; die Schwingungsenergie wird abwechselnd von einem P. auf das andere übertragen. Ein Spezialfall der gekoppelten P. ist das **Doppel-P.,** mit dem man chaot. Verhalten demonstrieren kann. (↑foucaultscher Pendelversuch)

Pendeln, *Okkultismus:* ↑siderisches Pendel.

Pendel|uhr, 1) *Astronomie:* (lat. Horologium) Sternbild am Südhimmel.

2) *Technik:* Uhr, deren ↑Hemmung durch ein Pendel geregelt wird.

Pendentif [pãdãˈtif, frz.] *das, Baukunst:* Gewölbeteil in Form eines sphär. Dreiecks (Zwickel, Trompe), der von den Ecken eines quadrat. Grundrisses zum Kreisrund einer Kuppel überleitet.

Penderecki [-ˈrɛtski], Krzysztof, poln. Komponist und Dirigent, * Dębica (Wwschaft Tarnów) 23. 11. 1933; führender Vertreter der poln. Avantgarde; wurde 1958 Prof., 1972 Direktor an der Musikhochschule in Krakau (bis 1987), war daneben 1966–68 Dozent an der Folkwang-Hochschule Essen. P. schuf experimentelle Orchesterwerke (u.a. »Emanationen«, 1959; »Fluorescences«, 1962), in denen er als Gestaltungsmittel vierteltönige Cluster, Klangfarben- und Farbgeräuschbänder, Glissando- und Vibratotechniken verwendet. Seit den 1970er-Jahren macht sich in seinen Werken eine Tendenz zur Neoromantik bemerkbar. Er komponierte ferner Opern (u.a. »Die Teufel von Loudun«, 1969; »Die schwarze Maske«, 1986; »Ubu Rex«, 1991), Vokalwerke (u.a. »Lukaspassion«, 1966; »Te Deum«, 1980; »Poln. Requiem«, 1984), Kammermusik.

Pendler, Personen, die regelmäßig (täglich, wöchentlich) eine größere Entfernung zw. ihrem Wohn- und Arbeitsort **(Berufs-P.)** bzw. Ausbildungsort **(Ausbildungs-P.)** zurücklegen. Mit der Industrialisierung kam es zur Trennung von Wohn- und Arbeitsort. Die wirtsch. Entwicklung mit zunehmender Arbeitsteilung, Konzentration der Arbeitsstätten in Ballungsräumen und Verbesserung der Verkehrsinfrastruktur führt zu einem Anstieg der **Pendelwanderung.** Diese Tendenz wird verstärkt durch steigende Anforderungen der Berufswelt an die räuml. Mobilität der Erwerbstätigen. Nachteil der Pendelwanderung ist u.a. der unproduktive Zeiteinsatz durch längere Wege.

Pendolino®, italien. Zug mit ↑Neigetechnik.

Penedès, bedeutendstes Weinbaugebiet Kataloniens, südwestlich von Barcelona, Spanien; erstreckt sich von der Küste bis ins Hügelland des Hinterlandes. Zu 90% mit Weißweinreben bestanden, deren Weine zu zwei Dritteln zu Schaumwein (Cava) verarbeitet werden.

Peneios *der* (neugrch. Pinios), Hauptfluss von Thessalien, Griechenland, 205 km lang, entspringt am Katarapass (1705 m ü.M.) im Pindos, durchfließt das Tempetal und mündet ins Ägäische Meer.

Penelope, *grch. Mythos:* Gattin des Odysseus, Mutter des Telemachos; blieb Odysseus während seiner zwanzigjährigen Abwesenheit treu. Die Freier, die sie bedrängten, hielt sie mit immer neuen Vorwänden hin. Endlich versprach sie ihre Hand dem, der im Wettschießen mit dem Bogen des Odysseus siegte. Aber nur der unerkannt heimgekehrte Odysseus vermochte den Bogen zu spannen und erschoss die Freier; danach gab er sich ihr zu erkennen.

Peneplain [ˈpiːnəpleɪn, engl.], *Geomorphologie:* die ↑Rumpffläche.

Penetration [lat.] *die,* **1)** *Marketing:* Durchdringung eines Marktes oder einer Zielgruppe potenzieller Käufer mit Produkten oder Werbeinformationen, gemessen am zu erwartenden Marktanteil eines neuen Produkts oder am Anteil einer Zielgruppe. Als **P.-Strategie** wird eine spezielle Preisstrategie im Produktlebenszyklus bezeichnet, bei der ein niedriger bzw. aggressiver Einstiegspreis gewählt wird, um eine möglichst rasche Marktdurchdringung zu erreichen.

2) *Mikrobiologie:* Eindringen von Mikroorganismen in einen Organismus oder dessen Zellen.

3) *Pathologie:* Eindringen eines Geschwürs oder Tumors in das angrenzende Gewebe.

4) *Sexualkunde:* das Eindringen des Penis in die Scheide.

Pengpu, chines. Stadt, ↑Bengbu.

Pengzu [chines. »Ahnvater (des Lebens) Peng«] (P'eng-tsu), für sein hohes Alter (angebl. Lebenszeit etwa 1890 bis nach 1090 v. Chr.) bekannter, legendärer chines. Weiser, der im religiösen Taoismus als Erfinder sexueller Lebensverlängerungspraktiken gilt; plädierte für den Genuss der Freuden des Lebens und der Welt.

Penholdergriff ['pɛnhəʊldə-, engl.] (Federhaltergriff), *Tischtennis:* Haltung des Schlägers, bei der der nach oben zeigende Griff zw. Daumen und Zeigefinger liegt.

Penicillamin, durch Hydrolyse von Penicillin gewonnene (oder auch synthetisch hergestellte) Verbindung; wird medizinisch bei Schwermetallvergiftungen sowie chron. Gelenk- und Leberentzündungen angewendet.

Penicilline [lat.], von den Schimmelpilzen Penicillium notatum und Penicillium chrysogenum als Stoffwechselprodukte gebildete Antibiotika sowie ihre halbsynthet. Derivate. Das Grundgerüst aller P. ist die 6-Aminopenicillansäure, die bei dem klass. **Penicillin G** Phenylessigsäure an der Aminogruppe trägt. Die klass. P. werden rein biologisch aus Schimmelpilzen oder durch gesteuerte Biosynthese hergestellt. Die halbsynthet. P. werden durch Einführung versch. Gruppen in die 6-Aminopenicillansäure gewonnen. Ein großer Fortschritt wurde erzielt, als es gelang, magensaftresistente P., penicillinasefeste P., Depot-P. und P. mit einem breiten Wirkungsspektrum herzustellen. P. sind praktisch nicht toxisch, verursachen aber häufig Allergien. – Obwohl A. Fleming bereits 1928 beobachtete, dass Bakterienkulturen durch Schimmelpilze im Wachstum gehemmt werden, gelang es erst 1938 (durch E. B. Chain und H. W. Florey), das wirksame Stoffwechselprodukt daraus zu isolieren; ab 1940 Einführung in die Therapie von bakteriellen Infektionen.

Penig, Stadt im Landkr. Mittweida, Sachsen, an der Zwickauer Mulde, 7 100 Ew.; Getriebe-, Emaillierwerk, Papier-, Parkettherstellung. – Stadtkirche (1476–97). – P. entstand um 1250; seit 1313 Stadt.

Penis [lat. eigtl. »Schwanz«] *der* (Rute, männliches Glied, Phallus), männl. Begattungsorgan bei vielen Tieren und beim Menschen; dient der Samenübertragung in den Körper des weibl. oder zwittrigen Geschlechtspartners, v. a. bei Bandwürmern auch in den eigenen (zwittrigen) Körper. – Bei den männl. Säugetieren (einschl. Mensch) entwickelt sich der P. (wie auch die Klitoris) aus dem Geschlechtshöcker und den Geschlechtsfalten. Der bei den Säugetieren in Länge und Form sehr unterschiedl. P. wird von der Harn-Samen-Röhre durchzogen. Die diese flankierenden Schwellkörper bewirken durch Blutfüllung die P.-Erektion. Zusätzlich kann zur permanenten Versteifung ein in den P. eingelagerter **P.-Knochen** ausgebildet sein (z. B. beim Hund). Das abgesetzte Vorderende des P. ist die **Eichel,** die von einer Hautfalte, der **Vorhaut,** ganz oder teilweise bedeckt sein kann.

Peñiscola [pe'ɲiskola], Stadt und Seebad in der Prov. Castellón, Spanien, an der Mittelmeerküste, 3 100 Ew. – Die Altstadt liegt in maler. Halbinsellage auf einem Kalkfelsen, mit dem Festland durch eine sandige Landzunge verbunden; Fischerei- und Jachthafen; Fremdenverkehr. – Mächtige Schlossburg (13.–15. Jh., aus arab. Festung entstanden).

Penki, frühere lat. Schreibung von ↑Benxi.

Penn, 1) Arthur, amerikan. Theater- und Filmregisseur, * Philadelphia (Pa.) 27. 9. 1922; seit den frühen 60er-Jahren Vertreter des »New Hollywood«, dessen Filme als Neuerungsversuche zu verstehen sind, u. a. »Bonnie und Clyde« (1967), »Little Big Man« (1969), »Target – Zielscheibe« (1985).

2) Irving, amerikan. Fotograf, * Plainfield (N. J.) 16. 6. 1917; ab 1943 für die Zeitschrift »Vogue«, seit 1952 freiberuflich tätig, bed. Mode- und Porträtfotograf.

3) Sean, amerikan. Schauspieler und Regisseur, * Burbank (Calif.) 17. 8. 1960; überzeugend als Darsteller komplexer Charaktere wie mit seinen Regiearbeiten, u. a. »Die Verdammten des Krieges« (1989), »Indian Runner« (1991; Regie), »Crossing Guard« (1995; Regie), »Im Vorhof der Hölle« (1997), »Dead Man Walking – Sein letzter Gang« (1996), »The Game« (1997), »Der schmale Grat« (1998).

4) William, engl. Quäker, Gründer von Pennsylvania, * London 14. 10. 1644, † Ruscombe (bei Reading) 30. 7. 1718; erwarb 1681 als Zufluchtsstätte für verfolgte Quäker in Nordamerika ein großes Gebiet nördlich von Maryland (zu Ehren seines Vaters »Pennsylvania« gen.) und 1682 Delaware. Bei Aufenthalten in seiner Kolonie (1682–84 und 1699–1701) gab er ihr eine Verfassung (u. a. Garantie weitgehender Religionsfreiheit) und gründete Philadelphia (1682); er sicherte auch ein gutnachbarl. Verhältnis zu den Indianern. P. verfasste über 100 theolog. und polit. Schriften, u. a. »Ohne Kreuz keine Krone« (1669).

Pennalismus *der,* das bes. im 17. Jh. bei den student. Landsmannschaften übl. Verhältnis zw. den neu aufgenommenen Studenten und ihren älteren Landsleuten. Die Neulinge, spöttisch Pennäler gen. und einer derben Aufnahmezeremonie unterworfen (Deposition), mussten im ersten Jahr den Älteren dienen. Der P. ging erst im 18. Jh. in das Verhältnis zw. »Fuchs« und »Bursche« über.

Penninische Alpen, alte Bez. für die ↑Walliser Alpen.

Penninisches Gebirge (engl. Pennines), Gebirgszug in N-England, im Cross Fell 893 m ü. M.; bildet die engl. Hauptwasserscheide. Das P. G. ist von Deckenmooren und Grasheiden bedeckt. An den Gebirgsrändern bed. Steinkohlenfelder; Erholungsgebiet mit zwei Nationalparks (Peak District, Yorkshire Dales National Park).

Pennsylvania [pensɪlˈveɪnjə], Abk. **Pa.,** Bundesstaat im NO der USA, 119 291 km², (1997) 12,02 Mio. Ew.; Hptst. ist Harrisburg. P. reicht von der atlant. Küstenebene über Piedmontplateau und Appalachen mit dem Großen Appalachental und dem Alleghenyplateau bis zum Eriesee; Hauptflüsse sind Delaware River, Susquehanna River und die Quellflüsse des Ohio; Wald bedeckt etwa 60% der Landesfläche. Angebaut werden Mais, Weizen, Kartoffeln, Obst, Gemüse; bed. Viehzucht. P. ist führend im Kohlenbergbau (Anthrazit) der USA; Gewinnung von Erdöl und Eisenerz; Zement-, Maschinen-, Elektrogeräte-, Metallwaren- und chem. Ind., Eisen- und Stahlerzeugung (an dritter Stelle in den USA). Wirtsch. Zentren sind Pittsburgh und Philadelphia. – Das Gebiet von P. überließ die engl. Krone 1681 W. Penn als Eigentümerkolonie. Die von ihm 1682 erlassene Verf. blieb bis 1776 in Kraft. Außer Quäkern wanderten v. a. Deutsche (↑Pennsylvania Dutch; 1683 Gründung von Germantown) und irisch-schott. Gruppen ein. P. stand im Sezessionskrieg aufseiten der Nordstaaten.

Pennsylvania Dutch [pensɪlˈveɪnjə ˈdʌtʃ], angloamerikan. Name für die im 17. und 18. Jh. nach Pennsylvania eingewanderten Deutschen und ihre Nachkommen, die ihre Eigenart in Sprache (Pennsylvaniadeutsch) und Lebensweise z. T. bewahrt haben. Der Konservativismus und Zusammenhalt der häufig noch in geschlossenen Siedlungen lebenden P. D. sind darauf zurückzuführen, dass sie als geschlossene Gruppe (v. a. Mennoniten u. a. Täufer) ins Land kamen.

Penny [ˈpenɪ], *Pl.* als Wertangabe **Pence,** als Stückzahl **Pennies,** Abk. **p,** kleine Währungseinheit und Münze in Großbritannien, Irland, Gibraltar und auf den Falklandinseln; nach der Umstellung der brit. Währung auf das Dezimalsystem (1971) 1 £ = 100 New Pence.

Penny-Stocks [ˈpenistɔkz], Bez. für amerikan. Aktien, die mit weniger als 5 US-$ pro Stück gehandelt und meist von jungen, nicht kapitalmarktfähigen Unternehmen emittiert werden. Sie weisen im Ggs. zu den Blue chips erhebl. Risiken, aber auch Kurschancen auf.

Pensa, Hauptstadt des Gebiets P., Russland, an der Sura, im Gebiet der mittleren Wolga, 534 000 Ew.; TU, Hochschulen, Theater, Museen, botan. Garten; Maschinen-, Geräte-, Fahrrad-, Mofabau, Arzneimittel-, Uhrenfabrik, Papier-, Bekleidungsindustrie. – 1663 gegründet, 1719 Provinzhauptstadt.

Pensacola [pensəˈkəʊlə], Stadt und Seehafen in Florida, USA, an der P. Bay, 64 000 Ew.; Stützpunkt der Marineluftwaffe; Luftfahrtschule; chem. Ind. und Holzverarbeitung. – Entstand bei einem 1698 errichteten span. Fort; wurde 1763 Hauptstadt der brit. Kolonie West Florida.

pensatorische Zahlung [zu lat. pendere »wiegen«], Zahlungsform, bei der die Geldstücke (oder das barrenförmige Edelmetall) gewogen und nicht gezählt wurden.

Pension [pã-, pɛn-, aus frz.] *die,* **1)** Haus mit Unterkunft und Verpflegung für Gäste.
2) *Beamtenrecht:* ↑Ruhegehalt; auch Bez. für die Betriebsrente in der betriebl. Altersversorgung.

Pensionat [pã-, pɛn-] *das,* privates Internat für Mädchen.

Pensionsgeschäfte [pã-, pɛn-], Geschäfte, bei denen ein Besitzer von Vermögensgegenständen **(Pensionsgeber)** diese an einen Dritten **(Pensionsnehmer)** zu einem im Voraus festgelegten Preis und Termin verkauft (»in Pension gibt«). Der Pensionsgeber kann **(unechte P.)** oder muss **(echte P.)** sie zu einem bestimmten späteren Zeitpunkt zurückkaufen. Üblich sind P. mit festverzinsl. Wertpapieren, Wechseln oder Devisen. Bis zum Rückkauf stehen dem Pensionsnehmer die Erträge zu. Geschäftsbanken schließen untereinander P. ab, um sich vorübergehend Mittel zu beschaffen oder vorübergehend freie Mittel Ertrag bringend anzulegen. – Große Bedeutung haben Offenmarktgeschäfte mit Rückkaufsvereinbarung **(Wertpapier-P.)** im Rahmen der Offenmarktpolitik von Zentralbanken erlangt. Für die Dt. Bundesbank waren Wertpapier-P. seit Mitte der 80er-Jahre Hauptquelle der Liquiditäts- bzw. Zentralbankgeldbereitstellung. Sie nahm dazu von den Geschäftsbanken regelmäßig für kurze Frist festverzinsl. Wertpapiere gegen Zahlung eines Zinses **(Pensionssatz)** in Pension und steuerte über die Konditionen ihrer Wertpapier-P. die Liquidität. Der Pensionssatz galt als dritter Leitzins neben Diskont- und Lombardsatz. Auch im Rahmen des Europ. Systems der Zentralbanken (ESZP) zählen P. mit Wertpapieren zu den geldpolit. Instrumenten; sie werden den Banken im Rahmen von ↑Hauptrefinanzierungsgeschäften angeboten.

Pensionskasse [pã-, pɛn-], Einrichtung der betriebl. Altersversorgung, die dem Arbeitnehmer oder seinen Hinterbliebenen einen Rechtsanspruch auf Versorgungsleistungen gewährt. Die von Unternehmen gegründeten P. sind i. d. R. rechtlich selbstständige Versicherungsvereine auf Gegenseitigkeit, unterliegen der staatl. Versicherungsaufsicht und werden von Beiträgen der Unternehmen finanziert. Die Ausgestaltung einer P. unterliegt der Mitbestimmung des Betriebsrats.

Pensionsrückstellungen [pã-, pɛn-], Passivposten in der Bilanz eines Unternehmens im Rahmen der betriebl. Altersversorgung für künftige Zahlungen aufgrund von Ruhegeldzusagen an Beschäftigte (Anwartschaften) oder Pensionäre (laufende Pensionen).

Pensionssicherungsverein [pã-, pɛn-] (offiziell: Pensions-Sicherungs-Verein auf Gegenseitigkeit, Abk. PSVaG), nach dem Betriebsrentengesetz vom 19. 12. 1974 für den Fall fortbestehender Zahlungsunfähigkeit des Arbeitgebers begründeter Trägerverein zur Sicherung der ↑betrieblichen Altersversorgung.

Pensionsversicherung [pã-, pɛn-], in Österreich Bez. für die Rentenversicherung.

pent..., penta... [grch.], fünf...

Pentachlorphenol, Abk. **PCP,** farb- und geruchloser, giftiger organ. Stoff, der u. a. bakterizid, algizid, fungizid und herbizid wirkt; wurde als Konservierungs- und Imprägnierungsmittel verwendet. PCP kann als starkes Zellgift Leber- und Nervenschäden hervorrufen und wurde deshalb 1989 in Dtl. verboten.

Pentachord [grch.] *das,* fünfsaitiges Streich- oder Zupfinstrument.

Pentagon [engl. ˈpentəgɔn] *das,* Bez. für den 1941/42 auf fünfeckigem Grundriss errichteten Gebäudekomplex des amerikan. Verteidigungsministeriums in Arlington (Va.); auch Bez. für das Verteidigungsministerium als Institution.

Pentagramm [grch.] *das* (Fünfstern), regelmäßiges Sternfünfeck; entsteht durch die Diagonalen eines regelmäßigen Fünfecks. – Das P. galt schon in der Antike als mag. Zeichen (↑Drudenfuß).

Pentameron [grch.-italien.] *das,* Sammlung neapolitan. Märchen, kunstvoll nacherzählt von G. Basile, durch die Rahmenerzählung gegliedert in fünf Tage; Erstausgabe 1634–36, unter dem Titel »P.« seit 1674.

Pentameter [grch.] *der,* aus fünf Metren bestehender antiker Vers (↑Metrik, Übersicht). Meist wird der P. in Verbindung mit dem Hexameter im ↑Distichon verwendet.

Pentane, zu den ↑Alkanen zählende aliphat. Kohlenwasserstoffe mit der Summenformel C_5H_{12}, die in drei Strukturisomeren auftreten (n-Pentan, Isopentan, Neopentan). Die P. sind flüssige, farblose, leicht entzündl. Substanzen; sie sind in Erdgas und Erdöl sowie in den aus diesen gewonnenen niedrig siedenden Produkten (zu Beispiel Benzin) enthalten.

Pentanole (Amylalkohole), aliphat. Alkohole mit fünf C-Atomen, die zu 60–80 % in Fuselölen enthalten sind; treten in acht Isomeren auf. P. und ihre Ester dienen als Lösungsmittel.

Pentapolis [grch. »Fünfstadt«] *die,* im Altertum Landschaftsname, z. B. für die Cyrenaica; im frühen MA. für Rimini, Pesaro, Fano, Senigallia und Ancona.

Pentarchie [grch.] *die,* die Herrschaft der fünf europäischen Großmächte (Großbritannien, Frankreich, Russland, Österreich, Preußen), die zwischen dem Ende des Siebenjährigen Krieges und der Frz. Revolution (1763–89) sowie zwischen Wiener Kongress und dem Beginn des Krimkrieges (1815–53) den Frieden in Europa sicherte. (↑Europäisches Konzert)

Pentateuch [grch. »Fünfrollenbuch«] *der,* Bez. der fünf Bücher Mose, des ersten und für das Judentum wichtigsten Teils der hebr. Bibel (↑Thora) bzw. des alttestamentl. Kanons. Der P. ist das Ergebnis eines langen mündl. und schriftl. (9.–6. Jh. v. Chr.) Überlieferungsprozesses, wobei die Forschung von versch. Hauptquellen (dem jahwist. und elohist. Geschichtswerk [nach den Gottesnamen Jahwe bzw. Elohim] und der Priesterschrift) und versch. Stufen der Textredaktion ausgeht.

Pentathlon [grch.] *das,* der altgrch. Fünfkampf: Diskuswurf, Weitsprung, Speerwurf, Stadionlauf, Ringen.

Pentatonik [grch.] *die,* fünfstufiges Tonsystem, urspr. eine Tonleiter ohne Halbtöne **(anhemiton. P.),** z. B. mit den Tönen c–d–e–g–a oder deren Transposition. Die halbtonlose P. bildet das Tonsystem klanglich orientierter Musik und kommt v. a. in der Musik der Südsee, Ostasiens und Afrikas, aber auch in einigen europ. Volks- und Kinderliedern als Restgut der urspr. pentatonischen Musik des nördl. Europa vor. Die jüngere **hemiton. P.** (Halbtöne enthaltend; z. B. absteigend e–c–h–a–f–e) beherrscht bes. die japan. Musik, in der es auch Mischformen aus beiden Arten gibt.

Pentelikon *das,* Berg in der grch. Landschaft Attika, 1 109 m ü. M.; bekannt durch den weißen **pentelischen Marmor.**

Pentene [grch.] (Amylene), C_5H_{10}, Alkene mit fünf Kohlenstoffatomen, Isomerengemische in Crackgasen.

Penthesilea, *grch. Mythos:* Königin der Amazonen; Tochter des Ares; im Trojan. Krieg von Achill getötet. – Trauerspiel von H. von Kleist (1808).

Penthouse ['penthaʊs, engl.] *das,* exklusive Wohnung auf dem Flachdach eines (mehrstöckigen) Wohnhauses.

Pentimenti [lat.-italien., »Reuezüge«], vom Künstler überarbeitete Linien und Pinselzüge auf Zeichnungen oder Gemälden, die später gelegentlich wieder durchscheinen oder auf Röntgenaufnahmen wahrnehmbar sind. Sie lassen die ursprüngl. Konzeption erkennen.

Pentlandit [nach dem ir. Forschungsreisenden Joseph Barclay Pentland, * 1797, † 1873] *der* (Eisennickelkies), ein bräunl. bis gelbes kub. Mineral der chem. Zusammensetzung $(Ni,Fe)_9S_8$; Begleitmineral von Magnetkies und wichtigstes Nickelerz.

Pentode [zu grch. pénte »fünf« und Elektrode] *die,* eine ↑Elektronenröhre mit fünf Elektroden (Kathode, Anode, drei Gitter).

Pentosen [grch.], $C_5H_{10}O_5$, einfache Zucker (Monosaccharide). Die wichtigsten P. sind die Ribose und Desoxyribose.

Pentosephosphat-Zyklus, bei Pflanzen und Tieren ablaufender Stoffwechselweg, bei dem Glucose vollständig zu Kohlendioxid und Wasserstoff (in Form von $NADPH + H^+$) abgebaut wird.

Pentyl..., Bez. der chem. Nomenklatur für die Kohlenwasserstoffgruppe $-C_5H_{11}$.

Penumbra [lat. »Halbschatten«] *die, Astronomie:* halbdunkler Saum, der den dunklen Kern eines Sonnenfleckens umgibt.

Penzberg, Stadt im Landkreis Weilheim-Schongau, Oberbayern, 15100 Ew.; Bergbau-, Stadtmuseum; Biochemiewerk, Metall- und Kunststoffverarbeitung, elektrotechn. Ind., Musikinstrumentenbau. – Seit 1919 Stadt; von 1796 bis 1966 wurde Pechkohle abgebaut.

Penzias, Arno Allen, amerikan. Physiker dt. Herkunft, * München 29. 4. 1933; Forschungen auf dem Gebiet der Radioastronomie; erhielt zusammen mit R. W. Wilson den Nobelpreis für Physik 1978 für die Entdeckung der ↑kosmischen Hintergrundstrahlung.

Penzig, Stadt in Polen, ↑Pieńsk.

Penzoldt, Ernst, Schriftsteller und Bildhauer, * Erlangen 14. 6. 1892, † München 27. 1. 1955; schrieb Erzählungen (»Der arme Chatterton«, 1928; »Die Powenzbande«, 1930; »Korporal Mombour«, 1941; »Squirrel«, 1954), Komödien, Essays (»Causerien«, 1949).

Pep [amerikan.] *der,* (mitreißender) Schwung; umgangssprachlich bes. im Sinne des modernen Lebensgefühls (Lifestyles) gebraucht: **Pep haben,** sich durch das gewisse (modische) Etwas vom Konventionellen (auch »Langweiligen«) abheben.

Peperoni [italien.], meist in Essig eingelegte kleine Früchte des ↑Paprikas.

Pepita [span., nach einer span. Tänzerin der Biedermeierzeit] *der* oder *das,* Kleiderstoff aus Wolle, Baumwolle oder Viskose in Leinwand- oder Köperbindung mit kleinen Karos oder Hahnentrittmuster; auch Bez. für das Muster selbst.

Peplos [grch.] *der,* das aus einem ungenähten Wolltuch bestehende, ärmellose Frauengewand der Griechen; wurde umgelegt, auf den Schultern zusammengeheftet, oft in der Hüfte gegürtet.

Pepping, Ernst, Komponist, * Duisburg 12. 9. 1901, † Berlin (West) 1. 2. 1981; einer der bed. Komponisten evang. Kirchenmusik des 20. Jh.; schrieb neben Orchester- und Klavierwerken vor allem Orgelmusik und Vokalkompositionen, u. a. »Spandauer Chorbuch« (1934–41), »Die Weihnachtsgeschichte des Lukas« (1959).

PepsiCo, Inc. [- ɪnˈkɔ:pəreɪtɪd, engl.], amerikan. Getränke- und Gastronomiekonzern, weltweit einer der größten Hersteller von Konzentraten für alkoholfreie Getränke (u. a. Pepsi-Cola) sowie Betreiber von Fast-Food-Restaurants; Sitz: Purchase (N. Y.), gegr. 1903, seit 1965 jetziger Name.

Pepsin [grch. pépsis »Verdauung«] *das,* proteinspaltendes Enzym, wird aus einer von der Magenschleimhaut abgegebenen inaktiven Vorstufe (Pepsinogen) im Magenlumen gebildet.

Peptidasen [grch.], Enzyme aus der Gruppe der Hydrolasen, die Peptidbindungen spalten; z. B. Pepsin, Trypsin.

Peptide [grch.], durch (Poly-)Kondensation von Aminosäuren, d. h. durch Reaktion der Aminogruppe einer Aminosäure mit der Carboxylgruppe einer anderen entstehende Verbindungen mit der charakterist. **Peptidbindung** $-CO-NH-$, die in der Natur weit verbreitet vorkommen. **Oligo-P.** (z. B. Di-, Tri-, Tetra-P. usw.) enthalten bis zu 10, **Poly-P.** bis 100 und **Proteine** über 100 Aminosäurereste. P. haben als Hormone, Antibiotika und Gifte physiolog. Bedeutung.

Peptidhormone, Sammelbez. für Hormone, die chemisch gesehen zu den Oligo- bis Polypeptiden gehören. Zu den P. zählen u. a. die Hormone von Hypophyse, Hypothalamus, den Nebenschilddrüsen und den Langerhans-Inseln der Bauchspeicheldrüse.

Peptone [grch.], durch künstl. enzymatische Spaltung von Proteinen bzw. proteinhaltigen Lebensmitteln (z. B. Casein, Gelatine, Fleisch) hergestellte Produkte, die als Bakteriennährböden und diätet. Nahrungsmittel verwendet werden.

Pepusch, John Christopher (Johann Christoph), engl. Komponist dt. Herkunft, * Berlin 1667, † London 20. 7. 1752; schrieb als Theaterkapellmeister (seit 1713) in London die Ouvertüre und den Generalbass für die Songs zu J. Gays Ballad-Opera »The Beggar's Opera« (»Die Bettleroper«, 1728), nach der 1928 die »Dreigroschenoper« von B. Brecht und K. Weill entstand.

per... [lat.], *Chemie:* Vorsilbe zur Kennzeichnung a) von Verbindungen mit einem Zentralatom sehr hoher oder höchster Oxidationszahl, z. B. Kaliumpermanganat, $KMnO_4$ (anorgan. Chemie); b) des Vorhandenseins der Atomgruppierung $-O_2-$ im Molekül, z. B. Bariumperoxid, BaO_2 (anorgan. und organ. Chemie); c) der gesättigten Form einer Grundverbindung, z. B. Perchloräthylen, C_2Cl_4, oder der vollständig hydrierten Form einer gesättigten Verbindung (organ. Chemie).

Per, Abk. für **Per**chloräthylen, das Tetrachloräthylen, ↑Chlorkohlenwasserstoffe.

per acclamationem [lat.], durch Zuruf.

Perak, Gliedstaat (Sultanat) von Malaysia, im W der Malaiischen Halbinsel; 21 005 km², (1997) 2,095 Mio. Ew.; Hauptstadt ist Ipoh.

per annum [lat.], Abk. **p. a.** (pro anno), jährlich, für das Jahr, aufs Jahr (gerechnet).

per aspera ad astra [lat. »auf rauen (Wegen) zu den Sternen«], röm. Sprichwort (wohl auf einen Vers Senecas d. J. zurückgehend): durch Nacht zum Licht, durch viele Mühen zum Erfolg.

per cassa [italien.], gegen Barzahlung.

Perche [pɛrʃ] *die,* Hügel- und Heckenlandschaft (Bocage) in der Normandie, Frankreich. Die früher bed. Pferdezucht **(Percherons)** wurde weitgehend durch Milchwirtschaft und Schweinezucht ersetzt.

Percheakt ['pɛrʃ-, frz.; lat.] *der,* Darbietung artist. Nummern an einer langen, elast. Stange.

Perchlor|äthylen, Abk. **Per,** das Tetrachloräthylen, ↑Chlorkohlenwasserstoffe.

Percht *die* (Bercht, Perchta), myth. Gestalt im Volksglauben und Brauchtum der Mittwinterzeit; Anführerin dämon. Wesen **(Perchten),** die bes. in der Nacht vor dem Dreikönigsfest (Epiphanias; **P.-Nacht**) umherziehen; bes. im Alpenraum noch heute im Brauchtum lebendig (**Perchtenlauf** in den Zwölf Nächten durch vermummte Gestalten mit Holzmasken); in anderen Landschaften mit »Frau Holle« gleichgesetzt.

Perchtoldsdorf, Marktgemeinde im Bezirk Mödling, Niederösterreich, südlich von Wien, am Fuß des Wienerwaldes, 14 100 Ew.; Museen; Herstellung messtechn. Geräte; Weinbau (Heurigenlokale). – Got. Pfarrkirche (14./15. Jh.); am Marktplatz got. und Renaissancebauten, Pestsäule (1713).

Percier [pɛr'sje], Charles, frz. Baumeister, * Paris 22. 8. 1764, † ebd. 5. 9. 1838; arbeitete mit P. F. L. ↑Fontaine, beide gelten als die führenden Architekten und Innenausstatter des ↑Empirestil.

per conto [italien.], auf Rechnung.

Percy ['pə:sɪ], Thomas, anglikan. Bischof von Dromore (1782), * Bridgenorth (Cty. Shropshire) 13. 4. 1729, † Dromore (Irland) 30. 9. 1811; Hg. einer Sammlung alter engl. und schott. Volkslieder und Balladen (»Reliques of ancient English poetry«, 3 Bde., 1765), die auch auf die dt. Literatur wirkte (Herder, G. A. Bürger).

perdendosi [italien.], musikal. Vortragsbezeichnung: sich verlierend (äußerstes pianissimo); **perdendo,** leiser werdend.

Perdikkas, Feldherr und Berater Alexanders d. Gr., * um 365 v. Chr., † (ermordet) 321; nach Alexanders Tod (323 v. Chr.) Regent im asiat. Reichsteil; Verfechter der Reichseinheit.

Perec [pe'rɛk], **1)** Georges, frz. Schriftsteller, * Paris 7. 3. 1936, † ebd. 4. 3. 1982; schrieb sprachexperimentelle Lyrik und Prosa (u. a. »Die Dinge«, R., 1965; »Anton Voyls Fortgang«, R., 1969; »Das Leben. Gebrauchsanweisung«, R., 1978; »53 Tage«, R., hg. 1989); auch Dramatiker, Drehbuchautor und Übersetzer.

2) Marie-José, frz. Leichtathletin (Sprinterin), * Basse-Terre (Guadeloupe) 9. 5. 1968; u. a. Olympiasiegerin 1992 (400 m) und 1996 (200, 400 m), über 400 m Weltmeisterin 1991 und 1995 sowie Europameisterin 1994 (auch 4 × 100-m-Staffel).

Peredwischniki [russ. »Wanderer«], Kurzbez. für die »Genossenschaft für Wanderausstellungen«, 1870 gegr. russ. Künstlergruppe, hervorgegangen aus dem Petersburger »Artel«, der Gemeinschaft der 14 Maler, die aus Protest gegen die überlebten Kunstauffassungen 1863 die Petersburger Akademie verlassen hatten. Die P. organisierten Wanderausstellungen, um ihre Kunst einem breiten Publikum zugänglich zu machen. Sie wandten sich in ihrer Mehrheit mit starkem sozialem Engagement der Genre-, Historien- und Landschaftsmalerei zu. Die P. wurden u. a. von dem Sammler P. Tretjakow und dem Kritiker W. Stassow unterstützt. Die Künstlervereinigung bestand bis 1923.

Peregrinus [lat. »Fremder«] *der, röm. Recht:* der Nichtrömer, für den das Ius civile (↑Ius) grundsätzlich nicht galt und der in Rom keine polit. Rechte besaß.

Pereira, Hauptstadt des Dep. Risaralda, Kolumbien, am W-Hang der Zentralkordillere, 1476 m ü. M.; 341 500 Ew.; TU; Kaffeeverarbeitung und Kaffeehandelszentrum, Lederindustrie.

Perekop, Landlenge von, Landverbindung in der Ukraine zw. dem Festland und der Halbinsel Krim; 30 km lang, 8 bis 23 km breit; Steppen- und Halbwüstenvegetation; Salzseen.

Père-Lachaise [pɛrlaˈʃɛːz, nach dem frz. Jesuiten F. de ↑La Chaise], Friedhof im NO von Paris, reich an Grabmälern berühmter Persönlichkeiten.

Perelman, Chaim, belg. Philosoph, * Warschau 20. 5. 1912, † Uccle 22. 1. 1984; Prof. in Brüssel; entwickelte in seinen von G. Frege beeinflussten log. Studien eine Theorie der Argumentation, die er in Ethik, Rechtsphilosophie und Rhetorik zu konkretisieren suchte.

peremptorisch [lat.], *Recht:* ein Recht ausschließend. (↑Einrede)

perennierend [lat.], **1)** *Botanik:* ausdauernd, überwinternd; mehrjährig (Stauden).
2) *Geographie:* das ganze Jahr Wasser führend (Flüsse und Quellen).

per Erscheinen, *Börsenwesen:* Handel mit Wertpapieren, die noch nicht lieferbar sind, z. B. bei neu emittierten Aktien der Handel vor der erstmaligen Kursnotierung.

Peres, Shimon, israel. Politiker, * Wotożyn (Weißrussland) 15. 8. 1923; seit 1934 in Palästina; hatte maßgebl. Anteil am Aufbau der israel. Armee; 1974–77 war er Verteidigungsmin., 1977–92, 1995–97 sowie (interimistisch) ab 2001 Vors. der Israel. Arbeitspartei, 1986–88 und 1992–95 sowie ab 2001 Außenmin. sowie 1984–86 und 1995–96 MinPräs. Im Sept. 1993 unterzeichnete er das Gaza-Jericho-Abkommen; erhielt dafür zus. mit I. Rabin und J. M. Arafat 1994 den Friedensnobelpreis. Bei der ersten Direktwahl des MinPräs. unterlag er im Mai 1996 knapp dem Likud-Vors. B. Netanjahu, im Juli 2000 bei der Wahl zum Staatspräs. M. Katsav.

Pereskia *die,* Kakteengattung mit rd. 20 Arten im trop. Amerika; belaubte Bäume oder Sträucher.

Pereslawl-Salesski (bis zum 15. Jh. Perejaslawl), Stadt im Gebiet Jaroslawl, Russland, am Ufer des Pleschtschejewosees (50,8 km²), etwa 43 400 Ew.; Baumwollverarbeitung, chem., Möbel-, Nahrungsmittelindustrie. – Ältestes Bauwerk der Stadt ist die Verklärungskathedrale (1152–57; Freskenfragmente der 2. Hälfte des 12. Jh.); aus dem 16. Jh. die Zeltdachkirche des Metropoliten Pjotr, die Kathedrale und die Mariä-Verkündigungskirche des Nikitaklosters sowie die Troizekathedrale des Troize-Danilow-Klosters. – 1152 von Juri Dolgoruki als Festung gegr., war seit 1175 Hauptort des gleichnamigen Fürstentums und kam 1302 zum Großfürstentum Moskau; 1238, 1382 und 1408 von den Tataren zerstört.

Perlessigsäure (Peroxyessigsäure), in konzentrierter Form explosive Peroxycarbonsäure, eine stechend riechende Flüssigkeit, die z. B. durch Oxidation von Essigsäure mit Wasserstoffperoxid hergestellt wird. P. ist ein starkes Oxidationsmittel und wird zur Herstellung von Epoxiden sowie als Bleich- und Desinfektionsmittel verwendet.

Perestroika [russ. »Umgestaltung«] *die,* Schlagwort für die von M. S. Gorbatschow nach seinem Amtsantritt als Gen.-Sekr. der KPdSU (1985) eingeleiteten polit. und wirtsch. Reformen in der ↑Sowjetunion. Ursprünglich gerichtet auf eine gesellschaftl. Modernisierung bei Aufrechterhaltung der Führungsrolle der KPdSU (erst 1990 aufgegeben), geriet die von einer breiten öffentl. Diskussion (↑Glasnost) begleitete P. seit dem Ende der 1980er-Jahre in eine tiefe Krise. Ihr endgültiges Scheitern, bedingt durch die sich zuspitzenden Wirtschaftsprobleme, durch Machtkämpfe (Höhepunkt der Putsch orthodox-kommunist. Kräfte vom Aug. 1991), aufbrechende Nationalitätenkonflikte und Unabhängigkeitsbestrebungen der Unionsrepubliken, führte schließlich zum Zerfall der Sowjetunion. Die mit einer allmähl. Abkehr vom Hegemonieanspruch der Sowjetunion im früheren Ostblock verbundene P. ermöglichte auch in diesen Ländern 1989–91 gesellschaftl. Umwälzungen.

📖 *P. in der UdSSR. Ansichten u. Konzeptionen der Gesellschaftswissenschaftler, bearb. v. T. Rodionova. A. d. Russ. Moskau 1990.*

Perewal [russ. »Gebirgspass«], russ. literar. Gruppe, 1923 in Moskau um die Zeitschrift »Krasnaja nov'« entstanden, 1932 verboten; trat für die unabhängige Schaffensweise der Schriftsteller gegenüber der Parteiorthodoxie ein.

Pérez de Ayala [ˈperɛð ðe aˈjala], Ramón, span. Schriftsteller, * Oviedo 9. 8. 1881, † Madrid 5. 8. 1962; lebte 1936–54 im argentin. Exil. Seine Romane (u. a. »Belarmino und Apolonio«, 1921; »Tiger Juan«, 2 Tle., 1926) machten ihn zu einem der Hauptrepräsentanten der span. Literatur nach der Jahrhundertwende; Lyrik und Essays (»Las máscaras«, 2 Bde., 1917–19).

Pérez de Cuéllar ['peres ðe ku'eʎar], Javier, peruan. Diplomat, * Lima 19. 1. 1920; Jurist, 1971–81 ständiger Vertreter seines Landes bei den UN, 1982–91 deren Generalsekretär.

Pérez de Hita ['perɛð ðe'ita], Ginés, span. Schriftsteller, * Mula (Prov. Murcia) um 1544, † nach 1619; nahm am Feldzug gegen die aufständ. Morisken (1568–71) teil; schrieb den histor. Roman »Die Geschichte der Bürgerkriege von Granada« (2 Tle., 1595–1619), der ein farbiges Bild der maur. Kultur zeichnet.

Pérez Esquivel ['peres eski'βel], Adolfo Maria, argentin. Bildhauer, * Buenos Aires 26. 9. 1931; Prof. für bildende Kunst in La Plata, 1968 Mitbegründer der Organisation »Servicio Paz y Justicia« (Dienst für Frieden und Gerechtigkeit). Er setzt sich für gewaltlosen Widerstand gegen Menschenrechtsverletzungen in Argentinien sowie im übrigen Lateinamerika ein und erhielt dafür den Friedensnobelpreis 1980; 1977/78 inhaftiert; seit 1987 Präs. der »International League for the Rights and Liberation of Peoples«.

Pérez Galdós ['perɛð-], Benito, span. Schriftsteller, * Las Palmas 10. 5. 1843, † Madrid 4. 1. 1920. Sein umfangreiches Romanwerk, in dem er europ. Traditionen verarbeitete, gibt ein Panorama der span. Gesellschaft des 19. Jh. (46 histor. Romane u. d. T. »Episodios nacionales«, 1873–1912; zeitgenöss. Stoffe u. a. in »Doña Perfecta«, 1876; »Freund Manso«, 1882); auch erfolgreicher Theaterautor.

Perfekt [lat.] *das, Grammatik:* Zeitform, in der die Handlung vollendet ist (↑Verb, Übersicht).

Perforation [lat. »Durchbohrung«] *die,* **1)** *allg.:* Lochreihe, z. B. beim Film zum Transportieren.

2) *Medizin:* Eröffnen eines Hohlorgans oder einer Körperhöhle durch Gewalteinwirkung oder Durchbruch eines Geschwürs (nach außen oder in eine Körperhöhle).

Perforator [lat.] *der,* schreibmaschinenartige Konstruktion (»Taster«) zum Stanzen von Lochkombinationen (Codes) in ein Lochband, mit dem Rechenanlagen, Setzmaschinen, Fernschreiber, Werkzeugmaschinen u. Ä. gesteuert werden. Die Lochbandsteuerung ist heute vielfach ersetzt durch Band- oder Diskettensteuerung (magnet. Speicherung der Befehle).

Performance [pə'fɔ:məns, engl.] *die,* **1)** *Börsenwesen:* i. w. S. die Wertentwicklung einer Kapitalanlage (Wertpapierdepots), meist als jährl. oder – bei längerfristiger Betrachtung – durchschnittlicher jährl. Wertzuwachs in Prozent. Zum Vergleich werden i. d. R. Börsenindizes herangezogen (z. B. der ↑DAX), die die durchschnittl. Entwicklung eines Marktes widerspiegeln. I. e. S. bezeichnet P. die Entwicklung einzelner Wertpapiere (z. B. Aktien, Optionsscheine), Devisen oder Edelmetalle, bezogen auf einen vergleichbaren Marktdurchschnitt.

2) *Kunst:* eine aus den USA stammende Form der Aktionskunst, die in den 1970er-Jahren weitgehend an die Stelle von Fluxusveranstaltungen und Happenings trat. Im Ggs. zu diesen bleiben Künstler und Publikum getrennt. Die P. wird meist von einem einzelnen Künstler, aber auch von Gruppen vorgeführt. Häufig wird mit Mitteln des experimentellen Theaters und des modernen Balletts gearbeitet oder die P. in Theater- und auch in Konzertaufführungen integriert. Überschneidungen ergeben sich auch mit der Body-Art und der Prozesskunst. Bedeutsam ist die Verwendung reproduktiver Medien, v. a. Film und Video, die mitunter die Original-P. völlig ersetzen.

Performanz [lat.-engl.] *die,* **1)** *Psychologie:* die Leistung in Handlungstests (z. B. beim Figurenlegen); im Unterschied zur Leistung in verbalen Tests. Als P.-Tests werden hauptsächlich die nicht verbalen Intelligenztests bezeichnet.

2) *Sprachwissenschaft:* der aktuelle Sprachvorgang, die Sprachverwendung in einer konkreten Sprechsituation.

Performer [pə'fɔ:mə, engl.] *der,* Künstler, der Performances darbietet.

Pergament *das,* Beschreibstoff aus enthaarten, geglätteten, ungegerbten und unter Spannung getrockneten Tierhäuten (Schaf-, Ziegen-, Kalbfelle); durchscheinend oder lichtundurchlässig. P. wurde angeblich im 3. Jh. v. Chr. im Vorderen Orient erfunden und trat seit dem 4./5. Jh. als Schreibmaterial an die Stelle von Papyrus. Über Rom und Byzanz verbreitete sich die Technik der P.-Herstellung in ganz Europa. Hersteller und Benutzer waren zunächst v. a. die Klöster. P. bot den Vorteil, dass es beidseitig beschriftet und nach Tilgung der Schrift erneut verwendet werden konnte; die Feinheit seiner Oberfläche förderte zudem die Entwicklung der ↑Buchmalerei. Nach Erfindung des Papiers verlor das P. seit dem 15./16. Jh. an Bedeutung.

P. Geschichte, Struktur, Restaurierung, Herstellung, hg. v. P. Rück. Sigmaringen 1991.

Pergamentpapier, mithilfe von Chemikalien (vor allem Schwefelsäure) fettdicht, nassfest und kochfest gemachtes Papier aus Zellstoff. **Pergamentersatz** (»Butterbrotpapier«) erhält dagegen seine Fettdichtigkeit durch eine besondere Mahlung der Zellstofffasern; es ist im Gegensatz zum echten P. nicht wasser- und kochfest.

Pergamon (Pergamos), antike Stadt im NW Kleinasiens, an der Stelle der heutigen Stadt Bergama, Türkei. P. war Hptst. des **Pergamen. Reiches,** das, um 280 v. Chr. von Philetairos gegr., unter König Eumenes II. (197–160/159 v. Chr.) eines der mächtigsten Reiche Kleinasiens war. Der letzte König, Attalos III. († 133 v. Chr.), vermachte es testamentarisch den Römern, die 129 v. Chr. die Prov. Asia einrichteten. – P. wurde durch die seit 1878 von C. Humann und A. Conze, später von W. Dörpfeld und T. Wiegand und 1957–68 von E. Boehringer geleiteten Ausgrabungen freigelegt. Die aus einer Bergfeste entstandene Stadt reichte in der Königszeit bis zum Fuß des Berges. Über dem Markt der Oberstadt (obere Agora) erhob sich der Zeusaltar (↑Pergamonaltar). Oberhalb davon lag der dor. Athenetempel (1. Hälfte des 3. Jh. v. Chr.), das Hauptheiligtum der Stadt, dessen Bezirk Attalos I. mit Bildwerken schmückte (durch kaiserzeitl. Kopien bekannt: der sterbende Gallier, Rom, Kapitolin. Museum u. a.). Eumenes II. umgab ihn mit einer Säulenhalle; hier befanden sich die berühmte Bibliothek (die im 1. Jh. n. Chr. 200 000 Schriftrollen besaß) und die Kunstsammlung. Durch Ausgrabungen weiterer Stadtteile wurden Tempel, der Königspalast, das Theater (10 000 Plätze, 2. Jh. n. Chr.), Kasernen u. a. freigelegt, auch die röm. Stadt in der Ebene mit der »Roten Halle«, einem mächtigen Ziegelbau (später byzantin. Kirche). Außerhalb von P. lag das wohl im 5. Jh. v. Chr. gegr. Asklepiosheiligtum (Asklepieion), im 2. Jh. n. Chr. Wirkungsstätte des Arztes Galen.

Radt, W.: P. Geschichte u. Bauten, Funde u. Erforschung einer antiken Metropole. Köln 1988.

Pergamon – Archäologischer Lageplan

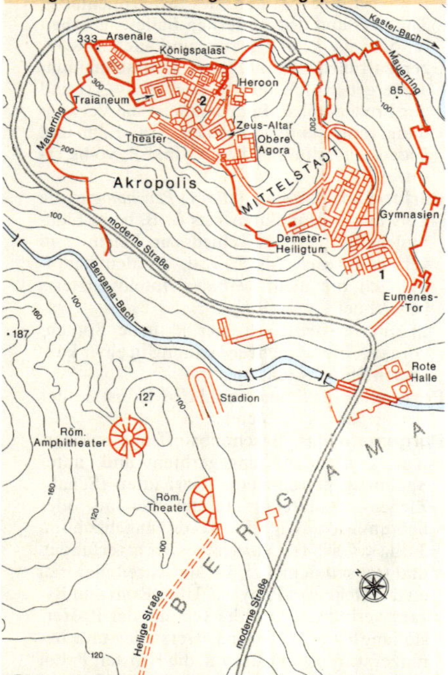

Pergamonaltar, der in Pergamon von Eumenes II. zw. 164 und 156 v. Chr. errichtete, dem Zeus und der Athena geweihte Monumentalaltar. Den annähernd quadratischen Unterbau (36,44 × 34,20 m) mit einer etwa 20 m breiten Treppe zum Oberbau schmückt ein 120 m langer, 2,30 m hoher Figurenfries (Darstellung der Gigantomachie). Auf dem Sockel verläuft eine ion. Säulenhalle mit Altarhof. In seiner Dramatik zählt der Skulpturenfries zu den Hauptwerken hellenist. Kunst. Im Altarhof hatte der spätere Telephosfries (kurz vor Mitte des 2. Jh. v. Chr.) seinen Platz; er ist nicht von dem gleichen Pathos erfüllt und zeigt in einer auf die grch. Klassik rückgewandten Kunstgesinnung das Leben des myth. Gründers von Pergamon. Friese und einige Architekturteile des P. wurden nach Entdeckung und Ausgrabung (1878–86) durch C. Humann im Vorderasiatischen Museum in Berlin aufgestellt; die Rekonstruktion wurde seitdem in Teilen ergänzt.

Müller, W.: Der Pergamon-Altar. Leipzig ^{3}1978. – Schalles, H.-J.: Der Pergamon-Altar zwischen Bewertung u. Verwertbarkeit. Frankfurt am Main 1995.

Pergola [italien.] *die,* Laubengang.

Pergamonaltar (Berlin, Pergamonmuseum)

Pergolesi (Pergolese), Giovanni Battista, italien. Komponist, *Jesi 4. 1. 1710, begraben Pozzuoli 16. 3. 1736; ein Hauptmeister der Neapolitan. Schule. Seine Opera buffa »La serva padrona« (1733; dt. »Die Magd als Herrin«) war als Prototyp der kom. Oper Epoche machend. P.s Melodik fand in seinem letzten Werk, dem »Stabat Mater« für Sopran, Alt, Streicher und Orgel, ihre Vollendung.

Peri, Iacopo, italien. Komponist, *Rom 20. 8. 1561, †Florenz 12. 8. 1633; einer der Hauptvertreter der Florentiner Camerata, die die Monodie und das dramat. Rezitativ entwickelte und die Form der Oper schuf; komponierte u. a. die Oper »Dafne« (aufgeführt 1598).

peri... [grch.], um ... herum, umher, über ... hinaus.

Periastron [grch.] *das,* die Sternnähe (↑Apsiden).

Peribolos [grch. »Umfriedigung«] *der,* heiliger Bezirk um den antiken Tempel.

Peridot [frz.] *der,* Edelsteinvarietät des ↑Olivin.

Peridotit [frz.] *der,* ein ultrabas. Tiefengestein, das aus Olivin, Pyroxenen u. a. besteht. Es sind viele Varietäten bekannt, z. B. Dunit (gelbgrün bis grün, über 90 % Olivin).

Peridotitschale, Teil der unteren Erdkruste, ↑Erdinneres.

Perigäum [grch.] *das,* Erdnähe (↑Apsiden).

periglazial, *Geomorphologie:* die Umgebung von Inlandeis und Gletschern betreffend. In ihrem Einflussbereich erstreckt sich das **Periglazialgebiet** mit seinem spezifischen Formenschatz (den **Periglazialerscheinungen**), wie Kryoturbation, Solifluktion, Blockmeere, Löss, Binnendünen.

Pérignon [peri'ɲɔ̃], Pierre (gen. Dom Pierre), frz. Benediktinermönch, *Sainte-Menehould (Dép. Marne) 1638 (?), †Hautvillers (Dép. Marne) 1715; wurde 1668 Kellermeister der Abtei Hautvillers, gilt als Erfinder des Schaumweins.

Perigon [grch.] *das,* Blütenhülle mit gleich gestalteten Kronen- und Kelchblättern (↑Blüte).

Périgord [peri'gɔ:r] *das,* Landschaft im SW Frankreichs, am W-Rand des Zentralmassivs. Die teils bewaldeten, stark verkarsteten Kalkplateaus sind durch tiefe Täler zerschnitten; Anbau von Getreide, Tabak, Wein; Viehzucht; Walnussanpflanzungen; auch bekannt durch Trüffeln; Hauptort ist Périgueux. Die Grafschaft P., als Grenzlandschaft in den Kriegen zw. Frankreich und England im MA. umkämpft, wurde von Heinrich IV. mit der frz. Krone vereint. Im P. liegen die meisten altsteinzeitl. Fundstätten Frankreichs.

Périgordien [perigɔr'djɛ̃; frz. von Périgord] *das,* Formengruppe der Altsteinzeit (↑Châtelperronien, ↑Gravettien).

Perigraph [grch.] *der,* der ↑Diagraph.

Périgueux [peri'gø], Hauptstadt des Dép. Dordogne und Zentrum des Périgord, SW-Frankreich, an der Isle, 32 900 Ew.; Nahrungsmittel-, Metall-, Textil-, Holz- u. a. Industrie. – Galloröm. Baureste, Kathedrale Saint-Front (Baubeginn um 1120, 1852–1901 Restaurierung), Kirche Saint-Étienne (11. bis 12. Jh.), in der unter Denkmalschutz stehenden Altstadt Bürgerhäuser des 15.–18. Jh. – P. war Hauptort der kelt. Petrucorii; Blütezeit unter röm. Herrschaft; im MA. Hptst. der Grafschaft Périgord, 1360–99 englisch, im 16. Jh. ein Stützpunkt der frz. Protestanten.

Perihel [grch.] *das,* Sonnennähe (↑Apsiden).

Periheldrehung, die sehr langsame Drehung der großen Achse der Planetenellipse in der Bahnebene um die Sonne, die überwiegend auf die Störung der jeweiligen Planetenbahn durch die anderen Planeten zurückzuführen ist. Die P. wurde im 18. Jh. bei ↑Merkur entdeckt (43″ in 100 Jahren) und auch bei Venus und Erde nachgewiesen; sie konnte quantitativ erst durch die allgemeine Relativitätstheorie erklärt werden.

Perikard [grch.] *das,* der Herzbeutel (↑Herz).

Perikarditis *die,* ↑Herzbeutelentzündung.

Perikarp [grch.] *das,* die Fruchtwand (↑Frucht).

Periklas [zu grch. klásis »Bruch«] *der,* weißes, graues oder gelbl., glasig glänzendes, kub. Mineral der chem. Zusammensetzung MgO; meist unregelmäßige oder rundl. Körner.

Perikles, athen. Staatsmann, *Athen um 500, †ebd. (an der Pest) 429, ⚭ in 2. Ehe mit Aspasia; bedeutendster Redner seiner Zeit; Gegner der polit. Macht des Aeropags und Kimons, dessen Ankläger er 463 v. Chr. war. Seit 443 ständig Stratege, verlieh er der athen. Demokratie monarch. Charakter; leitete mit dem Kalliasfrieden (449/448) die Ausgestaltung des Attisch-Delischen Seebundes zum att. Seereich ein und ließ Beiträge der Bundesmitgl. zum Ausbau des seit 462/460 stark befestigten Athen (bes. der Akropolis) nutzen. Das **perikleische Zeitalter** war ein Höhepunkt klassischer grch. Kultur (Sophokles, Phidias, Anaxagoras, Herodot, Hippodamos, Protagoras); doch erschütterte eine stetige Opposition seine Stellung (Prozesse gegen Phidias, Anaxagoras, Aspasia). P., der den Peloponnes. Krieg als Mittel neuer innerer Stärkung begrüßt haben soll, wurde 430 abgesetzt. – Eine Biographie des P. verfasste Plutarch.

📖 *Kagan, D.: P. Die Geburt der Demokratie. A. d. Amerikan. Stuttgart 1992.*

Perikope [grch.] *die,* Textabschnitt aus der Bibel; als Lese- (kath. Kirche) bzw. Lese- und Predigttext (evang. Kirche) für den Gottesdienst verbindlich vorgeschrieben.

Perikopenbuch, liturg. Buch, das ↑Evangelistar.

Perilla (Schwarznessel), Lippenblütlergattung Asiens. Das schnell trocknende Samenöl der bes. in Japan angebauten weißblühenden **P. ocimoides** wird als Lacköl u. a. verwendet.

Perim (arab. Mejum oder Mehun), Insel in der Meerenge Bab el-Mandeb, an der S-Spitze Arabiens, Jemen, 13 km², rd. 300 Ew.; Fischfang. – 1799–1801 und 1851–1967 als Teil der Kronkolonie Aden unter brit. Herrschaft.

perinatal [grch.-lat.], den Zeitraum zw. dem Ende der 28. Schwangerschaftswoche und dem 7. Lebenstag des Neugeborenen betreffend.

Perinatalmedizin, interdisziplinäres Teilgebiet der Medizin, das sich mit dem Zustand des Fetus und Neugeborenen vor, während und nach der Geburt bis zum 7. Lebenstag des Neugeborenen befasst; beinhaltet sowohl Prophylaxe als auch Therapie von Erkrankungen des Kindes im Mutterleib und des Neugeborenen.

Periode [grch.] *die,* **1)** *allg.:* längerer oder kürzerer Zeitabschnitt, Zeitraum, der durch bestimmte Abläufe, Ereignisse oder Entwicklungen geprägt ist, die ihm Geschlossenheit verleihen; eine P. kann einmalig sein (z. B. Dürre-P., geschichtl. P., ↑Periodisierung) oder eine regelmäßig wiederkehrende Abfolge darstellen.

2) *Astronomie:* a) die Umlaufzeit von Gestirnen; b) das kleinste Zeitintervall, in dem sich die regelmäßige Wiederkehr gleicher Helligkeit bei ↑Veränderlichen wiederholt.

3) *Chemie:* ↑Periodensystem der chemischen Elemente.

4) *Mathematik:* a) regelmäßig wiederkehrende Ziffernfolge, auf die die Dezimalbruchentwicklung einer rationalen Zahl endet **(periodische Dezimalzahl, periodischer Dezimalbruch);** z. B. hat die Dezimalzahl $0{,}673673673\ldots = 0{,}\overline{673}$ die P. 673; b) die ständige Wiederholung bestimmter Werte einer Funktion, wenn das Argument um einen festen Betrag a, die P., angewachsen ist: $f(x + a) = f(x)$ **(period. Funktion).**

5) *Medizin:* die ↑Menstruation.

6) *Musik:* in sich geschlossener, i. d. R. achttaktiger Abschnitt, der in einen Vorder- und einen ähnlich gebauten Nachsatz gegliedert ist.

7) *Physik:* die Wiederholung gleicher Zustände eines physikal. Systems in regelmäßigen Zeitabständen (↑Periodendauer), z. B. bei Bewegungen, insbesondere bei Schwingungen.

Periodendauer (kurz Periode), Formelzeichen T, die Zeit, nach der sich ein regelmäßig wiederkehrender Vorgang (period. Vorgang) wiederholt, z. B. die bei einer harmon. Schwingung für eine volle Schwingung benötigte Zeit (Schwingungsdauer).

Perioden-Leuchtkraft-Beziehung, Beziehung zw. der Pulsationsperiode und der mittleren Leuchtkraft (oder absoluten Helligkeit) der ↑Cepheiden. Aus der beobachteten Periode und der scheinbaren Helligkeit kann die

Entfernung von Sternsystemen (anhand darin enthaltener Cepheiden) bestimmt werden.

Periodensystem der chemischen Elemente, Abk. **PSE,** systemat., tabellar. Anordnung der chem. Elemente nach ihrem Atombau und ihren davon abhängigen periodisch sich wiederholenden chem. und physikal. Eigenschaften; 1869 von D. I. Mendelejew und L. Meyer unabhängig voneinander vorgeschlagen. Für einige Leerstellen sagte Mendelejew neue Elemente, z. B. Gallium, Germanium, Scandium, Technetium, Promethium, mit ihren Eigenschaften voraus, die später entdeckt oder durch Kernumwandlung künstlich hergestellt wurden. Anfängl. Unstimmigkeiten in der Reihenfolge wurden durch die spätere Erkenntnis beseitigt, dass nicht die Atommasse, sondern die Ordnungszahl die für die chem. Eigenschaften maßgebende Größe ist. Die Erklärung des PSE liefert die Quantentheorie, insbesondere die Anwendung des Pauli-Prinzips auf den Bau der Atomhülle. Danach unterscheiden sich die Atome der versch. Elemente durch die Anzahl der Hüllenelektronen, die sich in »Schalen« (↑Schalenmodell) gruppieren; sie spiegelt sich hauptsächlich in den Perioden des PSE wider. Es gibt versch. (historisch bedingte) Darstellungsarten des PSE (Lang- und Kurzperiodensystem). In den waagrechten Zeilen, den **Perioden,** werden die Elemente nach steigender Ordnungszahl, in den senkrechten Spalten, den **Gruppen** oder **Elementfamilien,** nach ähnlichen chem. und physikal. Eigenschaften geordnet. Zu den **Hauptgruppen** (gekennzeichnet entsprechend der IUPAC-Regel als 1A, 2A, 3B bis 7B, 0; die älteren Bez. lauten Ia bis VIIa und 0) zählen die 44 Elemente, bei deren Atomen die äußersten Schalen mit Elektronen aufgefüllt werden. Diese Gruppen werden (nach obiger Reihenfolge) als Alkalimetalle (und Wasserstoff), Erdalkalimetalle, Borgruppe, Kohlenstoffgruppe, Stickstoffgruppe, Chalkogene, Halogene und Edelgase bezeichnet. Die Gruppennummer gibt dabei jeweils die Anzahl der vorhandenen Außenelektronen an. Die übrigen 65 Elemente gehören zu den **Nebengruppen** (gekennzeichnet als 3A bis 7A, 8, 1B, 2B; früher: Ib bis VIIb, VIII). Bei den meisten Atomen dieser Elemente erfolgt aus energet. Gründen vor dem weiteren Auffüllen der äußeren Elektronenschalen ein Besetzen der inneren Elektronenschalen (d- und f-Orbitale). Diejenigen Nebengruppenelemente, bei deren Atomen das neu hinzukommende Elektron ein d-Elektron ist, werden auch als **Übergangselemente** oder als **d-Elemente** bezeichnet. – Abb. S. 96/97.

📖 *Hardt, H.-D.: Die period. Eigenschaften der chem. Elemente. Stuttgart ²1987. – Trueb, L. F.: Die chem. Elemente. Ein Streifzug durch das P. Stuttgart 1996. – Binder, H. H.: Lexikon der chem. Elemente. Das P. in Fakten, Zahlen Daten. Stuttgart 1999.*

Periodika [grch.], in regelmäßigen Zeitabständen erscheinendes Schrifttum (bes. Zeitschriften).

periodische Augen|entzündung, die ↑Mondblindheit.

Periodisierung [grch.] *die,* das Bemühen, den Gesamtverlauf der Geschichte in sinnvolle, in sich abgeschlossene Einheiten (↑Epoche) zu gliedern. In ihrer Absicht, die bestimmenden Kräfte und Vorgänge einer Epoche zu erfassen, um das Verständnis geschichtl. Entwicklungen sowie des eigenen histor. Standortes zu fördern, ist P. immer Deutung und Ergebnis einer Geschichtstheorie. Dies und die aller P. zugrunde liegende Voraussetzung, dass die Geschichte als Ganzheit verfügbar sei, machen die histor. Bedingtheit eines jeden Versuchs von P. aus. Bis heute erhielt sich in der Geschichtswiss. das Dreiperiodenschema des Humanismus: Altertum, MA., Neuzeit. Frühe Versuche einer P. sind z. B. die Lehre von den vier Weltreichen, die Lebensalterslehre (Ablauf der Staatsentwicklung entsprechend den menschl. Altersstufen), im Zeichen christl. Geschichtsbetrachtung die Weltalterslehre (analog zu den sechs Schöpfungstagen), in der Moderne etwa die Kulturzyklentheorien und das Typenschema des Marxismus (nach ökonom. Gesellschaftsformationen).

Periöken [grch.], im Altertum, bes. in Sparta, eine persönlich freie, aber politisch rechtlose Bevölkerungsschicht.

Periost [grch.] *das,* die Knochenhaut (↑Knochen).

Periostitis [grch.] *die,* ↑Knochenhautentzündung.

Peripatos [grch.], im antiken Griechenland eine Wandelhalle, in der unterrichtet und philosophisch diskutiert wurde; danach Bez. für Aristoteles und seine Schüler **(Peripatetiker).**

Peripetie [grch.] *die,* Begriff aus der Tragödientheorie des Aristoteles (»Poetik«); der (meist plötzlich eintretende) Umschlag der dramat. Handlung, der Wendepunkt, von dem an die Handlung notwendig der Katastrophe zustrebt.

peripheres Nervensystem, Bez. für die Gesamtheit der Anteile des ↑Nervensystems, die als periphere Nerven und Ganglien sowohl mittels zuleitender (afferenter, sensor.) Nervenbahnen Erregung aus der Körperperipherie und den inneren Organen zum Zentralner-

Periodensystem der chemischen Elemente

Elementgruppen (Anzahl Valenzelektro

Übergangsmetalle

1A	2A	3A	4A	5A	6A	7A	8	8
1 H Wasserstoff								
3 Li Lithium	4 Be Beryllium							
11 Na Natrium	12 Mg Magnesium							
19 K Kalium	20 Ca Calcium	21 Sc Scandium	22 Ti Titan	23 V Vanadium	24 Cr Chrom	25 Mn Mangan	26 Fe Eisen	27 C Kob
37 Rb Rubidium	38 Sr Strontium	39 Y Yttrium	40 Zr Zirconium	41 Nb Niob	42 Mo Molybdän	43 Tc Technetium	44 Ru Ruthenium	45 Rh Rhod
55 Cs Cäsium	56 Ba Barium	57 La Lanthan	72 Hf Hafnium	73 Ta Tantal	74 W Wolfram	75 Re Rhenium	76 Os Osmium	77 Ir Iridi
87 Fr Francium	88 Ra Radium	89 Ac Actinium	104 Rf Rutherfordium	105 Db Dubnium	106 Sg Seaborgium	107 Bh Bohrium	108 Hs Hassium	10 M Meitne

58 Ce Cer	59 Pr Praseodym	60 Nd Neodym	61 Pm Promethium	62 Sm Samarium	6 E Euro
90 Th Thorium	91 Pa Protactinium	92 U Uran	93 Np Neptunium	94 Pu Plutonium	9 A Amer

Metall | Halbmetall | Nichtmetall | künstl. Element

	1B	2B	3B	4B	5B	6B	7B	0	
								2 He Helium	**1. Periode**
			5 B Bor	6 C Kohlenstoff	7 N Stickstoff	8 O Sauerstoff	9 F Fluor	10 Ne Neon	**2. Periode**
			13 Al Aluminium	14 Si Silicium	15 P Phosphor	16 S Schwefel	17 Cl Chlor	18 Ar Argon	**3. Periode**
8 i kel	29 Cu Kupfer	30 Zn Zink	31 Ga Gallium	32 Ge Germanium	33 As Arsen	34 Se Selen	35 Br Brom	36 Kr Krypton	**4. Periode**
6 d dium	47 Ag Silber	48 Cd Cadmium	49 In Indium	50 Sn Zinn	51 Sb Antimon	52 Te Tellur	53 I Jod	54 Xe Xenon	**5. Periode**
8 t tin	79 Au Gold	80 Hg Quecksilber	81 Tl Thallium	82 Pb Blei	83 Bi Wismut	84 Po Polonium	85 At Astat	86 Rn Radon	**6. Periode**
0	111	112		114		116		118	**7. Periode**

64 Gd olinium	65 Tb Terbium	66 Dy Dysprosium	67 Ho Holmium	68 Er Erbium	69 Tm Thulium	70 Yb Ytterbium	71 Lu Lutetium

96 Cm rium	97 Bk Berkelium	98 Cf Californium	99 Es Einsteinium	100 Fm Fermium	101 Md Mendelevium	102 No Nobelium	103 Lr Lawrencium

Feststoff (20 °C) **Flüssigkeit (20 °C)** **Gas (20 °C)** **Radioaktiv**

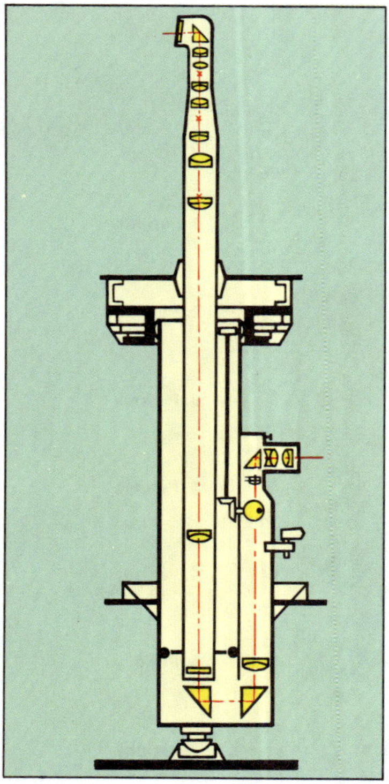

Periskop: U-Boot-Periskop mit veränderlicher periskopischer Länge; das mittlere Rohr mit dem Ausblickkopf kann einige Meter nach oben geschoben werden; zur Horizontbeobachtung wird das gesamte Sehrohr mit dem Beobachter in bootsfesten Lagern gedreht

vensystem übertragen als auch über efferente (motor.) Bahnen Muskeln und Drüsen versorgen.

Peripherie [grch.] *die,* **1)** *allg.:* Randzone. **2)** *Geometrie:* der Umfang von Flächen, z. B. des Kreises.

Peripheriegeräte, Bez. für alle Geräte, die über Datenkanäle an die ↑Zentraleinheit (CPU) eines Datenverarbeitungssystems angeschlossen sind. Man unterscheidet zw. **Nah-P.,** die ohne Einrichtungen der Datenfernübertragung (↑Datenfernverarbeitung) angeschlossen werden (z. B. Drucker, Magnetplatten), und **Fern-P.,** die mit Einrichtungen der Datenfernübertragung angeschlossen werden (z. B. Bildschirmterminals). P. dienen zur Ein-/Ausgabe in das und aus dem Datenverarbeitungssystem und/oder zur Zwischenspeicherung von Daten und Programmen.

Periphrase [grch.] *die,* rhetor. Umschreibung, z. B. »der Allmächtige« für Gott (↑Redefiguren, Übersicht).

Periplus [grch. »Umfahrt«] *der,* antike geograph. Literaturgattung; urspr. Küsten- und Hafenbeschreibung mit nautisch-techn. Angaben (Tiefe der Häfen, Landmarken). Einer der ältesten Periploi (4. Jh. v. Chr.) ist der des Skylax von Karyanda. Im MA. hießen solche Schifferhandbücher ↑Portolane.

Peripteros [grch.] *der,* grch. Tempel mit ringsum laufender einfacher Säulenreihe.

Periskop [grch.] *das, Optik:* (Sehrohr) Bauform eines Fernrohrs mit ausfahrbarem senkrechtem Sehrohr veränderl. Länge, dessen Prismen- und Linsensystem die horizontale Visierlinie i. Allg. senkrecht ablenkt, den Strahlengang parallel versetzt und einen horizontalen Einblick am Okularende ermöglicht; Anwendung z. B. in U-Booten.

Peristaltik [grch.] *die,* bei Hohlorganen (Magen, Darm, Harnleiter) wellenförmig fortschreitende Zusammenziehung der glatten Muskulatur zum Vorwärtstreiben des Inhalts. Die gegenläufige Bewegung **(Anti-P.)** kann Entleerung (z. B. Erbrechen) bewirken.

Peristyl [lat.-grch.] *das,* ein mindestens auf drei Seiten von Säulen umgebener Innenhof, bes. der gartenartig ausgestaltete Säulenhof des grch. und röm. Hauses.

Peritonealdialyse [grch.], Blutreinigungsverfahren zur Dialysebehandlung, das das Bauchfell (Peritoneum) als Austauschmembran nutzt. Durch einen in die Bauchhöhle eingelegten Kunststoffschlauch (Katheter) wird sterile, auf Körpertemperatur angewärmte Dialyseflüssigkeit in den Bauchraum eingeleitet. Die aus dem Organismus zu entfernenden Giftstoffe treten aus den Blutkapillaren des Bauchfells in die Spülflüssigkeit über, die dann durch den gleichen Katheter entfernt wird. Im Ggs. zur künstl. Niere ist bei der P. kein spezieller Gefäßzugang erforderlich, und weil kein Heparin zugeführt werden muss, um die Blutgerinnung zu hemmen, besteht keine erhöhte Blutungsgefahr.

Peritoneum [grch.] *das,* das ↑Bauchfell.

Peritonitis *die,* ↑Bauchfellentzündung.

Perkalin [pers.-türk.-frz.-nlat.] *das,* stark appretiertes Baumwollgewebe für Bucheinbände.

Perkeo, Klemens, aus Tirol gebürtiger Zwerg, seit etwa 1720 Hofnarr des Kurfürsten Karl Philipp von der Pfalz in Heidelberg.

Perkin [ˈpəːkɪn], Sir (seit 1906) William Henry, brit. Chemiker und Industrieller, * London 12. 3. 1838, † Sudbury (heute zu London)

14. 7. 1907; stellte 1856 den ersten synthet. organischen Farbstoff, das Mauvein (P.-Violett), her. P. begründete eine Anilinfarbenfabrik und entwickelte 1868 die **P.-Reaktion** zur Herstellung von ungesättigten organ. Säuren durch Kondensation von Aldehyden mit Natriumsalzen von Carbonsäuren unter dem Einfluss von Säureanhydriden.

Perkins ['pə:kınz], Anthony, amerikan. Schauspieler, * New York 4. 4. 1932, † Los Angeles 12. 9. 1992; Darsteller komplizierter, neurot. Typen in Filmen wie »Lieben sie Brahms?« (1960), »Psycho« (1960; II, 1980; III, 1986), »Die dritte Dimension« (1962), »Der Prozeß« (1962), »Mord im Orientexpreß« (1974), »Napoleon und Josephine« (1988), »Schreie im Wald« (1992).

Perkolationstheorie [zu lat. percolatio »das Durchseihen«], Methode zur Beschreibung und Modellierung von Struktur und Dynamik ungeordneter (komplexer) Systeme; mathematisch eine Theorie von Clustern, d.h. von Gruppierungen benachbarter Plätze von (abstrakten) Gittern, die mit einer Wahrscheinlichkeit < 1 zufällig unabhängig voneinander besetzt sind. Die P. ist eng mit den Konzepten der Selbstähnlichkeit und der fraktalen Strukturen verbunden.

Perkunas [litauisch], baltischer Himmels- und Donnergott, wahrscheinlich dem slaw. **Perun** verwandt.

Perkussion [lat. »Schlagen«] *die, Medizin:* Untersuchung durch Abklopfen der Körperoberfläche. Der Klopfschallbefund erlaubt Rückschlüsse auf Grenzen und krankhafte Veränderungen innerer Organe, z.B. der Lunge.

Perkussions|instrumente, die ↑Schlaginstrumente.

Perkussionswaffen, Handfeuerwaffen mit Zündhütchenzündung (↑Gewehr).

perkutan [lat.], *Medizin:* durch die unverletzte Haut hindurch; z.B. auf die Anwendung von Salben bezogen.

Perl [pə:l], Martin Lewis, amerikan. Physiker, * New York 24. 6. 1927; Prof. an der Stanford University, wies mit seinen Mitarbeiten 1975 am ↑SLAC ein schweres Lepton, das Tauteilchen, nach. Dafür erhielt er 1995 zus. mit F. Reines den Nobelpreis für Physik.

Perlboote, Gattung der Kopffüßer, ↑Nautilus.

Perleberg, Kreisstadt des Landkreises Prignitz, Brandenburg, in der W-Prignitz, 14 100 Ew.; Fleischverarbeitung. – Spätgot. Pfarrkirche Sankt Jakob (14./15. Jh.), neugot. Rathaus (um 1850) mit mittelalterl. Gerichtslaube (15. Jh.) und Rolandsfigur (1546); Fachwerkhäuser (v.a. 17. Jh.). – P. entstand um 1150 und erhielt 1239 Stadtrecht.

Perlen [von lat. perna »Muschel«], meist erbsengroße kugelige bis birnenförmige, harte Gebilde aus Perlmutter. P. sind krankhafte Erscheinungen bei vielen Schalenweichtieren, bes. bei der Fluss- und der Seeperlmuschel. Die Perlbildung geschieht durch zw. Schale und Mantel der Muschel eingelagerte, den Mantel einbuchtende Fremdkörper (z.B. Sandkörner), die zum Kern der P. werden; sie werden vom Mantelepithel umschlossen, das konzentr. Perlmutterschichten nach innen ausscheidet. **Natur-P.** werden v.a. aus Muscheln trop. und subtrop. Meere gewonnen. Fundgebiete von P., die durch P.-Taucher (P.-Fischer) aus oft mehr als 20 m Tiefe geholt werden, sind der Pers. Golf und die Küsten Sri Lankas **(Orient-P.),** ferner Australien, die Südsee-Inseln, Venezuela, Mexiko, Panama u.a.; **Fluss-P.** oder **Süßwasser-P.** werden im Mississippi und Hudson, vereinzelt auch in mitteleurop. Flüssen gefunden. P. wachsen nur sehr langsam; erbsengroße Perlbildungen dauern oft 10–15 Jahre. **Zucht-P. (Kultur-P.)** entstehen durch künstl. Einbringen eines Perlkerns; deren Ernte kann schon nach 4 bis 10 Jahren erfolgen.

Perlen|inseln (span. Archipiélago de las Perlas), zu Panama gehörige Inselgruppe von 183 Inseln (davon 39 bewohnt) im Golf von Panama, rd. 400 km², rd. 2 900 Ew.; Fischfang, Perlenfischerei, Reisanbau, Kokospalmbestände; Fremdenverkehr.

Perlfluss (Kantonfluss, chines. Zhu Jiang, Chukiang), Flussgeflecht in der südchines. Prov. Guangdong, besteht aus den Mündungsarmen von Xi Jiang, Bei Jiang und Dong Jiang; der Hauptarm des P. mündet in einem 70 km langen und bis zu 30 km breiten Ästuar westlich von Hongkong ins Südchines. Meer.

Perlgeschwulst, das ↑Cholesteatom.

Perlgras (Melica), Gattung der Süßgräser in gemäßigten Gebieten der Nordhalbkugel, Südamerikas und Südafrikas; verbreitet in heim. Wäldern das **Nickende P. (Flohgras,** Melica nutans) mit nickenden, zweiblütigen und das **Einblütige P.** (Melica uniflora) mit aufrechten, einblütigen Ährchen.

Perlhühner (Numidinae), afrikan. Unterfamilie der Fasanartigen mit dicht weiß getüpfeltem Gefieder. Das 63 cm hohe **Helmperlhuhn** (Numida meleagris) ist die Stammform des Hausperlhuhns und wird auch als Zier- und Hausgeflügel gehalten; die stattlichste Art ist das etwa 70 cm hohe **Geierperlhuhn** (Acryllium vulturinum), dessen schwarz-blau-weiß gestreifte Halsfedern stark verlängert sind.

Perlis, Gliedstaat Malaysias im NW der Malaiischen Halbinsel, an der thailänd. Grenze,

795 km², (1997) 217 400 Ew.; Hptst. ist Kangar, Sultansresidenz Arau.

Perlit *der,* **1)** *Geologie:* (Perlstein) natürl., wasserhaltiges Gesteinsglas, z. B. des Rhyoliths u. a. Ergussgesteine, mit feinkugelig-schaliger Absonderung.
2) *Werkstoffkunde:* Eutektoid (d. h. ↑Eutektikum im Festkörperzustand) des instabilen Systems Eisen-Eisencarbid (Zementit, Fe_3C). P. entsteht beim Abkühlen kohlenstoffhaltigen Eisens bei 723 °C als Festkörperumwandlung durch Zerfall des oberhalb dieser Temperatur stabilen ↑Austenits in ↑Ferrit und Zementit.

Perlman [ˈpəːlmən], Itzhak, amerikan. Violinist israel. Herkunft, *Tel Aviv 31. 8. 1945; lebt seit 1958 in den USA; gefragter Interpret klass. und romant. Violinliteratur sowie von Werken der Neuen Musik (u. a. von A. Berg, B. Bartók, I. Strawinsky); spielt auch Jazz.

Perlmutter *die* oder *das* (Perlmutt), innerste Schicht der Schale mancher Muscheln und Schnecken; besteht aus planparallelen Aragonitplättchen und zeigt irisierende Farben.

Perlokution [lat.-nlat.] *die, Sprachwissenschaft:* Bez. für die mit einer sprachl. Äußerung erzielte außersprachl. Wirkung auf den Kommunikationspartner. (↑Sprechakt)

Perlon [Kw.] *das,* Handelsbez. für mehrere zu den ↑Polyamiden zählende Chemiefasern, v. a. für die erste, aus ε-Caprolactam hergestellte Polyamidfaser (Perlon 6).

Perlpilz

Perlpilz (Fleischchampignon, Perlwulstling, Amanita rubescens), 8–15 cm hoher Wulstling mit 6–15 cm großem Hut, der meist rotbraun bis fleischfarben ist und hellgraue bis rötlich graue, abwischbare Schuppen hat; gekocht (niemals roh!) guter Speisepilz.

Perlstab, der ↑Astragal.

Perlstein, der ↑Perlit 1).

Perlwein, Wein, der durch Zweitgärung im Tank gewonnene natürl. (z. B. der italien. Frizzante) oder durch Imprägnierung zugesetzte Kohlensäure enthält.

Perlzwiebel (Perllauch), perlenähnlich schimmernde Brutzwiebeln verschiedener Laucharten.

Perm [nach dem ehem. russ. Gouv.] (ältere Bez. Dyas), jüngstes System (Periode) des Paläozoikums, in Dtl. in ↑Rotliegendes und ↑Zechstein geteilt. (↑geologische Systeme, Übersicht)

Perm (1940–57 Molotow), Gebiets-Hptst. in Russland, im westl. Uralvorland, unterhalb des Kamastausees an der Kama, 1,03 Mio. Ew.; Univ., TU, mehrere Hochschulen, Kunstgalerie; Rüstungsind., Maschinen-, Motorenbau, Flusswerft, Erdölraffinerie, chem., Holz-, Papier-, polygraph. Industrie; Hafen und Flughafen. – P. wurde 1723 mit dem Bau einer Kupferhütte gegründet.

Permafrost [ˈpəːməfrɔst], in der angelsächs. Literatur gebräuchl. Bez. für ↑Dauerfrostboden.

Permalloy® [ˈpəːmələɪ, Kw.] *das,* Eisen-Nickel-Legierung mit 36–81 % Nickel von hoher magnet. ↑Suszeptibilität bei geringen Feldstärken und niedrigem Hysterese-Verlust (↑Hysterese) für Radio-, elektr. und elektron. Ausrüstungen.

permanent [lat.], andauernd, ununterbrochen.

permanente Revolution, ↑Trotzkismus.

Permeabilität [lat.] *die,* **1)** *Biochemie* und *physikal. Chemie:* Durchlässigkeit von Scheidewänden (Membranen, Zellwände), aber auch von Gestein, Folien, Blechen u. a. für bestimmte Moleküle, Atome oder Elementarteilchen.
2) *Physik:* Formelzeichen μ, in magnetisch isotropen Stoffen Proportionalitätsfaktor zw. der magnet. Induktion $\boldsymbol{B}$ und der magnet. Feldstärke $\boldsymbol{H}$; $\boldsymbol{B} = \mu \boldsymbol{H} = \mu_0 \mu_r \boldsymbol{H}$. Im Vakuum ist μ gleich der **magnet. Feldkonstante** μ_0 (ältere Bez. **Induktionskonstante, absolute P.** des Vakuums): $\mu_0 = 4\pi \cdot 10^{-7}\,\mathrm{V \cdot s/A \cdot m}$; die **P.-Zahl** μ_r ist somit für Vakuum gleich Eins. $\mu_r = \mu / \mu_0$ ist die P. eines Stoffes bezogen auf μ_0; daher wurde μ_r auch **relative P.** genannt. Bei diamagnet. und paramagnet. Substanzen ist die P. eine Materialkonstante, bei ferromagnet. Materialien hängt sie von der Feldstärke ab.

Permeke, Constant, belg. Maler, Zeichner und Bildhauer, *Antwerpen 31. 7. 1886, †Ostende 4. 1. 1952; bed. Vertreter des fläm. Expressionismus. Seine großformatigen Bilder stellen v. a. Bauern und Fischer dar, ferner Landschaften, Seestücke. Ab 1937 entstanden von afrikan. Plastik beeinflusste Skulpturen.

Permiler, Völkergruppe mit finnougr. Sprache an der W-Seite des Urals, die sich im

8.–10. Jh. in Syrjänen (↑Komi) und Wotjaken (↑Udmurten) teilte.

Permissible Level [pəˈmɪsəbl ˈlevl, engl.], Bez. für die duldbare Menge von Rückständen aus Pflanzenschutzmitteln in und auf Nahrungsmitteln in mg/kg Körpergewicht unter Beachtung von ADI-Wert und Verzehrmenge, die bei tägl. Aufnahme kein Gesundheitsrisiko erwarten lässt.

Permitted Level [pəˈmɪtɪd ˈlevl, engl.], Bez. für die tatsächlich geduldete Höchstmenge von Rückständen aus Pflanzenschutzmitteln. Bei landwirtschaftl. guter Praxis ist es oft möglich, weniger Schadstoffe auszubringen, als es der ↑Permissible Level erlaubt. Der P. L. liegt weit unter dem ↑ADI-Wert; eine Überschreitung wirkt nicht in jedem Fall giftig.

Permittivität [lat.] *die,* ↑Dielektrizitätskonstante.

Permokarbon *das,* Bez. für Karbon und Perm, deren Bildungen bes. auf der Südhalbkugel nur schwer zu trennen sind; gemeinsam sind ihnen v. a. ausgedehnte Vereisungen.

Permoser, Balthasar, Bildhauer, getauft Kammer (heute zu Traunstein) 13. 8. 1651, †Dresden 20. 2. 1732; ausgebildet in Salzburg und Wien, lebte lange in Italien und wurde 1689 Hofbildhauer in Dresden, wo er ab 1711 die Skulpturen des Zwingers schuf (als Werke seiner Hand werden heute u. a. die mittleren Hermengruppen am Wallpavillon angesehen). Seine Kunst ist das wichtigste Verbindungsglied zw. der italien. und dt. Barockskulptur. Unter seinen zahlr. anderen Arbeiten ragen hervor: Jahreszeiten und mytholog. Figuren (Kleinbildwerke aus Elfenbein, u. a. Dresden [Grünes Gewölbe] und Braunschweig [Museum]), die Apotheose des Prinzen Eugen (1718–21; Wien, Österr. Barockmuseum) und die monumentalen Gestalten der Kirchenväter Augustinus und Ambrosius (1725) für den Hochaltar der Dresdner Hofkirche.

📖 *Asche, S.: B. P. Leben u. Werk. Berlin 1978.*

Permutation [lat.] *die,* **1)** *Kunst:* in der konkreten Kunst ein Verfahren, mittels Phasenverschiebung Farbmengenfelder zu variieren.

2) *Mathematik:* ↑Kombinatorik.

3) *Sprachwiss.:* die Umstellung von Satzgliedern innerhalb eines Satzes. Sie dient der Ermittlung von Konstituenten (↑Konstituentenanalyse).

Permutite® [zu lat. permutare »vertauschen«], Handelsbez. für eine Gruppe von Ionenaustauschern auf Kunstharzbasis.

Pernambuco, 1) Bundesstaat im NO von ↑Brasilien; Hptst. und Ausfuhrhafen ist Recife. In der feuchtheißen Küstenebene Anbau von Zuckerrohr, Tomaten, Bananen, Baumwolle, Kaffee, Tabak, Kokospalmen. Im semiariden Binnenland (mehrjährige Dürren), das zum Brasilian. Bergland (Sertão, $^3/_4$ des Staatsgebiets) gehört, wird bes. Viehzucht betrieben; Zucker- und Textilindustrie. – Ältestes portugies. Siedlungsgebiet in Brasilien (1534 Kapitanat), 1630–54 im Besitz der niederländ. Westind. Kompanie.

2) früherer Name von ↑Recife.

Pernambukholz (Fernambuk, Brasilholz), braungelbes bis dunkelrotes Holz der Hülsenfrüchtlerart Caesalpinia echinata (südöstl. Südamerika); Drechsler- und Ausstattungsholz.

Pernau, Stadt in Estland, ↑Pärnu.

Pernik (1949–62 Dimitrowo), Stadt in der Region Sofia, Bulgarien, an der oberen Struma, 90 500 Ew.; Kohlenbergbau (Tagebaue) und Eisenerzverhüttung; ferner Maschinenbau, elektrotechn. und elektron., Glas-, Lebensmittel- und Druckindustrie.

Perniones [lat.], die ↑Frostbeulen.

perniziöse Anämie (Perniziosa, Biermer-Anämie), chron. ↑Anämie, bei der die Neubildung der roten Blutkörperchen durch Mangel an Vitamin B_{12} gestört ist (Reifungshemmung). Zum Vitaminmangel kommt es durch Fehlen einer im Magen gebildeten Substanz (»Instrinsic Factor«), die zur Aufnahme des mit der Nahrung zugeführten Vitamins erforderlich ist; in vielen Fällen ist die Ursache eine Autoimmunkrankheit. Die Symptome sind Abgeschlagenheit, Atemnot, fahlgelbe Hautfarbe, Brennen und lackartige Beschaffenheit der Zunge, Parästhesien, Muskelschwäche u. a. Im Blutbild finden sich vermehrt Megalozyten. Behandlung durch regelmäßige Einspritzung von Vitamin B_{12}.

Perno [italien.] *der,* Stachel des Violoncellos.

Pernstein (tschech. Pernštejn), eine der bedeutendsten Burgen Mährens (13.–16. Jh.), nordwestlich von Brünn.

Perón, Juan Domingo, argentin. General und Politiker, *Lobos (Prov. Buenos Aires) 8. 10. 1895, †Buenos Aires 1. 7. 1974; Militärattaché, 1943 an einem Staatsstreich beteiligt, anschließend Min., 1944 auch Vizepräs.; gewann durch soziale Reformen die Unterstützung der unteren Schichten. 1945 durch Militärputsch gestürzt und gefangen gesetzt, wurde er nach Protesten der Gewerkschaften und der durch seine Frau Evita mobilisierten »Descamisados« (Hemdlose) freigelassen. Mit der Hilfe des »Partido Laborista« (↑Peronisten) gewann er die Präsidentschaftswahlen 1946 und errichtete ein zunehmend diktator. Regime. 1955 wurde er durch das Militär gestürzt und verbannt, doch behielten seine Parteigänger erhebl. Einfluss. 1972 durfte er nach Argentinien zurückkehren. Im Sept. 1973 wurde er zum Präs. gewählt. – Anteil an seinem Aufstieg hatte seine zweite Frau Evita (Maria Eva **Duarte,** * 1919, † 1952). Sie setzte sich für den Schutz der »Descamisados« und das Frauenwahlrecht ein und gründete ein soziales Hilfswerk. P.s dritte Frau Isabel (Maria Estela **Martínez,** * 1931) wurde 1973 Vizepräs., nach P.s Tod Staatspräs.; 1976 durch einen Putsch gestürzt.

Peronisten, Anhänger von J. D. ↑Perón. 1945 schlossen sich die P., die sich v. a. unter den Mitgl. der Gewerkschaftsorganisation CGT fanden, zum »Partido Laborista« (Arbeiterpartei) zusammen. 1946–55 war dieser die maßgebl. Partei Argentiniens. Sein Ziel war die Integration der unteren Schichten in die Gesellschaft unter nationalist. Vorzeichen durch staatl. Sozialmaßnahmen. Nach dem Sturz Peróns 1955 bestanden die peronist. Gruppierungen weiter. Sie gründeten 1971 (nach der Aufhebung des Parteienverbots von 1966) die »Frente Justicialista de Liberación« (Gerechtigkeitspartei). Seit 1973 vertritt der »Partido Justicialista« die P. (↑Argentinien, Geschichte)

per|oral [lat.] (per os), durch den Mund, über den Verdauungsweg (gegeben; von Arzneimitteln gesagt).

Perotinus (P. Magnus, Pérotin), frz. Komponist, * um 1165 (oder 1155/60), † um 1220 (oder 1200/05); Hauptmeister der Pariser Notre-Dame-Schule. Seine Organa sind erster Höhepunkt in der Entwicklung der mehrstimmigen Musik.

Perow, Wassili Grigorjewitsch, russ. Maler, * Tobolsk 2. oder 4. 1. 1834, † Kusminski (heute zu Moskau) 10. 6. 1882; gehörte zu den Begründern der ↑Peredwischniki, bed. sind v. a. seine sozialkrit. Genrebilder und seine Porträts (u. a. von F. M. Dostojewski).

Perowskit [nach dem russ. Politiker Graf Lew Alexejewitsch Perowski, * 1792, † 1856] *der,* rhomb. Mineral der chem. Zusammensetzung $CaTiO_3$, schwarz, auch durchscheinend; in Chloritschiefern, Basalten, abbauwürdig in Magnetitlagern.

Per|oxidasen, Enzyme, die Substrate unter Verwendung von Wasserstoffperoxid oxidieren.

Per|oxide, Verbindungen des als Peroxogruppe, –O–O–, vorliegenden Sauerstoffs mit Wasserstoff oder Metallen (**anorganische P.**) oder mit organ. Resten (**organische P.**). Technisch wichtige anorgan. P. sind neben dem ↑Wasserstoffperoxid einige Metall-P. (z. B. Natriumperoxid, Na_2O_2), die leicht Sauerstoff abspalten und daher als Oxidations- und Bleichmittel verwendet werden.

Peroxo..., Bez. der chem. Nomenklatur, die in Verbindung mit dem Trivialnamen einer Säure die Substitution des Liganden –O– durch –O–O– anzeigt (z. B. Peroxodischwefelsäure, $H_2S_2O_8$).

Peroxy..., Bez. der chem. Nomenklatur, die das Vorliegen einer Peroxygruppe (Hydroperoxygruppe), –OOH, in organ. Verbindungen anzeigt (z. B. Peroxyessigsäure).

Peroxysomen [grch.], 0,5–1,5 µm große Zellorganellen in pflanzl. und tier. Zellen. P. und Glyoxisomen werden in der Elektronenmikroskopie zusammenfassend als Microbodies bezeichnet.

per pedes (apostolorum) [lat.], zu Fuß (wie die Apostel); meist scherzhaft gebraucht.

Perpendicular Style [pəːpənˈdɪkjʊlə ˈstaɪl, engl.], Spätstil der engl. Gotik von etwa 1350 bis etwa 1520, teilweise noch bis ins 17. Jh. nachweisbar. Er zeichnet sich durch Betonung der senkrechten Linie, gitterartiges Stabwerksystem der Fenster und ebensolche Gliederung der Wände aus. Bevorzugt wird das Fächergewölbe.

Perpendikel [lat. perpendiculum »Senkblei«] *das* oder *der,* Pendel, bes. einer Wand- oder Standuhr (Pendeluhr).

Perpetuals [pəˈpetʃʊəlz, engl.], *Börsenwesen:* Schuldverschreibungen ohne Laufzeitbegrenzung.

Perpetuum mobile [lat. »dauernd beweglich«] *das,* Maschine, die ohne Energiezufuhr von außen dauernd Arbeit verrichtet **(P. m. 1. Art)** oder aus der Wärmeenergie eines großen Wärmespeichers dauernd mechan. Energie erzeugt, ohne dass dabei in der übrigen Umgebung bleibende Veränderungen entstehen **(P. m. 2. Art).** Das P. m. 1. Art ist mit dem ↑Energiesatz, das P. m. 2. Art mit dem Entropiesatz (↑Entropie) unverträglich. Seit I. Newton und G. W. Leibniz ist die Unmöglichkeit eines P. m. erwiesen.

Perpignan [pɛrpiˈɲã], Stadt in S-Frankreich, Hauptort des Roussillon und Verw.sitz des Dép. Pyrénées-Orientales, an der Têt, 108 000 Ew.; Univ. (1349–1792, wieder seit 1971); Museen; Sitz des Obersten Gerichts von Andorra; Handelszentrum für Wein, Obst, Frühgemüse; Metall-, Textil-, Lebensmittelind.; Fremdenverkehr; Flugplatz. – Kathedrale (14.–16. Jh.) u. a. Kirchen, Loge, ehem. Börse von 1397 und 1540, Zitadelle mit Palast der Könige von Mallorca (13.–16. Jh.). – P. war im 11./12. Jh. Hptst. der Grafschaft ↑Roussillon, kam 1172 zu Katalonien-Aragonien, 1276–1344 Hptst. des Königreichs Mallorca.

per procura [lat.], Abk. **pp., ppa.,** aufgrund erteilter ↑Prokura.

Perrault [pɛ'ro], **1)** Charles, frz. Schriftsteller, *Paris 12. 1. 1628, †ebd. 16. 5. 1703, Bruder von 2); verfocht den Vorrang der modernen Schriftsteller vor den Autoren der Antike in seinem »Poème sur le siècle de Louis le grand« (»Querelle des anciens et des modernes«, 1687ff., ↑französische Literatur). Durch seine Märchensammlung »Histoire, ou contes du temps passé...« (1697; dt. u.d.T. »Feenmärchen für die Jugend«) gelangte er zu Weltruhm.

2) Claude, frz. Baumeister, *Paris 25. 9. 1613, †ebd. 9. 10. 1688, Bruder von 1); schuf den Entwurf für die 1667 begonnene Ostfassade des Louvre, mit der er sich gegen G. L. Berninis Entwürfe durchsetzte. Deren klare und monumentale Gliederung ist vollendeter Ausdruck einer klass. Gesinnung.

3) Dominique, frz. Architekt, *Clermont-Ferrand 1953. In der Tradition des architekton. Purismus stehend, beschäftigt sich P. mit grundlegenden geometr. Formen und versucht seine Bauten durch stadtplaner. Gestaltung in die Umgebung einzubetten. – *Bauten*: Techn. Hochschule ESIEE, Marne-la-Vallée (1987); Berliet-Verw.gebäude, Paris (1989); Bibliothèque Nationale, Paris (1990–95).

Perret [pɛ'rɛ], Auguste, frz. Architekt, *Brüssel 12. 2. 1874, †Paris 4. 3. 1954; Pionier des Stahlbetonbaus: Wohnhaus Rue Franklin 25, Paris (1903), Kirche Notre Dame du Raincy (1922/23), Wiederaufbau von Le Havre (nach 1945) u.a.

Perrin [pɛ'rɛ̃], Jean-Baptiste, frz. Physiker und Chemiker, *Lille 30. 9. 1870, †New York 17. 4. 1942; wies 1895 die negative Ladung der Kathodenstrahlen nach; erhielt für seine Arbeiten über die diskontinuierl. Struktur der Materie, bes. die Entdeckung des Sedimentationsgleichgewichts, 1926 den Nobelpreis für Physik.

Perronneau [pɛrɔ'no], Jean-Baptiste, frz. Maler, *Paris 1715, †Amsterdam 20. 11. 1782; bedeutendster Pastellmaler des frz. Rokoko neben M. Quentin de La Tour; schuf v.a. Porträts.

Perry ['perɪ], Matthew Calbraith, amerikan. Marineoffizier, *South Kingston (R. I.) 10. 4. 1794, †New York 4. 3. 1858; erreichte als Commodore eines Geschwaders im Vertrag von Kanagawa (31. 3. 1854) die Zulassung amerikan. Schiffe in den Häfen Shimoda (Präfektur Shizuoka) und Hakodate, wodurch nach zwei Jahrhunderten der Isolierung Japans dessen Öffnung eingeleitet wurde.

Perry Rhodan ['perɪ rəʊ'dn], Held der gleichnamigen Romanheftserie (seit 1961) von Karl Herbert Scheer (*1928, †1991) und Clark Dalton (Pseud. für Walter Ernsting, *1920); die weltweit größte Science-Fiction-Serie behandelt die Geschichte der Menschheit in der Zukunft und begann mit dem Roman »Unternehmen Stardust«; bisher erschienen (z.T. in mehreren Zyklen bzw. Reihen) u.a. über 2000 Hefte (1999), 60 Bücher, 400 Taschenbücher und 100 Comics (ab 1968).

per saldo [italien.], aufgrund des Saldos, zum Ausgleich (auf einem Konto); auch: als Endergebnis.

Persante *die* (poln. Parsęta), Küstenfluss in Polen, in Hinterpommern, 127 km lang; entspringt bei Szczecinek (Neustettin), mündet bei Kolobrzeg (Kolberg) in die Ostsee; nicht schiffbar.

Perse [pɛrs], Saint-John, frz. Schriftsteller, ↑Saint-John Perse.

per se [lat. »durch sich«], von selbst, selbstverständlich.

Perseiden (Laurentiusschwarm), einer der beständigsten und auffälligsten Meteorströme, der jährlich zw. dem 27. 7. und dem 17. 8. auftritt. Der Radiant liegt im Sternbild Perseus und verschiebt sich während der Aktivitätszeit deutlich.

Persenning [niederländ., von älter frz. préceinte »Umhüllung«] *die* (Presenning), wasserdicht imprägniertes Leinwandgewebe für Boots- und Autoverdecke, Planen und Zelte.

Persephone (lat. Proserpina), *grch. Mythos:* urspr. eine Göttin des Wachstums; Tochter des Zeus und der Demeter; von Hades in die Unterwelt entführt und zu seiner Gemahlin gemacht. Zeus gestattete ihr auf Bitten ihrer Mutter, zwei Drittel des Jahres in der Oberwelt zuzubringen. – Sie wurde bes. in Eleusis, Kyzikos, Unteritalien und Sizilien verehrt; in der Kunst als junge, ernste Frau mit Fackeln dargestellt.

Persepolis, altpers. Residenz, Sommerresidenz der Achaimenidenkönige, heute Ruinenstätte, etwa 80 km nordöstlich von Schiras (Iran), gegr. von Dareios I. (Hauptbauzeit 518 bis etwa 460 v.Chr.); 330 v.Chr. durch Alexander d. Gr. erobert und in Brand gesteckt. P. diente den Neujahrszeremonien der Herrscher. Auf einer künstl., festungsähnl. Terrasse befanden sich die Repräsentativbauten (Audienzhalle, Hundertsäulensaal, Schatzhaus). Erhalten sind zahlr. Reliefdarstellungen sowie Stier- und Vogelkapitelle und Keilschrifttexte in elam. Sprache. Die Ruinen von P. wurden von der UNESCO zum Weltkulturerbe erklärt.

Walser, G.: P. Tübingen 1980.

Perser, Stammesgruppe der ↑Iranier. Die P. siedelten nordwestlich von Medien. Sie wanderten nach 690 v.Chr. südostwärts und besetzten die nach ihnen benannte Landschaft Parsa (grch. Persis, heute Fars).

Perserkriege, die Kriege zwischen Persern und Griechen 500–449/448 v. Chr. Sie wurden ausgelöst durch den vergebl. ↑Ionischen Aufstand gegen die Perserherrschaft. Die Verbindung der Ionier mit Athen veranlasste die Perser nach der Niederwerfung der Ionier zu einem Rachezug gegen Athen. 492 scheiterte ein pers. Flottenvorstoß am Athos. Ein 2. Heer wurde 490 v. Chr. nach der Landung an der O-Küste Attikas bei Marathon von den Athenern unter Miltiades geschlagen. 480 versuchte Xerxes, ganz Griechenland zu erobern. Die Mehrzahl der Griechen schloss sich unter Spartas Führung gegen ihn zusammen. Die grch. Stellung an den Thermopylen unter ↑Leonidas wurde verraten (von Ephialtes) und genommen. Xerxes zerstörte Athen, wurde aber seinerseits bei Salamis vernichtend geschlagen (480). 479 errangen die Griechen den entscheidenden Sieg über das pers. Landheer bei Platää und die pers. Flotte bei Mykale. Mit der Gründung des ↑Attisch-De-

Perserkriege

lischen Seebundes (477) übernahm Athen die Führung der Griechen. Im Kalliasfrieden 449/448 zw. Athen (unter Perikles) und Persien erkannte dieses die Zugehörigkeit der kleinasiat. Griechenstädte zum Att. Seebund an, Athen überließ Persien die Städte auf Zypern.

Ekschmitt, W.: Der Aufstieg Athens. Die Zeit der Perser-Kriege. München 1978.

Perseus, 1) *Astronomie:* markantes, sehr objektreiches, in der Milchstraße gelegenes Sternbild des nördl. Himmels mit dem Stern ↑Algol.
2) *grch. Mythos:* Sohn des Zeus und der Danae; tötete mithilfe von Athene und Hermes die Gorgo Medusa; gewann ↑Andromeda, die er aus der Gewalt eines Meeresungeheuers befreite. P. wurde Herrscher über Tiryns, von wo aus er u.a. Mykene gründete. – P. wurde oft dargestellt: mit dem Haupt der Medusa von B. Cellini, die Befreiung der Andromeda durch P. u.a. von Tizian, Paolo Veronese, P. P. Rubens und G. R. Donner.

Perseus, letzter König von Makedonien (179–168 v. Chr.), * um 212 v. Chr., † Alba Fucens (im Fuciner Becken) 165 oder 162 v. Chr.; wurde von den Römern bei Pydna 168 besiegt und starb in röm. Gefangenschaft.

Perseveration [lat.] *die,* krankhaftes Festhalten an bestimmten Gedankengängen und Vorstellungen mit erschwerter Umstellung auf ein neues Thema; tritt v.a. als Symptom bei hirnorgan. Erkrankungen auf.

Pershing [ˈpəːʃɪŋ; nach dem amerikan. General John Joseph Pershing, * 1860, † 1948] *die,* Bez. für zwei, bis 1991 gemäß INF-Vertrag (↑INF) außer Dienst gestellte Typen amerikan. Mittelstrecken-Boden-Boden-Raketen mit zweistufigem Feststoff-Raketenantrieb und einem Gefechtskopf (i. d. R. nuklear); die P. I A (1962 eingeführt) hatte eine Reichweite von rd. 740 km, die P. II (1983 eingeführt) von rd. 1 800 km.

Persianer *der,* Bez. der Felle der zw. dem 3. und 10. Tag nach der Geburt getöteten Lämmer des urspr. aus Persien und dem Gebiet um Buchara stammenden Karakulschafs. Die Locke ist gepresst und glänzend. Felle von natürl. Frühgeburten haben entweder keine Zeichnung (Galjak), eine schwache Zeichnung (Galjak-Moiré) oder ein ausgeprägtes Moiré mit flachbreiten Locken (Breitschwanz). Die Felle werden zu Mänteln u.a. verarbeitet.

Persilen, früherer Name von ↑Iran.

Persiflage [-ˈflaːʒə, frz.] *die,* geistvolle (literar.) Verspottung.

Persimone [engl.-indian.] *die,* eine ↑Dattelpflaume.

Persipan *das,* marzipanähnl. Masse aus entbitterten Pfirsich-, Aprikosen-, auch Mandelkernen.

persische Kunst, Epoche der ↑iranischen Kunst unter der pers. Dynastie der ↑Achaimeniden; i. w. S. auch die Kunst in Iran unter den nachfolgenden Dynastien der Parther und Sassaniden, deren Bereich sich aber weit über Iran hinaus erstreckt (↑parthische Kunst, ↑sassanidische Kunst), sowie die Kunst Persiens seit islam. Zeit (↑islamische Kunst).

persische Literatur, die in neupers. Sprache geschriebene Literatur, Teil der iran. Literatur (mitunter auch Bez. für den Gesamtkomplex des Schrifttums der Perser seit dem Altertum). Vorläufer waren die altiran. Sakraltexte (↑Awesta) und altpers. Königsinschriften der Achaimeniden aus dem 6.–4. Jh. v. Chr. teils historisch-chronist. Inhalts, teils Bauurkunden; die Zeugnisse dieser altpers. Literatur finden sich auf Felswänden, an Bauwerken, auf Gold-, Silber-, Ton- und Steintafeln, Gefäßen und Schalen, Siegeln und Gewichten. Die mittelpers. Literatur ist nur zum kleinen Teil erhaltene Buchliteratur der Anhänger des Zoroastrismus aus sassanid. und nachsassanid. Zeit, aus der bes. die theolog. Enzyklopädien der zoroastr. Religion (z. B. »Denkart«, 9. Jh. n. Chr.) hervorragen.
Nach der Eroberung Irans durch die Araber Mitte des 7. Jh. war die mittelpers. Sprache des Sassanidenreiches aus dem höf. und religiösen Leben verdrängt und durch das Arabische als neue Hochsprache ersetzt worden. Die Literatur in neupers. Sprache entwickelte sich zunächst in enger Anlehnung an die arabische, wurde jedoch rasch selbstständig und ihrerseits zum Vorbild der Literaturen der ind. und türk. Muslime. Bedeutendste höf. Dichtung dieser Zeit war Firdausis ep. Darstellung der Geschichte Irans »Schah-Name« (entstanden etwa 975–1010). – Hauptformen der Poesie waren die von Rudaki geschaffene Kasside, zunächst lobpreisenden oder eleg., teils auch spött. Inhalts (sie wurde von Anwari zum Höhepunkt geführt), und das Ghasel, das Saadi und Hafis im 13. und 14. Jh. als Liebesgedicht zur höchsten Ausformung brachten. Bedeutendster Vertreter des myst. Lehrgedichts (Mesnewi) war Sanai, der erste pers. Mystiker; hervorragende Epiker waren Nisami und Djami, der bedeutendste Dichter der Timuridenzeit. Nach dessen Tod kennzeichneten übertriebene Bildersprache und komplizierte Wortspiele den »ind. Stil«, der den literar. Stil in Persien bis ins 19. Jh. bestimmte.

Persischer Golf – Erdöl- und Erdgaswirtschaft

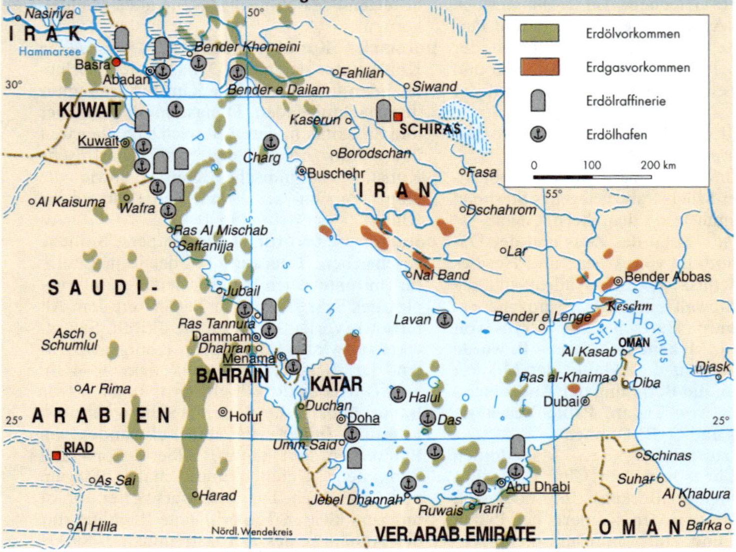

V. a. seit dem 12. Jh. finden sich Prosawerke unterhaltenden, didakt. und myth. Charakters (Staatshandbücher, Fürstenspiegel, philosoph. und myst. Abhandlungen, Erbauungsliteratur, Fabelsammlungen). Das 13. Jh. leitete eine glanzvolle Periode pers. Geschichtsschreibung ein; es folgte eine reiche biograph. Literatur (Briefe und Formularsammlungen). Wie in der Poesie verbreitete sich auch unter den Prosaschriftstellern seit dem 14. Jh. eine Vorliebe für überladenen Stil; erst im 19. Jh. ging man unter dem Einfluss aufklärer. Schriftsteller und des um 1900 einsetzenden Journalismus davon ab. Die moderne Kunstprosa unterliegt ebenfalls europ. Einfluss: Kurzgeschichten verfassten u. a. S. Hidajat und M. A. Djamalsadeh, der in seinen Novellen v. a. gesellschaftl. Missstände kritisiert, und Bozorg Alavi, der wie u. a. Sadegh Tschubak stark beachtete sozialkrit. Romane verfasste. Die islam. Revolution 1979 bewirkte eine Konzentration auf politisch-islam. Themen. Außerhalb Irans kam es im 20. Jh. zu einer Modernisierung und Verselbstständigung der p. L. in Afghanistan und Zentralasien (Tadschikistan).

📖 *Iranische Literaturgeschichte, Beiträge v. J. Rypka u. a. Dt. Ausg. erw. u. hg. v. H. F. J. Junker. A. d. Tschech. Leipzig 1959. – Alavi, B.: Geschichte u. Entwicklung der modernen p. L. Berlin (Ost) 1964.*

Persischer Golf (Arabischer Golf), flaches Nebenmeer des Ind. Ozeans, zw. Iran und der Arab. Halbinsel, durch die Straße von Hormus mit dem Golf von Oman (Ind. Ozean) verbunden; Anrainerstaaten sind Iran, Irak, Kuwait, Saudi-Arabien, Bahrain, Katar, die Vereinigten Arab. Emirate und Oman; 240 000 km^2, im Mittel 25 m, maximal 170 m tief; Salzgehalt bis über 4 %. Der P. G. hat extrem hohe Temperaturwerte (Höchsttemperatur der Meeresoberfläche 35,6 °C. Dank günstiger geolog. Voraussetzungen befinden sich im Bereich des P. G. die derzeit bedeutendsten Erdöllagerstätten der Welt: 13 der insgesamt 15 Erdölfelder mit je mehr als 1,5 Mrd. t sicheren Reserven liegen hier.

persische Sprache, westiran. Sprache, als neupers. Sprache Amtssprache in Iran (Farsi) und (neben Paschtu) in Afghanistan (Dari). Die älteste Form der p. S. ist das keilschriftlich überlieferte Altpersische. Das Mittelpersische war unter den Sassaniden Amts- und Verkehrssprache. Als Kultursprache ist die (neu)pers. Sprache nicht nur Trägerin der ↑persischen Literatur, sondern hat zu versch. Zeiten auch die Nachbarsprachen Türkisch und Urdu stark geprägt. (↑iranische Sprachen)

Persistenz [lat.] *die,* **1)** *Chemie:* Bez. für die Beständigkeit organ. Stoffe in der Umwelt. Bei Pflanzenschutzmitteln bezeichnet P. die

Verweildauer einer chem. Substanz oder ihres Abbauprodukts in einem Umweltbereich (z. B. Wasser, Boden, Luft; nach IUPAC).

2) *Medizin:* Bestehenbleiben eines Zustandes über längere Zeiträume.

Persius, Aulus P. Flaccus, röm. Dichter, * Volaterrae (heute Volterra) 4. 12. 34, † Rom 24. 11. 62; verfasste Satiren im Geist der stoischen Moralphilosophie.

Person, 1) *allg.:* urspr. im Lateinischen (»persona«) die Maske eines Schauspielers, dann der Schauspieler und die dargestellte Rolle, bald auch auf die Rolle übertragen, die jemand aufgrund seiner Eigenschaften, seines Ansehens und seiner Würde im Leben spielt. Der Begriff wurde Gegenstand philosoph. und theolog. Aussagen. Boetius definiert die P. als »unteilbare Substanz des vernünftigen Wesens«. Für die neuzeitl. Philosophie tritt die Frage der Identität der P. in den Vordergrund. So verstand Hume die P. als das ident. Bewusstsein eines Subjekts als Folge von »Wahrnehmungsbündeln«. Kant machte geltend, dass sich das Subjekt (die P.) erst über die Ausbildung von Handlungsmöglichkeiten und deren Aktualisierung konstituiert. Damit wird das Problem der Freiheit und Einheit bzw. der Identität einer P. systematisch zu einem handlungstheoret. Problem: Nicht die bloße Tatsache des (freien) handelnden Eingriffs in den Ablauf natürl. Prozesse macht die P. aus, sondern dessen Zielgerichtetheit und Freiheit von Fremdbestimmung.

2) *Recht:* jeder, dem die Rechtsordnung Rechte und Pflichten zuschreibt, d. h. natürl. Personen (Menschen) und ↑juristische Personen.

Persona grata [lat.] *die,* ein im Empfangsstaat erwünschter Vertreter; im Ggs. zur **Persona non grata, Persona ingrata,** eine als diplomat. Vertreter im Empfangsstaat unerwünschte Person.

Personal|akten, Sammlung über die dienstl. und gewisse persönl. Verhältnisse von Arbeitnehmern und Beamten, die vertraulich zu behandeln und vor unbefugter Einsicht zu schützen sind. Arbeitnehmern und Beamten steht das Recht auf Einsicht in ihre P. zu.

Personal|ausstellung, Ausstellungsform, die dem Werk oder Ausschnitten aus dem Werk eines Künstlers gewidmet ist.

Personal|ausweis, Urkunde zur Legitimation von Personen. Nach dem P.-Gesetz i. d. F. v. 21. 4. 1986 besteht Ausweispflicht für jeden Deutschen über 16 Jahre, soweit er der ↑Meldepflicht unterliegt. Zur Legitimation ist auch ein gültiger ↑Pass zulässig. Der P. wird in der Bundesrep. Dtl. seit dem 1. 4. 1987 als verschweißte Plastikkarte nach einheitl. Muster hergestellt und ist maschinenlesbar. Er enthält neben dem Lichtbild des Inhabers und einer Seriennummer bestimmte Angaben zur Person. P. werden für eine Gültigkeitsdauer von zehn Jahren (bei Personen unter 26 Jahren für fünf Jahre) ausgestellt und müssen nach Zeitablauf neu beantragt werden. P. der ehem. DDR hatten bis längstens 31. 12. 1995 Gültigkeit.

In *Österreich* besteht nach dem P.-Gesetz neben dem Pass ein eigener P. In der *Schweiz* dienen außer dem Schweizer Pass die Identitätskarte und der ↑Heimatschein als Identitätsausweis.

Personalcomputer [-kɔmˈpjuːtər, engl.], Abk. **PC,** Datenverarbeitungssystem, das der Anwender i. Allg. als selbstständige Einheit (»Stand-alone-Anwendung«) privat oder berufl. verwendet. Wird der PC kommerziell eingesetzt, findet in zunehmendem Maße eine Vernetzung statt (z. B. ↑LAN); der Anwender partizipiert dann an den unterschiedl. Peripheriegeräten, Servern und Anwendungsprogrammen, die im Netz vorhanden sind. Es zeichnen sich zwei Entwicklungstendenzen ab: Der PC wird so einerseits zur »intelligenten« Arbeitsplatzstation ohne Disketten- und Magnetbandlaufwerke innerhalb eines Rechennetzes (↑Netzcomputer) und andererseits zur Multimediastation (↑Multimedia) mit großer Rechenkapazität.

Personalhoheit, die Hoheitsgewalt des Staates über seine Staatsangehörigen, d. h. die Befugnis, die Rechtsverhältnisse der Staatsangehörigen zu regeln und diese gegenüber anderen Staaten zu schützen; i. e. S. die Befugnis des Dienstherrn (bes. der Gemeinden), Bedienstete einzustellen, zu befördern und zu entlassen.

Personalismus [lat.] *der, Philosophie:* 1) ein gegen die pantheist. Gottesvorstellung gerichteter, von F. Schleiermacher geprägter Begriff für den Glauben an einen persönl. Gott; 2) als Reaktion auf naturwissenschaftlich-mechanist. Bestimmungen des Menschen zu begreifende philosoph. Richtung, die den Menschen als selbstbestimmtes Subjekt streng von seinen Objektivierungen abgrenzt und ihn vor Verdinglichung bewahrt wissen will.

Personalitätsprinzip, der Grundsatz, dass die rechtl. Verhältnisse einer Person sich nach dem Heimatrecht und nicht nach dem Recht des Aufenthaltsstaates richten. Im dt. internat. Privatrecht unterliegen die Regeln über die Rechts- und Geschäftsfähigkeit, das Familien- und Erbrecht weitgehend dem P. Das dt. Staatsangehörigkeitsrecht beruht im Grundsatz auch auf dem P. Im Strafrecht gilt seit 1. 1. 1975 im Wesentlichen das ↑Territorialitätsprinzip (§ 3 StGB).

Personalkosten, ↑Lohnkosten.

Personalleasing [-li:zɪŋ, engl.], Form der ↑Arbeitnehmerüberlassung.

Personalprälatur, *kath. Kirchenrecht:* 1966 rechtlich ermöglichte Jurisdiktionsform für Weltgeistliche (Priester und Diakone) zur Förderung einer angemessenen Verteilung der Priester oder für die Durchführung besonderer seelsorgl. oder missionar. Aufgaben, in die auch Laien eingebunden werden können. Die derzeit einzige P. bildet das ↑Opus Dei.

Personalpronomen, ↑Pronomen.

Personalrat, ↑Personalvertretung.

Personalunion, im Ggs. zur Realunion nur durch ein gemeinsames Staatsoberhaupt hergestellte Staatenverbindung, die die staatl. Selbstständigkeit der verbundenen Staaten nicht berührt.

Personalvertretung, Bez. für die Organe, die die Interessen der im öffentl. Dienst Beschäftigten gegenüber den Dienststellenleitern vertreten. Nach dem Bundespersonalvertretungs-Ges. vom 15. 3. 1974, das zugleich Rahmen-Ges. für die entsprechenden gesetzl. Bestimmungen der Länder ist, sind P. (Personalrat, Jugend- und Auszubildendenvertretung, Personalversammlung) in den Verw. und Gerichten des Bundes sowie in den bundesunmittelbaren Körperschaften, Anstalten und Stiftungen des öffentl. Rechts zu bilden. Gesetzl. geregelt ist v. a. die P. durch den Personalrat, der in jeder Dienststelle mit mindestens fünf Beschäftigten für vier Jahre gewählt wird. Die Aufgaben des Personalrats entsprechen im Wesentlichen denen des ↑Betriebsrats. Die Mitgl. des Personalrats unterliegen einem besonderen Kündigungsschutz. Über personalvertretungsrechtl. Streitigkeiten entscheiden die Verw.gerichte. Auch in *Österreich* gibt es P. (Grundlage: Bundes-P.-Ges. 1967 und Länder-Ges.) mit dem **Dienststellenausschuss** als zentralem Organ.

Personalwesen (Personalwirtschaft), Sammelbez. für alle mitarbeiterbezogenen Institutionen und Maßnahmen mit dem Ziel, dem Unternehmen personelle Kapazität in Form dispositiver und objektbezogener menschl. Arbeitsleistung in der zur Erfüllung seiner Aufgaben erforderl. Quantität und Qualität zum richtigen Zeitpunkt und für die benötigte Dauer am jeweiligen Einsatzort bereitzustellen. Neben rechtl. und verwaltungstechn. Personalproblemen sind auch soziale Probleme zu lösen, die die Berücksichtigung und Wahrnehmung der Arbeitnehmerinteressen betreffen. Hauptbereiche des P. sind die **Personalbedarfsermittlung** (Ermittlung des Arbeitskräftebedarfs hinsichtlich Qualifikation und Zeitpunkt), **Personalbeschaffung** (Beobachtung des Arbeitsmarktes, Personalwerbung, Personalauswahl), Personalentwicklung, der **Personaleinsatz** (eine der Eignung entsprechende Zuordnung zu einem Arbeitsplatz), die Personalführung, Arbeitsentgeltfindung, Personalfreistellung, Sozialpolitik (Sozialleistungen, Alters- und Hinterbliebenenfürsorge), Tarifpolitik (Vertretung in Arbeitgeberverbänden bei Tarifverhandlungen mit Gewerkschaften) und **Personalverwaltung** (Führen der Personalakten, Abwicklung von Lohn- und Gehaltsabrechnung, Erstellen von Personalstatistiken, Erledigung aller Formalitäten von der Einstellung bis zum Ausscheiden).

📖 *Jung, H.: Personalwirtschaft. München u. a. [2]1997. – Stopp, U.: Betriebl. Personalwirtschaft. Stuttgart [21]1997.*

Personenbeförderung, ↑Personenverkehr.

Personengesellschaft, Gesellschaft, deren Rechtsgestalt durch die persönl. Haftung der Gesellschafter für die Gesellschaftsschulden gekennzeichnet ist (Ggs. Kapitalgesellschaft); allerdings sind auch hier teilweise Haftungsbeschränkungen zulässig. Die Mitgliedschaft ist im Prinzip nur mit Zustimmung der übrigen Gesellschafter übertragbar. Die P. ist nur beschränkt rechtsfähig. P. sind u. a. Gesellschaft des bürgerl. Rechts, OHG, KG.

Personenkennziffer, Abk. **PK,** einem Wehrpflichtigen bei der Musterung zugewiesene Kennnummer, bestehend aus dem sechsstelligen Geburtsdatum, dem Anfangsbuchstaben des Familiennamens und einer fünfstelligen Folgenummer des jeweiligen Kreiswehrersatzamtes.

Personenkonto, in der Buchführung das für jeden Kunden bzw. Lieferanten geführte Konto, auf dem alle mit dieser Person im Zusammenhang stehenden Geschäftsvorfälle erfasst werden; Ggs.: Sachkonto.

Personenkraftwagen, Abk. **Pkw, PKW,** ↑Kraftwagen.

Personenkult, polit. Schlagwort für die Überbewertung der Rolle der Persönlichkeit in Politik, Gesellschaft und Geschichte, gekennzeichnet durch exzessiven Führerkult und die Anhäufung unkontrollierbarer Macht in einer Hand.

Personenname, Eigenname, der eine Person bezeichnet; dazu gehören die Vornamen (Taufnamen) und die Familiennamen (Zunamen, Nachnamen).

Deutsche Vornamen: Die altdt. Namen sind i. d. R. Zusammensetzungen aus zwei Bestandteilen, die urspr. eine Sinneinheit darstellten, z. B. Adalberaht »von glänzender Abstammung«. Diese Sinneinheit des Gesamtnamens ging allerdings bald verloren; auch kam es schon früh zu (einsilbigen) Kurzformen. Eingliedrig gebildete Namen sind selten und waren urspr. meist Beinamen: Frank »der Franke«. In Dtl. herrschte bis ins 12. Jh. fast ausschließlich dieser Namentyp vor, der bis auf indogermanische Belege zurückzuverfolgen ist. Erst nach 1200 erhielten Namen aus dem lat., grch. und vorderasiat. Sprachbereich (bibl. Namen) ein Übergewicht, als es üblich wurde, jedes Kind auf einen Heiligen als Namenspatron zu taufen. Doppelnamen gewannen zuerst im 16. Jh. größere Bedeutung; sie boten die Möglichkeit, Namen der Großeltern oder der Taufpaten fortzuführen, ohne dass sie als Rufnamen erscheinen mussten. Gegenwärtig vollzieht sich eine internat. Verflechtung des Namensschatzes.

Familiennamen: Sie sind im Ggs. zu den Vornamen erblich. Urspr. genügte zur Kennzeichnung einer Person ein Name, der Rufname. Die gelegentlich dazugesetzten Beinamen waren die Grundlage für die Familiennamen, die dann auf vielfache Weise gebildet wurden. Der starke Bevölkerungszuwachs im MA. (bes. in den Städten) und die immer geringer werdende Zahl von gebräuchl. Vornamen waren u. a. Ursachen, die zur Festigung des Beinamens führten. Gefördert wurde dieser Prozess durch die Kontakte mit Oberitalien, wo schon seit dem 8. Jh. Familiennamen nachweisbar sind. Daher verbreiteten sich in Dtl. die Familiennamen zuerst im Süden. Ansätze finden sich im 12. Jh. (beim südwestdt. Adel schon seit dem 10./11. Jh.), allgemein durchgesetzt haben sie sich erst im 13. und 14. Jh.

Die Bedeutung der Familiennamen, heute manchmal schwer zu entschlüsseln, hängt mit der Art ihrer Entstehung zusammen. Die aus Vornamen gebildeten Familiennamen sind urspr. genealog. Angaben (↑Patronymikon, ↑Metronymikon). Die Herkunftsnamen kennzeichnen den Menschen nach seiner örtl. Herkunft oder der seiner Vorfahren. Wohnstättennamen sind bes. nach dem Flurnamen gebildet (Berger, Bachmann). Die Berufsnamen entstanden in der mittelalterl. Stadt mit dem Aufkommen des Handwerks (Weber, Bäcker, Wagner), und diese Namensbildung wurde dann auch auf Personen, die ältere Berufe betrieben, angewandt (Bauer, Jäger, Schmied). Manche Familiennamen gehen auf Übernamen zurück, mit denen ein Mensch charakterisiert oder verspottet wurde (z. B. Klein, Fröhlich). – In den Namen kommt die Sprachform der Landschaft zum Ausdruck, in der sie gebildet wurden. Bes. in den Berufsnamen spiegelt sich auch die Wortgeographie (Fleischer, Schlachter, Metzger, Metzler, Fleischhauer). Fremdsprachige Familiennamen im deutschsprachigen Raum sind v. a. slawische (im ostdt. Berührungsgebiet, durch Binnenwanderung vor dem Ersten Weltkrieg im Ruhrgebiet und durch tschech. Einwanderung in O-Österreich) oder frz. Namen (durch die Einwanderung der Hugenotten, z. B. Fontane, Savigny). In jüngster Zeit sind durch die Einbürgerung von ausländ. Arbeitnehmern unter anderem auch italien., span., grch. und türk. Namen dazugekommen. – *Recht:* ↑Name.

📖 *Gottschald, M.: Dt. Namenkunde. Berlin u. a. [5]1982. – Seibicke, W.: Die P.n im Deutschen. Berlin u. a. 1982.*

Personenrufanlage, nachrichtentechn. Anlage zum Rufen bestimmter Personen, z. B. in Krankenhäusern, Bürogebäuden (nicht öffentl. P.) oder an beliebigen Orten innerhalb bestimmter Sendegebiete (öffentl. P., z. B. ↑Cityruf). **Drahtgebundene P.** arbeiten als Lichtruf- oder Lautsprecheranlagen, **drahtlose P.** mit tragbaren Empfängern im Taschenformat, die durch Selektivruf individuelle Rufsignale abgeben. (↑Funkrufdienst, ↑Mobilfunk)

Personensorge, ↑elterliche Sorge.

Personenstand, das familienrechtl., auf Abstammung oder Rechtsakt beruhende Verhältnis einer Person zu einer anderen. Die Beurkundung des P. erfolgt in Dtl. seit 1876 in den **P.-Büchern** (Heirats-, Geburten-, Familien-, Sterbebuch); sie ist im P.-Gesetz i. d. F. v. 8. 8. 1957 geregelt. Die P.-Bücher beweisen bei ordnungsgemäßer Führung die in ihnen enthaltenen Angaben und bilden die Grundlage für die Ausstellung von **P.-Urkunden** (Geburts-, Heirats-, Sterbeurkunden u. a.). (↑Familienbuch 2)

Personenstandsfälschung, die vorsätzliche Falschangabe oder Unterdrückung des Personenstandes eines anderen, bes. gegenüber dem Standesbeamten, sowie das Unterschieben eines Kindes (§ 169 StGB, mit Freiheitsstrafe bis zu zwei Jahren oder Geldstrafe geahndet).

Personensteuern (Personalsteuern, Subjektsteuern), Steuern, bei deren Bemessung die persönl. Verhältnisse des Steuerpflichtigen (z. B. Familienstand, Alter, Kinderzahl) berücksichtigt werden (z. B. Einkommensteuer, persönl. Vermögensteuer, Erbschaftsteuer). – Ggs.: Objektsteuer (↑Ertragsteuern).

Personenverkehr, Beförderung von Personen mit öffentl. oder privaten Verkehrsmitteln. Ein wichtiger Teil des P. ist der **öffentl. Personennahverkehr (ÖPNV),** d.h. die auf eine bestimmte Entfernung (i.d.R. 50 km) beschränkte regelmäßige Beförderung von Personen durch spezielle Verkehrsunternehmen. Statistisch werden dem ÖPNV in Dtl. zugerechnet der Linienverkehr mit Straßenbahn, Stadtbahn, Hoch- und U-Bahn, Omnibus sowie der Eisenbahnverkehr im Rahmen des Berufs- und Schülerverkehrs, des S-Bahnverkehrs sowie des übrigen Personenverkehrs bis 50 km. Im P. wurden in Dtl. 1995 im Eisenbahnverkehr 1656 Mio. Personen befördert und eine Leistung von 63,5 Mrd. Personenkilometern (Pkm) erbracht; im Straßenverkehr waren es 7877 Mio. Personen und 77,4 Mrd. Pkm, im Luftverkehr 92 Mio. Personen und 25,5 Mrd. Pkm.

Recht: Die entgeltl. oder geschäftsmäßige Beförderung mit Straßenbahnen und Kfz ist durch das Personenbeförderungs-Ges. i.d.F. v. 8. 8. 1990 geregelt. Sie ist genehmigungspflichtig. Die Genehmigung muss bei Sicherheit und Leistungsfähigkeit des Betriebs und Zuverlässigkeit des Antragstellers, nötigenfalls unter Bedingungen und Auflagen, erteilt werden. Für die Beförderung mit Eisenbahnen gilt die Eisenbahnverkehrsordnung, im Luftverkehr die Luftverkehrsordnung.

Personenzug, ↑Eisenbahn.

Personifikation [lat.] *die,* Verkörperung von Begriffen, Naturkräften oder -erscheinungen, Gegenständen oder auch des Göttlichen in menschl. Gestalt, als Person; Vermenschlichung.

persönliche Identifikationsnummer, Abk. **PIN,** nur dem Berechtigten bekannte vier- bis sechsstellige Geheimzahl, die dem Kunden vom Kreditinst. gemeinsam mit der ec-Karte (↑Eurocheque) ausgehändigt wird und die der Absicherung von Bank und Kunden bei Bankgeschäften (z.B. Benutzung von Geldautomaten bzw. der ↑POS-Systeme) dient.

Persönlichkeit [lat.] *die,* die ausgeprägte Individualität eines Menschen; Mensch, der eine bes. überzeugende Identität besitzt; jemand, der eine besondere Rolle im öffentl. Leben spielt.

Persönlichkeitsforschung (Persönlichkeitspsychologie), Teilbereich der Psychologie, der nach dem Zweiten Weltkrieg unter angloamerikan. Einfluss entstand und die Forschungsziele der traditionellen ↑Charakterologie übernahm. Die P. geht jedoch v.a. durch die Einbeziehung sozialpsycholog. Aspekte und überwiegende Verwendung empir. Methoden über diese hinaus. Neben den nach tiefenpsychologischen Voraussetzungen konzipierten Untersuchungen stehen eher testpsychologisch orientierte Ansätze sowie die in Längsschnittbetrachtungen durchgeführte Lebenslaufforschung (R. Heiss, H. Thomae). Außerdem wurden v.a. feldtheoret. (K. Lewin) Modelle, die dem dynam. Charakter der in Entscheidungssituationen wirksamen Kräfte Rechnung tragen, und faktorenanalyt. (C. Spearman, J. P. Guilford, R. B. Cattell, H. J. Eysenck) Modelle der Persönlichkeit, die die Bedeutung durchgängiger Verhaltensweisen und spezif. Wesenszüge betonen, entworfen.

📖 *Waszkewitz, B.: Grundlagen u. Praxis der Persönlichkeitspsychologie. Eschborn 1987. – Fisseni, H.-J.: Persönlichkeitspsychologie. Göttingen [2]1991.*

Persönlichkeitsrecht, das aus Art. 2 in Verbindung mit Art. 1 GG abgeleitete allg. Recht des Einzelnen auf Achtung und Entfaltung seiner individuellen Persönlichkeit (Freiheit der Person) gegenüber dem Staat und im privaten Rechtsverkehr. Durch spezielle gesetzl. Regelungen geschützt sind das in den Schutzbereich des P. fallende Namensrecht (§ 12 BGB), das Recht am eigenen Bild (§ 22 Kunsturheber-Ges.), das Urheberrecht und personenbezogene Daten nach den Datenschutzgesetzen. Bei rechtswidriger und schuldhafter Verletzung des P. entstehen Ansprüche auf Unterlassung, Beseitigung und auf Schadensersatz. Das P. erlischt zwar mit dem Tod, doch ist ein postmortales P. im Sinne einer Totenfürsorge, bes. für den Ehrenschutz, anerkannt. – Das *österr.* Recht schützt das P. auf zivilrechtl. Grundlage durch § 16 ABGB und spezialgesetzlich. Das *schweizer.* Recht nimmt einen Ausgleich zw. übermäßiger Selbstbindung des P. und seinem Schutz gegen Verletzungen vor (Art. 27 ff. ZGB). Das P. ist auf Bundesebene ungeschriebenes Grundrecht.

Perspektive [lat.] *die,* **1)** *allg.:* sich von einem bestimmten Standpunkt aus (individuelle oder gruppenspezif. Lebenssituation; wiss. Voraussetzungen) ergebende Betrachtungsweise, Blickwinkel; Zukunftsaussicht, -erwartung.

2) *darstellende Geometrie:* die zweidimensionale (ebene) bildl. Darstellung dreidimensionaler (räuml.) Objekte mithilfe einer Zentralprojektion **(Zentral-P.)** – im erweiterten Sinn auch die Darstellung mithilfe einer Parallelprojektion (**Parallel-P.** in der Axonometrie) –, die dem Betrachter ein anschaul. (»naturgetreues«) Bild des Objekts vermitteln soll (↑Projektion). Die Zentral-P. ist dem natürl. Sehprozess nachgebildet. Denkt man sich alle

Punkte des darzustellenden, auf einer waagerechten Grundebene ruhenden Gegenstandes durch **Sehstrahlen (Projektionsstrahlen)** mit dem Auge des Betrachters bzw. einem sog. **Augenpunkt (Perspektivitätszentrum)** verbunden und schneidet die Projektionsstrahlen mit einer Ebene **(Bild-, Projektionsebene),** so ergibt die Schnittfigur ein ebenes Bild des Gegenstandes (Zentral-P.). Besondere Bedeutung kommt dem »unendlich fernen« Punkt (Fernpunkt) einer nicht durch den Augenpunkt verlaufenden Geraden zu. Sein Bildpunkt ist der **Fluchtpunkt** dieser Geraden. Er ergibt sich als Schnittpunkt des zur Geraden parallelen Sehstrahls mit der Bildebene. Parallele Geraden haben folglich denselben Fluchtpunkt. Das Zusammenlaufen der Bildgeraden paralleler Objektgeraden (z. B. aller zu einer Fahrbahn parallelen Geraden wie Gehwege, Dachfirste, Häusersimse) sowie das Kleinerwerden der Bilder mit zunehmendem Abstand der Gegenstände von der Bildebene **(perspektiv. Verkürzung)** sind das wesentl. Kennzeichen der Perspektive. In der Darstellung von Bauten spielen die waagerechten, zur Grundebene parallelen Ebenen (Höhenebenen) eine besondere Rolle; insbesondere schneidet die durch den Augenpunkt verlaufende Höhenebene die Bildebene im Horizont. Liegt der Horizont der Bildebene sehr tief, so spricht man von einer **Frosch-P.,** liegt er sehr hoch, von einer **Vogelperspektive.**

📖 *Geisler, H.: Das Konstruieren von P.n. Berlin* [6]*1994.*

3) *bildende Kunst:* Die Malerei der Spätantike gab Raumtiefe und Verkürzungen wieder, doch ohne bis ins Detail ausgeführte Perspektivkonstruktion. Im MA. wurde die Tiefenraumdarstellung in got. Zeit wiedergewonnen (Giotto u. a.). Als Entdecker der Zentral-P. in der Frührenaissance gilt F. Brunelleschi (um 1420), sie wurde von Masaccio zuerst angewandt, von L. B. Alberti theoretisch begründet (um 1435). Im Norden stellten J. van Eyck u. a. Innenräume perspektivisch dar, ohne jedoch zur Zentral-P. zu gelangen. Das Interesse der Renaissance an der P. ist ein Zeugnis für die erstrebte Rationalisierung des künstler. Schaffens, das dem wiss. ebenbürtig sein sollte. Leonardo da Vinci und A. Dürer haben sich in ihren Schriften am stärksten darum bemüht. Leonardo untersuchte auch als Erster die Ursachen der Nah- und Fernwirkung der Farbwerte und die Auflösung der Konturen, die zur **Luft-P.** und **Farb-P.** führten. In diesem Bereich traten die venezian. Malerei des 16.–18. Jh. und die niederländ. Landschaftsmalerei des 17. Jh. bes. hervor. Mit illusionist. Stilmitteln wurde in der barocken Deckenmalerei die zentralperspektiv. Sicht verändert. Im 19. Jh. wurde die perspektiv. Konstruktion zunehmend vom Gestaltungs- zum Hilfsmittel illusionist. Abbildung, bis die fotograf. Abbildung alle perspektiv. Anstrengungen erübrigte. Die moderne Malerei ersetzte i. Allg. perspektiv. Konstruktionen durch aperspektiv. Methoden und setzte alles Visuelle in Fläche um (Expressionismus, Fauvismus, Kubismus). Die Surrealisten stellten surreale oder Traumräume dar. Für die realist. Strömungen des 20. Jh. blieb die Zentral-P. weiterhin bedeutend.

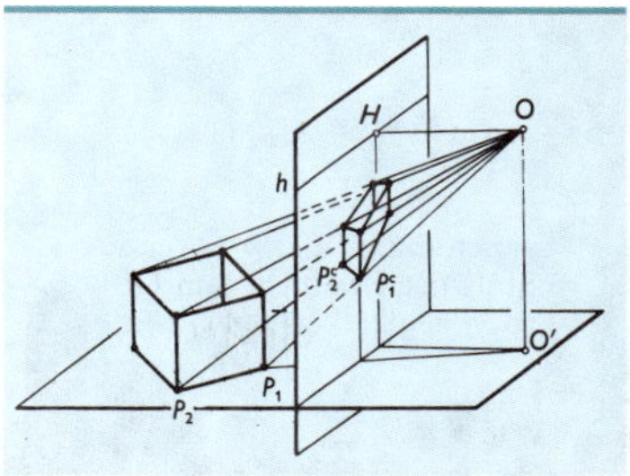

Perspektive 2): Entstehung des Bildes bei der Zentralperspektive (*h* Horizontlinie, *HO* Distanz, P_1^c, P_2^c, ... Bildpunkte der Objektpunkte P_1, P_2, ..., *O'* Fußpunkt, *OO'* Augenhöhe)

📖 *P. als Mittel der Kunst, Beiträge v. M. Kaiser u. a. Berlin 1986.*

Perspektivịsmus [lat.] *der,* die philosophisch-erkenntnistheoret. Lehre, dass die Wirklichkeit nur unter bestimmten Perspektiven, abhängig von Standpunkt oder Eigenschaften des Erkennenden, gegeben sein kann; u. a. von G. W. Leibniz, F. Nietzsche, J. Ortega y Gasset und J. von Uexküll vertreten. (↑Relativismus)

Pẹrsson, Göran, schwed. Politiker, * Vingåker (Södermanland) 20. 1. 1949; zunächst in der Kommunalpolitik tätig, Mitgl. der Sozialdemokrat. Arbeiterpartei (SDAP), 1989–91 Bildungsmin., seit 1994 Finanzmin. Er wurde 1996 Vors. seiner Partei und Ministerpräsident.

Persuasio̱n [lat.] *die, Kommunikationswissenschaft:* die beiden Kommunikationseffekte des Überredens und Überzeugens; Ggs.: Dissuasion.

Perth [pə:θ], **1)** Stadt in O-Schottland, Verw.sitz der Local Authority Perth and Kinross (5 311 km², 130 500 Ew.), an der Mündung des Tay, 40 100 Ew.; Färbereien, Maschinenbau, Whiskybrennereien, Glas-,

Perth 2): Skyline von Perth in Western Australia

Textilind.; Viehmärkte; Verkehrsknotenpunkt, Hafen; Fremdenverkehr. – P., eine röm. Gründung (kelt. **Bertha,** röm. **Victoria**), wurde 1106 Stadt und war bis etwa 1452 Hptst. Schottlands.

2) Hpst. von Western Australia, oberhalb der Mündung des Swan River in den Ind. Ozean, 1,26 Mio. Ew. (Metropolitan Area); kath. und anglikan. Erzbischofssitz, zwei Univ., TH, astronom. Observatorium, Museen, Kunstgalerie (im ehem. Gefängnis von 1856); Handels-, Finanz- und wichtigstes Ind.zentrum des Bundesstaates; Endpunkt der transkontinentalen Eisenbahn von Sydney, Hafen in ↑Fremantle, internat. Flughafen. – Gegr. 1829.

Perthes, 1) Friedrich Christoph, Buchhändler und Verleger, *Rudolstadt 21. 4. 1772, †Gotha 18. 5. 1843, Neffe von 2); gründete 1796 in Hamburg mit Johann Heinrich Besser (*1775, †1826) die erste reine Sortimentsbuchhandlung Dtl.s. 1822, nach dem Tod seiner Frau, schied er aus und gründete in Gotha einen Verlag. Er gehörte zu den Gründern des Börsenvereins des Dt. Buchhandels. **2)** Johann Georg Justus, Verleger, *Rudolstadt 11. 9. 1749, †Gotha 1. 5. 1816, Onkel von 1); gründete 1785 in Gotha die Geograph. Verlagsanstalt Justus P. 1953 wurde das Gothaer Stammhaus enteignet und als Verlag Hermann Haack weitergeführt; 1992 Rückübereignung; Sitz der Justus Perthes Verlag GmbH ist heute Gotha.

Pertini, Alessandro (Sandro), italien. Politiker, *Stella (bei Savona) 25. 9. 1896, †Rom 24. 2. 1990; Mitgl. der Sozialist. Partei Italiens, 1968–76 Präs. der Abg.kammer; war 1978–85 Staatspräsident.

Perturbationen [lat.], *Astronomie:* die ↑Störungen.

Pertussis [lat.] *die,* ↑Keuchhusten.

Pertz, Georg Heinrich, Historiker, *Hannover 28. 3. 1795, †München 7. 10. 1876; leitete 1823–73 die ↑Monumenta Germaniae Historica, deren Aufbau und Grundsätze er festlegte.

Peru (amtlich span. República del Perú), Staat im W Südamerikas, grenzt im N an Ecuador und Kolumbien, im O an Brasilien, im SO an Bolivien, im S an Chile, im W an den Pazifik.

Staat und Recht: Nach der am 29. 12. 1993 in Kraft getretenen Verf. ist P. eine präsidiale Rep. Staatsoberhaupt ist der mit weitgehenden Vollmachten ausgestattete Präs. (auf fünf Jahre direkt gewählt; eine Wiederwahl möglich). Er ernennt den MinPräs. und die übrigen Mitgl. des Kabinetts. Die Legislative wird durch das Parlament (120 Abg., auf fünf Jahre gewählt) ausgeübt. Einflussreichste Parteien: Cambio 90 – Nuevo Mayoría, Perú Posible (PP), Frente Independiente Moralizador (FIM), Somos Perú, Alianza Popular Revolucionaria Americana (APRA), Partido Solidaridad Nacional.

Landesnatur: P. gliedert sich in drei Großlandschaften: die flache, 50–140 km breite Küstenzone am Pazifik **(Costa),** das von Hochbecken erfüllte Gebirgsland **(Sierra)** der Anden (höchster Berg: Huascarán, 6768 m ü. M.) und das östl., feuchtheiße, bes. im Amazonasbecken weithin unerschlossene Waldland (an den Gebirgsflanken **Montaña,**

in der Ebene **Selva** gen.). Die wasserreichen Flüsse (Marañón, Ucayali u.a.) fließen in den Anden in schluchtartigen Tälern zum Amazonassystem; im SO, im zentralen Hochland (Altiplano), hat P. Anteil am Titicacasee. Das trop. Klima wird an der Küste von dem kühlen Humboldtstrom beeinflusst. Die Küstenebene ist wüstenhaft trocken, mit Kakteen und Dornensträuchern, unterbrochen von Flussoasen. Die Waldgrenze reicht in den Bergen bis 3 500 m ü. M., Ackerbau ist bis 4 000 m ü. M. möglich; die Schneegrenze liegt bei 5 000 m ü. M.

Bevölkerung: Die Bev. besteht zu rd. 45% aus Indianern (meist Ketschua), rd. 40% Mestizen, 12% Weißen sowie rd. 3% aus Schwarzen, Mulatten und Ostasiaten. Etwa 52% der Bev. leben in der Costa, 36% in der Sierra, 12% in der Selva (auf knapp 60% der Gesamtfläche). Im Ballungsraum Lima (mit großen Slumgebieten und randstädt. Marginalsiedlungen, den »Barriadas«) wohnen 29% der Gesamtbev.; das jährl. Bev.wachstum beträgt 1,7%. – Trotz Schulpflicht (7.–15. Lebensjahr) besucht etwa ein Viertel der Kinder keine Schule; die Analphabetenquote liegt bei 11%. Von den 51 Univ. und Hochschulen ist die staatl. Univ. in Lima die älteste P.s und zugleich des amerikan. Festlands (1551 gegr.). – Der Katholizismus ist Staatsreligion (96% der Bevölkerung).

Wirtschaft, Verkehr: Trotz umfangreicher Rohstoffvorkommen und relativ günstiger Voraussetzungen für die Landwirtschaft befindet sich die peruan. Wirtschaft seit den 1970er-Jahren in einer Krise, die sich seit Ende der 80er-Jahre zuspitzte. Erst 1990 gelang eine gewisse Stabilisierung (neue Währung, Liberalisierung der Finanz- und Arbeitsmärkte, Privatisierung von Staatsbetrieben), allerdings bei hohen sozialen Kosten. Hauptdevisenträger des hoch verschuldeten Staates ist der Bergbau. P. zählt bei Silber, Zink, Blei, Zinn und Kupfer zu den führenden Förderländern der Welt. Weitere wichtige Bodenschätze sind Erdöl, Eisenerz und Gold. Die Verstaatlichung der ausländ. Erdöl- und Bergbauunternehmen um 1970 brachte nicht die gewünschten Produktionssteigerungen, sodass seit 1991 ein Privatisierungsprogramm läuft. An der Küste und auf den ihr vorgelagerten Inseln werden Salz und Guano gewonnen. Fischfang und -verarbeitung zählen zu den Hauptwirtschaftszweigen des Landes. Der nährstoffreiche Humboldtstrom vor der peruan. Küste bedingt den Fischreichtum der Gewässer. Die Fischereischutzzone wurde bereits 1969 auf 200 Seemeilen ausgedehnt. Infolge der Überfischung

Peru	
Fläche	1 285 216 km²
Einwohner	(1999) 25,23 Mio.
Hauptstadt	Lima
Verwaltungsgliederung	24 Departamentos und die Provincia Constitucional Callao
Amtssprachen	Spanisch, Ketschua, Aimara
Nationalfeiertag	28. 7.
Währung	1 Neuer Sol (S/.) = 100 Céntimos
Zeitzone	MEZ – 6 Std.

der Anchovisbestände und der Veränderung der Meeresströmung (El Niño) kommt es immer wieder zu Produktionseinbrüchen. Wichtigste Ind.zweige sind die Textil-, Chemie- und Metallind. in Lima-Callao, Chimbote, Chiclayo und Trujillo. Die Agrarreform von 1969 führte zur Abschaffung der Latifundien; 1991 kam es aber wieder zu einer Liberalisierung der Bodenbesitzverhältnisse. In den Tälern der Costa werden Baumwolle, Zuckerrohr, Reis, Tabak angebaut; auf den Hochflächen der Anden Viehhaltung, in den Tälern v.a. Ackerbau, z.T. illegaler Kokaanbau. Die Deviseneinkünfte aus dem Export von Koka(paste) dürften wertmäßig den legalen Exporteinkünften entsprechen. Außer Holz werden Naturkautschuk und Rohchinin gesammelt. – Die Eisenbahn (2 121 km) führt mit Stichbahnen von den Pazifikhäfen in die Hochgebirgstäler. Von den Straßen (rd. 70 000 km) sind rd. 8 000 km asphaltiert; wichtigste sind die Carretera Panamericana (3 400 km langes Teilstück entlang der Küste) und die 800 km lange Transandenstraße (Lima–Pucallpa). Die wichtigsten Handelshäfen am Pazifik sind Callao, Trujillo, Chimbote, Matarani und Ilo; Binnenschifffahrt auf dem Titicacasee und auf den Flüssen im Amazonasgebiet (über den Ama-

Peru – Wirtschaft

zonas Zugang zum Atlantik); internat. Flughäfen in Lima, Iquitos, Cuzco und Arequipa.

Geschichte: Das heutige P. war das Kernland des Großreichs der ↑Inka. Dieses wurde 1532/33 von F. Pizarro unterworfen. Das span. Vizekönigreich P. umfasste fast das ganze span. Südamerika; im N wurde 1739 das Vizekönigreich Neugranada, im S 1776 das Vizekönigreich Río de la Plata abgetrennt. Durch seinen Silberreichtum war P. eine der wertvollsten Kolonien Spaniens. 1780–82 kam es im Hochland von P. zu einem für die spanisch-kreol. Herrschaft bedrohl. Aufstand unter J. G. Condorcanqui, der sich Inka Tupac Amaru II. nannte. Im Unabhängigkeitskampf Südamerikas (seit 1810) blieb P. zunächst eine Stütze der span. Herrschaft, erst nach Einzug des argentin. Generals J. de San Martín in Lima wurde 1821 die Unabhängigkeit ausgerufen und durch die Siege S. de Bolívars und A. J. de Sucres gefestigt (1824). Nach langen blutigen Wirren erlebte das Land um die Mitte des 19. Jh. durch den Guano der Külsteninseln und den Salpeter der Südprovinzen einen großen wirtsch. Aufschwung, der sein Ende mit dem Salpeterkrieg (seit 1879) fand; P. musste im Frieden von Ancón (1883) die Salpeterprovinzen Tarapacá, Arica und Tacna an Chile abtreten. Brit. und nordamerikan. Kapital hatte nun vorherrschenden Einfluss in P.; nur langsam erholte sich das Land. 1908–12 und 1919–30 regierte Präs. P. A. Leguía als Diktator. Ihm gelang es 1929, Tacna von Chile zurückzuerhalten. Nach seinem Sturz wurde die innenpolit. Lage labil. Die innenpolit. Gegensätze äußerten sich auch im Aufstieg der Partei ↑Alianza Popular Revolucionaria Americana (APRA). Wegen ihres sozialen Programms wurde sie scharf unterdrückt, ihre Führung ging in den Untergrund. 1940 brach ein bewaffneter Konflikt mit Ecuador um die Zugänge zum oberen Amazonas aus. Die Konferenz von Rio de Janeiro (1942) entschied den Streit zugunsten P.s. 1947 errichtete General M. A. Odría Amoretti (1950–56 Präs.) eine Militärdiktatur, die 1956 wieder einem verfassungsgemäßen Reg.system weichen musste. 1963 verhinderte das Militär die Amtsübernahme des zum Präs. gewählten Führers der APRA, A. Leguía. Die Nachwahlen gewann F. Belaúnde Terry; seine Reform-

bemühungen blieben in den Ansätzen stecken. Die Verstaatlichungen des 1968 durch Putsch an die Macht gekommenen Generals G. J. Velasco Alvarado nahm der 1975 ebenfalls durch Putsch ins Präs.amt gelangte Nachfolger F. Morales Bermúdez z. T. wieder zurück. 1980 fanden wieder Wahlen statt, die erneut Belaúnde Terry gewann. Seine Regierung und die folgende unter Präs. A. García Pérez (APRA) scheiterten am Terror der Guerilla, bes. des ↑Sendero Luminoso (SL), und des Militärs. Die Wahlen 1990 gewann A. Fujimori für das Wahlbündnis Cambio '90. Um sein hartes Sanierungsprogramm durchzusetzen, löste er im April 1992 das Parlament auf, setzte die Verf. außer Kraft und unterdrückte jede polit. Opposition. Zwar hatte er Erfolge im Kampf gegen den Terrorismus (Festnahme von A. Guzmán, dem Führer des SL), doch war P. außenpolitisch weitgehend isoliert. Aufgrund der neuen, von der verfassunggebenden Versammlung ausgearbeiteten, im Okt. 1993 durch Referendum bestätigten Verf. wurde Fujimori im April 1995 wieder gewählt; seine Macht wurde noch einmal gefestigt, als er die Besetzung der japan. Botschaft durch ein Terroristenkommando (seit 17. 12. 1996) am 22. 4. 1997 durch Erstürmung beenden ließ, wobei die Geiseln befreit werden konnten. Die Wahl für eine – in der Verf. nicht vorgesehene – 3. Amtszeit Fujimoris war von öffentl. Protesten begleitet, die eskalierten, als er nach dem 2. Wahlgang (28. 5. 2000) zum Sieger erklärt wurde, weil der Kandidat der Opposition, A. Toledo, nicht antrat. Internat. Druck und die Aufdeckung von Skandalen führten schließlich im Nov. 2000 dazu, dass Fujimori von einem Staatsbesuch in Japan nicht zurückkehrte; das Parlament erklärte ihn für abgesetzt und bestimmte Parlamentspräs. V. Paniagua für das Amt.
Der langjährige Grenzstreit mit Ecuador (militär. Konflikt 1995) wurde nach langen Verhandlungen in Brasília im Okt. 1998 durch einen Friedensvertrag beendet, der den Grenzverlauf endgültig regelt.

📖 *Oertzen, E. von: P. München 1988. – P. Materialien zur Landeskunde, hg. v. R. Kornberger. Frankfurt am Main ²1988. – Stingl, M.: Auf den Spuren der ältesten Reiche P.s. Leipzig ²1990. – Uhlig, R.-D. u. Boewen, U.: P. Reiseführer mit Landeskunde. Dreieich 1996.*

peruanische Literatur, ↑lateinamerikanische Literaturen.

Perubalsam, dickflüssiges Pflanzensekret des Schmetterlingsblütlers Myroxylon balsamum var. pereira; Wundheilmittel, bes. bei Ekzemen, Fixateur in der Parfümerie.

Perücke [frz.-italien.] *die,* künstl. Haartracht aus Menschen- oder Tierhaaren, pflanzl. oder synthet. Fasern, dient als Ersatz für fehlendes Kopfhaar, als Mode- oder Amtstracht (Allonge-, Stutz-, Haarbeutel-, Zopfperücke).

Perugia [-dʒa], **1)** Provinz in Umbrien, Italien, 6 334 km², (1997) 607 400 Einwohner.
2) Hauptstadt von 1), auf einem Höhenrücken zw. dem Tibertal und dem Trasimen. See, 149 800 Ew.; Erzbischofssitz, Univ. (1200 gegr.), Univ. für Ausländer (1925 gegr.), Akademie der schönen Künste; Musikschule, Priesterseminar; archäolog. Museum, Bibliotheken; Nahrungs- und Genussmittel-, Textil-, polygraph., Baustoff-, Metall verarbeitende, pharmazeut. Ind.; Töpferhandwerk; Fremdenverkehr. – Vom etrusk. Mauerring (4.–2. Jh. v. Chr.) sind große Teile erhalten. Bed. Bauten sind u. a. Dom San Lorenzo (1345–1490), Fontana Maggiore (1277/78, mit Statuen und Reliefs von N. und G. Pisano), Kirchen Sant' Angelo (5./6. Jh.), San Pietro (Kern um 1000), San Severo mit Fresko Raffaels (1505), San Domenico (1305 begonnen, im 17. Jh. erneuert) sowie der got. Palazzo Comunale (Ende 13./14. Jh.). – P., das antike **Perusia,** war ein Stadtstaat der Etrusker; 295 v. Chr. wurde es von Rom unterworfen; im »Perusin. Krieg« (41/40 v. Chr.) vom späteren Kaiser Augustus zerstört. 754 kam P. zum Kirchenstaat, behielt aber eine freistädt. Verfassung. 1540 kam es nach kurzer Adelsherrschaft im 15. Jh. wieder fest in päpstl. Hand, 1860 zum Königreich Italien.

Perugino [-ˈdʒi:no], eigtl. Pietro Vannucci, italien. Maler, * Città della Pieve um 1448, † Fontignano Febr. oder März 1523; der bedeutendste Maler Umbriens vor Raffael, dessen Lehrer er war. In seiner Kunst verbinden sich florentin. Monumentalität und Wirklichkeitstreue mit der milden Anmut der umbr. Schule. Seine Bilder sind einfach und klar komponiert, die Figuren rhythmisch bewegt. – *Werke:* Fresken in der Sixtin. Kapelle des Vatikans (seit 1480; Schlüsselübergabe an Petrus u. a.); Madonna mit Heiligen (1493; Florenz, Uffizien); Vision des hl. Bernhard (München, Alte Pinakothek).

per ultimo [italien.], *Börsenwesen:* Wertpapierkauf- oder -verkaufsauftrag, der mit einem Höchst- bzw. Mindestpreis versehen ist und bis zum letzten Handelstag des Monats, in dem er erteilt worden ist, gilt und danach automatisch erlischt.

Perutz, 1) Leo, österr. Schriftsteller, * Prag 2. 11. 1882, † Bad Ischl 24. 8. 1957; emigrierte 1938 nach Palästina; verfasste fantast. Ro-

mane (u.a. »Der Meister des jüngsten Tages«, 1923) und Novellen (»Nachts unter der steinernen Brücke«, 1953), die seit Mitte der 80er-Jahre für ein größeres Publikum wieder entdeckt werden.
2) Max Ferdinand, brit. Chemiker österr. Herkunft, * Wien 19. 5. 1914; lebt seit 1936 in Großbritannien. P. arbeitete v.a. über den räuml. Aufbau von Proteinen und Nucleinsäuren (Tertiärstruktur) und klärte durch Röntgenstrukturanalyse die räuml. Struktur des Hämoglobins auf; hierfür erhielt er 1962 (mit J. C. Kendrew) den Nobelpreis für Chemie.

Perversion [lat. »Verdrehung«] *die,* ein (aus psychoanalyt. Sicht hauptsächlich entwicklungsbedingt verstandenes) Abweichen von Einstellungen und Verhaltensweisen, die als Norm angenommen werden, v.a. im sexuellen Bereich (z.B. Sadomasochismus, Sodomie).

Pervitin [lat.] *das,* ↑Weckamine.

Perwo|uralsk, Stadt im Gebiet Swerdlowsk, Russland, im Mittleren Ural, 137000 Ew.; Röhrenwalz-, Hüttenwerk (Chrom-Nickel-Legierungen), Maschinenbau, chem. Industrie.

Perzeption [lat.] *die, Philosophie, Psychologie:* Wahrnehmung (die nach Leibniz nicht bewusst ist, im Unterschied zur bewussten ↑Apperzeption); Reizwahrnehmung.

Pes [lat.] *der,* der ↑Fuß.

Pesade [grch.-lat.-italien.-frz.] *die, Reitsport:* Figur der hohen Schule, bei der sich das Pferd, auf die Hinterhand gestützt, mit eingeschlagener Vorderhand kurz aufbäumt.

pesante [italien.], musikal. Vortragsbezeichnung: schwer, wuchtig.

Pesaro, Hptst. der Prov. Pesaro e Urbino in den Marken, Italien, an der Mündung der Foglia in die Adria, 87700 Ew.; Musikschule (Conservatorio di Musica G. Rossini), Theater, Oper, Museen; keram., Nahrungsmittel-, Metallind., Motorrad- und Maschinenbau; Seebad. – Dom (um 1300) und weitere got. Kirchenbauten, Herzogspalast (15./16. Jh.). – P., das antike **Pisaurum,** wurde 184 v. Chr. als röm. Kolonie gegr., gehörte seit 754 zum Kirchenstaat. Herren der Stadt waren seit 1285 die Malatesta, seit 1445 die Sforza, seit 1512 die della Rovere. 1631–1860 gehörte P. wieder zum Kirchenstaat.

Pesaro e Urbino, Prov. in der Region Marken, Italien, 2893 km², (1997) 340300 Ew.; Hptst. ist Pesaro.

Pescadores (chines. P'eng-hu Lieh-tao), Inselgruppe in der Formosastraße, 63 vulkan., meist unbewohnte Inseln, 127 km², 99000 Ew.; Hauptort ist Makung. Die vier größten Inseln sind durch Straßenbrücken verbunden. – Die P. gehören seit 1949 zu Taiwan.

Pescara, 1) Prov. in der Region Abruzzen, Italien, 1225 km², (1997) 292600 Einwohner.
2) Hauptstadt von 1), an der Mündung des Flusses P. (145 km) in die Adria, 119200 Ew.; Wirtschaftshochschule; Seebad; Fischereihafen; Metall-, Textil-, Bekleidungs-, Nahrungsmittel-, Leder- u.a. Ind., Keramikherstellung; Fähre nach Split.

Pescara, Fernando (Ferrante) Francisco de Ávalos, Marchese di, Feldherr Kaiser Karls V., * Neapel 1490, † Mailand 3. 12. 1525; war beteiligt an den Schlachten bei Bicocca (1522) und Pavia (1525). Einer gegen Karl geplanten Verschwörung schloss er sich zum Schein an und entdeckte den Plan dem Kaiser. – Novelle von C. F. Meyer »Die Versuchung des P.« (1887).

Peschel, Oscar, Geograph, * Dresden 17. 3. 1826, † Leipzig 31. 8. 1875; wurde 1871 Prof. in Leipzig; einer der Wegbereiter der Geomorphologie.
Werke: Neue Probleme der vergleichenden Erdkunde (1870); Phys. Erdkunde, 2 Bde. (1879–80, hg. v. G. Leipoldt).

Peschitta [»die Einfache«] *die,* die syr. Bibelübersetzung.

Peschmerga [kurdisch »die dem Tod Geweihten«], Eigenbez. der um die Unabhängigkeit ihres Volkes kämpfenden Kurden.

Pescia ['peʃʃa], Stadt in der Toskana, Prov. Pistoia, Italien, 18000 Ew.; Bischofssitz; Gärtnereifachschule; Markt für Spezialkulturen (Spargel, Schnittblumen), mit Blumenmesse; Papier-, chem. Industrie.

Peseta [span. »kleiner Peso«] *die,* Währungseinheit in Spanien; 1 P. (Pta) = 100 Céntimos (cts).

Peshawar [-ʃ-], Provinz-Hptst. in Pakistan, am Beginn der Straße über den Khaiberpass, 566200 Ew.; Univ., Museen; Handelszentrum, Textil-, pharmazeut., Nahrungsmittelindustrie. – Als **Purushapura** wohl im 2. Jh. n. Chr. Residenz des Kushanaherrschers Kanishka. Der ind. Großmogul Akbar (1556–1605) benannte die Stadt in P. um. 1833 von den Sikhs, 1849 von den Briten erobert. Als Schnittpunkt alter Karawanenstraßen vor dem Khaiberpass war die Stadt immer von großer strateg. Bedeutung.

Pesne [pɛ:n], Antoine, frz. Maler, * Paris 23. 5. 1683, † Berlin 5. 8. 1757; seit 1711 Hofmaler in Berlin. Er schuf Tafelbilder mit Genre- und Historienszenen sowie allegor. Wand- und Deckenbilder in den Schlössern Rheinsberg, Charlottenburg, Potsdam und v.a. Porträts von Mitgl. der königl. Familie und des preuß. Hofs.

Peso [span. »Gewicht«] *der,* Währungseinheit in Chile, der Dominikan. Rep., Guinea-Bissau, Kolumbien, Kuba, Mexiko, den Philippinen (1 P. = 100 Centavos) sowie in Uruguay (1 P. = 100 Centésimos); urspr. Silbermünze in Spanien.

Pessar [lat.] *das* (Mutterring, Okklusivpessar), Ring aus Hartgummi, Metall, Porzellan oder Kunststoff zum Stützen der Gebärmutter und zur Empfängnisverhütung.

Pessimismus [aus lat. pessimum »das Schlechteste«] *der,* eine Einstellung oder Lebensanschauung, die geneigt ist, bei allem Geschehen das Übel überwiegen zu sehen und einen Weltsinn grundsätzlich in Frage zu stellen; verwandt dem Nihilismus. P. kann persönl. Einstellung sein, aber auch auf einer tiefer begründeten, einer Religion oder philosophisch-metaphys. Lehre entstammenden Welt- und Lebensanschauung beruhen; in der Philosophie v. a. bei A. Schopenhauer, E. von Hartmann, F. Nietzsche, O. Spengler (kulturgeschichtl. P.); Ggs.: Optimismus.

Pessoa, Fernando António Nogueira de Seabra, portugies. Lyriker, * Lissabon 13. 6. 1888, † ebd. 30. 11. 1935; wuchs in Südafrika auf; gilt als der bedeutendste Lyriker der neueren portugies. Literatur. Seine frühen Gedichte (z. T. in engl. Sprache) sind von den frz. Symbolisten und den engl. Romantikern beeinflusst. Seit 1914 erprobte er unter den vier Pseudonymen (»Heteronymen«) Alberto Caeiro, Álvaro de Campos, Ricardo Reis und Bernardo Soares, die er als selbstständige poet. Individuen verstand, unterschiedliche themat. und formale Möglichkeiten der Dichtung.

📖 *F. P. Dokumente zur Person u. ausgewählte Briefe, hg. v. G. R. Lind. Zürich 1988. – »Algebra der Geheimnisse«. Ein Lesebuch, Beiträge v. G. R. Lind u. a. Lizenzausg. Frankfurt am Main 1994.*

Pessôa Câmara [- ˈkəmara], Hélder, brasilian. Theologe, ↑Câmara.

Pest [lat. pestis »Seuche«], schon im Verdachtsfall meldepflichtige, schwere, akute bakterielle Infektionskrankheit (Erreger: Yersinia pestis), die meist von Nagetieren (vorwiegend Ratten) und den auf ihnen schmarotzenden Flöhen auf den Menschen übertragen wird. Befallen werden die Lymphknoten, wobei eine sehr schmerzhafte, nekrotisierende Lymphgefäßentzündung und Lymphknotenschwellung, auch ein geschwüriger Zerfall der Lymphknoten im Anschluss an den infizierenden Flohstich **(Beulen-, Bubonen-, Drüsen-P.)** im Vordergrund stehen, oder (nach der seltenen Tröpfcheninfektion von Mensch zu Mensch) die Lunge **(Lungen-P.,** die auch als Komplikation der Bubonen-P. vorkommt) und schließlich auf dem Blutweg der gesamte Organismus **(P.-Sepsis).** Die Allgemeinerscheinungen der P. sind hohes Fieber, Schüttelfrost, Kopfschmerzen, Erbrechen, Unruhe, Benommenheit, Herz- und Kreislaufversagen. Die Inkubationszeit beträgt zwei bis zehn Tage, bei Lungen-P. ein bis zwei Tage. Die Behandlung erfolgt v. a. mit Antibiotika (z. B. Tetracycline, Chloramphenicol) in hohen Dosen. Zur Vorbeugung dienen die (akute) P.-Schutzimpfung mit abgetöteten P.-Erregern und die Bekämpfung von Ratten und Flöhen.

Geschichte: Der **schwarze Tod,** der Europa 1346/47–52 heimsuchte, forderte etwa 25 Mio. Opfer. Im 15.–18. Jh. folgten verschieden heftige Epidemien; 1890 bedrohte die P. noch einmal, von Innerasien aus, die Welt; als Seuche trat die Lungen-P. 1910/11 in der Mandschurei auf. Auf Malta kam es noch 1936 zu einer P.-Endemie mit 28 Erkrankungsfällen.

📖 *Bergdolt, K.: Der Schwarze Tod in Europa. Die große P. u. das Ende des Mittelalters. München [3]1995.*

Pest [pɛʃt], Stadtteil von ↑Budapest.

Pestalozzi, Johann Heinrich, schweizer. Pädagoge und Sozialreformer, * Zürich 12. 1. 1746, † Brugg 17. 2. 1827; errichtete mit seiner Frau 1774 bei Birr im Aargau eine Erziehungsanstalt für arme Kinder, die bis 1779 bestand. Nach kürzeren pädagog. Engagements (1800 Schulgründung in Burgdorf, Zusammenarbeit mit P. E. Fellenberg) wirkte er 1804–25 im waadtländ. Yverdon-les-Bains. Von dort

Pest – Schwarzer Tod

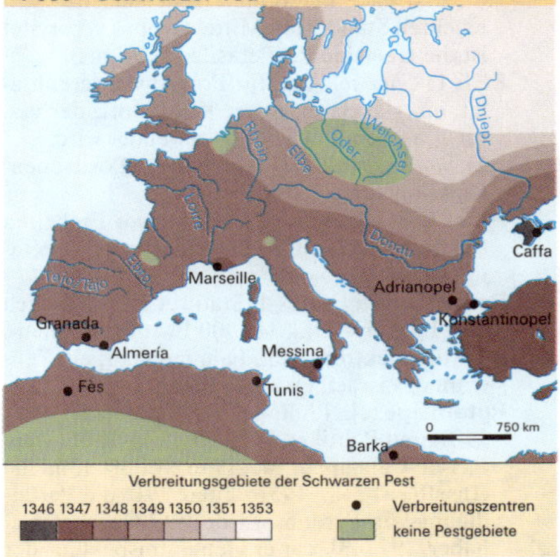

ging eine Bewegung zur Erneuerung der Erziehung aus, die europaweit wirkte. P. gilt als Schöpfer der modernen Volksschule. Die Erziehung suchte er auf die »Anschauung« als den inneren Sinn des Menschen für die Ordnung der Welt, auf »Liebe« und »Glauben« zu gründen. Er betonte die Einheit von geistiger, sittl. und körperlich-werktätiger Entwicklung (»Kopf, Herz, Hand«). Leitbild aller Erziehung war ihm die Familie.

Werke: Lienhard und Gertrud, 4 Tle. (1781–87); Freymüthige Nachforschungen über den Gang der Natur in der Entwickelung des Menschengeschlechts (1797); Wie Gertrud ihre Kinder lehrt (1801).

Ausgabe: Sämtl. Werke u. Briefe auf CD-ROM, bearb. v. L. Friedrich u. S. Springer. Zürich 1994.

📖 *Stadler, P.: P. Geschichtl. Biographie, 2 Bde. Zürich 1988–93. – Liedtke, M.: J. H. P. Reinbek [13]1995. – Reinert, G.-B. u. a.: J. H. P. Anthropolog. Denken u. Handeln. Ein pädagog. Konzept über die Zeiten. Donauwörth [2]1996.*

Pestalozzi-Fröbel-Verband e.V. (1873–1938 Dt. Fröbel-Verband), sozialpädagog. Fachverband, der sich mit Fragen familienergänzender Einrichtungen (Kindergarten, Hort u. Ä.) und Erzieherbildung befasst. Sitz: Berlin.

Pestizide [lat.], bes. im Umweltschutz gebräuchl. Bez. für die gegen tier. Schädlinge eingesetzten chem. Substanzen (Schädlingsbekämpfungsmittel wie Akarizide, Insektizide); auch Sammelbegriff für die chem. ↑Pflanzenschutzmittel.

Pestwurz (Petasites), hellgelb, weißlich oder rötlich blühende Korbblütlergattung mit oft sehr großen, dreieckigen bis rundl. Blättern, die erst nach der Blüte erscheinen. Bes. auf feuchten Standorten Mitteleuropas verbreitet ist die **Gemeine P.** (Petasites hybridus).

PET, 1) *Chemie:* Abk. für **P**oly**e**thylen**t**erephtalat, ein glasklarer, fester Kunststoff, der v. a. für Flaschen und Folien verwendet wird.

2) *Nuklearmedizin:* Abk. für ↑**P**ositronen**e**missions**t**omographie.

Peta, Vorsatzzeichen **P,** Vorsatz vor Einheiten für den Faktor 10^{15} (Billiarde); z. B. 1 Petameter = 1 Pm = 10^{15} m.

Petah Tiqwa ['pɛtax-], Stadt in Israel, östlich von Tel Aviv-Jaffa, 148 900 Ew.; Maschinen-, Textil-, elektron. Ind., Fahrzeugbau; ein Zentrum des israel. Orangenanbaus.

Pétain [pe'tɛ̃], Philippe, frz. Marschall (seit 1918) und Politiker, * Cauchy-à-la-Tour (Dép. Pas-de-Calais) 24. 4. 1856, † Port-Joinville (Insel Yeu) 23. 7. 1951; leitete 1916 die Verteidigung von Verdun, wurde 1917 Oberbefehlshaber. 1922–31 war er Generalinspekteur der Streitkräfte und Vizepräs. des Obersten Verteidigungsrats, 1934 Kriegsmin.; schloss als MinPräs. des Kabinetts Reynaud den Waffenstillstand mit Dtl. und Italien. In der Vichy-Reg. war er Chef des État Français (↑Frankreich, Geschichte). P. versuchte mit Dtl. zusammenzuarbeiten. Nach seiner Internierung 1944 ging er im April 1945 in die Schweiz und stellte sich am 26. 4. dem frz. Obersten Gerichtshof. Am 5. 8. 1945 wurde P. zum Tode verurteilt, dann zu lebenslanger Haft begnadigt und später auf die Insel Yeu verbannt.

Petäjävesi, Gem. in Südfinnland, Prov. Keski-Suomi, westl. von Jyväskylä, 3 800 Ew.; die Holzkirche (1763/64) wurde von der UNESCO zum Weltkulturerbe erklärt.

Petaling Jaya [-dʒ-], New Town südwestlich von Kuala Lumpur, W-Malaysia, 208 000 Ew.; Technikum, Internat. Islam. Univ., Nationalarchiv; Metall-, chem. u. a. Industrie. – 1951 gegründet.

Petel, Georg, Bildhauer, * Weilheim i. OB um 1601/02 (?), † Augsburg vor dem 29. 1. 1634; studierte in München, Italien und Antwerpen, wo er Rubens kennen lernte, ab 1625 in Augsburg. Seine vom Manierismus beeinflusste Kunst fand durch die von Rubens empfangenen Anregungen den Weg zum Barock. P. schuf Holzskulpturen (Hl. Christophorus in St. Moritz; Augsburg, um 1630), Bronzebildwerke (Kreuzigungsgruppe, 1631/32; Regensburg, Niedermünster) und Elfenbeinarbeiten (Salzfass mit der schaumgeborenen Venus, 1628; Stockholm, Königl. Schloss).

Peter, Herrscher:

Aragonien: **1) P. II.,** König (1196–1213), * 1174, ⚔ Muret (Dép. Haute-Garonne) 13. 9. 1213; besiegte im Bund mit Kastilien die maur. Almohaden 1212 bei Las Navas de Tolosa. Als Bundesgenosse der Albigenser fiel er in der Schlacht bei Muret.

2) P. III., der Große, König (1276–85), * zw. 1238 und 1243, † Vilafranca del Penedès (Prov. Barcelona) 10. 11. 1285, Schwiegersohn des Staufers Manfred; unterstützte die Sizilian. Vesper (1282) und eroberte Sizilien im Kampf gegen Karl I. von Anjou.

Brasilien: **3) P. I.,** Kaiser (1822–31), * Lissabon 12. 10. 1798, † ebd. 24. 9. 1834, Sohn des portugies. Königs Johann VI., Vater von 4); wurde 1821 Prinzregent in Brasilien, rief am 7. 9. 1822 die Unabhängigkeit aus und wurde am 1. 12. 1822 zum Kaiser gekrönt. 1826 wurde er als Peter IV. König von Portugal, trat jedoch nach zwei Monaten zurück zugunsten seiner Tochter Maria da Gloria. In Brasilien immer unpopulärer, dankte P. 1831 ab und ging als »Herzog von Bragança« nach

Frankreich. Von dort aus führte er mit brit. Hilfe eine krieger. Expedition zur Rückeroberung des portugies. Throns für seine Tochter gegen seinen jüngeren Bruder Miguel, der sich 1828 zum König hatte ausrufen lassen.

4) P. II., Kaiser (1831–89), *Rio de Janeiro 2. 12. 1825, †Paris 5. 12. 1891, Sohn von 3); stand bis 1840 unter Vormundschaft. Unter ihm führte Brasilien erfolgreich Kriege gegen Argentinien (1851/52) und Paraguay (1865 bis 1870). Die Aufhebung der Sklaverei machte die Kaffeepflanzer zu seinen Gegnern und führte zum Sturz des Kaisertums.

Jugoslawien: **5) P. II. Karadjordjević,** König (1934–45), *Belgrad 6. 9. 1923, †Los Angeles (Calif.) 3. 11. 1970; folgte seinem 1934 ermordeten Vater Alexander I. (unter der Regentschaft seines Onkels Paul), übernahm nach dem Putsch vom 27. 3. 1941 selbst die Reg.; lebte seit April 1941 im Exil; 1945 abgesetzt.

Mainz: **6) P. von Aspelt,** Kurfürst und Erzbischof (1306–20), *Aspelt (bei Luxemburg) um 1240, †Mainz 5. 6. 1320; war 1296–1306 Bischof von Basel und Kanzler König Wenzels II. von Böhmen. Als Gegner der Habsburger unterstützte er als Reichskanzler die Wahl Heinrichs VII. (1308) und Ludwigs IV., des Bayern (1314).

Montenegro: **7) P. II. Petrović Njegoš,** ↑Njegoš.

Russland: **8) P. I., der Große** (Pjotr I. Alexejewitsch), Zar (1682–1725) und Kaiser (seit 1721), *Moskau 9. 6. 1672, †Sankt Petersburg 8. 2. 1725, Sohn des Zaren Alexei Michailowitsch, Großvater von 9); folgte 1682 seinem Bruder Fjodor III.; 1682–89 übte seine Halbschwester Sophia (Sofja) für ihn und seinen debilen Halbbruder Iwan V. (*1666, †1696) die Regentschaft aus. P. war ⚭ in 1. Ehe (1689–98) mit Jewdokija Fjodorowna Lopuchina, in 2. Ehe (seit 1712) mit Marta Skawronskaja, der späteren Kaiserin Katharina I. Er eroberte 1696 mit einer neuen Kriegsflotte die türk. Festung Asow. 1697/98 reiste er inkognito ins Ausland (»Große Gesandtschaft«) und erlernte u. a. in Holland und England den Schiffbau. Nach seiner Rückkehr hielt er ein blutiges Strafgericht über die aufständ. Strelitzen und leitete weit reichende innere Reformen ein, die eine Öffnung des russ. Reichs nach W-Europa bezweckten: u. a. Einführung der westeurop. Etikette und Kleiderordnung, Neuorganisation des Heeres, 1699 Städtereform, 1708/19 Gouv.-Ordnung, 1711 Einrichtung des Regierenden Senats und 1717 der Kollegien, 1721 Ersetzung des Patriarchats durch den Heiligsten Regierenden Synod, 1722 Erlass der »Rangtabelle« zur Schaffung eines neuen Dienstadels. 1703 gründete P. die spätere Hptst. Sankt Petersburg. Im Nord. Krieg (1700–21) musste er 1700 bei Narwa eine schwere Niederlage gegen Schweden hinnehmen, erreichte aber in der Schlacht bei Poltawa (1709) einen entscheidenden Sieg; mit dem Frieden von Nystad (1721) wurde Russland anstelle Schwedens die überragende Macht an der Ostsee (u. a. Erwerb Livlands, Estlands, Ingermanlands und von Teilen Kareliens). P. geriet in einen tiefen Gegensatz zu seinem Sohn aus 1. Ehe, dem Zarewitsch Alexei Petrowitsch, den er nach dessen Flucht nach Russland zurückholen ließ und dem er den Prozess machte († 1718). An der Türkenfront erzwang der missglückte Feldzug von 1710/11 die Rückgabe von Asow, aber durch einen Feldzug gegen Persien (1722/23) gewann P. große Gebiete an der W- und S-Küste des Kasp. Meeres.

📖 *Donnert, E.: P. der Große. Wien u. a. 1989. – Massie, R. K.: P. der Große. Sein Leben u. seine Zeit. A. d. Amerikan. Frankfurt am Main 1992.*

9) P. II. (Pjotr II. Alexejewitsch), Kaiser (1727–30), *Sankt Petersburg 23. 10. 1715, †Moskau 29. 1. 1730, Enkel von 8); folgte Katharina I. auf den Thron; mit ihm erlosch die Dynastie Romanow im Mannesstamm. Ihm folgte ↑Anna Iwanowna.

10) P. III. (Pjotr III. Fjodorowitsch), Kaiser (1762), als Herzog von Holstein-Gottorp (seit 1739) Karl P. Ulrich, *Kiel 21. 2. 1728, †Ropscha (bei Sankt Petersburg) 17. 7. 1762, Sohn von Anna Petrowna, einer Tochter Peters d. Gr., und des Herzogs Karl Friedrich von Holstein-Gottorp; von Kaiserin Elisabeth Petrowna, seiner Tante, 1742 als Thronfolger nach Russland gerufen; seit 1745 ⚭ mit Sophie Friederike Auguste von Anhalt-Zerbst, der späteren Kaiserin Katharina II. Nach der Thronbesteigung schloss er sofort Frieden mit Friedrich II., d. Gr. Er wurde durch eine Verschwörung, an deren Spitze sich Katharina stellte, gestürzt und unter nie ganz geklärten Umständen ermordet.

Peterborough [ˈpiːtəbrə], Stadt in der Cty. Cambridgeshire, England, am Rande der Fens, 115 400 Ew.; Motoren- und Maschinenbau, Kunststoff- und Konservenindustrie; wurde 1967 zur New Town bestimmt. – P. entstand um eine gleichnamige Benediktinerabtei (gegr. 665). Die Kathedrale wurde 1118 als Abteikirche anstelle zerstörter Vorgängerbauten als roman. Querhausbasilika begonnen; in der 2. Hälfte des 12. Jh. entstand das Langhaus, das nach 1177 ein frühgot. Westquerhaus erhielt; die Westfassade wurde zu

Beginn des 13. Jh. mit drei hoch aufragenden got. Loggien und seitl. Ecktürmen versehen.

Peterhead [pi:tə'hed], Hafenstadt in N-Schottland, an der Nordsee, 16500 Ew.; Fisch verarbeitende Ind., Versorgungszentrum für Nordsee-Erdölfelder, Gasterminal.

Peterhof, bis 1944 Name der russ. Stadt ↑Petrodworez.

Peter-I.-Insel, Insel im S-Pazifik, vor der Küste der W-Antarktis, 249 km², bis 1220 m ü. M. – 1821 von F. G. von Bellingshausen entdeckt, nach Peter d. Gr. benannt; seit 1929 norwegisch.

Petermann, August, Geograph und Kartograph, *Bleicherode 18. 4. 1822, †Gotha 25. 9. 1878; arbeitete dort seit 1854 in Justus Perthes' Geograph. Verlagsanstalt, bes. an Stielers Handatlas. Er regte mehrere Afrika- und die ersten dt. Polarexpeditionen an; gründete 1855 die nach ihm benannte Zeitschrift »Petermanns Geograph. Mitteilungen«.

Petermännchen, Bez. für zwei Knochenfischarten (20 und 45 cm lang) an europ. Küsten; besitzen eine giftige erste Rückenflosse.

Peters, Carl, Kolonialpolitiker, *Neuhaus (Elbe) (Kr. Lüneburg) 27. 9. 1856, †Woltorf (heute zu Peine) 10. 9. 1918; gründete 1884 die »Gesellschaft für dt. Kolonisation«, erwarb bei einer Expedition nach Ostafrika im selben Jahr durch Schutzverträge mit einheim. Häuptlingen das Kerngebiet des späteren Dt.-Ostafrika, dem 1885 ein kaiserl. Schutzbrief erteilt wurde, 1891–93 Reichskommissar für das Kilimandscharogebiet; nach Vorwürfen wegen Willkür gegenüber Einheimischen wurde er 1897 aus dem Staatsdienst entlassen.

Petersberg, 1) Porphyrkuppe 13 km nördlich von Halle (Saale), 250 m ü. M., mit roman. Stiftskirche (1124 geweiht, 1565 zerstört, Wiederaufbau 1853–57); Fernsehturm, meteorolog. Station.

2) Basaltkuppe im Siebengebirge, 331 m ü. M., bei Königswinter. Das Hotel P. war 1946–51 Sitz der Alliierten Hochkommissare; hier wurde am 22. 11. 1949 das **Petersberger Abkommen** geschlossen (u. a. Gewährung von konsular. und Handelsbeziehungen für die Bundesrep. Dtl.; teilweiser Demontagestopp, Beitritt der Bundesrep. Dtl. zum Ruhrstatut) sowie am 19. 6. 1992 die **Petersberger Erklärung** zum Ausbau der militär. Handlungsfähigkeit der ↑Westeuropäischen Union (WEU) verabschiedet. Als **Petersberger Vereinbarung** wird auch die Einigung zw. den Fraktionen von CDU/CSU, FDP und SPD vom 6. 12. 1992 zur Neuregelung des Asylverfahrensrechts in Dtl. bezeichnet (»Asylkompromiss«; ab 1. 1. 1993 in Kraft).

3) Gemeinde im Landkreis Fulda, Hessen, nordöstlich an Fulda anschließend, 14200 Ew. – Die Kirche enthält in der Krypta (9. Jh.) karoling. Wandmalereien.

Petersburg, Stadt in Russland, ↑Sankt Petersburg.

Peters, C. F., von Franz Anton Hoffmeister (*1754, †1812) und Ambrosius Kühnel (*1770, †1813) als »Bureau de Musique« 1800 in Leipzig gegründeter Musikverlag, der 1814 von Carl Friedrich Peters (*1779, †1827) gekauft wurde. Der Verlag erlangte durch die Veröffentlichung klass., romant. und moderner Musikwerke (**Edition P.,** gegr. 1867) große Bekanntheit. Nach der Enteignung des Verlags in Leipzig wurde er seit 1950 in Frankfurt am Main fortgeführt. Er umfasst heute auch die Musikverlage M. P. Belaieff (gegr. 1885), Schwann (1821) und C. F. Kahnt (1851) sowie Henry Litolff's Verlag (1828).

Petersdorf, Stadt in Polen, ↑Piechowice.

Petersen, 1) Nis Johan, dän. Schriftsteller, *Vamdrup (Amt Vejle) 22. 1. 1897, †Laven (bei Silkeborg) 9. 3. 1943; schrieb Gedichte, Novellen, Romane und Aphorismen. Sein Hauptwerk, der Roman »Die Sandalenmachergasse«, 1931, beschreibt im Stil des Schelmenromans das alte Rom.

2) Peter, Pädagoge, *Großenwiehe (bei Flensburg) 26. 6. 1884, †Jena 21. 3. 1952; entwickelte und erprobte als Leiter der Jenaer Universitätsschule sein zehnjähriges Schulmodell (»Der Jena-Plan«, 3 Bde., 1930–34); ersetzte Stundenpläne durch freies Arbeiten nach Wochenarbeitsplänen mit Gruppenunterricht und Jahrgangsklassen durch »Stammgruppen« aus mehreren Jahrgängen, bezog Spiele und Feste ein, aktivierte Schüler (Patenschaften für jüngere) und Eltern (Schulgemeinde).

3) Wolfgang, Film- und Fernsehregisseur, *Emden 14. 3. 1941; drehte »Tatort«-Krimis (u. a. »Reifezeugnis«, 1976) und Fernsehfilme; verfilmte »Das Boot« (auch Drehbuch, 1981; TV-Fassung 1985), weiterhin »Die unendl. Geschichte« (auch Drehbuch; 1983/84), »Die zweite Chance« (1993), »Air Force One« (1997).

Petershagen, Stadt im Kr. Minden-Lübbecke, NRW, an der Weser, 26400 Ew.; Ziegeleien, Möbel-, Bekleidungsindustrie. – Renaissanceschloss (um 1545). Kraftwerk im Ortsteil Lahde.

Petersilie [grch.] (Petroselinum crispum), Gattung der Doldenblütler mit vier Arten in Mitteleuropa und im Mittelmeergebiet;

am bekanntesten ist die durch Kultur weit verbreitete zwei- bis mehrjährige **Gartenpetersilie** (Petroselinum crispum) mit rübenförmiger, schlanker Wurzel und dunkelgrünen, glänzenden, zwei- bis dreifach gefiederten Blättern. Seit dem Altertum Küchengewürz mit hohem Gehalt an Vitamin C; man unterscheidet **Blatt-** und **Wurzelpetersilie.**

Peterskirche (Petersdom, italien. San Pietro in Vaticano), die in der Vatikanstadt gelegene Grabkirche des Apostels Petrus, Hauptkirche des Papstes. Der älteste Bau, eine fünfschiffige Basilika, wurde unter Kaiser Konstantin um 324 begonnen. Er wurde auf einem vorwiegend heidnisch belegten Friedhof über einem Grab, das man als das Grab des Apostels Petrus ansah, angelegt. Der Grundstein zu der heutigen, unter Julius II. von Bramante begonnenen Kirche wurde 1506 gelegt. Bramantes Entwurf sah einen Zentralbau in Form eines grch. Kreuzes im Maßstab der Maxentiusbasilika mit einer Kuppel vor. Unter Raffael, B. Peruzzi und A. da Sangallo d. J. kam der Bau nur langsam voran. Michelangelo, seit 1547 Bauleiter, nahm den Plan des Zentralbaus wieder auf und entwarf nach dem Vorbild des Florentiner Doms eine Rippenkuppel, die G. della Porta und D. Fontana nach seinem Plan 1588–93 vollendeten. C. Maderno fügte die Fassade 1607–12, das dreischiffige Langhaus 1612–24 hinzu. Die P. gilt als der größte Kirchenbau der Erde (Länge mit Vorhalle 211,5 m, äußere Höhe bis zur Kreuzspitze 132,5 m, Kuppeldurchmesser 42 m). Über dem Papstaltar unter der Kuppel errichtete L. Bernini den Bronzebaldachin auf vier gewundenen Säulen (1624–33) sowie an der Apsiswand die Cathedra Sancti Petri (1657–66), einen monumentalen bronzenen Reliquienschrein für den hölzernen Petrusstuhl (4. Jh. n. Chr., Elfenbeinschmuck aus dem 9. Jh.). Zur weiteren Ausstattung gehören die Bronzefigur des thronenden Petrus (13. Jh.), die Pietà von Michelangelo (1498–1500) und Papstgräber in der Sakristei (1776–84 von C. Marchionni). – Vor der P. legte Bernini den **Petersplatz** an, ein um den 1586 von D. Fontana aufgerichteten Obelisken und zwei Brunnen geschlossenes Queroval aus vierfachen Kolonnaden, das durch schräg laufende Galerien mit der Fassade verbunden ist.

Dell'Arco, M. F.: Petersdom u. Vatikan. Freiburg im Breisgau u. a. 1983.

Peterson ['pi:tәsn], Oscar, kanad. Jazzpianist, * Montreal 15. 8. 1925; ging 1949 in die USA. Bekannt für seine brillante Technik, tritt seit 1951 vorwiegend mit eigenem Trio auf.

Peterspfennig, urspr. die freiwillige Abgabe Englands (erstmals im 8. Jh.), seit dem 12. Jh. (bis zum 16. Jh.) auch anderer Länder an den Papst; heute die jährl. freiwillige Gabe der kath. Bistümer für die Weltkirche (i. d. R. die Kollekte am Fest »Peter und Paul«).

Peterstal-Griesbach, Bad, ↑Bad Peterstal-Griesbach.

Peter und Paul, in der kath. Kirche Fest der Apostel Petrus und Paulus am 29. Juni.

Petipa, Marius, frz. Tänzer und Choreograph, * Marseille 11. 3. 1818, † Gursuf (Krim) 14. 7. 1910; gilt als Begründer des klass. russischen Balletts. – *Choreographien:* Don Quixote (1869); Die Bajadere (1877); Dornröschen (1890); Schwanensee (1895, mit L. Iwanow); Raymonda (1898).

Petit [pә'ti], **1)** Alexis Thérèse, frz. Physiker, * Vesoul (Dép. Haute-Saône) 2. 10. 1791, † Paris 21. 6. 1820; untersuchte gemeinsam mit P. L. Dulong die Wärmeausdehnung fester Körper und formulierte die ↑Dulong-Petit-Regel.

2) Roland, frz. Tänzer und Choreograph, * Villemomble (Dép. Seine-Saint-Denis) 13. 1. 1924; seit 1972 Ballettdirektor in Marseille. – *Choreographien:* Le jeune homme et la mort (1946); Carmen (1949); Cyrano de Bergerac (1959); Der blaue Engel (1985); Lulu-Suite (1993).

Petition [lat.] *die,* Bitte, Gesuch, bes. die Eingabe an Staatsoberhaupt, Volksvertretung oder Behörde. Das **Petitionsrecht,** urspr. ein Recht der Volksvertretung gegenüber dem Herrscher, ist im GG als Grundrecht verankert, das jedermann das Recht gibt, sich schriftlich mit Bitten oder Beschwerden an Behörden oder die Volksvertretung zu wenden. Der Adressat der P. hat sie entgegenzunehmen und zu beantworten, ohne dass er zu einer bestimmten Entscheidung verpflichtet wäre. In den Parlamenten sind hierfür P.-Ausschüsse eingerichtet. – In *Österreich* sind P. aufgrund von Art. 11 Staatsgrund-Ges., in der *Schweiz* von Art. 57 Bundes-Verf. zulässig.

Petition of Right [pɪ'tɪʃn ɔv 'raɪt; engl. »Bittschrift um Herstellung des Rechts«], 1628 vom engl. König Karl I. bewilligte Bittschrift des Parlaments zur Gewährung v. a. folgender Rechte: keine zusätzl. Besteuerungen ohne Zustimmung des Parlaments, keine Verhaftungen ohne Angabe des Grundes, Garantie eines ordentl. Gerichtsverfahrens. Die P. of R. galt in der Folge als Garantie der bürgerl. Freiheit; an ihrer Auslegung entzündete sich u. a. 1642 der engl. Bürgerkrieg.

Petit Point [pәti'pwɛ̃; frz. »kleiner Punkt«] *das* auch *der,* Stickerei aus halben Kreuzstichen,

Petra: Felsengrab Ed-Der (»Das Kloster«)

die in Wolle oder Seide auf feinem ↑Canevas ausgeführt wird. Die traditionelle Technik gelangte im 19. Jh. in Wien zu neuer Blüte **(Wiener Arbeit).**

Petkow, Nikola Dimitrow, bulgar. Politiker, *Sofia 1889, †(hingerichtet) ebd. 23. 9. 1947; 1944/45 stellv. MinPräs., dann Führer der Opposition gegen die Umwandlung Bulgariens in eine Volksdemokratie; in einem Schauprozess zum Tode verurteilt.

Petljura, Simon Wassiljewitsch, ukrain. Politiker, *Poltawa 17. 5. 1879, †(ermordet) Paris 26. 5. 1926; 1905 Mitbegründer der Ukrain. Sozialdemokrat. Arbeiterpartei, seit 1919 Vors. des »Direktoriums der Ukrain. Nationalrepublik«, das den Ententemächten zugeneigt war. Sein Versuch, mit poln. Hilfe die im Dez. 1919 in die Ukraine eingedrungenen bolschewist. Truppen zurückzudrängen und die staatl. Unabhängigkeit wieder herzustellen, schlug nach Anfangserfolgen (Mai 1920 Einnahme Kiews) fehl.

Petőfi ['pɛtøːfi], Sándor, ungar. Dichter, *Kiskőrös (Bez. Bács-Kiskun) 1. 1. 1823, ⚔ bei Schäßburg 31. 7. 1849; war u. a. Schauspieler, Hauslehrer, Redakteur. 1844 erschien die erste Sammlung seiner Gedichte. P. verhalf der lebensnahen Sprache der Volksdichtung in der Literatur zum Durchbruch und leitete damit eine neue Stilepoche ein. Sein Märchenepos »Held János« (1845) bildet einen Höhepunkt der ungar. Literatur. Sein polit. Programm umfasste den Sturz der Habsburgermonarchie, die nat. Unabhängigkeit Ungarns und die Befreiung der Leibeigenen. P. fiel in einer der letzten Schlachten des ungar. Freiheitskrieges 1848/49 als Adjutant des poln. Generals J. Bem.

Petőfi-Kreis, ↑ungarische Literatur.

Petra, Ruinenstätte mit Felsnekropole im südl. Jordanien, Residenz der Nabatäerkönige bis zur Errichtung der röm. Provinz Arabia Petraea durch Trajan (106 n. Chr.), Handelsplatz im Karawanenverkehr von Südarabien nach Syrien. Nach der Eroberung durch die Araber (629–632) wurde die Stadt verlassen; 1812 von J. L. Burckhardt wieder entdeckt; Ausgrabungen seit 1929. Die kunstvollen Fassaden der in die Felshänge gearbeiteten mehrgeschossigen Grabanlagen (z. B. Ed-Der, das so genannte Kloster, frühes 2. Jh. n. Chr.) zeigen eine eigenartige Mischung hellenistisch-röm. Tempel- und Fassadenarchitektur mit einheim. Grabbautraditionen (UNESCO-Weltkulturerbe).

📖 *P. u. das Königreich der Nabatäer, hg. v. M. Lindner. München u. a. [5]1989. – Weber, T.: P. Antike Felsstadt zwischen arab. Tradition u. griech. Norm, hg. v. R. Wenning. Mainz 1997.*

PETRA, Abk. für **P**ositron-**E**lektron-**T**andem-**R**ingbeschleuniger-**A**nlage, ↑Deutsches Elektronen-Synchrotron.

Petrarca, Francesco, italien. Dichter, Humanist und Philologe, *Arezzo 20. 7. 1304, †Arquà (heute Arquà Petrarca, Prov. Padua) 18. 7. 1374; Sohn eines aus Florenz verbannten Notars, studierte ab 1316 die Rechte in Montpellier, ab 1320 in Bologna; 1326 trat er in Avignon in den geistl. Stand; 1330–47 stand er im Dienst des Kardinals Giovanni Colonna. Nach langen Reisen (seit 1333) lebte er seit 1337 meist auf seinem Landgut bei Avignon. 1341 wurde er in Rom zum Dichter gekrönt. Er begeisterte sich vorübergehend für Cola di Rienzo und dessen Versuch der Wiedererrichtung der röm. Rep. und überwarf sich deshalb mit Kardinal Colonna. 1353–61 im Dienst der Visconti in Mailand, reiste er als deren Gesandter u. a. 1356 zu Kaiser Karl IV. nach Prag. 1362–68 lebte er in Venedig, dann in Padua und auf seinem Landgut in Arquà. P. ist der erste bed. italien. Humanist. Er arbeitete intensiv an der Erforschung und Herausgabe der antiken Autoren und verfasste selbst an Cicero orientierte lat. Werke, u. a. eine umfangreiche Briefliteratur, so die 24 Bücher der »Epistolae familiares« (entstanden 1364, gedruckt 1496, dt. Ausw. u. d. T. »Briefe«), der »Brief an die Nachwelt« (entstanden um 1370, gedruckt 1496), das unvollendete Epos »Africa« (begonnen 1338, gedruckt 1496), philosoph. und histor. Schriften. Bei den Zeitgenossen war v. a. das Trostbüchlein »De remediis utriusque fortunae« (entstanden 1354–66, gedruckt 1468) berühmt. Für die Literaturgeschichte von größter Bedeutung sind seine Gedichte in italien. Sprache (zusammengefasst als »Il Canzoniere«, hg. 1470). Die Sonette, Kanzonen, Sestinen, Balladen und Madrigale besingen mit höchster formaler Kunst, die sie zu Mustern ihrer Gattung machen, die Liebe zu Laura, für den Dichter das unerreichbare Symbol sittl. Vollkommenheit, ähnlich auch in der Allegorie »Die Triumphe« (entstanden 1357–75, gedruckt 1470, gleichfalls italienisch). Die Lyrik P.s fand in der Renaissance viele Nachahmer. Der **Petrarkismus** lehnte sich zwar eng an Formen, Motive und Stilelemente P.s an, förderte aber auch die Dichtung in den Nationalsprachen. Vertreter waren in Frankreich die Dichter der ↑Pléiade, in Dtl. M. Opitz und P. Fleming.

P., 1304–1374. Beiträge zu Werk u. Wirkung, hg. v. F. Schalk. Frankfurt am Main 1975. – Buck, A.: P. Darmstadt 1976. – Hoffmeister, G.: P. Stuttgart 1997. – Neumann, F.: F. P. Reinbek 1998.

Petrarcameister (Meister des Trostspiegels), im 1. Viertel des 16. Jh. tätiger Holzschneider, benannt nach den 258 Zeichnungen für die Holzschnittillustrationen zur dt. Ausgabe von F. Petrarcas Trostbüchlein »De remediis utriusque fortunae« (1520 vollendet, 1532 gedruckt), auch »Trostspiegel« genannt.

Petrassi, Goffredo, italien. Komponist, *Zagarolo (bei Rom) 16. 7. 1904; begann im Gefolge des Neoklassizismus, ließ sich später von der Zwölftonmusik A. Schönbergs und seriellen Techniken anregen; schrieb Orchesterkonzerte, Chorwerke, Opern, Ballette und Filmmusiken.

Petri, 1) Laurentius, eigtl. Lars Petersson, schwedischer Reformator, *Örebro 1499, †Uppsala 26. 10. 1573, Bruder von 2); seit 1531 erster luther. Erzbischof Schwedens; Herausgeber der ersten schwed. Bibelübersetzung (»Gustav-Wasa-Bibel«, 1541); Verfasser der 1572 angenommenen schwed. Kirchenordnung.

2) Olaus, eigtl. Olof Petersson, schwed. Reformator, *Örebro 6. 1. 1493, †Stockholm 19. 4. 1552, Bruder von 1); 1531–33 Kanzler Gustavs I. Wasa. Wegbereiter der Reformation in Schweden; beeinflusste die Entwicklung der schwed. Sprache.

Petrie ['pi:trɪ], Sir (seit 1923) William Matthew Flinders, brit. Ägyptologe, *Charlton (heute zu London) 3. 6. 1853, †Jerusalem 28. 7. 1942; Begründer der wiss. Grabungsmethoden in Ägypten und Palästina.

Petrikau, Stadt in Polen, ↑Piotrków Trybunalski.

Petri-Schale [nach dem Arzt J. R. Petri, *1852, †1921], flache Schale aus Glas oder Kunststoff mit Deckel, v. a. zur Züchtung von Bakterien und niederen Pilzen.

Petrobras [-braʃ], Abk. für **Petró**leo **Bras**ileiro S. A., Rio de Janeiro, staatl. Öl- und Petrochemieunternehmen, größtes Industrieunternehmen Brasiliens, gegr. 1954.

Petrochemie (Petrolchemie), Zweig der chem. Großindustrie, der chem. Stoffe aus Erdölprodukten und Erdgas herstellt und damit Bindeglied zw. Erdölverarbeitung und eigentlicher chem. Industrie ist. Anlagen der P. sind in Erdölraffinerien integriert oder in speziellen petrochem. Werken angesiedelt, die oft als gemeinsame Tochterfirmen von Mineralöl- und Chemieunternehmen betrieben werden. Die Anlagen zeichnen sich durch große Kapazität und hohen Automatisierungsgrad aus. Olefine und Aromaten werden durch ↑Steamcracken erzeugt, in Westeuropa überwiegend aus Rohbenzin, z. T. aus Flüssiggas oder Gasöl. In den USA ist Äthan aus Erdgas bevorzugter Rohstoff für die Äthylenherstellung. Die aufwendige Trennung der Crackprodukte erfolgt u. a. durch Destillation, Extraktion, Extraktivdestillation und Molekularsiebverfahren. Zur Herstellung von Synthesegas werden bevorzugt Erdgas (↑Steamreforming) und Schweröle verwendet. Die wichtigsten Primärprodukte der P. sind Äthylen, Propylen, Butadien, Isobuten, Benzol, Toluol und Xylole sowie Synthesegas für die Herstellung von Methanol, Ammoniak, Alkoholen und Essigsäure. Sekundärprodukte der P. werden durch Polymerisation (z. B. Kunststoffe wie Polyäthylen), Oxidation (z. B. Acetaldehyd), Alkylierung (z. B. Äthylbenzol), Hydratisierung (z. B. Isopropylalkohol), Dehydrierung (z. B. Styrol) oder andere chem. Verfahren gewonnen.

Petrodollar (Erdöldollar), in US-Dollar gehaltene Überschüsse der OPEC-Länder aus ihren Erdölexporten, die auf internat. Finanzmärkten angelegt werden.

Petrodworez (bis 1944 Peterhof), westl. Vorort von Sankt Petersburg, 81 000 Ew., am Finn. Meerbusen; Uhrenfabrik, Hafen. – Seit dem 18. Jh. Sommerresidenz der russ. Zaren; 1714–28 unter Peter d. Gr. begonnen und später von B. Rastrelli weiter ausgebaut. Das Große Schloss, das Schlösschen Monplaisir, die Wasserschlösser Eremitage und Marly sowie Park mit Wasserspielen bestimmen das Stadtbild. – Abb. S. 124.

Pétrofina S. A., belg. Mineralölkonzern, Sitz: Brüssel, gegr. 1920; Tochtergesellschaft: Fina Dtl. GmbH, Frankfurt am Main.

Petrogenese [grch. »Gesteinsbildung«] *die,* Zweig der Petrologie.

Petrograd, 1914–24 Name von ↑Sankt Petersburg.

Petrographie [grch.] *die,* ↑Petrologie.

Petrokrepost, 1944–92 Name der russ. Stadt ↑Schlüsselburg.

Petrolchemie, ↑Petrochemie.

Petroleum [zu grch. pétra »Stein« und lat. oleum »Öl«] *das, Chemie:* Fraktionen des Erdöls, Siedebereich 150–280 °C; früher fast ausschl. als **Leuchtöl** verwendet; heute als Flugturbinenkraftstoff bedeutend (↑Kerosin). In der engl. Sprache ist P. gleichbedeutend mit Erdöl.

Petrologie [grch.] *die* (Gesteinskunde), das Teilgebiet der Mineralogie, das die Geschichte der Gesteine, bes. ihre Herkunft, ihre Bildung (Petrogenese) und Umwandlungsvorgänge erforscht. Die P. gliedert sich in zwei Arbeitsrichtungen: Die **Petrographie** beschreibt und klassifiziert die natürl. Gesteine nach Auftreten, Gesteinsgefüge, Mineralbestand, chem. Zusammensetzung, physikalisch-techn. Eigenschaften usw. Die **experimentelle P.** untersucht in erster Linie die physikalisch-chem. Bedingungen bei der Bildung eines Gesteins, die im Labor simuliert werden.

Petronius, Gaius (Titus?), gen. P. Arbiter, röm. Schriftsteller, † (Selbstmord) 66 n. Chr., lebte am Hof Neros als Meister der Kunst feinsten Lebensgenusses **(Arbiter Elegantiarum).** Sein in Bruchstücken erhaltener Roman »Satyricon« ist eine glänzende Sittenschilderung von zügellosem Witz und Realismus. Am besten erhalten ist die »Cena Trimalchionis«, das Gastmahl eines Emporkömmlings.

Petropawlowsk (kasach. Petropawl), Gebietshptst. im N von Kasachstan, am Ischim, 239 000 Ew.; Bahnknotenpunkt an der Transsib; Maschinenbau, Nahrungsmittel-, Leder-, Bekleidungsindustrie.

Petropawlowsk-Kamtschatski, Hauptstadt des Gebiets Kamtschatka, an der SO-Küste der Halbinsel, Russland, 210 000 Ew.; Ingenieurhochschule für Seefahrt, vulkanolog. und seism. Institut; Fischverarbeitung, Reparaturwerft; eisfreier Marine-, Fischerei- und Handelshafen. – 1740 gegründet.

Petrópolis, Stadt im Staat Rio de Janeiro, Brasilien, 813 m ü. M., in einem Hochtal des Küstengebirges, 255 300 Ew.; kath. Univ., Kurort. – 1845 von dt. und schweizer. Einwanderern gegr., wurde die Stadt nach dem brasilian. Kaiser Peter II., der sich hier eine Sommerresidenz errichten ließ, benannt. – Im **Vertrag von P.** (1903) trat Bolivien den größten Teil des Acre-Gebiets an Brasilien ab.

Petroșani [petroˈʃanj] (ungar. Petrozsény), Stadt im Bezirk Hunedoara, Rumänien, in den westl. Südkarpaten, 53 000 Ew.; TU, Inst. für Kohleforschung, Bergbaumuseum; Bau von Bergbauanlagen, Möbel-, Trikotagen-, Nahrungsmittelind.; in der **P.-Senke** Abbau von Stein- und Braunkohle (größte Vorkommen des Landes).

Petrosawodsk, Hauptstadt der Rep. Karelien innerhalb der Russ. Föderation, Hafen am W-Ufer des Onegasees und Verkehrsknotenpunkt an der Murmanbahn, 280 000 Ew.; Univ.; Traktorenwerk, Zellstoff- und Papierfabrik, Möbelind., Werkzeugmaschinenbau.

Petrovaradin (dt. Peterwardein), ehem. selbstständige Stadt in der Wojwodina, Jugo-

Petrodworez: Großes Schloss; 1714–28 begonnen, 1747–52 erweitert slawien, seit 1945 Stadtteil von Novi Sad. – Im 17./18. Jh. österr. Grenzfestung gegen die Türken. – Bei P. besiegte Prinz Eugen am 5. 8. 1716 das osman. Hauptheer.

Petrow-Wodkin, Kusma Sergejewitsch, russ. Maler, *Chwalynsk (Gebiet Saratow) 5. 11. 1878, †Leningrad (heute Sankt Petersburg) 15. 2. 1939; führender Vertreter des Symbolismus in Russland. Eine Italienreise (1908) vermittelte ihm Eindrücke der Malerei der Renaissance, die in der Folgezeit neben der russ. Volkskunst und der Ikonenmalerei für seine Werke bestimmend wurde.

Petrucci [peˈtruttʃi], Ottaviano, italien. Buchdrucker, *Fossombrone (bei Urbino) 18. 6. 1466, †Venedig 7. 5. 1539; erfand ein Notendruckverfahren zur Wiedergabe von Mensuralnoten mit beweglichen Typen; Musikverleger.

Petrucciani [pɛtrutˈtʃa:ni], Michel, frz. Jazzmusiker (Pianist), *Orange 28. 12. 1962, †New York 6. 1. 1999; begann, trotz einer schweren Knochenkrankheit, 15-jährig als Pianist bei Kenny Clarke; siedelte 1981 in die USA über und wurde internat. bekannt durch seine Auftritte u. a. bei L. Konitz; zählte mit seiner außerordentl. Spieltechnik zu den besten Pianisten seiner Zeit im modernen Jazz.

Petrus, eigtl. Simon [aramäisch Kephas; grch. Petros »Stein«], Apostel, führende Persönlichkeit im Jüngerkreis Jesu und in der ↑Urgemeinde; †(Martyrium?) Rom (?) zw. 64 und 67 (?); Fischer; stammte aus Betsaida (heute Et-Tell) am See Genezareth. Der Beiname P. (»Stein«) wurde ihm von Jesus bei seiner Berufung zum Apostel verliehen; in Mt. 16, 18 theologisch als »Fels« (Fundament) gedeutet, auf dem Jesus Christus seine Gemeinde (»Ekklesia«) baut. Ab etwa 44 widmete er sich der Mission unter den Juden. Auf dem Apostelkonzil befürwortete er die Mission des Paulus unter den Nichtjuden (↑Heidenchristen), geriet später mit ihm darüber in Konflikt. Sicher ist sein späterer Aufenthalt in Rom. Nach kirchl. Überlieferung starb er dort unter Nero als Märtyrer. Seine überragende kirchengeschichtl. Bedeutung erhielt P. durch das im Anschluss an Mt. 16, 18 f. auf ihn zurückgeführte **P.-Amt** des Papstes. – Heiliger; Patron u. a. der Fischer und Schiffer; im Volksglauben »Himmelspförtner« und Wettermacher; Tag: 29. 6. (zus. mit Paulus) und 22. 2. (»Petri Stuhlfeier«, Gedächtnis der Übertragung des Hirtenamtes an P.). – Die bildende Kunst fand schon früh einen feststehenden Typus: kräftige gedrungene Gestalt, runder Kopf mit kurzem Bart, Glatze mit Lockenkranz. Attribute: Buch/Schlüssel, auch Kreuzstab oder Handkreuz, Hahn, Schiff, Ketten.

📖 *Cullmann, O.: P. Jünger, Apostel, Märtyrer. Zürich ³1985. – Das Petrusbild in der neueren Forschung, hg. v. C. P. Thiede. Wuppertal 1987.*

Petrusamt, der vom ↑Papst beanspruchte universalkirchl. Primat.

Petrusbriefe, N. T.: zwei der ↑Katholischen Briefe, von der frühchristl. Tradition dem Apostel Petrus zugeschrieben. Adressaten sind heidenchristl. Gemeinden in Kleinasien bzw. (2. P.) die Christen überhaupt. Der 1. P. entstand um 100 in Rom, der 2. P. wahrscheinlich in der 2. Hälfte des 2. Jh. (Abfassungsort unbekannt). Die heutige Forschung schließt für beide Briefe die Autorschaft des Petrus aus.

Petruschewskaja, Ljudmila Stefanowna, russ. Schriftstellerin, *Moskau 26. 5. 1938; Journalistin; schreibt Dramen (»Cinzano«, 1977; »Drei Mädchen in Blau«, 1983; »Die Hinrichtung«, 1990) und Erzählungen (»Meine Zeit ist die Nacht«, 1991) in der Sprache der Straße und zeigt in oft bitterer Darstellung die Schwere des Alltags auf. P. war jahrelang mit Publikationsverbot belegt.

Petrus Chrysologus [grch. »Goldredner«], Bischof von Ravenna (nach 431), Kirchenlehrer, *Forum Cornelii (heute Imola) um 380, †ebd. 3. 12. 450; Heiliger, Tag: 30. 7.

Petrus Damiani, italien. Kirchenlehrer, Benediktiner, *Ravenna um 1007, †Faenza 22./23. 2. 1072; seit 1035 Einsiedler in Fonte Avellana; seit 1043 dort Prior einer Einsiedlergemeinde; seit 1057 Kardinal; Vertreter strengster Askese; erstrebte eine Reform von Klöstern und Kirche. Sein umfangreiches literar. Werk wurde v. a. in den Reformbewegungen des 14. und 15. Jh. rezipiert.

Petrus de Vinea (Pier della Vigna), italien. Jurist, Staatsmann und Dichter, *Capua um 1190, †(Selbstmord) San Miniato (bei Pisa) April 1249; war seit 1225 Großhofrichter am Hof Kaiser Friedrichs II., dann Großkanzler, beeinflusste erheblich die kaiserl. Politik; des Amtsmissbrauchs verdächtigt, wurde er 1249 gefangen gesetzt und geblendet. Er machte die provenzal. Minnedichtung in Italien heimisch.

Petrus Lombardus, italien. scholast. Theologe, *Lumellologno (heute zu Novara) um 1095, †Paris 21./22. 7. 1160; Schüler Abaelards, seit 1159 Bischof von Paris; verfasste die vier Bücher der Sentenzen (»Libri quattuor sententiarum«, 1148–52; Erstdruck um 1471), das wichtigste theolog. Handbuch des Mittelalters.

Petrus Venerabilis [lat. »der Ehrwürdige«], frz. Benediktiner, *Montboissier (Dép. Eure-et-Loir) 1092 oder 1094, †Cluny 25. 12. 1156; seit 1122 Abt in Cluny; betrieb Reformen in seinem Orden; veranlasste eine lat. Übersetzung des Korans und begründete damit die geistige Auseinandersetzung mit dem Islam; Heiliger, Tag: 25. 12.

Petsamo [finn.] (russ. Petschenga), Gebiet im äußersten NW Russlands, an der Barentssee und der Grenze zu Norwegen, 10 481 km^2; reiche Kupfer-Nickel-Erzlager (Förderung in Nikel). Am 15 km langen eisfreien **P.-Fjord** liegen der Hafen Liinahamari und als Hauptort der Hafen P. (etwa 3 500 Ew.). P. kam 1920 an Finnland; 1939 von sowjet. Truppen erobert; 1940–44 wieder finnisch; im Frieden von Paris (1947) an die UdSSR abgetreten.

Petschaft [tschech.] *das,* Siegel, bestehend aus einem Stiel und einer Platte aus Metall oder Stein. Auch Ringe mit gravierter Platte werden als P. benutzt **(Siegelringe)**.

Petschenegen, nomad. Turkvolk, lebte im Gebiet zw. Wolga und Ural, 834 erstmals erwähnt, stieß im 10. Jh. in die heutige Ukraine vor. Die P. belagerten 1090/91 Konstantinopel, wurden aber 1091 von den Kumanen vernichtend geschlagen. Im 12. Jh. gingen sie in Kämpfen mit den Byzantinern zugrunde.

Petschenga, Gebiet in Russland, ↑Petsamo.

Petschora *die,* Fluss im NO des europ. Teils von Russland, 1 809 km lang, entspringt im N-Ural, mündet mit einem 45 km breiten Delta in die P.-Bucht der Barentssee. Im Flussgebiet der P. befinden sich das **P.-Kohlenbecken** (rd. 90 000 km^2, Gesamtvorrat rd. 344 Mrd. t), das seit dem Zweiten Weltkrieg abgebaut wird (Workuta, Inta, Chalmer-Ju), sowie ein Erdöl- und Erdgasfördergebiet.

Petschorabahn, Eisenbahnlinie im N des europ. Teils von Russland, von Kotlas über Uchta und Petschora nach Workuta, 1 176 km lang, 1937–42 erbaut, später durch Zweigstrecken zum unteren Ob und zur Halbinsel Jamal verlängert; dient v. a. dem Kohle-, Erdöl- und Holztransport.

Pettau, Stadt in Slowenien, ↑Ptuj.

Pettenkofer, Max Josef von (seit 1883), Hygieniker, *Lichtenheim (heute zu Weichering) 3. 12. 1818, †(Selbstmord) München 10. 2. 1901; Prof. in München, erster dt. Ordinarius für Hygiene; Begründer der naturwiss.-experimentellen Hygiene.

Petticoat [-kəʊt, engl.] *der,* weiter Unterrock der 1950er- und frühen 60er-Jahre aus synthet. Gewebe mit Steifausrüstung oder gestärkter Baumwolle.

Petting [engl. to pet »liebkosen«] *das,* sexuell erregende Berührungen ohne Geschlechtsverkehr.

Petty [ˈpetɪ], Sir (seit 1661) William, engl. Nationalökonom und Statistiker, *Romsey (bei Southampton) 26. 5. 1623, †London 16. 12. 1687; urspr. Physiker und Arzt, später u. a. Sekretär O. Cromwells, Mitbegründer der Royal Society und Vorläufer der klass. Nationalökonomie. P. vertrat einen gemäßigten Merkantilismus. Er begründete die Arbeitswerttheorie und führte statistische und demograph. Methoden in die ökonom. Analyse ein.

Petunie [von Tupí petyn »Tabak«] *die* (Petunia), krautige Gattung der Nachtschattengewächse, bes. in S-Brasilien, mit drüsig-klebrigen Blättern und trichterförmigen Blüten. Die P. wird in vielen Sorten als Zierpflanze (bes. Balkonpflanze) kultiviert, z. B. die Gartenpetunie.

peu à peu [pø a ˈpø, frz.], nach und nach.

Peuckert, Will-Erich, Volkskundler und Schriftsteller, *Töppendorf (Niederschlesien) 11. 5. 1895, †Darmstadt 25. 10. 1969; 1946–60 Prof. in Göttingen; Arbeiten über Persönlichkeiten des 16./17. Jh., magisch-myst. Tradition (»Geheimkulte«, 1951) sowie schles. Volkskunde und Erzählforschung (»Volkskunde des Proletariats«, 1931).

Peugeot-Citroën-Gruppe [pøˈʒo-sitrɔˈɛn-], Abk. **PSA,** zweitgrößter frz. Automobilkonzern, entstanden 1976 aus der Fusion von Peugeot S. A. (gegr. 1896) und Citroën S. A. (gegr. 1915); Sitz: Paris; übernahm 1978 die europ. Werke der amerikan. Chrysler Corp.

Peul [pøl], Volk in W-Afrika, ↑Fulbe.

Peutinger, Konrad, Humanist, *Augsburg 15. 10. 1465, †ebd. 28. 12. 1547; war 1497–1534 Stadtschreiber in Augsburg; als Kaiserl. Rat wiederholt diplomat. Aufträge; seine humanist. Studien beeinflussten die Geschichtsschreibung; er besaß die sog. **Peutingersche Tafel,** eine im 12. Jh. entstandene Kopie einer röm. Weltkarte (um 250 n. Chr.) von den Brit. Inseln bis China; sie kam über Prinz Eugen nach Wien (heute Nationalbibliothek).

Pevsner, 1) [pɛvsˈnɛːr], Antoine, eigtl. Nathan Borisowitsch P., frz. Maler und Bildhauer russ. Herkunft, *Orel 18. 1. 1886, †Paris 12. 4. 1962; lebte nach Aufenthalten in Paris in Oslo und Moskau, wo er mit seinem Bruder N. Gabo das »Realist. Manifest«, die Programmschrift der Konstruktivisten, veröffentlichte, zog 1923 nach Paris. P. schuf konstruktivist. Plastiken, die auf eine dynam. Definition räuml. Gegebenheiten zielen.

2) [ˈpeːfsnər], Sir (seit 1969) Nikolaus, brit. Kunsthistoriker dt. Herkunft, *Leipzig 30. 1. 1902, †London 18. 8. 1983; emigrierte 1934 nach England; 1941 Prof. in London, 1949–55 in Cambridge, 1968 in Oxford; Herausgeber der »Pelican history of art«

(1953 ff.) und Mitherausgeber des »Lexikons der Weltarchitektur« (1966). – *Weitere Werke:* Die italien. Malerei vom Ende der Renaissance bis zum ausgehenden Rokoko (1928); Europ. Architektur von den Anfängen bis zur Gegenwart (1943); Architektur und Design (2 Bde. 1968).

PEX, Abk. für Deutscher **P**fandbriefind**ex**, 1995 eingeführter Indikator für die Kursentwicklung am dt. Pfandbriefmarkt; gebildet aus 30 Pfandbriefen mit Laufzeiten zw. ein und zehn Jahren und Verzinsungen von 6%, 7,5% und 9%. Seit 1997 wird auch der **JEX** bzw. **JEXP**, ein Index für »Jumbo-Pfandbriefe« (Emissionsvolumen ≧ 1 Mrd. DM), ausgewiesen.

Peymann, Claus, Regisseur, * Bremen 7. 6. 1937; wirkte in Frankfurt am Main, Berlin, 1972–79 Schauspieldirektor in Stuttgart, dann in Bochum, 1986–98 am Wiener Burgtheater; ab 1999 Leiter des Berliner Ensembles; bekannt wurde er v. a. als Regisseur von Stücken P. Handkes und T. Bernhards.

Peynet [pɛˈnɛ], Raymond, frz. Zeichner, * Paris 16. 11. 1908, † Mougins 14. 1. 1999; schildert in Bildbänden aus heiter-iron. Sicht die Traumwelt eines Liebespaares. Er zeichnete ferner für Zeitungen, illustrierte Bücher, ferner entwarf er Bühnenbilder und Theaterkostüme.

Peyotekult (Peyotereligion), unter nordamerikan. Indianern verbreitete neue Religion, die altindian. Elemente (v. a. im Ritualbereich) mit christlich-monotheist. Vorstellungen synkretistisch verbindet; während des Gottesdienstes wird ↑Peyotl als Rauschmittel gekaut. Der P. verbreitete sich nach 1890, ausgehend von den Comanchen und den Kiowa, bei vielen Stämmen und ist heute in Gestalt der **Native American Church of North America** eine der einflussreichsten panindian. Bewegungen.

Peyotl [aztek. »Wurzel«] *die* (Peyote, Pellote, Mescalbuttons), getrockneter, in Scheiben geschnittener, oberird. Teil der mexikan. Kakteenart Lophophora williamsii; enthält v. a. ↑Mescalin; wird als Halluzinogen gekaut.

Peyrefitte [pɛrˈfit], Roger, frz. Schriftsteller, * Castres (Dép. Tarn) 17. 8. 1907, bis 1945 im diplomat. Dienst; schrieb erfolgreiche Romane, die vorgeblich Geheimnisse aus der Welt der Diplomaten, des Vatikans und der Freimaurer enthüllen (»Diplomaten«, 1951; »Die Schlüssel von Sankt Peter«, 1955; »Die Söhne des Lichts«, 1961; »Manouche«, 1972; »Die rote Soutane«, 1983).

Pezold, Friederike, österr. Künstlerin, * Wien 14. 8. 1945; entwickelte in Zeichnungen, Fotoserien und Videofilmen, die die Rolle der Frau thematisieren, eine gezielte Zeichensprache.

Pf, Abk. für ↑**Pf**ennig.

Pfadfinder, größte freiwillige internat. Jugendbewegung. Zu den Grundprinzipien gehören die Arbeit in kleinen Gruppen und nach Altersstufen (Wölflinge, 7–11; Jung-P., 11–14; P., 14–17; Rovers 17–20 Jahre), die »Tracht« als gemeinsame Kleidung, die persönl. Verpflichtung auf die Grundideen der Solidarität, Toleranz und Mitverantwortung und internat. Verständigung. Die über 120 nat. Organisationen sind in der Weltpfadfinderbewegung (Sitz: Genf) und im Weltbund der Pfadfinderinnen (Sitz: London) zusammengeschlossen (insgesamt über 26 Mio. Mitgl.). – Die P.-Bewegung wurde 1907/08 in Großbritannien von R. S. S. Baden-Powell gegründet (Boyscouts). 1911 entstand der Dt. P.-Bund. Nach dem Ersten Weltkrieg Neugründungen von P.-Bünden als Teil der dt. Jugendbewegung (seit 1927 ↑Deutsche Freischar); 1933 verboten. Nach 1945 entstanden interkonfessionelle und konfessionelle P.-Verbände neu, heute in mehreren Zusammenschlüssen: Ring dt. P.-Verbände, Ring dt. P.innenverbände, Bund dt. Pfadfinder/-innen.

Wittke, H.: Freiheit in Bindung. Der Dt. Pfadfinderverband. Baunach 1990.

Pfaffe [ahd. »niedriger Geistlicher«], Geistlicher (seit der Reformation abwertend verwendet).

Pfaffenhofen a. d. Ilm, 1) Landkreis in Bayern, 761 km², (1998) 108 300 Einwohner.

2) Kreisstadt von 1) in Bayern, im SW der Hallertau, 21 600 Ew.; Hopfenbaufachschule; Nährmittel-, pharmazeut., Metallwarenind.; Hopfenhandels- und -aufbereitungsplatz. – Pfarrkirche St. Johannes Baptist (um 1400 erbaut, 1671/72 eingeweiht). – 1318 Stadtrecht.

Pfaffenhütchen, *Botanik:* Art der Gattung ↑Spindelstrauch.

Pfaffenspiegel, von O. von Corvin-Wiersbitzki verfasste antiklerikale, gegen die kath. Kirche gerichtete Kampfschrift; erlebte seit ihrer Erstveröffentlichung 1845 (ab 1868 unter dem Titel »P.«) bis heute, ungeachtet ihrer wiss. nicht haltbaren Aussagen, zahlr. Auflagen und fand eine weite Verbreitung.

Pfaffenstein, Tafelberg im Elbsandsteingebirge, südlich von Königstein/Sächs. Schweiz, Sachsen, 427 m ü. M., Aussichtsturm. Südlich vom P. die 43 m hohe Felsnadel **Barbarine.**

Pfäffikon, Bezirkshauptort im Kt. Zürich, Schweiz, 9 000 Ew., am N-Ufer des **Pfäffiker**

Pfahlbauten auf Mindanao

Sees (537 m ü. M., 3,3 km², bis 35 m tief); Maschinenbau u. a. Industrien. – Am Seeufer wurden vorgeschichtl. Uferrandsiedlungen (»Pfahlbauten«) der Jungsteinzeit und Bronzezeit gefunden. Östlich von P. liegen die Grundmauern des Römerkastells **Irgenhausen** aus der Zeit Kaiser Diokletians.

Pfahl, 1) *Bauwesen:* ganz oder teilweise in den Baugrund eingebautes stabartiges Bauelement, über das Bauwerkslasten durch Spitzendruck oder Mantelreibung in den Baugrund übertragen werden.

Pfalz – Plan der karolingischen Pfalz in Aachen

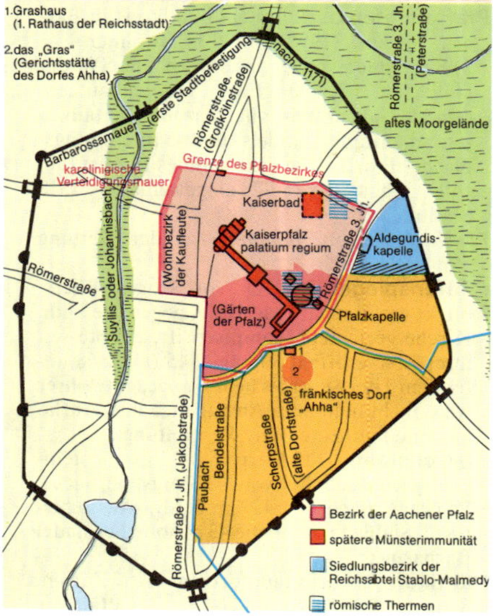

2) *Heraldik:* ein in der Schildmitte liegender senkrechter Streifen von etwa einem Drittel der Schildbreite.

Pfahl, wahrscheinlich aus heißer wässeriger Lösung ausgeschiedene Quarzausfüllung einer geradlinigen tekton. Spalte im Bayer. Wald, riffartig aus Gneisen und Graniten herausgewittert, etwa 150 km lang, zw. Freyung und Schwarzenfeld. Ähnlich ist der **Böhm. P.** zw. Furth i. W. und Tachau.

Pfahlbauten, auf eingerammte Pfähle gestellte, frei über dem Untergrund stehende Wohn- und Speicherbauten; errichtet zum Schutz vor feindl. Überfällen, vor Tieren und Bodenfeuchtigkeit, auch vor Überschwemmungen oder zur besseren Durchlüftung der Behausung; können im Wasser oder auf dem Land stehen. Sie sind v. a. in Südostasien und Ozeanien weit verbreitet.

Vorgeschichte: Seit 1853/54 wurden in den Uferzonen der Schweizer Seen Siedlungsfunde der Jungsteinzeit und der Bronzezeit entdeckt und als Überreste von P. gedeutet. Da auch Gegenstände aus organ. Material (Holzgeräte, Textilien) erhalten waren, ließ sich ein Kulturbild jener Periode entwerfen. Exaktere Ausgrabungsbefunde lassen jedoch darauf schließen, dass die meisten P. in alter Zeit wegen niedriger Wasserstände der Seen (in trockenheißen Klimaperioden) nicht im Wasser, sondern auf dem Strand in normaler ebenerdiger Bauweise errichtet und erst später vom steigenden Wasser überdeckt wurden. Die Pfähle dienten vermutlich nur der Sicherung des Untergrundes. Der Begriff P. wurde deshalb durch den Begriff »Feuchtbodensiedlungen« ersetzt.

📖 *Schlichtherle, H. u. Wahlster, B.: Archäologie in Seen u. Mooren. Stuttgart 1986.*

Pfahlbürger, etwa ab 1200 Bez. für Leute, die das Bürgerrecht einer Stadt erlangten, aber nicht innerhalb der Mauern, sondern vor und hinter den das Außenwerk bildenden Pfählen wohnten.

Pfahler, Georg Karl, Maler, * Emetzheim (heute zu Weißenburg i. Bay.) 8. 10. 1926; schuf Farb-Form-Objekte sowie flächenhafte Konstruktionen mit Beziehungen zur ↑Hard-edge.

Pfahlmuschel, die ↑Miesmuschel.

Pfahlwurm, eine ↑Schiffsbohrmuschel.

Pfalz (Palatium), mittelalterl., auf Königsgut angelegter Gebäudekomplex unterschiedl. Struktur; Grundelemente sind die Palastbauten (einschl. der Kapelle) zur Aufnahme des Königs und seines Gefolges und der Wirtschaftshof: Aufenthalt des reisenden Herrschers in der **Kaiser-P.** bzw. im Königshof, Abhaltung von Hoftagen unter Beisitz des Pfalzgrafen, Grenzschutz, in stauf. Zeit Verwaltungsmittelpunkt von Reichsland. - Karoling. P.: Aachen, Ingelheim, Worms, Frankfurt am Main, Forchheim, Paderborn, Nimwegen; otton. P.: Quedlinburg, Magdeburg, Tilleda, Pöhlde, Grona, Werla; sal.-stauf. P.: Goslar, Hagenau, Gelnhausen, Wimpfen, Trebur, Speyer, Kaiserswerth, Nürnberg.

Pfalz, 1) mittlerer und südl. Teil des RegBez. ↑Rheinhessen-Pfalz, Rheinl.-Pf., grenzt im S an Frankreich; umfasst den Pfälzerwald, das Nordpfälzer Bergland, den Westrich, das Pfälzer Gebrüch und die Pfälz. Rheinebene (Teil des nördl. Oberrhein. Tieflands; zus. mit der ↑Haardt als **Vorder-P.** bezeichnet).

📖 *Pfälz. Landeskunde, mit Beiträgen v. M. Geiger u. a., 3 Bde. Landau in der Pfalz 1981.*

2) (Kur-P., Pfalzgrafschaft bei Rhein, Rhein-P., rhein. P.), histor. dt. Territorialstaat v. a. im Nahe-Rhein-Neckar-Gebiet und in der Oberpfalz).

Geschichte: Ausgehend von der Pfalzgrafschaft Lothringen am Niederrhein (↑Pfalzgraf), verlagerte sich der pfalzgräfl. Machtbereich im Laufe des 11./12. Jh. in den Eifel-, Mosel- und Neckarraum, seit dem 13. Jh. mit Heidelberg als Zentrum. 1214 wurde die Pfalzgrafschaft bei Rhein von Kaiser Friedrich II. den Wittelsbachern verliehen. 1329 wurde die P. mit der Ober-P. (Hauptteil des alten bayer. Nordgaus) von Bayern getrennt (eigenständige Wittelsbacher Linie). Die Goldene Bulle (1356) sprach die auch von Bayern beanspruchte Kurstimme der P. **(Kur-P.)** zu. Nach dem Tode Ruprechts III. (1398–1410, seit 1400 als Ruprecht von der P. Röm. König) gründeten seine Söhne vier Linien: Kur-P. (ältere Kurlinie; 1559 erloschen), Ober-P. (P.-Neumarkt; 1448 ausgestorben), P.-(Zweibrücken-)Simmern, P.-Mosbach (1499 erloschen). Durch Kurfürst Friedrich I. (1452–76) wurde die pfälz. Vor-

Pfälzische Territorien ab 1410

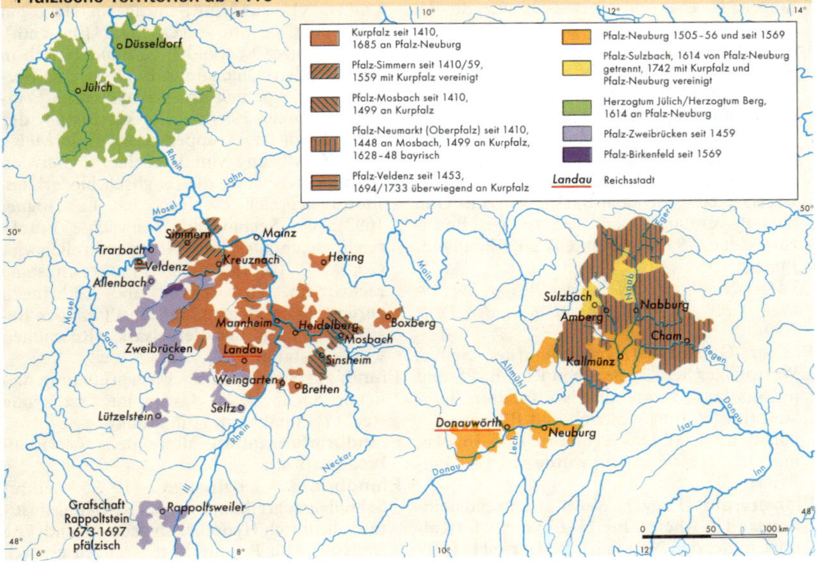

machtstellung am Oberrhein begründet. Mit dem Wechsel der Linien beim Reg.antritt Friedrichs III. (1559; mittlere Kurlinie **P.-Simmern**) wurde die P. zu einem Zentrum des aktiven ref. Protestantismus (↑Heidelberger Katechismus), verbunden mit reichsständ. Opposition gegen den Kaiser. Kurfürst Friedrich V. ließ sich als Haupt der unter Friedrich IV. 1608 gegr. prot. Union 1619 zum böhm. König wählen, verlor jedoch nach der Schlacht am Weißen Berg (1620) sowohl sein kurzzeitiges Königtum (daher der »Winterkönig« gen.) als auch sein Stammland mit der Kur an Bayern; erst sein Sohn Karl Ludwig konnte Letzteres, verbunden mit einer neu geschaffenen 8. Kurwürde, jedoch ohne die Ober-P., 1648 durch den Westfäl. Frieden wiedergewinnen. Nach Erlöschen der mittleren Kurlinie 1685 führten die Erbansprüche, die Ludwig XIV. erhob, zum ↑Pfälzischen Erbfolgekrieg. Der Reg.antritt der (1569 gegr.) kath. Linie **P.-Neuburg** (junge Kurlinie; Residenz 1720–78 Mannheim) brachte der P. eine Art nachgeholter Gegenreformation. Mit der Hausunion von 1724 fand der Ggs. zu den bayer. Wittelsbachern ein Ende. 1742 folgte mit P.-Neuburg, dem Erben P.-Neuburgs, die Linie **P.-Sulzbach** (seit 1777 auch in München als Erbe der bayer. Wittelsbacher) und 1799 die Linie **P.-Zweibrücken-Birkenfeld.** 1801 wurden die linksrhein. Gebiete der P. an Frankreich abgetreten, der rechtsrhein. Teil gelangte 1803 an Baden, Leiningen, Nassau und Hessen-Darmstadt. Bei der polit. Neugliederung der linksrhein. Gebiete des Dt. Bundes wurde 1816 der Bayer. Rheinkreis gebildet, seit 1838 Rhein-P. genannt. Der »Pfälzer Aufstand« (1849) wurde von preuß. Truppen niedergeworfen. 1918–30 waren die linksrhein. Gebiete der P. frz. besetzt (1920 Anschluss des W-Teils der P. an das Saargebiet). Die Rhein-P. (bis 1940 bei Bayern, dann mit dem Saargebiet zum Gau Saar-P. vereinigt) kam 1945 zur frz. Besatzungszone, 1946 größtenteils zu Rheinland-Pfalz.

📖 *Moersch, K.: Geschichte der P. von den Anfängen bis ins 19. Jh. Landau in der Pfalz [5]1994.*

Pfälzer Gebrüch (Kaiserslauterner Senke, Westpfälzer Senke), Senke in Rheinl.-Pf. und im Saarland, trennt das Nordpfälzer Bergland (im N) vom Westrich und Pfälzerwald, 200–240 m ü. M. Das vermoorte P. G. (bis 4 m mächtige Torfschichten) wurde seit 1745 kultiviert.

Pfälzerwald (Pfälzer Wald), Buntsandsteinbergland in Rheinl.-Pf., bis 673 m ü. M. (Kalmit), bildet den **Naturpark Pfälzerwald** (1 799 km^2; eingerichtet 1958). Der P. reicht vom Pfälzer Gebrüch (im N) bis ins Elsass hinein; im O bricht er mit der ↑Haardt zum Oberrhein. Tiefland ab, im W wird er durch die Muschelkalkhochfläche des Westrich begrenzt; weitgehend von Mischwald bedeckt.

Pfälzer Weine, die Weine des Weinbaugebietes Pfalz an der Haardt und in ihrem Vorland, Rheinl.-Pf.; umfasst die Bereiche »Südl. Weinstraße« (südlich von Neustadt an der Weinstraße, dem Zentrum des Gebietes) und »Mittelhaardt/Dt. Weinstraße« mit den Spitzenlagen an der Mittelhaardt (u. a. um Forst und Deidesheim). Die Pfalz erbringt fast ein Viertel der dt. Weinernte.

Pfalzgraf (lat. Comes palatinus), in fränk. Zeit Beisitzer oder als königl. Stellvertreter Vors. im Königsgericht, oberster Urkundsbeamter. Seit Otto I. (936–973) kontrollierten die P. die Herzöge in den (neuen) Stammesherzogtümern Lothringen, Schwaben, Bayern, Sachsen und verwalteten verstreute Reichsgutkomplexe. Größere Bedeutung erlangte nur der lothring. P. (später: **P. bei Rhein**), der im Hl. Röm. Reich Kurfürst, Erztruchsess und Reichsvikar bei Thronvakanz (zus. mit dem Herzog von Sachsen) wurde. Die Amtsbereiche der P., die **Pfalzgrafschaften,** gingen im Allg. in den (herzogl.) Territorien auf.

Pfälzischer Erbfolgekrieg (Orléansscher Krieg), 1688–97 zw. Frankreich und dem Hl. Röm. Reich geführter Krieg um Teile der Pfalz, ausgelöst durch die Erbansprüche, die Ludwig XIV. für seine Schwägerin, Herzogin Elisabeth Charlotte von Orléans (↑Elisabeth), erhob. Kaiser Leopold I. verbündete sich in der »Großen Allianz« mit England, den Niederlanden, Spanien und Savoyen. Die Feldzüge begannen 1689 mit der Verwüstung der Pfalz durch frz. Truppen unter E. de Mélac (u. a. Zerstörung von Heidelberg), bei den Verbündeten war die englisch-niederländ. Flotte siegreich (Schlacht bei La Hogue, 1692); die Seeblockade schwächte Frankreich gleichfalls. Im Frieden von Rijswijk (20. 9./30. 10. 1697) gab Frankreich seine rechtsrhein. Eroberungen und Lothringen zurück, es verzichtete auf die Pfalz; der Besitz Straßburgs und der elsäss. ↑Reunionen wurde bestätigt.

Pfand, zur Sicherung einer Verpflichtung dienende Sache; auch das in ihr bestehende Recht (↑Pfandrecht, ↑Pfändung).

Pfandbriefanstalten, ältere Bez. für ↑Realkreditinstitute.

Pfandbriefe, langfristige (10–25 Jahre) Schuldverschreibungen der Realkreditinstitute, die durch Hypotheken gedeckt sind. Die Emission von P. unterliegt strengen gesetzl.

Vorschriften (Hypothekenbank-Ges., P.-Ges.). P. sind börsennotiert, also jederzeit vor dem Rückzahlungstermin verkäuflich. Als festverzinsl. Wertpapiere mit relativ geringen Kursschwankungen dienen P. v.a. als Kapitalanlage für institutionelle Anleger.

Pfandbruch, *Recht:* ↑Verstrickungsbruch.

Pfạnder *der,* Aussichtsberg im Vorderen Bregenzer Wald, Vorarlberg, Österreich, 1064 m ü.M.; Seilbahn von Bregenz. Der P. wird von der Rheintalautobahn unterfahren.

Pfandleihe, das Ausleihen von Geld gegen ein Pfand. Die P. wird bes. von kommunalen Pfandleihanstalten (↑Leihhaus) betrieben. Die gewerbsmäßige P. durch private Pfandleiher bedarf der behördl. Erlaubnis (§34 GewO).

Pfandrecht, das dingl. Recht eines Gläubigers, eine fremde, ihm verpfändete Sache zur Befriedigung seines Anspruchs zu verwerten. Man unterscheidet P. an beweglichen Sachen (§§1204–1258 BGB) und an Rechten (§§1273–1296 BGB) sowie an Grundstücken (↑Hypothek, ↑Grundschuld, ↑Rentenschuld, §§1113ff. BGB). Das **P. an bewegl. Sachen** entsteht entweder dadurch, dass der Eigentümer die Sache an den Gläubiger übergibt und beide darüber einig sind, dass dem Gläubiger das P. zustehen soll (Vertrags- oder Faust-P.), oder kraft Gesetzes (gesetzl. P., z.B. das des Vermieters, §§559ff. BGB) sowie durch ↑Pfändung im Wege der Zwangsvollstreckung (Pfändungs-P.). Der Gläubiger ist nur zum Besitz des Pfandes berechtigt, zu dessen Nutzung nur, wenn dies vereinbart wurde; das Pfand ist bei Erlöschen des P. zurückzugeben. Zum Pfandverkauf, der regelmäßig durch öffentl. Versteigerung erfolgt, ist der Gläubiger erst einen Monat nach Androhung gegenüber dem Eigentümer und nach Fälligkeit der gesicherten Forderung (»Pfändungsreife«) berechtigt. Das P. wurde, weil es i.d.R. mit der Übertragung des Besitzes verbunden ist, im Geschäftsleben durch die ↑Sicherungsübereignung verdrängt, bei der dem Schuldner Besitz und Nutzung der Sache verbleiben. Für das **P. an einem Recht** sind die Bestimmungen über P. an Sachen bis auf die in den §§1274–1296 BGB geregelten Ausnahmen entsprechend anzuwenden. Die Bestellung des P. an einem Recht erfolgt nach den für die Übertragung des Rechts geltenden Vorschriften (↑Forderungsübergang). – Das *österr.* Recht hat ähnl. Regelungen wie das BGB, weicht jedoch in Einzelheiten stark von den dt. Vorschriften ab (§§447–470, 1368–1374 ABGB u.a. Gesetze). Auch in der *Schweiz* gelten ähnl. Grundsätze wie in Dtl. (Art. 884ff. ZGB für P. an bewegl. Sachen und Rechten, Art. 793ff. ZGB für Grundpfandrechte).

Pfändung, im Zivilprozess eine hoheitl. Rechtshandlung, durch die zur Sicherung oder Befriedigung des Gläubigers wegen einer Geldforderung dem Schuldner der Besitz oder die Verfügung über einen Gegenstand entzogen wird. Regelmäßig erfolgt die P. durch ↑Zwangsvollstreckung in das bewegl. Vermögen des Schuldners. Sie setzt die vollstreckbare Ausfertigung eines Vollstreckungstitels (Urteil, vollstreckbare notarielle Urkunde) voraus. Die P. bewirkt die öffentlich-rechtl. Verstrickung (Beschlagnahme), die für den Gläubiger ein P.-Pfandrecht entstehen lässt (↑Pfandrecht). Die P. bewegl. Sachen erfolgt durch den Gerichtsvollzieher, indem dieser sie in Besitz nimmt oder die P. durch Anheften eines Pfandsiegels (volkstümlich »Kuckuck«) kenntlich macht. Die gepfändeten Sachen werden i.d.R. öffentlich versteigert. Die Über-P. ist verboten, d.h., der Wert der Pfandsache darf die Forderung nicht wesentlich übersteigen. Die P. von Forderungen und anderen Vermögensrechten des Schuldners erfolgt durch **P.-Beschluss** des Amtsgerichts. Er verbietet dem Drittschuldner, an den Vollstreckungsschuldner Leistungen zu erbringen, und gebietet Letzterem, sich jeder Verfügung über die Forderung zu enthalten. Die Verwertung erfolgt i.d.R. durch Überweisung der gepfändeten Forderung an den Gläubiger zur Einziehung.

Pfändungsfreigrenzen, die v.a. bei der ↑Lohnpfändung zu beachtenden unpfändbaren Beträge.

Pfändungsschutz, die aus sozialen Gründen bestehenden Pfändbarkeitsbeschränkungen an bestimmten Sachen und Rechten des Vollstreckungsschuldners. P.-Bestimmungen finden sich in mehreren Gesetzen. Unpfändbar sind nach §§811ff. ZPO u.a. die dem persönl. Gebrauch oder Haushalt dienenden Sachen (z.B. Kleidungsstücke, notwendiges Mobiliar, Radio) und die zur persönl. Erwerbstätigkeit erforderl. Gegenstände (z.B. das Kfz eines Handelsvertreters). Nur beschränkt der Pfändung unterworfen sind das Arbeitseinkommen (↑Lohnpfändung), Sozialleistungen, Renten u.a. Versorgungsbezüge. Gesondert geregelt ist der P. für Landwirte sowie für Miet- und Pachtzinsen (§§851aff. ZPO). – Ähnl. Vorschriften bestehen in *Österreich* und der *Schweiz*.

Pfanne [zu grch. pátanē »Schüssel«], **1)** *Bautechnik:* versch. ↑Dachziegel.

2) *Geomorphologie:* (Afrikaans Pan) flache Hohlmulde in Trockengebieten mit dauernder oder zeitweiliger Wasserführung, bes. im südwestl. Afrika, mit Tonen, Mergeln oder Kalkablagerungen gefüllt, oft salzhaltig (z. B. ↑Etoschapfanne).

3) *Metallurgie:* feuerfest ausgekleidetes Transport- und Gießgefäß (Gieß-P.) aus Stahlblech für flüssiges Metall und flüssige Schlacken.

Pfannenmetallurgie (Sekundärmetallurgie), Behandlung von Schmelzen in der Pfanne, d. h. außerhalb des Schmelz- oder Frischgefäßes (Hochofen, Konverter, Lichtbogenofen) zur Verbesserung der Stahlqualität.

Pfarrei (Pfarre, Parochie), *kath. Kirchenrecht:* eine territorial bestimmte Gemeinschaft von Gläubigen, die einem Pfarrer als ihrem Seelsorger anvertraut wird und eine eigene Kirche (Pfarrkirche) hat; unterster rechtlich selbstständiger Teilverband einer Teilkirche (i. d. R. der Diözese); personal bestimmte P. (z. B. in der Militärseelsorge) sind nur als Ausnahmen vorgesehen. Der P. entspricht in evang. Kirchen die Kirchengemeinde (↑Gemeinde 1).

Pfarrer, der Inhaber eines Pfarramtes, dem die selbstständige und verantwortl. Betreuung der Pfarrei bzw. Gemeinde (Wortverkündigung, Sakramentsverwaltung, Seelsorge, Unterricht und Verwaltung) obliegt; in der kath. Kirche vom Diözesanbischof, in den evang. Kirchen durch landeskirchl. Verfügung oder Wahl durch die Gemeinde beauftragt. Voraussetzungen für die Amtseinsetzung sind i. d. R. ein Theologiestudium, eine kirchlich-prakt. Ausbildung (Prediger-, Priesterseminare) sowie die Priesterweihe (kath. Kirche) bzw. die Ordination (evang. Kirchen).

Pfarrernotbund, ↑Bekennende Kirche.

Pfarrgemeinderat, *kath. Kirchenrecht:* nach dem 2. Vatikan. Konzil geschaffenes Organ der Pfarrei, in dem Laien mit der Pfarrgeistlichkeit die Seelsorgearbeit beraten und fördern sollen.

Pfarrkirchen, Krst. des Landkreises Rottal-Inn, Niederbayern, im Rottal, 11 600 Ew.; Gemüsekonserven-, Schuhfabrik; Zentrum der Rottaler Pferdezucht (Pferderennbahn). – Roman. Pfarrkirche (um 1500 umgebaut). – Erhielt 1318 Stadtrecht.

Pfarrvikar, 1) *evang. Kirchenrecht:* (Vikar, Vikarin) Theologe in der kirchlich-prakt. Ausbildung vor der Einstellung als Pfarrer.

2) *kath. Kirchenrecht:* vom Bischof ernannter Geistlicher, der statt eines Pfarrers oder zu seiner Unterstützung tätig ist.

Pfau (lat. Pavo), ein Sternbild am Südhimmel.

Pfauen (Pavo), mit den Fasanen verwandte Gattung der Hühnervögel Südostasiens; gesellige, truthahngroße Waldvögel, mit langen, durch Augenflecken geschmückten Oberschwanzdeckfedern (die beim Hahn bei der Balz zum »Rad« fächerartig aufgerichtet werden können), Federkrone auf dem Kopf und blau, grün, rot schillerndem Gefieder. Der **Blaue P.** (Pavo cristatus) wird häufig als Ziervogel gehalten. – In der frühchristl. Kunst erscheint der P. als Sinnbild der Auferstehung des Fleisches. Die Neuzeit fasst den Rad schlagenden P. als Sinnbild der Eitelkeit auf.

Pfauenauge, Bez. für Schmetterlinge mit Augenfleck auf verschiedenfarbigen Flügeln: 1) **Tagpfauenauge** (Inachis io, Vanessa io), Tagfalter aus der Familie der Fleckenfalter, mit Vorder- und Hinterflügelauge, als Raupe an Nesseln. 2) **Abendpfauenauge** (Smerinthus ocellatus), Schwärmer, rotbraun, mit Hinterflügelauge, als Raupe an Weiden u. a. 3) Familie **Nachtpfauenaugen** (Attacidae), Augenspinner mit hellgrauen, schwärzlich gezeichneten Flügeln, Vorder- und Hinterflügelauge.

Pfaueninsel, Havelinsel im Bez. Zehlendorf, Berlin, etwa 1,5 km lang, 500 m breit, 76 ha; Gartenanlage und Park (von P. J. Lenné gestaltet) mit Schloss in Form einer Burgruine (1794–96 erbaut; Sommerresidenz Friedrich Wilhelms III.), Kavalierhaus (1804, 1826 von K. F. Schinkel erweitert), Pfauenhof, Voliere sowie Wasseranlagen (UNESCO-Weltkulturerbe).

Pfeffer:
Spross des Pfefferstrauchs mit Blütenstand (oben) und Fruchtständen

Pfeffer [von grch. péperi] (Piper), Gattung der P.-Gewächse mit rd. 700 Arten in den Tropen. Die wirtsch. wichtigste Art ist der **P.-Strauch** (Echter P., Piper nigrum); Kletterpflanze mit fast runden, einsamigen, zunächst grünen, reif dann gelben bis roten Steinfrüchten. Der P.-Strauch liefert das wichtigste Welthandelsgewürz, den **schwarzen P.,** der aus den ganzen, unreif geernteten, ungeschälten Früchten besteht. Der **weiße P.** dagegen wird aus den reifen, durch Fermentation von der äußeren Schale befreiten Früchten gewonnen. Beide Sorten kommen ganz oder gemahlen in den Handel. Der brennende Geschmack des P. wird durch das Alkaloid Piperin bewirkt, der aromat. Geruch durch ein äther. Öl. – P. kam in der Antike durch Karawanen in den Mittelmeerraum, wo er von Griechen und Römern als Gewürz geschätzt wurde. Im MA. war P. ein wichtiger Handelsartikel, der den Reichtum der Städte Genua, Venedig und vieler Kaufleute begründete.

Pfefferfresser (Tukane, Rhamphastidae), Familie meist prächtig bunter Spechtvögel in trop. Wäldern Südamerikas; baumbewohnende Höhlenbrüter mit mächtigem, leuchtendem Schnabel, u.a. der bis 57 cm lange **Riesentukan** (Rhamphastos toco).

Pfefferkuchen, ↑Lebkuchen.

Pfefferküste, histor. Name der Küste W-Afrikas zw. Monrovia und Harper, Liberia; früher wurde hier Guineapfeffer gewonnen.

Pfefferling, ein Speisepilz, ↑Pfifferling.

Pfefferminze, Art der ↑Minze.

pfeffersche Zelle [nach dem Chemiker und Botaniker W. Pfeffer, * 1845, † 1920], ein Gerät zur Messung des osmot. Drucks (↑Osmose), wobei poröse Tonwände mit einem Niederschlag von Kupferhexacyanoferrat (II) die semipermeable Membran darstellen.

Pfeife [von lat. pipa], **1)** *Instrumentenkunde:* umgangssprachl. Bez. für eine kleine, hoch und scharf klingende Flöte (z.B. Einhandflöte, Querpfeife), im instrumentenkundl. Sinne Bez. für eine Schallquelle, bei der eine in einem röhrenförmigen Gehäuse (P.-Rohr) eingeschlossene Luftsäule zu Eigenschwingungen angeregt wird. Nach der Art der Schallerregung unterscheidet man **Labial-P.** (Lippen-P.), zu denen ein großer Teil der Orgel-P. und die Flöten gehören, und **Lingual-P.** (Zungen-P.), zu denen der andere Teil der Orgel-P. und die Rohrblattinstrumente (u.a. Klarinette, Oboe) zählen.

2) *Rauchgerät:* ↑Tabakspfeife.

Pfeifenblume, die Pflanzengattung ↑Osterluzei.

Pfeifenfische (Aulostomoidei), Knochenfische mit Röhrenmaul und Stacheln auf der ersten Rückenflosse, z.B. die bis 18 cm lange **Meerschnepfe (Seeschnepfe,** Macrorhamphosus scolopax) im Mittelmeer.

Pfeifenstrauch (Philadelphus), Gattung der Steinbrechgewächse; strauchige Arten, deren Gartenformen und Bastarde als Ziersträucher verwendet werden, z.B. der bis 3 m hohe **Große P. (Falscher Jasmin,** Philadelphus coronarius) aus S-Europa mit bis zu 3 cm großen Blüten.

Pfefferfresser

Pfeif|ente (Anas penelope), eurasiat. Art der Schwimmenten mit rotbraunem Kopf, Männchen mit grünem Flügelspiegel; typ. pfeifender Ruf.

Pfeifer, im MA. die Spieler von (Holz-)Blasinstrumenten, dann die freien Musikanten und Spielleute, die sich seit dem 12.Jh. zu Musikantenzünften (bis 1803) zusammenschlossen.

Pfeifer von Niklashausen, ↑Böhm, Hans.

Pfeiffer, 1) Michelle, amerikan. Filmschauspielerin, * Santa Ana (Calif.) 29. 4. 1958; vielseitige Darstellerin, u.a. in »Gefährliche Liebschaften« (1988), »Frankie & Johnny« (1991), »Batmans Rückkehr« (1992), »Wolf – Das Tier im Mann« (1994), »Dangerous Minds – Wilde Gedanken« (1995), »Tage wie dieser...« (1996), »Tausend Morgen« (1998).

2) Richard, Bakteriologe, * Zduny (Wwschaft Poznań) 27. 3. 1858, † Bad Landeck in Schlesien 15. 9. 1945; Mitarbeiter R. Kochs, entdeckte den nach ihm benannten Influenza-Bazillus und fand im Serum cholerakranker Tiere spezifisch wirkende Antikörper. Auf ihn gehen die Immunisierungsverfahren beim Typhus zurück.

Pfeiffer-Drüsenfieber, die ↑Mononukleose.

Pfeifhasen (Pikas, Ochotonidae), Familie der Hasenartigen in Asien und Nordamerika;

Pfeifenfische: Meerschnepfe

etwa 12–25 cm lang; gesellige, in Erdbauen lebende Steppen- und Gebirgsbewohner. Sie verständigen sich untereinander durch schrille Pfiffe.

Pfeil [von lat. pilum »Wurfspieß«], **1)** *Astronomie:* (lat. Sagitta) Sternbild des nördl. Himmels.

2) *Waffenkunde:* Geschoss für Bogen, Armbrust oder Blasrohr, seltener mit der Hand geschleudert (Wurf-P.). Der P. besteht aus dem geraden Holz- oder Rohrschaft und der oft mit Widerhaken versehenen Spitze aus Hartholz, Bambus, Stein, Metall, Knochen, die mit ↑Pfeilgift überzogen sein kann.

Pfeiler [von lat. pila], bei Gebäuden oder Brücken senkrechte, frei stehende Stütze aus Stein, Holz, Stahlbeton oder Stahl mit einem Verhältnis Höhe zu Querschnitt größer als vier.

Pfeilflügel, eine Tragflügelform für hohe Fluggeschwindigkeiten. **Positive P.** sind nach hinten, **negative P.** nach vorn abgewinkelt.

Pfeilgifte, von Naturvölkern verwendete Gifte zum Bestreichen der Pfeilspitzen, meist aus Pflanzen (z. B. ↑Curare), seltener von Schlangen, Käfern oder verwesenden Kadavern um Tiere oder Menschen zu töten oder zu betäuben.

Pfeilhechte (Barrakudas, Sphyraenoidei), Unterordnung der Barschartigen; Raubfische der trop. Meere mit lang gestrecktem Körper, spitzem Kopf und kräftigen Zähnen.

Pfeilkraut:
Gewöhnliches Pfeilkraut

Pfeilkraut (Sagittaria), Gattung der Froschlöffelgewächse, meist im temperierten und trop. Amerika; in Dtl. das 30–100 cm hohe **Gewöhnliche P.** (Sagittaria sagittifolia) mit pfeilförmigen Blättern und weißen Blüten; in stehendem, seichtem Wasser.

Pfeilkreuzler, 1935–45 faschist. Gruppierungen in Ungarn, unter F. Szálasi, 1944–45 an der Macht.

Pfeilnaht, ↑Schädelnähte.

Pfeilschwänze (Schwertschwänze, Xiphosura), Ordnung im Meer lebender Gliederfüßer, bis etwa 60 cm lang; Kopfbruststück und Hinterleib haben je sechs Gliedmaßenpaare, das Hinterende trägt einen Stachel. Die P. sind auf dem Rücken gepanzert. Sie wühlen im Flachseegrund nach Kleintieren; z. B. der **Molukkenkrebs** (Tachypleus gigas) SO-Asiens und die **Königskrabbe** (Limulus polyphemus) der nordamerikan. Küsten.

Pfeilstern, *Astronomie:* ↑Barnards Pfeilstern.

Pfeilwürmer (Borstenkiefer, Chaetognatha), Gruppe durchsichtiger, etwa 3 bis 100 mm langer, pfeilförmiger Tiere im Plankton aller Meere mit Greifhaken an Mund und Augen; zwittrig.

Pfeilwurz, Nutzpflanze, ↑Marante.

Pfemfert, Franz, Publizist, * Lötzen (heute Giżycko, Wwschaft Suwałki) 20. 11. 1879, † Mexiko 26. 5. 1954; 1933 Emigration; als Hg. und Verleger der Zeitschrift »Die Aktion« (1911–32) Schlüsselfigur des frühen Expressionismus; zielte auch als Hg. von Anthologien auf eine Verbindung fortschrittl. Politik und moderner Kunst.

Pfennig, Abk. **Pf,** kleinste Währungseinheit in Dtl.; 1 Pf = $^{1}/_{100}$ Dt. Mark (DM). Urspr. Bez. für die fast einzige Silbermünze Europas (Denar), nach der Münzordnung Karls d. Gr. = $^{1}/_{12}$ Solidus (Schilling) = $^{1}/_{240}$ Pfund Silber. Bis zum 13. Jh. blieb der P. Groß- und Fernhandelsmünze mit hoher Kaufkraft; durch die dauernde Münzverschlechterung sank der P. bis zum 16. Jh. zur Scheidemünze und wurde seit dem 17. Jh. aus Kupfer geprägt. – Bis 1871 auch **Pfenning** gen., gelten seit 1873 100 P. = 1 Mark.

Pferch, durch Hürden oder Elektrozäune umgrenztes Areal, in dem sich Schafe bei Weidehaltung in der Nacht aufhalten.

Pferd, *Kunstturnen:* Kurzbez. für das (Männer-)Turngerät »Pauschen-« oder »Seit-P.« bzw. für das Turngerät »Lang-P.« (beim ↑Pferdsprung).

Pferde [von mlat. paraveredus »Postpferd«] (Einhufer, Equidae), Familie der Unpaarhufer mit nur einer Gattung (Equus), zu der ↑Esel, ↑Halbesel, ↑Zebras und das ↑Prschewalskipferd gehören (die wildpferdeähnl. Rassen Dülmener und Mustangs haben zu den echten Wild-P. keine direkte Beziehung; es sind verwilderte oder ständig in freier Wildbahn lebende Hauspferderassen). Die P. treten nur mit der Spitze der mit einem breiten Huf bekleideten Mittelzehe (3. Zehe) auf.

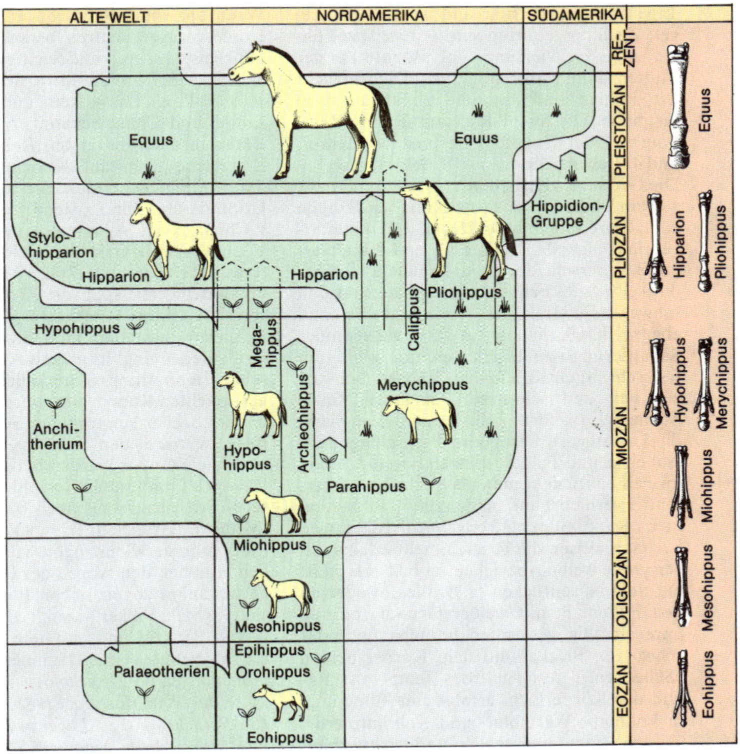

Pferde: Stammbaum: die in ein Feld mit Laubblättern bzw. Grasbüscheln gestellten Tiere sind Laub fressende bzw. Gras fressende Pferde gewesen; die neben die Tiere gestellten Gliedmaßenskelette zeigen die Entwicklung von der dreizehigen zur unpaarzehigen Extremität

Die 2. und 4. Mittelfußknochen sind zu schmalen Stäben verkümmert (Griffelbeine). Von den übrigen Mitgl. der Familie Equidae unterscheiden sich die (vermutlich) vom Prschewalskipferd (Wild-P.) abstammenden Haus-P. (P. i. e. S.) durch kurze Ohren, Hornwarzen an allen vier Beinen, durch den behaarten Schweif und das Wiehern. - Die P. haben sich vor rd. 60 Mio. Jahren aus einer etwa fuchsgroßen Stammform Hyracotherium in Amerika entwickelt. Sie waren zunächst waldbewohnende Laubfresser und wurden später Grasfresser in offenen Landschaften. Vor rd. 2,5 Mio. Jahren (Ende des Pliozäns) gelangte ein Seitenzweig nach Asien, während in Amerika alle P. nach der Eiszeit ausstarben. Mit den span. Eroberern kamen die P. dann wieder nach Amerika.

Hauspferde: Die P. i. e. S. sind hochbeinige Lauf- und Fluchttiere. Sie ernähren sich von Pflanzen; ihr Verdauungstrakt ist auf die ursprüngl. Steppenheimat abgestimmt, wo zur Futtersuche täglich weite Strecken zurückgelegt werden müssen, wobei kontinuierlich kleine Mengen schwer verdaul. Futters aufgenommen werden. Die Schneidezähne der P. tragen eine tütenartige Schmelzeinstülpung (Bohne), die Eckzähne sind nur beim Hengst erhalten, die Backenzähne besitzen Schmelzfalten. Die Abnutzung des Gebisses ermöglicht eine Altersbestimmung; P. können bis zu 40 Jahre alt werden, im Mittel sind es 16–18 Jahre. - Das männl. P. heißt **Hengst** (kastriert **Wallach**), das weibl. **Stute,** das junge **Fohlen.** Die Geschlechtsreife tritt mit ca. 18 Monaten ein; zuchtreif ist ein Haus-P. je nach Rasse allerdings frühestens mit 24–30 Monaten. Die Brunst der Stuten **(Rosse)** dauert zw. 3 und 15 (selten 30) Tage. Die Trächtigkeitsdauer liegt zw. 320 und 336 (bis 360)

Tagen. Einzelgeburten sind beim P. die Regel; Zwillingsgeburten sind selten. Das Fohlen saugt zw. vier und fünf Monate bei der Mutter; dann wird es abgesetzt. Die Aufzucht der Fohlen und Jung-P. erfolgt meist in Gruppen. Die Ausbildung zum Renn-, Reit-, Wagen- oder Zugpferd beginnt zw. dem 2. und 4. Lebensjahr.

Die Größe der Hauspferderassen variiert zw. 180 cm Widerristhöhe (Stockmaß), z. B. beim engl. Shire Horse, und 71 cm, z. B. beim argentin. Falabella. Nach Fell- und Langhaarfarbe unterscheidet man **Braune** (hell- bis dunkelbraunes Fell, schwarzes Langhaar und schwarze Füße), **Füchse** (rotbraunes Fell und ebensolches Langhaar, in stark variierender Schattierung vom hellen Lehmfuchs bis zum fast schwarzen Kohlfuchs), **Rappen** (schwarzes Fell und schwarzes Langhaar) sowie **Schimmel** (weißes Fell, weißes Langhaar, dunkle Augen); besondere Farbschläge sind Isabellen und Falben. Einzelne weiße Haare im Fell bezeichnet man als Stichelhaare; treten sie vermehrt auf, heißen die P. Rotschimmel, Rappschimmel oder Apfelschimmel. Vielfach weisen die P. auch mehr oder weniger große weiße Abzeichen im Fell auf, meist auf dem Nasenrücken (z. B. Blesse) oder an den Füßen. P. mit weißer Grundfarbe und unregelmäßig geformten braunen und/oder schwarzen Flecken auf dem Körper heißen ↑Schecken. – Aufgrund des Temperamentes und der Körperform erfolgt eine Einteilung in Vollblut-, Warmblut- und Kaltblutpferde. Zu den temperamentvollen und leicht gebauten **Vollblut-P.** gehören das Arab. und Engl. Vollblut sowie die Traber; es sind in erster Linie Sportpferde. Unter dem Begriff **Warmblut-P.** sind alle Rassen zusammengefasst, die sich als Reit- und Wagen-P. sowie für den leichten Zug eignen; hier wird noch zw. Edlem Warmblut und Schwerem Warmblut unterschieden. Das **Kaltblut-P.** ist ein auf Masse und Starkknochigkeit für den schweren Zug gezüchteter frühreifer Typ mit ruhigem Temperament.

Wirtschaftliches: Der Bestand betrug (1996) in Dtl. rund 652 000. Als Hauptmängel im P.-Handel gelten: Rotz, Dummkoller, Dämpfigkeit, Kehlkopfpfeifen, period. Augenentzündung (↑Mondblindheit), Koppen.

Recht: Für Reiter und Führer von P. gelten die für den Fahrverkehr bestehenden Verkehrsregeln sinngemäß (§ 28 StVO). Für Schäden, die durch P. verursacht werden, haftet der Tierhalter nach den Grundsätzen der ↑Gefährdungshaftung, §§ 833 ff. BGB.

Kulturgeschichte: Die Domestikation des vorher nur gejagten Wild-P. setzte in N- und W-Europa im 4. Jt. v. Chr. ein. Spätneolith. Domestikationszentren befanden sich im S Sibiriens, im Altai- und Sajangebirge sowie in Zentralasien. Um die Mitte des 2. vorchristl. Jt. sind P. als Last-, Reit- und Opfertiere in Indien und China bekannt. Aus dieser Zeit stammen auch die ersten Reiterbilder (u. a. Ritzzeichnungen auf Knochen). Aus dem Zweistromland stammt die älteste schriftl. Urkunde über die Existenz von P. (um 2000 v. Chr.). Nach Ägypten kamen die P. im 17. Jh. v. Chr. In Griechenland spielte die Reiterei nur eine geringe Rolle. Auch die Römer erkannten erst spät die Bedeutung eines schlagkräftigen Reiterheeres. – Das P. hatte in vielen, bes. den indoeurop. Religionen große Bedeutung. Es galt als Amme des Menschen (man trank Stutenmilch und daraus hergestellten Kumys) und wurde oft zum Träger der Seelen Verstorbener. Als wertvollster Besitz wurde es den Toten ins Grab mitgegeben. Viele Götter wurden beritten, andere in P.-Gestalt dargestellt. Sowohl bei den Sumerern (Schamasch) als auch bei den Iraniern (Mithra), Griechen (Helios) und Römern (Sol) fuhr der Sonnengott vierspännig über den Himmel, den Wagen des Hindu-Sonnengottes Surya zogen sieben Pferde. P.-Opfer sind für viele Völker bezeugt. P.-Schädel wurden in Bäumen und an Giebeln aufgehängt, u. a. als Schutz gegen Dämonen.

📖 *Blendinger, W.: Psychologie u. Verhaltensweise des P. Berlin u. a. [5]1988. – Schäfer, M.: Die Sprache des P. Lebensweise, Verhalten, Ausdrucksformen. Neuausg. Stuttgart 1993. – Buurman-Paul, U. u. Paul, W.: Moderne Pferdezucht u. Haltung. Vererbung, Trächtigkeit, Geburt u. Aufzucht. München u. a. [5]1994. – Straiton, E. C.: Pferdekrankheiten erkennen u. behandeln. A. d. Engl. München u. a. [11]1995. – Kapitzke, G.: Das Pferd von A – Z. München [5]1999.*

Pferdeböcke (Hippotragini), Unterfamilie großer, kräftiger Antilopen in Afrika; beide Geschlechter mit langen, spießartigen oder nach hinten gebogenen Hörnern. Zu den P. gehören u. a.: Oryxantilope (Spießbock; mit den Unterarten Säbelantilope und Weiße Oryx [fast ausgerottet, 150 Tiere wurden im Oryx-Nationalpark aus Zoozuchten wieder ausgewildert]), Pferdeantilope und Rappenantilope.

Pferdebohne, svw. Saubohne, ↑Bohne.

Pferdeesel, der ↑Halbesel.

Pferdegrippe (Pferdeinfluenza, Pferderotlaufseuche), meist 3–5 Tage dauernde, akute Viruserkrankung beim Pferd; gekennzeichnet durch Fieber, Entzündung der Schleimhäute, Lichtempfindlichkeit und Husten sowie Schwellungen der Augenpartien und des Kehlkopfs.

Pferdekopfnebel, Dunkelwolke im Sternbild Orion, etwa in Form eines Pferdekopfes.

Pferdemagenbremse, eine Fliege, ↑Magenbremsen.

Pferderennen, *Sport:* 1) ↑Galopprennen; 2) ↑Trabrennen.

Pferdesport, Sammelbez. für alle sportl. Disziplinen, die sich aus dem Umgang des Menschen mit Pferden entwickelt haben. Zu den ältesten P.-Arten zählen das Pferderennen, das auch einen starken Einfluss auf die Pferdezucht ausübte, sowie versch. Kampfspiele zu Pferde. Heute gehören zu den offiziell anerkannten P.-Disziplinen neben dem Rennsport (↑Galopprennen, ↑Trabrennen) v. a. das **Reiten (Reitsport)** mit ↑Dressurreiten, ↑Springreiten, ↑Vielseitigkeit, ↑Distanzreiten, ↑Westernreiten, das ↑Fahren, das ↑Voltigieren und versch. Mannschaftssportarten, v. a. ↑Polo. Der P. (außer Rennsport und Polo) wird in Dtl. durch die Dt. Reiterl. Vereinigung (FN, Abk. für Fédération Nationale; gegr. 1905, Sitz: Warendorf) und ihre Anschlussverbände organisiert.

Pferdestärke, Einheitenzeichen **PS,** nicht gesetzliche Einheit der Leistung. 1 PS = 75 kp · m/s = 0,73549875 kW.

Pferdmenges, Robert, Bankier und Politiker (CDU), *Mönchengladbach 27. 3. 1880, †Köln 28. 9. 1962; 1931–54 Teilhaber des Bankhauses S. Oppenheim jr. & Cie., Köln, 1949–62 MdB, als mitbegründer der CDU Wirtschafts- und Finanzberater K. Adenauers.

Pferdsprung, *Kunstturnen:* Übung des Geräteturnens, bei der die Männer über das lang gestellte und die Frauen über das quer gestellte »Langpferd« springen, das im Ggs. zum »Pauschenpferd« keine Griffbügel aufweist; auch Disziplin des ↑Sechskampfes (Männer) bzw. ↑Vierkampfes (Frauen).

Pfette, *Bautechnik:* im Dachstuhl längs verlaufende Balken (First-, Fuß-, Mittel-P.) zur Aufnahme der Sparren.

Pfifferling [ahd. phifera, zu Pfeffer] (Echter P., Eierschwamm, Gelbschwämmchen, Pfefferling, Cantharellus cibarius), Leistenpilz der Laub- und Nadelwälder; erscheint Juli bis Ende Sept.; Hut 3–8 cm breit, oft trichterförmig vertieft; wertvoller Speisepilz.

Pfingstbewegung, Sammelbez. für versch., aus der amerikan. Heiligungsbewegung des 19. Jh. entstandene Gemeinschaften **(Pfingstkirchen).** Diese vertreten die Wiedergeburt im Hl. Geist (»Geisttaufe«) als dritte geistl. Erfahrung nach »Bekehrung« und «Heiligung« und verbinden diese mit versch. »Geistesgaben« (Zungenrede [↑Glossolalie], Prophetie, Krankenheilungen). Allen **Pfingstlern** gemeinsam sind bes. ein von der buchstäbl. Unfehlbarkeit der Bibel ausgehendes Bibelverständnis, spontane Gebetspraxis, ekstat. Frömmigkeitsformen, ein von der Apokalyptik geprägtes Geschichtsverständnis und damit verbunden eine stark empfundene Berufung zur Mission. Bes. in den USA und der Dritten Welt vertreten, werden der P. als dem gegenwärtig am stärksten wachsenden Zweig des Christentums heute (1999) weit über 200 Mio. Christen zugerechnet.

Pfingsten [grch. pentekostḗ »der fünfzigste (Tag nach Ostern)«], im Judentum das ↑Wochenfest; in den christl. Kirchen der Abschluss der Osterzeit (kath. Kirche: der 8. Sonntag der Osterzeit, evang. Kirchen: der 7. Sonntag nach Ostern); in den abendländ. Kirchen das Fest der Sendung des Hl. Geistes und Begründung der Kirche, in den Ostkirchen der Trinität (Pfingstsonntag) und der Geistsendung (Pfingstmontag). – *Brauchtum:* Pfingstbäume, Flurumritte, Ringreiten (Pfingstreiten), Königsschießen (Schützenfest), Jahrmärkte, Brunnenfeste. Mancherorts schmückt man das erste oder letzte Tier beim ersten Weidenauftrieb an P. **(Pfingstochse).**

Pfingstrose: Edelpäonie (Höhe 60–80 cm)

Pfingstrose (Päonie, Paeonia), Gattung der P.-Gewächse mit mehr als 30 Arten in Europa, Asien und Nordamerika; ausdauernde Pflanzen mit großen, weißen, gelben, rosafarbenen oder roten Blüten. Die wichtigsten Arten sind die **Edelpäonie (Chines. P.,** Paeonia lactiflora) mit mehr als 3 000 Gartenformen, die **Strauch-P.** (Paeonia suffruticosa) und die **Echte P. (Bauern-P.,** Bauernrose, Gichtrose, Klatschrose, Paeonia officinalis).

Pfinzgau, Landschaft am Oberrhein, Bad.-Württ., zw. Schwarzwald und Kraichgau; fruchtbare, lössbedeckte Gäulandschaft.

Pfinztal, Gemeinde im Landkr. Karlsruhe, Bad.-Württ., 17 600 Ew.; Inst. für Chemie der

Treib- und Explosionsstoffe; Baustoffindustrie.

Pfirsichbaum (Prunus persica), in vielen Ländern der Erde angepflanztes Rosengewächs; bis 8 m hoher Baum oder baumartiger Strauch. Die essbaren Steinfrüchte **(Pfirsiche)** haben eine deutlich hervortretende Bauchnaht und einen dickschaligen Kern. Eine glattschalige Varietät sind die **Nektarinen.**

Pfitscher Joch (italien. Passo di Vizze), Pass, 2251 m ü. M., zw. Zamser Tal (Tirol, Österreich) und **Pfitscher Tal** (Südtirol, Italien).

Pfitzner, Hans, Komponist, *Moskau 5. 5. 1869, †Salzburg 22. 5. 1949; war 1908–18 Städt. Musikdirektor und Direktor des Konservatoriums in Straßburg, 1910–16 auch Operndirektor; 1920–29 Prof. an der Akademie der Künste in Berlin, danach bis 1934 an der Akademie der Tonkunst in München. P. gelangte, von der Romantik ausgehend, zu einer eigenen Tonsprache modernen Charakters. Seine von R. Wagner, R. Schumann und J. Brahms beeinflusste Musik kennzeichnen groß geschwungene Melodik, polyphone Stimmführung und eine stark erweiterte, aber auf der Tonalität beruhende Harmonik. *Werke:* Opern: Der arme Heinrich (1895); Die Rose vom Liebesgarten (1901); Palestrina (1917) u. a.; Chorwerke mit Orchester: Von deutscher Seele (1921); Das dunkle Reich (1929) u. a.; ferner Orchesterwerke, Kammermusik, Chöre, über 100 Lieder, Schauspielmusiken.

📖 *Vogel, J. P.: H. P. Reinbek 1989.*

Pflanzen [lat. planta], formenreiche, rd. 360 000 Arten umfassende Organismengruppe, die in weiten Gebieten der Erde das Landschaftsbild prägt und seit dem Präkambrium nachweisbar ist. Zu den P. zählen die Samen-P., Farne, Moose und Algen, jedoch nicht die ↑Pilze und die ↑Cyanobakterien. – P. sind im Allg. autotroph, d. h., sie bauen mithilfe des Sonnenlichts (↑Photosynthese) ihre organ. Körpersubstanz aus anorgan. Material auf. Damit schaffen sie die Existenzvoraussetzungen für einige heterotrophe P., die heterotrophen Tiere und den Menschen, die ihre Körpersubstanz nur aus organ., von P. aufgebautem Material bilden können. Die **Algen** sind die ursprünglichste P.-Gruppe. Sie können einzellig sein sowie lockere Zellkolonien oder einfache Zellfäden bilden. Nur einige Ordnungen der Braun-, Grün- oder Rotalgen besitzen einen gegliederten Vegetationskörper (Thallus). Bei den **Moosen** andeutungsweise beginnend, tritt, fortschreitend über die **Farne** zu den **Samen-P.,** eine Gliederung des Vegetationskörpers (Kormus) in Wurzelsystem, Sprossachse und Blätter ein. – Die äußere Form der P. ist der autotrophen Lebensweise durch Ausbildung großer äußerer Oberflächen (Blätter, verzweigte Spross- und Wurzelsysteme) zur Aufnahme der Sonnenenergie und von Nährstoffen am Standort angepasst. Unterschiede in Zahl, Anordnung und Größe sowie Metamorphosen der Grundorgane verursachen die Formenvielfalt der Pflanzen.

Grundbaustein der inneren Organisation der P. ist die ↑Zelle. Die Fortpflanzung und Vermehrung der P. erfolgt geschlechtlich durch Vereinigung von Geschlechtszellen oder ungeschlechtlich durch Sporen. Viele P. vermehren sich zusätzlich durch Zellverbände vegetativ, die sich von der Mutter-P. ablösen. Auf Außenreize reagieren P. durch versch. Organbewegungen (↑Tropismus), frei bewegliche Algen zeigen ortsverändernde ↑Taxien. Dem Menschen, der P. schon frühzeitig in Kultur nahm, liefern sie Nahrungs-, Futter- und Heilmittel sowie Rohstoffe für Kleidung, Behausung und Werkzeuge. – Über bedrohte P.-Arten ↑Rote Liste.

📖 *Raven, P. H. u. a.: Biologie der P. Aus dem Engl. Berlin u. a. 1988. – Grohmann, G.: Die Pflanze. Ein Weg zum Verständnis ihres Wesens, 2 Bde. Stuttgart 1991. – Urania-Pflanzenreich, 5 Bde. Neuausg. Leipzig u. a. 1991–95.*

Pflanzenfarbstoffe, chem. Verbindungen, die in Pflanzenorganen eine Färbung bewirken: **Chymochrome P.** sind wasserlöslich (z. B. in Blüten- und Laubblättern), **plasmochrome P.** fettlöslich (das Chlorophyll), **membranochrome P.** sind in die Zellwände eingelagert (Strohblumen).

Pflanzenfresser (Phytophagen), Tiere, die sich von Pflanzen ernähren, ↑Ernährung.

Pflanzengeographie (Geobotanik, Phytogeographie), Teilgebiet der Botanik; untersucht die Verbreitung und Vergesellschaftung von Pflanzen nach der räuml. Ausbreitung der einzelnen Arten **(florist. P.),** ihrer Abhängigkeit von Umweltfaktoren **(ökolog. P.),** den histor. Bedingungen ihrer Verbreitung **(Vegetationsgeschichte)** sowie nach Zusammensetzung und Entwicklung der Pflanzengesellschaft **(Pflanzensoziologie, Vegetationskunde).**

Pflanzengesellschaft (Phytozönose), aus versch. Pflanzenarten zusammengesetzte Gemeinschaft von Pflanzen mit gleichen oder ähnlichen ökolog. Ansprüchen, z. B. die P. des Laub- und Nadelwaldes, des Hochmoors, der Tundra, des trop. Regenwaldes.

Pflanzenheilkunde, 1) *Botanik:* die ↑Phytomedizin.

2) *Medizin:* die ↑Phytotherapie.

Pflanzenhormone (Phytohormone), von den höheren Pflanzen synthetisierte hormonähnl. Stoffe; steuern physiolog. Reaktionen wie Wachstum, Blührhythmus, Zellteilung und Samenreifung. Zu den P. gehören u.a. Auxine, Gibberelline und Zytokinine sowie Äthylen.

Pflanzenkrankheiten, abnorme Lebenserscheinungen der Pflanzen. **Nichtparasitäre P.** werden durch abiot. Faktoren wie Überschuss oder Mangel an Wasser und Nährstoffen, Frost, Hitze, Luftverunreinigungen, Bodenvergiftungen u.Ä. hervorgerufen. **Parasitäre P.** werden durch tier. Schädlinge oder Viren, Bakterien, Pilze verursacht. – Meldepflichtig sind in Dtl. das Auftreten (und der Verdacht) von Kartoffelkrebs, von Kartoffelnematoden, der San-José-Schildlaus, der Reblaus, des Blauschimmels (Tabak), des Feuerbrands (Obst), der Scharkakrankheit (Pflaume).

📖 *Elstner, E. F. u.a.: Phytopathologie. Allg. u. biochem. Grundlagen. Heidelberg u.a. 1996.*

Pflanzenkrebs, bösartige Veränderungen pflanzl. Gewebe, wobei sich Wucherungen versch. Form entwickeln, die als Obstbaumkrebs, Wurzelkropf, Mauke, Hernie, Tuberkeln bezeichnet werden. Erreger sind Viren, Bakterien und Pilze.

Pflanzenkunde, die ↑Botanik.

Pflanzenläuse, ↑Blattläuse, ↑Schildläuse.

Pflanzennährstoffe, Sammelbez. für die von autotrophen Pflanzen aufnehmbaren und für deren Wachstum in bestimmten Mengen und Mengenverhältnissen erforderlichen chem. Elemente und Verbindungen.

Pflanzen|ökologie, die Lehre von den Wechselbeziehungen zw. Pflanzen und Umwelt (↑Ökologie).

Pflanzensauger (Gleichflügler, Homopteren, Homoptera), weltweit verbreitete Ordnung wanzenartiger Landinsekten. P. besitzen einen Saugrüssel zum Einsaugen von Säften aus pflanzl. Gewebe; die vier weichhäutigen Flügel sind – soweit vorhanden – gleichartig häutig ausgebildet (im Ggs. zu den Wanzen); unvollkommene Verwandlung. Viele Arten schädigen Kulturpflanzen. Man unterscheidet Pflanzenläuse und Zikaden.

Pflanzenschutz, 1) *Kulturpflanzenschutz:* zusammenfassende Bez. für alle biolog., physikal. und chem. Maßnahmen, um Bestände von Kulturpflanzen und Vorräte vor Schadorganismen und abiot. Schäden (z.B. Temperatur, Wind) zu schützen. Der Schutz der Pflanzen erstreckt sich auf die Vermeidung von Infektionen mit Mikroorganismen oder deren Bekämpfung, auf die Vermeidung von Fraßschäden durch Insekten und deren Larven sowie durch Schnecken, Wild, Nagetiere, Vögel u.a., auf die Abwehr parasit. Insekten oder Fadenwürmer und auf die Bekämpfung von Wildkräutern, die mit Nutzpflanzen um Wasser, Licht, Nährstoffe konkurrieren oder auf ihnen parasitieren. **Mechan. Methoden** des P. sind Umzäunungen gegen Fraßschäden, Vogelscheuchen oder die akust. Vertreibung von Vögeln, mechan. Entfernung kranker Pflanzen oder Pflanzenteile oder von Wildkräutern, das Einsammeln und Vernichten von Schnecken oder Insekten. **Biolog. Methoden** sind die Begünstigung natürl. Feinde von Schadorganismen, der Einsatz parasitierender (z.B. Schlupfwespen) oder räuber. Insekten (z.B. Marienkäfer) oder von insektenpathogenen Pilzen oder Bakterien, das Aussetzen sterilisierter Männchen und die Resistenzzüchtung. **Chem. Methoden** des P. umfassen den Einsatz von ↑Pflanzenschutzmitteln, von Insektenhormonen oder analogen Verbindungen sowie den Einsatz von Insektenlockstoffen in Fallen, u.a. von Sexualhormonen. Ziel des **integrierten P.** ist es, die P.-Maßnahmen im Sinne einer besseren Umweltverträglichkeit zu optimieren. Hierbei sollen alle wirtsch., ökolog. und toxikolog. Verfahren dazu verwendet werden, die Schadorganismen unter der wirtsch. Schadensschwelle zu halten, wobei die Ausnutzung natürl. Begrenzungsverfahren im Vordergrund steht. Eine solche P.-Strategie zielt ab auf sinnvolles Zusammenwirken von Maßnahmen des Pflanzenbaus, der Landtechnik in Abstimmung mit Standort und Umweltbedingungen und schließlich mit dem auf das Notwendigste beschränkten Einsatz chem. Mittel, da diese v.a. auch durch Rückstandsbildung in Nahrung und Umwelt problematisch sind.

Die Organisation amtl. P.-Dienststellen in Dtl. besteht aus forschenden, überwachenden und administrativen Institutionen. Dazu gehört v.a. die dem Bundesministerium für Ernährung, Landwirtschaft und Forsten unterstellte Biolog. Bundesanstalt für Land- und Forstwirtschaft in Braunschweig. Rechtlich wird der P. in Dtl. durch das P.-Gesetz (i.d.F.v. 14. 5. 1998) geregelt.

📖 *Börner, H.: Pflanzenkrankheiten u. P. Stuttgart [6]1990. – P. an Zier- u. Nutzpflanzen, Beiträge v. M. Bürki u.a. Neuausg. Braunschweig 1990. – 100 Jahre Pflanzenschutzforschung, bearb. v. A. Wulf. Berlin 1998. – P. u. Naturhaushalt, bearb. v. H. Vogt. Berlin 1998.*

2) *Naturschutz:* der Schutz von Wildpflanzen (↑Naturschutz).

Pflanzenschutzmittel, nach dem Pflanzenschutz-Ges. i.d.F.v. 14. 5. 1998 definiert als

Stoffe, die Pflanzen und Pflanzenerzeugnisse vor Schadorganismen oder anderen Beeinträchtigungen schützen sowie als Wachstumsregler oder Keimungshemmer eingesetzt werden. Die häufig synonym gebrauchte Bez. **Pestizide** schließt die im häusl. Hygienebereich eingesetzten Präparate mit ein. Nach dem Anwendungsbereich können P. eingeteilt werden in ↑Akarizide, Bakterizide, ↑Fungizide, ↑Herbizide, ↑Insektizide, ↑Molluskizide, ↑Nematizide und ↑Rodentizide. P. können als Berührungs-(Kontakt-), Ätz-, Fraß- oder Atemgifte einwirken; sie werden als Gase, Staub, Granulat oder flüssig angewendet; Rückstände werden bei Verzehr oder Verfütterung aufgenommen; sie können umweltgefährdend sein und zu gesundheitl. Schäden führen.

Höchstmengen von P. auf Lebensmitteln werden durch die Biolog. Bundesanstalt und durch das Bundesinstitut für gesundheitl. Verbraucherschutz und Veterinärmedizin vor Zulassung unter Berücksichtigung folgender Angaben geprüft: ↑No-Effect-Level, ↑ADI-Wert, ↑Permissible Level und ↑Permitted Level (↑Höchstmengenverordnung). Die Anwendung bes. persistenter Chlorkohlenwasserstoffe ist in Dtl. weitgehend verboten (z. B. DDT).

Pflanzensoziologie (soziologische Pflanzengeographie), Lehre von der Entstehung, Entwicklung und Zusammensetzung der Pflanzengesellschaften.

Pflanzenwespen (Sägewespen, Symphyta), Unterordnung der Hautflügler mit breit ansitzendem Hinterleib, also ohne »Wespentaille«. Die Weibchen setzen mit einem sägeartigen Legebohrer die Eier in Pflanzen. Die Larven leben in oder an Pflanzen und spinnen zur Verpuppung Kokons; z. T. Garten- und Forstschädlinge.

Pflanzenzüchtung (Pflanzenzucht), die Schaffung neuer Kulturpflanzensorten, die den besonderen Standortverhältnissen oder den veränderten Anbaumethoden und Ansprüchen des Menschen angepasst sind. Durch Kreuzung oder durch Erzeugung von Mutationen treten neue Erbmerkmale auf, sodass Formen mit neuen Eigenschaften entstehen. Ziel der P. ist es, v. a. ertragreichere, gegen schädigende Einflüsse beständigere, auch form- und farbschönere Sorten zu erhalten. Wichtige Methoden sind: Auslesezüchtung, Kreuzungs-, Hybrid- und Mutationszüchtung. Mit den Methoden der Gentechnologie werden einige Ziele wesentlich schneller erreicht.

📖 *Becker, H.: P. Stuttgart 1993. – Ordon, F.: Von Mendel zum Gentransfer. Grundlagen u. aktuelle Methoden der P. Gelsenkirchen 1998.*

Pflaster [grch.], **1)** *Bautechnik:* fester Straßen- oder Bodenbelag, auch für Uferböschungen u. a.

2) *Pharmazie:* (Emplastrum) allg. Bez. für das als Verbandsmaterial verwendete **Heft-P.** Es besteht aus Rohgummi, das auf Textilgewebe aufgestrichen wird. Während Heft-P. nur mechan. Zwecken dient, können P. auch als Arzneimittelträger (z. B. Hühneraugen-, Zug-P.) verwendet werden; zur Versorgung kleinerer Wunden wird ein mit einer antiseptisch imprägnierten Auflagefläche versehenes selbstklebendes P. benutzt; auch aus Textilgewebe oder Kunststoff hergestelltes, mit Mull versehenes Verbandsmaterial, zum Schutz der Wunde vor Infektionen.

Pflaume [von lat. prunum], ↑Pflaumenbaum.

Pflaumenbaum (Prunus domestica), sehr nahe mit dem Schlehdorn verwandter, in zahlreichen Zuchtformen verbreiteter, 3–10 m hoher Obstbaum, mit kugeligen oder eiförmigen Steinfrüchten **(Pflaumen).** Unterarten: **Haferpflaume** (Haferschlehe, Krieche), Früchte kugelig, gelblich grün oder blauschwarz; **Mirabelle,** mit runden, hellgelben oder hellgrünen Früchten; **Reneklode** (Reineclaude), mit grünl., kugeligen Früchten; **Zwetsche** (Zwetschge), Früchte (Zwetschen, Zwetschgen, Pflaumen) länglich eiförmig, dunkelblau, mit leicht abwischbarem Wachsüberzug.

Pflegebedürftigkeit, ↑Pflegeversicherung.

Pflegekennzeichen, international vereinbarte Symbole als Hinweis auf sachgemäße Reinigung und Pflege von Textilien.

Pflegekind, Kind (oder Jugendlicher), das sich regelmäßig außerhalb des Elternhauses in einem Heim (Heimpflege) oder in einer Familie (Familienpflege) zur Betreuung und Erziehung befindet. Bei der Familienpflege unterscheidet das Kinder- und Jugendhilfe-Ges. (SGB VIII) zw. Vollzeitpflege (§ 33) und

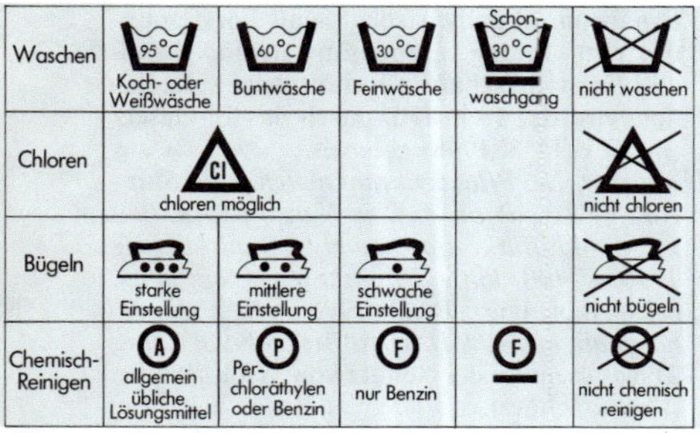

Pflegekennzeichen

Tagespflege (§ 23). Vor der Aufnahme eines P. ist die Erlaubnis des Jugendamtes einzuholen, die zu versagen ist, wenn das Wohl des Kindes oder Jugendlichen in der Pflegestelle nicht gewährleistet ist (§ 44). Tagespflege, die nicht als Gewerbe betrieben wird, bedarf keiner Erlaubnis.

pflegeleichte Textilien, nicht einheitlich normierte Bez. für Textilien aus Natur- oder Kunstfasern, die durch Veredelungsverfahren waschmaschinenfest, knitterarm, schmutz- und fleckabweisend gemacht und einfach zu bügeln sind.

Pflegesatz, Richtsatz für die Kosten der Unterbringung, Betreuung und Behandlung in Krankenhäusern, Pflegeheimen und Einrichtungen zur Rehabilitation Behinderter; wird vom Maßnahmeträger zus. mit den Sozialleistungsträgern festgesetzt.

Pflegeversicherung, 1) gesetzliche P., seit dem 1. 4. 1995 bestehender Zweig der Sozialversicherung, der unter dem Dach der gesetzl. Krankenversicherung (GKV) Leistungen bei Pflegebedürftigkeit erbringt. Die P. wird als fünfte Säule der Sozialversicherung bezeichnet. Rechtl. Grundlage ist das XI. Buch des Sozialgesetzbuchs (SGB). Träger der P. sind die **Pflegekassen,** deren Geschäfte von den Krankenkassen geführt werden. Die P. wird im Umlageverfahren über Beiträge finanziert, die die Versicherten und die Arbeitgeber je zur Hälfte tragen. Der Beitragssatz beträgt seit 1. 7. 1996 1,7 %. Dabei gilt die Beitragsbemessungsgrenze der GKV. Zur Finanzierung der P. wurde der Buß- und Bettag abgeschafft (nur in Sachsen wurde dieser beibehalten; die Arbeitnehmer tragen dort 1,35 % des Beitrages). Versicherungspflichtig sind die Mitgl. der GKV; Mitgl. privater Krankenversicherungen können zw. einer privaten und der gesetzl. P. wählen. Beamte müssen zur beamtenrechtl. Beihilfe ergänzend eine private P. abschließen. Beitragsfrei mitversichert sind unterhaltsberechtigte Kinder und Ehepartner, sofern deren monatl. Einkommen unter der Geringfügigkeitsgrenze liegt (630 DM).

Leistungen: Es wird unterschieden zw. Leistungen bei häusl. und stationärer Pflege, zw. Sach- und Geldleistungen sowie zw. Leistungen an den Pflegebedürftigen und an die Pflegeperson. **Pflegebedürftigkeit** liegt vor, wenn eine Person wegen Krankheit oder Behinderung für die gewöhnl. und regelmäßig wiederkehrenden Verrichtungen des tägl. Lebens auf Dauer erhebl. Hilfe braucht. Dabei werden drei Stufen unterschieden. Stufe I: erhebl. Pflegebedürftigkeit (Hilfebedarf einmal täglich), Stufe II: Schwerpflegebedürftigkeit (Hilfebedarf dreimal täglich), Stufe III: Schwerstpflegebedürftigkeit (Hilfebedarf rund um die Uhr). In der häusl. Pflege wird bei der Inanspruchnahme von Pflegeleistungen durch eine Sozialstation (»Sachleistung«) ein bestimmter Betrag gezahlt. Dieser ist wie auch die übrigen Leistungen nach der Pflegestufe gestaffelt. Das an den Pflegebedürftigen gezahlte Pflegegeld kann mit der Pflegesachleistung kombiniert werden. Bei Verhinderung der Pflegeperson wird Geld für eine Pflegevertretung gezahlt. Die P. übernimmt die Kosten für Pflegemittel (z. B. Rollstuhl, Pflegebett), gewährt Zuschüsse für den pflegebedingten Umbau der Wohnung und bietet Pflegepersonen unentgeltl. Pflegekurse an. Weitere Leistungen erbringt die P. für die stationäre Pflege in Pflegeheimen. Die Kosten für Unterbringung und Verpflegung trägt der Pflegebedürftige. Für **Pflegepersonen,** d. h. Personen, die einen Pflegebedürftigen in seiner häusl. Umgebung oder in einem anderen Haushalt pflegen, also v. a. Angehörige oder Nachbarn, übernimmt die Pflegekasse die Zahlung von Rentenversicherungsbeiträgen.

Bäcker, G. u. a.: Die sozialen Dienste vor neuen Herausforderungen. Münster 1995. – Die Wirkungen des Pflege-Versicherungsgesetzes, hg. v. U. Fachinger u. H. Rothgang. Berlin 1995.

2) private P., die von den privaten Krankenversicherungsunternehmen durchgeführte P., die den Leistungen der gesetzl. P. entspricht. Weil der Gesetzgeber die am 1. 1. 1995 freiwillig in der privaten Krankenversicherung Versicherten zum Abschluss einer privaten P. verpflichtet hat, gelten für diese Personen günstigere Bedingungen als für die nach diesem Datum hinzu gekommenen privat Versicherten. Die Prämienhöhe richtet sich alleine nach dem Eintrittsalter. Arbeitnehmer, die in einer privaten P. sind, erhalten einen Beitragszuschuss von ihrem Arbeitgeber. Beihilfeberechtigte Beamte zahlen einen geringeren Beitrag.

Pflegschaft, die Fürsorge einer Person (Pfleger) für eine in rechtl. Hinsicht hilfsbedürftige Person oder für ein Vermögen. Im Unterschied zur ↑Vormundschaft bezieht sich die P. nur auf einzelne Angelegenheiten, zu deren Wahrnehmung vom Vormundschafts- bzw. Nachlassgericht eine P. bestellt wird (§§ 1909 ff., 1960 BGB). Bei der P. werden grundsätzlich die Vorschriften über die Vormundschaft angewendet. Das Gesetz kennt die Fälle der Ergänzungs-P. für denjenigen, der unter elterl. Sorge oder Vormundschaft steht, für Angelegenheiten, an deren Besorgung Eltern oder Vormund rechtlich oder tat-

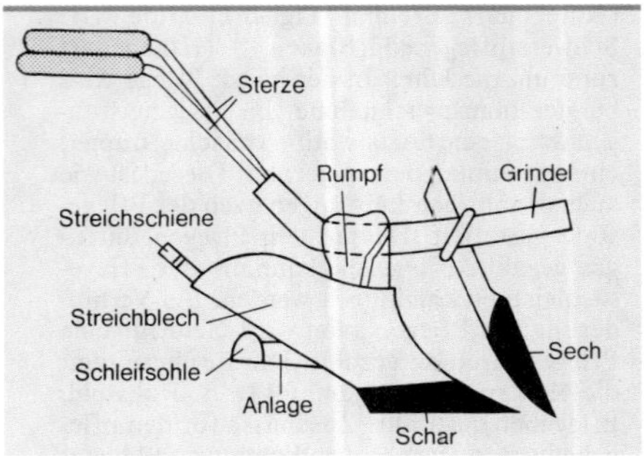

Pflug: schematische Darstellung des Scharpfluges

sächlich gehindert sind; ferner die P. wegen Abwesenheit, die P. für eine Leibesfrucht, die P. für unbekannte Beteiligte einer Rechtsangelegenheit, die P. für ein Sammelvermögen sowie die Nachlass-P. (§ 1960 BGB); die gesetzl. ↑Amtspflegschaft für ein nichtehel. Kind wurde zum 1. 7. 1998 beseitigt. An die Stelle der früheren Gebrechlichkeits-P. ist seit dem 1. 1. 1992 das Rechtsinstitut der ↑Betreuung getreten. – Das *österr.* Recht verwendet anstelle des Begriffs P. die Bezeichnung **Kuratel** (§§ 269 ff. ABGB). In der *Schweiz* entspricht der P. die **Beistandschaft** (Art. 392 ff. ZGB).

Pflicht, 1) *Ethik:* eine verbindl. Aufgabe oder Handlung, die ihre Begründung in Normen, Instanzen, Moralvorstellungen oder freier Vernunftentscheidung findet (Kant); der berufl. oder gesellschaftl. Aufgabenkreis, dessen Erfüllung zugleich als sittl. Forderung empfunden werden kann; auch die sittl. Forderung überhaupt.

2) *Sport:* (Pflichtübung), Wettkampfteil mit vorgeschriebenen Elementen, dessen Bewertung mit jener der ↑Kür das Gesamtergebnis der Wettkampfleistung bildet; in versch. Disziplinen abgeschafft (z. B. im Mehrkampf beim Kunstturnen, im Einzel- und Paarlauf beim Eiskunstlauf).

Pflichtenkollision, *Strafrecht:* die nicht rechtswidrige Verletzung einer Rechtspflicht durch eine Handlung, wenn diese Handlung das einzige Mittel war, um eine andere, höherrangige Rechtspflicht zu erfüllen, und wenn der Handelnde sich aufgrund einer Abwägung der Pflichten entschieden hat.

Pflicht|exemplar, das von jedem in Dtl. erscheinenden Druckwerk an die Dt. Bibliothek in Frankfurt am Main und die Dt. Bücherei in Leipzig unentgeltlich abzuliefernde Pflichtstück (§ 18 Ges. über die Dt. Bibliothek vom 31. 3. 1969).

Pflichtprüfung, gesetzlich vorgeschriebene Prüfung der Rechnungslegung bestimmter Unternehmen. Sie ist durch öffentlich bestellte Wirtschaftsprüfer oder Wirtschaftsprüfungs-Ges., genossenschaftl. Prüfungsverbände u. a. vorzunehmen. Prüfungspflichtige Unternehmen sind Aktiengesellschaften, Unternehmen bestimmter Größen bzw. Wirtschaftszweige, Genossenschaften, Stiftungen, Wirtschaftsbetriebe der öffentl. Hand.

Pflichtspiel, *Sport:* in den Ballsportarten herkömml. Bez. für ein nat. Punkt- oder Pokalspiel, im Unterschied zum »Freundschaftsspiel« (in der Vorbereitungsphase auch als »Testspiel« bezeichnet).

Pflichtteil, derjenige Teil seines Vermögens, von dem der Erblasser die P.-Berechtigten (seine Kinder und Kindeskinder, seine Eltern und seinen Ehegatten) trotz der grundsätzl. Testierfreiheit nicht durch Testament von der Erbfolge ausschließen kann, es sei denn, sie haben sich schwerer, schuldhafter Verfehlungen gegen den Erblasser schuldig gemacht (§§ 2303 ff. BGB). Der P.-Anspruch besteht in einem Geldanspruch gegen den oder die Erben in Höhe der Hälfte des Wertes des gesetzl. Erbteils. Der P.-Anspruch besteht in vollem Umfang, wenn der Berechtigte enterbt wurde oder ergänzend, wenn die testamentar. Zuwendungen den Wert des P. nicht erreichen. Lebten die Ehegatten im gesetzl. Güterstand der Zugewinngemeinschaft (↑eheliches Güterrecht), so wird für die Berechnung des P. des überlebenden Ehegatten, der Erbe ist oder dem sonst etwas zugewendet worden ist (z. B. wenn der Wert der Zuwendung nicht die Höhe des P. erreicht), als P. die Hälfte des um $^1/_4$ der Erbschaft erhöhten gesetzl. Erbteils (**großer P.**) zugrunde gelegt. Ist dem Ehegatten nichts zugewendet worden, so behält er den Anspruch auf Ausgleich des Zugewinns nach Ehegüterrecht und hat daneben einen P.-Anspruch in Höhe von $^1/_2$ des gesetzl. Erbteils **(kleiner P.)**. – Ähnl. Regelungen enthalten das *österr.* (§§ 765 ff. ABGB, »Noterbe«, wobei bei Vorfahren der P. nur ein Drittel des gesetzl. Erbteils beträgt) und das *schweizer.* Recht (Art. 471 ZGB).

Pflichtversicherung, Versicherung, die aufgrund gesetzl. Verpflichtungen zustande kommt, so v. a. in der Sozialversicherung. In der Individualversicherung bildet die P. die Ausnahme, z. B. Kraftfahrzeug-Haftpflichtversicherung.

Pflichtverteidiger, *Strafrecht:* ↑Verteidigung.

PFLP [Abk. für **P**eople's **F**ront for the **L**iberation of **P**alestine, engl. »Volksfront für die Befreiung Palästinas«], ↑Palästinensische Befreiungsorganisation.

Pflug, Gerät zum Wenden und Lockern des Ackerbodens. Nach dem Verwendungszweck unterscheidet man **Saatpflüge** (Bearbeitungstiefe 20–35 cm), **Schälpflüge** (bis 15 cm) und **Spezialpflüge** (z.B. Häufelpflüge), nach der Ausbildung der Wende- bzw. Lockervorrichtung Schar-, Scheiben-, Kreisel- und Spatenpflüge. Die verbreitetste Form ist der **Schar-P.** Je nach Anzahl der P.-Körper spricht man von Einschar- oder Mehrscharpflügen. Der P.-Körper besteht aus dem Schar, dem Streichblech mit der als Verlängerung dienenden Streichschiene, der Schleifsohle zum Abstützen der auftretenden Vertikal- und Querkräfte auf dem Boden und aus dem Rumpf, mit dem die Teile verbunden sind. Vor dem Schar ist am Rahmen (Grindel) ein Sech (in Form eines Messers oder einer Scheibe) angebracht, um Verstopfungen vor dem Pflugkörper zu vermeiden. Mit dem Schar wird aus dem Boden ein Streifen (»Erdbalken«) herausgeschnitten und mithilfe des Streichblechs gewendet. Infolge der dadurch im Erdbalken auftretenden Druck-, Zug- und Drehspannungen entstehen zahlreiche Risse, sodass die Erde in Abhängigkeit von der Bodenbeschaffenheit zerkleinert wird. Durch das Wenden wird der Erdbalken seitlich verlagert, an seiner ursprüngl. Stelle entsteht eine Furche, die beim nächsten Durchgang vom nächsten Erdbalken gefüllt wird. – Pflüge, die die Furche nur nach einer Seite wenden können, bezeichnet man als **Beetpflüge.** Kann die Furche je nach Bedarf nach der einen oder der anderen Seite gewendet werden, spricht man von **Kehrpflügen.** – Der **Scheiben-P.** besitzt als Arbeitswerkzeug gewölbte, drehbare Scheiben, die die Erde über einen Abstreifer zur Seite werfen. **Kreiselpflüge** sind eine Kombination von Schar-P. und Bodenfräse. Beim **Spaten-P.** werden Spatenblätter durch ein Getriebe nacheinander in den Boden gestoßen und während des Heraushebens gewendet.

Geschichte: Der P. erscheint (auf bildl. Darstellungen) erstmals um 3000 v. Chr., in Europa in der Bronze- und der älteren Eisenzeit. Die Römer kannten einen leichten, radlosen **Haken-P.** Um Christi Geburt wurde der **Räder-P.** entwickelt. Im MA. war der schwere Beet-P. mit Radvordergestell weit verbreitet. Die Dampfmaschine ermöglichte den Einsatz schwerer, an Drahtseilen über den Acker gezogener Mehrscharpflüge. Der vor der Entwicklung der modernen Schlepperhydraulik ausschließlich verwendete **Anhänge-P.** wurde durch den **Anbau-P.** verdrängt, der über ein Dreipunktgestänge mit dem Schlepper verbunden ist.

Pflugscharbein, unpaarer Schädelknochen, der einen Teil der Nasenscheidewand bildet.

Pforr, Franz, Maler, * Frankfurt am Main 5. 4. 1788, † Albano Laziale (bei Rom) 16. 6. 1812; studierte an der Akademie in Wien, gründete dort mit F. Overbeck den Lukasbund (↑Nazarener) und lebte seit 1810 in Rom.

Pforta (Pforte), Stadtteil von Bad Kösen, ↑Schulpforta.

Pfort|ader, Vene, die das mit Nährstoffen angereicherte Blut (von Magen-Darm-Kanal sowie Milz und Bauchspeicheldrüse kommend) der Leber zuführt.

Pfort|aderhochdruck (Pfortaderstauung, portale Hypertension), Syndrom mit beeinträchtigtem Durchfluss des Pfortaderblutes durch die Leber infolge verschiedenartiger Abflussbehinderungen, z. B. bei Leberzirrhose (80–90 % aller Fälle), Pfortader- oder Lebervenenthrombose; führt zu druckentlastenden Umgehungskreisläufen wie Krampfadern in der Speiseröhre sowie zu Bauchwassersucht und Milzstauung.

Pforte, 1) *Geschichte:* Kurzbez. für ↑Hohe Pforte.

2) *Verkehrsgeographie:* wichtiges Durchgangsgebiet zw. Gebirgen (z. B. Burgund., Dsungar., Westfäl. P.).

Pförtner (Pylorus), *Anatomie:* Magenausgang.

Pforzheim, kreisfreie Stadt in Bad.-Württ., Verw.sitz des Enzkreises und des Regionalverbandes Nordschwarzwald, am N-Rand des östl. Schwarzwaldes am Zusammenfluss

Pforzheim: Grablege der badischen Markgrafen (16. Jh.) in der Schloss- und Stiftskirche

von Enz und Nagold, 117 800 Ew.; FH für Gestaltung, Technik und Wirtschaft, Goldschmiede- und Uhrmacherschule; Museen; Theater; Zentrum der dt. Schmuck- und Uhrenind., Metallwarenherstellung, Edelmetallscheideanstalten, Maschinenbau. – Evang. Schloss- und Stiftskirche (ehem. St. Michael, 13./14. und 15. Jh.), im Stiftschor Grablege der bad. Markgrafen; kath. Herz-Jesu-Kirche (1928/29); evang. Matthäuskirche, eine Zeltkonstruktion von E. Eiermann (1953); Reuchlinhaus (1962) mit Schmuckmuseum. – Urspr. röm. Siedlung **Portus,** 1067 erstmals erwähnt; 1535–65 Residenz der Markgrafen von Baden-Durlach.

PfP, Abk. für engl. **P**artnership **f**or **P**eace, ↑Partnerschaft für den Frieden.

Pfriem, andere Bez. für ↑Ahle.

Pfriemengras, ↑Federgras.

Pfronten, Luftkurort und Wintersportplatz im Landkreis Ostallgäu, Bayern, am N-Rand der Allgäuer Alpen, 850–885 m ü. M., 7 600 Ew.; Maschinenbau, feinmechan. Industrie.

Pfropfung (Pfropfen), ↑Veredelung.

Pfründe [von mlat. praebenda »Unterhalt«] (Benefizium), nach früherem kath. Kirchenrecht ein Kirchenamt, das mit einer Vermögensausstattung (Land, Geldvermögen u. a.) verbunden war, deren Erträge zum Unterhalt des Amtsinhabers **(Pfründner, Benefiziat)** bestimmt waren.

Pfullendorf, Stadt im Landkreis Sigmaringen, Bad.-Württ., 12 800 Ew.; Herstellung von Küchenmöbeln und Sanitärtechnik, Kipptorfabrik; Garnisonstadt; kath. Pfarrkirche St. Jakob (14. und 15. Jh., im 18. Jh. barockisiert), Rathaus (1524); das »Schoberhaus«, 1317 erwähnt, gilt als ältestes Fachwerkhaus in Süd-Dtl. – P., 1157 erstmals urkundlich erwähnt, erhielt 1220 Stadtrecht.

Pfullingen, Stadt im Landkreis Reutlingen, Bad.-Württ., am Fuß der Schwäb. Alb, 16 300 Ew.; Maschinenbau, Textil-, Holz-, Kunststoff- u. a. Industrie. – Spätgot. Pfarrkirche (1463), Fachwerkrathaus (1886), Gesellschaftshaus »Pfullinger Hallen« (1905/06, von T. Fischer). – Im 10. Jh. erstmals erwähnt, 1699 Stadt.

Pfund [von lat. pondo], **1)** *Gewichts-* und *Münzwesen:* altes Massemaß (entstanden aus ↑Libra), Grundgewicht und Rechnungsgröße im karoling. Münzsystem (1 P. = 240 Pfennig); vom Dt. Zollverein 1858 auf 1 P. = 500 g **(Zoll-P., metrisches P.,** Abk. **Pfd.)** festgelegt, seit 1877 bzw. 1935 in Dtl. gesetzlich nicht mehr zulässig; bis zur Einführung des metr. Systems Einheit des Gewichts in vielen Staaten mit wechselnder Benennung und Größe (Libra, Lira, Pound).

2) Währungseinheit in Großbritannien **(P. Sterling,** Zeichen £; 1 £ = 100 Pence) sowie mit spezieller nat. Bez. und Unterteilung in weiteren Ländern, ↑Währung, Übersicht. In der Relation 1 P. = 20 Shilling = 240 Pence bestand das P. in Großbritannien ab dem 8. Jh. bis zur Einführung der dezimal unterteilten Währung 1971.

Pfund-Serie [nach dem Physiker A. H. Pfund, * 1879, † 1949], 1924 entdeckte (infrarote) Spektralserie des Wasserstoffatoms.

Pfungstadt, Stadt im Landkreis Darmstadt-Dieburg, Hessen, im Hess. Ried, 23 700 Ew.; Museum; Maschinenbau, Elektro-, chem., Textil-, Papierind., Mälzerei, Brauerei; Spargelanbaugebiet. Das **Pfungstädter Moor** ist Naturschutzgebiet.

PGA, Abk. für engl. **P**rofessional **G**olfers **A**ssociation, Verband der Berufsgolfer (gegr. 1916, Sitz: Palm Beach); organisiert PGA-Turniere.

pH, *Chemie:* der ↑pH-Wert.

Phäaken (Phaiaken), *grch. Mythos:* ein Seefahrervolk, das auf der Insel Scheria lebt; ihr König Alkinoos nimmt den schiffbrüchigen Odysseus gastfreundlich auf (↑Nausikaa) und lässt ihn nach Ithaka geleiten; zur Strafe dafür verwandelt Odysseus' Feind Poseidon Schiff und Besatzung in Stein.

Phädra (Phaidra), *grch. Mythos:* Gemahlin des Theseus, eine Tochter des Minos und Schwester der Ariadne; verleumdet ihren Stiefsohn Hippolytos, der ihre Liebe nicht erwidert, bei Theseus und veranlasst seinen Tod; darauf tötet P. sich selbst.

Phaedrus ['fɛ:-], erster lat. Fabeldichter, wirkte bis ungefähr 50 n. Chr., Freigelassener des Kaisers Augustus, schrieb in volkstümlichen lat. Versen Schwänke, Anekdoten und Tierfabeln.

Phaeton [grch. »der Leuchtende«], **1)** *Astronomie:* 1983 entdeckter Planetoid, ein ↑Apollo-Objekt. P. besitzt mit 0,14 AE den kleinsten bei einem Planetoiden bekannten Perihelabstand; seine Bahn ist nahezu mit der der Geminiden identisch.

2) (grch. Phaethon), *grch. Mythos:* ein Sohn des Sonnengottes Helios. Nachdem ihm sein Vater erlaubt hat, den Sonnenwagen zu lenken, verliert P. die Kontrolle, reißt eine Wunde in den Himmel (aus der die Milchstraße entsteht) und setzt die Erde in Brand. Durch einen Blitzstrahl des Zeus wird P. in den Fluss Eridanos geschleudert.

Phagen [grch. phagein »essen«], die ↑Bakteriophagen.

Phagozytose [grch.] *die,* Aufnahme von Bakterien, Protozoen und Fremdkörpern oder eigenen Körperzerfallsprodukten in das Zell-

Phaistos: links im Bild Freitreppe und Westfassade des jüngeren Palasts, davor das bei dessen Errichtung zugeschüttete Heiligtum des älteren Palasts und dessen Hof

innere durch Umfließen bei Einzellern (Amöben) und im Gewebe vielzelliger Lebewesen durch **Fresszellen (Phagozyten,** auch **Wanderzellen** gen., weil sie frei beweglich sind). Phagozyten, z. B. weiße Blutkörperchen, können die außerhalb der Zelle liegenden Fremdkörper in das Zellinnere aufnehmen und durch Enzyme abbauen. Unverdaul. Anteile werden wieder abgegeben. Die Zelle kann aber auch von den Abbauprodukten vergiftet werden und dabei zugrunde gehen. So entsteht z. B. Eiter aus abgestorbenen weißen Blutkörperchen. Während die P. bei Einzellern der normalen Nahrungsaufnahme entspricht, dient sie im Gewebe vielzelliger Organismen, z. B. des Menschen, der Beseitigung von schädigenden Stoffen oder Krankheitserregern.

Phaiaken, *grch. Mythos:* ↑Phäaken.

Phaidra, *grch. Mythos:* ↑Phädra.

Phaistos [ngrch. fɛsˈtɔs], minoischer Palast auf Kreta; eine ältere Anlage (um 2000 v. Chr.) wurde nach 1700 von einer jüngeren überbaut, die um 1450 v. Chr. zerstört wurde.

Phalaborwa, Stadt in der Nord-Provinz, Rep. Südafrika, etwa 11 000 Ew. Bei P. werden Phosphate, Kupfererze, Vermiculit, Magnetit u. a. im Tagebau (einer der größten der Erde) gewonnen, z. T. verarbeitet oder aufbereitet; Flugplatz.

Phalangen [grch.], kurze Röhrenknochen der Finger bzw. Zehen.

Phalanx [grch.] *die,* antike Kampfformation; geschlossene, mehrere Glieder tiefe Schlachtordnung von Schwerbewaffneten.

Phaleristik [zu lat. phalerae »Brustschmuck, Auszeichnung (der Krieger)«, von griech. phálara] *die,* die ↑Ordenskunde.

Phaleron [ngrch. ˈfalirɔn], der Hafen des antiken Athen, heute Stadtteil von Piräus.

phallische Phase, nach S. Freud eine Phase der menschl. Sexualentwicklung, in der sich die sexuellen Wünsche auf die eigenen Geschlechtsteile konzentrieren. Die p. P. folgt auf die orale und anale Phase und bereitet die genitale Phase vor; sie ist durch die Konfliktkonstellation des Ödipuskomplexes gekennzeichnet (auch **ödipale Phase** genannt).

Phalloidin *das, Biochemie:* Gift des Grünen Knollenblätterpilzes **(Amanita phalloides),** führt zu meist irreversiblen Leberschädigungen mit tödl. Ausgang.

Phallus [grch.] *der,* ↑Penis. – Als Sinnbild der Zeugungskraft aus Holz, Stein u. Ä. geformt, diente er als Fruchtbarkeitszauber, bes. in Ackerbaukulturen; in der Antike gehörte er zum Kult von Dionysos und Priapus. (↑Linga)

Phanarioten (Fanarioten), die Bewohner meist grch. Herkunft des Stadtteils Phanar (Konstantinopel bzw. Istanbul). Die Oberschicht der P. stellte seit dem 16. Jh. die hohen Beamten und Geistlichen des Osman. Reiches sowie die Landesfürsten (Hospodare) in der Moldau 1711–1821 und der Walachei 1716–1821.

Phanerozoikum [grch.] *das, Geologie:* Zeit des deutlich erkennbaren Lebens, vom Kambrium bis heute, gegliedert in Paläozoikum, Mesozoikum und Känozoikum.

Phänologie [grch.] *die,* Lehre vom Einfluss der Witterung und des Klimas auf den jahreszeitl. Entwicklungsgang der Pflanzen und Tiere.

Phänomen [grch.] *das,* **1)** *allg.:* außergewöhnl. oder unerklärl. Ereignis, Vorkommnis.

2) *Philosophie:* die vom Subjekt wahrgenommene Erscheinung eines Gegenstandes (Kant: Phaenomenon; Ggs.: Noumenon, das ↑Ding an sich); nach Platon gegenüber den Ideen von geringerer Seinsintensität.

Phänomenalismus [grch.] *der,* erkenntnistheoret. Position, v. a. des neuzeitl. Empirismus, nach der Gegenstand menschl. Erkenntnis nicht die »realen« Dinge der Außenwelt sind, sondern deren durch die Wahrnehmung vermittelte bewusstseinsimmanente Erscheinungen, die Phänomene.

Phänomenologie [grch.] *die,* die philosoph. Lehre von der Entstehung und Form der Erscheinungen im Bewusstsein; i. e. S. die um 1900 von E. Husserl begründete philosoph. Richtung: Das im Bewusstsein Gegebene soll unter Ausklammerung der Frage nach seiner Realität (phänomenolog. Reduktion) rein in seiner Wesenheit veranschaulicht werden (Wesensschau). Dadurch sollen die ihm innewohnenden Zusammenhänge einsichtig werden. Die P. beschreibt die intentionalen Akte, in denen die Bewusstseinsinhalte gegeben sind (↑Intentionalität), sowie die in den Akten gegebenen gegenständl. Gehalte. Diese Wendung zum Objektiven hat bes. in der Logik, Ethik und Ästhetik erneuernd gewirkt, indem sie den Psychologismus überwand. Husserl selbst und einige seiner Anhänger entwickelten die P. zu einer Transzendentalphilosophie des reinen Bewusstseins weiter. Auf der Grundlage der P. entstanden u. a. die Philosophien Heideggers, Merleau-Pontys und Lévinas' und Beiträge zur Ontologie, Wissenschafts- und Erkenntnistheorie. Sie beeinflusste v. a. die Sozialwiss., Psychologie und Linguistik.

📖 *Landgrebe, L.: Faktizität u. Individuation. Studien zu den Grundfragen der P. Hamburg 1982.*

Phänotyp [grch.], *Genetik:* Erscheinungsbild eines Lebewesens; es entsteht aus dem Zusammenwirken der Erbanlagen (↑Gene) und der Umweltbedingungen; Ggs.: Genotyp.

Phantasie *die,* ↑Fantasie.

Phantasmagorie [grch.] *die,* Trugbild, Täuschung, Wahngebilde.

Phantom [frz. aus grch.] *das,* **1)** *allg.:* Trugbild, Hirngespinst; Geistererscheinung (z. B. Spuk).

2) *Medizin:* künstl. Nachbildung eines Organs oder eines Körperteils zu Lehrzwecken.

3) *Militärwesen:* Name eines zweisitzigen Kampfflugzeugs, eingesetzt als Jagdbomber und Jagdflugzeug sowie als Aufklärer; in den USA Ende der 1950er-Jahre entwickelt (McDonnell Douglas F-4 P. II), seitdem in versch. Versionen in die Luftstreitkräfte mehrerer Länder eingeführt.

Phantombild, *Kriminalistik:* nach Zeugenaussagen zur Fahndung oder Personenidentifizierung dienende Nachbildung (Rekonstruktion) der äußerl. Erscheinung des Täters, bes. des Gesichts. Zu seiner Herstellung bedient man sich versch. Methoden: z. B. der Zeichnung (durch einen Polizeizeichner, der die Angaben bildnerisch umsetzt); der Fotomontage; des »Identi-kit-Verfahrens« (Übereinanderlegen von Folien mit Gesichtselementen); des Interaktiven Systems zur Identifizierung von Straftätern (Abk.: I. S. I. S.), bei dem das P. computergestützt unter Verwendung gescannter oder videodigitalisierter Fotos erstellt wird.

Phantomschmerz, Schmerz, der von den Nervenenden im Stumpf einer amputierten Gliedmaße ausgeht.

Phan Van Khai, vietnames. Politiker, * Kr. Cu Chi (bei Ho-Chi-Minh-Stadt) 25. 12. 1933; studierte Wirtschaftswiss. in Moskau, übernahm 1989 die Leitung der Staatl. Plankommission seines Landes, wurde 1991 Mitgl. des Politbüros der KP Vietnams und Erster Stellv. des Regierungschefs, 1997 Ministerpräsident.

Phäochromozytom [grch.] *das,* Geschwulst des Nebennierenmarks mit gesteigerter Produktion der Hormone Noradrenalin und Adrenalin; führt zu ständigem oder anfallartig auftretendem Bluthochdruck (Hochdruckkrisen) sowie starkem Schwitzen, Herzklopfen und Kopfschmerzattacken; auch ein symptomarmer Verlauf ist möglich. Die Behandlung erfolgt operativ.

Pharao [von altägypt. per-a'a »großes Haus«], **1)** *der,* Titel der altägypt. Könige.

2) *das* (Pharo), ein Kartenglücksspiel.

Pharisäer [hebr.] *der,* wahrscheinlich im 2. Jh. v. Chr. entstandene religiöse, politisch aktive Bewegung im Judentum, deren Zentrum das Studium der Thora bildete, die durch sie eine lebensnahe (vergegenwärtigende) Auslegung erfuhr. Als Schriftgelehrte genossen sie zur Zeit Jesu hohes Ansehen; als Laienbewegung standen sie im Ggs. zur Tempelaristokratie der Sadduzäer. Nach der Zerstörung Jerusalems (70 n. Chr.) wurden sie zu den maßgeblichen Trägern der jüdischen Religion (↑Juden).

📖 *Stemberger, G.: P., Sadduzäer, Essener. Stuttgart 1991.*

Pharmaberater (Pharmareferent), Bez. für Handelsvertreter u.a. Personen, die Angehörige von Heilberufen über Arzneimittel informieren. Die Sachkenntnis muss durch ein Hochschulstudium bzw. eine Assistentenausbildung in Pharmazie, Chemie u.Ä. oder durch eine gesonderte Ausbildung erworben werden.

Pharmaka [grch.], die ↑Arzneimittel.

Pharmakogenetik [grch.], Teilgebiet der Pharmakologie, das sich mit der Analyse genetisch bedingter pharmakolog. Reaktionen befasst.

Pharmakognosie [grch.] *die,* (pharmazeutische Biologie), Teilgebiet der Pharmazie; Wiss. von den biogenen Wirkstoffen (Drogen, biogene Reinstoffe) und deren Produzenten (Mikroorganismen, Pflanzen, Tiere).

Pharmakologie [grch.] *die,* Lehre von den Wechselwirkungen zw. Arzneistoffen und Organismus.

Pharmakopöe [grch.] *die,* das ↑Arzneibuch.

Pharmakotherapie [grch.], Lehre von der Anwendung der Arzneimittel zu Heilzwecken.

Pharmazeut [grch.] *der,* Fachmann für ↑Pharmazie, Apotheker.

pharmazeutische Biologie, die ↑Pharmakognosie.

pharmazeutische Industrie, Zweig der chem. Industrie, der Arzneimittel herstellt. Eine starke Stellung am Weltmarkt hat die p.I. in Dtl., der Schweiz und in den USA.

pharmazeutische Technologie (Galenik), Lehre von der Herstellung und den Eigenschaften der Arzneiformen (Tabletten, Kapseln, Zäpfchen, Injektionslösungen u.a.). Schwerpunkte der p.T. liegen auf der Entwicklung einfach anzuwendender, die Wirkungen des Arzneistoffs möglichst gut zur Entfaltung bringender, rational zu fertigender sowie innovativer Arzneiformen.

Pharmazie [grch.] *die,* Arzneimittelkunde; Wissenschaft, die alle Kenntnisse und Fertigkeiten umfasst, die sich auf Herkunft, Beschaffenheit, Darstellung, Verarbeitung und Prüfung der Arzneimittel sowie auf die einschlägige Gesetzgebung erstrecken.

Pharos (lat. Pharus), ehem. Insel vor Alexandria, Ägypten. Der Leuchtturm von P., 299–277 erbaut, galt als eines der sieben Weltwunder der Antike; im 14.Jh. bei einem Erdbeben eingestürzt; Teile wurden möglicherweise (1995/96) geborgen.

Pharsalos (lat. Pharsalus, neugrch. Pharsala), Stadt in Thessalien; bekannt durch Cäsars Sieg über Pompeius (48 v.Chr.).

Pharyngal [grch.] *der,* ↑Laut.

Pharyngitis [grch.] *die,* der ↑Rachenkatarrh.

Pharynx [grch.] *der,* ↑Schlund.

Phase [grch.] *die,* **1)** *allg.:* Abschnitt, Entwicklungsstufe; Zustand.

2) *Astronomie:* die durch die unterschiedl. Stellung zu Erde und Sonne verursachten wechselnden Lichtgestalten von Mond und Planeten, von denen nur Merkur, Venus und Mars (schwach) wahrnehmbare P. durchlaufen.

3) *Schwingungs-* und *Wellenlehre:* das Argument der Funktion, die den Zustand einer Schwingung zu jedem Zeitpunkt, den einer Welle zu jeder Zeit und an jedem Ort festlegt. Bei einer harmonischen Schwingung $x(t) = a\sin(\omega t + \varphi_0)$ bezeichnet man $\omega t + \varphi_0$ als P. oder **P.-Winkel** (a Amplitude, ω Kreisfrequenz, t Zeit); die **P.-Konstante** φ_0 gibt die P. zum Zeitpunkt $t = 0$ an. Die Differenz der P.-Konstanten zweier gleichfrequenter Schwingungen heißt **P.-Differenz (P.-Verschiebung).**

4) *statist. Mechanik:* der durch Ortskoordinaten und Impulse bestimmte Zustand eines mechan. Systems, z.B. eines Teilchens, der durch einen Punkt im euklid. Raum, dem **P.-Raum,** dargestellt wird. Für ein System aus N Teilchen mit je f Freiheitsgraden ist dieser $2Nf$-dimensional.

5) *Thermodynamik:* homogener (d.h. makroskopisch gleichartiger) Bereich eines heterogenen Systems, z.B. die nebeneinander bestehenden Aggregatzustände (feste, flüssige, gasförmige P.) eines Stoffes. Die versch. P. sind durch P.-Grenzflächen voneinander abgegrenzt, an denen sich ihre physikal. und chem. Eigenschaften sprunghaft ändern.

Phasen|anschnittsteuerung, elektron. Steuerung eines Wechselstroms, in dem nur ein der gewünschten mittleren Stromstärke entsprechender Teil der Halbschwingungen des Wechselstroms durchgelassen wird. Dafür wird der Stromkreis synchron mit der Wechselspannung erst zu einem entsprechend späteren Zeitpunkt als beim Nulldurchgang der Wechselspannung geschlossen. Das Ein- und Ausschalten des Wechselstroms geschieht durch steuerbare Halbleiterbauelemente. Soll nur eine Halbwelle zur P. genutzt werden, setzt man ↑Thyristoren ein, zur Ausnutzung beider Halbwellen dienen ↑Triacs oder antiparallel geschaltete Thyristoren. Durch zeitl. Verschieben der Einschaltimpulse kann die Leistungsaufnahme elektr. Verbraucher verlustfrei und damit energiesparend geregelt werden.

Phasendiagramm, ein ↑Zustandsdiagramm, das die Existenzbereiche der thermodynam. ↑Phasen eines Stoffes oder Stoffgemisches zeigt.

Phasendiskriminator, *Elektronik:* ein Frequenzdemodulator, dessen Wirkung auf dem frequenzabhängigen Phasengang einer Schaltung beruht. P. dienen u.a. zur Demodulation frequenzmodulierter elektr. Wechselspannungen.

Phasenfokussierung, Bez. für den in Hochfrequenzbeschleunigern wichtigen Vorgang der Bündelung (zeitl. Fokussierung) der den Beschleuniger durchlaufenden Teilchen in einem Teilchenpaket um das Sollteilchen.

Phasengang, ↑Frequenzgang.

Phasengeschwindigkeit, ↑Geschwindigkeit, ↑Welle.

Phasengitter, optisches ↑Gitter.

Phasenkontrastverfahren, von F. Zernike entwickeltes Verfahren der Mikroskopie zur Erzeugung von Bildkontrasten, bei dem die Phasenänderungen, die das Licht an einem Objekt erfährt, in (sichtbare) Intensitätsänderungen umgewandelt werden.

Phasenraum, thermodynam. ↑Phase.

Phasenregel, ↑gibbssche Phasenregel.

Phasenschieber, Elementarschaltung, die es ermöglicht, aus einer Wechselspannung eine Spannung gleicher Frequenz (und Amplitude) zu erzeugen, deren Phase gegenüber der erregenden um einen einstellbaren Winkel verschoben ist. P. lassen sich z.B. durch eine Folge von ↑RC-Gliedern realisieren.

Phasen|übergang (Phasenumwandlung), Übergang eines Vielteilchensystems von einer thermodynam. ↑Phase in eine andere, wobei sich seine makrophysikal. Eigenschaften (z.B. Dichte, elektr. Leitfähigkeit, Magnetisierung) oder die räuml. Symmetrie der Struktur in Abhängigkeit von Temperatur, Druck, elektr. oder magnet. Feldstärke u.a. Parametern stark ändern. Qualitativ lassen sich zwei Arten von P. unterscheiden: **diskontinuierl. P. (P. I. Art)** und **kontinuierl. P. (P. II. Art),** bei denen sich die Zustandsgrößen als Funktion des intensiven Parameters am Umwandlungspunkt sprunghaft oder stetig ändern. P. I. Art sind u.a. die Umwandlungen eines Stoffes in die versch. Aggregatzustände sowie die Umwandlung der Kristallstruktur in Festkörpern. P. II. Art sind u.a. die Übergänge von Festkörpern vom paramagnet. in den ferromagnet. Zustand.

Phaser ['feɪzə, engl.] *der,* ein elektron. Effektgerät v.a. der Rockmusik, dessen Funktion auf der Aufspaltung und Phasenverschiebung eines eingegebenen Signals beruht und das einen in sich kreisenden Klangeindruck (Jeteffekt) hervorruft.

PHB-Ester, Abk. für Ester der **p-H**ydroxy**b**enzoesäure, i.e.S. für die Ester mit Äthyl- und Propylalkohol und ihre Natriumsalze, die in Dtl. als Konservierungsmittel für Lebensmittel gesetzlich zugelassen sind.

Phekda, Stern 2. Größe, γ im Sternbild Großer ↑Bär.

Phellem [zu griech. phellós »Korkeiche«, »Kork«] *das,* der ↑Kork.

Phelloplastik bes. im 18. und 19. Jh. übliche Korkschnitzkunst; aus Kork geschnitzte Figur.

Phenakit [zu grch. phénax »Betrüger«] *der,* farbloses bis weingelbes trigonales Mineral der chem. Zusammensetzung $Be_2[SiO_4]$, entsteht hydrothermal oder pneumatolytisch; wegen seines Glanzes und seiner Härte als Edelstein verschliffen.

Phenanthren [grch.] *das,* kristalliner, kondensierter, trizykl. aromatischer Kohlenwasserstoff; dient u.a. zur Herstellung von Farbstoffen, Arzneimitteln und Pflanzenschutzmitteln.

Phenazin [grch.] *das,* trizykl., heterozykl., in hellgelben Nadeln kristallisierende Verbindung; Grundkörper der Phenazinfarbstoffe (↑Azinfarbstoffe).

Phenol [zu grch. phaínein »scheinen«, »leuchten«] *das* (Hydroxybenzol), aromat. Verbindung; farblose, sich an der Luft rötlich färbende, kristalline Substanz von charakterist. Geruch. Die wässrige Lösung reagiert schwach sauer. P. wird v.a. zur Herstellung von P.-Harzen, Caprolactam, Bisphenol A und Adipinsäure verwendet. Das wichtigste Herstellungsverfahren beruht auf der katalyt. Oxidation von Cumol zu Cumolhydroperoxid und dessen Spaltung zu P. und Aceton in Gegenwart von Schwefelsäure. Techn. Bedeutung haben auch die Oxidation von Toluol über Benzoesäure als Zwischenprodukt und die Hydrolyse von Monochlorbenzol. – Eine **P.-Vergiftung** (Carbolvergiftung) kann nach Aufnahme von P. in den Magen oder durch die Haut, in gewerbl. Betrieben auch beim Einatmen von P.-Dämpfen entstehen. Anzeichen sind Erbrechen, Schwindel, Bewusstlosigkeit, Krämpfe, aussetzende Atmung, Pupillenverengung, Kollaps u.a. – P. wurde 1834 von F. F. Runge im Steinkohlenteer entdeckt und **Carbolsäure (Kohlenölsäure)** genannt.

Phenole, aromat. Verbindungen, bei denen ein oder mehrere Wasserstoffatome des Benzolkerns durch die Hydroxylgruppe (OH-Gruppe) ersetzt sind. Nach der Anzahl der Hydroxylgruppen unterscheidet man **einwertige P.** (z.B. Phenol, Kresol, Xylenol), **zweiwertige P.** (z.B. Resorcin, Hydrochinon) und **dreiwertige P.** (z.B. Pyrogallol, Phloroglucin). Die P. sind feste, kristalline, in Wasser mit saurer Reaktion lösl. Stoffe, die mit Alkalilaugen Salze **(Phenolate)** bilden. Sie sind in der Natur weit verbreitet, z. B. in Pflanzenfarb-, Pflanzengerb- und Pflanzenwuchsstoffen. P. haben große Bedeutung als Ausgangsstoffe für chem. Synthesen (z. B. von Kunststoffen, Synthesefasern, Farbstoffen) und als Bestandteile von Desinfektionsmitteln und Antioxidantien.

Phenolharze (Phenoplaste), gelbe bis braune Kunstharze, die durch Polykondensation von Phenolen mit Aldehyden (meist Formaldehyd) hergestellt werden. In Gegenwart von Basen und bei Formaldehydüberschuss bilden sich flüssige oder lösl., selbsthärtende Kondensationsprodukte, die **Resole.** Die Härtung verläuft über schmelzbare Zwischenstufen **(Resitol)** zu unschmelzbarem **Resit.** Wasserlösl. Resole werden als Holzklebstoffe sowie als Bindemittel für Gießereisande, Fasern und Schleifmittel verwendet. Bei der Polykondensation in Gegenwart von Säuren und bei Phenolüberschuss entstehen **Novolake,** thermoplast. Kunststoffe, die nicht selbst aushärten. Ihre Moleküle können aber mit Hexamethylentetramin als Härtungsmittel bei 140–160 °C vernetzt werden. Sie dienen u. a. als Bindemittel in härtbaren Formmassen. Mit Kolophonium modifizierte P. finden als Bindemittel für Lacke und Druckfarben Verwendung. P. waren die ersten vollsynthet. ↑Kunststoffe; sie kamen unter der Bez. Bakelit® (Bakelite®) in den Handel.

Phenolphthalein *das,* als Indikator v. a. für die Alkali- und Acidimetrie verwendeter Triphenylmethanfarbstoff. P.-Lösungen sind im sauren sowie neutralen Bereich farblos und schlagen bei pH-Werten zw. 8,4 und 10 nach Rot um.

Phenoxy..., Bez. der chem. Nomenklatur für die Gruppe $-OC_6H_5$.

Phenyl..., Bez. der chem. Nomenklatur für die Gruppe $-C_6H_5$.

Phenyl|alanin *das,* Abk. **Phe,** eine essenzielle Aminosäure, die 2-Amino-3-phenylpropionsäure.

Phenylen..., Bez. der chem. Nomenklatur für die Gruppe $-C_6H_4-$.

Phenylendiamine (Diaminobenzole), Derivate des Benzols, die zwei Aminogruppen im Molekül enthalten. Die drei isomeren P. (o-, m- und p-P.) werden durch Reduktion der entsprechenden Dinitrobenzole gewonnen; farblose kristalline Substanzen dienen v. a. zur Herstellung von Farbstoffen; Entwickler in der Fotografie.

Phenylhydrazin, gelbl. bis farblose (sich an der Luft rasch dunkel färbende), kristalline oder flüssige Substanz, die als wichtiges Reagenz für den Nachweis von Verbindungen, die Carbonylgruppen enthalten (Aldehyde, Ketone, Zucker), verwendet wird. P. bildet mit diesen durch Kondensation (unter Wasserabspaltung) gut kristallisierende **Phenylhydrazone** mit meist genau bestimmbaren Schmelzpunkten. (↑Osazonreaktion)

Phenylketon|urie [grch.] *die* (Brenztraubensäureschwachsinn), erbl. Störung des Aminosäurenstoffwechsels, die unbehandelt zu geistiger Behinderung und Pigmentarmut führt; beruht auf einem Defekt des Leberenzyms mit Störung des Umbaus von Phenylalanin zu Tyrosin. Phenylalanin wird im Blut angehäuft und z. T. in Phenylbrenztraubensäure (Ursache der schwerwiegenden Störungen) umgewandelt. P. ist durch den **Guthrietest** bei Neugeborenen (Nachweis eines erhöhten Phenylalaninblutspiegels) zu erkennen.

Pheromone [grch.] (Ektohormone), von Tieren in kleinsten Mengen produzierte hochwirksame Substanzen, die Stoffwechsel und Verhalten anderer Individuen der gleichen Art beeinflussen, u. a. (nach der Wirkung) Lock-, Versammlungs- und Warnpheromone.

Phi *das,* Φ, φ, der 21. Buchstabe des grch. Alphabets.

Phiale [grch.] *die,* Opferschale, flache Schale.

Phidias (grch. Pheidias), att. Bildhauer des 5. Jh. v. Chr.; schuf die Goldelfenbeinbildwerke der stehenden Athene Parthenos im Parthenon in Athen (438 geweiht, mehr als 12 m hoch; bekannt durch kleine Marmornachbildungen und Kopien der Reliefs ihres Schildes) und des sitzenden Zeus im Zeustempel in Olympia (Wiedergaben auf Münzen bezeugt). P. leitete im Auftrag des Perikles die Bau- und Bildhauerarbeiten auf der Akropolis und dürfte an den Parthenon-Skulpturen maßgebend beteiligt gewesen sein. Die Zuschreibung einiger durch kaiserzeitl. Kopien bekannter Bildwerke ist umstritten. P. soll, der Veruntreuung von Elfenbein oder Gold und wegen Gotteslästerung angeklagt, im Gefängnis gestorben oder nach Elis geflohen sein. – P. war neben Polyklet der Schöpfer der hochklass. att. Kunst, der künstlerisch und geistig vielseitigste unter den großen grch. Künstlern seiner Epoche.

Höcker, C. u. Schneider, L.: P. Reinbek 1993.

Phil., Abk. für **Phil**ipperbrief (N. T.).

phil..., philo... [grch.], lieb..., freund...

Philadelphia, 1) antike Stadt in Lydien, heute Alaşehir, Türkei, rd. 120 km östlich von İzmir; von Attalos II. Philadelphos (159–138 v. Chr.) gegründet. In röm. Zeit auch **Neocaesarea** genannt; war einer der hellenist. Hauptorte Kleinasiens und Sitz einer frühchristl. Gemeinde. Reste der Stadtbefestigung, eines Theaters und Stadions sind erhalten.

Philadelphia 2): der Independence National Historic Park mit der Independence Hall im Vordergrund

2) [fɪlə'delfjə], Stadt im SO von Pennsylvania, USA, 1,524 Mio. Ew. (Metropolitan Area: 5,893 Mio.); bed. Wirtschafts- und Kulturzentrum der USA; Sitz eines kath. und eines uniert-ukrain. Erzbischofs; University of Pennsylvania (1740 gegr.), drei weitere Univ., medizin., Kunst- u. a. Hochschulen, Akademie der Naturwiss., Akademie der Schönen Künste, Museen (u. a. Philadelphia Museum of Art), Orchester, Planetarium; Handels-, Finanz- und Ind.zentrum; die 1790 gegr. Effektenbörse ist die älteste des Landes; Elektromaschinen-, Schiffbau, Textil-, chem. u. a. Ind., Hüttenwerke u. a. ; Hafen am Delaware River. – Die großenteils schachbrettartig angelegte Stadt besitzt zahlr. Bauten des 18. Jh., u. a. Independence Hall mit der Friedensglocke (UNESCO-Weltkulturerbe), Congress Hall, Carpenter's Hall. Älteste Kirche ist die Gloria Dei Church (1700). Wichtige Bauten der späteren Entwicklung sind u. a. das Rathaus (1874–1901; 156 m hoher Turm) und das Old P. Custom House, 1824–37 Sitz der Bank der amerikan. Reg., dann Zollhaus, seit 1935 National Historic Site und Museum. Architektonisch bed. sind das Gebäude der P. Savings Funds Society (1931/32), das Forschungszentrum der University of Pennsylvania (1957–64) und das Guild House (1960–63). – 1682 wurde P. von W. Penn als Hptst. seiner Kolonie Pennsylvania gegründet. Hier wurde am 4. 7. 1776 die Unabhängigkeitserklärung der USA verkündet. 1790–1800 Sitz der Bundesreg., bis 1799 auch Hptst. Pennsylvanias.

Philadelphus [griech.], die Pflanzengattung ↑Pfeifenstrauch.

Philae, ehem. ägypt. Nilinsel südlich von Assuan, heute vom Nassersee überflutet. P. war in der späten Pharaonenzeit eine heilige Stätte mit bed. Tempeln aus dem 4.–2. Jh. v. Chr. (Isistempel u. a.). 1972–80 wurden mit Mitteln der UNESCO die bis über die Hälfte im Stausee versunkenen Tempel nach Trockenlegung von P. auf die Insel Agilkia verlegt (UNESCO-Weltkulturerbe).

Philanthrop [grch.] *der,* Menschenfreund.

Philanthropismus [grch.] (Philanthropinismus) *der,* pädagog. Reformbewegung, von J. B. Basedow und seinen Anhängern (J. H. Campe, C. G. Salzmann, E. C. Trapp u. a.) vertreten. Die Philanthropen wollen die Entfaltung der natürl. Kräfte des Kindes, bes. die Ausbildung seiner Vernunft, fördern und eine prakt. Weltorientierung vermitteln.

Philatelie [grch.] *die* (Briefmarkenkunde), systemat. Sammeln und Auswerten von Postwertzeichen u. a. postal. Materialien, die registrierend (nach dem Vollständigkeitsprinzip) oder thematisch zusammengetragen werden. Hauptsammelarten der **registrierenden P.** sind: Generalsammlung (Sammlung aller Länder), Ländersammlung (Sammlung eines Landes), Spezial- oder Forschungssammlung (Typen und Variationen bestimmter Marken oder Abstempelungen, Fehldrucke), Nebengebiete (z. B. Einschreibnummerzettel), Ganzsachen (Postkarten, Briefumschläge mit Marken oder eingedruckten Wertstempeln), Briefe und Dokumente der Vormarkenzeit (Vor-P.), Motivsammlung (z. B. Sport, Raumfahrt, Gemälde). Die **themat. P.** (z. B. Postgeschichte eines Landes) ist in illustrativer (Briefmarke illustriert Text) oder dokumentar. Form möglich.

📖 *Die Briefmarke. Geschichte, Geschichten u. Wissenswertes, hg. v. der Deutschen Bundespost. Bonn 1991. – Stein, D.: Briefmarken sammeln. Neuausg. Niedernhausen 1994.*

Philby ['fɪlbɪ], Kim, eigtl. Harold Adrian Russell P., britisch-sowjet. Doppelagent, *Ambala (Indien) 1. 1. 1912, †Moskau 11. 5. 1988; Sohn des brit. Kolonialbeamten und Arabienforschers Harry St. John Bridger P. (*1885, †1960). 1934 als sowjet. Spion angeworben, war P. seit 1940 im brit. Secret Intelligence Service (SIS) tätig, wo er rasch aufstieg (u. a. seit 1944 Chef der antisowjet. Spionageabwehrabteilung von MI 6 und damit Stellv. des brit. Geheimdienstes, 1949–51 in Washington [D. C.] Verbindungsoffizier zw. SIS und CIA sowie FBI) und den westl. Geheimdiensten riesigen Schaden zufügte. 1951 erstmals als Sowjetspion in Verdacht geraten, von der brit. Reg. 1955 jedoch mangels Beweisen von allen Anschuldigungen freigesprochen; floh 1963 von Beirut aus in die UdSSR.

Philemon, grch. Dichter, vielleicht aus Syrakus, *zw. 365/360 v. Chr.; †um 264 v. Chr., neben Menander bekanntester Vertreter der neuen grch. Komödie; von 97 in der Antike bekannten Stücken sind drei in der lat. Nachdichtung von Plautus erhalten.

Philemonbrief, Abk. **Phlm.,** im N.T. der an den Christen **Philemon** gerichtete Paulusbrief; Stellungnahme des Apostels zur Sklaverei; verfasst 54/55 (?).

Philemon und Baucis, nach einer in Ovids »Metamorphosen« aufgenommenen phryg. Volkssage ein bejahrtes, treues Ehepaar; es nahm trotz Armut Zeus und Hermes gastfreundlich auf, als diese in Menschengestalt das Land durchwanderten, und erbat sich als Lohn den gleichzeitigen Tod: Philemon wurde in eine Eiche, Baucis (auch Baukis) in eine Linde verwandelt.

philharmonisch [grch.], die Harmonie, das Harmonische liebend; Bez. für künstler., v.a. musikal. Körperschaften oder Gesellschaften (schon im 17., bes. seit Anfang des 19. Jh.); der Name ging auf einige bed. Orchester über: z.B. die Berliner, Münchner, Wiener Philharmoniker, das New York Philharmonic Orchestra.

Philhellenen [grch. »Griechenfreunde«], im 19. Jh. Bez. für Personen, die den Unabhängigkeitskrieg (1821–30) der Griechen gegen die Türken unterstützten: u.a. der Maler E. Delacroix, die Dichter Wilhelm Müller, A. von Chamisso, V. Hugo; vorbildhaft war das aktive und literar. Engagement des engl. Dichters Lord Byron.

Philip, Prinz von Großbritannien und Nordirland (seit 1957), Herzog von Edinburgh (seit 1947), *Korfu 10. 6. 1921; Sohn des Prinzen Andreas von Griechenland und der Prinzessin Alice von ↑Battenberg, wurde 1947 brit. Staatsbürger unter dem Namen Mountbatten; seit 1947 ⚭ mit der brit. Königin Elisabeth II.

Philipe [fi'lip], Gérard, frz. Schauspieler, *Cannes 4. 12. 1922, †Paris 25. 11. 1959; spielte in J. Vilars »Théâtre National Populaire«. Internat. Bekanntheit erlangte er durch den Film (»Der Idiot«, 1946; »Die Kartause von Parma«, 1947; »Fanfan der Husar«, 1951; »Rot und Schwarz«, 1954; »Gefährl. Liebschaften«, 1959).

Philip Morris Companies Inc. ['fılıp 'mɔrıs 'kʌmpənız ın'kɔːpəreıtıd], weltweit größter Konzern der Nahrungs- und Genussmittelind., Sitz: New York, gegr. 1919, seit 1955 jetziger Name; produziert Tabakwaren, Bier sowie versch. Nahrungs- und Genussmittel; erwarb andere Nahrungsmittelkonzerne wie General Foods (1986), Kraft Inc. (1988) und Jacobs Suchard AG (1990).

Philipon [fili'pɔ̃], Charles, frz. Zeichner und Publizist, *Lyon 19. 4. 1806, †Paris 21. 1. 1862; gründete die satir. Zeitschriften »La Caricature« (1830) und »Le Charivari« (1832).

Philipp, Herrscher:

Hl. Röm. Reich: **1) P. von Schwaben,** Röm. König (1198–1208), *vor 1178, †Bamberg 21. 6. 1208; Sohn Kaiser Friedrichs I. Barbarossa, erhielt 1196 das Herzogtum Schwaben. 1206 besiegte er den welf. Gegenkönig Otto IV. (von Braunschweig), für den auch Papst Innozenz III. Partei ergriffen hatte. P. wurde vom bayer. Pfalzgrafen Otto von Wittelsbach ermordet; Grab im Dom zu Speyer.

Burgund: **2) P. II., der Kühne,** Herzog (1363–1404), *Pontoise 17. 1. 1342, †Halle (Prov. Flämisch-Brabant) 27. 4. 1404, Großvater von 3); Sohn des frz. Königs Johann des Guten, erhielt 1363 das Herzogtum Burgund und erwarb durch Heirat 1384 Flandern, Artois, Nevers, Rethel und die Franche-Comté, kaufte 1390 die Grafschaft Charolais und bereitete den Anfall der Herzogtümer Brabant und Limburg vor. Er legte den Grund zu einem mächtigen Staat zw. Frankreich und dem Hl. Röm. Reich.

3) P. III., der Gute, Herzog (1419–67), *Dijon 31. 7. 1396, †Brügge 15. 6. 1467, Enkel von 2); kämpfte im Hundertjährigen Krieg auf engl. Seite gegen den frz. König Karl VII. (bis zum Frieden von Arras 1435). Durch die Erwerbung von Holland, Hennegau, Namur, Brabant, Limburg und Luxemburg stieg Burgund zu höchster Macht auf und wurde ein Zentrum der abendländ. Kultur. 1430 stiftete P. den Orden vom ↑Goldenen Vlies.

Frankreich: **4) P. II. August(us),** König (1180–1223), *Paris 21. 8. 1165, †Mantes (Dép. Yvelines) 14. 7. 1223; nahm am 3. Kreuzzug teil, eroberte 1203–08 fast den ganzen engl. Festlandbesitz (Normandie, Bretagne) zurück. Den Beinamen »August(us)« erhielt er nach seinem Sieg bei Bouvines (1214) über das welfisch-engl. Bündnis des dt. Kaisers Otto IV. Er modernisierte die Verw., reformierte Rechtspflege und Staatsfinanzen und gründete die Univ. Paris. Mit ihm trat die Erbmonarchie in Frankreich an die Stelle der Königswahl.

5) P. IV., der Schöne, König (1285–1314), *Fontainebleau 1268, †ebd. 29. 11. 1314, Onkel von 6); vergrößerte die Krondomäne unter anderem um Lille und Douai, geriet durch Versuche, den Klerus zu besteuern, in Widerspruch zu Papst Bonifatius VIII. Nach dessen

Tod 1303 ließ er den von ihm abhängigen Klemens V. zum Papst wählen, der 1309 seine Residenz in Avignon nahm und unter königl. Druck der Vernichtung des Templerordens zustimmte.

6) P. VI. von Valois, König (1328–50), * 1293, † Nogent-le-Roi (Dép. Eure-et-Loir) 22. 8. 1350, Neffe von 5); besiegte die flandr. Städte bei Cassel (Dép. Nord) am 18. 8. 1323. Seine Ansprüche auf die frz. Krone standen gegen die des engl. Königs Eduard III., der Streit mündete in den ↑Hundertjährigen Krieg.

Hessen: **7) P. I., der Großmütige,** Landgraf (1509–67), * Marburg 13. 11. 1504, † Kassel 31. 3. 1567; kämpfte 1522–23 gegen Franz von Sickingen und 1525 gegen die aufständ. Bauern in Hessen und Thüringen. 1526 führte er die Reformation ein und gründete 1527 in Marburg die erste prot. Universität. 1529 suchte er, durch die ↑Marburger Religionsgespräche eine Einigung zw. den Protestanten herbeizuführen. Er gewann 1534 Württemberg für Herzog Ulrich zurück. Nach der Niederlage von Mühlberg im Schmalkald. Krieg wurde P. 1547–52 (↑Passauer Vertrag) von Kaiser Karl V. gefangen gehalten.

Kastilien: **8) P. I., der Schöne,** Regent und König (1506), * Brügge 22. 7. 1478, † Burgos 25. 9. 1506, Großvater von 11); Sohn Maximilians I., verwaltete seit 1494 die burgund. Länder und heiratete 1496 die kastil. Thronerbin Johanna (die Wahnsinnige). Beider Söhne sind die Kaiser Karl V. und Ferdinand I.

Makedonien: **9) P. II.,** König (359–336 v. Chr.), * um 382 v. Chr., † (ermordet) Aigai 336 v. Chr.; Vater Alexanders d. Gr., schuf den makedon. Einheitsstaat und begründete ein »Balkanreich«, dem er auch Griechenland angliederte.

10) P. V., König (221–179 v. Chr.), * 238 v. Chr., † Amphipolis 179 v. Chr.; verbündete sich mit Hannibal und kämpfte gegen die Römer und Ätolier (1. Makedon. Krieg, 215–205 v. Chr.). Im 2. Makedon. Krieg (200–197 v. Chr.) wurde P. bei Kynoskephalai von den Römern geschlagen.

Spanien: **11) P. II.,** König (1556–98), * Valladolid 21. 5. 1527, † El Escorial bei Madrid 13. 9. 1598; Sohn Kaiser Karls V., Enkel von 8), ⚭ 1543 mit der Infantin Maria von Portugal († 1545, Sohn: Don Carlos), 1554 mit Maria I. Tudor († 1558), 1559 mit Elisabeth von Valois († 1568), 1570 mit Anna von Österreich († 1580). P. erbte von seinem Vater Spanien mit den Kolonien in Amerika, die Niederlande, die Freigrafschaft Burgund, Mailand, Neapel, Sizilien und Sardinien. Er kämpfte erfolgreich gegen Frankreich (1559 Frieden von Cateau-Cambrésis) und die Osmanen (1571 Sieg bei Lepanto), 1580 sicherte er sich – nach dem Erlöschen der Dynastie Avis – den Besitz Portugals. Der Versuch, das Eindringen der Reformation in die Niederlande zu verhindern, führte zum Aufstand (1581 Loslösung der nördl. Provinzen). Die Abwehr der engl. Einmischung dort scheiterte mit dem Untergang der ↑Armada 1588. In die frz. Religionskriege griff er auf kath. Seite ein, musste aber Heinrich IV. als frz. König anerkennen. Der Krieg mit Frankreich 1594–98 endete ohne greifbare Ergebnisse (Friede von Vervins). Im Inneren re-

Philippinen: Landschaft in der Nähe von Cebu, Visayan Islands

gierte P. mit absolutist. Macht. Sein Tod leitete den Niedergang des span. Weltreichs ein.
📖 *Ferdinandy, M. de: P. II. Größe u. Niedergang der span. Weltmacht. Wiesbaden 1977. – Kamen, H.: Philip of Spain. New Haven, Conn. 1997.*

Philipperbrief, Abk. **Phil.,** im N.T. Brief des Apostels Paulus an die Gemeinde in Philippi; wahrscheinlich während seiner Gefangenschaft in Ephesos (54/55) verfasst.

Philippeville [filip'vil], algerische Stadt, ↑Skikda.

Philippi, antike Stadt in Thrakien, gehörte nach der Eroberung durch Philipp II. zu Makedonien. Bei P. siegten 42 v.Chr. Antonius und Octavianus über Cassius und Brutus. In P. gründete der Apostel Paulus die erste (bekannte) christl. Gemeinde Europas. – Gut erhaltene Stadtmauer, Akropolis, röm. Forum und röm. Theater, zwei Basiliken (5. und 6. Jh. n. Chr.).

Philippika *die,* ursprünglich Bezeichnung für die Reden des Demosthenes gegen Philipp II. von Makedonien; danach: Straf-, Hassrede.

Philippinen (amtlich Filipino: Republika ñg Pilipinas, engl. Republic of the Philippines), Staat und Inselgruppe in Südostasien, im Malaiischen Archipel.

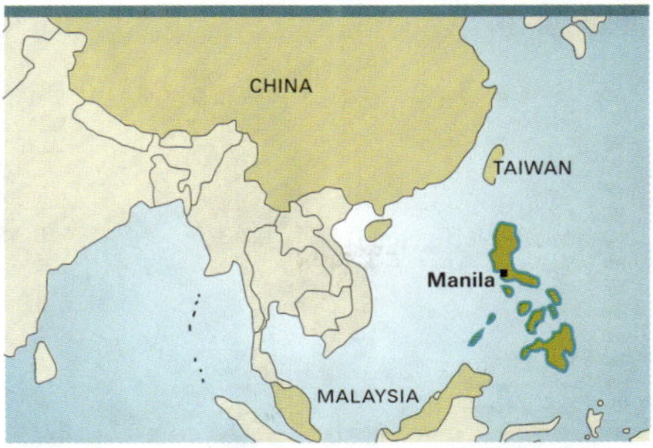

Philippinen

Fläche	300 000 km²
Einwohner	(1998) 72,164 Mio.
Hauptstadt	Manila
Verwaltungsgliederung	16 Regionen
Amtssprachen	Filipino (Tagalog) und Englisch
Nationalfeiertag	12. 6.
Währung	1 Philippinischer Peso (₱) = 100 Centavos (¢)
Zeitzone	MEZ + 7 Std.

Staat und Recht: Nach der Verf. von 1987 sind die P. eine präsidiale Rep.; Staatsoberhaupt und oberster Inhaber der Exekutive (Reg.chef) ist der direkt gewählte Präs. (einmalige Amtszeit von sechs Jahren). Er ernennt die Mitgl. des Kabinetts. Die Legislative liegt beim Zweikammerparlament, bestehend aus Senat (24 Mitgl.) und Repräsentantenhaus (204 auf fünf Jahre gewählte und bis zu 50 vom Präs. ernannte Abgeordnete). Zum breit gefächerten Parteienspektrum gehören u.a. Laban ng Demokratigong Pilipino (LDP), Nationalist People's Coalition (NPC) und Lakas ng EDSA – National Union for Christian Democrats (Lakas-NUCD).

Landesnatur: Die P. bestehen aus über 7100 Inseln; drei geograph. Großräume: die größte und wirtschaftlich dominierende Insel Luzon zus. mit Mindoro und Masbate im N, Mindanao mit den Suluinseln im S und die Inselwelt der Visayas (mit den sechs Hauptinseln Panay, Negros, Cebu, Bohol, Samar und Leyte) in ihrer Mitte. Nur die weit nach W in das Südchines. Meer vorgelagerte Inselgruppe von Palawan ist hier nicht zuzuordnen. Die Inseln sind aufgetauchte Teile ehemals zusammenhängender, durch spätere Einbrüche stark aufgelöster submariner Gebirgsketten mit z.T. noch tätigen Vulkanen. Erdbeben sind häufig. Das trop. Klima ist durchweg maritim und steht unter Monsuneinfluss. Taifune sind häufig.

Bevölkerung: Die Bevölkerung ist durch ethn. und sprachl. Vielfalt gekennzeichnet. Die ältesten Bewohner, die Aeta, gehören nicht zu den vorherrschenden Indonesiern. Polynesier, Chinesen (etwa 10%), Inder und Weiße (Spanier) kamen erst später ins Land. Zusammenfassend werden die Bewohner der P. als Filipinos bezeichnet. Die bedeutendsten Stämme der Jungindonesier sind Bisaya, Tagalen, Iloco, Pampanganen, Bikol u.a., die der Altindonesier Ifugao, Igoroten, Kalinga u.a. Das Bevölkerungswachstum ist mit 2,2% sehr hoch. – Die allg. Schulpflicht beträgt vier Jahre, der Unterricht in dieser Zeit erfolgt unentgeltlich; die Analphabetenquote beläuft sich auf 6%. Es gibt 20 staatl. und 49 private Univ. sowie weitere Hochschulen; die meisten besitzt Manila. – Etwa 80% der Bev. gehören der kath. Kirche an, über 6% der »Philippin. Unabhängigen Kirche«, rd. 9% Protestanten, rd. 4,6% Muslime (Moros im S, die Autonomieforderungen erheben), ferner Buddhisten und Anhänger von Naturreligionen.

Wirtschaft, Verkehr: Die P. sind überwiegend ein Agrarland. Etwa 30% der Gesamtfläche der Inseln werden landwirtsch. genutzt. Hauptnahrungsmittel ist Reis, daneben wer-

den Mais, Bataten, Maniok, Gemüse u. a. angebaut. Exportkulturen sind Zuckerrohr und Kokospalmen (größter Kopraerzeuger der Erde), außerdem Kaffee, Ananas, Tabak, Kautschuk und Manilahanf. Agrarreformen (1972, 1988) scheiterten v. a. am Widerstand der einflussreichen Großgrundbesitzer. Der Raubbau an trop. Hölzern erbrachte jahrelang hohe Exporteinnahmen (z. T. illegale Ausfuhr), verursachte aber auch erhebliche ökolog. Schäden. Durch Rodung, Raubbau und versäumte Wiederaufforstung verringerte sich der Waldbestand auf 18 % der Gesamtfläche des Staates. Um weitere Schäden zu begrenzen, wurde 1986 und 1989 der Export von Rundholz bzw. Nutzholz eingeschränkt. Umfangreich ist die Küstenfischerei. Die reichen Vorkommen an Kupfer-, Nickel-, Eisen-, Chromerz, Kohle, Gold, Silber, Quecksilber, Asbest, Gips, Marmor und Salz werden erst wenig genutzt. Positive Wachstumsimpulse erhielt in den letzten Jahren die verarbeitende Ind. durch eine reformierte Ind.politik und das Engagement ausländ. Investoren. Auf der Halbinsel Bataan (Manilabucht) wurde eine Freihandelszone geschaffen. Neben der Nahrungs- und Genussmittelind. hat sich v. a. die Textil- und Bekleidungsind. zu einem bed. Exportzweig entwickelt; außerdem Anlagen zur Erzkonzentratgewinnung; Metall-, chem. und Zementind., elektrotechn./elektron. Ind. sowie Holzverarbeitung. – Die Eisenbahn (499 km Streckennetz) spielt nur eine geringe Rolle; Bahnlinien gibt es auf Luzon und Panay. Das Straßennetz (160 900 km) ist nur auf Luzon gut ausgebaut. Der »Pan-Philippine-Highway« (rd. 2 000 km) verläuft von Aparri in N-Luzon bis nach Davao in S-Mindanao. Von besonderer Bedeutung sind Küstenschifffahrt und Flugverkehr. Wichtigste Häfen sind Manila, Cebu, Iloilo und Zamboanga. Internat. Flughäfen: Manila sowie fünf weitere.

Geschichte: Das Gebiet der heutigen Philippinen ist seit etwa 10 000 v. Chr. permanent besiedelt. Um diese Zeit war der Meeresspiegel um rund 100 m auf die heutige Höhe angestiegen, sodass die einzelnen Inseln isoliert wurden. In mehreren Migrationswellen wanderten versch. Völker vom asiat. Festland ein, seit etwa 4000 die Alt-, seit etwa 200 v. Chr. die Jungindonesier. Stärkere Nachwirkungen hatten die Kontakte mit dem chines. Kulturkreis; v. a. aber die Kontakte mit dem islam. Reich von Malakka führten im 15. Jh. zur Gründung von islam. Sultanaten auf den Suluinseln und auf Mindanao.

1521 entdeckte F. de Magalhães die Inseln; 1543 wurden sie nach dem späteren span. König Philipp II. ben. Die span. Kolonisation setzte mit den Eroberungszügen M. L. de Legazpis 1565/72 ein. 1648 wurden die P. im Westfäl. Frieden Spanien zugesprochen. Durch ihre oft rigorose Missionstätigkeit bekehrten span. Orden die einheim. Bev. zum Christentum. Zahlr. antispan. Bauernaufstände gingen der Unabhängigkeitsrevolution 1896–98 voraus. Im Spanisch-Amerikan. Krieg (1898) unterstützten die Filipinos die USA, die ihnen die staatl. Unabhängigkeit versprachen (am 12. 6. 1898 durch E. Aguinaldo proklamiert), sich jedoch im Frieden von Paris (10. 12. 1898) die P. von Spanien abtreten ließen. Das hatte einen mehrjährigen Guerillakrieg zur Folge. 1907 wurde ein einheim. Parlament gewählt. 1934 erhielten die P. den Status eines Commonwealth mit der Maßgabe, dass 1944 die endgültige Überführung in die staatl. Unabhängigkeit erfolgen sollte (Tydings McDuffie Act). Nach der Besetzung der P. durch die Japaner (1941/42) bildete sich eine Widerstandsbewegung (u. a. getragen von der kommunist. »Hukbalahap«). 1944/45 eroberten amerikan. Truppen die P. zurück. Am 4. 7. 1946 entließen die USA die P. in die Unabhängigkeit (Präs. M. Roxas y Acuña 1946–48), sicherten sich jedoch das Recht zur Errichtung von Militärstützpunkten (Abkommen vom 14. 3. 1947) und die fast vollständige wirtsch. Kontrolle. Missregierung, Korruption und Partisanentätigkeit der »Hukbalahap« brachten den Staat nahezu an den Rand des Ruins. Erst Präs. D. Macapagal (1961–65) versuchte, die Korruption wirksam zu bekämpfen. Unter Präs. F. E. Marcos (1965–86) wurde die »Philippinisierung« vorangetrieben; die Reg. suchte die vertraglich zugestandenen amerikan. Sonderrechte zu beschneiden. Nach inneren Unruhen verhängte Marcos 1972 das Kriegsrecht; 1973 begann ein separatist. Aufstand der Muslime (Moro).

Nach Aufhebung des Kriegsrechts (1980) und Verfassungsänderungen wurde Marcos bei den Präsidentschaftswahlen 1981 wieder gewählt. Die Ermordung des Oppositionsführers B. Aquino kurz nach seiner Rückkehr aus dem Exil (Aug. 1983) löste eine schwere innenpolit. Krise aus. Anhaltende Proteste veranlassten Marcos, für den 7. 2. 1986 vorgezogene Wahlen anzuberaumen; für diese Präsidentschaftswahlen stellte die Opposition als einzige Kandidatin Corazon Aquino, die Witwe B. Aquinos, auf. Nach der (offenkundig manipulierten) Wiederwahl von Marcos musste dieser unter starkem innenpolit. Druck (Kampagne zivilen Ungehorsams, Verweigerung jegl. Unterstützung durch die USA) zugunsten von C. Aquino auf das Präsidentenamt verzichten und verließ mit seiner Familie das Land. 1986 geführte Friedensgespräche mit der maoist. Guerillabewegung NPA erbrachten keinen dauerhaften Erfolg. Die eingeleitete Demokratisierung war von einer erhebl. Verschlechterung der wirtsch. Situation begleitet. Die bis in Reg.kreise reichende Opposition gegen C. Aquino organisierte sich 1988 in der mehrere Parteien umfassenden Union for National Action (UNA). 1990 kündigten die P. das Stützpunktabkommen mit den USA zum Sept. 1991 auf; die Inkraftsetzung eines neuen scheiterte am Widerstand des Senats (1992 Räumung der amerikan. Flottenbasis Subic Bay). Die Präsidentschaftswahlen im Mai 1992 gewann F. Ramos (Amtsantritt am 30. 6. 1992). Er suchte die Versöhnung mit den islam. Aufständischen auf Mindanao voranzutreiben. Nach der Vereinbarung eines provisor. Waffenstillstandsabkommens mit der Moro National Liberation Front (MNLF) und einer umfassenden Amnestie (1993) seitens der Regierung unterzeichneten am 2. 9. 1996 Präs. Ramos und der muslim. Rebellenführer Nur Misuari ein Friedensabkommen, das einen Guerillakrieg beenden sollte, der in den vergangenen 20 Jahren mehr als 100 000 Tote gefordert hatte. 1997 wurde auch ein Waffenstillstand mit der »Moro Islamic Liberation Front« (MILF) ausgehandelt, die aber (nachdem sie die den Moro eingeräumte Selbstverw. auf Mindanao als unzureichend abgelehnt hatte) im Jan. 1999 die Friedensvereinbarung aufkündigte und den Sezessionskrieg wieder aufnahm. Daneben trat die kleine radikale Rebellengruppe Abu Sayyaf mit terrorist. Aktionen (u. a. Geiselnahmen von Ausländern) auf Jolo in Erscheinung. Außenpolitisch strebten die P. nach der Schließung der letzten amerikan. Stützpunkte eine stärkere Orientierung nach O-Asien an. 1998 wurde J. E. Estrada zum Staatspräs. gewählt. Innenpolitisch umstritten (2000 Einleitung eines Amtsenthebungsverfahrens unter dem Vorwurf der Korruption), wurde er durch von führenden Militärs und Politikern unterstützte Massenproteste im Jan. 2001 gestürzt; seine Amtsnachfolge trat die bisherige Vizepräs. Gloria Macapagal-Arroyo an. Im Febr. 2001 erklärte die Reg. einen einseitigen Waffenstillstand gegenüber moslem. Rebellen.

📖 *Bronger, D.: Die P. Raumstrukturen, Entwicklungsprobleme, regionale Entwicklungsplanung. Hamburg 1987. – Hanisch, R.: P. München 1989. – Neu, R. u. Neu, M.-P.: Innenansichten P. Münster 1995. – Guillermo, A. R. u. May Kyi Win: Historical dictionary of the Philippines. Lanham, Md., 1997. – Reiterer, G. M.: Die P. Kontinuität u. Wandel. Wien 1997.*

Philippinengraben, Tiefseegraben im Pazif. Ozean, östlich der Philippinen; bis 10 540 m tief (Galatheatiefe).

philippinische Sprachen, die rd. 90 auf den Philippinen gesprochenen Sprachen, die zur westmalaiopolynes. Gruppe der austrones. Sprachen gehören. Zur zentralen Gruppe zählen u. a. Tagalog (mit Filipino, 1959–87 Pilipino gen., seiner standardisierten Form, der Amtssprache der Philippinen), Bikol, Cebuano, Bisaya und Pampangan, zur nördl. Gruppe u. a. Pangasinan, Ilokano (Iloko) und Igorot.

Philippisten, ↑Kryptokalvinisten.

Philippsburg, Stadt im Landkreis Karlsruhe, Bad.-Württ., an einem Altrheinarm, 12 400 Ew.; Maschinen- und Gerätebau; Kernkraftwerk (zwei Blöcke: 900 und 1350 MW). – 784 Ersterwähnung, 1338 Stadt; bis 1623 Udenheim genannt. Die 1610–23 vom Bischof von Speyer gebaute Festung wurde 1800 geschleift.

Philips Electronics N. V. [- ılɛkˈtrɔnıks -, engl.], niederländ. Konzern der elektr. und elektron. Ind., Sitz: Eindhoven, gegr. 1891; 1912–91 firmierte das Unternehmen als Philips Gloeilampenfabrieken N. V. Das Produktionsprogramm umfasst u. a. Lichtanlagen, Unterhaltungselektronik, Mikroelektronik, Multimedia, Elektrogeräte, Fernmeldesysteme. Dt.Tochtergesellschaft ist die Philips GmbH, Hamburg.

Philister [hebr.], **1)** *allg.:* Spießbürger, engherziger Mensch.

2) Volk westl. Herkunft an der SW-Küste des nach ihnen benannten Palästina (kurz nach 1200 v. Chr.). Die P. waren in einem Fünfstädtebund (Gaza, Asdod, Ashkelon, Gath, Ekron) zusammengeschlossen und kämpften zunächst erfolgreich gegen die israelit. Stämme. Die assyr. Besetzung beendete ihre Selbstständigkeit (Ende des 8. Jh. v. Chr.).

Phillips [ˈfılıps], **1)** Jane Anne, amerikan. Schriftstellerin, * Buckhannon (W. Va.) 19. 7. 1952; schreibt einfühlsame Prosa in knapp verdichteter Sprache über Situationen des Leidens, der Einsamkeit und Entfremdung. – *Werke:* Romane: Maschinenträume (1984; dt.); Sommercamp (1994; dt.).Kurzgeschichten: Das himml. Tier (1979; dt.); Überholspur (1984; dt.).

2) William Daniel, amerikan. Physiker, * Wilkes-Barre (Pa.) 5. 11. 1948; am National Institute of Standards and Technology in Gaithersburg (Md.) tätig; erhielt zus. mit dem frz. Physiker Claude Cohen-Tannoudji (* 1933) und seinem amerikan. Kollegen Steven Chu (* 1948) für die Entwicklung von Methoden, Atome mit Laserlicht zu kühlen und einzufangen, 1997 den Nobelpreis für Physik.

Phillipsit [nach dem brit. Mineralogen William Phillips, * 1775, † 1828] *der* (Kalkharmotom), monoklines Mineral der chem. Zusammensetzung $KCa[Al_3Si_5O_{16}] \cdot 6\,H_2O$, in Hohlräumen vulkan. Gesteine zu finden.

Phillips-Kurve, graf. Darstellung des Zusammenhangs zw. Arbeitslosenquote und Zuwachsrate der Nominallöhne, ben. nach dem brit. Ökonometriker Alban William Phillips (* 1914, † 1975). P. A. Samuelson und R. M. Solow unterstellten in Anlehnung an Phillips eine feste Beziehung zw. Nominallohn- und Preisniveauveränderung. Dadurch wurde aus der ursprüngl. P.-K. die **modifizierte P.-K.,** die den Zusammenhang von Inflationsrate und Arbeitslosenquote darstellt. Aus der P.-K. wurde damit für die Wirtschaftspolitik die Wahlmöglichkeit zw. Arbeitslosigkeit und Inflation abgeleitet. Nach Auffassung der Monetaristen wird mit der P.-K. nur eine kurzfristige Beziehung beschrieben. Langfristig ergebe sich eine senkrecht über der »natürl. Arbeitslosenquote« verlaufende P.-K.; die strukturell bedingte »natürl. Arbeitslosigkeit« ließe sich durch expansive Geld- und Fiskalpolitik auf Kosten höherer Inflationsraten nicht bekämpfen.

Philodendron [grch.] *der,* aus dem trop. Amerika stammende artenreiche Gattung der Aronstabgewächse, mit ungeteilten oder zerschlitzten Blättern, häufig kletternd, mit Luftwurzeln. Zahlr. Arten sind beliebte Zimmerpflanzen, z. B. die Art P. panduriforme.

Philoktet, *grch. Mythos:* Gefährte des Herakles, dem dieser im Tod seinen Bogen und seine Pfeile schenkte; wurde auf dem Zug gegen Troja wegen einer übel riechenden Wunde auf Lemnos ausgesetzt, später von Odysseus und Diomedes aufgrund eines Orakelspruchs mit einer List nach Troja geholt. P. tötete mit den Waffen des Herakles Paris. – Trauerspiel von Sophokles.

Philologie [grch. »Liebe zum Wort«] *die,* Wiss. von der Erforschung von Texten, i. w. S. der kulturellen Entwicklung und Eigenart eines Volkes auf der Grundlage seiner Sprache und Literatur. Sie umfasst das gesamte Spektrum der alten **(Alt-P., klass. P.)** und neueren Sprachen und Literaturen **(Neu-P.)** und bildet auch eine Grundlage anderer Disziplinen (Geschichte, Theologie, Archäologie). Eine ihrer Aufgaben ist die Erstellung authent., den Intentionen der Autoren gerecht werdender Texte. Die Textkritik berücksichtigt die gesamte handschriftl. oder gedruckte Überlieferung eines Textes. Zunächst wird der Bestand des Überlieferten festgestellt, dann diese Überlieferung kritisch auf ihre Originalität hin geprüft; dabei müssen Textschäden festgestellt und nach Möglichkeit durch Vermutung behoben oder gebessert werden. Der so gewonnene Text wird außer auf seine Echtheit auch auf seine Einheitlichkeit hin befragt. Die textkrit. Arbeit schlägt sich nieder in der ↑kritischen Ausgabe. Eine sorgfältige Textkritik bildet die Voraussetzung der Textinterpretation, die auf Stil, Gehalt und literaturgeschichtl. Einordnung des Textes abhebt.

Pfeiffer, R.: Geschichte der klass. P. von den Anfängen bis zum Ende des Hellenismus. A. d. Engl. München ²1978. – Pfeiffer, R.: Die klass. P. von Petrarca bis Mommsen. A. d. Engl. München 1982. – Gadamer, H.-G.: Wahrheit u. Methode. Studienausg. Tübingen 1986.

Philon von Alexandria, jüdisch-hellenist. Religionsphilosoph, *Alexandria um 20 v. Chr., †ebd. um 50; suchte die platonisch-aristotel. Philosophie mit dem mosaischen Gesetz durch allegor. Schriftauslegung zu verbinden; wegweisend bes. für den christl. Neuplatonismus und die Mystik.

Philopoimen, grch. Feldherr, *Megalopolis (Arkadien) um 253 v. Chr., †Messene 183 v. Chr.; der »letzte der Hellenen«, zwang Sparta, in den Achaiischen Bund einzutreten (192); von den Messeniern gefangen genommen und umgebracht.

Philosemitismus [grch.] *der,* die dem ↑Antisemitismus entgegengesetzte Haltung, die gegenüber Juden und ihrer Religion Verständnis und Wertschätzung aufbringt.

Philosophem [grch.] *das,* philosoph. Lehrsatz.

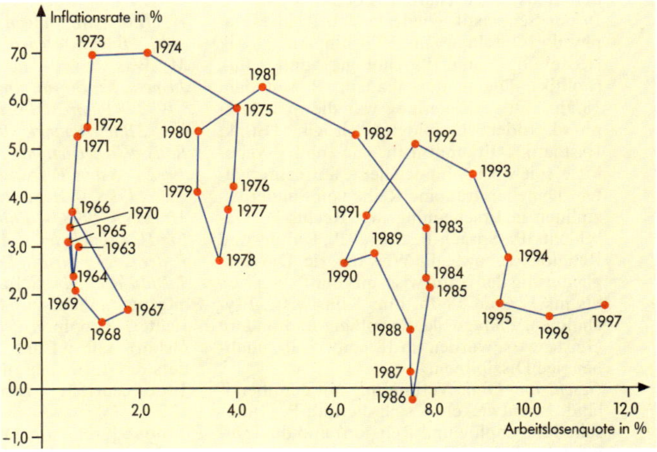

Phillips-Kurve in modifizierter Fassung für die Bundesrepublik Deutschland (seit 1991 einschließlich neue Bundesländer) in den Jahren 1963–97 mit den für diese Darstellung typischen Schleifen (Phillips-Loops)

Philosophia perennis [lat.], die seit dem Altertum (Platon, Aristoteles) durch alle Wandlungen der Geschichte in ihrem Kern »immer währende Philosophie« des Abendlandes mit drei Hauptbedeutungen: 1) die seit den Griechen überlieferte und im Zusammenhang entfaltete »wahre Philosophie« (G. W. Leibniz); 2) die Einheit und Kontinuität des faktisch lebendigen Philosophierens über die Zeiten hinweg (K. Jaspers) oder das rein sachhingegebene Problemdenken (N. Hartmann); 3) die scholast. Philosophie der auf einen festen theolog. Grundbestand ewig geltender philosoph. Wahrheiten sich aufbauenden Tradition des christl. Abendlandes.

Philosophie [grch. »Liebe zur Weisheit«] *die,* nach der Auffassung von Sokrates und Platon das Streben nach Weisheit. Inhalt bildet die systemat. Beschäftigung mit den Grundfragen: Was ist der Grund und Ursprung der Dinge? (Vorsokratiker) – Was bin ich? (Sokrates) – Was kann ich wissen, was soll ich tun, was darf ich hoffen? (I. Kant). Die P. richtet sich auf das Ganze der Wirklichkeit und seine Grundbestimmungen, während sich die Einzelwiss., die urspr. zur P. gehörten, mit der Erforschung der Gesetzmäßigkeiten bestimmter, umgrenzter Gegenstandsbereiche befassen.

Systematik: Platons Unterscheidung von Logik, Ethik und Ästhetik wirkte lange nach. Die Systematik des Aristoteles umfasste theoret. P. (Metaphysik, Mathematik, Physik), prakt. P. (Ethik, Ökonomik, Politik) und Schaffenswissenschaften (Poetik, Rhetorik). In der Scholastik gliederte sich P. in Metaphysik (Ontologie und Theologie), Physik (Kosmologie und Psychologie) und Ethik (Politik). Die in der akadem. P. seit dem 18. Jh. gültige Einteilung war die in ↑Metaphysik (oder ↑Ontologie), ↑Logik, ↑Ethik, ↑Ästhetik, ↑Erkenntnistheorie (und Psychologie); sie wird z. T. noch heute aufrechterhalten. Daneben trat eine Reihe von Sonderdisziplinen in Erscheinung, wie Rechts-P., Geschichts-P., Sprach-P., Sozial-P., Kultur- und Religions-P. sowie die Wiss.theorie. Die Ausgliederung der Naturwiss. aus der P. zog sich bis ins 17. und 18. Jh. hin; Kunstwiss., Psychologie, Pädagogik, Soziologie und andere Geisteswiss. wurden im 18. und 19. Jh. unabhängige Disziplinen.

Geschichte: Ohne Verbindung mit der abendländ. P. entwickelten sich die ind. P. (↑indische Philosophie und Religion) und die ↑chinesische Philosophie, mit später mannigfachen Wechselwirkungen zu ihnen die ↑japanische Philosophie. Die abendländ. P. hat ihren Ursprung in der ↑griechischen Philosophie (seit 600 v. Chr.). Seit den ersten christl. Jahrhunderten erfolgte eine Verschmelzung antiken Denkens mit Inhalten christl. Glaubens; einen Höhepunkt bildete die ↑Scholastik. Die arabische P. (↑arabische Wissenschaft; ↑islamische Philosophie) und die ↑jüdische Philosophie hatten seit dem 12. und 13. Jh. zeitweise bed. Einfluss. Seit der Renaissance entfaltete sich die abendländ. P. in sachlich abgrenzbaren Richtungen wie ↑Rationalismus und ↑Empirismus, ↑Idealismus und ↑Materialismus und in räumlich-national beschreibbaren Beiträgen (↑deutsche Philosophie, ↑englische Philosophie, ↑französische Philosophie, ↑russische Philosophie, amerikanische P. [↑Vereinigte Staaten von Amerika, Philosophie; ↑lateinamerikanische Philosophie] u. a.). Die P. des 20. Jh. gliedert sich in vielfältige Strömungen, v. a. ↑Phänomenologie, ↑Existenzphilosophie und ↑Hermeneutik; ↑Positivismus und ↑Neopositivismus, ↑Pragmatismus und ↑kritischer Rationalismus, außerdem die ↑kritische Theorie der Frankfurter Schule, ↑Strukturalismus und ↑Sprachphilosophie. Einen breiten Raum nehmen ↑Wissenschaftstheorie und Ethik (prakt. P.) ein. Die feminist. P. beschäftigt sich mit der Leistung von Frauen im Rahmen der Wissenschafts- und Philosophiegeschichte und setzt sich kritisch mit den weitgehend von Männern geprägten Denktraditionen und -mustern auseinander.

Hirschberger, J.: Geschichte der P., 2 Bde. Sonderausg. Freiburg im Breisgau u. a. [13–14]1987–88, Nachdr. ebd. 1996. – Stegmüller, W.: Hauptströmungen der Gegenwartsphilosophie, 4 Bde. Stuttgart [1–8]1987–89. – Heidegger, M.: Was ist das – die P.? Pfullingen [10]1992. – Jaspers, K.: Einführung in die P. München u. a. [30]1992. – P. im 20. Jh., hg. v. A. Hügli u. P. Lübcke, 2 Bde. Reinbek 1993–94. – Durozoi, G. u. Roussel, A.: Dictionnaire de philosophie. Paris 1997. – Aster, E. von: Geschichte der P. Stuttgart [18]1998. – Helferich, C.: Geschichte der P. München 1998. – Philosophische Disziplinen. Ein Handbuch, hg. v. A. Pieper. Leipzig 1998. – P. der Gegenwart. In Einzeldarstellungen, hg. v. J. Nida-Rümelin. Stuttgart [2]1999.

Philotas, makedon. Reiterführer, † (hingerichtet) Prophthasia (im heutigen Afghanistan) 330 v. Chr.; Jugendfreund Alexanders d. Gr., wegen angebl. Hochverrats zum Tode verurteilt. – Drama von G. E. Lessing, 1759.

Phimose [grch.] *die,* ↑Vorhautverengung.

Phiole [grch.-lat.] *die,* birnenförmiges Glasgefäß mit langem, engem Hals.

Phlebitis [grch.] *die,* ↑Venenentzündung.

Phlebographie *die,* ↑Venographie.

Phnom Penh: Innenhof des Königspalastes

Phlebologie *die,* Lehre von den Venen und deren Erkrankungen.

Phlegmatiker [grch.] *der,* schwerfälliger Mensch (↑Temperament).

Phlegmone [grch.] *die,* ↑Zellgewebsentzündung.

Phlegräische Felder (italien. Campi Flegrei), vulkan. Hügelland westlich von Neapel, mit Kraterwällen, Kraterseen, Solfataren und heißen Quellen; Obst-, Wein- und Gemüseanbau. Hier gründeten die Griechen ihre älteste Kolonie auf dem italien. Festland (Kyme, ↑Cumae). – Im grch. Mythos waren die P. F. Schauplatz des Kampfs zw. Göttern und Giganten.

Phleum [grch.] *Botanik:* die Gattung ↑Lieschgras.

Phloem [grch.] *das,* ↑Leitgewebe.

Phlogistontheorie [zu grch. phlogistós »verbrannt«], von G. E. Stahl 1697 aufgestellte Theorie, nach der alle brennbaren Körper, aber auch die unedlen Metalle, einen materiellen Bestandteil **(Phlogiston)** enthalten, der bei der Verbrennung entweicht; 1774–83 von A. L. de Lavoisier durch die **Oxidationstheorie** abgelöst.

Phlox [grch. »Flamme«] *der* (Flammenblume), zu den Himmelsleitergewächsen gehörende, überwiegend staudige Zierpflanzengattung aus Nordamerika mit strahligen weißen, roten oder violetten Blüten in meist großen, endständigen Rispen, z. B. der Staudenphlox.

Phlyake [grch. »Schwätzer«] *der,* Spaßmacher der altgrch. Volksposse.

Phnom Penh [pnɔm 'pɛn], Hauptstadt von Kambodscha, am Mekong, 800 000 Ew.; Univ., Technikum, Nationalmuseum, Museum des Königspalastes; Ind.standort, Hafen (auch für kleinere Seeschiffe erreichbar), internat. Flughafen. – Königspalast (Anfang des 20. Jh.) am Tonle Sap. – P. P. wurde 1434 Residenz der Khmerkönige anstelle von Angkor; 1975 Zwangsräumung der Stadt durch die »Roten Khmer«, danach bis 1981 nur Verw.metropole.

Phobie [grch.] *die,* zwanghafte Furcht vor bestimmten Gegenständen oder Situationen, z. B. ↑Platzangst.

Phobos [grch.], **1)** *Astronomie:* der innere Mond des ↑Mars.

2) *grch. Mythos:* Verkörperung der Furcht.

Phoebe ['fø-; grch. »die Glänzende«], **1)** *Astronomie:* ein Mond des ↑Saturn.

2) *grch. Mythos:* (Phoibe, Phöbe) Tochter der Gaia und des Uranos (↑Titanen).

Phoenix ['fø-], von ARD und ZDF getragener, über Rundfunkgebühren finanzierter Ereignis- und Dokumentationskanal, gegr. 1997, Sitz: Köln.

Phlox: Staudenphlox

Phoenix ['fø-, grch.], die Gattung ↑Dattelpalme.

Phoenix ['fi:nɪks], Hauptstadt und größte Stadt des Bundesstaates Arizona, USA, am Salt River, 1,049 Mio. Ew. (Agglomeration: 2,24 Mio.); Univ.; elektrotechn., elektron., Textil- u. a. Ind., Flugzeugbau; nahebei altindian. Ruinen.

Phoinix, *ägypt. Mythos:* ↑Phönix.

Phokäa (grch. Phokaia), antike Stadt in W-Kleinasien, am Golf von İzmir, heute Foça (Türkei); im 7. und 6. Jh. v. Chr. bed. Handelsplatz und Mutterstadt der grch. Kolonien Lampsakos, Massalia (Marseille) und Emporion.

Phokis, Landschaft in Mittelgriechenland, mit dem Parnass und Delphi im S und der Ebene des Kephissos im Norden.

Phokomelie [grch.] *die,* angeborene Gliedmaßenfehlbildung, bei der Hände oder Füße unmittelbar an den Schultern bzw. Hüften ansetzen.

phon... [grch.], ↑phono...

Phon [grch.] *das,* **1)** *Sprachwiss.:* ↑Phonem.

2) *Technik:* (Fon) Zeichen **phon,** Hinweiswort (keine Maßeinheit im übl. Sinn) für die subjektiv empfundene ↑Lautstärke, bezogen auf den Pegel (Lautstärkepegel) des Normaltones von 1 000 Hz. Die P.-Skala reicht von 0 phon (Hörschwelle) bis etwa 130 phon (Schmerzschwelle).

Phonem [grch.] *das,* in der strukturellen Linguistik das kleinste lautl. Segment einer Sprache mit bedeutungsunterscheidender (jedoch nicht bedeutungstragender) Funktion (z. B. sind die Laute »d« und »t« in den Wörtern »leiden« und »leiten« P.). Die Realisierung eines P., also das tatsächlich gesprochene Segment, das phonetisch identifizierbar ist, wird **Phon** genannt. – Regelmäßig in Abhängigkeit von der lautl. Umgebung auftretende Varianten eines P. heißen Allophone oder kombinator. Varianten (z. B. ich- [ç] und ach-Laut [x]), während unabhängig vom lautl. Kontext beobachtbare Varianten freie oder fakultative Varianten genannt werden (z. B. Zungen- und Zäpfchen-r im Deutschen).

Phonematik [grch.] *die,* ↑Phonologie.

Phonetik [grch.] *die,* Wiss. vom Sprachschall, seiner Erzeugung durch den Sprecher und seiner Verarbeitung durch den Hörer, wobei die Gesamtheit der physikal., physiolog. und psych. Prozesse der menschl. Kommunikation mittels gesprochener Sprache zu berücksichtigen ist. Die traditionelle Bestimmung der P. als der Wiss. von den Sprachlauten ist im Hinblick auf die moderne phonet. Forschung zu eng. Die **artikulator. P.** erforscht die Artikulation der einzelnen Sprachlaute. Die **akust. P.** analysiert die Sprachschallsignale und erforscht die physikal. Prozesse der Sprachschallerzeugung. Die **perzeptive P.** beschäftigt sich mit der Wahrnehmung und Verarbeitung von artikulierten Lauten. Die **physiolog. P.** untersucht die neurolog. Vorgänge, die die Artikulationsorgane steuern und die der Signalverarbeitung beim Hörer dienen. Die **funktionale P.** oder Phonologie beschäftigt sich mit der Funktion der Sprachlaute im Sprachsystem, mit der Festlegung des Phonemsystems sowie seiner Beschreibung.

📖 *Wängler, H.-H.: Grundriß einer P. des Deutschen. Marburg [4] 1983. – Pétursson, M. u. Neppert, J.: Elementarbuch der P. Hamburg [2]1996.*

Phönikilen (Phönizien, grch. Phoinike, lat. Phoenicia), histor. Landschaft an der syrisch-libanesisch-israel. Mittelmeerküste, etwa zw. Latakia und Akko. Mindestens seit dem 2. Jt. v. Chr. war hier das semit. Seefahrervolk der **Phöniker** (auch **Kanaanäer, Sidonier,** in Nordafrika **Punier** genannt) ansässig, das von Stadtstaaten aus regiert wurde (u. a. Byblos, Tyros, Sidon). Die P. gründeten zahlr. Handelskolonien, u. a. Karthago. Unter den selbstständigen phönik. Städten errang Tyros (Sor) die Vorherrschaft. Im 9. Jh. v. Chr. unterwarfen sich die Stadtfürsten von P. den Assyrern, 538 v. Chr. dem Perserkönig Kyros II. Sidon wurde 351 v. Chr., Tyros 332

phönikische Kunst: Statuette der Astarte; Bronze, Höhe 28,7 cm; 2. Hälfte des 8. Jh. v. Chr. (Privatbesitz)

v. Chr. zerstört. 63 v. Chr. wurde P. von Pompeius dem Röm. Reich einverleibt. – Die Religion entsprach weitgehend der kanaanäischen Religion.

📖 *Herm, G.: Die Phönizier. Das Purpurreich der Antike. Neuausg. Reinbek 69.–78. Tsd. 1987.*

phönikische Kunst, die im Küstenstreifen v. a. des heutigen Libanon und N-Israels beheimatete, aber auch andernorts entstandene Kunst des 10.–4. Jh. v. Chr.; der Begriff wird auch ausgedehnt auf die Kunst dieses Raumes sowie in Teilen Zyperns seit dem 12. Jh. v. Chr. und in Kanaan auch früher. Die Baukunst verwendete große Blöcke als Baumaterial, Tempel folgten meist dem syr. Typ, die Gräber sind oft in den Felsen gehauen. Durch die phönik. Inschrift wurde der steinerne Sarkophag des Königs Achiram von Byblos (um 1000 v. Chr.) mit figürl. Reliefs bes. bekannt. In Amrit, Tyros und Sarepta, auf Sardinien und Zypern gibt es einige Großplastiken (8.–6. Jh.). Sowohl die Reliefs als auch die Kleinkunst sind von Ägypten, dem östl. Mittelmeerraum und Mesopotamien beeinflusst. Das Kunsthandwerk bildete v. a. die Techniken der Fayence und des Niello aus. Der Einfluss der p. K. wird v. a. im orientalisierenden Stil der grch. und etrusk. Kunst fassbar.

📖 *Moscati, S.: Die Phöniker von 1200 v. Chr. bis zum Untergang Karthagos. A. d. Italien. Neuausg. Essen 1975. – Parrot, A. u. a.: Die Phönizier. Die Entwicklung der p. K. von den Anfängen bis zum Ende des 3. Pun. Krieges. A. d. Frz. München 1977.*

phönikische Sprache, die dem Hebräischen und der moabit. Sprache nahe stehende Sprache der Phöniker; sie gehört zur Gruppe der kanaanäischen Sprachen im nordwestl. Zweig der ↑semitischen Sprachen. Man kennt sie fast nur aus Inschriften, deren älteste die am Sarkophag des Königs Achiram von Byblos ist (um 1000 v. Chr.). Eine jüngere Form der p. S. ist die **pun. Sprache** in Karthago und dessen Einflussbereich (Nordafrika, Spanien, Sizilien und Sardinien). – Die **phönik. Schrift** ist aus den altkanaanäischen Schriften abgeleitet und eine seit dem 9. Jh. v. Chr. normierte Konsonantenschrift mit 22 Buchstaben. Bestimmte Zeichen (w, j) wurden jedoch als Lesehilfen für die Vokale u und i gebraucht. Die p. S. ist der Ausgangspunkt aller semit. Konsonantenschriften (z. B. Hebräisch und Arabisch) sowie der grch. und der lat. Schrift.

Phönix (grch. Phoinix), **1)** *der, ägypt. Mythos:* myth. Vogel, der bes. im alten Ägypten verehrt wurde, sollte alle 500 Jahre erscheinen, sich selbst verbrennen und aus der Asche neu aufsteigen. In der Kunst erscheint der P. als Sinnbild von Auferstehung und Unsterblichkeit.

2) *Astronomie:* (lat. Phoenix) Sternbild des südl. Himmels.

Phönix|inseln, Inselgruppe von acht Koralleninseln im zentralen Pazifik, 55 km^2, ↑Kiribati.

phono..., phon... [grch.], schall..., laut..., ton...

Phonographie [grch.] *die,* ↑Schallaufzeichnung.

Phonokardiographie, Verfahren der Kardiographie zur Aufzeichnung von ↑Herztönen und krankheitsbedingten ↑Herzgeräuschen in Form eines **Phonokardiogramms,** meist in Verbindung mit einem Elektrokardiogramm; dient v. a. der Feststellung von Herzklappenfehlern und Herzmuskelschäden.

phönikische Kunst: Fruchtbarkeitsgöttin; Elfenbeinschnitzerei aus Ras-Schamra, 14. Jh. v. Chr. (Paris Louvre)

Phonolith [grch.] *der* (Klingstein), graugrünes, seltener bräunl. Ergussgestein; Hauptbestandteile sind Sanidin und Nephelin; absondernd in plumpen Säulen oder dünnen, beim Anschlagen klingenden Platten.

Phonologie [grch.] *die* (Phonemik, Phonematik), eine auf der theoret. Grundlage der strukturellen Linguistik entstandene sprachwiss. Disziplin, die sich mit der Erforschung der bedeutungsunterscheidenden Funktion der Sprachlaute befasst. Die P. ermittelt und beschreibt die ↑Phoneme einer Sprache u. a. aufgrund ihrer distinktiven (unterscheidenden) phonet. Merkmale. Zur Phonemanalyse wird die Methode der Oppositionspaarbildung angewendet (z. B. »leiden« und »leiten« im Hinblick auf Stimmhaftigkeit bzw. Stimmlosigkeit des Konsonanten im Inlaut). Die

Theorie und das Verfahren der P. wurden in Europa (N. S. Trubezkoi, Prager Schule: R. Jakobson u. a.) und Amerika konsequent weiterentwickelt und bildeten die Grundlagen für die Entwicklung des linguist. Strukturalismus.

Trubetzkoy, N. S.: Grundzüge der P. Göttingen [7]1989. – Ramers, K. H. u. Vater, H.: Einführung in die P. Hürth [4]1995.

Phonon *das,* eine Elementaranregung der Gitterstruktur eines Festkörpers, die sich in kollektiven Oszillationen aller Gitterbausteine äußert. Die Quantenmechanik ordnet diesen Gitterschwingungen Teilchencharakter zu, die entsprechenden ↑Quasiteilchen sind die P. (»Schallquanten«).

Phonothek [grch.] *die,* Sammlung von Tonträgern; außer Schallplatten **(Diskothek)** auch Walzen, CDs, Tonbänder, Tonkassetten, Tonfilme.

Phonotypistin [grch.] *die,* nach Diktiergerät arbeitende weibl. Schreibkraft.

Phorminx [grch.] *die,* altgrch. Leier, nach Bildzeugnissen des 9. Jh. v. Chr. mit sichel- oder halbkreisförmigem Schallkörper und vier Saiten, die mit den Fingern oder einem ↑Plektron angerissen wurden.

Phosgen [engl., zu grch. phōs »Licht«] *das* (Kohlenoxidchlorid), $COCl_2$, sehr giftiges Gas, wird katalytisch aus Kohlenmonoxid und Chlor hergestellt; diente im Ersten Weltkrieg als Gaskampfstoff (Grünkreuz). Die Einatmung von P. führt nach 2–3 Stunden zu quälendem Husten, Blausucht und Lungenödem.

Phosphagene, energiereiche substituierte Guanidinphosphate, die der Zelle (z. B. Muskel) als Energiespeicher dienen.

Phosphane, ↑Phosphor (Verbindungen).

Phosphate [grch.], i. w. S. die Salze und Ester der versch. Phosphorsauerstoffsäuren (↑Phosphor); i. e. S. die P. (V), d. h. die Salze und Ester der Phosphor(V)-säure, Orthophosphorsäure. Bes. die Calcium-P. kommen in der Natur in großen Lagerstätten vor; sie sind Ausgangsmaterialien für die Herstellung von Phosphatdüngern sowie für die Gewinnung von Phosphor und den von ihm abgeleiteten Verbindungen. Bei den Salzen der Phosphorsäure (einer dreibasigen Säure) lassen sich **primäre, sekundäre** und **tertiäre P.** mit den allgemeinen Formeln $M^IH_2PO_4$, $M^I_2HPO_4$ und $M^I_3PO_4$ unterscheiden (M: einwertiges Metallkation). In Wasser lösen sich alle primären und sekundären P. sowie die tertiären P. der Alkalimetalle. Beim Erhitzen gehen die primären und sekundären P. in **Meta-P.** (mit ringförmigen Molekülen) oder in hochmolekulare **Poly-P.** (mit versch. Struktur und unterschiedl. Kettenlängen) über. Technisch wichtig sind u. a. die höhermolekularen **Natriumpoly-P.,** $Na_{n+2}P_nO_{3n+1}$ mit n = 4 bis über 1 000, die v. a. zur Wasserenthärtung (Komplexbildung mit Calciumionen) in Wasch- und Reinigungsmitteln verwendet werden (»Waschmittel-P.«); sie können mit dem Abwasser in natürl. Gewässer gelangen und Überdüngung verursachen (↑Eutrophierung). Der Einsatz von Poly-P. in Waschmitteln wurde in vielen Staaten Europas gesetzlich eingeschränkt; die Industrie entwickelte phosphatfreie Waschmittel. In Dtl. gilt die Phosphathöchstmengen-VO.

Unter den Estern der Phosphorsäure, den **organischen P.** oder **Phosphorsäureestern,** sind zahlr. Alkyl- und Arylester Ausgangsstoffe u. a. für die Herstellung von Schädlingsbekämpfungsmitteln (z. B. E 605), Weichmachern und Flotationsmitteln. – Biologisch wichtige Phosphorsäureester sind z. B. die ↑Phosphatide und die ↑Nucleotide.

Phosphatersatzstoffe, Stoffe, die in phosphatfreien und -reduzierten Waschmitteln die Phosphate als Skelettsubstanzen ersetzen; z. B. Zeolith A und Polycarboxylate mit Calcium bindenden und dispergierenden Eigenschaften.

Phosphatide [grch.] (Phospholipide, Phospholipoide), Lipide, die besonders am Aufbau Wasser abstoßender Membranen der Zellen im Organismus beteiligt sind. Zu ihnen gehören unter anderem die Lecithine und die Kephaline.

Phosphatieren, Beschichtungsverfahren, bei dem Metalle, bes. Eisen, Stahl und Zink, mit Alkali- oder Schwermetallphosphatlösungen (v. a. Zink- und Manganphosphat) zur Erzeugung von Phosphatdeckschichten behandelt werden, die gegen Korrosion schützen, die Kaltverformbarkeit und die Gleiteigenschaften der Metalle verbessern oder als elektr. Isolierung dienen.

Phosphatmethode, Verfahren zur Sondierung vor- und frühgeschichtl. Siedlungen und von Wüstungen, da dort der Phosphatgehalt des Bodens beträchtlich höher ist als in der Umgebung.

Phosphor [zu grch. phōsphóros »Licht tragend« (nach der Leuchteigenschaft)] *der,* chem. Symbol **P,** nichtmetall. Element aus der fünften Hauptgruppe des ↑Periodensystems der chemischen Elemente; Ordnungszahl 15, relative Atommasse 30,97376, Dichte 1,8232 g/cm³, Schmelzpunkt 44,2 °C, Siedepunkt 280,5 °C. P. ist ein sehr reaktionsfähiges Element, das in der Natur nur gebunden (meist in Form von ↑Phosphate n; z. B. ↑Apatit, ↑Phosphorit) vorkommt.

Elementarer P. tritt in drei kristallinen Modifikationen (als weißer, violetter und schwarzer P.) sowie in einer amorphen Form (roter P.) auf. – **Weißer P. (gelber, farbloser P.)** ist bei Zimmertemperatur eine wachsartig durchscheinende, weiße bis hellgelbe Masse. Weißer P. ist chemisch sehr reaktionsfreudig; mit Luftsauerstoff reagiert er leicht unter Erwärmung zu P.-Pentoxid; ein Teil der bei der Oxidation frei werdenden Energie wird als Licht abgegeben (Chemolumineszenz; Leuchten des weißen P. im Dunkeln). Da weißer P. selbstentzündlich ist, wird er unter Wasser aufbewahrt. – **Roter P.** ist ein rotes, amorphes oder feinkristallines Pulver, das sich bei längerem Erhitzen von weißem P. auf 450–550 °C unter Luftabschluss bildet. Er ist wesentlich weniger reaktionsfähig als der weiße P. (entzündet sich erst oberhalb 300 °C); im Gemisch mit starken Oxidationsmitteln, z. B. Kaliumchlorat, explodiert er schon beim einfachen Verreiben. Er ist im Ggs. zum weißen P. nicht giftig. – **Violetter P.** entsteht bei ein- bis zweiwöchigem Erhitzen von weißem P. auf 550–620 °C; er ist eine klare rote, violettstichige, in monoklinen Tafeln kristallisierende Substanz. – **Schwarzer P. (metallischer P.)** bildet glänzende eisengraue Kriställchen mit guter therm. und elektr. Leitfähigkeit. Im chem. Verhalten ähnelt er dem roten P. Gewonnen wird er aus weißem P. z. B. durch Anwendung hoher Drücke (bei 200 °C 12 000 bar).

Verbindungen: P. tritt in seinen Verbindungen mit den Oxidationsstufen -3 bis $+5$ auf; mit Wasserstoff bildet P. die anorgan. **Phosphane** und die organ. **Phosphine. P.-Wasserstoff,** PH_3, entsteht bei der Umsetzung von Phosphiden mit Wasser als stark riechender, giftiger und z. T. selbstentzündl. Stoff; dient u. a. für organ. Synthesen und als Begasungsmittel. **Phosphide** entstehen formal durch Ersatz der Wasserstoffatome des Phosphorwasserstoffs durch Metalle; i. d. R. schwer schmelzbare und hitzebeständige Substanzen, die durch Zusammenschmelzen von Metallen und Phosphor unter Luftabschluss hergestellt werden (z. B. Natriumphosphid, Na_3P, Calciumphosphid, Ca_3P_2). Die wichtigsten Sauerstoffverbindungen des P. sind **P.-Trioxid,** P_2O_3, eine weiße kristalline Masse, und **P.-Pentoxid,** P_2O_5; dieses bildet sich als weiße, geruchlose, flockige Masse, wenn P. mit viel Sauerstoff verbrennt. Die **P.-Sauerstoffsäuren** (»Phosphorsäuren«) haben die Zusammensetzung H_3PO_n (»Orthosäuren«) oder HPO_{n-1} (»Metasäuren«; $n = 2-4$) und $H_4P_2O_n$ (»Disäuren«; $n = 4-7$). Daneben gibt es viele Polyphosphorsäuren. Von allen sind die entsprechenden Salze bekannt. Die wichtige **(Ortho-)Phosphorsäure,** H_3PO_4, wird durch Umsetzung von Calciumphosphat mit Schwefelsäure oder durch Lösen von P.-Pentoxid in Wasser erhalten. P.-Säure bildet harte, geruchlose und in Wasser leicht lösl. Kristalle. Ihre Salze sind die **Phosphate.** Erhitzt man die gewöhnl. Orthophosphorsäure auf über 200 °C, so geht sie unter Wasserabspaltung in die **Diphosphorsäure (Pyrophosphorsäure),** $H_4P_2O_7$, über, die bei Temperaturen über 300 °C erneut Wasser abgibt und die **Metaphosphorsäure,** HPO_3, liefert. Die wässrigen Lösungen von Pyro- und Metaphosphorsäure gehen bei längerem Stehen wieder in die Orthophosphorsäure über. Die **Phosphonsäure** (früher **phosphorige Säure**), H_3PO_3, entsteht aus P.-Trichlorid und Wasser als farblose, kristalline, wasserlösl. Masse. Ihre Salze und Ester heißen **Phosphonate** (früher **Phosphite**). – Aus weißem P. und heißer Alkalilauge entsteht die **Phosphinsäure** (früher **hypophosphorige Säure**), H_3PO_2, farblose, wasserlösl. Kristallblättchen. Ihre Salze heißen **Phosphinate** (früher **Hypophosphite**). Mit den Halogenen (X) bildet P. Verbindungen des Typs PX_3, PX_5, P_2X_4 und POX_3. Am wichtigsten ist **P.-Pentachlorid,** PCl_5.

Biolog. Bedeutung: P. gehört zu den für die Entwicklung der Pflanzen unerlässl. Nährstoffen. Die Pflanzen müssen den P.-Bedarf aus den mineral. P.-Anteilen des Bodens decken, die durch chem. Verwitterung aus dem Gestein verfügbar werden. P. ist auch für Menschen und Tiere unentbehrlich; es ist z. B. in Nucleinsäuren und Enzymen enthalten und an allen Vorgängen des Energiestoffwechsels und an Stoffwechselreaktionen (z. B. Proteinbiosynthese, Knochenaufbau) beteiligt.

Phosphoreszẹnz [grch.] *die,* Art der ↑Lumineszenz; Eigenschaft mancher Stoffe **(Phosphore),** nach Beendigung einer nichttherm. Anregung (z. B. Einwirkung von Licht oder Röntgenstrahlung) Licht auszusenden und (im Ggs. zur Fluoreszenz) nachzuleuchten. Die stark temperaturabhängigen Abklingzeiten (i. Allg. $> 10^{-3}$ s) können mehrere Stunden, auch Monate andauern; der der Lichtemission zugrunde liegende Energieübergang erfolgt über metastabile Zustände in den Grundzustand. Anwendung u. a. bei Leuchtfarben und Fernsehbildröhren (↑Leuchtstoffe).

Phosphorịt [grch.] *der,* phosphat. Sedimentgestein, v. a. aus Apatit, Carbonaten, Tonmineralen u. a.; Rohstoff für Phosphor und Düngemittel.

Phosphoros [grch. »der Lichtbringende«], der Morgenstern (↑Abendstern).

Phosphorsäure, ↑Phosphor (Verbindungen).

Phosphorylierung, Bez. für die enzymat. Einführung eines Phosphorsäurerests in ein Substrat, das dadurch biochemisch aktiviert wird. Als **oxidative P.** bezeichnet man die in der Atmungskette erfolgende Fixierung der chem. Energie unter Bildung von Adenosintriphosphat (ATP). Bei der **Photo-P.** in der Photosynthese wird die durch Elektronentransportvorgänge gewonnene Energie ebenfalls in Form von ATP gespeichert.

Photios, byzantin. orth. Theologe und Ökumen. Patriarch, *Konstantinopel um 810, †(in der Verbannung) 6. 2. zw. 891 und 898; Lehrer an der kaiserl. Univ. Konstantinopel und Sekretär Kaiser Michaels III.; 858–867 und 877–886 Patriarch von Konstantinopel; wies päpstl. Jurisdiktionsansprüche anlässlich der Bulgarenmission zurück; daraufhin Absetzung und Exkommunikation (867) durch Papst Nikolaus I.; Beginn der Auseinandersetzung zw. der lat. und grch. Kirche (»Photian. Schisma«). P. bemühte sich bes. um die Mission der Bulgaren, der Chasaren und der Slawen in Mähren; einer der populärsten Heiligen der orth. Kirche; Tag: 6. 2.

photo..., phot... [von grch. phõs »Licht«], fachsprachlich neben foto: licht...

Photobiologie, interdisziplinäres Forschungsgebiet, das sich mit lichtabhängigen und Licht erzeugenden Vorgängen bei Organismen befasst, einschl. der Anwendung von Licht in Biologie und Medizin. Photobiolog. Vorgänge sind u. a. Photosynthese, Photonastie (durch Lichtreiz bewirkte Krümmungsbewegung von Organen), der Sehvorgang und die Biolumineszenz (die Erzeugung von sichtbarem Licht durch Lebewesen bei sehr geringer Wärmeerzeugung).

Photochemie, Teilgebiet der Chemie, das sich mit chem. Reaktionen befasst, die durch elektronisch angeregte Moleküle ausgelöst werden, sofern die absorbierte Strahlungsenergie nicht in Wärme umgewandelt oder als Strahlung (↑Lumineszenz) emittiert wird.

Photochemotherapie, (PUVA, Abk. für Psoralene plus UV-A), UV-A-Bestrahlung etwa 2 Stunden nach Injektion oder örtl. Gabe einer photosensibilisierenden Substanz. Durch Vernetzung von DNS-Strängen wird die Zellteilung behindert; angewendet v. a. bei Schuppenflechte.

photochromes Glas, ↑phototropes Glas.

Photochromie [grch.] *die* (Phototropie), reversible Farbänderung bestimmter chem. Verbindungen durch Einwirkung von Licht; nutzbar für fotograf. Verfahren und zur Informationsspeicherung.

Photodetektor (Photoempfänger, Lichtdetektor), Bauelemente der ↑Optoelektronik, die eine auftreffende elektromagnet. Strahlung im sichtbaren Wellenlängenbereich und in angrenzenden Wellenlängenbereichen in elektr. Signale umwandeln. Entsprechend der Art der Wechselwirkung zw. dem Licht und der Detektorsubstanz kann man zw. indirekter und direkter optisch-elektr. Signalumwandlung unterscheiden und die P. entsprechend in therm. und Quantenphotodetektoren einteilen.

Bei **thermischen P.** erfolgt die Wechselwirkung mit den Gitteratomen eines Festkörpers (Photon-Phonon-Wechselwirkung), und ein Ausgangssignal wird indirekt durch eine Temperaturerhöhung der Detektorsubstanz erzeugt (z. B. ↑Bolometer, Thermoelement, pyroelektr. Detektor und Golay-Zelle). Therm. P. haben eine weitgehend von der Lichtwellenlänge unabhängige Photoempfindlichkeit (Arbeitsbereiche überwiegend im nahen und fernen Infrarot). **Quanten-P.** beruhen auf dem inneren oder auf dem äußeren ↑Photoeffekt, bei dem durch Wechselwirkung des Lichts mit den Elektronen im Festkörper direkt ein von der eingestrahlten Leistung abhängiges Signal **(Photostrom** oder **Photospannung)** erzeugt wird (Photon-Elektron-Wechselwirkung). Die auf dem inneren Photoeffekt beruhenden Quanten-P. werden in **Sperrschicht-P.** (z. B. ↑Photodiode, ↑Photoelement, ↑Phototransistor und Photothyristor) und **Photoleitfähigkeitsdetektoren** (↑Photoleitung) eingeteilt; die auf dem äußeren Photoeffekt beruhenden P. werden auch als **photoemissive Detektoren** bezeichnet.

Photodiode, in Sperrrichtung betriebene Halbleiterdiode, die bei Lichteinstrahlung in der Sperrschicht freie Ladungsträger erzeugt, sodass ein erhöhter Strom fließt. Anwendungen finden P. zur Messung von Lichtintensitäten und zur Umwandlung von Lichtschwankungen in Stromschwankungen. (↑Photoelement)

Photo|effekt (lichtelektrischer Effekt, photoelektrischer Effekt), quantenmechan. Vorgang, bei dem Elektronen durch Lichtabsorption aus ihrem Bindungszustand gelöst und für den elektr. Ladungstransport verfügbar werden. Beim **äußeren P. (Hallwachseffekt, Photoemission),** der an Festkörpern, insbesondere an Metallen, beobachtet wird, werden Elektronen **(Photoelektronen)** aus einem Festkörper herausgelöst. Ihre kinet. Energie W_k hängt nur von der Frequenz ν des eingestrahlten Lichtes und von der materialspezif.

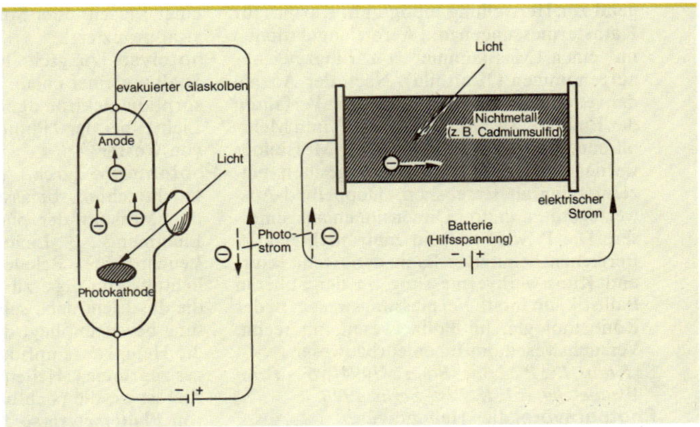

Photoeffekt (von links): schematische Darstellung des äußeren Photoeffekts (Photozelle) und des inneren Photoeffekts (Photowiderstand)

Austrittsarbeit A ab, nicht jedoch von der Lichtintensität. Beim **inneren P.,** der bes. an Halbleiterkristallen (z. B. Cadmiumsulfid), aber auch an Isolatoren auftritt, verlassen die durch Lichtabsorption angeregten Ladungsträger den Festkörper nicht. Durch Bestrahlung werden die vorher fest gebundenen Elektronen der Gitterbausteine teilweise im Kristall frei beweglich; der Übergang der Elektronen aus dem Valenz- ins Leitungsband führt zu einer elektr. Leitfähigkeit **(Photoleitfähigkeit, Photoleitung),** zu der auch die Defektelektronen einen Beitrag liefern. – Bei Bestrahlung einiger Kristalle (z. B. Kupferoxid) tritt der **Kristall-P. (Dember-Effekt)** auf. Durch das von der Lichtintensität abhängige Konzentrationsgefälle der Elektronen längs des Lichtweges treten Diffusionserscheinungen in Lichtrichtung auf, die zur Ausbildung einer Photospannung führen. Bestrahlt man Sperrschichten in Halbleitern, so tritt der **Sperrschicht-P. (Photo-Volta-Effekt)** auf, der zu einer Photospannung an der Sperrschicht führt. Beim **atomaren P. (Photoionisation)** wird ein Licht-, Röntgen- oder γ-Quant durch die Elektronenhülle eines freien Atoms vollständig absorbiert, wobei die Photonenenergie auf ein Elektron übergeht, das die Atomhülle verlässt. (↑Kernphotoeffekt)

📖 *Herrmann, K. H.: Der P. Grundlagen der Strahlungsmessung. Braunschweig u. a. 1994.*

photo|elektromagnetischer Effekt, Abk. **PEM-Effekt,** tritt in Halbleitern bei Lichteinstrahlung auf, wenn senkrecht zum Lichtstrom ein Magnetfeld angelegt ist. Der durch den Dember-Effekt (↑Photoeffekt) ins Innere fließende Diffusionsstrom der Elektronen und Defektelektronen wird durch das Magnetfeld in entgegengesetzter Richtung abgelenkt. So bildet sich senkrecht zum Magnetfeld und senkrecht zum Lichtstrom eine Spannung aus **(Photo-Hall-Effekt).**

Photo|elektronen, ↑Photoeffekt.

Photo|element, aus Halbleitermaterial bestehendes optoelektron. Bauelement, das auf dem inneren ↑Photoeffekt beruht und bei Auftreffen elektromagnet. Strahlung eine elektr. Spannung abgibt. Im Ggs. zur ↑Photodiode benötigt das P. keine von außen angelegte Spannung, sondern erzeugt selbst aufgrund der durch die Lichteinwirkung hervorgerufenen Photospannung einen im Außenkreis (Verbraucher) fließenden Strom; Anwendung z. B. als ↑Solarzelle.

Photo|emission, der äußere ↑Photoeffekt.

Photogeologie, ↑Fotogeologie.

Photogramm *das,* ↑Fotografik.

Photogrammmetrie *die* (Bildmessung), Aufnahme und Auswertung urspr. nur fotograf. Messbilder zur Bestimmung von Beschaffenheit, Form und Lage beliebiger Objekte. Die P. erfährt heute eine bed. Ausweitung dank neuartiger Bildaufnahmegeräte und der digitalen Bildverarbeitung als Folge der Möglichkeiten von Optoelektronik, Computertechnik und digitalen Massenspeichern. Hauptanwendungsgebiet der P. ist die ↑Geodäsie. Die **terrestrische P. (Erdbildmessung),** bei der die Messbilder von erdfesten Standpunkten aus aufgenommen werden (Phototheodolit), wird im geodät. Bereich z. B. bei topograph. Aufnahmen im Hochgebirge und bei Ingenieurvermessungen genutzt. Bei der **Aero-P. (Luftbildmessung)** werden die Messbilder vorwiegend zur Herstellung topograph. Karten, für Katastermessungen und Aerotriangulationen mit einer ↑Messkammer vom Flugzeug aus aufgenommen (↑Luftbild). Nach der Anzahl der verwendeten Bilder werden die Verfahren der Einbild-, Zweibild- (Stereo-P.) und Mehrbildmessung unterschieden. Die Messbilder werden in Einzelbild-Auswertegeräten entzerrt oder an stereoskop. Doppelbild-Auswertegeräten in drei Dimensionen ausgemessen. Die P. wird auch in zahlr. nichtgeodät. Bereichen benutzt, z.B. in der Architektur- und Kunstwerkvermessung, in der äußeren Ballistik, im forstl. Vermessungswesen, in der Röntgenologie, im Polizeiwesen, im techn. Versuchswesen, im Ingenieurbauwesen.

Kraus, K.: P., 2 Bde. Bonn [3–5]*1994–96. – P. im Wandel, hg. v. F. K. List. Berlin 1998.*

Photogravüre, die ↑Heliogravüre.

Photo-Hall-Effekt, ↑photoelektromagnetischer Effekt.

Photo|ionisation, ↑Photoeffekt.

Photokathode, Elektrode, aus der bei Lichteinfall durch den äußeren ↑Photoeffekt Elektronen herausgelöst werden.

Photokoagulation, die ↑Lichtkoagulation.

Photoleitung (Photoleitfähigkeit), die Änderung der elektr. Leitfähigkeit von Halbleitern oder Isolatoren infolge der Absorption elektromagnet. Strahlung, insbesondere von Licht (Photonen). Durch den inneren ↑Photoeffekt kann sich die Zahl quasifreier Ladungsträger oder die Beweglichkeit bereits vorhandener quasifreier Ladungsträger erhöhen.

Photolithographie, 1) *Drucktechnik:* Verfahren zur Druckformenherstellung für den Zink- und Offsetdruck. In der modernen Offsetdruck-Formenherstellung wird die Bearbeitung der Kopiervorlagen nicht mehr P., sondern Offsetretusche genannt, weil keine lithograph. Techniken i. e. S. angewendet werden.

2) *Halbleitertechnologie:* Verfahren der ↑Lithographie, bei dem Licht zur Übertragung der Maskenstrukturen auf die Halbleiterscheiben verwendet wird, dessen Wellenlänge zw. etwa 100 nm (Vakuum-UV) und 450 nm (Violett) liegt. Als Lichtquellen kommen Quecksilber- und Xenonhöchstdrucklampen zum Einsatz, aber auch gepulste Excimerlaser. Die zurzeit eingesetzten Belichtungsverfahren sind **Kontaktbelichtung** (ein mit Fotolack beschichtetes Substrat wird nach der Justierung auf die Maske gepresst und mit Licht im nahen UV-Bereich belichtet), **Proximitybelichtung** (ähnl. der Kontaktbelichtung; jedoch kleinerer Abstand [10–30 µm] zw. Maske und Substrat) und **Projektionsbelichtung** (die Strukturen der Maske werden mit einer Linsen- oder Spiegeloptik auf das Substrat projiziert).

Photolyse [zu grch. lýsis »Auflösung«] *die,* Spaltung einer chem. Verbindung durch Absorption elektromagnet. Strahlung (bes. von Licht); bei der ↑Photosynthese die Spaltung von Wasser.

Photometrie [grch.] *die,* Arbeitsgebiet der ↑Lichttechnik, befasst sich mit Definition und Messung der photometr. Größen, u.a. Lichtmenge, Lichtstärke, Lichtstrom, Leuchtdichte, Beleuchtungsstärke und Belichtung. Im Ggs. zu den **Strahlungsgrößen,** die das Licht nach seiner Energie oder Leistung bewerten, liegt den photometr. Größen die Helligkeitsempfindung des menschl. Auges zugrunde (↑Hellempfindlichkeitskurven). Ziel ist es, die (sichtbare) Strahlung mithilfe von **Photometern** so zu bewerten, dass zwei unter ident. Bedingungen gleich erscheinende Strahlungen die gleiche Maßzahl erhalten. Dient das Auge eines Normalbeobachters als Lichtempfänger, so spricht man von **visueller P.** (früher auch subjektive P.), bei Verwendung eines lichtelektr. Empfängers von **physikal. P.** (objektive P.). – Mit den kaum noch verwendeten **visuellen Photometern** werden die Strahlungen einer bekannten und der zu messenden Lichtquelle mit dem Auge verglichen. Zur direkten Messung des Lichtstromes (visuell oder physikalisch) dient die **Ulbricht-Kugel (Kugelphotometer),** eine innen mattweiße Hohlkugel, in deren Mitte die zu messende Lichtquelle gesetzt wird. Die auf der Kugelwand erzeugte Beleuchtungsstärke ist dem Gesamtlichtstrom proportional. Bei den **physikal. Photometern** dienen v.a. Photoelemente und -dioden als Strahlungsempfänger, deren spektrale Empfindlichkeit der des Auges angepasst ist. Ein Spezialfall der physikal. P. ist die **Spektral-P.,** bei der die Strahlung spektral zerlegt und die Strahlungsverteilung definitiver Wellenlängen bestimmt wird; sie wird z.B. in der **astronom. P. (Astro-P.)** angewandt, die sich mit der Bestimmung der Helligkeit von Gestirnen befasst.

photometrisches Strahlungs|äquivalent, das Verhältnis des Lichtstroms einer monochromat. Strahlung zu deren Leistung.

Photomultiplier [-mʌltɪplaɪə, engl.], ↑Sekundärelektronenvervielfacher.

Photon *das* (Lichtquant, Strahlungsquant), Symbol γ, von A. Einstein geprägte Bez. für die Energiequanten der elektromagnet. Strahlung, z.B. von Licht, Röntgenstrahlung **(Röntgenquanten)** oder Gammastrahlung **(Gammaquanten).** P. sind stabile, sich mit der Lichtgeschwindigkeit c bewegende ↑Elementarteilchen der Ruhemasse null. Sie tragen eine Energie $h\nu$ und einen Impuls vom Betrag $h\nu/c$ (h plancksches Wirkungsquantum, ν Frequenz der Strahlung); die Energie beträgt für Licht einige eV, für weiche Röntgenstrahlung 100–100 000 eV und für Gammastrahlen einige MeV. Die P. repräsentieren den Teilchencharakter der elektromagnet. Strahlung (↑Dualismus), der sich bes. in den wellenoptisch nicht deutbaren Erscheinungen wie ↑Photoeffekt und ↑Compton-Effekt zeigt. Die Wechselwirkungen zw. Strahlung und Materie werden als Absorption oder Emission von P. beschrieben. Wegen des Fehlens einer elektr. Ladung und eines magnet. Moments sind P. in elektromagnet. Feldern nicht ablenkbar. – Als Feldquanten des elektromagnet. Strahlungsfeldes stellen sie die Vermittler der elektromagnet. ↑Wechselwirkung dar.

Paul, H.: Photonen. Eine Einführung in die Quantenoptik. Stuttgart 1995.

Photonenzähler, photoelektr. Strahlungsmessgerät zur Messung sehr kleiner Lichtintensitäten. Als Detektor dient die Photokathode eines ↑Sekundärelektronenvervielfachers.

Photonik *die,* Grundlagentechnologie der Informationstechnik; in Analogie zur Elektronik geprägte Bez. für die Informationsübertragung und -verarbeitung, die – vermittelt durch optisch nichtlineare Materialien – auf der Wechselwirkung von Lichtsignalen (Photonen) beruht. Anwendungen sind u. a. die Entwicklung neuer opt. Bauelemente und Verbindungstechniken in komplexen Systemen als Grundelemente für zukünftige opt. Computer. (↑optische Datenverarbeitung)

Photo|oxidanti|en, Bez. für eine Gruppe äußerst reaktionsfähiger Substanzen unterschiedl. Zusammensetzung (z. B. Ozon, Stickoxide), die sich aus in der Luft befindl. (ungesättigten) Kohlenwasserstoffen (entstanden durch unvollständige Verbrennungsvorgänge oder als natürl. Ausscheidungsprodukte von Pflanzen), Stickstoffdioxid (ebenfalls aus Verbrennungsvorgängen) und Luftsauerstoff unter dem Einfluss von kurzwelligem Licht bilden und sehr rasch zu Kohlenwasserstoffen, Stickstoffmonoxid und Ozon zerfallen. P. kommen bes. im photochem. ↑Smog vor, lassen sich aber auch in »Reinluftgebieten« nachweisen. Durch P. kommt es u. a. zu einer Erhöhung des Ozongehaltes in der Luft.

Photophobie [grch.], die ↑Lichtscheu.

Photosphäre, äußerste Schicht der ↑Sonne, aus der der überwiegende Anteil des Sonnenlichts abgestrahlt wird.

Photosynthese, grundlegende Stoffwechselreaktion chlorophyllhaltiger Organismen (Samenpflanzen, Farne, Moose, Algen, Cyano-

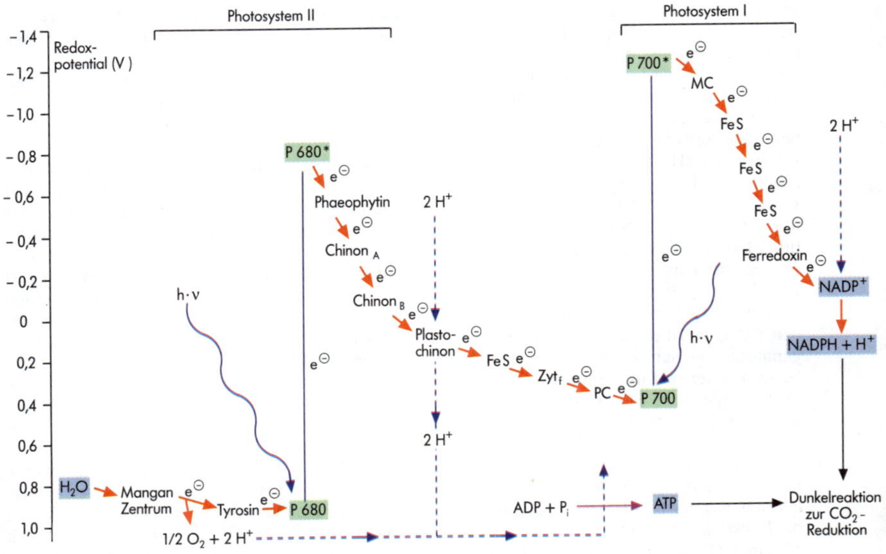

Photosynthese

bakterien und andere phototrophe Bakterien), die nach der Absorption von Licht zur Synthese einer energiereichen organ. Verbindung führt. Kohlendioxid (CO_2) wird aus der Luft aufgenommen und unter Energieverbrauch an Zuckermoleküle gebunden, sodass Glucose entsteht. Die Absorption des energiereichen Sonnenlichtes durch Chlorophyll führt zur Bildung von ATP und NADPH + H^+ (reduziertes Nicotinsäureamidphosphat). Bei der **oxygenen P.** wird Wasser (H_2O) gespalten (in Wasserstoff und Sauerstoff), bei der **anoxygenen P.** phototropher Bakterien dagegen Schwefelwasserstoff (H_2S) oder andere Moleküle. Der heutige Sauerstoffgehalt der Atmosphäre (21%) beruht allein auf der Sauerstofffreisetzung durch die P. Ohne den freigesetzten Sauerstoff und die aufgebaute Glucose wäre ein Leben für Tiere und Menschen auf der Erde unmöglich. Die P. besteht aus zwei miteinander gekoppelten Prozessen, der Lichtreaktion und der Dunkelreaktion. Die Bruttogleichung der P. lautet:

$$6CO_2 + 12H_2O \xrightarrow[2825\,kJ]{Licht} C_6H_{12}O_6 + 6O_2 + 6H_2O$$

In der Lichtreaktion wird nach Absorption des Lichts ein Elektron angeregt und Wasser gespalten (Photolyse). Ort der Lichtreaktion sind mehrere Proteinkomplexe, die in Membransysteme (Thylakoide) eingelagert sind. Diese befinden sich in Chloroplasten (Algen, höhere Pfanzen) oder liegen frei im Zytoplasma (Cyanobakterien, phototrophe Bakterien). Kernstück der Proteinkomplexe sind die verkoppelten Photosysteme I und II, welche die Chlorophylle und Carotinoide als Pigmente gebunden haben. Nach Absorption eines Photons in einem Chlorophyll- oder Carotinoidmolekül des Photosystems II wird dessen Energie zu einem zentralen Chlorophyll (P680) weitergeleitet. Ein Elektron dieses Chlorophylls wird dadurch angeregt und zum ersten Akzeptor Phaeophytin (Chlorophyll ohne Magnesium) abgegeben. Die entstandene Elektronenlücke füllt ein bei der Wasserspaltung frei werdendes Elektron über einen Tyrosinrest des Wasserstoff spaltenden Proteins. In diesem Protein werden Manganatome in einem Zyklus mehrfach reduziert, bevor Wasserstoff und Sauerstoff frei werden. Das energiereiche Elektron im Photosystem II wird vom Phaeophytin in einer Folge von Redoxreaktionen über drei verschiedene Chinone (u. a. Plastochinon), ein Eisen-Schwefel-Protein (FeS), Zytochrom$_f$ (Zyt_f) und Plastocyanin (PC, ein Kupfer-Protein) weitergeleitet. Es füllt die Lücke im zentralen Chlorophyll des Photosystems I (P700), die nach der Abgabe eines energiereichen Elektrons durch die vorhergehende Lichtabsorption im Chlorophyll entstanden ist. Dieses Elektron reduziert im Photosystem I zunächst ein weiteres Chlorophyll, um anschließend in Redoxreaktionen über Menachinon (MC, Vitamin K) und vier Eisen-Schwefel-Proteine (u. a. Ferredoxin) zum $NADP^+$ weitergeleitet zu werden. Zwei energiereiche Elektronen und zwei Protonen reduzieren $NADP^+$ zu NADPH + H^+. Mit den Redoxreaktionen findet gleichzeitig ein Protonentransport über die Thylakoidmembran statt. Der entstehende Protonengradient wird zur ATP-Bildung genutzt. Bei der Bildung eines Moleküls Sauerstoff werden vier Elektronen freigesetzt ($2H_2O \rightarrow O_2 + 4H^+ + 4e^-$). Da zum Transport jedes Elektrons zwei Photonen nötig sind, ergibt sich ein Bedarf von acht Photonen für jedes entstandene Sauerstoffmolekül.

Die Dunkelreaktion ist i. d. R. mit der Lichtreaktion gekoppelt, kann aber auch alleine im Dunkeln ablaufen. Die Enzyme dieser Reaktion liegen alle im Zytoplasma des Chloroplasten. CO_2 bindet an einen phosphorylierten Pentosezucker (C_5). Die so entstandene instabile Hexose (C_6) zerfällt in zwei C_3-Carbonsäuren, die mithilfe von ATP und NADPH + H^+ reduziert werden. Aus den Produkten dieser Reaktion entsteht entweder Glucose, oder der ursprüngliche Pentosezucker wird in einem komplexen Reaktionszyklus (Calvin-Zyklus) wieder zur Verfügung gestellt.

📖 *Lawlor, D. W.: P. Stoffwechsel – Kontrolle – Physiologie, bearb. v. D.-P. Häder. A. d. Engl. Stuttgart u. a. 1990.*

Phototheodolit, ↑Messkammer zur Erdbildmessung im Gelände. (↑Photogrammmetrie)

Phototherapie, die ↑Lichtbehandlung.

Phototransistor, ein Transistor mit pnp- oder npn-Schichtenfolge, dessen Basis-Kollektor-Sperrschicht einer externen Lichtquelle zugänglich ist. Der P. besteht im Prinzip aus einer mit einer zusätzl. Sperrschicht zum Transistor erweiterten ↑Photodiode. Die durch den Lichteinfall erzeugte Spannung steuert den P. ähnlich wie die Basisspannung einen übl. Transistor. Anwendung als Strahlungsmesser, lichtempfindl. Schalt- und Signalelemente. (↑Photodetektor)

phototropes Glas (photochromes Glas), Glas, das sich durch Photochromie in seiner Transparenz den Lichtverhältnissen anpasst. (↑Brille)

Phototypie [grch.] *die,* veraltete Bez. für eine photomechanisch hergestellte Druckplatte für den Hochdruck (Buchdruck).

Photovoltaik *die,* Gebiet der Physik, das sich mit der direkten Umsetzung von Lichtenergie in elektr. Energie befasst, im engeren Sinne die Umsetzung von Sonnenenergie in ↑Solarzellen.

Photowiderstand (Photoleiter), ein optoelektron. Halbleiterbauelement, dessen Leitfähigkeit bei Zufuhr von Energie elektromagnet. Strahlung, meist Licht, zunimmt. Der P. eignet sich daher als ↑Photodetektor. Seine Funktion beruht auf dem inneren ↑Photoeffekt; er besteht aus einem Substrat mit einer meist aufgedampften dünnen Schicht aus lichtempfindl. Material (z. B. Cadmiumsulfid, Cadmiumselenid, Bleisulfid).

Photozelle (lichtelektrische Zelle), eine Stromquelle, die bei auftreffender elektromagnet. Strahlung (meist Licht) Strom abgeben kann. Man unterscheidet **Halbleiter-P.** (optoelektron. Halbleiterbauelemente mit pn-Übergang; eignen sich als Stromquellen [↑Solarzelle] und ↑Photodetektoren) und **Röhren-P.** (als Spannungsquelle betriebene Röhrenphotodiode [↑Photodiode], die sinngemäß als Vakuumzelle und gasgefüllte P. bezeichnet wird; findet techn. kaum noch Verwendung, da der Photostrom ohne äußere Spannungsquelle sehr gering ist).

Phrase [grch.] *die,* **1)** *Musik:* das nächstgrößere Gebilde nach dem Motiv, meist zwei Takte.

2) *Sprachwiss.:* aus einem Einzelwort oder aus mehreren, eine Einheit bildenden Wörtern bestehender Satzteil.

Phrasenstrukturgrammatik, Grammatik, die durch Einteilung und Abgrenzung von Phrasen Sätze analysiert und Satzbaupläne ermittelt. Dabei werden die syntakt. Einheiten (Konstituenten) in ihrer hierarch. Struktur schrittweise analysiert (↑Konstituentenanalyse).

Phraseologie [grch.] *die,* Zusammenstellung und Lehre von den festen Fügungen, Wendungen, Wortverbindungen und Redewendungen einer Sprache.

Phrasierung [grch.] *die, Musik:* die Sinngliederung eines Stücks, d. h. die dem musikal. Sinn gemäße Abgrenzung und Verbindung der Einzelteile (Motiv, Phrase, Periode), aus denen ein zusammenhängender Satz besteht.

phreatischer Vulkan|ausbruch, Bez. für einen explosiven vulkan. Ausbruch, z. B. wenn eine magmat. Schmelze mit Wasser zusammenkommt und dieses verdampft. Die ↑Maare sind durch p. V. entstanden.

Phrenologie [grch.] *die,* von F. J. ↑Gall vertretene Schädellehre.

Phrixos, *grch. Mythos:* Sohn des Athamas und der Nephele, floh mit seiner Schwester Helle vor den Nachstellungen seiner Stiefmutter Ino auf einem goldenen Widder nach Kolchis (↑Goldenes Vlies).

Phrygi|en, histor. Landschaft im westl. Inneranatolien, Türkei. Die indogerman. **Phryger,** nach antiken Berichten aus Makedonien und Thrakien eingewandert (um 1200/1100?), gründeten im 8. Jh. v. Chr. ein Großreich, das um 695 v. Chr. von den Kimmeriern zerstört wurde. Seit 546 v. Chr. stand P. unter persischer, seit Alexander d. Gr. unter makedon. Herrschaft, 133 v. Chr. wurde es röm. Provinz. Das **Phrygische,** eine indogerman. Sprache, ist seit dem Ende des Altertums ausgestorben.

phrygische Mütze, kegelförmige Zipfelmütze der Phryger und kleinasiat. Griechen aus Stoff oder Leder. Die frz. Revolutionäre trugen die der p. M. nachgebildete ↑Jakobinermütze.

phrygischer Kirchenton, auf dem Grundton e stehende ↑Kirchentonart (Übersicht).

Phthalate, Ester und Salze der ↑Phthalsäure.

Phthalocyanine, synthet. Farbstoffe, die aus einer stickstoffhaltigen makrozykl. Verbindung bestehen, in der sich meist ein Metallatom in chelatartiger Bindung befindet. P. sind äußerst beständige, farbstarke, meist blaue bis grüne Substanzen, die sich als Pigmente eignen (z. B. das tiefdunkelblaue **Kupfer-P.**); durch Einführung geeigneter chem. Gruppen können lösl. Farbstoffe für Textilien, Papier und Leder gewonnen werden.

Phthalsäure (1,2-Benzoldicarbonsäure), wichtigste der Benzoldicarbonsäuren, bildet farblose Kristalle, die beim Erhitzen in das Anhydrid übergehen. **P.-Anhydrid** ist ein bed. Zwischenprodukt, das durch katalyt. Oxidation von o-Xylol hergestellt wird. P. ist (meist in Form des Anhydrids) u. a. Ausgangsstoff für Weichmacher, Alkydharze und Farbstoffe.

Phuket [phu:'ked], thailänd. Insel in der Andamanensee, 543 km², 155 000 Ew.; Hauptort ist P. (46 700 Ew.); Bergbau auf Zinn, Wolfram; Verhüttung aller abgebauten Zinnerze Thailands. Straßenverbindung mit dem Festland; wichtigstes Tourismusziel im S Thailands.

pH-Wert (pH) [von lat. **p**otentia **h**ydrogenii »Stärke des Wasserstoffs«], *Chemie:* von dem dän. Chemiker S. P. L. Sørensen 1909 eingeführte Maßzahl für die in Lösungen enthaltene Konzentration an Wasserstoffionen, H^+ (bzw. Hydroniumionen, H_3O^+), d. h. für den sauren oder bas. Charakter (Acidität bzw. Basizität) einer Lösung. Der pH-W. wird als negativer dekad. Logarithmus der Wasserstoffionenkonzentration $c(H^+)$ bzw. der Wasserstoffionenaktivität $a(H^+)$ angegeben. Da in reinem Wasser die Konzentrationen der Hydronium- und Hydroxidionen gleich

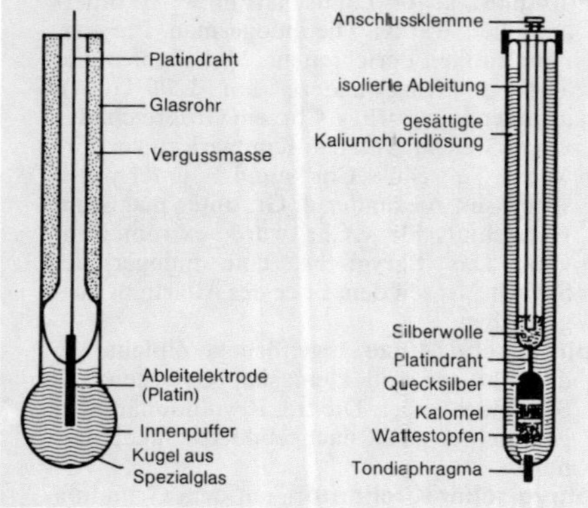

pH-Wert: Glaselektrode (links) und Kalomelektrode zur Bestimmung des pH-Werts

groß sind (je 10^{-7} Mol pro Liter), liegt der negative Logarithmus der Wasserstoffionenkonzentration (der pH-W.) des Wassers bei 7; Lösungen mit höherer Wasserstoffionenkonzentration haben einen niedrigeren pH-W. und werden als sauer bezeichnet, Lösungen mit niedrigerer Wasserstoffionenkonzentration haben einen höheren pH-W. und werden basisch (oder alkalisch) genannt.

phyl..., phylo... [grch.], abstammung..., stamm...

Phyle [grch. »Volksstamm«] *die,* Unterabteilung altgrch. Stämme und Staaten; urspr. auf familienrechtl. Grundlage.

phyll..., phyll..., phyllo... [grch.], blatt...

Phyllit [grch.] *der,* metamorphes Gestein der Epizone mit schiefrigem Gefüge; grüngrau, violettgrau, auch schwarz (Graphit), feinkörnig, seidiger Flächenglanz; Mineralbestand: Sericit, Chlorit, Quarz, Chloritoid. P. sind Paragesteine.

Phyllochinon *das,* Vitamin K (↑Vitamine).

Phyllodium [grch.] *das,* blattartig verbreiterter Blattstiel mit Assimilationsfunktion, z. B. bei einigen Akazienarten.

Phyllokakteen [grch.], die ↑Blattkakteen.

Phyllokladium [grch. kládos »Sprössling«] *das, Botanik:* ↑Flachspross, der sich aus einem Kurztrieb entwickelt hat.

Phyllosphäre [grch.], die von Mikroorganismen (Bakterien, Pilzen) besiedelte Oberfläche der Blätter und Blattscheiden.

Phylogenese [grch.] *die* (Phylogenie, Stammesentwicklung, Stammesgeschichte), die Entstehung der Lebewesen in der Vielfalt ihrer Arten im Laufe der Erdgeschichte, entweder bezogen auf die Gesamtheit der Organismen oder auf eine bestimmte Verwandtschaftsgruppe sowie die Erforschung der diesbezügl. Gesetzmäßigkeiten. Erkennbar wird der Verlauf der P. einerseits aus der vergleichenden Betrachtung der rezenten Formen im Hinblick u. a. auf Anatomie, Ontogenese, Verhalten, die Aminosäuresequenz bestimmter Proteine und das Blutserum, andererseits aus der vergleichenden Untersuchung der Fossilien (Wiss.bereich der Paläontologie), die Dokumente des Verlaufs der P. sind. Über die Rekonstruktion der P. einer Organismengruppe können die Verwandtschaftsbeziehungen der zugehörigen Arten aufgeklärt und ein phylogenet. (natürl.) System aufgestellt werden.

Phyromachos, grch. Bildhauer des 3./2. Jh. v. Chr.; einer der bedeutendsten Bildhauer der Antike. Ihm wird das in Kopie erhaltene Porträt des Philosophen Antisthenes zugeschrieben; er war wohl auch der Schöpfer der Bildhauerarbeiten des Pergamonaltars.

phys..., physi..., physio... [grch.], natur..., leben..., körper...

Physik [zu grch. physikḗ (theōría) »Naturforschung«] *die,* die Wiss. von den Naturvorgängen im Bereich der unbelebten Materie sowie von deren Eigenschaften, die der experimentellen Erforschung, der messenden Erfassung und mathemat. Darstellung zugänglich sind und allgemein gültigen Gesetzen unterliegen. Insbesondere untersucht die P. die Zustandsformen der Materie, ihre Struktur und Bewegung (Veränderung) sowie die diese hervorrufenden Kräfte und Wechselwirkungen. Die P. ist eine für andere Naturwiss. grundlegende, empir. Wissenschaft. Die Anwendung ihrer Methoden und Theorien auf angrenzende Wiss. führte zu Spezialgebieten wie Astro-P. und Kosmologie, Bio-P., Geo-P. und physikal. Chemie. Die wesentl. Aufgabe der P. besteht darin, die Fülle der von ihr untersuchten Naturerscheinungen und -vorgänge **(physikal. Phänomene)** zu erfassen, zu beschreiben und zu erklären, wobei das method. Vorgehen stets eine Einheit von Theorie und Experiment, Hypothese und Verifikation bildet. Hierin liegt die enge Berührung zw. **theoret.** und **experimenteller P.;** aus den durch exakte Beobachtung und Messung (physikal. Experimente) gewonnenen Daten werden die funktionalen Beziehungen zw. den untersuchten physikal. Größen abstrahiert und (in mathemat. Form) als physikal. Gesetze formuliert bzw. zu grundlegenden physikal. Theorien verallgemeinert. Große Bedeutung im physikal. Erkenntnisprozess haben Modellvorstellungen (physikal. Modelle). In der immer wichtiger werdenden **Computer-P.** werden solche Modelle syste-

Physik: Geschichte (Auswahl)

um 325 v. Chr.	Aristoteles, Lehre der vier Elemente
um 300 v. Chr.	»Katoptrik« von Euklid (erste wiss. Werk zur Optik)
um 250 v. Chr.	Archimedes beschreibt den Hebelsatz und den Auftrieb
1543	N. Kopernikus führt das kopernikanische Weltbild ein
1608	H. Lippershey baut das erste Fernrohr
1609	J. Kepler formuliert die Gesetze der Planetenbewegung
1609/32	G. Galilei leitet die Gesetze des freien Falls und des Wurfs richtig her; Wandel der Naturphilosophie von einer spekulativen zu einer messenden Wissenschaft
1621	W. Snellius formuliert das Brechungsgesetz
1643	E. Torricelli erfindet das Quecksilberbarometer
1665	R. Hooke formuliert eine Wellentheorie des Lichts; 1678/90 durch C. Huygens um das Konzept der Elementarwellen erweitert
1666	I. Newton stellt das Gravitationsgesetz auf
1675	I. Newton erklärt die Spektralzerlegung des Lichts
1687	I. Newton veröffentlicht die newtonschen Axiome
ab 1734	Entwicklung der Kontinuumsmechanik, der Elastizitätstheorie und der Hydromechanik
1747	B. Franklin führt die elektrostatischen Effekte auf eine elektrische Substanz zurück
1784	P.S. de Laplace und A.L. Lavoisier entwickeln eine Wärmetheorie
1785	C.A. Coulomb findet das Kraftgesetz der Elektrostatik
1789	L. Galvani entdeckt im »Froschschenkelversuch« elektrochem. Effekte
1797	A. Volta stellt die Spannungsreihe auf
1797	J.W. Ritter begründet die Elektrochemie
1798	B. Thompson Graf Rumford weist nach, daß Wärme kein Stoff ist
um 1800	Zustandsgesetze für ideale Gase (u.a. J.L. Gay-Lussac)
1801/03	Th. Young beweist die Wellennatur des Lichts
1812	D. Poisson formuliert die Potenzialtheorie
1814/15	J. Fraunhofer findet bei Spektraluntersuchungen des Sonnenlichts die fraunhoferschen Linien
1817	C.F. Gauß formuliert die geometr. Optik
1820	H.C. Ørsted entdeckt die magnet. Wirkung des elektr. Stromes
1820	Ampère findet die gegenseitige Beeinflussung von stromdurchflossenen Drähten
1821	Th. Seebeck entdeckt die Thermoelektrizität
1821/23	J. Fraunhofer und J.A. Fresnel entwickeln die Beugungstheorie
1831	M. Faraday deutet die elektromagnet. Induktion
1833/34	M. Faraday stellt die faradayschen Gesetze der Elektrolyse auf
1842	R. Mayer stellt das Gesetz von der Erhaltung der Energie auf
1849	Terrestrische Messung der Lichtgeschwindigkeit (H. Fizeau)
1850	J.B.L. Foucault misst die Lichtgeschwindigkeit in Medien
1857	Erste vollständige Ableitung des Gasdrucks mithilfe der kinetischen Gastheorie durch R. Clausius
1860/71	J.C. Maxwell gibt die Geschwindigkeitsverteilung der Moleküle eines Gases an und begründet damit die Statistische Physik
1864	J.C. Maxwell formuliert die Grundgleichungen der Elektrodynamik
1873	E. Abbe entwickelt die Theorie der optischen Abbildung
1886/88	Erzeugung und Nachweis elektromagnetischer Wellen durch H. Hertz
1895	W.C. Röntgen entdeckt die von ihm so genannten X-Strahlen
1896	Erste Beobachtung radioaktiver Erscheinungen durch H. Becquerel
1905	A. Einstein formuliert die spezielle Relativitätstheorie
1908/09	J. Perrin erklärt die brownsche Molekularbewegung
1911	H. Kamerling Onnes entdeckt die Supraleitung an Quecksilber
1914	J. Franck und G. Hertz zeigen eine innere Struktur des Atoms
1915	A. Einstein formuliert die allgemeine Relativitätstheorie
1921	O. Stern und W. Gerlach weisen die Richtungsquantelung der Atome im Magnetfeld nach und bestimmen deren magnetisches Moment
1923	A.H. Compton erklärt die Röntgenstreuung quantenmechanisch und bestätigt damit den Teilchencharakter des Lichts
1923	L. de Broglie entdeckt den Wellencharakter der Materie

Physik: Geschichte (Auswahl; Fortsetzung)

1925 G.E. Uhlenbeck und S.A. Goudsmit führen den Begriff des Eigendrehimpulses (Spin) in die Atomtheorie ein
1925 W. Pauli formuliert das Ausschließungsprinzip; 1926 führt E. Fermi dieses Prinzip in die Statist. Mechanik ein, P. A. M. Dirac gibt eine quantenmechanische Form des Prinzips
1925 W. Heisenberg gibt eine erste mathematische Formulierung der Quantenmechanik als »Matrizenmechanik«; P. A. M. Dirac verallgemeinert sie, sodass sich die klassische Mechanik als Spezialfall der Quantenmechanik ergibt
1926 E. Schrödinger gibt eine mathematische Formulierung der Quantenmechanik als »Wellenmechanik«
1927 W. Heisenberg formuliert seine Unschärferelation
1928 P. A. M. Dirac führt die Quantenmechanik und die allgem. Relativitätstheorie zusammen und postuliert das Positron
1932 J. Chadwick findet bei Streuexperimenten das Neutron
1932 H. Urey u.a. berichten über das Wasserstoffisotop mit der Masse 2 (Deuterium), dessen Kern ein Neutron enthält
1932 R.A. Millikan und C.D. Anderson weisen das Positron nach
1932 J. D. Cockcroft und E. T. S. Walton gelingt mit einer elektrostatischen Anlage die erste Kernzertrümmerung
1933 E. Fermi erklärt den Betazerfall mithilfe eines zusätzlichen Teilchens, des Neutrinos (erster Nachweis 1952 durch F. Reines und C. Cowan)
1933 W. Meissner und R. Ochsenfeld zeigen, dass das Innere von Supraleitern stets feldfrei ist
1934 F. Joliot und I. Joliot-Curie entdecken die künstliche Radioaktivität
1935 H. Yukawa entwickelt eine Theorie der Kernkräfte und postuliert darin ein neues Teilchen, das Meson
1935 F. und H. London geben eine phänomenologische Theorie der Supraleitung
1938 O. Hahn und F. Straßmann finden beim Beschuss von Uran mit Neutronen radioaktives Barium; Lise Meitner und O. Frisch deuten das als Kernspaltung
1938 P. Kapitza stellt bei der Verflüssigung von Helium die Suprafluidität fest
1940 E. McMillan und P. Abelson identifizieren das erste Transuran, Neptunium
1942 US-Präsident Roosevelt genehmigt das Manhattan-Projekt zur Entwicklung der Atombombe; wiss. Leiter ist J.R. Oppenheimer
1942 Unter E. Fermis Leitung geht der erste kritische Kernreaktor (Oak Ridge, bei Chicago) in Betrieb
1945 Im »Trinity-Test« explodiert am 16. Juli die erste Atombombe
1946 Erster Nachweis der Mesonen (μ-Meson und π-Meson) in einer Fotoemulsion durch C.F. Powell, C.M.G. Lattes und G.P.S. Occhialini
1947 J. Schwinger und R.P. Feynman entwickeln die Quantenfeldtheorie
1948 D. Gabor formuliert das Prinzip der Holographie
1948/49 Maria Göppert-Mayer entwickelt ein »Schalenmodell« des Atomkerns
1950 L.D. Landau und V.L. Ginsburg stellen die Theorie der Supraleitung auf
1951 Mit der Explosion der Wasserstoffbombe (USA) findet die erste Kernfusion auf der Erdoberfläche statt
1953 M. Gell-Mann leistet mit der Einführung der Quantenzahl »Strangeness« seinen ersten Beitrag zur Klassifikation der Elementarteilchen
1953 W. Paul baut die erste Hochfrequenz-Ionenfalle, mit der spektroskopische Untersuchungen an einzelnen Atomen möglich werden
1954 Gründung des Europäischen Kernforschungszentrums (CERN) bei Genf
1955 C.H. Townes baut den ersten Maser (Mikrowellen-Quantengenerator)
1955 Entdeckung des Antiprotons durch O. Chamberlain und E. Segrè
1956 C.-S. Wu, C.N. Yang und T.-D. Lee entdecken die Paritätsverletzung
1957 Theorie der schwachen Wechselwirkung (M. Gell-Mann, R.P. Feynman u.a.)
1957 J. Bardeen, L. Cooper und J.R. Shrieffer geben die »BCS-Theorie« zur Erklärung der Supraleitung
1958 R. Mößbauer findet die rückstoßfreie Resonanzabsorption von Gammastrahlung
1959 Gründung des Forschungszentrums Deutsches Elektronensynchrotron (DESY) in Hamburg
1960 T.H. Maiman baut unter Ausnutzung des Maser-Prinzips den ersten Laser

Physik: Geschichte (Auswahl; Fortsetzung)

1960	N.F. Ramsey realisiert einen stabilen Wasserstoffmaser als hochgenauen Frequenzstandard
1961	Y. Ne'eman und M. Gell-Mann entwickeln unabhängig die Theorie der Quarks (mit drei Quarks)
1967	S. Weinberg und A. Salam formulieren unabhängig die Theorie der schwachen und der elektromagnetischen Wechselwirkung
1971	D.M. Lee, D.D. Osherow und R.C. Richardson entdecken die superfluiden Phasen von Helium-3
1972	S. Glashow schlägt ein viertes Quark vor (bestätigt 1974 durch die Entdeckung des J- bzw. ψ-Teilchens durch S. Ting bzw. B. Richter)
1973	S.H. Glashow, M. Gell-Mann, H. Fritsch u.a. entwickeln die Quanten-Chromodynamik mit den Gluonen als Feldquanten
1981	K. von Klitzing entdeckt den quantisierten Hall-Effekt
1983	Gründung des Europäischen Zentrums für Fusionforschung (JET)
1986	G. Bednorz und A. Müller finden die ersten Hochtemperatur-Supraleiter
1991	Messungen des Zerfalls von Z^0-Bosonen am CERN belegen, dass es nur drei Neutrinoarten gibt
1994	Entdeckung des Top-Quarks am Fermi-Lab (bei Chicago); damit gilt die Quark-Theorie als gesichert
1995	Experimenteller Nachweis der Bose-Einstein-Kondensation an der Universität von Boulder (USA)
1996	Am Europäischen Kernforschungszentrum CERN werden erstmals Atome aus Antimaterie hergestellt
1998	Amerikanische und japanische Forscher weisen nach, dass Neutrinos zwischen verschiedenen Zuständen oszillieren und deshalb nicht masselos sind
1999	Physiker am Max-Planck-Institut für Quantenoptik (Garching) und an der Universität München realisieren den ersten Laser (Atomlaser), der einen kontinuierlichen Materiewellenstrahl aussendet

matisch in ↑Simulationen mit dem Computer modifiziert. Die Gesamtheit der in den versch. Bereichen der P. entwickelten ↑Modelle und Theorien sowie der daraus resultierenden Erkenntnisse bezeichnet man als **physikal. Weltbild.**

Das Gesamtgebiet der P. wird nach versch. histor. bzw. sachl. Gesichtspunkten in klass. und moderne P., Kontinuums- und Quanten-P. bzw. Makro- und Mikro-P. unterteilt, wobei sich diese Begriffe z.T. überschneiden. Unter dem Begriff **klass. Physik** fasst man die bis zum Ende des 19. Jh. untersuchten Erscheinungen und Vorgänge zusammen, die anschaulich in Raum und Zeit beschreibbar sind und für die zu Beginn des 20. Jh. abgeschlossene Theorien vorlagen. Kennzeichnend für die klass. P. ist, dass der Einfluss der Messvorgänge auf die Messobjekte und damit auf die Messresultate vernachlässigt werden kann. Ihre Teilbereiche sind: die klass. ↑Mechanik, die ↑Akustik, die ↑Thermodynamik, die ↑Elektrodynamik sowie die ↑Optik. Eine Sonderstellung nimmt die zu Beginn des 20. Jh. entwickelte und daher meist zur modernen P. gezählte ↑Relativitätstheorie ein, die – als Vollendung der klass. Mechanik sowie der newtonschen Gravitationstheorie – auch der klass. P. zugerechnet wird.

Die sich seit Beginn des 20. Jh. entwickelnde **moderne P.** umfasst v.a. die nicht mehr anschaulich in Raum und Zeit beschreibbaren und unstetig ablaufenden Naturerscheinungen und -vorgänge der Mikro-P. Die von ihr untersuchten mikrophysikal. Systeme sind nur im Rahmen der ↑Quantentheorie und auf ihr fußender Theorien beschreibbar, in denen die Bereiche der klass. P. als Grenzfälle enthalten sind. Grundlegende Gebiete der modernen P. sind ↑Atomphysik, ↑Kernphysik, die Elementarteilchen-P. (↑Hochenergiephysik) in enger Verbindung mit der Kosmologie und Relativitätstheorie (Schaffung einer einheitl. Feldtheorie der Materie). Weitere Schwerpunkte physikal. Forschung betreffen im Zusammenwirken mit Technik, Mathematik und Informatik die P. der kondensierten Materie (z.B. Festkörper-P., Halbleiter-P., Tieftemperatur-P., P. der Supraleiter), die Laser-P. und Plasmaphysik.

Geschichte: Der physikal. Gedanke eines Urstoffes wurde von den grch. Philosophen in versch. Weise entwickelt, u.a. Thales (Urstoff ist das Wasser), Anaximander (das »Unbegrenzte«), Anaximenes (Luft), Empedokles (Vier-Elementen-Lehre), Leukipp und Demokrit (Atome) sowie Aristoteles (geozentr. Kosmologie). Fachwiss. Entwicklungen, die sich z.T. schon auf erste planmäßige Versuche stützten, stammten u.a. von Philon von Byzanz (techn. Mechanik, Pneumatik), Euklid (geometr. Optik), Archimedes (Statik, Hydrostatik). Zu wichtigen Erkenntnissen gelangten ferner Heron von Alexandria (Begriff des virtuellen Hebelarms, erstes Minimalprinzip der P.), Ptolemäus (Strahlenbrechung) und Pappus von Alexandria (Aräometer, guldinsche Regeln) sowie Eratosthenes von Kyrene (Bestimmung des Erddurchmessers). Das grch. Wissen wurde seit dem 9. Jh. von islam. Gelehrten gesammelt, fortgebildet und an das Abendland weitergegeben. In der Renaissance wirkte u.a. Kopernikus (heliozentr. Weltbild). – Das 17. Jh. bedeutete die Anerkennung des kopernikanisch-keplerschen Weltsystems, die Ausbildung der Lehre vom Erdmagnetismus (W. Gilbert) und der Kinematik von Fall und Wurf (Galilei). J. Jungius, P. Gassendi und R. Boyle erneuerten die Atomistik; E. Torricelli, B. Pascal und O. von Guericke schufen die Lehre vom Luftdruck und die Vakuumtechnik; Statik und Dynamik machten durch S. Stevin und C. Huygens, die Optik durch J. Kepler, R. Descartes und Snell entscheidende Fortschritte. Newton und Huygens skizzierten erstmals die gegensätzl. Auffassungen vom Licht als Teilchen- und Wellenerscheinung. Eine Krönung dieser Epoche bildeten Newtons Erkenntnisse zur Statik und Dynamik und seine Aufstellung des Gravitationsgesetzes (1682). Die Bernoullis, d'Alembert, L. Euler, J. de Lagrange u.a. entwickelten im 18. Jh. die theoret. Mechanik weiter. Die Wärmelehre wurde durch D. G. Fahrenheit, R.-A. Réaumur, A. Celsius, die Photometrie durch J. H. Lambert, die Elektrizitätslehre durch F. Hawksbee, C. A. Coulomb u.a. gefördert; ausgebaut und vertieft wurde sie im 19. Jh. durch A. Volta (galvan. Stromerzeugung), H. C. Ørsted (Elektromagnetismus), A. Ampère (Elektrodynamik) und M. Faraday (Induktionserscheinungen, elektrochem. Grundgesetze). Neue Entdeckungen führten zur Bestätigung der Wellentheorie des Lichts (T. Young, A. Fresnel), die 1865 durch J. Maxwell (Theorie des elektromagnet. Feldes) mit der Elektrodynamik vereinigt wurde. 1842 entdeckte Julius Mayer das Prinzip von der Erhaltung der Energie; R. Clausius, J. Maxwell und L. Boltzmann gelang es, die Gasgesetze mithilfe der kinet. Gastheorie statistisch zu begründen; sie gab in Verbindung mit den sich häufenden Hinweisen auf die atomist. Struktur der Materie und der Elektrizität an der Wende des 20. Jh. den Anlass zur Aufstellung der Quantenhypothese durch Planck (1900), die den Ursprung der Quantentheorie bildet, und Einstein zur Annahme einer Teilchenstruktur des Lichts (Welle-Teilchen-Dualismus).

Der Einstieg in die Mikrophysik wurde ferner durch die Entdeckung der Röntgenstrahlen (W. Röntgen) und der Radioaktivität (A. Becquerel, P. und M. Curie, G. C. Schmidt, E. Rutherford) vorbereitet. Die Entwicklung führte zur Theorie des Atombaus (N. Bohr, 1913) und zur Quanten- und Wellenmechanik der Atome (de Broglie, W. Heisenberg, E. Schrödinger, M. Born, E. P. Jordan, P. Dirac). Die Relativitätstheorie (Einstein) lieferte unerwartete Einblicke in die Zusammenhänge von Raum und Zeit und in die Natur der Gravitation. Durch die Entdeckung der Äquivalenz von Masse und Energie (Einstein) wurde die Unterscheidung der klass. P. zw. Materie und Feldern weitgehend aufgehoben. Das Komplementaritätsprinzip und die heisenbergsche Unschärferelation führten zu einem Umsturz im Weltbild der P., da das im Rahmen der klass. P. uneingeschränkt geltende Prinzip der Determiniertheit im Bereich der Mikro-P. außer Kraft gesetzt wurde. Die aus der quantenmechan. Interpretation der mikrophysikal. Vorgänge folgende Ungültigkeit des Kausalgesetzes hatte über den Bereich der P. hinaus tief greifende Konsequenzen für die allg. Erkenntnistheorie. Die Experimental-P. erlebte ab 1930 eine neue Blüte in der Atom-, Molekül- und Kern-P. Die Arbeiten von Otto Hahn, Lise Meitner u.a. führten zur Entdeckung der Uranspaltung und schließlich zur Gewinnung von Kernenergie (E. Fermi u.a.), aber auch zur Atombombe. Die Fortschritte der Physik der letzten 50 Jahre, insbesondere der Elementarteilchen-P. mit ihren teuren Großgeräten, sind v.a. auf eine zunehmende Spezialisierung und internationale Zusammenarbeit zurückzuführen.

📖 *Lacqueneux, R.: Kurze Geschichte der P. Aus dem Frz. Göttingen 1989. – Feynman, R. P.: Vom Wesen physikal. Gesetze. A.d. Amerikan. München u.a. 1990. – Heisenberg, W.: P. u. Philosophie, mit einem Beitrag v. G. Rasche u. B. van der Waerden. A.d. Engl. Stuttgart ⁵1990. – Encyclopedia of applied physics, hg. v. G. L. Trigg u.a., auf zahlr. Bde. ber. New York u.a. 1991ff. – Einstein, A.: Mein Weltbild. Neuausg. Frankfurt am Main 1993. – P., bearb. v. P. A. Tipler. A.d. Amerikan. Heidelberg u.a. 1994. – Weizsäcker, C. F. von: Aufbau der P. Neuausg. München ³1994. – Hund, F.: Ge-*

schichte der physikal. Begriffe. Heidelberg u. a. 1995. – Knerr, R.: Bertelsmann-Lexikon P. Gütersloh 1995. – Die großen Physiker, hg. v. K. von Meÿenn, 2 Bde. München 1997. – Stuart, H. A. u. Klages, G.: Kurzes Lehrbuch der P. Berlin u. a. [15]1997.

physikalische Chemie (Physikochemie), Abk. **PC,** Grenzgebiet zw. Chemie und Physik, das sich mit den bei chem. Vorgängen auftretenden physikal. Erscheinungen sowie dem Einfluss physikal. Einwirkungen auf chem. Vorgänge befasst. Wichtige Gebiete der p. C. sind Thermo-, Elektro-, Photo-, Magneto-, Kristall- und Kolloidchemie, Reaktionskinetik, (chem.) Thermodynamik sowie die theoret. Chemie (u.a. Quantenchemie).

Atkins, P. W. u. Trapp, C. A.: P. C., 2 Bde. Weinheim u. a. [2]1996.

physikalische Größen, ↑Größe 2).

physikalische Konstanten (Naturkonstanten, Fundamentalkonstanten), in den physikal. Gesetzen vorkommende universelle (nicht von einem speziellen Material abhängige) Konstanten, z. B. die Lichtgeschwindigkeit.

physikalisches System, ↑System.

physikalische Therapie, die ↑Physiotherapie.

Physikalisch-Technische Bundesanstalt, Abk. **PTB,** Sitz: Braunschweig und Berlin, dem Dienstbereich des Bundeswirtschaftsministeriums zugeordnetes natur- und ingenieurwiss. Staatsinstitut und techn. Bundesoberbehörde für das Messwesen. Zu den Aufgaben gehört die Darstellung und Weitergabe der gesetzl. Einheiten sowie die Prüfung, Eichung und Zulassung von Messgeräten. Die PTB entstand aus den gegen Ende des Zweiten Weltkriegs nach West-Dtl. verlagerten Teilen der 1887 gegr. **Physikalisch-Technischen Reichsanstalt (PTR).**

Physikum [grch.] *das,* frühere Bez. für die ärztl. Vorprüfung, die nach den vier vorklin. Semestern in schriftl. Form abgelegt wird.

Physiogeographie (physische Geographie), ein Hauptzweig der allg. Geographie; umfasst Geomorphologie, Klimatologie, Hydrographie und Biogeographie (Pflanzen- und Tiergeographie).

Physiognomie [grch.] *die,* die äußere körperl. Erscheinung eines Menschen, insbesondere die Gesichtszüge.

physikalische Konstanten[1)]

Größe	Formelzeichen	Zahlenwert[2)]	Einheit (dezimale Vielfache)
Lichtgeschwindigkeit im Vakuum	c_0	299 792 458	$\mathrm{m\,s^{-1}}$
magnetische Feldkonstante	μ_0	$4\pi \cdot 10^{-7}$	$\mathrm{NA^{-2}}$
		=12,566 370 614...	$10^{-7}\ \mathrm{NA^{-2}}$
elektrische Feldkonstante, $1/\mu_0 c_0^2$	ε_0	8,854 187 817...	$10^{-12}\ \mathrm{Fm^{-1}}$
Gravitationskonstante	G	6,672 59(85)	$10^{-11}\ \mathrm{m^3 kg^{-1} s^{-2}}$
plancksches Wirkungsquantum, Planck-Konstante	h	6,626 075 5(40)	$10^{-34}\ \mathrm{Js}$
$h/2\pi$	$\hbar$	1,054 572 66(63)	$10^{-34}\ \mathrm{Js}$
Elementarladung	e	1,602 177 33(49)	$10^{-19}\ \mathrm{C}$
Bohr-Magneton, $e\hbar/2m_e$	μ_B	9,274 015 4(31)	$10^{-24}\ \mathrm{JT^{-1}}$
Kernmagneton, $e\hbar/2m_p$	μ_N	5,050 786 6(17)	$10^{-27}\ \mathrm{JT^{-1}}$
Sommerfeld-Feinstrukturkonstante, $\mu_0 c_0 e^2/2h$	α	7,297 303 58(33)	10^{-3}
Rydberg-Konstante, $m_e c_0 \alpha^2/2h$	R_∞	10 973 731,534(13)	$\mathrm{m^{-1}}$
Bohr-Radius, $\alpha/4\pi R_\infty$	a_0	0,529 177 249(24)	$10^{-10}\ \mathrm{m}$
Ruhemasse des Elektrons	m_e	9,109 389 7(54)	$10^{-31}\ \mathrm{kg}$
Compton-Wellenlänge des Elektrons, $h/m_e c_0$	λ_C	2,426 310 58(22)	$10^{-12}\ \mathrm{m}$
(klassischer) Radius des Elektrons, $\alpha^2 a_0$	r_e	2,817 940 92(38)	$10^{-15}\ \mathrm{m}$
Ruhemasse des Protons	m_p	1,672 623 1(10)	$10^{-27}\ \mathrm{kg}$
Ruhemasse des Neutrons	m_n	1,674 928 6(10)	$10^{-27}\ \mathrm{kg}$
Avogadro-Konstante	N_A	6,022 136 7(36)	$10^{23}\ \mathrm{mol^{-1}}$
Faraday-Konstante	F	96 485,309(29)	$\mathrm{C\,mol^{-1}}$
universelle Gaskonstante	R, R_0	8,314 510(70)	$\mathrm{J\,mol^{-1}\,K^{-1}}$
Boltzmann-Konstante, R/N_A	k	1,380 658(12)	$10^{-23}\ \mathrm{JK^{-1}}$
Stefan-Boltzmann-Konstante, $(\pi^2/60)\,k^4/\hbar^3 c_0^2$	σ	5,670 51(19)	$10^{-8}\ \mathrm{Wm^{-2}\,K^{-4}}$
atomare Masseneinheit, $1\,u = m_u = \frac{1}{12}\,m\,(^{12}\mathrm{C})$	u	1,660 540 2(10)	$10^{-27}\ \mathrm{kg}$

[1)] Nach CODATA (Commitee on Data for Science and Technology), 1986. – [2)] Die Ziffern in runden Klammern entsprechen der einfachen Standardabweichung.

Physiognomik [grch.] *die,* Teilgebiet der Ausdruckspsychologie, das sich mit der Deutung der Wesensart eines Menschen aus seiner Körpergestalt, bes. aus den Gesichtszügen, befasst. Die moderne Anthropologie geht von rein statist. Korrelation zw. Körperbau und psych. (charakterl.) Eigentümlichkeiten aus. (↑Konstitutionstypen)

Physiokratismus [grch. »Naturherrschaft«] *der,* von F. Quesnay in der 2. Hälfte des 18. Jh. begründete erste nationalökonom. Schule. Weitere Vertreter waren in Frankreich A. R. J. Turgot, V. Mirabeau, in Dtl. J. A. Schlettwein. Die **Physiokraten** entwickelten auf der Grundlage des ↑Naturrechts ein in sich geschlossenes System der Volkswirtschaftslehre, in dem sie von einer natürl. Harmonie der Wirtschaft ausgingen. Entsprechend sollte die bestehende, unvollkommene Ordnung (ordre positif) durch staatl. Gesetze der vollkommenen, natürl. Ordnung (ordre naturel) angenähert werden. Quesnay entwickelte das Modell eines natürl. Wirtschaftskreislaufs (Tableau économique, 1758), der sich durch eine Kette von Tauschakten zw. den drei sozialen Klassen eines Staates vollzieht. Dabei wird der Begriff der sozialen Klasse allein vom ökonom. Standpunkt aus definiert. Die einzige wirtsch. produktive Klasse (classe productive) bilden die in der Landwirtschaft Tätigen; die Klasse der Grundeigentümer (classe propriétaire) erwirtschaftet zwar keine Güter, setzt aber die an sie abgeführten Grundrenten in Umlauf und vermehrt so den Reinertrag; sie soll dem Staat für polit. Aufgaben zur Verfügung stehen; die unproduktive Klasse (classe stérile) schließlich umfasst alle außerhalb des Agrarbereichs Tätigen (Handwerker, Händler). Ziel der Physiokraten waren Wirtschafts- und Finanzreformen (Schaffung von Großbetrieben, Freigabe der Getreideausfuhr, Erhöhung der Geldeinnahmen der Landwirte). Der P. wurde rasch von der klass. Nationalökonomie verdrängt; seine Erkenntnisse beeinflussten jedoch nachfolgende Nationalökonomen wie A. Smith und K. Marx.

📖 *Gömmel, R. u. Klump, R.: Merkantilisten u. Physiokraten in Frankreich. Darmstadt 1994.*

Physiologie [grch.] *die,* als Teilgebiet der Biologie und Medizin die Wiss. und Lehre von den normalen, auch den krankheitsbedingten **(Patho-P.)** Lebensvorgängen und Lebensäußerungen der Pflanzen **(Pflanzen-P.),** der Tiere **(Tier-P.)** und speziell des Menschen **(Human-P.).** Die P. versucht mit physikal. und chem. Methoden die Reaktionen und Abläufe von Lebensvorgängen (Wachstum, Entwicklung, Fortpflanzung u. a.) bei den Organismen bzw. ihren Zellen, Geweben oder Organen aufzuklären.

physiologische Chemie, Lehre von der chem. Natur physiolog. Vorgänge, Grenzgebiet zw. Biochemie und Physiologie.

physiologische Uhr, der ↑Zeitsinn.

Physiologus [grch.], Titel einer zw. dem 2. und 4. Jh. im Vorderen Orient (wohl Ägypten) entstandenen, in Griechisch verfassten Schrift, in der Tiere, Pflanzen und Steine christlich-typologisch gedeutet werden. Der P. ist die Hauptquelle christl. Tiersymbolik und liegt auch der mittelalterl. allegor. Tierdichtung zugrunde (↑Bestiarium). Er wurde im MA. bearbeitet und in versch. Sprachen übersetzt; die erste dt. Übersetzung entstand um 1070 im Kloster Hirsau.

Physiotherapie [grch.] (physikalische Therapie), Bezeichnung für Heilmaßnahmen im Rahmen der Naturheilkunde; Behandlungs- und Rehabilitationsverfahren durch Anwendung physikal. Reizwirkungen auf den Organismus, unter anderem Bewegung (Krankengymnastik), Wasser (↑Hydrotherapie), Licht (↑Lichtbehandlung), Luft (↑Klimatherapie), Heilquellen (Bäder und Trinkkuren), ↑Massage, ↑Elektro- oder ↑Ultraschalltherapie.

Physis [grch. »Natur«, »natürl. Beschaffenheit«] *die,* Natur-, Körperbeschaffenheit.

physisch 1) in der Natur begründet, natürlich; 2) die körperl. Beschaffenheit betreffend, körperlich.

Physostigmin [grch.] *das* (Eserin), giftiges Alkaloid aus dem Samen der Kalabarbohne (Physostigma venenosum); wirkt erregend auf das parasympath. Nervensystem; dient in der Augenheilkunde zur Behandlung des Glaukoms.

Phytal [grch.] *das,* Zone des bodenständigen pflanzl. Lebens im Meer.

phyto... [grch. phýton »das Gewachsene«, »Gewächs«, »Pflanze«], Pflanzen..., pflanzlich.

Phytochemie, die Biochemie der Pflanzen.

Phytochrom [grch.] *das,* pflanzl. blaugrünes Chromoproteid, an der Steuerung lichtabhängiger Entwicklungsvorgänge von Pflanzen beteiligt.

Phytogeographie, die ↑Pflanzengeographie.

Phytohormone, die ↑Pflanzenhormone.

Phytol [grch.] *das,* ungesättigter Alkohol, der sich verestert im Chlorophyll findet, auch Bestandteil der Vitamine E und K_1.

Phytomedizin, Wiss. von den Krankheiten sowie deren Ursachen bei Kulturpflanzen; Anwendungsbereiche: ↑Pflanzenschutz, Schädlingsbekämpfung, Vorratsschutz.

Phytonzide [grch.], von höheren Pflanzen gebildete Stoffe, die in und außerhalb der Pflanzen gegen Mikroorganismen (Protozoen, Bakterien, Pilze) wirksam sind; werden als gasförmige oder flüssige Substanzen von Wurzeln oder oberird. Pflanzenteilen ausgeschieden.

Phytopathologie [grch.], Lehre von den Pflanzenkrankheiten.

Phytophagen (Pflanzenfresser), Tiere, die sich von lebenden Pflanzen ernähren.

Phytoplankton, pflanzl. ↑Plankton.

Phytotherapie, *Medizin:* Teilgebiet der Naturheilkunde, das zur Behandlung von Krankheiten getrocknete und frische Bestandteile von Heilpflanzen und die darin enthaltenen Wirkstoffe verwendet.

Pi *das,* **1)** Π, π, der 16. Buchstabe des grch. Alphabets.

2) *Mathematik:* a) Π, Zeichen für das Produkt mehrerer Faktoren; b) π, Zeichen für die **ludolphsche Zahl (Kreiszahl)** $\pi = 3{,}141\,592\,653\,589\,793...$, eine transzendente reelle Zahl, die das konstante Verhältnis von Kreisumfang ($2\pi r$) zum Durchmesser ($2r$) angibt. Die Kreisfläche A berechnet sich aus $A = \pi r^2$.

3) *Physik:* π, physikal. Symbol für das **Pion** (**π-Meson,** ↑Mesonen).

Piacenza [pia'tʃɛntsa], **1)** Provinz in der Region Emilia-Romagna, Italien, 2589 km², (1997) 266000 Einwohner.

2) Hauptstadt von 1), nahe dem rechten Ufer des Po, 107000 Ew., Zentrum eines reichen Landwirtschaftsgebiets; Erzbischofssitz, Kunstakademie, Museen und Bibliothek; Nahrungsmittel-, chem., Zementind., Maschinenbau; in der Nähe Erdgas- und Erdölvorkommen. – Got. Rathaus (1281), Dom (1122–1233), Kirchen San Savino (12. Jh., später verändert), Madonna di Campagna (1522–28, Chor 1791), San Sepolcro (1513–33), San Sisto (1499–1511), mehrere Paläste aus der Frührenaissance. – P. wurde 218 v. Chr. von den Römern als **Colonia Placentia** gegr. In der Stauferzeit gehörte es dem lombard. Städtebund an. 1336 kam es an Mailand, 1512 an den Kirchenstaat; 1545–1860 bildete es mit ↑Parma einen selbstständigen Staat.

piacere [pja'tʃe:re, italien.] (a piacere), musikal. Vortrags-Bez.: nach Belieben; Tempo und Vortrag sind dem Interpreten freigestellt.

piacevole [pia'tʃe:vole, italien.], musikal. Vortragsbezeichnung: anmutig, gefällig, lieblich.

Pia desideria [lat. »frommes Verlangen«], Titel der theolog. Hauptschrift (1675) P. J. Speners, die zur Programmschrift des ↑Pietismus wurde.

Piaf, Édith, eigtl. É. Giovanna Gassion, französ. Chansonsängerin, * Paris 19. 12. 1915, † ebd. 11. 10. 1963; begann als Straßensängerin, errang seit 1937 als »Spatz von Paris« mit z. T. selbst verfassten Chansons überragende Erfolge (»Je ne regrette rien«).

Piaffe [frz.] *die, Pferdedressur:* Figur der hohen Schule; schwungvolle trabartige Tritte des Pferdes auf der Stelle mit erhabener Beinbewegung bei höchster Versammlung.

Piaget [pja'ʒɛ], Jean, schweizer. Psychologe, * Neuenburg 9. 8. 1896, † Genf 16. 9. 1980; einer der Hauptvertreter der Entwicklungspsychologie; Untersuchungen zur Entwicklung von Sprache, Denken, Raum-, Zeit- und Kausalvorstellungen, Weltbild und Moral des Kindes. – *Werke:* Sprechen und Denken des Kindes (1923); Das Erwachen der Intelligenz beim Kinde (1936); Psychologie der Intelligenz (1947); Biologie und Erkenntnis (1967); Einführung in die genet. Erkenntnistheorie (1970).

Ginsburg, H. u. Opper, S.: P.s Theorie der geistigen Entwicklung. A. d. Engl. Stuttgart [7]1993.

piangendo [pjan'dʒɛndo, italien.], musikal. Vortrags-Bez.: weinend, klagend.

Pianino [italien.] *das,* kleines ↑Klavier.

piano [italien.], Abk. **p,** musikal. Vortragsbezeichnung: leise, sanft; **pianissimo,** Abk. **pp,** sehr leise; **pianissimo piano,** Abk. **ppp,** so leise wie irgend möglich; **più p.,** leiser, schwächer; **mezzo p.,** halbleise.

Piano (Pianoforte) [italien.] *das,* ↑Klavier.

Piano, Renzo, italien. Architekt, * Genua 14. 9. 1937; bis 1977 internat. Aufträge zus. mit R. Rogers, ab 1977 v. a. mit Peter Rice. Vielfach prägt die Technologie seinen Baustil, zugleich gilt seine Aufmerksamkeit der Funktionsvielfalt und Kommunikation; nahm Erneuerungen histor. Zentren und Bauten vor. P. erhielt 1998 den Pritzker-Preis. – *Werke* (mit Mitarbeitern): u. a. Centre Georges Pompidou (Paris, 1971–77); De Menil Collection (Houston, Tex., 1981 ff.); Ausstellungs- und Kongresszentrum Genua (1990 ff.); Umbau des Turiner FIAT-Werks »Lingotto« in ein Kultur- und Wissenschaftszentrum (1994); Fondation Beyeler in Riehen bei Basel (1994–97); »debis-Bau« am Potsdamer Platz in Berlin (1995–97). – Abb. S. 178.

Pianola [italien.] *das,* mechan. Klavier, bei dem zusätzlich Tonstärke, Tempo und Klangcharakter manuell durch Hebel reguliert werden können.

Pianopedal, ↑Klavier.

Piaristen (Kalasantiner), 1617 in Rom gegründeter kath. Orden für Schulunterricht und Jugenderziehung.

Renzo Piano: Fondation Beyeler in Riehen bei Basel; 1994–97

Piassave [portugies.] *die,* Blatt-(Bast-)Faser versch. Palmen zur Herstellung von Besen, Bürsten, Seilen, Matten.

Piasten, poln. und schles. Herrschergeschlecht, benannt nach seinem legendären Stammvater Piast. Herzog Mieszko I. († 992) ist der erste historisch fassbare Vertreter der P., die sich 1138 in mehrere Linien spalteten. Kasimir III., d. Gr. (* 1310, † 1370) war der letzte Piast auf dem poln. Königsthron. Die in Masowien herrschende Linie erlosch 1526, die schles. P. starben 1675 aus.

Piaster [italien.] *der,* kleine Währungseinheit in Ägypten, Libanon, Sudan, Syrien.

Piatigorsky, Gregor, amerikan. Violoncellist russ. Herkunft, * Jekaterinoslaw (heute Dnjepropetrowsk, Ukraine) 17. 4. 1903, † Los Angeles 6. 8. 1976; trat u. a. als Duopartner von S. W. Rachmaninow und A. Schnabel auf sowie als Triopartner von V. Horowitz und N. Milstein, später von A. Rubinstein und J. Heifetz.

Piatra Neamț ['pjatra 'neamts], Hptst. des Kr. Neamț, in O-Rumänien, am Rand der Ostkarpaten, 125 800 Ew.; archäolog. Museum; Landmaschinenbau, Möbelfabrik, Papier-, Nahrungsmittel-, Textilind. – St. Johanneskirche (1497–98).

Piatti [italien.] *Pl., Musik:* italien. Bez. für die ↑Becken.

Piatti, Celestino, schweizer. Grafiker, Zeichner und Maler, * Wangen (bei Zürich) 5. 1. 1922; gestaltet Plakate, Bilderbücher, Buchillustrationen, Briefmarken, Wand- und Glasbilder, seit 1961 v. a. Buchumschläge; seit 1986 auch Eisenplastiken.

Piauí, Bundesstaat im N von ↑Brasilien, auf der NO-Abdachung des Brasilian. Berglandes; im Sertão extensive Viehhaltung.

Pablo Picasso (1952). Die Brötchen im Vordergrund werden »Picassos« genannt

Piave *der,* Fluss in N-Italien, 220 km lang, entspringt in den Karnischen Alpen und mündet kanalisiert ins Adriat. Meer.

Piazza [italien.] *die,* Platz, Marktplatz. – **Piazzetta,** kleine Piazza.

Piazzetta, Giovanni Battista, italien. Maler und Radierer, *Venedig 13. 2. 1682, †ebd. 28. 4. 1754; neben G. B. Tiepolo Hauptmeister des venezian. Rokoko, malte Altar- und Genrebilder sowie Porträts; er verband eine malerisch-flüssige Gestaltungsweise mit dramat. Helldunkel und Sinn für den Realismus der Caravaggio-Tradition.

Piazzolla, Astor, argentin. Komponist, *Mar del Plata 11. 3. 1921, †Buenos Aires 5. 7. 1992; widmete sich v. a. dem argentin. Tango, den er durch Verbindung von argentin. Folklore mit zeitgenöss. Musik dem Konzertsaal zugänglich machte.

Pibroch [schott.-engl. »Pfeifenmelodie«] *der,* altschott. Musikstück mit Variationen für den Dudelsack.

Pic *der,* frz. für Bergspitze.

Picabia, Francis, eigtl. F. Martínez de Picabia, frz. Maler, Grafiker und Schriftsteller span.-kuban. Herkunft, *Paris 22. 1. 1879, †ebd. 30. 11. 1953; wichtiger Anreger der Kunst des 20. Jh., bes. für den Dadaismus und den Surrealismus.

Picador (auch Pikador) [span.] *der,* Lanzenreiter, der beim Stierkampf den auf den Kampfplatz gelassenen Stier durch Stiche in den Nacken zu reizen hat.

Picard [pi'ka:r], **1)** Charles Émile, frz. Mathematiker, *Paris 24. 7. 1856, †ebd. 11. 2. 1941; ab 1885 Prof. an der Sorbonne in Paris; bed. Vertreter der modernen Analysis, arbeitete zur Theorie der Differenzialgleichungen, zur algebraischen Geometrie und Topologie sowie zur Funktionentheorie.

2) Jean, frz. Astronom und Geodät, *La Flèche (Dép. Sarthe) 21. 7. 1620, †Paris 12. 7. 1682; entwickelte versch. Winkelmessinstrumente und führte in Frankreich 1669/70 zw. Sourdon (südlich von Amiens) und Malvoisine (südlich von Paris) die erste exakte Gradmessung aus.

3) Max, schweizer. Schriftsteller und Philosoph, *Schopfheim 5. 6. 1888, †Neggio (bei Lugano) 3. 10. 1965; kam von der Betrachtung der Kunst zur Physiognomik; Konservativ-religiöse Beiträge zur Kunsttheorie und Kulturkritik (»Hitler in uns selbst«, 1946; »Die Atomisierung in der modernen Kunst«, 1954).

Picardie *die,* Region und histor. Provinz im N Frankreichs, beiderseits der Somme, umfasst die Dép. Aisne, Oise und Somme; 19 399 km^2, (1995) 1,86 Mio. Ew.; ein Kreidetafelland innerhalb des Pariser Beckens mit fruchtbaren Böden; Hptst. ist Amiens. – Gehörte 1435–82 zu Burgund.

Pícaro [span. »Schelm«] *der,* Hauptfigur des ↑Schelmenromans, meist in der Funktion eines Dieners, der sich mit kleinen Gaunereien und viel Witz durchschlägt.

Pablo Picasso: Frau im Lehnstuhl; 1941 (Düsseldorf, Kunstsammlung Nordrhein-Westfalen)

Picasso, Pablo, eigtl. Ruiz y P., span. Maler, Grafiker, Bildhauer, Keramiker und Dichter, *Málaga 25. 10. 1881, †Mougins (bei Cannes) 8. 4. 1973; besuchte die Kunstschule in Barcelona, zeitweilig auch in Madrid und ließ sich 1904 in Paris nieder. 1901–04 (»blaue Periode«) verarbeitete er in seinen Bildern menschl. Elends Einflüsse v. a. von H. Toulouse-Lautrec, H. Daumier und P. Gauguin (»Das Leben«, 1903; Cleveland, Museum of Art); Übergang zur weniger einheitl. »rosa Periode« (1905–07). Im Mittelpunkt standen zunächst Motive aus der Welt des Zirkus (»Akrobat mit Kugel«, 1905; Moskau, Puschkin-Museum), dann Akte und Porträts. Die Auseinandersetzung mit iber. Plastik, mit afrikan. und ozean. Kunst sowie mit P. Cézanne (1907) ließ die Beschäftigung mit Formproblemen an die Stelle psycholog. Thematik treten (»Les Demoiselles d'Avignon«, 1907; New York, Museum of Modern Art). Gemeinsam mit G. Braque beschäftigte P. sodann das Problem, alles Gegenständliche auf eine organisierte Struktur einfacher geometr. Formen zurückzuführen. Diesem analyt. ↑Kubismus folgte ab 1912 der synthet. Kubismus, der bedeutungsfreie Form- und Farbelemente, bes. eingeklebte Materialien (Collage) verwendet (»Stillleben mit Flechtstuhl«, 1912; Nachlass bzw. P.-Museum Paris). 1915 Aufgabe der kontinuierl. Stilentwicklung; P. verarbeitete verschiedene (naturalist., geometr.) Stilrichtungen und kombinierte dann vorhandene Themen und Formen. Nachhaltige Impulse erhielt P. in seinem Kontakt zu den Surrealisten, an deren Ausstellung er sich nach 1925 beteiligte. Die hier eröffnete Möglichkeit zur Verschlüsselung und myth. Überhöhung psych. Erfahrungen erweiterte die Ausdruckskraft in P.s

Pablo Picasso: Ziegenschädel und Flasche; Bronze, 1951 (Düsseldorf, Kunstsammlung Nordrhein-Westfalen)

Werk (»Minotauromachie«; Radierungen, 1935); Höhepunkt dieser Entwicklung ist das für den span. Pavillon der Weltausstellung 1937 geschaffene Werk »Guernica« (Madrid, Centro de Arte Reina Sofía), entstanden aus Erschütterung über die Zerstörung der bask. Stadt durch die Legion Condor. Auch mit dem Plakat der »Friedenstaube« (1949) nahm P. (seit 1944 Mitgl. der KP Frankreichs) zum polit. Geschehen Stellung. In S-Frankreich experimentierte er mit Lithographie, Linolschnitt und Keramik. Sein ebenfalls bed. plast. Schaffen (kubist. Köpfe; Konstruktionen, Materialbilder, durchbrochene Figuren und Assemblagen) gab P. selten für Ausstellungen frei. In den letzten 25 Jahren seines Lebens variierte er in Malerei und Grafik in Reihen, Serien und Metamorphosen histor. Vorbilder (Delacroix, Velázquez, Manet) und Motive der eigenen Bildwelt in unerschöpfl. Wandlungsfähigkeit. P. gilt als ein Wegbereiter und einer der wichtigsten Repräsentanten der modernen Malerei des 20. Jahrhunderts.

📖 *Sabartés, J.: P. Gespräche u. Erinnerungen. A. d. Span. Frankfurt am Main 1990. – Daix, P.: P. A. d. Frz. Köln 1991. – Richardson, J.: P. Leben u. Werk, auf 4 Bde. ber. A. d. Engl. München 1991 ff. – Wiegand, W.: P. P. Reinbek 1995.*

Piccard [piˈkaːr], Auguste, schweizer. Physiker, * Basel 28. 1. 1884, † Lausanne 25. 3. 1962; unternahm 1931/32 die ersten Stratosphärenflüge im Ballon (16 940 m Höhe); 1953 erreichte er bei Tiefseetauchfahrten mit einem selbst entworfenen Tauchschiff (↑Bathyskaph) 3 150 m Tiefe. Sein Sohn Jacques P. (* 1922) drang 1960 mit dem Tauchboot »Trieste« im Marianengraben bis 10 916 m Tiefe vor. Bertrand P. (* 1958, Sohn von J. P.) gelang mit dem engl. Flugingenieur Brian Jones (* 1948) im März 1999 in einem Heliumballon die erste Erdumrundung.

Piccinni (Piccini) [piˈtʃiːni], Niccolò Vito, italien. Komponist, * Bari 16. 1. 1728, † Passy (heute zu Paris) 7. 5. 1800; ein Meister der italien. kom. Oper; schrieb etwa 120 Bühnenwerke (bes. erfolgreich »L'Olimpiade«, 1768, Opera seria), Oratorien, Kirchenmusik.

Piccoli [pikɔˈli], Michel, frz. Schauspieler, * Paris 27. 12. 1925; anerkannter Darsteller komplizierter Charaktere in Film und Fernsehen (u. a. »Das Mädchen und der Kommissar«, 1973; »Die schöne Querulantin«, 1991).

Piccolomini, 1) Enea Silvio, Papst ↑Pius II.

2) Ottavio, Reichsfürst (seit 1650) P.-Pieri, Herzog von Amalfi (seit 1639), kaiserl. General, * Florenz 11. 11. 1599, † Wien 11. 8. 1656; Vertrauter Wallensteins, gleichwohl 1634 führend bei dessen Sturz, am 2. 11. 1642 von den Schweden bei Breitenfeld besiegt; führte 1648/49 als kaiserl. Vertreter die Verhandlungen mit Schweden zur Durchführung des Westfäl. Friedens.

Pichler, Walter, österr. Bildhauer, Architekt und Zeichner, * Deutschnofen (bei Bozen) 1. 10. 1936; Ausgangspunkt seines Schaffens bilden visionäre, (z. T. mit H. Hollein) entwickelte Architekturvorstellungen und in der Bildhauerei zw. apparativen und ritualisierten Formen vermittelnde »Prototypen« aus Bronze, Holz und Lehm.

Picht, Georg, Pädagoge und Religionsphilosoph, * Straßburg 9. 7. 1913, † Hinterzarten 7. 8. 1982; trat u. a. durch krit. Untersuchungen zum dt. Bildungswesen hervor und war einer der Wegbereiter der Bildungsreform.

Pichurimbohne [pitʃu'ri:m-, Tupí] (Sassafrasnuss, Brasilianische Bohne), der vanillinreiche Samen des südamerikan. Lorbeergewächses Nectandra puchury.

Pickelhaube, Lederhelm mit Metallbeschlag und -spitze, 1842 von der preuß. Armee eingeführt; hielt sich in abgewandelter Form im dt. Heer bis zur Einführung des Stahlhelms 1916.

Pickelhering (Pickelhäring) [»Pökelhering«], komische Bühnengestalt bei den ↑englischen Komödianten des 17. Jahrhunderts (1618 geschaffen).

Pickering, 1) Edward Charles, amerikan. Astronom, * Boston (Mass.) 19. 7. 1846, † Cambridge (Mass.) 3. 2. 1919, Bruder von 2); Mitbegründer der modernen Astrophysik, seit 1877 Direktor des Harvard-Observatoriums. Sein umfangreiches Beobachtungsmaterial an Sternhelligkeiten und -spektren war lange Zeit die Grundlage der Stellarstatistik und des Studiums veränderl. Sterne; gab u. a. zus. mit A. J. Cannas den »Henry Draper Catalogue« (9 Bde., 1918–24) mit Spektralklassifikationen von ca. 220 000 Sternen heraus.

2) William Henry, amerikan. Astronom, * Boston (Mass.) 15. 2. 1858, † Mandeville (Jamaica) 17. 1. 1938, Bruder von 1); entdeckte 1898 den Saturnmond Phoebe, sagte 1919 die Existenz von Pluto voraus.

Pickford ['pɪkfəd], Mary, eigtl. Gladys Mary Smith, amerikan. Filmschauspielerin, * Toronto 9. 4. 1893, † Santa Monica (Calif.) 28. 5. 1979; wurde 1909 von D. W. Griffith entdeckt; entwickelte sich mit kindlich-naiven Rollen zu einem der ersten Stars und Publikumsliebling des amerikan. Films.

Pick-up-Reaktion ['pɪkʌp-, engl.], Kernreaktion, bei der das stoßende Teilchen aus dem getroffenen Atomkern wenige Nukleonen herauslöst und zus. mit diesen unter Bildung eines gebundenen Zustandes weiterfliegt.

Picnjo [-ts-], sorb. Name der Stadt ↑Peitz.

Pico, 1) *der,* italienisch, spanisch und portugiesisch für Bergspitze.

2) Insel der portugies. ↑Azoren.

Pico della Mirandola, Giovanni, italien. Humanist und Philosoph, * Mirandola (bei Modena) 24. 2. 1463, † bei Florenz 17. 11. 1494; gehörte zum Kreis Lorenzos des Prächtigen. Er lud 1486 europ. Gelehrte nach Rom zu einer Diskussion über 900 Thesen, die päpstl. Verurteilung erfuhren und Sanktionen bis 1493 zur Folge hatten. Philosophisch von M. Ficino beeinflusst, erstrebte P. d. M. die Überhöhung des christl. Weltbildes im Sinne eines Bildungshumanismus. Der Mensch sei ein »Mikrokosmos«, in dem alle Möglichkeiten angelegt sind und der sich, entsprechend den Seinsstufen, für das Elementarische, Tierische oder Himmlische entscheiden kann.

Baker, D.: G. P. della M. 1463–1494. Sein Leben u. sein Werk. Dornach 1983.

Pico de Orizaba [-'θaβa], Vulkan in Mexiko, ↑Citlaltépetl.

Pictor [lat.] *der* (Malerstaffelei, Maler), Sternbild des südl. Himmels.

Pidginenglisch ['pɪdʒɪn-; nach der chines. Aussprache des engl. Wortes business »Geschäft«] *das,* Verkehrs- und Handelssprache mit (stark reduziertem) engl. Grundwortschatz und vereinfachter Struktur sowie Elementen einheim. Sprachen, z. B. in Melanesien, Westafrika.

Pidginsprachen ['pɪdʒɪn-], allg. Bez. für Behelfssprachen, u. a. das Pidginenglisch. Im afrikan. Raum sind P., die eine europ. Sprache als Grundlage haben und P., die auf einheim. Sprachen basieren, zu unterscheiden.

PID-Regler, Grundtyp eines ↑Reglers.

Piece ['pjɛ:s(ə), frz.] *die,* Stück, Tonstück, musikal. Zwischenspiel.

Piechowice [pjɛxɔ'vitsɛ] (dt. Petersdorf), Stadt in der Wwschaft Niederschlesien, Polen, am Fuß des Riesengebirges, 7 400 Ew.; Glaskunstmuseum; Kristallglashütte, Elektromotorenbau, Papierfabrik. Zu P. gehören die Kurorte ↑Jagniątków und Michałowice (dt. Kiesewald).

Pieck, Wilhelm, Politiker, * Guben 3. 1. 1876, † Berlin 7. 9. 1960; Mitgründer des Spartakusbundes (1917) und der KPD (1918/19), 1928–33 MdR, ab 1933 Exil (Paris, UdSSR), war ab 1935 Vors. der KPD, 1938–43 Gen.-Sekr. der Komintern, 1943 Mitgründer des »Nationalkomitees Freies Dtl.«, 1946–54 mit O. Grotewohl Vors. der SED und 1949–60 Präs. der DDR.

Pi|edestal [frz.] *das,* Sockel, Ständer, Gestell mit schräg gestellten Beinen.

Piedmontfläche ['pi:dmənt-, engl.], *Geomorphologie:* flachwellige Rumpffläche am Fuß eines Gebirges.

Piedmontplateau ['pi:dməntplato:], stark zerschnittene Einebnungsfläche im O der USA, den Appalachen östlich vorgelagert; von Hügelreihen (Uplands) um 100–150 m überragt, verschmälert sich von etwa 150 km Breite im S (Alabama) nordwärts immer mehr bis zur Mündung des Hudson River und wird durch die ↑Fall Line von der atlant. Küstenebene getrennt.

Piel, Harry, Filmschauspieler und -regisseur, * Düsseldorf 12. 7. 1892, † München 27. 3. 1963; führte den »Sensationsfilm« im dt. Kino ein, seine Filme spielten oft im Artisten- und Abenteurermilieu (u. a. »Menschen, Tiere, Sensationen«; 1938).

Pieper: (von links) Wiesenpieper, Baumpieper (beide 15 cm groß)

Pi|emont (italien. Piemonte, frz. Piémont), Region in Norditalien, 25 399 km², (1997) 4,29 Mio. Ew.; umfasst den westl. Teil der Poebene und das anschließende Alpengebiet bis zur frz. und schweizer. Grenze, mit den Prov. Alessandria, Asti, Biella, Cuneo, Novara, Turin, Verbano-Cusio-Ossola, Vercelli; Hauptstadt ist Turin. In den Ebenen werden Futterpflanzen, auf höher gelegenen Teilen überwiegend Weizen und Mais, im NO Reis angebaut, im Hügelland Wein; verbreitet Obstbau. P. ist eines der wichtigsten Ind.gebiete Italiens (Hüttenwerke, Maschinen-, Fahrzeugbau, Aluminium-, chem., Textil-, Leder- u. a. Ind.).

Geschichte: P. war das Kernland des vom Haus ↑Savoyen geschaffenen Mittelstaates. Die Grafen (seit 1416 Herzöge) von Savoyen erwarben seit dem 11. Jh. P., Aosta, die Waadt (1536 an Bern), 1388 Nizza. Anfang des 15. Jh., unter Amadeus VIII., regierten sie einen Großteil P.s, das in der Folge die Geschichte Savoyens teilte und ein immer größeres Gewicht bekam; 1560 wurde Turin Hptst. anstelle von Chambéry. Im Frieden von Utrecht (1713) erhielt Savoyen-P. Sizilien zugesprochen, das es aber 1720 gegen Sardinien eintauschen musste. Herzog Viktor Amadeus II. wurde König von Sardinien, Kernland blieb P. Bei der Einigung Italiens wurde Savoyen mit Nizza an Frankreich abgetreten. Die liberale Verf. des Königreichs P.-Sardinien wurde Vorbild für den neuen Nationalstaat, Turin war bis 1865 Hauptstadt.

Piene, Otto, Künstler, * Bad Laasphe 18. 4. 1928; Mitbegründer der Gruppe ↑Zero; beschäftigt sich vorwiegend mit Lichtstrukturen (Rasterbilder, lichtkinet. Arbeiten, Rauchbilder, Luftprojekte).

pieno [italien.], musikal. Vortrags-Bez.: voll, mit starkem, vollem Ton, z. B. a voce piena, mit voller Stimme.

Pieńsk [pjɛĩsk] (dt. Penzig), Stadt in der Wwschaft Niederschlesien, Polen, an der Lausitzer Neiße (Grenze zu Dtl.), 6 200 Ew.; Glashütten.

Pienza, Stadt in der Prov. Siena, Italien, über den Tälern von Orcia und Asso gelegen, 2 300 Ew. – Der hier 1405 geborene Papst Pius II. ließ das bisherige Dorf **Corsignano** durch den Architekten B. Rossellino zu einer Idealstadt ausbauen und 1462 in P. umbenennen. Die Altstadt wurde von der UNESCO zum Weltkulturerbe erklärt.

Pieper (Anthus), weltweit verbreitete, zu den Stelzen gehörende bräunl., kurzschwänziger Singvögel; sie brüten am Boden, in Europa u. a. Baum-, Wiesen-, Brach- und Wasserpieper.

Pieper, Josef, Philosoph, * Elte (heute zu Rheine) 4. 5. 1904, † Münster 6. 11. 1997; 1946–76 Prof. in Münster; verfasste zahlreiche von der thomist. Ethik geprägte philosophisch-eth. Schriften.

Pier [engl.] *der,* seemannssprachl. *die,* ↑Kai.

Pierce [pɪəs], Franklin, 14. Präs. der USA (1853–57; Demokrat), * Hillsboro (N. H.) 23. 11. 1804, † Concord (N. H.) 8. 10. 1869; Jurist, 1837–42 Senator; Brigadegeneral im Mexikan. Krieg (1846–48). In seiner Amtszeit als Präs. erwarben die USA durch Kauf ein größeres Gebiet von Mexiko (1853 Gadsden Purchase).

Piercing [ˈpɪəsɪŋ, engl.] *das,* die Durchstechung von Körperteilen (Ohrläppchen, Bauchnabel, Lippen, Nase, Brustwarzen, Geschlechtsorgane) zum Zweck der Anbringung von Schmuckgegenständen, wie Ringe, Clips, Perlen u. a. Man unterscheidet zw. erotischem und dekorativem P., Letzteres, um den eigenen Körper zu schmücken oder ein äußeres Zeichen für einen inneren Prozess zu setzen.

Piero della Francesca [-franˈtʃɛska], italien. Maler, * Borgo San Sepolcro (heute Sansepolcro, Prov. Arezzo) zw. 1415 und 1420, begraben ebd. 12. 10. 1492; gilt als einer der genialsten Maler der Frührenaissance, der als Mathematiker und Theoretiker Körpervolumen, Proportionen und perspektiv. Raumdarstellung genau berechnete und mit Beobachtungen der atmosphär. Lichtverhältnisse verband. Die Klarheit der Formen und der räuml. Beziehungen, die Logik der architekton. Struktur und die Verquickung von Farbe und Licht verleihen seinen Werken höchste Monumentalität und zugleich Poesie. Er beeinflusste die ober- und mittelitalien. Malerei. – *Hauptwerke:* Altarwerk mit der Schutzmantelmadonna und Heiligen, nach 1445 (Sansepolcro, Pinakothek), Taufe Christi (1448–50, London, National Gallery), Freskenzyklus »Legende des hl. Kreuzes« im Chor von San Francesco in Arezzo (1451–66), Bildnisse des Herzogs Federigo da

Montefeltro und seiner Gattin (1461–72, Florenz, Uffizien).

📖 *Ginzburg, C.: Erkundungen über Piero. P. d. F., ein Maler der frühen Renaissance. A. d. Italien. Neuausg. Frankfurt am Main 1991.*

Piero di Cosimo, eigtl. P. di Lorenzo, italien. Maler, * Florenz 1461 oder 1462, † ebd. 1521; malte religiöse und mytholog. Bilder (Darstellung aus der Prometheussage, um 1510–20; München, Alte Pinakothek), Allegorien und Porträts von eigenwilligem Erfindungsreichtum und Kolorit.

Pierre ['pi:ə], Hauptstadt des Staates South Dakota, USA, am Missouri, 12900 Ew.; Handelszentrum eines Ackerbaugebietes.

Pierre [pjɛ:r] (Abbé P.), eigtl. Henri-Pierre Grouès, frz. kath. Theologe, * Lyon 5. 8. 1912; seit 1930 Kapuziner; seit 1938 Weltpriester; 1942–45 Mitgl. der Résistance; gründete 1949 ein Sozialwerk für Arme und Obdachlose (»Emmaus-Bewegung«).

Pierrot [pjɛ'ro:; frz. »Peterchen«] *der,* frz. Komödienfigur; dumm-pfiffiger Diener in weißer Maske und weißem Kostüm; im 17. Jh. aus einer Dienerfigur der Commedia dell'Arte entwickelt.

Piešt'any ['pjɛʃtjani] (dt. Pistyan), Stadt im Westslowak. Gebiet, Slowak. Rep., im Waagtal, 33700 Ew.; Forschungsinstitut für Rheumaerkrankungen; Heilbad dank schwefelhaltiger Thermen, Moorbäder.

Piesteritz, Stadtteil von ↑Wittenberg; Stickstoffwerk.

Pi|età [italien. »Frömmigkeit«] *die* (Vesperbild), ↑Andachtsbild 2).

Pi|etät [lat. pietas »Frömmigkeit«] *die,* Achtung; i. e. S. die taktvolle Rücksichtnahme gegenüber Angehörigen von Verstorbenen.

Pietermaritzburg, Hauptstadt der Prov. KwaZulu-Natal, Rep. Südafrika, 192400 Ew.; Univ., Bibliothek, Museen, botan. Garten; bed. Ind.standort (u. a. Metallverarbeitung, Textil-, Nahrungsmittelind.); Bahnknotenpunkt, Flughafen. – 1838 von Buren gegr., seit 1854 Stadt.

Pietersburg, Hauptstadt der Nordprovinz der Rep. Südafrika, 79000 Ew.; in einem Rinderzucht- und Bergbaugebiet; Flugplatz. Östlich von P. die Univ. des Nordens.

Pietilä, Reima Frans Ilmari, finn. Architekt, * Turku 25. 8. 1923, † Helsinki 26. 8. 1993; gründete 1960 ein Büro in Helsinki, das er mit seiner Frau Raili Inkeri Marjatta Paatelainen (* 1926) leitete. P. gestaltete seine Bauten (v. a. in Tampere) unter Berücksichtigung der landschaftl. Gegebenheiten und in Anlehnung an die traditionelle Architektur.

Pi|etismus [lat. pietas »Frömmigkeit«] *der,* Ende des 17. Jh. entstandene Bewegung des Protestantismus, die eine geistl. Erneuerung der Kirche zum Ziel hatte. Gegen die einseitig auf die Lehre ausgerichtete evang. Theologie betonte der P. das Ideal eines an der Bibel orientierten prakt. Christentums, das sich in lebendiger (Christus-)Frömmigkeit und tätiger Nächstenliebe äußert und seine Grundlagen im regelmäßigen Bibelstudium und der individuellen »Wiedergeburt« (Bekehrung) hat. Begründer des luth. P. ist P. J. Spener, der mit seiner theolog. Hauptschrift »Pia desideria« (»Fromme Bitten«; 1675) das Programm des P. und mit den von ihm ins Leben gerufenen ↑Collegia pietatis (zuerst 1670 in Frankfurt am Main) die für den P. charakterist. Versammlungsform schuf. Die Anhänger wurden spöttisch **Pietisten** (Frömmler) genannt. Zentren des P. bestanden in Halle (A. H. Francke), Württemberg (J. Bengel, * 1687, † 1752; F. C. Oetinger, * 1702, † 1782) und am Niederrhein (G. Tersteegen); maßgeblich von ihm beeinflusst war N. L. Graf von ↑Zinzendorf. Der P. prägte nachhaltig die gesellschaftl., polit. und pädagog. Entwicklung, wirkte auf die dt. Literatur (↑Empfindsamkeit) des 18. Jh.; im 19. Jh. fand er seine Fortsetzung in den ↑Erweckungsbewegungen und wird heute v. a. durch die ↑Gemeinschaftsbewegung repräsentiert.

📖 *Scharfe, M.: Die Religion des Volkes. Kleine Kultur- u. Sozialgeschichte des P. Gütersloh 1980. – Schmidt, Martin: P. Stuttgart u. a. [3]1983. – Gesch. des P., hg. v. M. Brecht u. a., auf 4 Bde. ber. Göttingen 1993 ff. – Jung, M. H.: Frauen des P. Gütersloh 1998.*

Pietra dura [italien. »harter Stein«] *die,* ornamentales Mosaik, das aus verschieden geformten Platten von farbigem Marmor, auch mit Einlagen von Edelsteinen, Korallen und Perlmutter, fugenlos aneinander gefügt und poliert wird; besonders in Florenz seit Mitte des 16. Jh. unter anderem für Antependien, Tischplatten verwendet (Florentiner Mosaik).

Pietro da Cortona, italien. Maler, ↑Cortona, Pietro da.

Pietryga, Stefan, Holzbildhauer, * Ibbenbüren 26. 10. 1954; setzt sich seit den frühen 1980er-Jahren mit den Grundlagen skulpturaler Zeichen in urbanen und natürl. Zusammenhängen auseinander; bezieht sich sowohl auf barocke stadtplaner. Gesamtkunstwerke als auch auf romantisch-idealist. Traditionen.

Pieyre de Mandiargues [pjɛ:r də mã'djarg], André, frz. Schriftsteller, * Paris 14. 3. 1909, † ebd. 13. 12. 1991; schrieb surrealist. Lyrik, Erzählungen und Romane (u. a. »Das Motorrad«, 1963), die Fantastisches und Absurdes verschmelzen.

Piezoelektrizität (Piezoeffekt, piezoelektrischer Effekt), die von J. und P. Curie 1880 entdeckte Erscheinung, dass an best. Kristallen bei Deformation unter mechan. Beanspruchungen (Druck, Zug, Torsion) eine Spannung entsteht. Die positiven und negativen Gitterbausteine werden durch die Deformation so verschoben, dass ein elektr. Dipolmoment entsteht, das sich im Auftreten von (scheinbaren) Ladungen an der Oberfläche des nach außen neutralen Kristalls äußert. Außer den natürl. piezoelektr. Kristallen (z. B. Quarz, Turmalin) haben bestimmte keram. Materialien, sog. **Piezokeramiken** (z. B. Titanate, Niobate), gute piezoelektr. Eigenschaften, die eine techn. Anwendung zulassen (u. a. als Sensoren, in Feuerzeugen als **Piezozünder**). Durch elektr. Wechselfelder können umgekehrt an piezoelektr. Kristallen mechan. Schwingungen erzeugt werden. Dieser **inverse piezoelektr. Effekt,** die ↑Elektrostriktion, wird z. B. in der Hochfrequenztechnik (Quarzuhren), für die Flüssigkeitszerstäubung (Tintenstrahldrucker) oder zur Ultraschallerzeugung ausgenutzt.

Piffero [italien.] *der,* kleine italien. Diskantschalmei mit sieben Grifflöchern (und Oktavloch), die von den Pifferari (Hirten aus Kalabrien und den Abruzzen) zus. mit einer Sackpfeife geblasen wird.

Pigage [pi'ga:ʒ], Nicolas de, frz. Architekt, *Lunéville 2. 8. 1723, †Mannheim 30. 7. 1796; seit 1749 als »Intendant der Gärten und Wasserkünste« in kurpfälz. Dienst, ab 1762 als Gartendirektor verantwortlich für die Anlage des Schwetzinger Schlossgartens. Im Spätwerk näherte er sich dem Louis-seize-Stil. – *Hauptwerke:* Kabinettsbibliothek des Mannheimer Schlosses (1755–57); Schloss Benrath (1755–69; heute zu Düsseldorf); Bauten im Schwetzinger Schlosspark (1761 bis 1785); Karlstor in Heidelberg (1773–81).

Pigalle [pi'gal], Jean-Baptiste, frz. Bildhauer, *Paris 26. 1. 1714, †ebd. 21. 8. 1785. Sein Werk zeigt Spannungen zw. barocker, bis zur Hässlichkeit übersteigerter Naturtreue und bereits klassizist. Tendenzen in der klaren Linienführung und Glätte der Oberflächenbehandlung. – *Hauptwerke:* Statuette des Merkur (1744, Paris, Louvre; Wiederholung in großem Maßstab, 1748; Berlin, Museumsinsel, Bode-Museum; Gegenstück: Sitzende Venus, ebd.); Grabmal des Marschalls Moritz von Sachsen (1753–76; Straßburg, Saint-Thomas).

Pigmente [lat.], **1)** *Biologie:* i. w. S. Sammelbez. für alle in Pflanze, Tier und Mensch auftretenden farbgebenden Substanzen, i. e. S. für die in bestimmten Zellen (Zellbestandteilen) abgelagerten Farbstoffe. Die wichtigsten pflanzl. P. sind Chlorophyll, Carotinoide, Anthocyane und Flavone; tier. P. sind bes. Melanine, Carotinoide, Guanin und Gallenfarbstoffe.
2) *Chemie* und *Technik:* unlösl. anorgan. oder organ. ↑Farbmittel, die im Gegensatz zu den Farbstoffen im Anwendungsmedium unlöslich sind. Durch Fällen von gelösten Farbstoffen mit Fällungsmitteln erzeugte P. werden als **Farblacke** bezeichnet. **Leucht-P.** werden durch kurzwelliges Licht oder ultraviolette Strahlung zu Fluoreszenz oder Phosphoreszenz angeregt (z. B. mit Schwermetallionen dotiertes Zinksulfid).

Pigou ['pɪgəʊ:], Arthur Cecil, brit. Volkswirtschaftler, *Ryde (Isle of Wight) 18. 11. 1877, †Cambridge 7. 3. 1959; Prof. in Cambridge (1908–43) und führender Vertreter der Cambridger Schule; trug zur Entwicklung der Wohlfahrtstheorie (z. B. Einbeziehung der Grenznutzen- und Grenzproduktivitätstheorie) sowie der Geld- und Beschäftigungstheorie bei, z. B. Quantitätstheorie, Vermögenseffekt des Geldes zur Überwindung gesamtwirtschaftl. Unterbeschäftigung **(Pigou-Effekt).**

Pijper ['pɛjpər], Willem, niederländ. Komponist, *Zeist 8. 9. 1894, †Leidschendam (Prov. Südholland) 18. 3. 1947; ein Hauptvertreter der Neuen Musik in den Niederlanden (Oper »Halewijn«, 1993; Sinfonien, Konzerte, Kammer- und Klaviermusik, Chöre, Lieder).

Pik, 1) *der, Geographie:* russisch für Berggipfel.
2) *das, Kartenspiel:* (Schippe) Farbe der frz. Spielkarte mit der Figur einer stilisierten Lanzenspitze in Schwarz; entspricht dem Grün der dt. Spielkarten.

pikant [frz.], gut (und ziemlich scharf) gewürzt; im übertragenen Sinn: leicht frivol, schlüpfrig.

pikaresker Roman [span. pícaro »Schelm«] (Picaroroman), der ↑Schelmenroman.

Pike [frz.] *die,* Stoßwaffe mit langem, hölzernem Schaft und Eisenspitze; in den Heeren des 16. und 17. Jh. Waffe der **Pikeniere.**

Pikee *der* oder *das* (Piqué), Baumwoll- oder Viskosegewebe mit musterbildender, straff gespannter Steppkette und Füllschuss, der sich zw. dem leinwandbindigen Obergewebe und dem Untergewebe befindet. Der Füllschuss ergibt mit der Steppkette die reliefartige Musterung.

Pikes Peak ['paɪks 'pi:k, engl.], Berg am O-Rand der Rocky Mountains, nahe Colorado Springs, USA, 4304 m ü. M.; Skigebiet.

Pikett [frz.] *das,* **1)** *Kartenspiel:* Spiel für 2–4 Personen mit der frz. Karte zu 32 Blatt (P.-Karte) und drei versch. Ansagearten: Rummel (Blatt), Folge (Sequenz) und Kunststück (Pasch).

2) *Militärwesen:* frühere Bez. für eine kleinere Abteilung meist berittener Soldaten; in der Schweiz einsatzbereite Einheit (Heer und Feuerwehr).

pikieren [frz.], junge Pflanzen auspflanzen, verziehen.

Pikkolo [italien. »klein«] (Piccolo), bei Musikinstrumenten Zusatzbez. für die kleinste Ausführung mit der höchsten Tonlage, z. B. **Violino piccolo,** kleine Geige; heute meist Kurzform für **P.-Flöte.**

Piko, Vorsatzzeichen **p,** Vorsatz vor Einheiten für den Faktor 10^{-12} (Billionstel); z. B.: 1 Pikofarad = 1 pF = 10^{-12} F.

Pikrinsäure (2,4,6-Trinitrophenol), gelbe, kristalline, stark saure Substanz. P. oder ihre Salze **(Pikrate)** wurden früher zum Färben unter anderem von Wolle und als Sprengstoff verwendet. In der Analytik dient P. als Reagens z. B. zum Nachweis von Alkaloiden und Kreatinin.

Pikromerit *der,* Mineral, der ↑Schönit.

Pikten [»die Bemalten«] (lat. Picti), röm. Name für die vorkelt. oder kelt. Stämme in Schottland nördlich des Antoninuswalls, zw. Forth- und Clydemündung. Seit dem späten 3. Jh. bedrängten die P. das röm. Britannien.Im 6. Jh. wurden sie von Columban d. Ä. christianisiert, ihr Königreich vereinte der Skotenkönig Kenneth I. (MacAlpin) im 9. Jh. mit seinem Reich.

Piktogramm [lat.-grch.] *das,* **1)** eindeutiges und einfaches Bildzeichen, eine allg. verständlich stilisierte bildl. Darstellung zur Informationsvermittlung. P. werden z. B. auf Flughäfen eingesetzt.

2) *Datenverarbeitung:* ↑Icon.

Piła ['piu̯a] (dt. Schneidemühl), Stadt in der Wwschaft Großpolen, Polen, 75 200 Ew.; Glühlampen-, Chemiefaserwerk, Aluminiumgießerei, Leinenindustrie. – 1513 Stadtrecht, gehörte bis 1772 zu Polen, dann bis 1807 (Netzedistrikt) und seit 1815 (Prov. Posen) zu Preußen; 1922–45 Hptst. des RegBez. Schneidemühl; 1945 an Polen.

Pilanesberg, Hügelgruppe in der Prov. Nord-West, Rep. Südafrika, bis 1 682 m ü. M. Im **P.-Nationalpark** (seit 1980; 55 000 ha) wurden v. a. heim. Tierarten wieder angesiedelt.

Pilaster [italien.] *der, Baukunst:* mit der Wand verbundener, nur wenig aus ihr hervortretender Pfeiler, im Unterschied zur ↑Lisene mit Basis und Kapitell.

Pilatus *der,* mehrgipfliger Bergstock am N-Rand der Alpen, südlich von Luzern, Schweiz, im Tomlishorn 2 120 m ü. M.; von Alpnach (Alpnachstad) Zahnradbahn (bis 48 % Steigung), von Kriens Seilbahn zum P.-Kulm (2 070 m ü. M.).

Pilatus, Pontius, fünfter röm. Statthalter von Judäa (26–36 n. Chr.), † möglicherweise durch Selbstmord 39 n. Chr.; beteiligt an der Hinrichtung Jesu; wurde wegen seiner despot. und antijüd. Amtsführung auf Verlangen der Juden abberufen. Ein Inschriftfragment aus Caesarea (Israel) trägt seinen Namen.

Pilaw (Pilau) [türk.] *der,* Reisgericht mit Hammel- oder Hühnerfleisch.

Pilbara [pɪl'bɑ:rə], Halbwüstengebiet in Western Australia, vom Gebirgszug der **Hamersley Range** (bis 1 235 m ü. M.) durchzogen; Ende des 19. Jh. Goldfunde, seit den 1960er-Jahren wichtigstes Eisenerzrevier Australiens.

Pilcher [engl. 'pɪlʃə], Rosamunde, engl. Schriftstellerin, * Lelant (Cornwall) 22. 9. 1924; zahlr. ihrer in Cornwall und Schottland angesiedelten Unterhaltungsromane avancierten zu Bestsellern, die auch verfilmt wurden.

Pilcomayo *der,* rechter Nebenfluss des Paraguay, 2 500 km lang; entspringt im Hochland von Bolivien, mündet unterhalb von Asunción.

Pileolus [lat.] *der,* Kopfbedeckung kath. Geistlicher, ↑Kalotte.

Pilger (ältere Bez. Pilgrim), ein aus religiösen Motiven zeitweise oder dauernd ortsfremd bzw. heimatlos Wandernder. Die häufigste Form der **Pilgerschaft** ist die ↑Wallfahrt zu einer hl. Stätte.

Pilgerstraßen, Reiserouten der Wallfahrer im MA., meist identisch mit wichtigen Handelsstraßen. Pilgerziele waren Rom mit dem Grab Petri und Jerusalem mit dem Hl. Grab.

Piktogramm 1): 1–3 Piktogramme der Deutschen Bahn AG: 1 Geldwechsel, 2 Nichtraucher, 3 Fluchtweg; 4–6 Piktogramme des Deutschen Sportbundes: 4 Leichtathletik, 5 Fechten, 6 Basketball

Der **Jakobsweg** (UNESCO-Weltkulturerbe) führte auf mehreren Routen von Mittelfrankreich über die Pyrenäen an das Grab des Apostels Jakobus d. Ä. in Santiago de Compostela. Entlang des Weges errichtete man neben Herbergen und Hospitälern monumentale Kirchen (Tours, Limoges, Toulouse), die die Macht des kluniazens. Ordens demonstrierten.

Hell, V. u. Hell, H.: Die große Wallfahrt des Mittelalters. Tübingen [4]1985.

Pilgerväter (Pilgrim Fathers), die ersten puritan. Ansiedler in Neuengland, die mit anderen Siedlern 1620 auf der »Mayflower« den Atlantik überquerten und die Kolonie Plymouth gründeten.

Pilgram, Anton, Bildhauer und Baumeister, * Brünn um 1460, † Wien 1515; tätig in Südwest-Dtl., dann in Brünn und seit 1511 in Wien als Leiter der Dombauhütte; schuf, bes. von der oberrhein. Kunst beeinflusst, Bildwerke von ausdrucksstarkem Realismus: Kanzelträger aus Öhringen (um 1485–90; Berlin-Dahlem); Orgelfuß (1513) und Kanzel mit den Büsten der vier Kirchenväter (1514/15) im Stephansdom in Wien (beide mit Selbstbildnis).

Pillnitz: Teil der Schlossanlage (Bergpalais von Daniel Pöppelmann; 1723/24)

Pilgrim (Piligrim), Bischof von Passau (seit 971), † Passau 21. 5. 991; bemühte sich um die Missionierung der Ungarn. Sein Versuch, mit gefälschten Urkunden **(Lorcher Fälschungen)** seine Kirche als Nachfolgerin des spätantiken Bistums Lorch (Lauriacum) zu erweisen und als Metropolitansitz einer donauländ. Kirchenprovinz durchzusetzen, scheiterte. P. erscheint im Nibelungenlied.

Pillau, Stadt in Russland, ↑Baltisk.

Pille [lat.] *die,* früher übl. Arzneizubereitung in Kugelform; auch Kurzbez. für Antibabypille (↑Empfängnisverhütung).

Pillendreher (Scarabaeus), v. a. in S-Russland und im Mittelmeerraum verbreitete Gattung etwa 2–4 cm großer, schwarzer Kotkäfer; verfertigen aus Huftierkot entweder Futterpillen für die eigene Ernährung oder Brutpillen (für die Ernährung der Larven). Die bekannteste Art ist der im alten Ägypten als Bringer der Wiedergeburt und des Glücks verehrte **Heilige P.** (Scarabaeus sacer).

Pillendreher: Heiliger Pillendreher beim Rollen einer Kotpille

Pillenfarn (Pilularia globulifera), seltener Wasserfarn in Mitteleuropa an Teichufern, mit Pfriemenblättchen und grundständigen, pillenähnl. Sporenfrüchten.

Pillenwespe, Gattung der ↑Lehmwespen.

Pilling [engl.] *das,* unerwünschte Knötchenbildung an der Oberfläche von Textilien.

Pillnitz, Stadtteil im SO von Dresden; Schloss- und Parkanlage an der Elbe, ehem. Sommerresidenz des sächs. Hofes, mit Wasser- und Bergpalais (1720/21 bzw. 1723/24; beide in »chines.« Stil) von M. D. Pöppelmann. Mit beiden Bauten ist das dreiflügelige Neue Palais (1818–26, in »japan.« Stil, von C. F. Schuricht) durch Galerien verbunden; Orangerie (um 1730) von Z. Longuelune; im Schloss P. das Kunstgewerbemuseum Dresden.

Pilnjak, Boris Andrejewitsch, eigtl. B. A. Wogau, russ. Schriftsteller, * Moschaisk (Gebiet Moskau) 11. 10. 1894, † (hingerichtet) 21. 4. 1938; einer der meistbeachteten Erzähler der jungen sowjetruss. Literatur, die er durch Experimente und lyrisch-ornamentale Sprachführung bereicherte (»Das nackte Jahr«, R., 1922; »Die Wolga fällt ins Kaspische Meer«, R., 1930).

Pilon [piˈlɔ̃], Germain, frz. Bildhauer und Medailleur, * Paris um 1536/37, † ebd. 3. 2. 1590; schuf Stein-, Bronzebildwerke, Münzen, Medaillen, in deren klarer, geschlossener Form sich die frz. Renaissanceplastik zur Reife entwickelte (in Zusammenarbeit mit F. Primaticcio Doppelgrabmal Heinrichs II. und der Katharina von Medici, 1563–71; Saint-Denis).

Pilot [frz. pilote, von italien. pilota, zu grch. pēdón »Steuerruder«] *der,* der Flugzeugführer. Nach der VO über Luftfahrtpersonal (LuftPersV) unterscheidet man nach abgelegten Prüfungen und dadurch erworbenen Berechtigungen: Privatflugzeugführer, Berufsflugzeugführer, Verkehrsflugzeugführer, ferner Privat-, Berufs- und Verkehrshubschrauberführer, Motorsegler- und Segelflugzeugführer (ferner Luftsportgeräte-, Freiballonsowie Luftschiffführer).

Pilotlanlage, *Technik:* im kleineren Maßstab betriebene Versuchsanlage, in der techn. Erfahrungen in der Prozessführung gesammelt und die techn. und wirtsch. Parameter optimiert werden.

Pilotballon [-balɔŋ, -balɔ̃] (Wetterballon), kleiner, unbemannter, frei fliegender Ballon, dessen Abdrift durch Peilung gemessen wird. So lassen sich bei bekannter Steiggeschwindigkeit die Richtung und Geschwindigkeit des Höhenwindes berechnen.

Pilotfilm, einer Fernsehserie oder -sendung vorausgehender Film, mit dem man das Interesse der Zuschauer zu wecken und die Breitenwirkung zu testen versucht.

Pilotstudile [aus engl.], die ↑Leitstudie.

Pilottonverfahren, *Elektroakustik:* Verfahren zur hochfrequenten Rundfunkübertragung stereophoner Signale auf derselben Trägerfrequenz (↑Stereophonie).

Piloty [-ti], Karl von (seit 1860), Maler, *München 1. 10. 1826, †Ambach (heute zu Münsing, Kr. Bad Tölz-Wolfratshausen) 21. 7. 1886; entwickelte sich zum bedeutendsten Vertreter realist. Historienmalerei in Dtl. (Seni vor der Leiche Wallensteins, 1855; München, Neue Pinakothek).

Pilsen (tschech. Plzeň), Hauptstadt des Westböhm. Gebiets, Tschech. Rep., im Pilsener Becken, 172 200 Ew.; Hochschule für Maschinenbau und Elektrotechnik, medizin. Hochschule; Theater, Museen; Zentrum des Schwermaschinen- und Fahrzeugbaus (Škodawerke) sowie der Brauind. (Pilsener Bier); chem., Glas-, Bekleidungsind.; Spielbank; internat. Nahrungs- und Genussmittelmesse (»Ex Plzeň«). – Got. Kirche St. Bartholomäus (1497 vollendet), Renaissancerathaus (1554 bis 1574), Franziskanerkloster mit Kirche aus dem 14. Jh. (barock umgebaut), barocke ehem. Dominikanerkirche. – Um 1295 als königl. Stadt gegr.; 1633/34 Hauptquartier Wallensteins, der hier seine Offiziere zur Unterzeichnung eines Treueides (Pilsener Revers; 31. 1. und 20. 2. 1634) bewog.

Pilsener Bier, helles, untergäriges Vollbier mit starkem Hopfenaroma und höchstens 12,5% Stammwürzegehalt (↑Bier).

Piłsudski [piu̯'sutski], Józef Klemens, poln. Politiker und Marschall (seit 1920), *Zułowo (heute Sulowo, bei Vilnius) 5. 12. 1867, †Warschau 12. 5. 1935; 1887 für fünf Jahre nach Sibirien verbannt, 1893 Mitbegründer der Poln. Sozialist. Partei, stellte sich im Interesse der Eigenstaatlichkeit Polens im Ersten Weltkrieg auf die Seite der Mittelmächte und befehligte 1914–16 auf österr. Seite die 1. Brigade der Poln. Legionen. Nach der Proklamation des Königreichs Polen (1916) durch die Mittelmächte geriet P. in Konflikt mit diesen (1917/18 in dt. Haft). 1918–22 war er »Staatschef« des unabhängigen Polen. Im Krieg gegen Sowjetrussland (1920–21) konnte P. durch sein strateg. Geschick (»Wunder an der Weichsel«) die drohende militär. Niederlage in einen Sieg wenden. Im Frieden von Riga (1921) erreichte er die Verschiebung der poln. Grenze um ca. 250 km nach O. Nach einem Staatsstreich errichtete P. 1926 ein autoritäres Regime. 1926–35 war er Kriegsmin. und 1926–28 sowie 1930 Min.-Präs.; schloss Nichtangriffspakte mit der Sowjetunion (1932) und Deutschland (1934).

Pilum [lat.] *das,* der etwa 2 m lange Wurfspieß der röm. Legionäre, je zur Hälfte aus hölzernem Schaft und eiserner Spitze.

Pilzdecke, *Bautechnik:* kreuzweise bewehrte, mit den Stahlbetonstützen durch lastverteilende Pilzköpfe biegefest verbundene Stahlbetondecke.

Pilze (Mycophyta), heterotroph oder saphrophytisch lebende, chlorophyllfreie Organismengruppe, mit mehr als 100 000 Arten. Die höheren P. werden in einem eigenen Reich der Pilze **(Fungi)** zusammengefasst, die niederen P. **(Schleim-P.)** dagegen zu den Einzellern gezählt. Die höheren P. durchziehen das Substrat mit Zellfäden (Hyphen), die oft ein dichtes Geflecht (Myzel) bilden. Die Zellwände der P. bestehen aus Chitin, bei den meisten Arten der Schleim-P. aus Cellulose. Als Reservestoffe speichern P. Glykogen und Fett. P. vermehren sich ungeschlechtlich durch versch. Sporenarten, während bei der geschlechtl. Fortpflanzung Gameten verschmelzen. – Die P. gliedern sich in sechs Abteilungen, u. a. verschiedene Schleim-P. und die **Echten Pilze** (Algen-P., Joch-P., Schlauch- und Ständer-P.), zu denen etwa 99% aller Arten gehören. Unter ihnen gibt es zahlreiche essbare Arten (**Speise-P.,** z. B. Champignon, Stein-P., Trüffel). Ihr Nährwert ist gering, ihr Vitamin- und Mineralstoffgehalt entspricht etwa dem der Pflanzen. **Gift-P.** (z. B. Knollenblätter-P., Fliegen-P., Giftreizker) enthalten bestimmte Substanzen als Stoffwechselbestandteile in so hohen Anteilen, dass nach Verzehr Vergiftungserscheinungen auftreten (↑Pilzvergiftung). – Viele Arten der Echten P. leben mit dem Wurzelsystem verschiedener Waldbäume in Symbiose (Mykorrhiza). Große wirtschaftl. Schäden entstehen durch Rost- und Brand-P., die jedes Jahr einen erhebl. Teil der Weltgetrei-

Pilze: Speisepilze (Auswahl)

dt. Name (lat. Bezeichnung)	Aussehen	Standort
Austernseitling (Pleurotus ostreatus)	graublauer bis brauner Hut, randständiger, kurzer, weißer Stiel	tote Laub- und Nadelbäume
Birkenpilz (Leccinum scabrum)	graubrauner bis schwarzer Hut, hoher, weißer Stiel mit grauschwarzen bis hellbraunen Schuppen	Birken
Brätling (Lactarius volemus)	orangebrauner Hut, Stiel heller	Laub- und Nadelwald
Brauner Ledertäubling (Russula integra)	rotbrauner Hut, ockergelbe Lamellen, weißer Stiel	Nadelwald
Butterpilz (Suillus luteus)	gelbbrauner Hut mit meist schmieriger Oberhaut	Kiefernwald
Gelber Ziegenbart[1] (Ramaria aurea)	hell- bis goldgelb, dicker, weißlicher Strunk mit zahlreichen dichtstehenden, wiederholt gegabelten Ästen	Laubwald
Goldröhrling (Suillus grevillei)	orangegelber bis goldgelber Hut, weißer, beringter Stiel	Lärchenwald
Hallimasch[2] (Armillariella mellea)	gelber bis hellbrauner, schuppiger Hut, schuppiger Stiel	auf Baumstümpfen
Edelreizker (Lactarius deliciosus)	ocker-orangeroter, gezonter Hut, Stiel mit dunklen Flecken	Kiefernwald
Krause Glucke (Sparassis crispa)	gelblich, blumenkohlartiges Aussehen	an Kiefern
Maronenröhrling (Xerocomus badius)	brauner Hut, hellbrauner Stiel	Nadel- und Laubwald
Parasolpilz (Macrolepiota procera)	grauer bis rötlichbrauner schuppiger Hut, Stielknolle	Nadel- und Laubwald
Perlpilz (Amanita rubescens)	blassrötl. bis braunroter Hut mit hellgrauen Pusteln, Stiel mit Manschette	Nadel- und Laubwald
Pfifferling (Cantharellus cibarius)	Hut und Stiel eigelb	Nadel- und Laubwald
Heiderotkappe (Leccinum rufescens)	orangefarbener bis orange-ockerfarbener Hut, weißer Stiel mit dunklen Schuppen	v.a. unter Birken
Schafporling (Albatrellus ovinus)	kalkweißer Hut, dicker Stiel	Nadelwald
Schopftintling[1] (Coprinus comatus)	hoher, walzenförmiger, schuppiger, weißer Hut	Ruderalflächen, Parkanlagen
Speisemorchel (Morchella esculenta)	braungelber, tiefgrubiger Hut, weißer, hohler Stiel	Ruderalflächen, sandige Gebüsche
Speisetäubling (Russula vesca)	fleischfarbener bis rosabrauner Hut, weißer Stiel	Nadel- und Laubwald
Steinpilz (Boletus edulis)	dunkelbrauner Hut, Röhren erst weiß, später gelb	Nadel- und Mischwald (saure Böden)
Stockschwämmchen (Kuehneromyces mutabilis)	zimtbrauner Hut, schuppiger Stiel	auf Baumstümpfen (Nadel- und Laubwald)
Totentrompete (Craterellus cornucopioides)	ganzer Pilz düster bis dunkel gefärbt, Hut tief getrichtert	Buchenwald
Waldchampignon (Agaricus silvaticus)	dunkelbrauner, schuppiger Hut, beringter Stiel	Fichtenwald
Wiesenchampignon (Agaricus campestris)	weißseidiger, feinschuppiger Hut, rosa Lamellen (später braunschwarz), kurzer Stiel mit Ring	gedüngte Wiesen, Weiden

[1] Jung essbar. – [2] Roh giftig.

deernte vernichten. Auch die Erreger von Pflanzenkrankheiten in Wein- und Obstkulturen (z. B. Mehltau-P.) verursachen große Schäden. – Viele Schlauch-P. leben in Symbiose mit Cyanobakterien oder Grünalgen und bilden mit diesen die ↑Flechten. Die Hefe-P. sind zur Wein- und Bierbereitung, im Bäckereigewerbe und bei der Käsebereitung wichtig. Andere Schlauch-P. werden industriell gezüchtet, v. a. zur Gewinnung von Antibiotika und Enzymen. Die Wissenschaft von den P. ist die **Mykologie.** – Über P.-Bekämpfungsmittel ↑Fungizide.

Bon, M.: Pareys Buch der P. Aus dem Engl. Hamburg 1988. – Hausner, G.: P. Die wichtigsten Speise- u. Giftpilze. München u. a. [2]1991. – Schwantes, H. O.: Biologie der P. Stuttgart 1996.

Pilzerkrankungen, die ↑Mykosen.

Pilzfelsen, pilzförmiger Einzelfelsen; entsteht in aridem Klima durch bodennahen Windschliff, im humiden Bereich durch Verwitterung, wenn die unteren Gesteinsschichten weniger widerstandsfähig sind als die überlagernden, sowie an der Küste durch eine allseitig wirkende Brandung an einem Felspfeiler.

Pilzvergiftung (Myzetismus), Vergiftung durch den Genuss von Giftpilzen oder verdorbenen Speisepilzen (Bildung tox. Eiweißzersetzungsprodukte). Symptome einer P. sind Magen-Darm-Katarrh (etwa 2 Std. nach Pilzgenuss) oder Zeichen des akuten Leberversagens (12–36 Std. nach Verzehr; Leberkoma), ferner Schwindel, Benommenheit, Atemlähmung; gelegentlich tödlich.

Hilfeleistung bis zum Eintreffen des Arztes (die angegebene Reihenfolge ist einzuhalten): 1) Brechmittel (ein bis zwei Gläser lauwarme starke Kochsalzlösung, kein Apomorphin) eingeben; 2) Kohletabletten und Glaubersalz verabreichen; 3) rohe Milch, rohes Ei (mit Wasser verdünnt) einflößen; bei Bewusstlosigkeit nichts einflößen. (↑Knollenblätterpilze)

Piment [lat.] *der* (Nelkenpfeffer, engl. Gewürz), als Gewürz verwendete getrocknete, unreife Beeren eines auf den Westind. Inseln beheimateten Myrtengewächses, dem **P.-Baum** (Pimenta dioica).

Pimpernuss [von pimpern »klappern«] (Klappernuss, Staphylea), Gattung der P.-Gewächse; Sträucher oder kleine Bäume mit gegenständigen, dreizähligen oder gefiederten Blättern, meist weißen Blüten in Rispen oder Trauben und blasiger Frucht mit kugeligen Samen, die in der reifen Frucht klappern.

Pimpf, Bezeichnung für Mitgl. des nat.-soz. Jungvolks.

Pimpinelle [zu lat. piper »Pfeffer«] *die* (Pimpernelle, Bibernelle, Pimpinella), Doldenblütlergattung in Eurasien und Afrika: außer dem ↑Anis z. B. die auf trockenen Wiesen Europas und W-Asiens heim. **Kleine P.** (**Wilder Kümmel,** Pimpinella saxifraga), bis 60 cm hohe Staude mit rosafarbenen Dolden.

PIN, ↑**p**ersönliche **I**dentifikations**n**ummer.

Pinakothek [grch.] *die,* in röm. Zeit Bez. für einen für Tafelbilder bestimmten Raum, in der Neuzeit Bez. für einen vermutlich für Tafelbilder verwendeten Raum der Propyläen auf der Athener Akropolis. Seit der Renaissance wurde die Bez. wieder verwendet bes. für Gemäldegalerien in Italien, in München für die **Alte P.** (1826–36 von L. von Klenze), die **Neue P.** (1846–53 von August von Voit; zerstört im Zweiten Weltkrieg, Neubau von A. von Branca, 1981 eröffnet) und die **P. der Moderne** (Grundsteinlegung 1996, Entwurf: S. Braunfels).

Pinang (früher Penang), Gliedstaat West-Malaysias, umfasst die der W-Küste der Malaiischen Halbinsel vorgelagerte, aus Granit aufgebaute Insel P. (285 km^2) und die auf dem gegenüberliegenden Festland gelegene Province Wellesley (seit 1985 durch eine 13,5 km lange Brücke verbunden), zus. 1 031 km^2, (1997) 1,22 Mio. Ew., Hauptort George Town (auch P. genannt). Die Insel P. hat an der W- und O-Küste größere Schwemmlandebenen, nur im N blieb der trop. Regenwald erhalten. Sie ist überwiegend von Chinesen bewohnt, auf dem Festland leben v. a. Malaien. Die Hauptorte sind hier Perai, Butterworth und Bukit Mertajam. In George Town und Butterworth sind Industrieparks und Freihandelszonen gegründet worden (Zentrum der malaiischen Elektronikindustrie); auf P. Zinnerzverhüttung und Auslandstourismus.

Pimpernuss: blühener Zweig und Früchte der Gefiederten Pimpernuss

Pinar del Río, Provinz-Hptst. in W-Kuba, 128 600 Ew.; Zentrum des wichtigsten Tabakanbaugebietes von Kuba; chem., Tabakindustrie.

Pinasse [frz.-niederländ., eigtl. »Boot aus Kiefernholz«, zu lat. pinus »Kiefer«] *die,* größeres Beiboot (von Kriegsschiffen).

Pinatubo, Vulkan im N der Insel Luzon, Philippinen, 1 475 m ü. M.; brach nach 611-jähriger Ruhe im Juni 1991 erneut aus. Lawinen aus heißer Asche, Schutt oder Schlamm, verstärkt durch intensive Regenfälle, wirkten sich im Umkreis von mehr als 300 km aus. Die bis in 30 km Höhe geschleuderten Aschemassen hatten überregionale klimat. Auswirkungen.

Pinboard ['pɪnbɔ:d, engl.] *das* (Pinnwand), an der Wand zu befestigende Tafel aus Kunststoff, Kork o. Ä., an die man mit Stecknadeln o. Ä. bes. Merkzettel anheftet.

Pincheffekt ['pɪntʃ-; engl. to pinch »kneifen«], das Zusammenziehen eines von genügend großen elektr. Strömen durchflossenen ↑Plasmas zu einem dünnen, komprimierten Plasmaschlauch oder -faden infolge der Wechselwirkung des Plasmastroms mit dem von ihm erzeugten Magnetfeld. Der P. wird bes. zur Aufheizung und Begrenzung eines Plasmas für Kernfusionen genutzt.

Pincus ['pɪŋkəs], Gregory, amerikan. Physiologe, * Woodbine (N. J.) 9. 4. 1903, † Boston (Mass.) 22. 8. 1967; entdeckte die Verwendbarkeit weibl. Geschlechtshormone zur Empfängnisverhütung (Antibabypille; hormonale Ovulationshemmer).

Pindar, grch. Dichter, * Kynoskephalai (bei Theben) 522 oder 518 v. Chr., † Argos nach 446 v. Chr.; trat kurz nach 500 als Dichter und Komponist lyr. Chorlieder auf, in denen Vers, Musik und Tanzbewegung eine Einheit bildeten. P. steht am Ausgang der archaischen Zeit. Seine Lyrik deutet die Welt als einen gottgewirkten Sinnzusammenhang. Die Gedichte mit Beispielen aus dem Mythos und den zahlr. Sentenzen sind durch strengen Aufbau, hohes Pathos und einen bildhaften, schon im Altertum als dunkel empfundenen Stil gekennzeichnet. Von seinen Werken sind die Siegesgesänge (Epinikien) für die Preisträger der Olymp., Pyth., Nemeischen und Isthm. Wettkämpfe erhalten, von seinen Paianen und Dithyramben nur Bruchstücke.

Pinder, Wilhelm, Kunsthistoriker, * Kassel 25. 6. 1878, † Berlin 13. 5. 1947; Prof. in Darmstadt, Breslau, Straßburg, Leipzig, München und Berlin; Erforscher und Interpret der dt. Kunst in Auseinandersetzung mit der europäischen. – *Werke:* Dt. Barock (1912); Die dt. Plastik vom ausgehenden MA. bis zum Ende der Renaissance, 2 Bde. (1914–28); Der Naumburger Dom und seine Bildwerke (1925; mit W. Hege); Der Bamberger Dom und seine Bildwerke (1927; mit W. Hege); Vom Wesen und Werden dt. Formen, 4 Bde. (1937–51).

pin-Diode, spezielle Halbleiterdiode. Zwischen dem p- und dem n-leitenden Gebiet befindet sich eine i-Zone (i, Abk. für intrinsic, »eigenleitend«) mit hoher Sperrspannung. Anwendung zum Gleichrichten hoher Spannungen.

Pindos, Gebirge in W-Griechenland, im Smolikas 2 637 m ü. M., trennt Thessalien von Epiros und Ätolien; Nationalpark bei Konitsa.

Pinene [lat.], Bez. für drei isomere, ungesättigte bizykl. Terpenkohlenwasserstoffe (α-, β- und δ-P.), die in Terpentinölen enthalten sind (α-P. bis zu 95 %). P. dienen zur Herstellung von Kampfer und Riechstoffen.

Pinerolo, Stadt in der Prov. Turin, Piemont, Italien, 35 300 Ew.; Papier-, Textil-, elektrotechn. Ind., Maschinenbau. – Dom (11. Jh.), Kirche San Maurizio (11. Jh.) mit Fürstengruft des Hauses Savoyen. – 981 erstmals erwähnt, im 14. Jh. als Festung ausgebaut.

Pinge *Bergbau:* die ↑Binge.

Pinget [pɛ̃'ʒɛ], Robert, frz. Schriftsteller schweizer. Herkunft, * Genf 19. 7. 1919, † Tours 25. 8. 1997; lebte seit 1946 in Paris; nutzt in seinem erzähler. Werk die Techniken des ↑Nouveau Roman, um sich in immer neuen Variationen mit dem Schreiben auseinander zu setzen (Romane »Passacaglia«, 1969; »Apokryph«, 1980), in mehreren Werken durch die Figur des »Monsieur Traum« (Nov.n, 1982; »Theo oder die neue Zeit«, R., 1991). P. schrieb auch Dramen und Hörspiele.

Pingo [eskimoisch] (Hydrolakkolith, Eisvulkan), in Dauerfrostgebieten meist vergesellschaftet auftretender Hügel mit unter erhebl. hydrostat. Druck stehendem Eiskern, bis 50 m hoch, bis 200 m Durchmesser.

Pingpong [engl.] *das,* scherzhafte, leicht abwertende Bez. für nicht turniermäßig betriebenes (»Freizeit«-)Tischtennis.

Pingpong-Diplomatie, Bez. für die 1971 erfolgte Wiederaufnahme der seit 1949 eingefrorenen polit. Beziehungen zw. den USA und der VR China; nimmt Bezug darauf, dass die erste zwischenstaatl. Begegnung durch die Einladung einer amerikan. Tischtennismannschaft nach Peking und deren Empfang durch den chines. MinPräs. Zhou Enlai zustande kam. Anschließend wurden wieder politisch-diplomat. Kontakte geknüpft: 1971 Reise von H. Kissinger zu einem geheimen

Treffen und 1972 von R. M. Nixon zu einem offiziellen Staatsbesuch nach China; ebnete den Weg für den Beitritt Chinas zur UNO (1971) und die Aufnahme diplomat. Beziehungen zw. den USA und China (1979).

Pinguine [frz. von lat. pinguis »fett«, »plump«] (Sphenisciformes), Ordnung flugunfähiger Meeresvögel der südl. Halbkugel. Beim Tauchen nach Nahrung (Fische, Krebse) dienen die Flügel als Ruder, die mit Schwimmhäuten versehenen Füße als Steuer. An Land stehen die P. aufrecht und benutzen die steifen Schwanzfedern als Stütze. Die größte Art ist der 115 cm lange **Kaiser-P.** (Aptenodytes forsteri); das einzige Ei wird vom Männchen etwa 63 Tage lang auf den Füßen gehalten und in einer Brutfalte des Bauches bebrütet, erst nach dem Schlüpfen des Jungen hilft das Weibchen beim Füttern. Weitere P. sind der **Brillen-P.** (Spheniscus demersus) SW-Afrikas und der **Felsen-P.** (Eudyptes crestatus) auf den Falklandinseln.

Pinguine: Kaiserpinguine mit Jungtieren

Pinie [lat.] *die* (Pinus pinea), im Mittelmeergebiet verbreiteter, bis zu 25 m hoher Baum der Gattung Kiefer mit schirmförmig-flacher Krone. Die Samen **(P.-Nüsse, P.-Kerne, Pineolen, Pignolen, Pinoli)** mit harter Schale und ölreichem Kern sind wohlschmeckend. Der vielschuppige P.-Zapfen war in der Antike und im frühen MA. ein Lebenssymbol.

Pinkerton National Detective Agency ['pɪŋkətn 'næʃnl dɪ'tektɪv 'eɪdʒənsɪ, engl.], 1850 in den USA von Allan Pinkerton (* 1819, † 1884) gegr. Detektivbüro; befasste sich urspr. mit der Aufklärung von Frachtgutdiebstahl in Eisenbahnen, betätigte sich jedoch später auch als Schutztruppe für Streikbrecher und wurde zur Abwehr von Arbeitskämpfen eingesetzt.

Pink Floyd [-flɔɪd], engl. Rockgruppe, 1965 in London gegr., mit Syd Barrett (* 1946; Gitarre), 1968 durch David Gilmour (* 1944) ersetzt, Rick Wright (* 1945; Keyboard), Roger Waters (* 1944; Bassgitarre; alle drei auch Gesang) und Nick Mason (* 1945; Schlagzeug); entwickelte einen eigenen Sound mit intensiver Verwendung elektronisch erzeugter Klänge; 1983 aufgelöst, tritt seit 1987 als Trio (ohne Waters) auf.

📖 *Schaffner, N.: P. F. Vom Underground zur Supergroup. A. d. Engl. München 1994.*

Pinne, 1) *Navigation:* (Kompass-P.) spitzer Stift, auf dem die Magnetnadel oder die Rose des ↑Kompasses ruht.

2) *Schifffahrt:* (Ruder-P.) waagerechter Hebel zum Bedienen des Steuerruders auf Booten.

3) *Technik:* 1) (Finne) keilförmige oder spitze Seite des Hammers; 2) kleiner Nagel, Reisszwecke.

Pinneberg, 1) Kreis in Schlesw.-Holst., 664 km², (1998) 287 900 Einwohner.

2) Kreisstadt von 1), an der Pinnau (44 km lang), 39 100 Ew.; elektron. Ind., Herstellung von Dachpappe, Fahrzeug- und Gerätebau. In der Umgebung Baumschulen und Rosenzucht.

Pinocchio [pi'nɔkkjo], Name einer aus Holz geschnitzten Gliederpuppe, Hauptgestalt des italien. Kinderbuches »Die Abenteuer des P.« von C. Collodi (1883); vielfältig adaptiert.

Pinochet Ugarte [pino'tʃe(t)-], Augusto, chilen. General und Politiker, * Valparaíso 25. 11. 1915; wurde im Aug. 1973 Oberkommandierender des Heeres, führte im Sept. 1973 den blutigen Militärputsch gegen Präs. S. Allende Gossens. 1973–81 war er Vors. der Militärjunta; seit 1974 auch Staatspräs., musste nach Volksentscheid (1988) sein Amt als Präs. 1990 aufgeben; bis März 1998 Oberbefehlshaber des Heeres, danach Senator auf Lebenszeit. Unter seiner Diktatur kam es zu schweren Menschenrechtsverletzungen (mehr als 3 000 Opfer). Bei einem Besuch in Großbritannien im Okt. 1998 wurde er aufgrund eines von Spanien erlassenen Haftbefehls festgenommen. Nach langen jurist. und medizin. Prüfungen durfte er im März 2000 nach Chile zurückkehren, wo ihm die Immunität des Senators entzogen wurde, so dass eine Anklage möglich ist.

Pinot [pi'no, frz.] *der* (Burgunderrebe), Name meist hervorragender Rebsorten: 1) **P. noir,** Blauer Spätburgunder; 2) **P. gris,** Grauburgunder, Ruländer; 3) **P. blanc,** Weißburgunder; 4) **P. meunier,** Müllerrebe.

Pinscher, Sammelbez. für eine Gruppe von Haushunderassen. Der **Deutsche P.** ist ein schlanker, wendiger Haus- und Wachhund mit glatthaarigem, schwarz bis braunrot gefärbtem Fell (Widerristhöhe 40–48 cm).

Pinsel, Handwerkszeug zum Auftragen von Flüssigkeiten oder zum Reinigen, das aus in einem Griff gefassten Borsten besteht. Beim **Kluppen-P.** werden gebündelte Haare an den Enden mit einem Faden oder Draht umwickelt oder in Pech, Kitt, Leim o. Ä. getaucht; diese »Besteckung« wird in eine Höhlung im Holzgriff geklebt; beim **Kapsel-P.** befinden sich die Borsten in einer runden oder ovalen Metallkapsel, beim **Flach-P.** in einem breiten, flachen Blech; beim **Ring-P.** nimmt ein Ring die Borsten auf, die von innen her an den Ring gedrückt und eingeklebt sind. Bei den **Bürsten** genannten P. werden die Borsten in Rillen des Holzkörpers gepresst und geklebt. – Es werden Tierhaare, pflanzl. und synthet. Fasern (↑Borsten), oft vermischt, verwendet.

Pinsel|äffchen, Art der ↑Krallenaffen.

Pinselschimmel (Penicillium), Gattung der Schlauchpilze, die auf organ. Stoffen Schimmel(rasen) bilden; ihre Sporen (Konidien) sitzen auf pinselförmigen Konidienträgern. Einige Arten erzeugen Antibiotika (Penicillin), andere, z. B. Penicillium roquefortii, dienen zur Käsebereitung.

Pinselzüngler (Loris), australisch-papuan. Papageiengruppe, bei der in Anpassung an die Nahrung (Blütennektar, weiche Früchte) die Zunge vorn pinselartig aufgefasert ist.

Pinsk, Stadt im SW von Weißrussland, an der Pinamündung in den Pripjet, 131 100 Ew.; Bekleidungs-, Kunstleder-, Holz- und Nahrungsmittelindustrie. – P. war ab Ende des 12. Jh. Hptst. des Fürstentums P.; es kam um 1318 unter litauische, 1521 unter poln. Herrschaft (1581 Magdeburger Stadtrecht) und 1793 an Russland. 1921 polnisch; 1939 von der Roten Armee eingenommen.

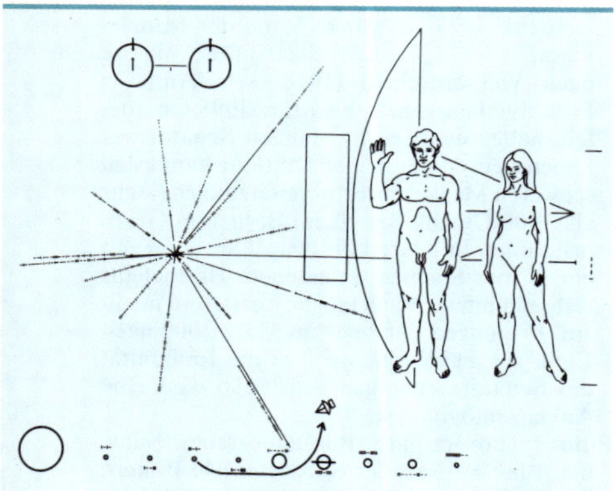

Pioneer: goldbeschichtete Aluminiumplakette an der Raumsonde Pioneer 10, die außerirdischen Zivilisationen Auskunft über die Menschheit geben soll; oben links: charakteristischer Wasserstoffübergang als Frequenznormal; Mitte links: Lage der Sonne bezüglich bestimmter kosmischer Radioquellen (Binärcode in Einheiten des Frequenznormals); unten: Sonnensystem mit dem dritten Planeten Erde als Herkunft der Sonde (relative Sonnenabstände der Planeten im Binärcode); Mitte rechts: Darstellung der Menschen und Größenvergleich zur Antenne der Sonde

Pint [paɪnt], Einheitenzeichen **pt,** Hohlmaß in Großbritannien: 1 pt = 0,568 l; in den USA für Flüssigkeiten: 1 **Liquid Pint** = 1 liq pt = 0,473 l, für Schüttgüter: 1 **Dry Pint** = 1 dry pt = 0,551 l.

Pinter [ˈpɪntə], Harold, engl. Schriftsteller, * London 10. 10. 1930; zunächst Schauspieler (Pseud. David Baron), begann er seit 1950 Lyrik, Bühnenstücke und Drehbücher für Film und Fernsehen zu schreiben. In seinen frühen Stücken dem absurden Theater verpflichtet, nähert er sich später einem neuen Realismus. Kommunikationsverlust und Identitätsverfall, Ununterscheidbarkeit von Realität und Fantasie und brüchig gewordene menschl. Beziehungen sind Themen seiner effektvollen Stücke (u. a. »Die Geburtstagsfeier«, gedruckt 1959; »Der Hausmeister«, 1960; »Schweigen«, 1969; »Niemandsland«, 1975; »Betrogen«, 1978; »Turtle Day«, 1984; »The Heat of the Day«, 1988); Drehbuch zu »Die Geliebte des frz. Leutnants« (1981).

📖 *Eikmeyer, H.: Angst u. Furcht in den Dramen H. P.s. Frankfurt am Main 1990.*

Pinturicchio [pintuˈrikkjo], eigtl. Bernardino di Bettodi Biagio, italien. Maler, * Perugia 1454 (?), † Siena 11. 12. 1513; Schüler von Perugino, mit dem er 1481–83 in der Sixtin. Kapelle in Rom zusammenarbeitete. Meisterwerke sind die Fresken in der Kapelle Santa Maria in Aracoeli (um 1485) und in der Bibliothek des Doms in Siena (1502–05).

Pin-up-Girl [pɪnˈʌp gəːrl, engl.] *das,* aus Illustrierten ausgeschnittenes, an die Wand geheftetes Bild eines attraktiven, meist leicht bekleideten Mädchens; ein Modell für ein solches Bild.

pinxit [lat. »hat gemalt«], Abk. **p., pinx.,** Vermerk auf Gemälden, Stichen u. a., oft hinter der Signatur des Künstlers.

Pinyin [chines., eigtl. »Laute zusammensetzen«] *das,* das seit 1979 in der Volksrep. China auch im Verkehr mit dem Ausland offiziell verwendete Transkriptionssystem der chines. Begriffszeichen mit lat. Buchstaben (20 Konsonanten, 6 Vokale); wurde Ende 1957 innerhalb des Landes genehmigt. In China selbst hat es die tradierte Zeichenschrift abgesehen von wenigen Ausnahmen (z. B. in der Telegrafie) nicht ersetzt.

Pinzette [frz.] *die,* zangenartiges Instrument mit federnden Armen zum Fassen kleiner Gegenstände und zum ärztl. Gebrauch.

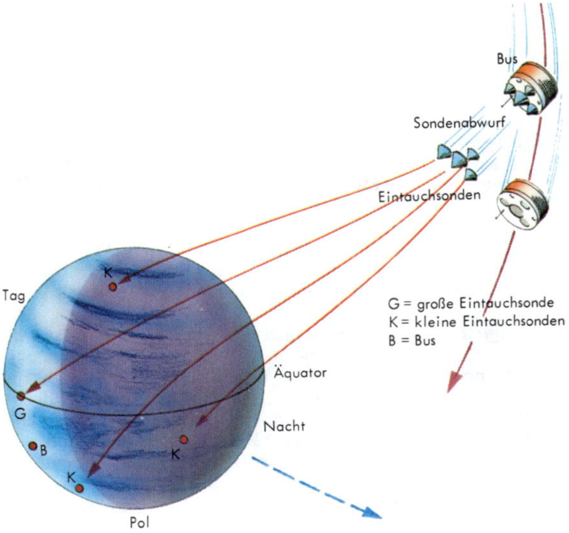

Pioneer: Venussonde in der Endphase des Programmablaufs

Pinzettfisch (Chelmon rostratus), Borstenzähnerart; farbenprächtige, bis zu 18 cm lange Korallenfische im trop. Indopazifik, haben eine bes. lange Schnauze, mit der u. a. kleine Krebse aus Korallenstöcken gezogen werden; Zierfisch.

Pinzgau, Teil des Bundeslandes Salzburg, Österreich, umfasst die Talschaft der oberen Salzach (oberhalb der Taxenbacher Enge) sowie der oberen Saalach (Mitter-P.), zw. Kitzbüheler Alpen und Hohen Tauern; Pferde- und Rinderzucht (»Pinzgauer«); Fremdenverkehr; Tauern-, Stubach-, Kaprun-Kraftwerk.

Pio (Pater P.), eigtl. Francesco Forgione, italien. Kapuzinerpater, * Pietrelcina (Prov. Benevent) 25. 5. 1887, † ebd. 23. 9. 1968; Sohn einer Bauernfamilie; 1903 Eintritt in den Kapuzinerorden; lebte nach seiner Priesterweihe (1910) aus gesundheitl. Gründen bei seiner Familie; seit 1918 an seinen Händen auftretende Blutungen wurden von vielen Gläubigen als die Leidensmale Jesu gedeutet (↑Stigmatisation) und führten seither in Italien und seit den 1950er-Jahren darüber hinaus (lange Zeit gegen den erklärten Willen der Kirche) zu einer anwachsenden »P.-Verehrung«. – 1999 Seligsprechung.

Piombino, Hafenstadt in der Toskana, Italien, gegenüber der Insel Elba (Fährverbindung), 36 800 Ew.; Eisenhütten, Stahlwerke, Werften. – Kastell (seit dem 12. Jh. bezeugt). Nahebei liegt **Populonia,** eine ehem. etrusk. Hafenstadt; Museum.

Piombo, ↑Sebastiano del Piombo.

Pioneer [paɪəˈnɪə, engl.], Name einer Serie unbemannter amerikan. Raumsonden zur Erforschung des interplanetaren Raums sowie einiger Planeten. Seit 1958 (P. 1) wurden 15 P.-Sonden gestartet. **P. 10** (Start 1972) passierte im Dezember 1973 den Planeten Jupiter in 131 400 km Entfernung, kreuzte im Juni 1979 die Uranusbahn, im April 1983 die Plutobahn und im Juni 1983 die Neptunbahn. Damit verließ P. 10 als erste Raumsonde unser Sonnensystem. **P. 11** (Start 1973) flog im Dezember 1974 in nur 42 000 km Entfernung am Jupiter vorbei und erreichte im September 1979 als erster Raumflugkörper den Planeten Saturn (Entfernung etwa 21 400 km), wobei neben vielen wiss. Messdaten die ersten Nahaufnahmen des Saturns und seines Ringsystems übertragen wurden (daher in **P.-Saturn** umbenannt). Im Mai 1978 wurde im Rahmen des P.-Venus-Programms **P.-Venus 1** gestartet, die im Dezember 1978 in eine ellipt. Umlaufbahn um die Venus einschwenkte. **P.-Venus 2** (Start August 1978) erreichte die Venus ebenfalls im Dezember 1978. Einzelsonden drangen in die Venusatmosphäre ein und schlugen an versch. Plätzen auf der Venusoberfläche auf; der Orbiter verglühte 1992. Nachfolgeprojekt war die Sonde ↑Magellan.

Pionen, die Pi-Mesonen (↑Mesonen).

Pionier [frz. »Fußgänger«, »Fußsoldat«] *der,*
1) *allg.:* Wegbereiter, Vorkämpfer.
2) *Militärwesen:* unterster Mannschaftsdienstgrad bei der P.-Truppe der Bundeswehr.

Pionierorganisation »Ernst Thälmann« (Junge Pioniere, Abk. JP), in der DDR die staatl. Massenorganisation für Kinder (6–8 Jahre: **Jungpioniere;** 9–14 Jahre: **Thälmannpioniere;** 1988: 1,49 Mio. Mitgl.); gegr. am 13. 12. 1948 (Name seit 1952); sollte die Kinder (bei nahezu Pflichtmitgliedschaft) unter Nutzung altersspezif. Methoden im Sinne der SED erziehen; 1989 aufgelöst.

Pioniertruppe, in der Bundeswehr zu den Kampfunterstützungstruppen gehörende Truppengattung des Heeres, die auf techn. Aufgaben spezialisiert ist.

Pionium, ein ↑exotisches Atom.

Piontek, Heinz, Schriftsteller, *Kreuzburg in Oberschlesien (heute Kluczbork) 15. 11. 1925; auf Wortverdichtung und Stilisierung abzielende Lyrik (»Die Furt«, 1952; »Klartext«, 1966; »Morgenwache«, 1991); schrieb auch Erzählungen (»Nach Markus«, 1991), Essays und Romane (»Dichterleben«, 1976; »Zeit meines Lebens«, 1984). P. erhielt 1976 den Georg-Büchner-Preis.

Piotrków Trybunalski ['pjɔtrkuf tri-] (dt. Petrikau), Hptst. der Wwschaft Piotrków, Polen, 81 400 Ew.; Zweigstelle der TU von Lodz; Glashütten, Maschinenbau, Nahrungsmittel-, Holzind. – Gotische Pfarrkirche (14./15. Jh.), barocke Jesuitenkirche (17./18. Jh.). – Erhielt Ende des 13. Jh. Stadtrecht.

Piovene, Guido, italien. Schriftsteller, *Vicenza 27. 7. 1907, †London 12. 11. 1974; schrieb psycholog. Romane und Erzählungen: »Mörder vor dem Anruf« (1943), »Mitleid unerwünscht« (1946), »Kalte Sterne« (1970).

Pipa [indian.] *die* (Pipakröte, Wabenkröte, Pipa pipa), Froschlurch Guayanas und Brasiliens, bis 20 cm lang.

Pipe [paɪp, engl.] *die,* vulkan. ↑Durchschlagsröhre.

Pipeline ['paɪplaɪn; engl. zu pipe »Rohr« und line »Leitung«] *die,* über größere Strecken verlegte Rohrleitung zum Transport von Flüssigkeiten (v. a. Erdöl oder Erdölprodukte), Gasen (v. a. Erdgas) oder feinkörniger Feststoffe (Zement, Kohle, Erze u. a.), die in Wasser als Trägerflüssigkeit homogen suspendiert sind. Die Rohre bestehen aus Beton oder Stahl und weisen einen Durchmesser bis zu 1,20 m auf, sind teilweise kunststoffbeschichtet und mit Korrosionsschutzmitteln versehen. Je nach den klimat. und geograph. Verhältnissen werden sie ober- oder unterirdisch (auch auf dem Meeresboden) verlegt. Ventile sorgen dafür, dass bei Bruch einer Erdöl-P. der Ölverlust begrenzt bleibt. In bestimmten Abständen in die P. eingebaute Pumpstationen (meist mit Kreiselpumpen arbeitend) sorgen für den zur Beförderung des Gutes notwendigen Druck.

Pipelineverarbeitung ['paɪplaɪn-, engl.] (Fließbandverarbeitung), *Datenverarbeitung:* Verfahren der Parallelverarbeitung, bei dem jeder Befehl in Verarbeitungsabschnitte unterteilt wird, für die jeweils eine eigene Verarbeitungseinheit existiert.

Piper [lat.], die Pflanzengattung ↑Pfeffer.

Piper ['paɪpə], John, brit. Maler und Grafiker, *Epsom and Ewell 13. 12. 1903; malte zunächst abstrakt, später realistisch v. a. Landschaften und Architekturdarstellungen.

Piperidin [zu lat. piper »Pfeffer«] *das* (Hexahydropyridin), giftige bas. Flüssigkeit, die technisch durch katalyt. Hydrierung von ↑Pyridin hergestellt und v. a. als Lösungsmittel sowie als Zwischenprodukt für Synthesen verwendet wird; in der Natur findet sich P. als Baustein zahlreicher ↑Alkaloide (z. B. im Piperin).

Piperonal [lat.] *das,* das ↑Heliotropin.

Pipette [frz.] *die,* geeichter Stechheber (↑Heber) zum Abmessen von Flüssigkeiten, als Voll-P. und als Messpipette.

Pippau *der* (Grundfeste, Crepis), Gattung der Korbblütler; Milchsaft führende Kräuter mit meist gelben oder roten Blütenkörbchen. In Mitteleuropa häufig der gelb blühende **Wiesen-P.** (Crepis biennis), auf Hochgebirgsmatten der **Gold-P.** (Crepis aurea) mit orangeroten Blütenkörbchen.

Pippi Langstrumpf (schwed. Pippi Långstrump), Hauptfigur einer Kinderbuchserie von A. Lindgren (1945 ff.).

Pippin (Pipin), fränk. Hausmeier und Fürsten aus dem Hause der ↑Karolinger: **1) P. der Ältere, P. I.,** †um 640, Großvater von 2); Hausmeier Dagoberts I., durch die Ehe seiner Tochter mit dem Sohn des Arnulf von Metz Ahnherr der Karolinger.
2) P. der Mittlere, P. II. (P. von Heristal), *um 635, †714, Enkel von 1), Großvater von 3); seit 687 Hausmeier des ganzen Frankenreichs, dessen weiteren Zerfall er verhinderte.
3) P. der Jüngere, P. III., fälschlich »der Kleine«, »der Kurze«, *714, †Saint-Denis 24. 9. 768, Sohn Karl Martells, Enkel von 2); erhielt als Hausmeier 741 Neustrien, Burgund und die Provence, sein Bruder Karlmann Austrasien, Alemannien und Thürin-

gen. Sie setzten 743 formell den Merowinger Childerich III. als König ein. 747 vereinigte P. das ganze Frankenreich und ließ sich 751 zum König wählen. 754 und 756 unterstützte er Papst Stephan III. gegen die Langobarden und machte ihm die ↑Pippinsche Schenkung. Vor seinem Tod teilte P. das Reich unter seine Söhne Karlmann und Karl (den Großen).

Pippinsche Schenkung, die Übereignung bestimmter Gebiete aus urspr. römisch-byzantin. Besitz, die von den Langobarden unter Aistulf besetzt worden waren, durch Pippin III. an den Papst (754/56). Die als Restitution verstandene P. S. schuf die Grundlage des späteren ↑Kirchenstaats. Ihr territorialer Umfang ist nicht mehr genau zu bestimmen.

Pips [lat. pituita »Verschleimung«] *der,* volkstüml. Bez. für Erkrankungen der Luftwege bei Geflügel.

Piquage [pika:ʒə, frz.] *die,* Kunsttechnik, bei der monochrome Leinwandflächen oder glatt poliertes Metall an bestimmten Stellen aufgeschlitzt werden; v. a. von L. Fontana in seinen Ölbildern (»Concetti spaziali«) und Plastiken angewendet.

Piqué [piˈke, frz.] *der* oder *das,* ↑Pikee.

Piquet [piˈke], Nelson, brasilian. Automobilrennfahrer, *Rio de Janeiro 17. 8. 1952; ehem. Formel-1-Fahrer, u.a. Weltmeister 1981 (↑Formel 1, Übersicht).

Pir [pers.-türk.], *Islam:* Alter, Vorsteher eines geistl. Ordens; Schutzpatron eines Handwerks; entspricht dem arab. Scheich.

Piracicaba [pirasiˈkaba], Stadt im brasilian. Staat São Paulo, 283 600 Ew.; landwirtsch. Hochschule, methodist. Univ.; Nahrungsmittelind., Zuckerfabriken, Landmaschinenbau.

Piran (italien. Pirano), Stadt in Slowenien, im NW Istriens, am Golf von Triest, 4 700 Ew.; Museum für Seewesen, Kunstgalerie; Fremdenverkehr. – Rathaus (1879), Dom (1317 begonnen, vollendet 1637) mit Campanile und Baptisterium, Reste der Stadtmauer (14. Jh.) mit zinnengekrönten Türmen.

Pirandello, Luigi, italien. Schriftsteller, *Agrigent 28. 6. 1867, †Rom 10. 12. 1936; Journalist, Hochschullehrer für italien. Literatur; einer der bedeutendsten Dramatiker und Erzähler des 20. Jh.; schrieb Novellen, Romane und Dramen, begann 1925 mit prakt. Theaterarbeit (Gründung des »Teatro d'arte«, das er bis 1928 leitete). 1934 erhielt er den Nobelpreis für Literatur. In seinen antiillusionist. Stücken gestaltet er die unentwirrbaren Beziehungen zw. Schein und Sein, die Fragwürdigkeit jedes Ichbewusstseins, u. a. in »So ist es, wie es Ihnen scheint« (1918), »Sechs Personen suchen einen Autor« (1921), »Heinrich der Vierte« (1922); ähnlich auch im erzähler. Werk, das moderne narrative Techniken mit psycholog. Fundierung verbindet, so in seinem berühmtesten Roman »Mattia Pascal«, (1904). Meisterhaft sind die rd. 240 »Novellen für ein Jahr« (15 Bde., 1922–37).

📖 *Rössner, M.: P., Mythenstürzer. Wien u. a. 1980. – Schenk, I.: L. P. – Versuch einer Neuinterpretation. Frankfurt am Main u. a. 1983. – Alonge, R.: L. P. Rom 1997.*

Piranesi, Giovanni Battista, italien. Kupferstecher und Baumeister, *Mogliano Veneto (bei Treviso) 4. 10. 1720, †Rom 9. 11. 1778; schuf Ansichten v.a. antiker und barocker Baudenkmäler Roms in maler., durch scharfe Helldunkelgegensätze gesteigerter Monumentalität (»Vedute di Roma«, 137 Blätter, 1748–74), ferner Aufnahmen röm. Altertümer (»Antichità romane«, 4 Bde., 1756); Umgestaltung der Kirche Santa Maria del Priorato in Rom (1764–66).

Piranhas [-njas], die ↑Pirayas.

Pirat [lat.-grch.] *der,* **1)** Seeräuber (↑Piraterie). **2)** *Segeln:* (Piratenjolle), nichtolymp. Jollenklasse; 5 m lang, 1,61 m breit, 10 m^2 Segelfläche, zwei Mann Besatzung; Segelzeichen: rotes Enterbeil.

Piratenküste (Seeräuberküste, engl. Pirate Coast), Bez. für die Küstenlandschaften der Arab. Halbinsel im SO des Pers. Golfs. Viele geschützte Buchten dienten früher den Seeräubern als Schlupfwinkel.

Piraterie [zu Pirat] *die,* auf hoher See von einem privaten Schiff (Seeräuberei) oder Luftfahrzeug (↑Luftpiraterie) aus gegen ein anderes Schiff oder Luftfahrzeug begangene Gewalttaten, Freiheitsberaubungen oder Plünderungen. Die an der P. Beteiligten dürfen von jedem Staat auf hoher See oder in anderen völkerrechtl. Gemeinschaftsräumen verfolgt und bestraft werden (Grundlage: Seerechtskonventionen von 1958 und 1982).

Piräus (grch. Peiraieus, neugrch. Piräefs), Hafenstadt am Golf von Ägina, Griechenland, Teil der Agglomeration Groß-Athen und wichtigster Hafen Griechenlands, 196 400 Ew.; Wirtschaftshochschule, Archäolog. und Marinemuseum; Erdölraffinerie, Maschinenbau, Zement-, Gummi-, Nahrungsmittel-, Textil-, chem. Ind., Schiffbau; Ausgangspunkt vieler Schifffahrts- und Fährlinien. – Der Hafen wurde 493 v. Chr. von Themistokles ausgebaut und 461–456 v. Chr. durch die »Langen Mauern« mit Athen verbunden; 86 v. Chr. von Sulla zerstört, bis 1835 bedeutungslos.

Pirayas [portugies., aus Tupí] (Piranhas, Serrasalmus), Gattung räuberisch lebender Sägesalmler in Gewässern des trop. Südamerika. P. sind hochrückige, seitlich stark abgeflachte Schwarmfische mit sehr scharfen Zähnen. Sie jagen v.a. Fische, greifen aber, bes. bei dichter Besiedlung, auch größere Wirbeltiere an. Bekannteste Art ist der bis zu 35 cm lange **Piraya** (Serrasalmus piraya) im Unterlauf des Amazonas.

Pirayas: Serrasalmus piraya

Pirchan, Emil, österr. Bühnenbildner, Maler und Schriftsteller, *Brünn 27. 5. 1884, †Wien 2. 12. 1957; führender expressionist. Bühnenbildner der 20er-Jahre v.a. in Berlin und Wien. – *Schriften:* »Bühnenmalerei« (1946), »2000 Jahre Bühnenbild« (1949), »Kostüm-Kunde« (1952).

Pirckheimer (Pirkheimer), Willibald, Humanist, *Eichstätt 5. 12. 1470, †Nürnberg 22. 12. 1530; Freund A. Dürers und J. Reuchlins. 1496–1523 Ratsherr in Nürnberg; befehligte die Nürnberger Hilfstruppe im »Schwabenkrieg« Maximilians I. (1499); er übersetzte grch. Schriftsteller (Plutarch, Lukian u.a.) ins Lateinische.

📖 *Eckert, W. P. u. Imhoff, C. von: W. P. Dürers Freund im Spiegel seines Lebens, seiner Werke u. seiner Umwelt. Köln ²1982.*

Pire [pi:r], Dominique Georges, belg. kath. Theologe, *Dinant 10. 2. 1910, †Löwen 30. 1. 1969; seit 1928 Dominikaner in La Sarte (Gem. Huy), gründete 1950 die »Hilfe für heimatlose Ausländer« (»Europadörfer«); Friedensnobelpreis 1958.

Pirelli S.p.A., italien. Unternehmen der Gummi- und Kunststoffverarbeitung (v.a. Reifen, Kabel); gegr. 1872, seit 1942 jetziger Name; Sitz: Mailand.

Pirenne [pi'rɛn], Henri, belg. Historiker, *Verviers 23. 12. 1862, †Uccle 24. 10. 1935; Prof. in Gent, bahnbrechende Arbeiten zur Wirtschafts- und Sozialgeschichte (»Gesch. Belgiens«, 4 Bde., 1900–32; »Geburt des Abendlandes«, 1937).

Pires ['piriʃ], Maria João, portugies. Pianistin, *Lissabon 23. 7. 1944; unternimmt seit den 70er-Jahren Konzerttourneen durch die ganze Welt; tritt v.a. als Interpretin der Klavierwerke von W. A. Mozart, L. van Beethoven und F. Chopin hervor; auch Kammermusikerin (v.a. mit dem Violinisten A. Durnay).

Piringebirge (bulgar. Pirin), waldreiches Hochgebirge in SW-Bulgarien, im Wichren (Vihren) 2915 m ü.M.; mit Karen und Trogtälern. Der **Naturpark Pirin** gehört zum UNESCO-Welterbe.

Pirk, Talsperre (seit 1938) an der Weißen Elster, im Vogtland, Sachsen; 4 km lang, Fläche 1,56 km², Inhalt 9,5 Mio. m³; Erholungsgebiet.

Pirmasens, kreisfreie Stadt und Verw.sitz des Landkreises Südwestpfalz, Rheinl.-Pf., zw. Pfälzerwald und Westrich, 46600 Ew.; Amt für Verteidigungslasten, Prüf- und Forschungsinst. für die Schuhherstellung, Fachbereiche der FH Kaiserslautern; Schuhmuseum; bed. Schuhind. mit Internat. Messe für Schuhfabrikation und Pirmasenser Lederwoche International; ferner Maschinenbau, Investitionsgüter- und chem. Industrie – 820 erstmals erwähnt; 1769 Stadtrecht; kam 1736 an Hessen-Darmstadt, 1816 an Bayern.

Pirmin (Pirminius), Mönchsbischof und Wanderprediger, †Hornbach (bei Zweibrücken) 3. 11. 753; westgot. (oder span.) Herkunft, gründete die Klöster Reichenau (Bodensee), Murbach (Elsass) und Hornbach (Pfalz); Heiliger, Tag: 3. 11.

Pirna, Kreisstadt des Landkreises Sächs. Schweiz in Sachsen, am Austritt der Elbe aus dem Elbsandsteingebirge, Große Kreisstadt; 38600 Ew.; Hotelfachschule; Sandsteingewinnung und -verarbeitung, chem. Industrie, Fahrzeugteileherstellung, Fleischverarbeitung. – Bürgerhäuser (16. und 17. Jh.), Marienkirche (1502–46), Rathaus (16. Jh.), Kapitelhaus (15. Jh., heute Museum) eines ehem. Dominikanerklosters; über der Stadt Festung Sonnenstein (v.a. 16. Jh.). – P. entstand um 1200 im Schutz einer Burg und erhielt Mitte des 13. Jh. Stadtrecht.

Pirogge [russ.] *die,* mit Fleisch, Fisch, Kraut, Eiern, Pilzen u.a. gefüllte Hefeteigpastete.

Pirol: Männchen

Pirol [mhd. piro, nach dem Gesang] *der* (Goldamsel, Oriolus oriolus), etwa 25 cm langer von S-Schweden bis NW-Afrika und Indien

Pisa 2): Dom Santa Maria Assunta mit dem 55 m hohen Campanile

verbreiteter Singvogel; Männchen goldgelb mit schwarzen Flügeln, Weibchen und Junge grünlich; Zugvogel.

Piroplasmen [lat.-grch.], Protozoen, die bes. in roten Blutkörperchen leben und diese zerstören, z. B. ↑Babesia und Theileria.

Piroplasmosen, durch Infektion mit Piroplasmen verursachte und durch Schildzecken übertragene Tiererkrankung (v. a. der Haustiere) mit fieberhaftem Verlauf; durch die Zerstörung der roten Blutkörperchen kommt es zur Ausscheidung des Blutfarbstoffs mit dem Harn und zur Anämie. (↑Küstenfieber)

Pirosmanaschwili (Pirosmani), Niko, georg. Maler, *Mirsaani (Kachetien) 1862, †Tiflis 5. 5. 1918; Autodidakt; bed. Vertreter der naiven Malerei; schuf farbenfrohe Wirtshausschilder, Porträts, Landschafts- und Genreszenen.

Pirouette [piru'ɛtə, frz.] *die,* **1)** *Ballett, Eis-, Rollkunstlauf:* schnelle mehrfache Drehung auf dem Standbein um die eigene Körperlängsachse.

2) *Pferdedressur:* Figur der hohen Schule: Wendung des Pferdes (auf einem Hinterfuß) um 360 Grad in versammeltem Galopp.

Pirquet [-'kɛ], Clemens Freiherr von, österr. Kinderarzt, *Hirschstetten (heute zu Wien) 12. 5. 1874, †Wien 28. 2. 1929; begründete die Allergielehre, führte den Tuberkulintest ein.

Pisa, 1) Provinz in der Toskana, Italien, 2 448 km², (1997) 384 700 Einwohner.

2) Hauptstadt von 1), am Arno, 12 km oberhalb seiner Mündung, 94 800 Ew.; Erzbischofssitz, Univ. (gegr. 1343), landwirtsch. und tierärztl. Inst., Ingenieurschule, PH, Museen; Fahrzeug-, Textil-, Porzellan-, pharmazeut. Ind., Marmor- und Alabasterverarbeitung, Spiegelfabrik; Flugplatz. – Im NW der Altstadt liegt die Piazza del Duomo (UNESCO-Weltkulturerbe) mit Dom Santa Maria Assunta, eine fünfschiffige roman. Basilika (1063–1118) mit Kanzel von G. Pisano, Baptisterium (1152 begonnen) mit Kanzel von N. Pisano, Campanile (»Schiefer Turm«, 1173 begonnen, durch Bodensenkung nach SO geneigt), Friedhof (↑Camposanto); zahlr. Kirchen und Paläste des MA. und der Renaissance. – P., im Altertum die Hafenstadt **Pisae,** war seit dem 5. Jh. v. Chr. etruskisch und wurde 180 v. Chr. röm. Kolonie. Im MA. wurde es eine der bedeutendsten Handelsstädte Italiens. Im 11. Jh. kamen Sardinien und Korsika in den Besitz P.s. Nach einer Niederlage gegen Genua (1284) begann der polit. und wirtsch. Abstieg. 1406 kam P. an Florenz. Durch die Versandung des Hafens und den Aufstieg Livornos (16. Jh.) verlor P. seine frühere Stellung.

Pisa, Konzile von, zwei Konzile in Pisa: Das **1. Konzil** (1409) wurde zur Beilegung des Abendländ. ↑Schismas einberufen. Es setzte die Päpste Benedikt XIII. (in Avignon) und Gregor XII. (in Rom) ab und wählte Alexander V. zum Papst, der sich jedoch nicht gegen sie durchsetzen konnte. Das **2. Konzil** (1511/12) wurde gegen Papst Julius II. einberufen, dann nach Mailand verlegt und in Lyon aufgelöst. Es setzte Julius II. ab, der im Gegenzug das 5. Laterankonzil einberief.

Pisan [pi'zã], Christine de, frz. Schriftstellerin und Philosophin, *Venedig 1365, †bei Paris 1430; nach dem Tod ihres Mannes verdiente P. den Lebensunterhalt ihrer Familie als

Schriftstellerin und Verlegerin; verfasste Essays zu gesellschaftl. und polit. Themen sowie Gedichte. In ihrem Werk (»Das Buch von der Stadt der Frauen«, 1405) bekämpft P. die männl. Vorurteile, aus denen in ihrer Sicht die Selbstzweifel, Resignation und Passivität der Frauen entspringen.

Pisanello, eigtl. Antonio Pisano, italien. Maler, Zeichner und Medailleur, * Pisa vor dem 22. 11. 1395, † Rom (?) vermutlich Okt. 1455; gelangte, ausgehend vom Schönen Stil der Gotik, zu immer schärferer Erfassung der Wirklichkeit. In seinen Gemälden, Fresken (Verona, San Fermo) und Handzeichnungen verbindet sich feinster ornamentaler Sinn mit Naturtreue. P. trug wesentlich zur Entwicklung der italien. Porträtkunst bei.

Pisano, 1) Andrea, italien. Goldschmied, Bildhauer und Baumeister, * Pontedera (bei Pisa) zw. 1290 und 1295, † Orvieto zw. 26. 8. 1348 und 19. 7. 1349, Vater von 5). Einziges gesichertes Werk ist die älteste der drei Bronzetüren des Florentiner Baptisteriums mit Reliefs aus dem Leben Johannes' des Täufers in 28 got. Vierpassrahmen (vollendet 1336); zugeschrieben werden ihm auch die sechseckigen Marmorreliefs am Untergeschoss des Campanile mit Darstellungen der Handwerke und der freien Künste (wohl ab 1334 in Arbeit; Originale heute im Dommuseum).

📖 *Kreytenberg, G.: A. P. u. die toskan. Skulptur des 14. Jh. München 1984.*

2) Antonio, genannt ↑Pisanello.

3) Giovanni, italien. Baumeister und Bildhauer, * Pisa (?) zw. 1245 und 1250, † Siena (?) bald nach 1314, Sohn von 4); Mitarbeiter seines Vaters an der Kanzel in Siena (1265–67) und am Brunnen in Perugia (1278); wurde 1284 Dombaumeister in Siena und mit dem Bau der Westfassade betraut, für die er die Skulpturen (heute Dommuseum) schuf; 1297 Dombaumeister in Pisa, wo er für das Baptisterium die Bildwerke der got. Geschosse gestaltete. P. hat zwei große Kanzeln geschaffen, 1297–1301 für Sant'Andrea in Pistoia, 1302–12 die von Stützfiguren getragene des Doms in Pisa, außerdem v. a. Madonnen. Seine anfangs an den antikisierenden Stil des Vaters anknüpfende Kunst setzt die Kenntnis der frz. Gotik voraus, unterscheidet sich aber von dieser durch ihr leidenschaftl., den Ausdruck steigerndes Temperament.

Giovanni Pisano: Madonnenstatue; 1305–06 (Padua, Arenakapelle)

Andrea Pisano: Überführung des Leichnams Johannes' des Täufers; Relief am Südportal des Baptisteriums in Florenz, 1330–36

📖 *Ayrton, M.: G. P. Bildhauer. A. d. Engl. Frankfurt am Main 1970.*

4) Niccolò, italien. Bildhauer, * in Apulien (?) um 1225, † Pisa (?) bald nach 1278, Vater von 3); einer der bedeutendsten europ. Bildhauer des MA., tätig in der Toskana, dort seit 1258 nachweisbar. Seine Kanzel des Baptisteriums in Pisa (1260 signiert) verbindet got. Formen (erstmals in Italien im got. Sinn gestaltete Gewandfiguren) und das Bildprogramm der frz. Gotik mit Vorbildern antiker Sarkophagreliefs. In der Domkanzel von Siena (1265–67), die er, wie den Brunnen auf dem Domplatz in Perugia (1278), mit seinem Sohn Giovanni schuf, wandelt sich sein Reliefstil zu erzähler. Reichtum und dramat. Zuspitzung der Szenen.

📖 *Swarzenski, G.: Nicolo P. Meister der Plastik. Frankfurt am Main 1926. – Poeschke, J.: Die Sieneser Domkanzel des Nicola P. Berlin 1973.*

5) Nino, italien. Bildhauer, * Pisa (?) um 1315, † ebd. (?) vor dem 8. 12. 1368, Sohn und

Schüler von 1); schuf in Anlehnung an frz. Plastik Grabmäler und Madonnenbildwerke.

Piscator, Erwin, Regisseur und Theaterleiter, * Ulm (heute zu Greifenstein, Lahn-Dill-Kr.) 17. 12. 1893, † Starnberg 30. 3. 1966; engagierte sich für neue Formen und Ziele des Theaters (polit. Demonstration, Dokumentarstil); gründete das Proletar. Theater in Berlin (1920/21); Regisseur an der Berliner Volksbühne (1924–27). Nach Entlassung eröffnete er in Berlin die P.-Bühne. Arbeitete 1931–36 in der UdSSR, dann in Paris und den USA und seit 1951 wieder in Dtl.; 1962–66 leitete er die Freie Volksbühne in Berlin (u. a. Uraufführungen); Schriften zur Theatertheorie.

Goertz, H.: E. P. Reinbek ³1995.

Pisces [lat.], das Sternbild ↑Fische.

Pischpek, bis 1926 Name der kirgis. Hauptstadt ↑Bischkek.

Piscis austrinus [lat.] (Südlicher Fisch), ein Sternbild am Südhimmel.

Písek (dt. Pisek), Stadt im Südböhm. Gebiet, Tschech. Rep., an der Wottawa, 29 400 Ew.; Elektrogeräte- und Werkzeugmaschinenbau, Holzindustrie. – Got. Burg (13. Jh., mehrfach umgebaut); über die Wottawa mittelalterl. Steinbrücke (»Hirschbrücke«, 13. Jh.) mit barocken Statuen. – Um 1240 als Stadt nach dt. Recht angelegt.

Pisidien, antike Berglandschaft im südl. Kleinasien, nördlich der pamphyl. Ebene, im W-Taurus, Türkei. Die Burgen der krieger. **Pisider** waren für Perser und Makedonier uneinnehmbar. Seit etwa 100 v. Chr. stand P. unter röm. Herrschaft.

Piso, bedeutendste Familie des röm. plebejischen Geschlechts der Calpurnier; bekannt v. a.: **1)** Gaius Calpurnius P., Konsul (wohl 41 n. Chr.), † (Selbstmord) 19. 4. 65; war 65 Mittelpunkt der nach ihm benannten **pison. Verschwörung** gegen ↑Nero.

2) Lucius Calpurnius P. Frugi, Geschichtsschreiber und Konsul (133 v. Chr.); verfasste die »Annales« von den Anfängen Roms bis 146 v. Chr.

Pisolith [grch.-lat.] *der,* ↑Aragonit.

Pispers, Volker, Kabarettist, * Mönchengladbach 18. 1. 1958; tritt seit 1983 in Soloprogrammen auf (»Kabarette sich, wer kann«, 1983; »Frisch gestrichen«, 1994, u. a.); 1990 Ensemblemitgl. beim »Düsseldorfer Kom(m)ödchen«. Erhielt 1995 den Dt. Kleinkunstpreis.

Pissarew, Dmitri Iwanowitsch, russ. Literaturkritiker, * Snamenskoje (Gouv. Orel) 14. 10. 1840, † (ertrunken) Dubulti (heute zu Jūrmala) 16. 7. 1868; bed. Förderer und Theoretiker des gesellschaftskrit. Realismus in der russ. Literatur; Hauptvertreter des russ. »Nihilismus«.

Pissarro, Camille, frz. Maler und Grafiker, * Charlotte Amalie (Jungferninseln) 10. 7. 1830, † Paris 13. 11. 1903; seit 1855 in Paris, bed. Vertreter des Impressionismus (v. a. Landschaften und Großstadtszenen), zahlr. Radierungen und Grafiken.

Pistazie [grch. aus pers.] *die* (Pistacia), Gattung der Sumachgewächse, v. a. im Mittelmeerraum, in S- und O-Asien, in den südl. USA und in Zentralamerika; harzreiche kleine Bäume oder Sträucher. Als Nutzpflanze v. a. die bis zu 10 m hohe **Echte P.** (Grüne Mandel, Pistacia vera), deren Samen (**Pistazie,** Grüne Mandel, Aleppонuss) gesalzen gegessen wird oder als grüne Zutat (Wurst, Eiscreme) Verwendung findet. Die **Terpentin-P.** (Terebinthe, Pistacia Terebinthus) liefert ein wohlriechendes Terpentin. ↑Mastixstrauch.

Pistazie:
Echte Pistazie

Pistazit *der,* Mineral, ein pistaziengrüner, eisenreicher Epidot.

Piste [frz.] *die,* **1)** *allg.:* unbefestigter Verkehrsweg.

2) *Luftfahrt:* Start- und Landebahn auf einem Flughafen.

3) *Sport:* Rennstrecke, -bahn (Rad- und Motorsport, Skisport, Bobrennen, Rodeln).

4) *Zirkus:* die Umrandung der Manege.

Pistoia, 1) Provinz in der Toskana, Italien, 965 km², (1997) 267 000 Einwohner.

2) Hauptstadt von 1), im NW des Beckens von Florenz, 86 400 Ew.; Gartenbaufachschule; Metallwaren-, chem., Leder-, Schuh-, Textilindustrie. – Dom (gegr. im 5. Jh., neu erbaut 12./13. Jh., spätere Veränderungen), Baptisterium (1338–59), Palazzi Pretorio (14. Jh.) und del Commune (ab 1294; Museum), Arkadenfront des Ospedale del Ceppo (1514), zahlr. Kirchen. – P. ist das röm. **Pistoria.** 1329, endgültig 1401 kam es an Florenz.

Pistole [frz.] *die,* anfangs die von Philipp II. von Spanien eingeführten doppelten Goldescudo oder Doblon (↑Dublone). Seit 1640 Nachahmungen u. a. in Frankreich (↑Louisdor) und Deutschland.

Pistole [aus tschech. píšt'ala, eigtl. »Pfeife«, »Rohr«] *die,* kurzläufige, mit einer Hand zu bedienende Handfeuerwaffe (Faustfeuerwaffe) für den Nahkampf und als Selbstverteidigungswaffe sowie für sportl. Zwecke (i. d. R. Luft-P. und Kleinkaliber-P.). Bei den derzeit verwendeten **Selbstlade-P.** (erste brauchbare Typen seit Ende des 19. Jh.) mit im Griff untergebrachtem Stangenmagazin für 6–10 Patronen wird nach dem Schuss durch den Rückstoß die Hülse ausgeworfen und die P. selbsttätig neu geladen und gespannt.
Geschichte: Die Stammform der P. ist das im 14. Jh. aufkommende Faustrohr. Mit der Einführung des Luntenschlosses im 15. Jh. entwickelte sich die P. zu einer vom ↑Gewehr abgrenzbaren eigenständigen Waffenart. Eine entscheidende Verbesserung der **Vorderlader-P.** brachte Anfang des 16. Jh. die Erfindung des Radschlosses. Im 17. Jh. wurde die Radschloss-P. durch die Steinschloss-P. abgelöst. Die Erfindung des Perkussionsschlosses (um 1830) führte zur Entwicklung der Sonderform Revolver, die erste einsatzfähige **Hinterlader-P.** (mit Nadelzündung) entstand 1845. Anfang des 20. Jh. konnte sich die Selbstlade-P. gegenüber dem in der 2. Hälfte des 19. Jh. dominierenden Revolver durchsetzen.

Pistolenschießen, alle Wettbewerbe im Schießsport mit Faustfeuerwaffen vom Kaliber 4,5 mm sowie 5,6 mm bis 11,43 mm. Olymp. Wettbewerbe werden mit Luftpistole auf 10 m Entfernung, freie Pistole auf 50 m, Schnellfeuerpistole auf 25 m, Sportpistole auf 25 m ausgetragen. Daneben gibt es Wettbewerbe des Vorderladerschießens: Perkussionsrevolver 25 m, Perkussionspistole 25 m und Steinschlosspistole 25 m. Frauenwettbewerbe gibt es in den Disziplinen Luftpistole 10 m, Sportpistole (Kleinkaliber) 25 m und Perkussionsrevolver 25 m.

Pistoletto, Michelangelo, italien. Maler, * Biella 25. 6. 1933; nach Aktionen und Happenings entstehen seit 1962 Arbeiten in einer Kombinationstechnik aus Fotografie und Malerei. In seinen Spiegelbildern aus poliertem Stahl und Fotokollagen integriert er die Spiegelung des Betrachters in das Bildgefüge. P. schuf mit ähnlichen Intentionen auch Skulpturen aus Schaumstoff.

Piston [pis'tɔ̃, frz.] *das,* Bez. für das Pumpenventil bei Blechblasinstrumenten; auch Kurzbez. für das ↑Kornett.

Piston ['pɪstn], Walter, amerikan. Komponist, * Rockland (Me.) 20. 1. 1894, † Belmont (Mass.) 8. 11. 1976; schrieb neoklassizist. Sinfonien sowie Konzerte und Kammermusik.

Pistyan ['pɪstjan], Stadt in der Slowakei, ↑Piešt'any.

Pisum [lat.], die Pflanzengattung ↑Erbse.

Pisz [piʃ] (dt. Johannisburg), Stadt in der Wwschaft Ermland-Masuren, Polen, am O-Rand der Johannisburger Heide (1 000 km², Kiefernwald), 16 900 Ew.; Sperrholzfabrik, Baustoff-, Mühlenindustrie; Fremdenverkehr.

Pitahaya (Pitaya, Hylocereus triangularis), aus Südamerika stammendes Kaktusgewächs mit je nach Sorte roten oder gelben, 10–12 cm langen ovalen bis kugeligen Früchten. Die Schale besitzt schuppige Auswüchse. Das süße weiße oder rötl. Fruchtfleisch ist mit zahlr. kleinen schwarzen Samen durchsetzt und wird roh verzehrt. Es enthält viel Vitamin C, Calcium und Phosphor.

Pitanga, die ↑Surinamkirsche.

Pitaval, François Gayot de, frz. Rechtsgelehrter, * Lyon 1673, † ebd. 1743; gab eine Sammlung denkwürdiger Rechtsfälle »Causes célèbres et intéressantes« heraus (20 Bde., 1734–43). Der Name P. galt später allg. für Sammlungen von Strafrechtsfällen.

Pitcairn ['pɪtkeən], Vulkaninsel im südl. Pazifik, bis 335 m ü. M., 4,6 km², (1996) 49 Ew. (in Adamstown). – 1767 entdeckt, 1790 siedelten sich die meuternde Besatzung der »Bounty« und Tahitier an; seit 1898 brit. Kolonie.

Pitcher ['pɪtʃə, engl.] *der,* Werfer im ↑Baseball.

Pitchpine [-paɪn; engl., aus pitch »Harz« und pine »Kiefer«] *die* (Parkettkiefer), harzreiches Kernholz versch., v. a. zentralamerikan. Kiefernarten; bevorzugt im Schiff- und Brückenbau verwendet.

Pitch|shot ['pɪtʃʃɔt, engl.] *der, Golf:* Schlag, bei dem der Ball zunächst steil ansteigt und nach dem Auffallen kaum noch rollt.

Piteå ['pi:təo:], Hafenstadt am Bottn. Meerbusen, Schweden, 40 900 Ew.; südwestlich von Luleå an der Mündung des **Piteälv** (370 km lang), in Norrbotten gelegen; Sägewerke, Zellstofffabriken.

Pitești [pi'teʃtj], Hauptstadt des Kr. Argeș, Rumänien, am Argeș, 185 700 Ew.; Univ.; Zentrum der rumän. Chemieind., Erdölraffinerie (um P. Erdölförderung), Automobil-, Maschinen-, Stahlbau, Leicht- und Nahrungsmittelindustrie.

Pithec|anthropus [grch. »Affenmensch«] *der,* urspr. Bez. für die 1891/92 nach planmäßiger Suche auf Java entdeckten fossilen Menschenreste; heute werden sie unter der Bez. Homo erectus (↑Mensch) zusammengefasst.

Pitot-Rohr [pi'to-; nach dem frz. Ingenieur Henri Pitot, * 1695, † 1771], Gerät zur Messung des Gesamtdrucks in einem strömenden Medium; meist Teil eines Staurohres; rechtwinklig gebogene Röhre, deren einer Schenkel der Strömung entgegengerichtet und an deren anderem Ende ein Manometer angeschlossen ist.

Pịtt, 1) Brad, eigtl. William Bradley Pitt, amerikan. Filmschauspieler, *Shawnee (Okla.) 18. 12. 1963; nach Auftritten in Fernsehserien seit Ende der 80er-Jahren Filmrollen, u. a.: »Thelma & Louise« (1991), »In der Mitte entspringt ein Fluß« (1992), »Sleepers« (1996), »Sieben Jahre in Tibet« (1997), »Rendezvous mit Joe Black« (1998), »Fight Club« (1999).

2) William, d. Ä., 1. Earl (seit 1766) of Chatham, brit. Staatsmann, *London 15. 11. 1708, †Hayes (heute zu London) 11. 5. 1778, Vater von 3); ab 1735 Mitgl. des Unterhauses, 1746–55 Kriegszahlmeister, 1756/57, 1757–61 und 1766–68 Außenminister. Im ↑Siebenjährigen Krieg konnte P. als Bundesgenosse Preußens die frz. Vormacht zur See und in den Kolonien brechen.

3) William, d. J., brit. Staatsmann, *Hayes (heute zu London) 28. 5. 1759, †Putney (heute zu London) 23. 1. 1806, Sohn von 2); 1782/83 Schatzkanzler und als Führer der Tories 1783–1801 sowie 1804–06 Premiermin.; setzte der durch den Nordamerikan. Unabhängigkeitskrieg gefährdeten wirtsch. Lage Großbritanniens umfassende Zoll- und Finanzreformen entgegen und trug dazu bei, dass die polit. Entscheidungsbefugnis von der Krone an das Kabinett unter Führung des Premiermin. überging. P. wurde der Inspirator der europ. Koalitionen gegen Frankreich; er ließ den Aufstand in Irland (1798) niederschlagen und erreichte 1800 die Zustimmung des irischen Parlaments zur Union mit Großbritannien.

Pịttakos, grch. Staatsmann in Mytilene auf Lesbos, lebte um 600 v. Chr.(?). Er befreite seine Vaterstadt von den Wirren der Tyrannis und Adelsherrschaft und schuf eine vortreffl. Gesetzgebung. P. wird zu den ↑Sieben Weisen gerechnet.

Pịttermann, Bruno, österr. Politiker, *Wien 3. 9. 1905, †ebd. 19. 9. 1983; 1957–67 Vors. der SPÖ und (bis 1966) Vizekanzler, war 1964–76 Präsident der Sozialistischen Internationale.

Pịtti (Palazzo P.), für den Kaufmann Luca Pitti (*1394, †1472) errichteter Palast (1457–66) in Florenz, 1560 ff. von B. Ammanati ausgebaut und mit den Uffizien durch einen Laufgang über den Arno verbunden; im 17. Jh. erweitert (1865–70 Residenz des Königs von Italien) und als Gemäldegalerie der Medici eingerichtet; beherbergt heute auch die Galleria d'Arte Moderna, Antikengalerie und Silberkammer.

Pittsburgh [ˈpɪtsbəːg], Stadt im Bundesstaat Pennsylvania, USA, am Zusammenfluss von Allegheny River und Monongahela River zum Ohio; 358 900 Ew. (Metropolitan Area 2,39 Mio. Ew.); Sitz des Carnegie Institute of Technology und des Mellon College of Science der Carnegie-Mellon University, der Carnegie-Bibliothek, der 1787 gegr. University of P. und der Duquesne University. P. liegt im Mittelpunkt reicher Eisenerz- und großer Steinkohlenlager; Entwicklung zu einem der größten Schwerindustriebezirke der Erde; seit den 1950er-Jahren Strukturwandel von der Stahlind. zu Hochtechnologiebran-

Pittsburgh: Zusammenfluss (Golden Triangle) von Allegheny River und Monongahela River zum Ohio chen. – 1759 gegr. als **Fort Pitt** an der Stelle des 1758 von den Briten zerstörten frz. Forts Duquesne. Der seit 1764 unter dem Namen P. um das Fort entstandene Handelsposten erhielt 1816 Stadtrecht.

Pittura metafisica [italien. »metaphys. Malerei«], Richtung der modernen italien. Malerei. Die Bez. wurde zuerst von G. De Chirico und C. Carrà für ihre 1917 in Ferrara entstandenen Bilder verwendet, die im Ggs. zum ↑Futurismus stehen und ein neues Verhältnis zur Dingwelt ausdrücken. In ihren Bildern stellten die Künstler eine Kulissenwelt dar, die durch ungewohnte Objektverbindungen fremd und rätselhaft erscheint.

Pityriasis [grch.] *die,* Sammelbez. für durch kleieförmige Schuppung charakterisierte Hautkrankheiten unbekannter Ursache; die **Kleienpilzflechte** (P. versicolor) wird durch den Hautpilz Malassezia furfur hervorgerufen.

Pityusen, Inselgruppe der ↑Balearen.

Pitztal, rechtes Seitental des oberen Inn in Tirol, Österreich, in den Ötztaler Alpen, vom Pitzbach durchflossen, 40 km lang; Fremdenverkehr, am Talende Schrägstollenbahn im Mittagsbrogel (bis 2 860 m ü. M.) zum Ganzjahresskigebiet (hier Pitzpanoramabahn bis 3 440 m ü. M.).

più [pi'u:, italien. »mehr«], Abk. **p.,** *Musik:* Teil von Vortrags-Bez., z. B. **p. forte (pf),** stärker; **p. piano,** schwächer; **p. allegro,** schneller.

Piura, Hauptstadt des Dep. P. in Peru, in der Küstenwüste, 286 500 Ew., kath. Erzbischofssitz, TU, Univ.; Baumwollhandel und -verarbeitung.

Pius, Päpste: **1) P. II.** (1458–64), eigtl. Enea Silvio Piccolomini, latinisiert Aeneas Silvius, *Corsignano (heute Pienza, bei Siena) 18. 10. 1405, †Ancona 15. 8. 1464; Jurist, nichtgeistl. Teilnehmer am Konzil von Basel; als Papst Gegner des ↑Konziliarismus; seit 1442 Kanzleisekretär Kaiser Friedrichs III., seit 1456 Kardinal; Staatsmann und einer der bedeutendsten Humanisten seiner Zeit.

2) P. IV. (1559–65), eigtl. Giovanni Angelo Medici, *Mailand 31. 3. 1499, †Rom 9. 12. 1565; führte von 1562 an das Tridentin. Konzil (↑Tridentinum) fort und veröffentlichte 1564 dessen Beschlüsse, darunter das allg. katholische Glaubensbekenntnis (»Professio fidei Tridentinae«).

3) P. V. (1566–72), eigtl. Michele Ghislieri, *Bosco Marengo (bei Alessandria) 17. 1. 1504, †Rom 1. 5. 1572; Dominikaner, seit 1557 Kardinal; seit 1558 Großinquisitor, Wegbereiter der ↑katholischen Reform; führte den »Catechismus Romanus« (1566), das »Breviarium Romanum« (1568) und das »Missale Romanum« (1570) ein; Heiliger, Tag: 30. 4.

4) P. VI. (1775–99), eigtl. Giovanni Angelo Braschi, *Cesena 25. 12. 1717, †Valence 29. 8. 1799; seit 1773 Kardinal; bekämpfte Jansenismus, Febronianismus und Josephinismus; verurteilte die Erklärung der Menschen- und Bürgerrechte der Frz. Revolution; wurde nach dem Einmarsch frz. Truppen in Rom (1798) für abgesetzt erklärt und als Gefangener nach Frankreich gebracht.

5) P. VII. (1800–23), eigtl. Luigi Barnaba Chiaramonti, *Cesena 14. 8. 1742, †Rom 20. 8. 1823; Benediktiner, seit 1785 Kardinal; schloss 1801 ein Konkordat mit Frankreich; wirkte 1804 an der Kaiserkrönung Napoleons I. mit; nach dem Verlust des Kirchenstaates (1809) Gefangener der Franzosen; 1814 Rückkehr nach Rom und Reorganisator des wiederhergestellten Kirchenstaates.

6) P. IX. (1846–78), eigtl. Giovanni Maria Mastai-Ferretti, *Senigallia (bei Ancona) 13. 5. 1792, †Rom 7. 2. 1878; seit 1840 Kardinal; unter seinem Pontifikat 1854 Dogmatisierung der Unbefleckten Empfängnis Marias, 1870 der päpstl. ↑Unfehlbarkeit (durch das 1. Vatikan. Konzil) und Verlust des Kirchenstaats (1870); politisch Gegner des Liberalismus und Förderer des polit. Katholizismus (↑Ultramontanismus); Hauptgegner Bismarcks in der ersten Phase des ↑Kulturkampfs.

7) P. X. (1903–14), eigtl. Giuseppe Sarto, *Riese (bei Treviso) 2. 6. 1835, †Rom 20. 8. 1914; seit 1893 Patriarch von Venedig und Kardinal; förderte das Bibelstudium (1909 Gründung des Päpstl. Bibelinstituts), initiierte Reformen in Kirchenmusik, Liturgie und Priesterausbildung und veranlasste die Vereinfachung und Neufassung des Kirchenrechts (↑Codex Iuris Canonici); theologisch verurteilte er den ↑Modernismus und führte den sog. Antimodernisteneid ein; Heiliger, Tag: 21. 8.

8) P. XI. (1922–39), eigtl. Achille Ratti, *Desio (bei Mailand) 31. 5. 1857, †Rom 10. 2. 1939; seit 1919 Nuntius in Polen; seit 1921 Erzbischof von Mailand und Kardinal; in sein Pontifikat fällt die Lösung der ↑Römischen Frage durch die ↑Lateranverträge (1929) und der Abschluss zahlr. Konkordate, darunter das ↑Reichskonkordat mit dem nat.-soz. Dt. Reich (1933); schuf die ↑Katholische Aktion; wandte sich in der Enzyklika »Mit brennender Sorge« (1937) gegen die nat.-soz. Kirchenpolitik und Weltanschauung; trat öffentlich gegen den Antisemitismus auf.

9) P. XII. (1939–58), eigtl. Eugenio Pacelli, *Rom 2. 3. 1876, †Castel Gandolfo 9. 10.

1958; seit 1917 Nuntius für Bayern (bis 1925), 1920–29 Nuntius für das Dt. Reich; seit 1929 Kardinal; seit 1930 Staatssekretär Pius' XI. P. war ein glänzender Diplomat; die zw. 1924 und 1933 mit Dtl. abgeschlossenen Konkordate (Bayern, Preußen, Baden, ↑Reichskonkordat) waren im Wesentlichen sein Werk. In sein Pontifikat fallen die Dogmatisierung der Aufnahme Marias in den Himmel (1950) und 33 Heiligsprechungen. Die Kirche leitete er streng zentralistisch und autoritär (seit 1944 ohne Staatssekretär). Nach wie vor umstritten sind seine Stellung zu faschist. Diktaturen und nicht abgeschlossen ist die 1963 durch das Zeitstück von R. Hochhuth »Der Stellvertreter« ausgelöste Diskussion über sein »Schweigen« zur nat.-soz. Judenverfolgung. Die histor. Forschung hebt dabei heute in großer Übereinstimmung hervor, dass der im großen Umfang über die Gräueltaten informierte Papst der Überzeugung war, dass ein Eingreifen seinerseits die Situation verschlimmert hätte, jedoch durch von ihm unterstützte geheime Hilfsaktionen (Einrichtung von Verstecken in kirchl. Gebäuden Italiens) und seine weltweiten diplomat. Möglichkeiten maßgeblich dazu beigetragen hat, dass Tausende Juden vor Deportation und Ermordung bewahrt werden konnten.

Piva [italien.] *die,* im 16. Jh. schneller Tanz im $^{12}/_{8}$-Takt, der oft als Abschluss der Folge Pavane – Saltarello – P. begegnet.

Pixel [Akronym aus engl. picture element »Bildelement«] *das, Elektronik* und *Datenverarbeitung:* bei der gerasterten, digitalisierten Bilddarstellung (z. B. Fernseher, Computerbildschirm, Grafikdrucker) das kleinste darstellbare und adressierbare Element eines Bildes **(Bildpunkt),** dem genau ein Grauwert oder eine Farbe zugeordnet ist. In der Technik hochintegrierter Schaltungen und Halbleiterbildsensoren die kleinste Fläche, die in einem Lithographieprozess oder Ätzschritt noch aufgelöst werden kann.

Piz [pɪts, ladin.] *der,* Berggipfel, z. B. Piz Buin in der Silvretta.

Pizarro [pi'θarrɔ], **1)** Francisco, span. Konquistador, *Trujillo (Prov. Cáceres) um 1478, †(ermordet) Ciudad de Los Reyes (heute Lima) 26. 6. 1541, Bruder von 2); ging 1502 nach Westindien und eroberte von Panama aus 1532/33 das Inkareich; den Inkaherrscher Atahualpa ließ er (1533) trotz eines hohen Lösegelds hinrichten. 1535 gründete P. Lima.

2) Gonzalo, span. Konquistador, *Trujillo (Prov. Cáceres) 1502 oder 1511, †(hingerichtet) Cuzco 10. 4. 1548, Bruder von 1); 1538 Statthalter von Quito, führte 1546 einen Aufstand gegen den span. Vizekönig, wurde 1548 besiegt und enthauptet.

Pizunda, Seebad und klimat. Kurort in der Teilrep. Abchasien innerhalb Georgiens, an der kaukas. Schwarzmeerküste, 10 700 Einwohner. – Seit 1952 Ausgrabungen der antiken Stadt **Pityus.** Im Bürgerkrieg zw. Abchasiern und Georgiern 1993 stark zerstört.

Pizza [italien.] *die,* urspr. italien., warm zu verzehrende Feinbackware aus dünn ausgerolltem Hefeteig, belegt mit versch. Kombinationen von pikanten Zutaten wie Käse, Tomaten, Paprikaschoten, Schinken, Salami, Thunfisch, Muscheln, Sardellen, gewürzt meist mit Oregano.

Pizzetti, Ildebrando, italien. Komponist, *Parma 20. 9. 1880, †Rom 13. 2. 1968; strebte eine Erneuerung der italien. Oper an, indem er dem dramat. Element Vorrang vor dem lyr. Element gab. Opern: »Fra Gherardo« (1928), »Clitennestra« (1965) u. a.

pizzicato [italien. »gezupft«], Abk. **pizz.,** *Musik:* Spielanweisung für Streichinstrumente, die Saiten mit den Fingern zu zupfen; aufgehoben durch ↑coll'arco.

Pjandsch *der,* linker Quellfluss des Amudarja in Afghanistan, größtenteils in Tadschikistan (streckenweise Grenzfluss zw. beiden Ländern), 1 125 km lang; entspringt im südl. Pamir, durchfließt enge, schluchtenreiche Täler und vereinigt sich unterhalb der Stadt P. mit dem ↑Wachsch.

Pjöngjang (P'yŏngyang), Hauptstadt von Nord-Korea (seit 1948), am Taedonggang, Stadtprovinz mit 1 800 km² und 2,64 Mio. Ew.; Univ., wiss. Akademie, Museen, Bibliotheken. Zentrum der Schwerind. mit Stahlwerk, Maschinen- und Fahrzeugbau, Aluminiumgewinnung, Textil-, Elektro-, chem. Ind.; U-Bahn, internat. Flughafen; nächster Hafen ist Namp'o. – Eine der ältesten Städte Koreas; wurde 427 n. Chr. Hptst. des nordkorean. Königreichs Koguryŏ. Ab dem 7. Jh. (Einigung Koreas) nur noch regionales Verw.zentrum des NW; 1910–45 unter japan. Herrschaft.

PK, Abk. für ↑Psychokinese.

PKK, Abk. für **P**artîya **K**arkerên **K**urdistan [türk. »Arbeiterpartei Kurdistans«, auch »Kurd. Arbeiterpartei«], 1978 gegr. linksextremist. kurd. Organisation; begann 1984 mit ihrem militär. Arm (zunächst den »Brigaden zur Befreiung Kurdistans«, 1986 Bildung der »Volksbefreiungsarmee Kurdistans«) den bewaffneten Guerillakampf für einen eigenen kurd. Staat (erst seit 1993/94 offizielles Eintreten für einen Autonomiestatus innerhalb der Türkei). Unterstützt u. a. von Syrien, errichtete die PKK in der von diesem kontrollierten libanes. Bekaaebene Stützpunkte. Die Auseinandersetzungen zw. PKK-Kämpfern und der türk. Armee, die im Gegenzug blutige Strafexpeditionen und z.T. grenzüberschreitende Angriffe gegen die Rückzugsstandorte der PKK im Nordirak unternahm, forderten bis 1998 rd. 30000 Tote, führten zur Zerstörung zahlr. kurd. Dörfer in SO-Anatolien und zu einer Massenflucht von Kurden. Rigoros geführt von A. ↑Öcalan, der abtrünnige Mitgl. ausschalten ließ, zählte die PKK zeitweilig mehr als 10000 Kämpfer und Hunderttausende Sympathisanten; neben der Türkei, wo sich der PKK-Terror zunehmend gegen tourist. Zentren richtete, waren zunehmend auch türk. Einrichtungen in europ. Städten (darunter in Dtl.) Ziel von Anschlägen Hier kam es immer wieder zu Demonstrationen und mitunter zu Ausschreitungen von PKK-Aktivisten. Daraufhin verbot Dtl. im Nov. 1993 die PKK und ihre Nebenorganisationen. In den 90er-Jahren drängte die türk. Armee die PKK militärisch zunehmend zurück; Syrien wurde 1998 von der Türkei zur Beendigung der Unterstützung der PKK genötigt. Dies sowie die Festnahme Öcalans im Febr. 1999 in Kenia und die Durchführung eines Hochverratsprozesses gegen ihn in der Türkei (1999) schwächten die PKK erheblich.

Pkm, Abk. für **P**ersonen**k**ilo**m**eter, Produkt aus zurückgelegter Strecke und Anzahl der beförderten Personen.

Pkw (PKW), Abk. für **P**ersonen**k**raft**w**agen (↑Kraftwagen).

pK-Wert, *Chemie:* gebräuchl. Maßzahl für die Stärke von Elektrolyten in (verdünnten) wässrigen Lösungen; definiert als der negative dekad. Logarithmus der Gleichgewichtskonstanten (↑Massenwirkungsgesetz) einer chem. Reaktion; dient meist zur Kennzeichnung der Stärke schwacher Basen und Säuren.

PL/1, Abk. von engl. **P**rogramming **L**anguage No. **1**, eine imperative, für wiss. und kommerzielle Anwendungen und zur Systemprogrammierung geeignete ↑Programmiersprache. Sie vereinigt in sich Konzepte der älteren Programmiersprachen ALGOL 60, COBOL und FORTRAN und bietet viele Möglichkeiten, wodurch sie sehr umfangreich und nur schwer überschaubar ist.

Placebo [lat.] *das* (Scheinmedikament, Leermedikament), einem Arzneimittel nachgebildetes Präparat, das jedoch keine Wirkstoffe enthält. Durch Anwendung von P. kann die subjektiv-psych. von der objektiv-pharmakolog. Wirkung eines Arzneimittels unterschieden werden.

Placenta [lat.] *die,* der ↑Mutterkuchen.

Placet [lat.] *das,* ↑Plazet.

placido ['pla:tʃido, italien.], musikal. Vortrags-Bez.: ruhig, still, gemessen.

Plädoyer [plɛdwa'je:, frz.] *das,* zusammenfassender Vortrag vor Gericht, bes. die Schlussausführungen von (in dieser Reihenfolge) Staatsanwalt und Verteidiger im Strafprozess.

Plafond [pla'fɔ̃, frz.] *der,* **1)** *Baukunst:* flache Decke eines Raumes.

2) *Finanzwissenschaft:* Obergrenze (Höchstbetragsregelung) für Steuerbelastungen oder für die öffentl. Schuldenaufnahme. Die Möglichkeit eines P. für die Kreditaufnahme der öffentl. Hand (Kredit-P.) ist in § 19 Stabilitäts-Ges. vorgesehen (Schuldendeckel); bis 1993 bestand ein P. für die Aufnahme von Kassenkrediten durch Bund und Länder bei der Dt. Bundesbank (↑Kassenverstärkungskredit).

plagal [grch. »seitlich«], *Musik:* **plagaler Schluss,** Schlussbildung mit der Harmoniefolge Subdominante-Tonika im Unterschied zum »authent.« Schluss (↑Kadenz). **Plagaler Ton,** seit dem 9. Jh. Bez. für den 2., 4., 6. und 8. Kirchenton.

Plagiat [frz.] *das,* geistiger Diebstahl, teilweise oder vollständige Übernahme eines fremden literar., musikal. oder bildner. Werkes unter Vorgabe eigener Urheberschaft. (↑freie Benutzung, ↑Urheberrecht)

Plagioklase [grch. »Schiefspalter«], eine Reihe trikliner, weiß bis mattgrüngrauer ↑Feldspäte; häufigste gesteinsbildende Minerale.

Plaid [pleɪd, engl.] *das,* seltener *der,* Reisedecke, urspr. die als Kilt getragene Decke der Schotten aus kariertem Wollstoff (Tartanmuster).

Plakat [aus niederländ.] *das,* öffentl. Anschlag behördl., polit., kulturellen oder kommerziellen Charakters, um die Aufmerksamkeit einer möglichst breiten Öffentlichkeit zu erreichen. P. müssen daher ihrer Form nach auffällig, aus der Entfernung erkennbar und ihrem Inhalt nach schnell erfassbar sein. – Das P. entwickelte sich seit der 2. Hälfte des 15. Jh. aus Anzeigen, Flugblättern und Handzetteln. Die P.-Produktion des 16. bis 18. Jh. wurde v.a. vom Schausteller-P. bestritten. Erst im 19. Jh. wurde das Bild-P. zum wesentl. Werbemittel für die beginnende Markenartikelindustrie. Mit der Lithographie bot sich die Möglichkeit, P. in großem Format und in hoher Auflage herzustellen. Die P.-Kunst erlebte in den 1890er-Jahren in Frankreich ihren ersten Höhepunkt. Als Begründer des modernen Bild-P. gilt J. Chéret, fast gleichzeitig traten T. A. Steinlen und v.a. H. de Toulouse-Lautrec hervor, der, angeregt durch den japan. Holzschnitt, eine neue Form der P.-Gestaltung entwickelte, indem er Schrift und Bild zu einer Einheit verband, Linie und Fläche stark kontrastierte. Diese Reduzierung auf wenige Bildelemente führte in Paris L. Cappiello in seinen wegweisenden, heiteren P. weiter. Das Jugendstil-P. hatte in ganz Europa bed. Vertreter, in Frankreich P. Bonnard, M. Denis, A. Mucha, die Belgier F. Khnopff, H. van de Velde, in Großbritannien D. Hardy und A. V. Beardsley, in Dtl. T. T. Heine und O. Eckmann. Mit der Ausbreitung der kommerziellen und polit. Werbung nach der Jahrhundertwende gewann das P. große publizist. Bedeutung, an der die künstler. Bewegungen der Zeit, wie Kubismus (A. M. Cassandre), Expressionismus (M. Pechstein, César Klein, W. Jaeckel), Konstruktivismus und Bauhaus (El Lissitzky, L. Moholy-Nagy, O. Schlemmer), Anteil hatten. Die Fotomontage wurde integrierender Bestandteil, bes. im Film-P. (J. Tschichold). Soziales und polit. Engagement lagen den P. von K. Kollwitz, J. Heartfield, G. Grosz, W. Majakowski zugrunde. Nach dem Zweiten Weltkrieg entstand in zahlr. Ländern (unter anderem in Frankreich, Polen, der heutigen Tschech. Rep. und Slowak. Rep., in Japan und in der Schweiz) eine bemerkenswerte und richtungweisende P.-Kunst.

Müller-Brockmann, J. u. Wobmann, K.: Fotoplakate von den Anfängen bis zur Gegenwart. Aarau u.a. 1989. – Ahrlé, F.: Galerie der Straße. Die großen Meister der Plakatkunst. Frankfurt am Main 1990. – Plakatkunst von Toulouse-Lautrec bis Benetton, hg. v. J. Döring. Ausst.-Kat. Museum für Kunst u. Gewerbe Hamburg. Heidelberg 1994.

Plakette [frz.] *die, Kunst:* kleine Tafel aus Metall mit einer religiösen, mytholog., allegor. Reliefdarstellung oder auch einem Bildnis. Sie dienten als Schmuckelement, kamen aber auch selbstständig vor, bes. im kirchl. Gebrauch.

plan [lat.], eben, flach, glatt.

Plan [frz.], **1)** *allg.:* das (schriftlich-bildlich festgehaltene) Ergebnis eines mehr oder weniger intensiven, systematisch-kognitiven Prozesses.

2) *Kartographie:* 1) Karte in großem Maßstab, auf der Bestehendes geometrisch genau fixiert ist (Kataster-P.), 2) Detail einer kartograph. Darstellung (Lage-P.), 3) Grundriss (eines Gebäudes), 4) der Übersicht dienende geometrisch und kartographisch vereinfachte Karte (Stadt-P.), 5) Darstellung eines angestrebten Zustandes (Bebauungsplan).

Planarilen [lat.], zu den ↑Strudelwürmern gestellte, frei lebende Plattwürmer.

Planartechnik, grundlegende Technologie zur Herstellung von Halbleiterbauelementen (monolith. Schaltkreise), bei der alle Bauelemente und Verbindungsleitungen in Ebenen (planar) angeordnet sind. Durch Strukturierung mithilfe der Photolithographie (↑Lithographie) entstehen die pn-Gebiete in ihren endgültigen Abmessungen. Als Halbleitermaterial wird Silicium verwendet, das an seiner Oberfläche eine Siliciumdioxidschicht bildet, die die pn-Übergänge schützt und die Maskendiffusion ermöglicht.

Planche [plãʃ; frz.] *die,* Fechtbahn.

Planchon [plãˈʃɔ̃], Roger, frz. Regisseur, Theaterleiter und Dramatiker, * Saint-Chamond (Dép. Loire) 12. 9. 1931; seit 1957 Leiter des Théâtre de la Cité in Villeurbanne (bei

Plakat: Edward McKnight-Kauffer, Filmplakat für den Film »Metropolis« von Fritz Lang; 1929

Lyon); seit 1972 Kodirektor des Théâtre National Populaire ebd.; schuf dort bedeutende Inszenierungen mit gesellschaftspolitischem Bezug.

Planetarium: computergesteuertes Zeiss-Projektionsplanetarium (Modell IV)

Planck, 1) Gottlieb, Jurist, *Göttingen 24. 6. 1824, †ebd. 20. 5. 1910; seit 1867 Abg. in Preußen und im Norddt. Bund, war maßgeblich an der Ausarbeitung des BGB und der ZPO beteiligt.
2) Max, Physiker, *Kiel 23. 4. 1858, †Göttingen 4. 10. 1947; Prof. in Kiel und Berlin, 1930–37 und 1945/46 Präs. der Kaiser-Wilhelm-Gesellschaft zur Förderung der Wiss. (↑Max-Planck-Gesellschaft zur Förderung der Wissenschaften e. V.), einer der bedeutendsten Physiker des 19./20. Jh.; Hauptarbeitsgebiete: Strahlungstheorie und Thermodynamik. Er leitete 1900 das Strahlungsgesetz für die Wärmestrahlung schwarzer Körper ab (↑plancksches Strahlungsgesetz), postulierte die Quantelung der Energie und entdeckte dabei die Existenz einer neuen Naturkonstante (↑plancksches Wirkungsquantum). Damit begründete P. die ↑Quantentheorie und revolutionierte die klass. Physik. 1918 erhielt er den Nobelpreis für Physik. Die Dt. Physikal. Gesellschaft stiftete 1928 die Max-Planck-Medaille, deren erster Preisträger er war.

M. P. Ein Leben für die Wissenschaft, hg. v. J. L. Heilbron. A. d. Amerikan. Stuttgart 1988.

Planck-Länge [nach M. Planck], Produkt aus Planck-Zeit und Vakuumlichtgeschwindigkeit, $l_{Pl} \approx 10^{-35}$ m, die charakterist. lineare Ausdehnung für Quanteneffekte der Gravitation.

Planck-Masse [nach M. Planck], die Masse $m_{Pl} = \sqrt{\hbar c/G} \approx 2{,}18 \cdot 10^{-5}$ g, etwa das 10^{19}fache der Protonenmasse ($h = 2\pi\hbar$ plancksches Wirkungsquantum, c Vakuumlichtgeschwindigkeit, G Gravitationskonstante). Bei Energien $m_{Pl}c^2$, die der P.-M. entsprechen, wird die in der Elementarteilchentheorie gewöhnlich vernachlässigte Gravitation mit den anderen Wechselwirkungen vergleichbar.

plancksches Strahlungsgesetz, beschreibt die Ausstrahlung elektromagnet. Energie (Wärme-, Licht- u. a. Strahlung) durch einen ↑schwarzen Körper **(planckscher Strahler)** in Abhängigkeit von der Temperatur T des Körpers und der Wellenlänge λ (bzw. Frequenz ν) der Strahlung. Bei der Ableitung dieses Gesetzes postulierte Planck die Wärmestrahlung in einen Hohlraum als ein System von linearen harmon. Oszillatoren, deren Energien nur diskrete (gequantelte) Werte $W = h \cdot \nu$ annehmen können (h plancksches Wirkungsquantum). Für die spektrale ↑Strahldichte eines schwarzen Strahlers lautet das p. S.:

$$L_\lambda(\lambda, T) = \frac{2hc^2}{\lambda^5} \cdot \frac{1}{(e^{hc/\lambda kT} - 1)}$$

(c Lichtgeschwindigkeit, k Boltzmann-Konstante).

plancksches Wirkungsquantum (Planck-Konstante), Formelzeichen h, ↑physikalische Konstante mit der Dimension einer Wirkung, die eine fundamentale Rolle im Bereich der Mikrophysik spielt, u. a. als Proportionalitätsfaktor in der Beziehung zw. der Energie W eines Strahlungsquants und der Frequenz ν der entsprechenden elektromagnet. Strahlung: $W = h \cdot \nu$, $h \approx 6{,}626 \cdot 10^{-34}$ Js. Häufig wird auch die Größe $\hbar$ (»h quer«), $\hbar = h/2\pi$, verwendet.

Planck-Zeit [nach M. Planck], die Zeit von $t_{Pl} = \sqrt{G\hbar/c^5} \approx 10^{-43}$ s nach dem Urknall, innerhalb derer die bekannten physikal. Gesetze keine Gültigkeit haben (G Gravitationskonstante, $h = 2\pi\hbar$ plancksches Wirkungsquantum, c Vakuumlichtgeschwindigkeit).

Pläner [zu plan] *der,* heller Mergelkalk der Oberkreide am N-Rand der dt. Mittelgebirgsschwelle.

Planet *der, Astronomie:* ↑Planeten.

planetarische Nebel, gasförmige galaktische ↑Nebel.

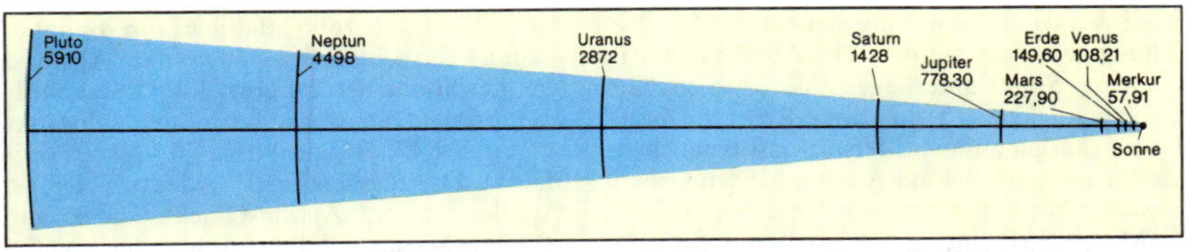

Planeten: maßstabsgetreue Darstellung der Entfernung der Planeten zur Sonne (in Millionen km)

Planetarium [grch.-lat.] *das,* Vorrichtung zur anschaulichen Darstellung des Sternhimmels, der scheinbaren Bahnen der Gestirne, auch zur Vorführung zahlr. Vorgänge aus Astronomie, Raumfahrt u. a. In einem **Projektions-P.** werden das Bild des Fixsternhimmels und die Stellung von Sonne, Mond und Planeten für beliebige Erdorte in Vergangenheit und Zukunft an die Innenseite des kuppelförmigen Zuschauerraumes projiziert. Die Bewegungen der Himmelskörper werden (im Zeitraffertempo) durch mechan. Bewegungen von Projektoren mittels Motoren und Getrieben erzielt; moderne P. verfügen über programmierbare Computersteuerungen sowie mehrdimensionale Simulationsprogramme und zahlr. audiovisuelle Vorführgeräte. Bei einem Zeiss-P. werden etwa 9000 Sterne (mehr als mit dem bloßen Auge erkennbar), zahlr. Sternhaufen, Nebel, die Milchstraße und die Sternbilder projiziert. Die Kuppeldurchmesser liegen zw. 8 und 30 m. – Das erste Projektions-P., entwickelt von W. Bauersfeld, wurde 1923 in Jena aufgestellt.

Planeten: Größenverhältnisse der Planeten im Vergleich zur Sonne

Planeten [von grch. plánētes »die Umherschweifenden«] (historisch Wandelsterne), nicht selbstleuchtende große Himmelskörper, die sich nach den keplerschen Gesetzen in ellipt. Bahnen um ein sie beleuchtendes Zentralgestirn (Sonne, Stern) bewegen. Die heute bekannten neun P. unseres Sonnensystems sind (nach wachsender Entfernung von der Sonne geordnet): Merkur, Venus, Erde, Mars, Jupiter, Saturn, Uranus, Neptun und Pluto, die letzten drei sind mit bloßem Auge nicht sichtbar. Nach einem 10. P. (↑Transpluto) wurde bisher erfolglos gesucht, genauere Berechnungen der Neptunbahn machen seine Existenz unwahrscheinlich. – Aufgrund ihres unterschiedl. Aufbaus werden die ersten vier, relativ kleinen P. **(erdähnl.** bzw. **terrestr. P.)** von den Riesen-P. **(jupiterähnl.** bzw. **iovian. P.)** unterschieden, die v. a. aus gasförmiger Materie bestehen, Pluto gehört zu keiner der beiden Gruppen. Die Erdbahn trennt die **äußeren (oberen) P.** von den **inneren (unteren) P.** Merkur und Venus. Während die inneren P. sich auf ihrer scheinbaren Bahn am Himmel nie weit von der Sonne entfernen und deshalb nur als Abendstern oder Morgenstern sichtbar sind, können die äußeren P. den ganzen Gürtel der Ekliptik durchlaufen und daher auch in Opposition zur Sonne gelangen. Die P. drehen sich rechtläufig um ihre Achse, deren Neigung ähnlich der der Erdachse ist. Nur bei Uranus liegt die Rotationsachse fast in seiner Bahnebene, und bei Venus ist eine entgegengerichtete Drehung gemessen worden. Die Abstände der P. von der Sonne unterliegen einer gewissen Gesetzmäßigkeit (↑Titius-Bode-Reihe). Die P. sind (ausgenommen Merkur) mit einer mehr oder weniger dichten Atmosphäre umgeben. Außer bei den inneren P. sind bei allen P. ↑Monde bekannt. – Außerhalb des Sonnensystems hat man bisher (1998) bei 12 Sternen Begleiter entdeckt, die ihrer Masse nach zu den P. zu rechnen sind.

📖 *Marow, M. J.: Die P. des Sonnensystems. A. d. Russ. Thun 1987. – Engelhardt, W.: P., Monde u. Kometen. Darmstadt 1990. – Morrison, D.: Planetenwelten. A. d. Amerikan. Heidelberg u. a. 1995. – Schneider, R. U.: Planetenjäger. Die aufregende Entdeckung fremder Welten. Basel u. a. 1997.*

Planetengetriebe (Umlaufgetriebe), Zahnradgetriebe mit mindestens drei Zahnrädern (Sonnenrad, Hohlrad, Planetenrad; **Planetensatz**), bei dem sich mindestens ein Rad (Planetenrad) außer um seine eigene Achse auch noch mit dieser Achse um ein anderes Rad (Sonnenrad) dreht und mit diesem und einem äußeren Hohlrad im Eingriff steht. Werden zwei der drei Glieder angetrieben bzw. festgehalten, führt das dritte eine zwangläufige Bewegung mit einer bestimmten Übersetzung aus. Verwendung bes. in automat. Kfz-Getrieben, Nabenschaltungen bei Fahrrädern und Flaschenzügen.

Planetensystem, i. e. S. die Gesamtheit der die Sonne (oder einen anderen Fixstern) umkreisenden Planeten, i. w. S. das gesamte ↑Sonnensystem.

Planetoiden [grch. »Planetenähnliche«] (Asteroiden, Kleinplaneten), große Gruppe (nur im Fernrohr sichtbarer) kleiner Himmelskörper, die sich in keplerschen Bahnen fast ausschließlich zw. Mars und Jupiter um die Sonne bewegen. Sie füllen damit die Lücke in der ↑Titius-Bode-Reihe der Planetenabstände aus. Die Gesamtzahl der P. mit einem Durchmesser über 1 km wird auf 1 Mio. geschätzt (zz. sind etwa 6 000 P. nummeriert, jährlich kommen etwa 10 % hinzu); ihre Gesamtmasse wird mit 5 % der Mondmasse angegeben, die scheinbaren visuellen Helligkeiten liegen zw. 6^m und 22^m. Auf Grund der period. Helligkeitsschwankungen scheinen selbst die größten P. keine sphär. Gestalt aufzuweisen, sondern sind unregelmäßig geformt. Die vier hellsten und größten P. sind **Ceres** mit 1 023 km Durchmesser, **Pallas** (608 km), **Vesta** (538 km) und **Juno** (288 km). Die kleinsten bis jetzt bekannten P. haben Durchmesser von einigen hundert Metern. Im Ggs. zu den Planeten umrunden die P. die Sonne auf z. T. recht exzentr. Bahnen; ihre Bahnbewegung ist rechtläufig. Der mittlere Abstand von der Sonne beträgt etwa 2,9 AE, die mittlere Umlaufzeit etwa 4,5 Jahre, schwankt aber von 1,47 (Hermes) bis 14,04 Jahren (Hidalgo). Die Bahnen der P. Adonis, Hermes, Apollo, Icarus (↑Apollo-Objekte) liegen bei größter Sonnennähe innerhalb der Venusbahn, letztere sogar innerhalb der Merkurbahn. Hermes ist 1937 der Erde bis auf doppelte Mondentfernung nahe gekommen, die Bahn von Hidalgo reicht bis fast an die Saturnbahn heran. Eine Gruppe von P. umläuft die Sonne im gleichen Abstand wie Jupiter, jedoch jeweils 60 Grad vorauseilend oder nachfolgend (↑Trojaner). Es gibt schätzungsweise etwa 1 000 die Erdbahn kreuzende P. mit einem Durchmesser von über 1 km, die mit der Erde zusammenstoßen könnten. – 1978 fand man beim P. ↑Herculina Hinweise für die Existenz von **P.-Monden;** 1993 fertigte die Sonde Galileo Bilder des P. ↑Ida mit seinem Mond Dactyl an.

Planfeststellung, insbesondere bei großen Neubauvorhaben (z. B. Abfallbeseitigungsanlage) erforderliches förml. Verwaltungsverfahren, in dem die Stellungnahmen aller Beteiligten (Behörden, Gemeinden) ermöglicht werden und nach Prüfung von Einwendungen der Plan durch Beschluss festgesetzt wird (§§ 72–78 Verwaltungsverfahrens-Ges.). Um Interessen und Rechte der Betroffenen zu berücksichtigen, sind die öffentl. Auslegung der Planungsentwürfe und eine ausreichende Einwendungsfrist vorgeschrieben. Mit der P. treten unmittelbare Rechtsfolgen ein, z. B. Nutzungseinschränkungen für Anliegergrundstücke. Der P.-Beschluss kann von den Betroffenen vor dem Verwaltungsgericht angefochten werden.

Planfilm, Filmmaterial in Blattform; wird in P.-Kassetten in Großbildkameras bei der Reproduktions- und Röntgentechnik sowie in älteren Amateurkameras verwendet.

Planfläche, ebene Begrenzungsfläche bei Prismen, Linsen u. a.

Planica [pla'ni:tsa], Hochtal in den Julischen Alpen, in Slowenien, bed. Wintersportgebiet.

Planierraupe, ein Flachbagger; ↑Bagger.

Planification [planifika'sjɔ̃; frz.] *die,* nach 1945 in Frankreich angewandte Form einer integrierten Global- und Struktursteuerung der Wirtschaft mithilfe eines gesamtwirtschaftl., nach Branchen aufgegliederten Plans. Die im Volkswirtschaftsplan und den Branchenplänen formulierten Ziele waren nur für die staatl. Organe und die öffentl. Unternehmen, nicht aber für die privaten Unternehmen bindend (indikativer Plan).

Planiglob [lat.] *das,* kartograph. Wiedergabe der Erdoberfläche in zwei Kreisflächen (Erdhalbkugelkarten).

Planimeter [lat.-grch.] *das,* Gerät zum Messen des Flächeninhalts ebener (auch krummlinig begrenzter) Figuren, meist durch Umfahren der Umrandungslinie mit einem Fahrstift.

Planimetrie [lat.-grch.], die ebene ↑Geometrie.

Planisphäre [grch.], **1)** *Astronomie:* das ↑Astrolabium.

2) *Kartographie:* zusammenhängende Wiedergabe der gesamten Erdoberfläche mit ellipt. Umriss, auch mit Darstellung der Pole als Linien.

Planitia [lat. »Fläche«, »Ebene«] *die,* in der Planetennomenklatur Bez. für ebene Oberflächenformationen, z. B. das Marsbecken Chryse Planitia.

plankonkav [lat.], mit einer ebenen und einer nach innen gewölbten Fläche; **plankonvex,** mit einer ebenen und einer nach außen gewölbten Fläche (↑Linse).

Plankostenrechnung, ↑Kostenrechnung.

Plankton [grch. »Umhertreibendes«] *das,* die Gesamtheit der im Wasser frei schwebend lebenden Tiere **(Zoo-P.)** und Pflanzen **(Phyto-P.),** mit geringer oder ohne Eigenbewegung. Es wird zw. **Meeres-P.** (Hali-P.) und **Süßwasser-P.** (Limno-P.) unterschieden. Die zum P. gehörenden Lebewesen bezeichnet man als **Planktonten** oder **Plankter.** Zum Zoo-P. gehören Radiolarien, Flagellaten, Quallen, Krebstiere u. a., zum Phyto-P. u. a. Dinoflagellaten, Kiesel- und Goldalgen. Die Zusammensetzung des P. ist von Temperatur, Salzgehalt, Sauerstoff und Licht abhängig. Alle Planktonten sind wichtige Glieder der Nahrungsketten, das Phyto-P. ist außerdem Sauerstofflieferant. Viele Fische und die Bartenwale ernähren sich ausschließlich von Plankton. Die Verschmutzung der Meere und der Süßgewässer bedeutet eine große Gefahr für das P., bereits geringe Ölkonzentrationen verringern das Wachstum.

📖 *Sommer, U.: Algen, Quallen, Wasserfloh. Die Welt des P. Berlin u. a. 1996.*

planparallel, von zwei parallelen Ebenen begrenzt; z. B. bei einer planparallelen (Glas-)Platte für opt. Zwecke.

Plansee, Gebirgssee östlich von Reutte, Tirol, Österreich, 976 m ü. M., 2,8 km², 76 m tief, Zufluss vom Heiterwanger See, Abfluss zum Lech.

Plansichter, zum Trennen von feinkörnigem Gut eingesetzte Siebmaschine mit einem Satz übereinander angeordneter, meist mit Gewebe unterschiedl. Maschenweite bespannter Siebe, die durch Kurbel- oder Exzenterantrieb in eine rotierende bzw. hin- und hergehende Bewegung versetzt werden.

Planspiel (Unternehmensspiel), eine aus den militär. Planspielen entwickelte Ausbildungsmethode. Anhand eines der Wirklichkeit angenäherten Modells werden (betriebswirtsch.) Entscheidungen getroffen, deren wirklichkeitsrelevante Auswirkungen dann geprüft werden.

Plansprachen, die ↑Welthilfssprachen.

Planta, schweizer. Adelsgeschlecht aus Graubünden, das in den Bündner Wirren des 17. Jh. die katholische, österr.-span., d. h. habsburg. Partei gegen die frz.-venezian. Partei anführte. Pompejus P. (* 1570, † 1621) wurde unter Führung von G. Jenatsch ermordet. Sein Sohn Rudolf (* 1603, ermordet 1641) war 1639 an der Ermordung Jenatschs beteiligt.

Plantage [planˈtaːʒə, frz.] *die,* landwirtsch. Großbetrieb, der auf den Anbau mehrjähriger Nutzpflanzen und Dauerkulturen zur Erzeugung hochwertiger Exportprodukte spezialisiert ist.

Plantagenet [plænˈtædʒɪnɪt] (Anjou-P.), engl. Königshaus, das 1154–1399 in direkter Linie und 1399–1485 in den Zweiglinien Lancaster und York herrschte. Der Name stammte von der Helmzier Graf Gottfrieds (frz. Geoffroi) V. von Anjou (* 1113, † 1151), einem Ginsterbusch (lat. planta genista).

Plantin [plãˈtɛ̃], Christophe, frz. Buchdrucker und Verleger, * Saint-Avertin (bei Tours) um 1520, † Antwerpen 1. 7. 1589; gründete 1555 eine Druckerei und Verlagsbuchhandlung in Antwerpen, druckte 1569–72 eine achtbändige Bibel in vier Sprachen (»Antwerpener Polyglotte«). P.-Drucke zählen zu den typograph. Meisterwerken.

Planung, die gedankl. Vorwegnahme der Mittel und Schritte sowie deren Abfolge, die zur effektiven Erreichung eines Zieles notwendig scheinen. Im umfassenderen Sinne meint P. den geistigen, dann auch organisatorisch und institutionell ausgeformten Vorgang, durch Abschätzungen, Entwürfe und Entscheidungen festzulegen, auf welchen Wegen, mit welchen Schritten, in welcher zeitl. und organisator. Abfolge und unter welchen Rahmenbedingungen und schließlich mit welchen Kosten und Folgen ein Ziel erreichbar erscheint. Die Notwendigkeit, angesichts knapper Ressourcen und Zeit Entscheidungen zu treffen und vorhandene Bedürfnisse zu befriedigen, macht P. ebenso erforderlich wie die Zukunftsunsicherheit und die Unübersichtlichkeit von Umweltbedingungen und der Nebenfolgen eines jeden Handelns. Sie ermöglicht die Verringerung von Komplexität und soll so die für Entscheidungen, Handeln und Da-

seinsvorsorge notwendige Stabilität, Sicherheit und Vorausschau gewährleisten.
Von besonderer Bedeutung ist die P. in Unternehmen (Unternehmens-P.), z. B. als Beschaffungs-, Produktions-, Absatz-, Personal-, Finanzplanung. Neben der Unterscheidung nach dem Sachgegenstand kann P. auch nach der zeitl. Reichweite in kurz-, mittel- und langfristige, nach der Rangfolge in Primär-P., Sekundär-, Tertiär-P., nach dem Konkretisierungsgrad in Rahmen- (Global-) und Detail-P. bzw. strateg. und operative P. unterschieden werden. – Überbetriebl. P. erstreckt sich zunehmend auf die Bereiche Infrastruktur (z. B. Verkehrs-P.), Raumordnung (z. B. Regional-P.), Bildungswesen, Umweltschutz usw. und ist Grundlage für das Handeln der Einzelwirtschaften. Volkswirtsch. P. wird auch in marktwirtsch. orientierten Gesellschaften als Aufgabe der Wirtschaftspolitik betrachtet. Erfolgreiche P. setzt eine rechtzeitige Einbeziehung der Betroffenen (Bürgerbeteiligung, Mitbestimmung) voraus.

📖 *Handwörterbuch der P., hg. v. N. Szyperski u. a. Stuttgart 1989. – Luhmann, N.: Polit. P. Aufsätze zur Soziologie von Politik u. Verwaltung. Opladen [4]1994. – Pfohl, H.-C. u. Stötzle, W.: P. u. Kontrolle. München 1997.*

Planungshoheit, als Bestandteil ihres Selbstverwaltungsrechts die Befugnis der Gemeinden, über die baul. Gestaltung des Gemeindegebiets zu bestimmen, d. h. sie durch Flächennutzungspläne vorzubereiten und durch Bebauungspläne zu leiten (Art. 28 Abs. 2 GG, § 1 Abs. 3 Baugesetzbuch). Die gemeindl. Planung ist den Zielen der Raumordnung und Landesplanung anzupassen.

Planungswertausgleich, Abschöpfung von Wertzuwächsen bei Grundstücken, die auf Änderung von Bebauungsplänen oder auf öffentl. Investitionen beruhen (↑Bodenwertzuwachssteuer).

Planwirtschaft, Wirtschaftsordnung, bei der (im Ggs. zur Marktwirtschaft) eine zentrale Planungsbehörde entsprechend allg. Zielvorgaben der staatl. Führung mithilfe staatl. Pläne die gesamte Volkswirtschaft steuert. Da der Begriff P. jedoch zu Unrecht impliziert, dass marktwirtsch. Ordnungen Planung ausschließen, sind für zentralist. P. Bezeichnungen wie Zentralverwaltungswirtschaft (W. Eucken) treffender. – Ausgeprägt zentralist. P. sind die durch staatl. und genossenschaftl. Eigentum charakterisierten Volkswirtschaften sozialist. Staaten. Ausgehend von längerfristigen Perspektivplänen werden in mehrjährigen Plänen (Fünfjahrespläne), schließlich in Jahresplänen (Jahresvolkswirtschaftspläne) die vorgegebenen Zielstellungen konkretisiert und auf Wirtschaftsbereiche und Betriebe aufgeschlüsselt. Die Betriebspläne mit Festlegungen auf Produktionsziele, Preisgestaltung, Investitionsvorhaben, Exportauflagen, Löhne und Gehälter u. a. erlangen Rechtsverbindlichkeit, sodass nur noch in einem engen Rahmen die Möglichkeit besteht, über Plankorrekturen auf veränderte Marktbedingungen zu reagieren. Volkswirtschaftler wie L. von Mises und M. Weber haben frühzeitig die unvermeidl. Ineffektivität zentralist. P. nachgewiesen und die mit ihr verbundene Ausdehnung einer unproduktiven Bürokratie u. a. parasitärer Erscheinungen als Hauptgefahr erkannt. Nachdem auch in der Praxis der sozialist. Länder die Nachteile der zentralist. P. gegenüber Volkswirtschaften mit marktwirtsch. Strukturen immer deutlicher wurden, wurde das seit Ende der 1980er-Jahre in fast allen diesen Ländern die P. reformiert bzw. abgelöst.

📖 *Drzymalla, J.: Planung im sowjet. Wirtschaftssystem. Frankfurt am Main u. a. 1991. – Markt, Staat, Planung. Histor. Erfahrungen mit Regulierungs- u. Deregulierungsversuchen der Wirtschaft, hg. v. S. Pollard u. D. Ziegler. Sankt Katharinen 1992. – P. am Ende – Marktwirtschaft in der Krise?, hg. v. W. Gerke. Stuttgart 1994.*

Planzeiger, rechter Winkel mit Maßstabsteilung auf beiden Schenkeln zur Bestimmung der Lage eines Punktes auf einer Karte mit Gitternetz.

Plaque [plak; frz. »Blatt«] *die, Medizin:* 1) Hautfleck. 2) weißlich gelber, zuweilen auch dunkel verfärbter, bakteriell besiedelter weicher Zahnbelag. P. ist Ursache für Zahnschmelzentkalkungen und Zahnfleischerkrankungen; P. fördert die Bildung von ↑Zahnstein.

Plasencia [-θi̯a], Stadt in der Prov. Cáceres, Spanien, 37 000 Ew.; Bischofssitz; Marktzentrum eines Agrargebietes. – Maler. Altstadt, z. T. umgeben von der doppelten Stadtmauer aus dem 12. Jh. Die Kathedrale wurde in zwei Bauabschnitten errichtet: zunächst im 13./14. Jh. die roman. Catedral Vieja (heute Pfarrkirche Santa María) und 1498 die im got. Stil begonnene dreischiffige Catedral Nueva, die bis ins 16. Jh. im Platereskenstil weitergeführt wurde, jedoch unvollendet blieb. Got. Kirche San Nicolás (13. Jh.); roman. Kirche San Pedro (13. Jh.); Kloster San Vicente (1474 gegr.).

Plasma [grch. »Gebilde«] *das,* **1)** *Biologie:* das Zytoplasma der ↑Zelle.

2) *Mineralogie:* Name für grün gefärbten Jaspis.

3) *Physik:* Gemisch aus freien Elektronen, positiven Ionen und Neutralteilchen eines Gases, die sich durch ständige Wechselwirkung untereinander und mit Photonen in verschiedenen Anregungszuständen befinden. Der Plasmazustand heißt auch **4. Aggregatzustand.** Ein P. ist quasineutral, d.h., es hat im Mittel die gleiche Anzahl positiver und negativer Ladungen. P. hat eine große elektr. Leitfähigkeit und ist diamagnetisch. Plasmen werden durch Stoßionisation mit Elektronen oder durch eine Gasentladung erzeugt. Die wichtigsten Parameter zur Beschreibung sind Dichte, Druck, Temperatur und die mittlere freie Weglänge zw. zwei Stößen. Grob unterscheidet man **Niederdruck-Plasmen** und **Hochdruck-P.** (Druck kleiner oder größer als der Atmosphärendruck) sowie **kalte P.** und **heiße P.** (Temperatur $T < 10^5$ K bzw. $T > 10^6$ K). Ein **Fusions-P.** (↑Kernfusion) setzt $T > 10^8$ K voraus. Im Rahmen internat. Forschungsprogramme (↑ITER) werden große Anstrengungen unternommen, um ein P. aus Deuterium oder Tritium von so hoher Temperatur und Dichte zu erzeugen, dass eine kontrollierte Kernfusion stattfinden kann; ein Fusionsreaktor soll die dabei frei werdende Energie technisch nutzbar machen. – In der Natur findet man P. in den höchsten Atmosphärenschichten, im Weltraum (interstellares Gas), in den Sternatmosphären und im Inneren der Sterne. P. treten auch in elektr. Entladungen (Büschel- oder Koronaentladungen), Blitzen oder in Flammen auf.

📖 *Goldston, R. J. u. Rutherford, P. H.: Plasmaphysik. Eine Einführung. A. d. Engl. Braunschweig 1998.*

4) *Physiologie:* das Blut-P. (↑Blut).

Plasmabrenner, Gerät zur Erzeugung eines heißen Plasmastrahls. Beim **Lichtbogen-P.** wird ein strömendes Gas (z.B. Argon, Stickstoff) von einem Lichtbogen ionisiert und auf Temperaturen von 10000–20000 K aufgeheizt, beim **Hochfrequenz-P.** wird das strömende Gas durch Anlegen eines hochfrequenten elektromagnet. Feldes (Frequenzen von etwa 20 MHz) ionisiert. Anwendung u.a. zum Aufspritzen (Plasmapistole) von Materialien als hochtemperaturfeste Überzüge auf Werkstücken oder zum Schweißen, Schmelzen und Schneiden von v.a. nicht leitenden Werkstoffen, zur Spektralanalyse.

Plasmachemie, Forschungsrichtung der Chemie, die sich mit den unter Bedingungen eines ↑Plasmas (z.B. bei hohen Temperaturen oder in elektr. Entladungen) ablaufenden Reaktionen befasst, z.B. die Bildung von Acetylen durch therm. Cracken von Methan oder die Synthese von Stickstoffmonoxid aus Luft im Lichtbogen.

Plasmaersatzstoffe (Plasmaexpander, Plasmavolumenexpander), überwiegend isoton. Kolloidlösungen auf Dextran- oder Gelatinebasis, die zum raschen Blutvolumenersatz nach akuten Blutverlusten als intravenöse Infusion gegeben werden. Die P. sind keine echten Blutersatzmittel, da sie die spezif. Transportfunktionen des Blutes nur zu einem geringen Teil mit übernehmen und ihre Verweildauer im Blut nur Stunden beträgt.

Plasmapherese [zu griech. phérein »tragen«] *die,* Plasmaaustausch; nach Blutentnahme werden die korpuskulären Elemente des Blutes (rote und weiße Blutkörperchen, Blutplättchen) und Plasmabestandteile apparativ vom Plasma, z.B. durch Membranfiltration, getrennt; dient u.a. zur Gewinnung von Spenderplasma.

Plasmaphysik, Teilgebiet der Physik, befasst sich mit Eigenschaften und Anwendungen ionisierter Gase (↑Plasma).

Plasmaschwingungen, Schwingungen in einem Plasma, die durch äußere Störungen hervorgerufen werden, sodass die Teilchen auf einer charakterist. Plasmafrequenz schwingen. Infolge der hohen Drücke und der therm. Bewegung können sich P. auch als **Plasmawellen** ausbreiten. Diese treten z.B. als Raumladungswellen (Langmuir-Wellen), magnetohydrodynam. (wie die Alfvén-Wellen) und elektromagnet. Wellen auf.

Plasmatriebwerk, zum Antrieb von Raketen eingesetztes elektrodynam. Triebwerk (kein ↑Raketentriebwerk i.e.S.). Der Antriebsstrahl wird dadurch erzeugt, dass ein aufgeheiztes Plasma durch elektr. und magnet. Kräfte beschleunigt wird.

Plasmatron [grch.] *das,* eine Weiterentwicklung der Bogenionenquelle. Die zw. Glühkathode und Anode gezündete Bogenentladung wird durch eine Zwischenelektrode und ein starkes inhomogenes Magnetfeld zw. dieser und der Anode eingeschnürt, sodass es zu einer vollständigen Ionisation des Gases auf kleinem Volumen kommt.

Plasmaverfahren, *Werkstofftechnik:* Sammelbez. für Verfahren, die zur Behandlung, Modifizierung oder Beschichtung einer Oberfläche aus beliebigem Material die Teilchen- oder Energieströme aus einem Plasma nutzen. Zu den P. zählen u.a. Plasmaspritzen, Lichtbogenplasmaschmelzen, bei dem mithilfe eines Lichtbogens Schrott in großen Elektroöfen zu Stahl verarbeitet werden kann, Plasmawärmebehandlungsverfahren, die zur thermochem. Oberflächenbehandlung von Werkstoffen dienen, Plasma-CVD-

Verfahren (↑CVD-Verfahren) und Plasmareinigung, das durch Partikelbeschuss aus einem sauerstoffhaltigen Plasma Verunreinigungen von Kunststoff- oder Metalloberflächen abträgt.

Plasmavolumen|expander, *Medizin:* ↑Plasmaersatzstoffe.

Plasmawellen, ↑Plasmaschwingungen.

Plasmazellen, Zellen des lymphat. Gewebes und des Knochenmarks, die bei bestimmten Krankheiten auftreten. P. entstehen aus B-Lymphozyten und sind wichtige Produzenten antigenspezif. Antikörper (Immunglobuline).

Plasmide, extrachromosomale Erbträger in Bakterien; kleine ringförmige, doppelsträngige DNS-Moleküle. P. tragen oft wichtige Gene, u. a. Resistenzfaktoren gegen Antibiotika und Sulfonamide.

Plasmodium [grch.-lat.] *das,* **1)** Zytoplasmakörper mit mehreren Zellkernen, z. B. bei Amöben und Schleimpilzen.
2) Erreger der ↑Malaria.

Plasmolyse [grch.] *die,* bei vakuolisierten Pflanzenzellen die Ablösung des Protoplasten von der Zellwand, eine künstlich auslösbare osmot. Erscheinung in einer hyperton. Lösung eines Salzes oder Nichtelektrolyten, deren osmot. Druck höher ist als der des Zellsaftes; dabei wird der Zelle Wasser entzogen. – Ersetzt man die hyperton. Lösung durch Wasser, so tritt der rückläufige Vorgang, die **Deplasmolyse,** ein. (↑Osmose)

Plasmon *das,* Schwingungsquant der Plasmawellen, die bei kollektiven Anregungen von Elektronen in Festkörpern auftreten; ein ↑Quasiteilchen.

Plasmozytom [grch.] *das* (multiples Myelom, Kahler-Krankheit), zur Krankheitsgruppe der bösartigen Non-Hodgkin-Lymphome gehörende Wucherung von Plasmazellen im Knochenmark mit Bildung abartiger Proteine sowie Knochenzerstörung, Anämie und Nierenschädigung.

Plassenburg, Festung über ↑Kulmbach in Bayern.

Plasson [pla'sõ], Michel, frz. Dirigent, * Paris 2. 10. 1933; war 1966–68 Generaldirektor der Oper von Metz, wurde 1968 zum Chefdirigenten der Oper und des Orchestre National du Capitol de Toulouse ernannt und wirkte daneben 1994–99 auch als Chefdirigent der Dresdner Philharmonie; Gastdirigate an den bed. Bühnen Europas und der USA.

Plastiden, Zellorganellen der Pflanzen, die meist von zwei biolog. Membranen umgeben sind. P. vermehren sich durch Teilung und besitzen innerhalb der Zelle eine gewisse genet. Selbstständigkeit, da sie eine eigene DNS haben. Man unterscheidet folgende P.-Typen: **Proplastiden** mit charakterist. Einschlüssen wie Stärke und Lipidtröpfchen; **Chloroplasten** mit hoher Chlorophyllkonzentration, in denen die ↑Photosynthese abläuft; **Leukoplasten** bilden aus Zucker Stärke; **Chromoplasten** sind durch Carotinoide gelb bis rot gefärbt; sie haben kein Chlorophyll. – Die Farbpigmente tragenden P. wie Chloro- und Chromoplasten werden auch **Chromatophoren** genannt.

Plastik [frz. aus grch.] *die,* ↑Bildhauerkunst; auch das einzelne Werk der Bildhauerkunst.

Plastik [engl.] *das,* allgemeinsprachlich für Kunststoff.

Plastinationsverfahren [zu griech. plássein »bilden«, »formen«], ein Konservierungsverfahren, hauptsächlich für biolog. und medizin. Präparate, bei dem entsprechend vorbehandelte Gewebe mit einer Kunststofflösung durchtränkt und anschließend gehärtet werden.

plastisch, 1) körperhaft, räumlich; 2) formbar, modellierfähig, bildhauerisch; 3) anschaulich, bildhaft, einprägsam.

plastische Chirurgie, Teilgebiet der Chirurgie, das die (Wieder-)Herstellung der organ. Funktionen bei angeborenen oder verletzungsbedingten Körperschäden oder die Beseitigung von Verunstaltungen mittels plast. Operationen zum Ziel hat. Die **konstruktive p. C.** versucht operativ nicht vorhandene Körperteile neu zu bilden. In der Unfallchirurgie ist die **rekonstruktive p. C.** bedeutend; z. B. werden Finger und Hände bzw. Zehen und Füße, abgerissene Nasenspitzen und Ohrläppchen meistens erfolgreich angenäht (replantiert). Die **anaplast. Chirurgie** befasst sich mit der Defektdeckung durch Transplantation von Haut und Weichteilgewebe. Im Unterschied zu diesen Bereichen werden in der **kosmet. (ästhet.) Chirurgie** Operationen an funktionstüchtigen Organen vorgenommen. Dadurch soll das äußere Erscheinungsbild eines Menschen verbessert oder verändert werden. Zu den Haupteingriffen gehören die Beseitigung altersbedingter Falten der Gesichtshaut (↑Facelifting) sowie von übermäßigem Fettansatz, v. a. auch an Bauch und Oberschenkeln (Dermolipektomie) durch Absaugen und/oder operatives Abtragen des Fettgewebes, Korrekturen der Nase, der weibl. Brust (↑Mammaplastik) und der Ohrmuscheln.

plastisches Hören, zweiohriges Hören (Richtungshören, binaurales Hören), bei elektroakust. Anlagen v. a. durch ↑Stereophonie und Pseudostereophonie hervorgerufen.

plastisches Sehen, zweiäugiges Sehen (binokulares Sehen), ermöglicht die Tiefenwahrnehmung. (↑Raumbildverfahren)

Plastizität [grch.] *die, Werkstoffkunde:* Verformbarkeit von Werkstoffen durch äußere Kräfte, die eine nach Aufhören der Beanspruchung fortdauernde Verformung **(plastische Deformation)** ergibt (Ggs.: ↑Elastizität). Bei Metallen und spröden Werkstoffen (z. B. Marmor, Glas, Kristalle) tritt P. bei Belastung über die ↑Fließgrenze hinaus auf. Die P. wird zur spanlosen Formung angewendet.

Plastoponik *die,* Bodenverbesserung durch Zugabe von 4 bis 12 mm großen Kunststoffflocken, die Nährsalze und Spurenelemente tragen.

Plastron [plas'trɔ̃; frz. »Brustharnisch«] *der* oder *das,* **1)** *Fechtsport:* 1) Stoßkissen zum Training der Genauigkeit der Treffer; 2) Schutzpolster für Brust und Arme.

2) *Kleidung:* Krawattenform der Herrenmode des 19. Jh. (gelegtes und mit Nadel befestigtes Tuch), heute gelegentlich noch beim Cutaway und in der Reiterkleidung.

3) *Tracht:* Miedereinsatz aus Weisszeug, Brusttuch, Stecker.

Platää (grch. Plataiai), antike Stadt in Südböotien. Hier siegten 479 v. Chr. die Griechen unter Pausanias über die Perser.

Platane: Ahornblättrige Platane

Platane [grch.] *die* (Platanus), Gattung der P.-Gewächse, 30–40 m hohe, sommergrüne Bäume mit in Platten sich ablösender Borke, ahornähnl. Blättern und Blüten in kugeligen Köpfchen. Die Früchte hängen einzeln oder zu mehreren an einem langen Stiel herab. Als Park- und Alleebäume werden in Mitteleuropa neben der **Amerikan. P.** (Platanus occidentalis) aus Nordamerika mit dreilappigen Blättern v. a. die **Morgenländ. P.** (Platanus orientalis) aus SO-Europa bis Kleinasien mit fünf- bis siebenlappigen Blättern sowie (am häufigsten) die Kreuzung beider Arten, die auch im Großstadtklima gedeihende **Ahornblättrige P.** (Platanus acerifolia × hybrida) mit drei- bis fünflappigen Blättern kultiviert.

Plátano (Río P.), Nationalpark im NO von Honduras, 1 300 km²; wegen seiner einmaligen Pflanzen- und Tierwelt UNESCO-Weltnaturerbe.

Plateau [pla'to:, frz.] *das,* Hochebene.

Platen, August Graf von P. Hallermund (Hallermünde), Dichter, *Ansbach 24. 10. 1796, †Syrakus 5. 12. 1835; anfangs Offizier, studierte 1818–26 Jura, Philosophie und Naturwissenschaften; ab 1826 in Italien; bed. Lyriker, der das ästhet. Moment und die virtuose Handhabung anspruchsvoller lyr. Formen (Sonett, Ode, Ghasel) in den Vordergrund stellt; daneben verfasste er polit. Gedichte, die seine freiheitl. Gesinnung dokumentieren (»Polenlieder«, 1831/32 entstanden, hg. 1844). Breitere Wirkung hatte er nur mit den von seinem Italienerlebnis geprägten Gedichten (»Das Grab im Busento«, Ballade, 1820; »Sonette aus Venedig«, 1825).

📖 *Bumm, P. H.: A. Graf von P. Eine Biographie. Paderborn u. a. ²1996.*

Plateręskenstil [span. plateresco »silberschmiedeartig«], gegen Ende des 15. Jh. aufgekommener Stil der span. Baukunst, der bis zur Mitte des 16. Jh. vorherrschte, bes. in Fassadendekorationen. Der P. verschmolz spätgot. und maur. Elemente des ↑Mudéjarstils mit Schmuckformen der italien. Frührenaissance.

Platforming ['plætfɔ:mɪŋ; Kw. aus engl. **plati**num and re**forming** process] *das,* ↑Reformieren.

Plath [plæθ], Sylvia, amerikan. Schriftstellerin, *Boston (Mass.) 27. 10. 1932, †(Selbstmord) London 11. 2. 1963; ab 1959 in Großbritannien; ⚭ mit dem Schriftsteller Ted Hughes (*1930, †1998); schrieb bekenntnishafte Lyrik (»Ariel«, hg. 1965) in bilderreicher Sprache und kühner Formgebung; außerdem »Die Glasglocke« (R., 1963).

Plathelminthes, die ↑Plattwürmer.

Platin [span. platina, Verkleinerung von plata (de argento) »(Silber)platte«] *das,* chem. Symbol **Pt,** Element aus der achten Gruppe des ↑Periodensystems der chemischen Elemente, Hauptvertreter der ↑Platinmetalle; Ordnungszahl 78, relative Atommasse 195,08, Dichte 21,45 g/cm³, Schmelzpunkt 1769 °C, Siedepunkt 3830 °C. P. ist ein grauweißes, silbrig glänzendes Edelmetall, das an der Luft und gegen nicht oxidierende Säuren beständig ist. Es ist löslich in Königswasser und wird von geschmolzenen Alkalien in Gegenwart von Sauerstoff angegriffen. Auch mit einigen Elementen wie Silicium, Phosphor, Arsen, Antimon, Schwefel, Selen und

versch. Schwermetallen reagiert P. bei höherer Temperatur. Ähnlich wie Palladium absorbiert P. große Mengen an Wasserstoff.
P. kommt in der Natur fast nur gediegen und meist zus. mit den übrigen P.-Metallen vor. Gebunden kommt P. in Form der Minerale Cooperit (PtS) und ↑Sperrylith zus. mit einigen primären Chromeisenerzen und Magnetkiesen vor (Kanada, Rep. Südafrika). Zur Gewinnung werden die P.-Metalle zunächst aus den Erzen durch ↑Flotation angereichert, oder man geht schon von Konzentraten, z. B. von den bei der Reinigung von Nickel anfallenden Anodenschlämmen, aus. Aus den Konzentraten werden zuerst die unedlen Begleitmetalle entfernt; anschließend zerlegt man das Gemisch der P.-Metalle durch geeignete Methoden (u. a. Entfernen von Ruthenium und Osmium als Tetroxide; Kristallisation der übrigen Metalle als Komplexsalze, Trennung durch Ionenaustauscher, Flüssig-Flüssig-Extraktion usw.), wobei man bei P. einen Reinheitsgrad von 99,999 % erreicht.
Verwendet wird P. (auch in Form von Legierungen) zur Herstellung von Schmuck, für medizin. und chem. Geräte, für elektr. Schaltkontakte, Elektroden und korrosionsbeständige Apparateteile (z. B. Spinndüsen). Große Bedeutung hat P. als Katalysator, wobei fein verteiltes P. auf Trägermaterialien (z. B. Asbest, Drahtnetze) aufgebracht oder als fein verteilte poröse Masse (»P.-Schwamm«) verwendet wird. Auch die zur Reinigung von Autoabgasen verwendeten Vorrichtungen (↑Katalysator) enthalten in den katalytisch wirksamen Schichten u. a. Platin.

Platine [frz.] *die,* **1)** *Elektronik:* ↑gedruckte Schaltung.
2) *Fertigungstechnik:* ein Blechzuschnitt als ebene Ausgangsform in der spanlosen Fertigung, z. B. zum Drücken oder Tiefziehen. Die runde P. heißt auch **Ronde.**

Platinmetalle, Sammelbez. für das in der achten Nebengruppe des Periodensystems stehende Element Platin und die ihm ähnl. Metalle: Ruthenium, Rhodium, Palladium **(leichte P.)** und Osmium, Iridium **(schwere Platinmetalle).**

Platon (lat. Plato), grch. Philosoph, * Athen 427 v. Chr., † ebd. 348/347 v. Chr.; gründete in Athen zw. 387 und 385 die ↑Akademie. Seine Philosophie ist entscheidend geprägt von seinem Lehrer Sokrates, von Euklid und den Pythagoreern beeinflusst; sie nimmt die Form des sokrat., stufenweise zur Erkenntnis führenden Dialogs auf. Kernstück seiner Philosophie ist die Ideenlehre: Die Ideen sind die Urgestalten (»eidos«) der sinnlich erfahrbaren Dinge, ihr Seins- und Erkenntnisgrund. Sie sind unveränderlich und ewig; ihre denkende Erfassung ist nicht Erfahrung, sondern »Erinnerung« (Anamnesis), da die Seele aus den sinnl. Gegebenheiten als solchen keine Wesenserkenntnis schöpfen kann. Die der sinnl. Erfahrung zugängl. Dinge sind in ihrem Sein durch die »Teilhabe« an den Ideen konstituiert; sie sind deren Abbilder oder »Schatten«. Von ihnen gibt es daher kein strenges Wissen, sondern nur ein »Meinen«. Die Ideen ihrerseits stehen zueinander ebenfalls in einem Verhältnis der Teilhabe und bilden in der Idee des Guten als des obersten Prinzips eine Sinneinheit. Von der ↑Dialektik als Instrument seines Denkens unterscheidet P. den Mythos als gestalthafte Erfassungsweise. – Als Ziel seiner Ethik bestimmt P. das gute Leben und die Glückseligkeit, die ihre Erfüllung und geistige Voraussetzung in der Erkenntnis der Ideen und der Idee des Guten haben. Um den Weg zum Guten, dem göttl. Weltprinzip, offen zu halten, soll in der Seele die Vernunft über das Muthafte und das Begehren herrschen. Dann ergibt sich als ihre rechte Ordnung die Grundtugend der Gerechtigkeit. – Entsprechend den drei Seelenteilen soll der für P. ideale Staat, dargestellt in der »Politeia«, aufgebaut sein: Über den erwerbenden Stand erhebt sich der Kriegerstand. Aus ihm werden durch Bewährung die Herrscher ausgewählt, die, in der Ideenschau lebend, den Staat regieren. – Im Einzelnen bildete P.s Philosophie die Grundlage des metaphys. und ethischen Idealismus, der zunächst in der Akademie (bis 529 n. Chr.) weiterentwickelt und später von der neuplaton. Geisteshaltung (↑Neuplatonismus) durchdrungen wurde. Unter den Kirchenvätern waren viele, bes. Augustinus, von P. beeinflusst. Schon hier, bes. aber in der Scholastik sowie in der jüd. und arab. Philosophie, flos-

Platon (römische Marmorkopie; um 365 v. Chr.)

sen platon. Gedanken mit neuplaton. zusammen. 1428 kam der vollständige grch. Text der Werke P.s von Konstantinopel nach Venedig. Von der Platon. Akademie in Florenz (gegr. 1459) aus verbreitete sich der **Platonismus** über ganz Europa, eine eigtl. platon. Schule bildete sich jedoch nur in England (Cambridger Schule, ↑englische Philosophie). Der Dt. Idealismus des 19. Jh. brachte eine Neubelebung der platon. und neuplaton. Denkrichtung (Hegel). In neuerer Zeit zeigte sich ein tief greifender Einfluss P.s in der Phänomenologie E. Husserls und in der Wertphilosophie.

Von P. sind zahlr. Dialoge und Briefe erhalten: 1. in der (»sokrat.«) Periode: Apologie (Verteidigungsrede des Sokrates), Kriton (über den Gesetzesgehorsam), Laches (über die Tapferkeit), Euthyphron (über die Frömmigkeit), Protagoras (über die Lehrbarkeit der Tugend), Gorgias (gegen die Sophisten); 2. (mittlere) Periode: Menon (Anamnesislehre), Phaidon (über die Unsterblichkeit der Seele), Phaidros und Symposion (über den Eros), Politeia (über den Idealstaat); 3. Periode (Alterswerk): Parmenides (die Ideenlehre), Theaitetos (Erkenntnislehre), Sophistes (Metaphysik), Politikos (über den philosophisch gebildeten Staatsmann), Philebos (Kritik des Hedonismus), Timaios (Naturphilosophie), die Gesetze (»Nomoi«, Staatslehre) u. a.

📖 *Gadamer, H.-G.: P.s dialekt. Ethik. Neuausg. Hamburg 1983. – Jaspers, K.: Plato. München ³1985. – Szlezák, T. A.: P. u. die Schriftlichkeit der Philosophie. Berlin u. a. 1985. – Bormann, K.: P. Freiburg im Breisgau u. a. ²1987. – Findlay, J. N.: Plato u. der P. Eine Einführung. A. d. Amerikan. Königstein im Taunus ²1994. – Zehnpfennig, B.: P. zur Einführung. Hamburg 1997.*

Platonische Akademie, nach dem Vorbild der ↑Akademie Platons von dem Platoniker Giorgos Gemistos Plethon angeregte und von Cosimo de' ↑Medici (* um 1355, † 1452) gestiftete Akademie; bestand 1459–1522. Mitglieder waren u. a. Marsilio Ficino (* 1433, † 1499) und Pico della Mirandola.

platonische Liebe, geistige, nicht sinnliche Liebe.

platonischer Körper, ↑Körper.

platonisches Jahr, ↑Präzession.

Platonow, Andrei Platonowitsch, russ. Schriftsteller, * Woronesch 1. 9. 1899, † Moskau 5. 1. 1951; schrieb Gedichte und v. a. psychologisch motivierte, irrational verfremdete Erzählwerke (»In der schönen und grimmigen Welt«, Erz., 1965; »Die Kutschervorstadt«, Erz.en, 1968; »Die Baugrube«, R., 1968; »Unterwegs nach Tschevengur«, R., 1972).

Platt Amendment [plæt əˈmendmənt], Zusatz zum Armeehaushaltsgesetz der USA von 1901 zur Regelung der amerikanisch-kuban. Beziehungen nach dem Spanisch-Amerikan. Krieg, vorgeschlagen von Senator Orville H. Platt (* 1827, † 1905). Das P. A., das in die kuban. Verf. eingefügt wurde, sah wesentl. Einschränkungen der Souveränität Kubas vor und schrieb das amerikan. Recht zur militär. und administrativen Intervention in Kuba fest; 1934 aufgehoben.

Plattdeutsch, Bez. für die niederdt. Mundart.

Platte [von grch. platýs »eben«], **1)** *Bautechnik:* ebenes, flaches Bauelement aus hartem steifen Material.

2) *Fototechnik:* Glasscheibe mit lichtempfindl. Schicht(en) für fotograf. Aufnahmen.

3) *Geomorphologie:* ebene Landoberfläche, die sich über das Niveau ihrer Umgebung erhebt.

Platte, Rudolf, Schauspieler, * Dortmund 12. 2. 1904, † Berlin (West) 18. 12. 1984; Charakterdarsteller; durch zahlreiche Theater-, Film- und Fernsehrollen (z. B. »Der Hauptmann von Köpenick«) einer der bekanntesten dt. Komiker.

Plattenbalken, *Bautechnik:* im Stahlbetonbau ein T-förmiger Verbundkörper.

Platten|epithelkarzinom, das ↑Spinaliom.

Plattenkalk, dichter Kalkstein mit plattenförmiger Absonderung, z. B. im Muschelkalk, bes. im Malm (Solnhofener P.). P. lässt sich schneiden, schleifen und polieren; wird zu lithograph. Druckplatten und im Baugewerbe verarbeitet.

Plattensee (ungar. Balaton), See in Ungarn, am Südostfuß des Ungar. Mittelgebirges, mit 591 km² der größte See Mitteleuropas, 106 m ü. M., 78 km lang, bis zu 15 km breit, flacher (durchschnittlich 3 m, maximal 11 m tief) Steppensee, fischreich; am N-Ufer Weinbaugebiete; bed. Fremdenverkehr, Kurorte; z. T. Naturschutzgebiet. – Abb. S. 216.

Plattenspieler, elektroakust. Wiedergabegerät, mit dem die auf Schallplatten gespeicherten Schallaufzeichnungen in entsprechend modulierte Wechselspannungen umgewandelt und dann mittels Verstärker und Lautsprecher hörbar gemacht werden. Der P. besteht aus dem von einem Elektromotor angetriebenen Laufwerk, das den Plattenteller antreibt, und dem über dem Plattenteller schwenkbaren bzw. tangential geführten Tonarm mit einem elektr. Tonabnehmer; dieser tastet mit seiner Abtastnadel (Saphir oder Diamant) die Rillen der auf dem Plattenteller liegenden Schallplatte ab. Die Nenndrehzah-

Plattensee: Weinbaugebiet am Plattensee

len des Plattentellers betragen 33 und 45 Umdrehungen je Minute.

Plattentektonik, die Weiterentwicklung der Theorie der ↑Kontinentalverschiebung zur Erklärung von Aufbau und Entwicklung der Erde, fußt v.a. auf geophysikal., petrolog. und geolog. Untersuchungen im ozean. Bereich. Danach besteht die ↑Lithosphäre aus sechs großen, mehr oder weniger starren Platten, zw. die kleinere Platten eingeschaltet sind, die sich auf der Asthenosphäre bewegen. Wo diese Platten auseinander driften, entstehen Dehnungsfugen (↑Seafloor-Spreading), in denen aufsteigende vulkan. Schmelzen untermeer. Schwellen bilden, deren Umgebung sich durch hohe Seismizität und starke Wärmestrahlung auszeichnet. Zugleich wird an den mittelozean. Rücken ständig neue ozean. Kruste gebildet, die sich symmetrisch nach beiden Seiten ausbreitet. Dort, wo sich die Platten aufeinander zu bewegen, werden durch Unterschiebung der einen unter die andere Platte (Subduktionszone) die überlagernden Sedimente gestaucht und zu Kettengebirgen oder Inselbögen aufgefaltet. Bei Transformstörungen bewegen sich Platten horizontal aneinander vorbei.

Seibold, E.: Das Gedächtnis des Meeres. München 1991. – Strobach, K.: Unser Planet Erde. Ursprung u. Dynamik. Berlin u. a. 1991.

Platterbse: Wiesenplatterbse (Höhe 30–100 cm)

Platter, Thomas, schweizer. Humanist, * Grächen (Wallis) 10. 2. 1499, † bei Basel 26. 1. 1582; war Ziegenhirt und Seilergeselle; wurde Buchdrucker und Verleger Calvins, 1544–78 Leiter der lat. Stadtschule in Basel; bed. Autobiographie.

Platt|erbse (Lathyrus), artenreiche Gattung der Schmetterlingsblütler mit Fiederblättern und häufig langer Blattranke; in schattigen Wäldern die **Frühlings-P.** (Lathyrus vernus) mit rotvioletten Blüten; an Wegen und auf Äckern die rot blühende **Knollen-P. (Erdnuss-P., Ackernuss,** Lathyrus tuberosus), auf Wiesen die gelb blühende **Wiesen-P.** (Lathyrus pratensis). Eine häufige Zierpflanze ist die **Duftende P., Gartenwicke** oder **Duftwicke** (Lathyrus odoratus) mit vielfarbigen langstieligen Blüten.

Platte River ['plæt 'rɪvə], rechter Nebenfluss des Missouri in Nebraska, USA, 500 km lang; entsteht durch Zusammenfluss von **North P. R.** (1 094 km) und **South P. R.** (711 km), mündet bei Omaha.

Plattfische (Flachfische, Pleuronectiformes, Heterosomata), Ordnung der Knochen-

Plattentektonik

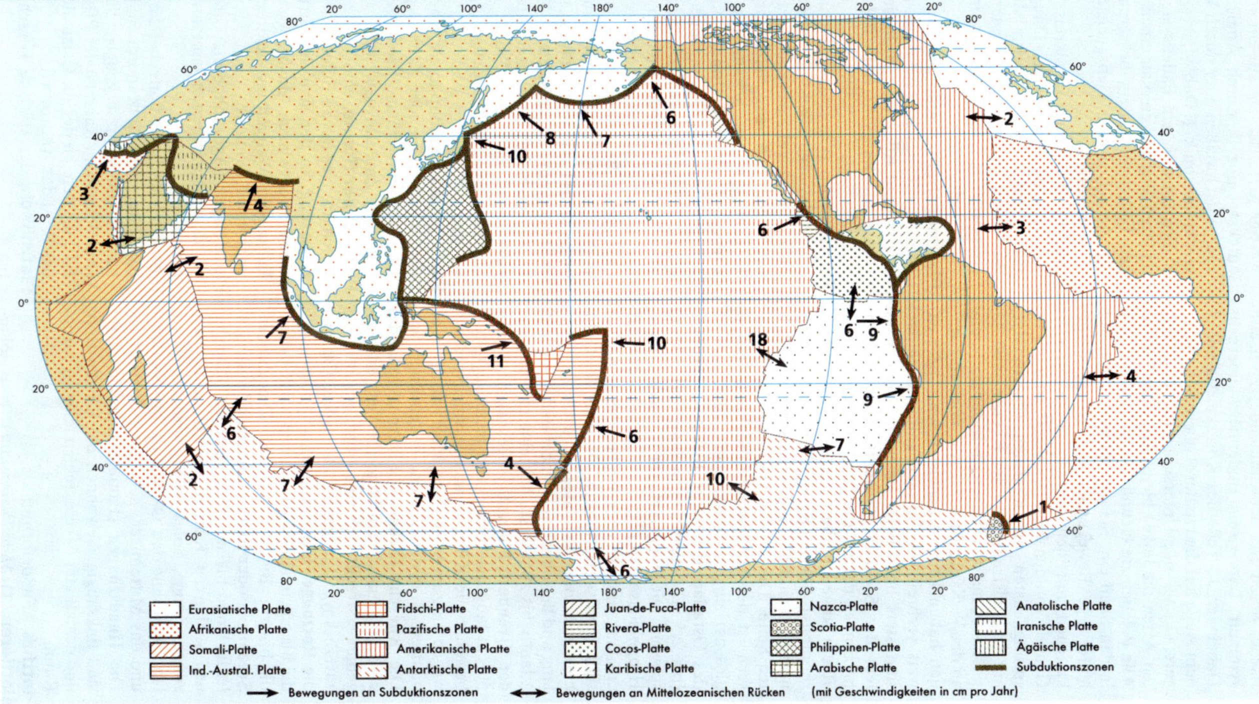

fische, deren frei schwimmende, zweiseitig symmetr. Larve zum Bodenleben übergeht. Dabei werden Teile des Kopfskeletts mit einem Auge auf die (spätere) obere Seite verlagert. Die »blinde Unterseite« (bei den meisten Arten die linke) bleibt hell oder farblos. Alle P. leben am Grund und wühlen sich z. T. in den Sand ein. Sie schwimmen durch wellenförmige Bewegungen des Körpers oder kriechen mit dem Flossensaum auf dem Grund. Von den Familien der P. sind am ursprünglichsten die **Ebarmen** (Psettodidae) mit Stachelstrahlen an der Rücken- und Afterflosse; nur zwei Arten im Indopazifik und an der W-Küste Afrikas. Alle übrigen Familien haben keine Stachelstrahlen. Die weltweit verbreiteten **Butte** (Familie Bothidae) sind stets linksäugig. In europ. Gewässern lebt der **Steinbutt** (**Tarbutt,** Scophthalmus maximus), der bis 1 m lang wird, und der bis 70 cm lange **Glattbutt** (**Kleist,** Scophthalmus rhombus). Bei den **Schollen** (Familie Pleuronectidae) sind die Augen meist auf der rechten Seite. Die größte Art in europ. Gewässern ist der **Heilbutt** (Hippoglossus hippoglossus), ein geschätzter Speisefisch, der im S des Ostatlantik bis zur Biskaya vorkommt (bis 2,5 m, maximal 4 m lang und 300 kg schwer). Die **Doggerscharbe** (**Scharbenzunge,** Hippoglossoides platessoides) wird etwa 50 cm lang und ist vom Weißen Meer bis zur südl. Nordsee verbreitet. Die **Scholle** (**Goldbutt,** Pleuronectes platessa), wird bis 95 cm lang und bewohnt das Eismeer und den Nordatlantik bis zum westl. Mittelmeer. Die **Flunder** (**Graubutt,** Platichthys flesus), höchstens 50 cm lang, ist vorwiegend rechtsäugig und bewohnt die Küstengewässer von Nordnorwegen bis zum Schwarzen Meer; dringt auch häufig z. B. in die Elbe und in den Rhein vor. Die **Kliesche** (**Scharbe,** Limanda limanda) wird maximal 40 cm lang. Ihr Verbreitungsgebiet erstreckt sich von Nordnorwegen bis zur Biskaya. Ein geschätzter Speisefisch ist die **Rotzunge** (Glyptocephalus cynoglossus), die bis 50 cm lang wird und den nördl. Atlantik bis zur Biskaya bewohnt. Die **Zungen, Seezungen** oder **Echten Zungen** (Familie Soleidae) sind meist rechtsäugig und haben einen schlanken Körper. Die **Gemeine Seezunge** (**Zunge,** Solea solea) wird bis 50 cm lang, bewohnt den O-Atlantik bis N-Afrika und das Mittelmeer; sehr guter Speisefisch. Die **Hundszungen** (Familie Cynoglossidae) sind linksäugig, bewohnen die Küsten trop. und gemäßigter Meere, fehlen aber im europ. Raum.

Plattfuß, ↑Fußdeformitäten.

plattieren, **1)** *Metallbearbeitung:* eine höherwertige Metallschicht auf ein anderes Metall aufbringen, z. B. durch Angießen, Aufwalzen, Aufschweißen oder durch Verfahren der Galvanotechnik. (↑Dublee)

2) *Textiltechnik:* ein Fadensystem mit einem anderen überdecken oder einen minderwertigen Faden mit einem besseren umwickeln, um Aussehen oder Gebrauchseigenschaften zu verbessern.

Plattling, Stadt im Landkreis Deggendorf, Bayern, im fruchtbaren Dungau, an der Isar, 12000 Ew.; Orgel-, Maschinenbau, Zucker-, Fleischwaren-, Papierfabrik. – Jacobskirche (13. Jh.). – 868 erstmals erwähnt, 1888 Stadt.

Plattmuscheln (Tellmuscheln, Tellinidae), Familie z. T. prächtig gefärbter Muscheln im Pazifik und Atlantik, z. B. in der Nord- und Ostsee die **Balt. P.** (**Rote Bohne,** Macoma baltica).

Plattwanzen (Cimicidae), Familie Blut saugender Wanzen mit rd. 20 Arten, braun, abgeplattet, Flügel zurückgebildet. P. kommen bei Vögeln und Säugetieren vor, seltener bei Kriechtieren. Die bekannteste Gattung ist **Cimex,** zu der die **Bettwanze** (Cimex lectularius) gehört, ein bis 8 mm langer stummelflügeliger Blutsauger am Menschen u. a. Warmblütern, lebt tagsüber in Ritzen, hinter Tapeten u. Ä. Der Stich verursacht juckende Quaddeln. Bekämpfung durch Insektizide und Begasung befallener Wohnungen.

Plattwürmer (Plathelminthes), Klasse der Würmer mit abgeplattetem Körper; z. T. Schmarotzer mit stark vereinfachtem Körperbau und reduzierten Sinnes- und Verdauungsorganen; z. B. Strudel-, Saug- und Bandwürmer.

Platy [grch.] (Xiphophorus maculatus), Art der lebend gebärenden Zahnkarpfen aus Mexiko und Guatemala; friedl. Aquarienfisch mit zahlr. Zuchtformen.

Platz an der Sonne, eine 1897 vom späteren Reichskanzler B. von Bülow verwendete Formulierung, in der sich das Streben des dt. Kaiserreiches nach Macht, wirtschafts- und kulturpolit. Weltgeltung ausdrückte (u. a. Erwerb von Kolonien).

Platz|angst (Agoraphobie), Furcht (Phobie) vor dem Überschreiten von Plätzen und Straßen.

Platzdorf, ländl. Siedlung, bei der sich die Gebäude um einen Platz anordnen. Diese bereits bei Wildbeutern bezeugte Siedlungsform kommt auch im Rahmen der Pflugkultur vor, z. B. im Bereich der dt. Ostsiedlung. Ein Typ des P. ist das Angerdorf.

Platzhirsch, der stärkste Hirsch am Brunftplatz.

Platzierung, *Wirtschaft:* Unterbringung (Verkauf) neu ausgegebener Wertpapiere beim Publikum. (↑Emission)

Platzpatrone, Manövermunition für Handfeuerwaffen, die Mündungsfeuer und -rauch sowie den Abschussknall eines scharfen Schusses simuliert, ohne dass harte Teile das Rohr verlassen.

Platzverweis, 1) *Polizei- und Ordnungsrecht:* die polizeil. Befugnis, Personen von einem bestimmten Ort zu verweisen, wenn sie eine konkrete Gefahr verursachen (können).
2) *Sport:* der ↑Feldverweis.

Platzwechsel, Wechsel, bei dem der Ausstellungsort auch Zahlungsort ist. Ggs.: Distanzwechsel.

Platzwette, *Pferdesport:* ↑Rennwette.

Plauen, kreisfreie Stadt und Verw.sitz des Vogtlandkreises in Sachsen, an der Weißen Elster, 72400 Ew.; kultureller und wirtsch. Mittelpunkt des Vogtlandes; Vogtlandmuseum und -theater; Maschinen-, Fahrzeug- (bes. Autobusse), Stahl- und Metallbau, elektrotechn., Druckerei- und Textilindustrie (Gardinen, Plauener Spitzen, Stickereien). Nahe der Stadt der Flughafen Hof-Plauen. – Alter Stadtkern um den Altmarkt mit dem Alten Rathaus (1382 erstmals erwähnt; seit 1984 mit Museum Plauener Spitzen; Renaissancegiebel und Kunstuhr von 1548 sowie Sonnenuhr von 1784), der Johanniskirche (13./14. Jh.; nach 1548 als Hallenkirche erneuert), der Lutherkirche (1693–1722) und dem in drei Patrizierhäusern (18. Jh.) untergebrachten Vogtlandmuseum. Vom 1945 zerstörten Schloss der Vögte wurde der Burgfried (»Roter Turm«) wiederhergestellt. – Urspr. slaw. Siedlung **(Plawe);** 1122 erstmals erwähnt; entstand als Stadt gegen 1220, um 1244 durch eine Neustadt erweitert; seit dem 13. Jh. Hauptort des Vogtlandes; fiel 1466 an Kursachsen, gehörte 1656–1718 zu Sachsen-Zeitz.

Plauer See, 1) drittgrößter See der Mecklenburg. Seenplatte, Meckl.-Vorp., 37,8 km² groß, bis 24 m tief, von der Elde durchflossen; Erholungsgebiet.
2) seenartige Erweiterung der Havel westlich von Brandenburg an der Havel, in die hier der Elbe-Havel-Kanal mündet; 17 km² groß; Erholungsgebiet.

Plautus, Titus Maccius, lat. Komödiendichter, *Sarsina (bei Cesena) um 250 v. Chr., †Rom 184 v. Chr.; bearbeitete ausschließlich grch. Komödien für die röm. Bühne. Von seinen vielen Komödien sind 21 erhalten, darunter »Amphitruo«, »Aulularia«, »Menaechmi«, »Miles gloriosus«. Seine Komödien sind oft von derber Komik, lebendig im Dialog und sehr bühnenwirksam; sie waren wegweisend für das europ. Lustspiel.

Playa [span.] *die,* span. Bez. für Strand.

Play-back ['pleɪbæk, engl.] *das,* besondere Art der Herstellung und Reproduktion einer Tonfilmaufnahme. Während der Bildaufnahme wird die vorher unter günstigen akust. Bedingungen aufgezeichnete Tonaufnahme (Musik, Sprache) über Lautsprecher wiedergegeben (»zugespielt«); die Sänger/Schauspieler richten sich nach dieser Wiedergabe (synchrone Mundbewegungen beim Singen/Sprechen); Anwendung u. a. beim Fernsehen, v. a. bei Shows.

Playboy ['pleɪbɔɪ, engl.] **1)** *der,* (jüngerer), aufgrund seiner wirtsch. Unabhängigkeit v. a. dem Vergnügen lebender Mann; weibl. Entsprechung: **Playgirl.**
2) amerikan. Männerzeitschrift, 1953 gegr. von Hugh Marston Hefner (*1926); eine dt. Ausgabe erscheint seit 1972.

Playmate ['pleɪmeɪt, engl.] *das,* titelähnliche Bez. für diejenigen jungen Frauen, die jeweils in der Mitte des Herrenmagazins ↑Playboy nackt abgebildet sind: »P. des Monats«; »P. des Jahres«.

Play-off ['pleɪɔf, engl.] *das, Sport:* 1) beim Golf: Bez. für ein Entscheidungsspiel oder Stechen; 2) in versch. Mannschaftssportarten (z. B. Eishockey) die nach dem Pokalsystem durchgeführte Entscheidungsrunde (P.-o.-Runde). Dabei werden nach Abschluss der Spielsaison Meister, Auf- und Absteiger ermittelt. (↑Relegationsspiel)

Plazenta [lat.] *die* (Placenta), der ↑Mutterkuchen.

Plazentatiere (Plazentalier, Placentalia), Unterklasse der Säugetiere, deren Embryonen stets durch eine Plazenta ernährt werden.

Plazet *das,* [lat. placet »es gefällt«] (landesherrliches P., lat. Placetum Regium, Exequatur), das aus eigener Macht beanspruchte Recht des Staates, kirchl. Erlasse vor ihrer Veröffentlichung zu prüfen und zu genehmigen; in Dtl. durch die Weimarer Verfassung beseitigt.

plc, PLC [pi:el'si:; Abk. für engl. **p**ublic **l**imited **c**ompany], Aktiengesellschaft.

Plebejer [lat.] *der,* Angehöriger der ↑Plebs.

Plebiszit [lat. »Volksbeschluss«] *das,* **1)** *Geschichte:* im alten Rom der in den Versammlungen der ↑Plebs gefasste, zunächst nur für sie verbindl. Beschluss; seit 287 v. Chr. von gleicher Geltung wie ein vom Gesamtvolk erlassenes Gesetz.
2) *Staatsrecht:* die ↑Volksabstimmung.
3) *Völkerrecht:* eine Abstimmung, bei der die stimmberechtigte Bev. eines bestimmten Gebietes darüber entscheidet, ob sie im bisheri-

gen Staatsverbund verbleiben oder ihn wechseln will, z.B. bei Gebietsabtretung u.Ä. (↑Option).

Plebs [lat.], **1)** *der, allg.:* niederes Volk, Pöbel. **2)** *die, Geschichte:* im alten Rom urspr. die gesamte Bevölkerung, die nicht zu den altadligen Familien, den ↑Patriziern, gehörte; in der späteren Republik die nicht dem Senatoren- oder Ritterstand, seit der Kaiserzeit auch die nicht der geistigen Oberschicht angehörende Bevölkerung.

Plechanow, Georgi Walentinowitsch, russ. Revolutionär, *Gudalowka (heute Gebiet Lipezk) 11. 12. 1856, †Terijoki (heute Selenogorsk, Gebiet Leningrad) 30. 5. 1918; zunächst Anhänger der ↑Narodniki; emigrierte 1880 und gründete 1883 in Genf die erste russische marxist. Gruppe (»Befreiung der Arbeit«). 1889–1904 Mitgl. der Exekutive der 2. Internationale. P. übte auf Lenin großen Einfluss aus (gemeinsame Gründung der Zeitschrift »Iskra«, 1900). Nach der Spaltung der Sozialdemokrat. Arbeiterpartei Russlands (1903) unterstützte er die Menschewiki. 1917 nach Russland zurückgekehrt, wandte er sich gegen Lenins Kurs einer revolutionären Machtergreifung. P. verfasste eine Reihe theoret. Schriften, u.a. »Über die Rolle der Persönlichkeit in der Geschichte« (1898).

Plečnik ['ple:tʃnik], Jože (Josef), slowen. Architekt, *Ljubljana 23. 1. 1872, †ebd. 6. 1. 1957; Pionier der modernen Architektur, u.a. Umbau des Hradschin in Prag (1921–35), National- und Universitätsbibliothek in Ljubljana (1936–40).

Pléiade [ple'ja:də, frz. ple'jad], frz. Dichterkreis der Renaissance, dem in wechselnder Zusammensetzung sieben Dichter angehörten (P. Ronsard, J. Du Bellay, E. Jodelle u.a.). Sie wollten das Französische zu einem den antiken Sprachen ebenbürtigen sprachl. System ausbauen und die frz. Lyrik durch die Nachbildung antiker und italien. Formen erneuern.

Wittschier, H. W.: Die Lyrik der P. Frankfurt am Main 1971.

Pleinair [plɛ'nɛ:r, frz.] *das, bildende Kunst:* Kunstschaffen, das im Freien stattfindet, z.B. P.-Malerei, Bildhauerpleinair.

Pleinairmalerei [plɛn'ɛ:r-, frz.], die ↑Freilichtmalerei.

Pleiße *die,* rechter Nebenfluss der Weißen Elster, 111 km lang, entspringt südwestlich von Zwickau, mündet in Leipzig; mehrfach gestaut.

Pleißenland, Gebiet beiderseits der Pleiße um Altenburg, Chemnitz und Zwickau; nach 1158 Reichsgutsbezirk, ab 1308/11 (1329) der Landesherrschaft der Wettiner eingegliedert.

Pleistozän [grch.] *das* (früher Diluvium), das quartäre Eiszeitalter (↑Holozän, ↑Eiszeitalter).

p-Leitung, die Defektelektronenleitung im ↑Halbleiter.

Plejaden, 1) *Astronomie:* (Siebengestirn) offener Sternhaufen (M45) im Sternbild Stier, der wahrscheinlich aus 300 bis 500 Sternen besteht. Sechs Sterne sind heller als 5^m, neun heller als 6^m (↑Größenklasse); sieben der jungen Haufensterne sind mit bloßem Auge zu sehen. Die P. zählen zu den Bewegungssternhaufen, der hellste Stern ist Alkyone. **2)** *grch. Mythos:* (Pleiaden) die sieben Töchter des Atlas und der Okeanide Pleione, von Zeus als Siebengestirn an den Himmel versetzt, um sie vor den Nachstellungen des Jägers Orion zu retten.

Plektron [grch.] *das* (Plektrum), Plättchen aus Holz, Schildpatt, Horn, Elfenbein, Metall oder Kunststoff zum Anreißen oder Schlagen der Saiten von Zupfinstrumenten.

Plenterwald (Femelwald), Form des vorzugsweise reich gemischten Hochwaldes (mit ungleichaltrigen Bäumen), dessen Kronendach ständig neu aufgelockert wird.

Plenum [lat. »voll«] *das,* die Vollversammlung eines Kollegiums, insbesondere der Mitgl. einer Volksvertretung.

Plenzdorf, Ulrich, Drehbuchautor und Schriftsteller, *Berlin 26. 10. 1934; war Szenarist und Filmdramaturg bei der DEFA. Sein Bühnenstück »Die neuen Leiden des jungen W.« (gedruckt 1973; auch als Erz.) bewirkte eine breite Diskussion über Lebensgefühl und Selbstverwirklichung von Jugendlichen in der DDR. P. verfasste auch Filmerzählungen und -szenarien, u.a. »Die Legende von Paul und Paula« (1974; erweitert als Roman u.d.T. »Legende vom Glück ohne Ende«, 1979), »Liebling Kreuzberg« (1993), ferner »Buridans Esel« (Dr., UA 1976).

pleo..., pleio..., plio... [grch.], mehr..., mehrfach.

Pleochroismus [grch. »Mehrfarbigkeit«] *der,* Eigenschaft mancher optisch anisotroper, farbiger Kristalle, in Abhängigkeit von Strahl- und Schwingungsrichtung des durchstrahlenden Lichtes verschiedenfarbig zu erscheinen; Grund ist die unterschiedl. Absorption in zwei **(Dichroismus)** bzw. drei **(Trichroismus)** ausgezeichneten Richtungen.

Pleonasmus [grch. »Überfluss«] *der,* Häufung sinnverwandter Wörter (↑Redefiguren, Übersicht).

Pleoptik *die,* aktive Übungsbehandlung zur Verbesserung des Sehvermögens eines schwachsichtigen Auges.

Plerem [zu griech. plḗrēs »voll«, »angefüllt«] *das, Sprachwissenschaft:* in der ↑Glossematik kleinste sprachl. Einheit auf inhaltl. Ebene.

Plerematik (Pleremik) *die,* Teilgebiet der Sprachwiss., beschäftigt sich mit den Inhaltsformen, mit der Bildung der Sprachzeichen als Basis für Wort-, Satz- und Textbildung einer Sprache.

Plesiosaurier [grch.] (Plesiosauria), ausgestorbene Unterordnung bis 14 m langer Reptilien mit langem Hals, kleinem Schädel, kurzem Schwanz, paddelartigen Gliedmaßen. Vollständige Skelette wurden bes. im Lias von Schwaben, Franken und England gefunden.

Pleskau, Stadt in Russland, ↑Pskow.

Pleskauer See, See in Russland, mit dem ↑Peipussee verbunden.

Pleß, Stadt in Polen, ↑Pszczyna.

Plessen, Elisabeth, eigtl. Charlotte Auguste Marguerite Gräfin von P., Schriftstellerin, *Neustadt in Holstein 15. 3. 1944; wurde bekannt durch den autobiograph. Roman »Mitteilung an den Adel« (1976); weitere Romane u.a. »Stella polare« (1984), »Der Knick« (1997). Auch Herausgeberin und Übersetzerin.

Plessi, Fabrizio italien. Medienkünstler, *Reggio nell'Emilia 3. 4. 1940; urspr. Maler, konzentriert sich P. seit Mitte der 1970er-Jahre auf die Arbeit mit Videoinstallationen. In den immer ortsbezogenen Videoarbeiten visualisiert er ohne nostalg. Verklärung allgemein menschl. Sehnsüchte.

Plessner, Helmuth, Philosoph, *Wiesbaden 4. 9. 1892, †Göttingen 12. 6. 1985; 1951–63 Prof. ebd.; neben M. Scheler der Begründer der philosoph. Anthropologie; Werke auch zur Soziologie und Politik. – »Die Stufen des Organischen und der Mensch« (1928), »Diesseits der Utopie« (1966), »Philosoph. Anthropologie« (1970).

Plessuralpen, von der Plessur durchflossene Gebirgsgruppe im Kt. Graubünden, Schweiz, zw. Rheintal, Albula, Davoser Tal und Prättigau, im Aroser Rothorn 2980 m ü. M.

Plettenberg, Stadt im Märkischen Kr., NRW, im Sauerland, 29400 Ew.; Eisenverarbeitung (aus dem ehem. Erzbergbau hervorgegangen).

Pleuelstange (Schubstange, Kurbelstange, Treibstange), beim Kurbelgetriebe von Kraft- und Arbeitsmaschinen der Teil, der die hin- und hergehende Bewegung, z.B. des Kolbens, in eine rotierende Bewegung, z.B. der Kurbel, und umgekehrt die rotierende in eine gerade gehende Bewegung umwandelt.

Pleura [grch.] *die,* das ↑Brustfell.

Pleuraerguss, ↑Rippenfellentzündung.

Pleureuse [plø'rø:zə, lat.-frz.] *die, Mode:* 1) im 17. und 18. Jh. zur männl. Trauerkleidung gehörende weiße Leinenbinde um die Ärmelaufschläge, im 19. Jh. schwarze Trauerbinde an Oberarm oder Hut; 2) große Straußenfeder als mod. Frauenhutschmuck nach 1900.

Pleuritis *die,* die ↑Rippenfellentzündung.

Pleuston [grch.] *das,* Lebensgemeinschaft der Pflanzen und Tierarten, die auf oder in der Wasseroberflächenschicht leben.

Pleven [ple'vɛn], René, frz. Politiker, *Rennes 13. 4. 1901, †Paris 13. 1. 1993; Jurist, während des Zweiten Weltkriegs in der Widerstandsbewegung, in der Vierten Republik mehrmals Min., 1951–52 MinPräs., legte 1950 einen Plan über die Aufstellung einer gemeinsamen europ. Armee vor **(Plevenplan).**

Plewen, Stadt in der Region Lowetsch, Bulgarien, 127900 Ew.; in einem Agrargebiet des Donauhügellandes; orth. Metropolitensitz; medizin. Hochschule, Weinbauinstitut; Weinkellereien, Nahrungsmittel-, Textil-, chem., Zementind., Maschinenbau, Erdölraffinerie (westlich von P. Erdölförderung). – Urspr. thrak. Siedlung; im 1./2. Jh. römisch, ab 1266 ungarisch; Ende 14. bis Ende 19. Jh. osmanisch (Festung).

Plexiglas®, Handelsname für harte, thermoplast., glasartig durchsichtige Kunststoffe aus ↑Polymethacrylat.

Plexus [lat.] *der* (Geflecht), netzartige Verbindung von Nerven (z. B. das ↑Sonnengeflecht) oder Blutgefäßen.

Pleydenwurff (Pleidenwurff), Hans, Maler, *Bamberg um 1420, begraben Nürnberg 9. 1. 1472; dort seit 1457 nachweisbar. Mit ihm setzte sich ein durch die niederländ. Kunst vermittelter neuer Wirklichkeitssinn in der Nürnberger Malerei durch. Zu seinen Schülern gehörte M. Wolgemut. – *Werke:* Hochaltar für St. Elisabeth in Breslau (1462; Tafeln in Breslau, Museum, und Nürnberg, Ger-

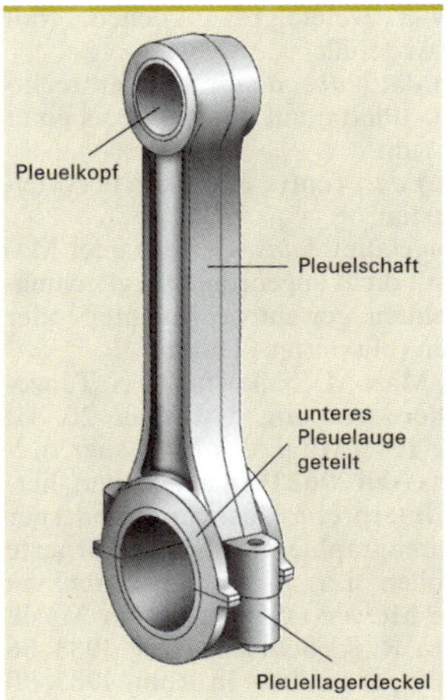

Pleuelstange eines Verbrennungsmotors

man. Nationalmuseum); Kreuzigung (um 1470; München, Alte Pinakothek). – Sein Sohn Wilhelm P. († Nürnberg 1494) schuf mit M. Wolgemut die Holzschnitte für die Weltchronik von H. ↑Schedel.

Plicht [ahd. »Ruderbank vorn im Schiff«] *die* (Cockpit), der offene, tief gelegene Sitzraum auf Segel- und Motorbooten.

Plievier [pliv'je:], Theodor, Pseud. Plivier, Schriftsteller, *Berlin 12. 2. 1892, †Avegno (Kt. Tessin) 12. 3. 1955; 1933–45 im Exil, zuletzt in der Sowjetunion; stand bis nach dem Zweiten Weltkrieg dem Kommunismus nahe. Seine Tatsachenromane zeigen ein starkes sozialkrit. Engagement, z. B. »Des Kaisers Kulis« (1929). Am bekanntesten wurde seine Romantrilogie über Hitlers Russlandfeldzug (»Stalingrad«, 1945; »Moskau«, 1952; »Berlin«, 1954), die zugleich eine realist. Chronik des dt. Zusammenbruchs ist.

Plinius, 1) P. der Ältere, Gaius P. Secundus, lat. Schriftsteller, *Comum (heute Como) 23 oder 24 n. Chr., †Stabiae (heute Castellammare di Stabia) 79 beim Vesuvausbruch, Onkel und Adoptivvater von 2); von seinen Schriften ist die »Naturgeschichte« (»Naturalis historia«) in 37 Büchern erhalten, in der er als Erster in enzyklopäd. Kompilation alle Erscheinungen der Natur dargestellt hat.

2) P. der Jüngere, Gaius P. Caecilius Secundus, röm. Redner und Schriftsteller, *Comum (heute Como) 61 oder 62 n. Chr., †um 113, Neffe und Adoptivsohn von 1); war unter Trajan Konsul und später Statthalter von Bithynien. Seine in neun Büchern veröffentlichten Briefe (97–109) geben ein anschaul. Bild der zeitgenöss. röm. Gesellschaft.

Plinse [slaw.], Hefeteigpfannkuchen (mit Kompott o. Ä. gefüllt).

Plinthe [grch.-lat.] *die,* quadrat. oder rechteckige (Stein-)Platte, auf der die Basis einer Säule o. Ä. ruht.

Pliozän [grch.] *das,* fünfte und jüngste Abteilung des ↑Tertiär.

Plissee [frz. »gefaltet«] *das,* Gewebe oder Maschenware mit dicht angeordneten, gleichmäßig verlaufenden gewebten, genähten oder eingepressten (plissierten) Falten.

Plissetzkaja, Maja Michailowna, russ. Tänzerin und Choreographin, *Moskau 20. 11. 1925; wurde 1943 Mitgl. des Moskauer Bolschoi-Balletts (seit 1962 Primaballerina), hervorragende Interpretin klass. und moderner Rollen; choreographierte und verkörperte die Hauptrollen u. a. in »Anna Karenina« (1972), »Die Möwe« (1980, nach der Musik ihres Mannes R. K. Schtschedrin). 1984–86 Leiterin des Opernballetts in Rom, 1987–90 des span. Nationalballetts in Madrid.

Plitvicer Seen ['plitvitsər-] (kroat. Plitvička jezera), Seenkette am N-Fuß der Kleinen Kapela, Kroatien; 16 treppenförmig aufgereihte Seen, die durch Kalktuffdämme (über die das Wasser in Stromschnellen oder Fällen fließt) aufgestaut und voneinander getrennt sind; Nationalpark P. S. (UNESCO-Welterbe).

PLL [Abk. für engl. **p**hase **l**ocked **l**oop »Phasenregelschleife«], Analogschaltung zur Phasen- und Frequenzsynchronisation zweier Schwingungen; Anwendung z. B. bei Stereodecodern, Demodulatoren, zur Klangerzeugung in Synthesizern.

PL/M [Abk. für engl. **P**rogramming **L**anguage for **M**icroprocessors], in Anlehnung an PL/1 speziell für Mikrocomputer geschaffene, höhere Programmiersprache.

PLO, Abk. für **P**alestine **L**iberation **O**rganization, ↑Palästinensische Befreiungsorganisation.

Plochingen, Stadt im Landkreis Esslingen, Bad.-Württ., an der Einmündung der Fils in den Neckar, 13 100 Ew.; Maschinenbau, keram., elektrotechn. und Kunststoffind., Brauerei; Endpunkt der Neckarschifffahrt. – Spätgot. Stadtkirche (15. Jh.); Ottilienkapelle (1328).

Płock [pɫɔtsk] (dt. Plozk), Stadt in der Wwschaft Masowien, Polen, an der Weichsel, 126 900 Ew.; kath. Bischofssitz; Abteilung der TH Warschau, Masowienmuseum, Diözesanmuseum, Kulturzentrum Darmstadt-Haus (im ehem. Wohnhaus E. T. A. Hoffmanns), Zoo; Erdölraffinerie, Maschinenbau, Leichtind.; Flusshafen mit Werft. – Roman. Dom (12. Jh.); klassizist. Bürgerhäuser. – Seit dem 11. Jh. Hauptort von Masowien, seit 1075 Bischofssitz, 1138–1351 Residenz der masow. Herzöge, wurde 1237 Stadt; kam 1495 zu Polen, 1793–1807 preußisch, fiel 1815 an Kongresspolen.

Plöckenpass (italien. Passo di Monte Croce), Pass in den Karn. Alpen, ↑Alpenstraßen, Übersicht.

Plöckenstein (tschech. Plechý), Berg im Böhmerwald am Dreiländereck zw. dt., österr. und tschech. Staatsgebiet, mit dem Hauptgipfel (1 378 m ü. M.) an der österr.-tschech. Grenze; auf tschech. Gebiet Stifter-Denkmal am **P.-See,** einem Karsee.

Ploetz [plœ-], Karl, Gymnasiallehrer, *Berlin 8. 7. 1819, †Görlitz 6. 2. 1881; schrieb den weit verbreiteten »Auszug aus der alten, mittleren und neueren Geschichte« (1863, seit 1869 »Hauptdaten der Weltgeschichte«, seit 1986 »Der große P. – Auszug aus der Geschichte«).

Ploiești [plo'jeʃtj], Hauptstadt des Kr. Prahova, Rumänien, im Vorland der Südkarpaten, inmitten eines Erdölgebiets, 253 600 Ew.; Univ.; Erdölraffinerie, Maschinenbau (Erdölausrüstungen), chem., Leicht-, Nahrungsmittelind.; Verkehrsknotenpunkt.

Plombe [frz.] *die,* **1)** Sicherungssiegel an Räumen und Behältern, z. B. im Zollverkehr.
2) (Zahn-P.) ↑Zahnfüllung.

Plombières-les-Bains [plõbjɛrle'bɛ̃], Heilbad im Dép. Vosges, Frankreich, im SW der Vogesen, 2 100 Ew. Die 27 schon in röm. Zeit bekannten Heilquellen (12–81 °C) werden bes. bei Verdauungsstörungen angewendet.

Plön, 1) Kreis in Schlesw.-Holst., 1 083 km², (1998) 130 500 Einwohner.
2) Kreisstadt von 1) in Schlesw.-Holst., in der Holstein. Schweiz, 13 000 Ew.; Luftkurort zw. dem **Kleinen** und dem **Großen Plöner See;** Max-Planck-Inst. für Limnologie, Bundesforstamt. – Ehem. Schloss (1633–36); klassizist. ehem. Rathaus (1816–18). – Erhielt 1236 lüb. Stadtrecht; 1636–1761 Residenz der Herzöge von Schleswig-Holstein-Sonderburg-Plön.

Plot [engl.] *der, Film:* alle in einem Film vorkommenden (sicht- und hörbaren) Ereignisse, durch die der Zuschauer die Handlung erschließt.

Plotin (grch. Plotinos), grch. Philosoph, * Lykonpolis (heute Assiut) um 205, † Minturnae (Kampanien) 270; der bedeutendste Denker des ↑Neuplatonismus. Neben platon. nahm er auch aristotel., stoische und gnost. Gedanken auf. Als Quelle des Seins nimmt seine Philosophie das eigenschaftslose Ur-Eine (Gott, »das Gute«) an. Aus ihm geht die Weltvernunft (Geist, Nus) hervor, in der die Ideen ihre Stätte haben, dann die Weltseele. Körperwelt und Materie werden als Spiegelung der Ausstrahlung (Emanation) des Einen im Nichtseienden, der Materie, verstanden. Dieser Emanation entspricht umgekehrt die Sehnsucht nach dem göttl. Ursprung, den der Mensch in ekstat. Schau erreichen kann; so findet er zu seinem eigentl. Selbst zurück (P. soll viermal die ekstat. Vereinigung mit der Gottheit erlebt haben). – P. wirkte auf die Kirchenväter, z. B. auf Augustinus, und, insbes. über ↑Dionysios Areopagita, auf die Scholastik und Mystik, später auf G. Bruno, Berkeley, Shaftesbury, Goethe, Novalis, Schelling, Hegel, E. von Hartmann u. a.

📖 *Szlezák, T. A.: Platon u. Aristoteles in der Nuslehre P.s. Basel 1979. – Siegmann, G.: P.s Philosophie des Guten. Eine Interpretation von Enneade VI 7. Würzburg 1990.*

Plotter ['plɔtə; engl. »Zeichner«] *der,* computergesteuerte Ausgabeeinheit (Peripheriegerät) zur graf. Darstellung von Zeichnungen, Schriften u. a. nach digitalen oder analogen elektromagnet. Signalen. Zu den Grundtypen von P. gehören der **Flachbett-P.,** bei dem der Zeichenkopf (der Schreibstift, Farbdüse o. Ä. enthält) die Zeichenbewegung in beiden Richtungen ausführt, während die ebene Zeichenfläche ruht; beim **Trommel-P.** liegt der Zeichenträger auf einer rotierenden Walze, der Zeichenkopf bewegt sich in Querrichtung. **Laser-P.** erzeugen mithilfe von Ladungsveränderungen in Halbleiterschichten ein sehr feines Raster des Bildes.

Plötze [slaw.] *die* (Rotauge, Rutilus rutilus), 25–40 cm langer Karpfenfisch v. a. in Süßgewässern des nördl. und gemäßigten Eurasiens; Körper silberglänzend mit rötl. Flossen und rotem Augenring.

Plötzensee, kleiner See im Verw.-Bez. Wedding von Berlin. Benachbart im Verw.-Bez. Charlottenburg liegt die Strafanstalt P. Hier wurden während der nat.-soz. Herrschaft 1933–45 über 2 000 Widerstandskämpfer, u. a. die Mitgl. der Roten Kapelle und die Männer des 20. Juli 1944, hingerichtet. Als Gegner der nat.-soz. Herrschaft wirkte der Gefängnispfarrer von P., Harald Poelchau (* 1903, † 1972; Mitgl. des Kreisauer Kreises). – Zu Ehren der Opfer der nat.-soz. Diktatur wurden 1953 vom Land Berlin die Gedenkstätte P. und nahebei die kath. Kirche Maria Regina Martyrum errichtet.

plötzlicher Kindstod (Säuglingstod, Krippentod, engl. Sudden Infant Death Syndrome, Abk. SIDS), plötzl. Tod von anscheinend völlig gesunden Säuglingen und Kleinkindern, bei dem überwiegend keine eindeutige Klärung der Todesursache möglich ist; ereignet sich mit einer Häufigkeit von etwa 2 ‰ meist während der ersten sechs Lebensmonate. Es kommt hierbei zu einem Atemstillstand im Schlaf (Schlafapnoe), der auf eine Unterfunktion der zentralen Atemregulation zurückgeführt wird, wobei Infektionskrankheiten eine verstärkende Wirkung haben können. Zur Vorbeugung werden elektron. Geräte eingesetzt, die die Atmung überwachen und beim Aussetzen eine Warn- und Weckfunktion erfüllen.

Plowdiw, Hauptstadt der Region P. in Bulgarien, an der Maritza, 345 200 Ew.; Univ., Hochschulen, Forschungsinstitute, Theater, Museen; zweitgrößte Stadt des Landes, bed. Handelsplatz; chem., Textil-, Tabak-, Nahrungsmittel- u. a. Ind., Blei- und Zinkhütten; internat. Messe; Verkehrsknotenpunkt, Flugplatz. – P., das thrak. **Pulpudeva,** wurde 342/341 v. Chr. von Philipp II. von Makedonien erobert **(Philippopolis).** Seit 46 n. Chr. war es römisch (Hptst. der Prov. Thrakien, Ausgrabungen). Im MA. stand es abwechselnd unter bulgar. und byzantin. Herrschaft; 1364 von den Türken erobert **(Filibe).** 1878–85 Hptst. von Ostrumelien.

Plọzk, Stadt in Polen, ↑Płock.

Plụdra, Benno, Schriftsteller, * Mückenberg (heute zu Lauchhammer) 1. 10. 1925; schreibt einfühlsame Kinder- und Jugendbücher (»Lütt Matten und die weiße Muschel«, 1964; »Tambari«, 1969; »Insel der Schwäne«, 1980; »Das Herz der Piraten«, 1985; »Siebenstorch«, 1991).

Plug-and-play-Technik ['plʌg-ənd-'pleɪ-; engl., im Sinne von »anschließen und loslegen«], Technik, die das automat. Erkennen von im Computer eingebauter Hardware sowie das korrekte Installieren des entsprechenden Treibers beinhaltet. Benutzer können ein Peripheriegerät anschließen und sofort damit arbeiten, ohne das System manuell konfigurieren zu müssen.

Plug-in ['plʌgɪn, engl.], *Informatik:* kleineres Softwareprogramm, das in eine größere Anwendung integriert werden kann, um dessen Funktionalität zu erweitern; im WWW ein Erweiterungsprogramm für den Browser, das es diesem ermöglicht, auf Dateien (z. B. Videodateien, Animationen) zuzugreifen, deren Format der Browser nicht unterstützt.

Plụhar, Erika, österr. Schauspielerin, * Wien 28. 2. 1939; seit 1959 Mitgl. des Wiener Burgtheaters; auch Film- und Fernsehrollen; seit 1972/74 als Chansonsängerin bekannt.

Plụmbikon *das,* eine Bildaufnahmeröhre, bei der als lichtempfindl. Schicht (Speicherplatte) eine Halbleiterschicht aus Bleimonoxid verwendet wird. Das P. hat eine hohe Licht- und Spektralempfindlichkeit; bes. geeignet für professionelle Farbkameras.

Plumcake ['plʌmkeɪk; engl. »Rosinenkuchen«] *der,* schwerer Kuchen mit vielen Sultaninen, Rosinen u. a. Früchten, Gewürzen und Rum.

Plumeau [ply'moː, frz.] *das,* kurzes dickes Federdeckbett.

Plumpbeutler, Beuteltiere, ↑Wombats.

Plumpudding ['plʌm-, engl.] (eigtl. Plumcake), in England als Weihnachtsspeise beliebte Süßspeise aus Nierenfett, Rosinen, Zitronat, Gewürz, die mit Würfelzucker belegt, mit Rum oder Weinbrand übergossen und angezündet wird.

Plünderung, 1) *Strafrecht:* rechtswidrige Wegnahme oder Abnötigung von Sachen unter Ausnutzung der durch ↑Landfriedensbruch hervorgerufenen Störung der öffentl. Ordnung, wird als ein bes. schwerer Fall des Landfriedensbruchs bestraft (§ 125a StGB).
2) *Völkerrecht:* jede Wegnahme privaten Eigentums in Zusammenhang mit Kriegshandlungen oder einer krieger. Besetzung, sofern sie nicht als ↑Requisition kriegsrechtlich erlaubt ist. Die P. ist durch die Haager Landkriegsordnung, auch in Bezug auf Staatsbesitz, untersagt und nach den Genfer Konventionen eine schwere Verletzung des Völkerrechts (↑Kulturgüterschutz).

Plunkett ['plʌŋkɪt], Edward John, Lord Dunsany, ir. Erzähler und Dramatiker, * London 24. 7. 1878, † Dublin 25. 10. 1957; schrieb fantastisch-iron. Erzählungen (»Jorkens borgt sich einen Whisky«, 1954), Dramen und Romane (»Die Königstochter aus Elfenland«, 1924).

Plụral [lat.] *der,* Abk. **Pl.,** *Sprachwiss.:* Mehrzahl, Form der flektierenden Wortarten (↑Numerus).

Pluraletạntum [lat.] *das,* nur im Plural vorkommendes Wort, z. B. Ferien, Masern.

Plurạlis Majestạtis [lat.] *der* (Pluralis maiestaticus), an den hellenist. Höfen entstandene Sitte, dass Regierende von sich im Plural sprechen.

Plurạlis Modẹstiae [lat.] *der,* Plural der Bescheidenheit; Bezeichnung der eigenen Person z. B. eines Autors im Plural, um das anspruchsvolle »ich« zu vermeiden.

Pluralịsmus [lat.] *der,* **1)** *Philosophie:* jede Lehre, die eine Vielheit von Prinzipien, Elementen oder Bereichen der Wirklichkeit annimmt, im Unterschied zum Monismus und Dualismus; auch die gleichberechtigte Geltung versch. Standpunkte oder Normensysteme. – Methodologisch bedeutet P. ein wiss. Verfahren, das sich einer Vielzahl von Methoden bedient (Methodenpluralismus).
2) *Sozialwiss.:* normativer (d. h. Sollzustände angebender) oder empir. (d. h. Istzustände bezeichnender) Begriff für vielgliedrige polit. Ordnungen, in denen polit. Macht durch Recht und institutionelle »checks and balances« gezähmt ist, die einzelnen Bürgern oder Interessenverbänden ein hohes Maß an Autonomie und polit. Beteiligung gewähren und offen für Konflikte und Konsensbildung zw. den Interessen und Ideen sind. In der Staatsformenlehre kennzeichnet P. Strukturmerkmale polit. Systeme (Demokratie im Ggs. zu Diktatur) und in der Verbände- und Policy-Forschung (Analyse von Staatstätigkeit) die bilaterale, gering zentralisierte und transsektoral (bereichsübergreifend) gering koordinierte Interessenvermittlung zw. Staat und Verbänden. Meist charakterisiert P. eine bestimmte Form der polit. Willensbildung (»pluralist. Prozess der Artikulation und Bündelung von Interessen«) und eines bestimmten Typs von Demokratie (»pluralist. Demokratie« im Ggs. zu »Wettbewerb der

polit. Eliten« oder »partizipator. Demokratie«).

📖 *P. in Gesellschaft u. Kirche – Ängste, Hoffnungen, Chancen, hg. v. P. M. Zulehner. München u. a. 1988. – Olson, M.: Die Logik des kollektiven Handelns. A. d. Engl. Tübingen ³1992. – P. u. Parlamentarismus in Theorie u. Praxis, hg. v. J. Hartmann u. U. Thaysen. Opladen 1992.*

Pluralwahlrecht (Mehrstimmenwahlrecht), Wahlrecht, bei dem einem Teil der Wähler eine oder mehrere zusätzl. Stimmen zugebilligt werden, um diese zu bevorzugen (z. B. Familienväter, Eigentümer). In Dtl. bestand bis 1918 in einigen Ländern ein P., allerdings nicht in Preußen (↑Dreiklassenwahlrecht). Das P. ist mit dem Grundsatz der gleichen Wahl nicht vereinbar.

Plus [lat. »mehr«] *das,* **1)** *allg.:* Vorteil, Gewinn; Haben; Überschuss.
2) *Mathematik:* ↑Pluszeichen.

Plus|ankündigung, *Börsenwesen:* durch ein Pluszeichen verdeutlichter Kurszusatz an der Kurstafel, wenn der Makler aufgrund der ihm vorliegenden Aufträge eine erhebl. Kurssteigerung bei einem Wertpapier (5–10% bei Aktien, 1–2% bei Anleihen) erwartet; ein doppeltes Pluszeichen signalisiert Kurssteigerungen von mehr als 10% bei Aktien und mehr als 2% bei festverzinsl. Werten. – Ggs.: Minusankündigung.

Plüsch [frz. peluche »Wollsamt«] *der, Textiltechnik:* in gewebter Form ein Kettensamt mit 2 mm hohem Pol, zunehmend auch in gewirkter oder gestrickter Form. P. wird v. a. für Möbelbezüge, Vorhänge, Spieltiere und Oberbekleidung verwendet.

Plusquamperfekt [lat. »mehr als vollendet«], *Sprachwiss.:* Zeitstufe des Verbs zur Bez. einer in der Vergangenheit schon abgeschlossenen Handlung. (↑Verb, Übersicht)

Plussparen, Vereinbarung eines Kunden mit seiner Bank, dass diese jeweils zum Monatsende das Restguthaben auf seinem Girokonto (Gehaltskonto) auf ein Sparkonto umbucht (Abschöpfungsdauerauftrag). Es können Höchst- oder Mindestbeträge für die Umbuchungen oder ein Mindestbetrag für das verbleibende Guthaben vereinbart werden.

Pluszeichen, mathemat. Zeichen + (gesprochen plus), Rechenzeichen für die Addition, Vorzeichen vor positiven Zahlen.

Plutarch (grch. Plutarchos), grch. Philosoph und Historiker, *Chaironeia um 46 n. Chr., †um 120; beeinflusst von Platon, der Stoa und der peripatet. Schule. Seine »Bioi paralleloi«, vergleichende Beschreibungen der sittl. Lebensführung bed. Griechen und Römer (z. B. Alexander–Cäsar), haben zum inneren Ausgleich der griech.-röm. Kultur der Kaiserzeit beigetragen. P.s Schriften ist die Übermittlung zahlr. Zitate aus verloren gegangenen Werken zu verdanken.

📖 *Ziegler, K.: Plutarchos von Chaironeia. Stuttgart ²1964.*

Pluto: astronomische und physikalische Daten

Äquatordurchmesser	2390 km
Masse	$1,24 \cdot 10^{22}$ kg
mittlere Dichte	1,7 g/cm³
Rotationsdauer	6 d 9 h 18 min
Dauer eines Umlaufs um die Sonne	248 Jahre
mittlere Entfernung zur Sonne	5960 Mio. km

Pluto *der,* **1)** *Astronomie:* Zeichen ♇, der von der Sonne aus gezählt 9. ↑Planet im Sonnensystem. P. bewegt sich in 247,7 Jahren (1 P.-Jahr) auf einer stark ellipt. Bahn (die mit rd. 0,248 die größte Exzentrizität unter den Planetenbahnen aufweist) mit einer mittleren Entfernung von 5,96 Mrd. km oder 39,4 astronom. Einheiten um die Sonne (Periheldistanz 4,4 Mrd. km, Apheldistanz 7,4 Mrd. km); die P.-Bahn ist um 17,1 Grad zur Ekliptik geneigt, das ist die größte Neigung aller Planetenbahnen. P. wurde 1930 von C. W. Tombaugh als Stern 15. Größe entdeckt, nachdem mehrere Jahrzehnte nach ihm gesucht worden war, weil nach Berücksichtigung der Neptunstörung noch Unregelmäßigkeiten in der Uranusbewegung verblieben. Die Existenz eines weiteren Planeten jenseits von P. (Transpluto) ist unwahrscheinlich. – P. hat einen Durchmesser von etwa 2285 km, sein rund halb so großer Mond **Charon** (Durchmesser ca. 1190 km) umkreist ihn in 6,4 Tagen in einer Entfernung von annähernd 20000 km, woraus sich die Masse des Gesamtsystems als etwa 0,3% der Erdmasse bestimmen lässt. Die mittlere Dichte des P. beträgt – im Ggs. zu älteren Annahmen – etwa 1,9 g/cm³. Da man für P. eine Rotationsdauer von ebenfalls 6,4 Tagen bestimmt hat, vollführen beide Körper als Folge ihrer gegenseitigen Gezeitenkräfte eine »doppelt gebundene« Rotation (»Hantelrotation«). Geht man davon aus, dass Charon sich in der Äquatorebene des P. bewegt, dann ist die Drehachse des P. je nach Drehsinn um rund 80 oder 100 Grad geneigt. P. besitzt eine v. a. aus Stickstoff und geringen Mengen von Methan bestehende Atmosphäre, seine Oberfläche ist möglicherweise mit gefrorenem Stickstoff und Methaneis bedeckt.

2) *grch. Mythos:* grch. Gott der Unterwelt, ↑Pluton.

Plutokratie [grch. »Herrschaft der Reichen«] *die,* Geldherrschaft; Staatsform, bei der die polit. Vormachtstellung der Herrschenden vorwiegend durch ihren Besitz begründet ist.

Pluton [grch.], **1)** *der, Geologie:* magmat. Tiefengesteinskörper von verschiedenartiger Form und Größe, der innerhalb der Erdkruste erstarrt ist.

2) *grch. Mythos:* (lat. Pluto) urspr. der Gott des Reichtums, der aus der Erde kommt, nach der Gleichsetzung mit ↑Hades wurde er zum Herrscher über die Unterwelt und die Verstorbenen. Die Römer nannten ihn **Dis** und **Orcus.**

Plutonismus *der,* **1)** *Geologie:* zusammenfassende Bez. für die magmat. Tätigkeit im Erdinnern, v.a. für die Entstehung, Veränderung, Wanderung und Platznahme natürl. Gesteinsschmelzen innerhalb der Erdkruste.

2) *Geologiegeschichte:* von dem schott. Geologen James Hutton (* 1726, † 1797) begründete, heute überholte Lehre, nach der alle Gesteine magmat. Ursprungs sind. – Ggs.: ↑Neptunismus.

Plutonite (plutonische Gesteine, Intrusivgesteine, Tiefengesteine), innerhalb der Erdkruste erstarrte, gut kristallisierte magmat. Gesteine, v.a. granit. und granodiorit. Gesteinstypen mit Silikatmineralen. Während ihrer Entstehung intrudieren sie in das Nebengestein und bilden meist mächtige Gesteinskörper, die Plutone.

Plutonium *das,* chem. Symbol **Pu,** radioaktives Element aus der Reihe der ↑Actinoide im Periodensystem der chem. Elemente, eines der ↑Transurane; Ordnungszahl 94, relative Atommasse 244, Dichte 19,737 g/cm^3, Schmelzpunkt 640 °C, Siedepunkt rd. 3200 °C. P. ist ein unedles, silberweißes Schwermetall, das v.a. künstlich in Kernreaktoren hergestellt wird und in der Natur nur in sehr geringen Mengen in Uranmineralen vorkommt. Das technisch wichtigste P.-Isotop ^{239}Pu, ein Alphastrahler mit einer Halbwertszeit von 24 110 Jahren, wird in größeren Mengen im Brutreaktor erzeugt (↑Brüten). ^{239}Pu kann, ähnlich wie ^{235}U, durch Einfang therm. Neutronen zur Kernspaltung veranlasst werden; zur krit. Masse angehäuft, kann dabei eine kernphysikal. Kettenreaktion ausgelöst werden. ^{239}Pu wird deshalb als Spaltstoff (Kernbrennstoff) für bestimmte Kernreaktoren und für Kernwaffen verwendet. Außerdem dient ^{239}Pu als Ausgangsstoff für die Herstellung schwerer Transurane (z.B. von Curium und Americium). – In seinen Verbindungen tritt P. mit den Oxidationszahlen +2 bis +7 auf, von denen +3 und +4 bevorzugt sind. In seinem chem. Verhalten ähnelt P. dem ↑Uran.
Wegen seiner hohen Alphastrahlungsaktivität und seiner starken Neigung zur Ablagerung in den Knochen gehört P. zu den gefährlichsten unter den bekannten giftigen Stoffen. Einatmung von P.-Staub kann Lungenkrebs hervorrufen, Ablagerungen im Knochen wirken radioaktiv auf den gesamten Organismus; schon die Einwirkung weniger Mikrogramm P. führt zu tödl. Strahlungsschäden.

📖 *Splieth, B.: P. Der giftigste Stoff der Welt. Reinbek 1987.*

Plutos, altgrch. Gott des Getreidevorrats, dann des Reichtums, Sohn des Iasion und der Demeter, meist als Knabe mit Füllhorn dargestellt.

Pluviale [mlat. »Regenmantel«] *das* (Cappa), *kath. Kirche:* liturg. Obergewand des Priesters u.a. bei der feierl. Vesper, die durch Beräucherung gekennzeichnet ist (daher auch **Rauchmantel**).

Pluvialzeit [lat.], Epoche höherer Niederschläge, bes. während des quartären Eiszeitalters und des Holozäns.

Pluviometer *das,* ↑Niederschlag.

Plymouth ['plɪməθ], Stadt in der Cty. Devon, S-England, an der Küste des Ärmelkanals am Plymouth-Sound, 258 100 Ew.; FH, Meereslaboratorium; Stützpunkt der Kriegsmarine, Handels- und Jachthafen; chem., Textil-, feinmechan. und elektron. Ind., Maschinen- und Schiffbau. – 1086 im Domesday Book als **Sudtone** gen., erhielt 1311 Stadtrecht; im 16. Jh. Ausgangshafen engl. Entdecker und Abenteurer (F. Drake, W. Raleigh). Von hier segelte die engl. Flotte gegen die span. Armada (1588). 1620 brachen von P. die Pilgerväter mit der »Mayflower« nach Neuengland auf.

Plymouthbrüder ['plɪməθ-] (Darbysten), 1826 von J. N. Darby (* 1800, † 1882) in Plymouth gegründete christl. Bewegung. Die P. erwarten die baldige Wiederkunft Jesu Christi und lehnen feste kirchl. Organisationsformen ab. Mittelpunkt ihrer (formlosen) Versammlungen ist das »Brotbrechen«, zu dem nur die Würdigen (»Geheiligten«) zugelassen werden. Weltweit rd. 500 000, in Dtl. rd. 40 000 Mitglieder.

Plzeň ['plzɛnj], Stadt in der Tschech. Republik, ↑Pilsen.

Pm, chem. Symbol für ↑Promethium.

Pneu *der,* Kurzbez. für ↑Pneumothorax.

pneum..., pneumo... [grch.], atem..., luft...

Pneuma [grch. »Hauch«, »Wind«, »Atem«] *das,* in der stoischen Philosophie das allg., alldurchdringende Prinzip. – In der christl. Theologie der ↑Heilige Geist. – In der Gnosis das von der Materie unterschiedene, rein geistige Prinzip.

Pneumatik [grch.] *die,* Teilgebiet der Technik, das sich allgemein mit den Verfahren und Geräten zur Anwendung von Gasen, besonders Druckluft, in Maschinenanlagen als Energieträger für Arbeitsprozesse und Steuerungen befasst.

pneumatische Konstruktionen, durch Druckdifferenz von Luft in ihrer Lage und Form stabilisierte biegeweiche Membranen, z. B. bei pneumatischen Baukonstruktionen (↑Traglufthalle).

Pneumatolyse [grch.] *die, Petrographie:* Lagerstätten bildender Vorgang, Endstadium der magmat. Kristallisation, in dem überkrit. Gase wirksam werden und auf die bereits erstarrte Gesteinsschmelze sowie auf das Nebengestein einwirken.

Pneumokokken [grch.], zu den Streptokokken gehörende Bakterien (Diplokokken), die im Nasen-Rachen-Raum bei fast allen Erwachsenen symptomlos vorkommen, bei geschwächten Patienten aber auch Krankheiten verursachen können, unter anderem Lungen-, Mittelohr-, Gehirnhautentzündung, Sepsis.

Pneumonie [grch.] *die,* die ↑Lungenentzündung.

Pneumothorax [grch.] (Kurzbez. Pneu), Luftansammlung im Brustfellraum durch Verletzung der Brustkorbwand von außen **(offener P.)** oder durch spontanes oberflächl. Einreißen der Lunge an dünnwandigen Stellen (meist Randemphysemblasen). **Spontan-P.** führt zum Zusammenfallen (Lungenkollaps) von einzelnen oder mehreren Lungenlappen.

pnp-Transistor, ein bipolarer ↑Transistor.

pn-Übergang [Abk. für **p**ositiv-**n**egativ-], das Übergangsgebiet von einem p- zu einem n-Halbleiter (↑Halbleiter). Das starke Konzentrationsgefälle der Ladungsträger an der Grenzschicht bewirkt, dass einige Löcher aus dem p-leitenden in den n-leitenden und umgekehrt einige Elektronen aus dem n-leitenden in den p-leitenden Bereich diffundieren und dort mit den jeweiligen Ladungsträgern rekombinieren. Da die Akzeptoren und Donatoren, die die Ladung der Elektronen und Löcher kompensieren, ortsfest im p- bzw. n-Bereich eingebaut sind, führt das wechselseitige Eindringen von Elektronen und Löchern in das andere Gebiet zu einer elektr. Aufladung des pn-Ü.; dabei kommt es zu einer positiven Aufladung des n-Gebiets und zu einer negativen Aufladung des p-Gebiets. Da das elektr. Feld dieser Raumladungen der Diffusion entgegenwirkt, bildet sich ein Gleichgewichtszustand aus, der durch Anlegen einer äußeren elektr. Spannung beeinflusst werden kann. Liegt der Pluspol der Spannungsquelle an der n-leitenden, der Mi-

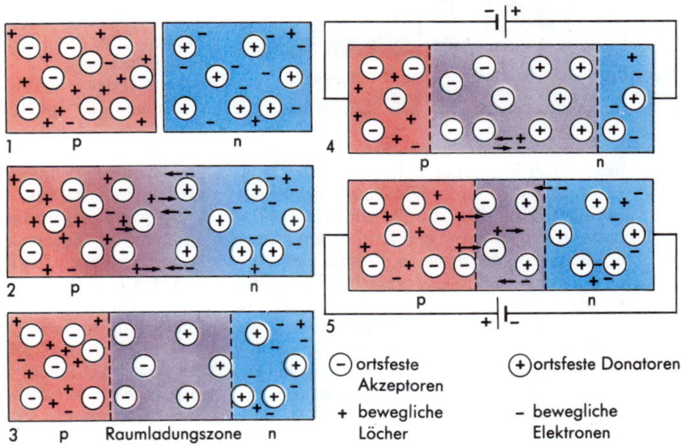

pn-Übergang in schematischer Darstellung: 1 p- und n-Material sind noch getrennt, 2 die Zusammenfügung von p- und n-Materialien bewirkt, dass die beweglichen Elektronen und Löcher ins jeweilige benachbarte Gebiet diffundieren, 3 nach einiger Zeit bildet sich ein Gleichgewichtszustand, da die entstehende Raumladungszone einer weiteren Diffusion entgegenwirkt, 4 die angelegte Gleichspannung verbreitert die Raumladungszone (Sperrfall), 5 die angelegte Gleichspannung reduziert die Raumladungszone (Flussfall) nuspol an der p-leitenden Seite, hat das elektr. Feld die gleiche Richtung wie das Raumladungsfeld und verstärkt dessen Wirkung **(Sperrfall)**, d.h., es kann kein Strom durch den pn-Ü. fließen. Ein geringer Sperrstrom fließt jedoch auch im Sperrfall, weil durch therm. Energie in der Raumladungszone ständig Elektron-Loch-Paare gebildet werden, die vom Raumladungsfeld getrennt werden. Bei Umkehrung der äußeren Polung wird das Raumladungsfeld reduziert, sodass laufend neue Ladungsträger über die Grenze fließen und einen Strom aufrechterhalten, der steil mit der angelegten Spannung anwächst **(Flussfall)**. Auf dieser Gleichrichterwirkung beruht die techn. Bedeutung des pn-Ü. Sie wird z.B. in Halbleiterdioden und Transistoren zur Steuerung elektr. Ströme ausgenutzt.

Po, chem. Symbol für ↑Polonium.

Franz Graf von Pocci: Der Antiquar; aquarellierte Federzeichnung, um 1850 (Privatbesitz)

Pọ [italien. pɔ] (lat. Padus), Strom in Oberitalien, der größte Fluss Italiens, 652 km lang. Er entspringt 2020 m ü.M. am Nordfuß des Monte Viso in den Cott. Alpen, tritt bei Saluzzo in die ↑Poebene ein. Bei Ferrara zweigt er mehrere Nebenarme ab und mündet in einem Delta, das infolge der reichen Sinkstoffe immer weiter (jährlich um 70–80 m oder 50 ha) in das Adriat. Meer hinauswächst. Der Unterlauf ist von Dämmen eingefasst, die das Strombett über die Ebene erhöht haben. Wichtige Nebenflüsse sind von den Alpen Tessin, Adda, Oglio, Mincio, vom Apennin Tanaro, Trebbia, Taro und Secchia. Der P. führt im Frühjahr und Herbst Hochwasser; die Schifffahrt ist unbedeutend. Kanäle verbinden den P. (über Etsch und Brenta) mit Chioggia und Venedig.

Poạceae [lat.], die Süßgräser, ↑Gräser.

Pobẹda, Pik (russ. Pik Pobedy, »Siegesberg«), höchster Gipfel des Tienschan, über ihn verläuft die Grenze zw. Kirgistan und China, 7439 m ü.M., stark vergletschert; Erstbesteigung 1938.

Poblẹt (Monasterio Santa María de P.), 1151 gegr. Zisterzienserkloster in der Prov. Tarragona, Spanien, 42 km nordwestlich von Tarragona, bedeutendstes Königskloster Kataloniens (UNESCO-Weltkulturerbe); Baubeginn im roman. Stil, Weiterführung im got. Stil bis Ende des 14. Jh., im 19. Jh. z.T. zerstört, seit 1940 wieder von Zisterziensern bewohnt; roman. Klosterkirche Santa Catalina (urspr. Santa María; 12.–14. Jh.) mit roman. Narthex und got. Pantheon der Könige von Aragonien.

Pocahọntas, Tochter des Indianerhäuptlings Powhatan, *um 1595, †Gravesend (Kent, England) 11. 4. 1617; vermittelte im heutigen Virginia, USA, Frieden zw. Indianern und den engl. Siedlern, rettete deren von den Algonkin gefangenen Anführer John Smith 1608 vor dem Tode. 1612 nach Jamestown entführt, heiratete sie dort 1613 nach ihrer Taufe den Siedler John Rolfe; mit diesem reiste sie 1616 nach England, wo sie große Aufmerksamkeit am Königshof erfuhr, aber ein Jahr darauf an einer Krankheit starb.

Pocci [ˈpɔtʃi], Franz Graf von, Zeichner, Schriftsteller und Musiker, *München 7. 3. 1807, †ebd. 7. 5. 1876; schrieb Singspiele (mit eigener Musik), Bühnenstücke, Lieder, Puppenspiele und Kindergeschichten; berühmt v.a. durch seine selbst illustrierten Kinderbücher und die Puppenkomödien für das Kasperltheater.

Pochen (Poch), ein Karten-Brett-Spiel, bei dem man wettet (pocht), die höchste Zahl von Karten des gleichen Wertes oder entsprechende Kartenkombinationen zu besitzen. Das runde Pochbrett hat eine Vertiefung (Teller) in der Mitte (Pochkasse) und acht kreisförmig angeordnete Teller, in die die Spieler je eine Spielmarke einlegen. Der Spieler mit dem höchsten Poch gewinnt.

Pochette [pɔˈʃɛt; frz. »Täschchen«] *die* (Taschengeige), kleines, in eine Rocktasche passendes dreisaitiges Streichinstrument, das vom 16. bis zum 19. Jh. von Tanzmeistern im Unterricht gebraucht wurde; im 18. Jh. baute man auch ein viersaitiges Instrument mit Violinkorpus und sehr langem Hals.

pochieren [-ˈʃiː-, frz.], in siedender Flüssigkeit garen, z.B. Eier.

Pochkäfer, ↑Klopfkäfer.

Pọchlarn, Stadt im Bezirk Melk, Niederösterreich, am rechten Ufer der Donau, 4000 Ew.; Hanf- und Jutespinnerei, Möbelind., Glasfabrik. – P. ist das **Bechelaren** des Nibelungenlieds.

Pockels-Effekt [nach dem Physiker Friedrich Pockels, *1865, †1913] (linearer elektrooptischer Effekt), das Auftreten oder die Verstärkung der Doppelbrechung in Kristallen mit bestimmten Symmetrieeigenschaften in elektr. Feldern aufgrund der unterschiedl. Änderung der Brechzahlen mit der Feldstärke für die versch. Kristall- und Schwingungsrichtungen. Die **Pockels-Zelle** ist ein Modulator und Schalter für polarisiertes Licht auf der Grundlage des Pockels-Effekts.

Pocken (Blattern, Variola), hochansteckende, akute, meldepflichtige Infektionskrankheit, die seit 1979 als weltweit ausgerottet gilt; Erreger ist das zur Familie Poxviridae gehörende Variolavirus. Die Übertragung erfolgt durch Tröpfchen-, Schmier- und Staubinfektion. Die Inkubationszeit beträgt 7–11 Tage.
Die **echten P.** (Variola major, Variola vera) werden durch Orthopoxvirus variola hervorgerufen; nach einem Initialstadium von 2–4 Tagen mit hohem Fieber, Kopf-, Kreuz- und Gliederschmerzen, Entzündung der oberen Luftwege und einem vorübergehenden Ausschlag kommt es unter kurzzeitigem Fieberabfall im anschließenden Eruptionsstadium zur charakterist. Ausbildung von blassroten, juckenden Flecken, die sich zu Knötchen, Bläschen und Pusteln entwickeln. Sie breiten sich i.d.R. vom Kopf her über den ganzen Körper aus und trocknen unter Borken- und Schorfbildung ein. Nach Abstoßung der (infektiösen) Krusten bleiben die **P.-Narben** zurück. Das Überstehen der Krankheit verleiht lebenslange Immunität. Bei unvollständiger Immunität kommt es zu einem in der 2. Phase stark abgemilderten Verlauf **(Variolois).** Eine leichtere Krankheitsform stellen die **weißen P.** oder **Milch-P.** (Variola minor oder Alastrim) dar, die durch Orthopoxvirus alastrim verursacht werden; sie hinterlassen keine Immunität gegenüber den echten P. Die allg. Impfpflicht gemäß Reichsimpf-Ges. vom 8. 4. 1874 wurde durch Ges. vom 18. 5. 1976 aufgehoben; internat. Impf- und Quarantänebestimmungen bleiben jedoch in Kraft.
Geschichte: Die P. sind als endem. Krankheit schon seit etwa 1000 v. Chr. in China, Indien und Arabien bekannt; in Europa kam es im 6. Jh. zur ersten sicher belegten Epidemie, ihr folgten weitere im 13. Jh. in England und Ende des 15. Jh. in Dtl. Noch im 19. Jh. waren die P. in Europa endemisch verbreitet; 1871–73 wurden in Dtl. 175 000 Fälle mit mehr als 100 000 Todesopfern registriert.
Den eigentl. Impfschutz ermöglichte 1796 E. Jenner durch die Entdeckung, dass auch Kuhpockenlymphe (Vakzination) als Impfstoff gegen die »echten P.« immunisiert.

Pocketbook [-bʊk, engl.] *das,* ↑Taschenbuch.

Pocketkamera, kleine, handl., einfach zu bedienende Kleinstbildkamera.

poco [italien. »wenig«, »etwas«], Teil von musikal. Vortragsbezeichnungen, z. B. **p. allegro,** etwas schnell; **p. forte,** etwas stark.

Podagra [auch -ˈdagra, grch.] *das,* ↑Gicht.

Podest [grch.] *das,* auch *der,* niedriges kleines Podium; Treppenabsatz.

Podestà [italien., von lat. potestas »Herrschaft«] *der,* **1)** der von den Staufern in kaisertreuen Städten in Italien eingesetzte kaiserl. Vogt, seit dem 12./13. Jh. ein adliges Stadtoberhaupt, das zur unparteiischen Verw. von auswärts berufen wurde.
2) 1815–1918 der Bürgermeister einer Stadt in den österr. Teilen Italiens; 1926–45 der von der faschist. Regierung ernannte Bürgermeister.

Podgorica [-tsa] (1946–92 Titograd), Hptst. von Montenegro, Jugoslawien, an der Morača, 118 100 Ew.; Univ., Metall-, Möbel-, Tabakind.; Verkehrsknotenpunkt, Flugplatz. – 1326 ersterwähnt.

Podgorny, Nikolai Wiktorowitsch, sowjet. Politiker, *Karlowka (bei Poltawa) 18. 2. 1903, †Moskau 11. 1. 1983; 1960–66 Mitgl. des Präsidiums, 1966–77 des Politbüros der KPdSU, war 1965–77 Vors. des Präsidiums des Obersten Sowjets der UdSSR (Staatsoberhaupt).

Podhale [pɔtˈxalɛ], Landschaft zw. Beskiden und Hoher Tatra in Polen, Erholungs- und Wintersportgebiet; Siedlungsraum der zu den ↑Goralen zählenden **Podhalen.**

Podium [lat.] *das,* erhöhte Plattform.

Podiumtempel, in der etrusk. Baukunst ein Tempel auf hohem Unterbau mit Freitreppe an der Frontseite; von den Römern übernommen.

Podlachi|en, 1) (poln. Podlasie), histor. Landschaft in Polen, zw. Narew und mittlerem Westl. Bug.
2) Woiwodschaft P. (poln. Województwo Podlaskie), Wwschaft (seit 1999) im O Polens, 20 180 km², (1998) 1,22 Mio. Ew.; Verwaltungszentrum ist Białystok.

Podoli|en, histor. Landschaft in der westl. Ukraine, ein von Tälern zerschnittenes fruchtbares Tafelland. – P. stand nach dem Zerfall des Kiewer Reiches zunächst unter tatar. Oberhoheit; der östl. Teil geriet um 1370 in litauischen Besitz. 1430 kam West-P. an Polen, 1569 auch Ost-P. 1672–99 unter osman. Herrschaft. Der Hauptteil fiel durch die 2. Poln. Teilung (1793) an Russland.

Podolsk, Stadt im Gebiet Moskau, Russland, 202 000 Ew.; Maschinen-, Dampfkesselbau, Buntmetallerzverhüttung, Kabelherstellung.

Hans Poelzig: Zuschauerraum des Großen Schauspielhauses in Berlin nach dem Umbau 1918/19 (nicht erhalten)

Podravina *die,* Teil der Drauniederung im N von Kroatien, 3 400 km²; Auwälder, Sümpfe und Wiesen, auf höher liegenden Terrassen Mais- und Weizenanbau sowie Weinbau.

Podsol [russ.] *der,* ↑Bleicherde 1).

Poe [pəʊ], Edgar Allan, amerikan. Schriftsteller, * Boston (Mass.) 19. 1. 1809, † Baltimore (Md.) 7. 10. 1849; als Kritiker, Literaturtheoretiker, Lyriker und Erzähler einer der bedeutendsten Wegbereiter der von der Romantik ausgehenden Literatur des 19. Jh.; verfasste melodisch-stimmungsvolle Versdichtungen wie »Tamerlane« (1827) und dunkle, rätselhafte Gedichte mit starker Wirkung auf die frz. Symbolisten; Meister und theoret. Begründer der Kurzgeschichte. Seine Kriminalerzählungen, z. B. »Der Doppelmord in der Rue Morgue« (1841), »Der entwendete Brief« (1844), wirkten nachhaltig auf die Weiterentwicklung der Kriminalliteratur. Hervorragendes Beispiel der fantast. Schauererzählung ist »Der Untergang des Hauses Usher« (1839); Beispiele der Abenteuererzählung sind »Der Goldkäfer« (1843), »Die denkwürdigen Erlebnisse des Arthur Gordon Pym« (1838).

📖 *Zumbach, F. T.: E. A. P. Eine Biographie. Tb.-Ausg. München 1989.*

Poebene (italien. Pianura Padana, Padania), das vom Po durchflossene Tiefland Oberitaliens, aus dem sich inselartig das Hügelland von Monferrato, die Monti Berici und die Euganeen erheben; zw. Alpen und Apennin, etwa 50 000 km², sehr fruchtbar (Weizen, Mais, Reis, Futterpflanzen, Obst und Wein; intensive Viehzucht), dicht besiedelt; bed. Großind., v. a. um Mailand und Turin.

Poel [pø:l], Ostseeinsel in der nordöstl. Wismarbucht, Meckl.-Vorp., 2 900 Ew.; 37 km², bis 27 m ü. M., im N und W mit einer bis 12 m hohen Kliffküste. Mit dem Festland durch Damm und Brücke verbunden; Fremdenverkehr.

Poelzig ['pœ-], **1)** Hans, Architekt, * Berlin 30. 4. 1869, † ebd. 14. 6. 1936, Vater von 2); lehrte in Breslau, Dresden, 1920–35 in Berlin; 1919–21 Vors. des Dt. Werkbundes; gehörte zu den Hauptvertretern expressionist. Architektur, spätere Bauten näherten sich dem ↑Internationalen Stil. Seine bedeutendste Leistung ist der Umbau des Großen Schauspielhauses in Berlin (1918/19, nicht erhalten).

2) Hans Peter, Architekt, * Breslau 6. 8. 1906, † Duisburg 26. 1. 1981, Sohn von 1); ab 1954 Prof. an der TU Berlin; richtungweisend auf dem Gebiet des Krankenhausbaus (u. a. Univ.-Klinik in Köln, 1963); entwarf auch Siedlungsbauten.

Poem [grch.] *das,* größere, auch zykl., lyr. Dichtung mit oft ausgeprägt epischen Zügen.

Po|esie [grch.] *die,* Dichtung, Dichtkunst.

Poésie pure [poe'zi py:r, frz. »reine Dichtung«], Begriff der Dichtungstheorie, tauchte erstmals 1830 bei C.-A. Sainte-Beuve auf, wurde gefordert und praktiziert von den Vertretern des ↑L'art pour l'art und des frz. Symbolismus (S. Mallarmé, P. Valéry u. a.); er bezeichnet eine Dichtung, die sich als Selbstzweck, frei von allen außerkünstler. Zielsetzungen versteht **(absolute Dichtung).**

Poeta laureatus [lat.] *der,* lorbeergekrönter Dichter; urspr. antiker Brauch der Dichterkrönung durch feierl. Bekränzung mit Lorbeer; im MA. wieder aufgenommen als offizielle Auszeichnung eines Dichters; in England als Poet laureate institutionalisiert.

Poètes maudits [po'ɛ:t mo'di; frz. »verfemte Dichter«], vom Titel einer Schrift P. Verlaines (»Les p. m.«, 1884) übertragene symbolhafte Bez. für unverstandene, von der Gesellschaft ausgestoßene Dichter, die ihrerseits die Gesellschaft verachten; bei Verlaine gehören u. a. dazu: A. Rimbaud, S. Mallarmé, A. Villiers de l'Isle-Adam und A. de Vigny.

Poetik [grch.] *die,* die Lehre von der Dichtkunst, ihrem Wesen und ihrer Wirkung, ihren Erscheinungsweisen, ihren Form- und Gattungsgesetzen und ihren Gestaltungsmitteln. Als Theorie der Poesie gehört sie in den Bereich der Literaturwiss., als Reflexion über den Charakter von Kunstwerken ist sie Teil der Ästhetik. Die P. der Antike (Aristoteles; »Ars poetica« des Horaz) war wesentlich gesetzgebend (normativ). Die Periode von Renaissance und Humanismus bis zum Barock brachte eine Blütezeit der Poetiken; sie bestanden im Wesentlichen in einer Auslegung der antiken P. Erst der Geniebegriff des ausgehenden 18. Jh. und die geschichtl. Auffassung der Dichtung u. a. durch G. B. Vico und J. G. Herder bewirkten eine Abwendung von einer normativ-rationalist. Ästhetik und eine Hinwendung zu einer empirisch-psycholog. Betrachtungsweise. Die moderne Literaturwiss. bezog Untersuchungen zur gesellschaftl. Gebundenheit und Wirkungsweise künstler. Zeichensprache und Strukturen ein; sie erhielt Anstöße v. a. durch den sprachtheoret. Strukturalismus, die Text- und Kommunikationstheorie und die Hermeneutik.

📖 *Braak, I.: P. in Stichworten. Literaturwissenschaftl. Grundbegriffe. Eine Einführung, bearb. v. M. Neubauer. Unterägeri ⁷1990.*

Poetismus *der,* tschech. Kunstströmung, zeitlich etwa parallel mit dem frz. Surrealismus und ihm in manchen Zügen verwandt. Zentrum war die Künstlergruppe ↑Devětsil. Ab 1927 erschien die Zeitschrift »RED«, wurden die wichtigen Stellungnahmen und Manifeste u. a. von V. Nezval und K. Teige veröffentlicht, erschienen die zentralen Werke des P., v. a. von Nezval, K. Biebl, E. F. Burian, Adolf Hoffmeister (* 1902, † 1973) und J. Seifert. Der P. geriet bereits in den 30er-Jahren in Ggs. zur kommunist. Parteilinie und wurde zw. 1950 und 1958 als Formalismus von der KP bekämpft.

Poggendorff, Johann Christian, Physiker, * Hamburg 29. 12. 1796, † Berlin 24. 1. 1877; arbeitete bes. über Elektrizität und Magnetismus und war u. a. an der Entwicklung des Galvanometers beteiligt; seit 1824 Hg. der »Annalen der Physik und Chemie«. – **P.-Täuschung,** ↑optische Täuschungen.

Poggio Bracciolini ['pɔddʒo brattʃo'li:ni], Gian Francesco, italien. Humanist, * Terranuova (heute Terranuova Bracciolini, bei Florenz) 11. 2. 1380, † Florenz 30. 10. 1459; entdeckte in Klosterbibliotheken Dtl.s, der Schweiz und Frankreichs viele Handschriften der klass. röm. Literatur. Seine Briefe, Dialoge und moral. Traktate haben für die Geschichte des Humanismus größte Bedeutung; auch Autor der Samml. »Schwänke und Schnurren« (1471 herausgegeben) und einer Geschichte von Florenz in acht Büchern (1453 ff.).

Pogorelich [-litʃ], Ivo, kroat. Pianist, * Belgrad 20. 10. 1958; v. a. Interpret virtuoser Musik.

Pogrom [russ. Verwüstung] *der* oder *das,* 1) eine mit Plünderungen und Mord verbundene Judenverfolgung, meist initiiert von staatl. Stellen; z. B. im zarist. Russland und im nat.-soz. Dtl. (↑Kristallnacht); 2) im 20. Jh. allgemein Bez. für eine Ausschreitung gegen Mitgl. nat., religiöser oder rass. Minderheiten.

P'ohang [phɔhaŋ], Hafenstadt an der O-Küste von Süd-Korea, 317 800 Ew.; Eisen- und Stahlwerk, Schiffbau, Fischkonservenfabrik; Flughafen.

Pohjanmaa ['pɔh-], finnisch für ↑Österbotten.

Pohjois-Karjala ['pɔh-] (Nordkarelien), östlichste Prov. Finnlands, 21 585 km² (davon 3 476 km² Wasserfläche), (1994) 178 100 Ew.; umfasst das Wald- und Seengebiet im Nahbereich der Grenze zu Russland. Hptst. ist Joensuu.

Pohl, Robert Wichard, Physiker, * Hamburg 10. 8. 1884, † Göttingen 5. 6. 1976; 1916–52 Prof. ebd., arbeitete über Röntgenstrahlen und den lichtelektr. Effekt, schuf Grundlagen für die moderne Festkörperphysik; setzte mit seinen Lehrbüchern der Experimentalphysik neue didakt. Maßstäbe.

Pöhl, Karl Otto, Volkswirtschaftler, * Hannover 1. 12. 1929; 1980–91 Präs. der Dt. Bundesbank.

Pohlheim, Stadt im Landkreis Gießen, Hessen, 17 100 Ew.; Büromöbelfabrik. – In Garbenteich kleine roman. Kirche (12. Jh.); in Grüningen Reste des röm. Limes, frühgot. Pfarrkirche (mit Flachdecke von 1669); in Holzheim barocke Saalkirche von 1631–32. – P. entstand zum 1. 1. 1971 durch Zusammenschluss von sechs Gemeinden. Namengebend war das 793 erstmals urkundlich erwähnte Dorf Alt-P. 1974 erhielt P. Stadtrecht.

Pöhltalsperre, Wasserspeicher im Vogtland, Sachsen, an der Trieb (rechter Nebenfluss der Weißen Elster), nordöstlich von Plauen, 1958–64 entstanden; 3,87 km² großer Stausee mit einem Stauinhalt von 62 Mio. m³; Erholungsgebiet.

Pohnpei (früher Ponape), größte Insel der Ostkarolinen im westl. Pazifik, bildet mit acht Korallenatollen den Gliedstaat P. von ↑Mikronesien.

Poikilotherme, die ↑Kaltblüter.

Poincaré [pwɛ̃ka're], **1)** Jules Henri, frz. Physiker und Mathematiker, * Nancy 29. 4. 1854, † Paris 17. 7. 1912, Vetter von 2); Prof. in Caen und Paris, begründete die moderne Topologie, lieferte Beiträge zur Lösung des Dreikörperproblems und von Differenzialgleichungen. Er arbeitete u. a. zur Himmelsmechanik, Thermodynamik, Elektrizitätstheorie und Optik und gilt als einer der Vorläufer der einsteinschen (speziellen) Relativitätstheorie. Von besonderer Bedeutung waren seine Bücher über die Grundlagen der

Wiss. (»Wiss. und Hypothese«, 1901; »Der Wert der Wiss.«, 1905).

2) Raymond, frz. Politiker, * Bar-le-Duc 20. 8. 1860, † Paris 15. 10. 1934, Vetter von 1); Rechtsanwalt, war 1912–13 MinPräs. und Außenmin., 1913–20 Staatspräs.; pflegte intensive Beziehungen zu Großbritannien und Russland (Unterstützung der russ. Balkanpolitik). 1920 war er Vors. der Reparationskommission. Als MinPräs. (1922–24) veranlasste er die Besetzung des Ruhrgebiets. 1926–29 war er nochmals MinPräs. und gleichzeitig (bis 1928) Finanzmin.; sanierte den Staatshaushalt und stabilisierte den Franc.

Poinsettie *die, Botanik:* der ↑Weihnachtsstern.

Point [pɔ̃ɛ̃:, frz.] *der,* 1) Stich (bei Kartenspielen); 2) Auge (bei Würfelspielen).

Pointe [ˈpwɛ̃t(ə), frz.] *die,* geistreicher, überraschender Schlusseffekt (z. B. beim Witz); »springender Punkt« einer Angelegenheit.

Pointe-Noire [pwɛ̃tˈnwa:r], Hafenstadt am Atlantik, Rep. Kongo, 572 200 Ew.; Erdölraffinerie, Werft, Nahrungsmittel-, Holz-, chem. Ind.; Überseehafen, auch bed. Exporthafen für Gabun, die Zentralafrikan. Rep. und Tschad; Eisenbahnlinie nach Brazzaville, internat. Flughafen.

Pointer [ˈpɔɪntə, engl.] *der,* engl. Jagdhunderasse (Vorsteh- und Stöberhunde) mit kurzem weißen Fell mit gelben bis schwarzen Flecken. Widerristhöhe 54–62 cm.

Pointillismus [pwɛ̃-; von frz. point »Punkt«] *der,* der ↑Neoimpressionismus.

Point of no Return [ˈpɔɪnt əv nəʊ rɪˈta:n; engl. »Punkt ohne Wiederkehr«] *der,* Grenzpunkt, an dem man nicht mehr zurückkann.

Point of Sale [pɔɪnt əv ˈseɪl, engl.], Abk. **POS,** (Point of Purchase, Abk. POP), Bez. für den Standort des Warenangebots, der Ort des Verkaufs (POS) bzw. des Kaufs (POP). Durch Werbemaßnahmen und Verkaufsförderung (Sonderregale, untermalende Musik u. a.) sollen die Käufer beeinflusst werden **(POP-Werbung).** In Handel und Bankwesen auch Bez. für den Zahlungsort, an dem ↑POS-Systeme eingesetzt werden.

Point-of-View-Shot [pɔɪnt əv ˈvju: ʃɔt, engl.] *der* (subjektive Kamera), *Filmtechnik:* Aufnahmeposition aus der opt. Perspektive einer Figur, die daher deren subjektive Wahrnehmung wiedergibt.

Poiret [pwaˈrɛ], Paul, frz. Modeschöpfer, * Paris 20. 4. 1879, † ebd. 28. 4. 1944; eröffnete 1903 einen eigenen Haute-Couture-Salon in Paris. Er ließ sich von Ideen der Reform- und Künstlerkleider, vom Stil der Wiener Werkstätte und der Kunst der zeitgenöss. Avantgarde inspirieren und arbeitete eng mit Künstlern zusammen (u. a. mit R. Dufy und E. Steichen). Mit der 1905/06 kreierten Kleidlinie »Le Vague« stellte P. eine damals vollkommen ungewohnte Linie in Anlehnung an die Chemisen des Empire vor. 1911 kreierte er lange Hosen für die Frau, dann Overalls und Hosenröcke. Sein Stil war für die Art-déco-Mode richtungweisend.

Poirier [pwaˈrje], Anne, frz. Künstlerin, * Marseille 31. 3. 1942; gehört mit ihrem Mann Patrick P. (* 1942), mit dem sie seit 1970 zusammenarbeitet, zu den Vertretern der ↑Spurensicherung und der ↑individuellen Mythologie.

Poise [pwaz; frz., nach dem frz. Arzt J. L. M. Poiseuille, * 1799, † 1869] *das,* Einheitenzeichen **P,** nicht gesetzl. Einheit der dynam. Viskosität: $1\,P = 1\,dyn \cdot s/cm^2 = 0{,}1\,Pa \cdot s$ (Pascalsekunde).

Poisson [pwaˈsɔ̃], Siméon Denis, frz. Mathematiker und Physiker, * Pithiviers (Dép. Loiret) 21. 6. 1781, † Paris 25. 4. 1840; trug wesentlich zum Ausbau der Potenzialtheorie bei **(P.-Gleichung),** die er zur Lösung elektrostat. und magnet. Probleme anwandte. P. befasste sich u. a. mit Wärmeleitung und Wahrscheinlichkeitstheorie und gab als Grenzfall der Binomialverteilung die nach ihm benannte **P.-Verteilung** an, bei der die Wahrscheinlichkeit für das Eintreffen eines bestimmten Ereignisses sehr klein, die Anzahl der unabhängigen Wiederholungen sehr groß ist.

Poitier [ˈpwɑ:ti:eɪ], Sidney, amerikan. Schauspieler und Regisseur, * Miami (Fla.) 20. 2. 1927; seit 1949/50 beim Film. P. ist der erste schwarze Darsteller, dem der film. Durchbruch gelang. Charakterrollen, u. a. in »Saat der Gewalt« (1955), »Flucht in Ketten« (1958), »Porgy and Bess« (1959), »Lilien auf dem Felde« (1963), wofür er als erster schwarzer Darsteller den Oscar erhielt, »In der Hitze der Nacht« (1966), »Shoot to kill« (1988), »Sneakers – Die Lautlosen« (1992).

Poitiers [pwaˈtje], Hptst. der Region Poitou-Charentes und des Dép. Vienne, Frankreich, 82 500 Ew.; Mittelpunkt des Poitou; Bischofssitz; Univ., Handelshochschule; archäolog. Museen; Metall verarbeitende, elektrotechn., chem., Holz-, Textil-, Leder- und Nahrungsmittelind. – Taufkapelle Saint-Jean (4. Jh., Umbau in merowing. Zeit, Narthex um 1000; mit merowing. Sarkophagen und Fresken 12./13. Jh.); zweitürmige Kathedrale Saint-Pierre (12.–15. Jh.), roman. Kirchen Saint-Hilaire-le-Grand und Notre-Dame-la-Grande (11./12. Jh.), Sainte-Radegonde (11., 13. und 15. Jh., urspr. um 560 gegr.). 10 km nördlich des Stadtzentrums entstand Ende der 1980er-Jahre der Technologie- und Frei-

Poitiers: Taufkapelle Saint-Jean

zeitpark »Futuroscope« mit Kongresszentrum. – P., das galloröm. **Limonum,** später **Civitas Pictonum,** war im MA. die Hptst. der Grafschaft Poitou. Durch den Sieg bei P. (17. 10. 732) konnte Karl Martell das Vordringen der Araber aufhalten.

Poitou [pwa'tu], histor. Provinz in W-Frankreich, umfasst das fruchtbare Plateau zw. dem Armorikan. und dem Zentralmassiv sowie das nordwestlich anschließende Küstengebiet Marais poitevin; das Zentrum ist Poitiers. – Der galloröm. **Pictavus pagus** kam 418 n. Chr. an die Westgoten, 507 zum Fränk. Reich. Die Grafen von P. wurden im 10. Jh. zugleich Herzöge von Aquitanien; die Grafschaft war 1152/54 bis 1204/24 und 1360 bis 1370/73 englisch, fiel 1416 an die frz. Krone.

Poitou-Charentes [pwatuʃa'rãt], Region in W-Frankreich, umfasst die Dép. Deux-Sèvres, Vienne, Charente und Charente-Maritime, 25 809 km², (1995) 1,609 Mio. Ew.; Hptst. ist Poitiers.

Pokal [italien. aus grch.], **1)** *allg.:* kelchartiges Trinkgefäß mit Fuß, Schaft, oft auch mit Deckel.

2) *Sport:* (engl. Cup), Bez. sowohl für den nach dem ↑Pokalsystem ausgetragenen Wettbewerb (z. B. Europa-P., Davis-P.) als auch für die Siegestrophäe.

Pokalsystem (K.-o.-System), *Sport:* Austragungsmodus eines Wettkampfs, an dem mehrere Mannschaften oder Spieler teilnehmen, bei dem der Verlierer einer Begegnung aus dem weiteren Wettbewerb ausscheidet (z. B. bei Pokalspielen in den Mannschaftssportarten). Meistens findet jeweils nur ein Wettkampf zw. denselben Teilnehmern statt, es gibt aber auch das P. mit mit Hin- und Rückkampf.

Pökeln, Konservierungsverfahren, bei dem Fleisch in eine Pökellake (15–20 %ige Kochsalzlösung) eingelegt **(Nasspökelung),** schichtweise mit Pökelsalz bestreut **(Trockenpökelung)** oder durch Kanülen manuell oder maschinell mit Pökellake beimpft **(Spritzpökelung, Schnellpökelung)** wird.

Poker [engl., verwandt mit dt. Pochen] *das* und *der,* internat. Kartenglücksspiel amerikan. Herkunft zw. mindestens zwei Teilnehmern mit 52 frz. Karten; zahlr. Spielarten. Es kommt beim P. nicht nur auf eine günstige Kartenverteilung, sondern v. a. auf die Fähigkeit des »Bluffens« an.

Pokorny [-ni], Julius, österr. Sprachforscher und Keltologe, * Prag 12. 6. 1887, † Zürich 8. 4. 1970; Prof. in Berlin, Bern, Zürich, München, schrieb u. a. »Altirische Grammatik« (1925), »Zur Urgesch. der Kelten und Illyrier, Tl. 1« (1938, Tl. 2 und Tl. 3 in: Ztschr. für celt. Philologie, Bd. 16, 1936, und Bd. 20, 1940), »Indogerman. etymolog. Wb.« (2 Bde., 1959–69).

Pokrowsk, bis 1931 Name der russ. Stadt ↑Engels.

Pol [grch.-lat. »Drehpunkt«, »Achse«] *der,* **1)** *Astronomie* und *Geographie:* Durchstoßpunkt der Rotationsachse eines sich drehenden Körpers durch die Oberfläche. Bei Himmelskörpern, bes. der Erde, werden ↑Nordpol und ↑Südpol unterschieden. Die **Himmels-P.** sind die Durchstoßpunkte der Rotationsachse der Erde durch die Himmelssphäre.

2) *Elektrotechnik:* Anschlussklemme einer Spannungs- oder Stromquelle: **Plus-P.** (P. mit Elektronenmangel), **Minus-P.** (P. mit Elektronenüberschuss).

3) *Mathematik:* auf der Kugel ausgezeichneter Punkt zur Festlegung eines Systems von Polarkoordinaten; in der analyt. Geometrie ↑Polare; in der Funktionentheorie eine Singularität **(P.-Stelle),** d.h. eine Stelle, an der der Wert der Funktion unendlich groß ist.

4) *Physik:* ↑Dipol, ↑Magnet, ↑Multipol.

5) *Textiltechnik:* an der Oberseite textiler Flächen senkrecht angeordnete Fadenschlingen oder Faserbüschel.

Pola, italien. Name der kroat. Stadt ↑Pula.

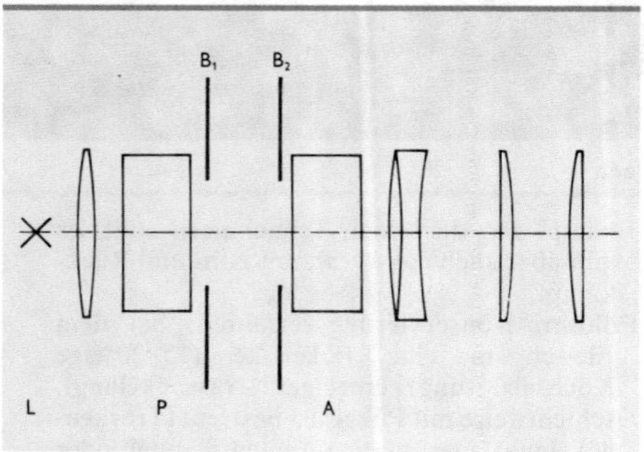

Polarimeter (schematisch); L Lichtquelle, P Polarisator, A Analysator, B_1 Gesichtsfeldblende, B_2 Aperturblende

Polaben [»Elbanwohner«], westslaw. Stamm des frühen MA. nördlich der unteren Elbe, gehörte zu den Abodriten; i.w.S. alle zw. der unteren Elbe und der Oder ansässigen Slawenstämme.

Polack (Pollack, Polegkh, Polonus), Jan, Maler, * vermutlich Krakau um 1435, † München 1519; seit 1482 in München nachweisbar und hier der führende Maler der ausgehenden Spätgotik. Seine Werke zeigen neben poln. Einflüssen Elemente des Stils von V. Stoß und H. Pleydenwurff.

Polanen [zu slaw. pole »Feld«], **1)** (russ. Poljane) ostslaw. Stammesverband, der im 9. und 10. Jh. am mittleren Dnjepr siedelte und den Kern des Kiewer Reiches bildete.

2) westslaw. Stamm, der im 9. und 10. Jh. an der Warthe siedelte; an der Bildung des poln. Staates beteiligt, der nach ihm seinen Namen erhielt.

Polangen, Stadt in Litauen, ↑Palanga.

Polanica Zdrój [-'nitsa zdruj] (dt. Bad Altheide), Stadt in der Wwschaft Niederschlesien, Polen, 380 m ü.M., im Glatzer Kessel, 7300 Ew.; Kurort dank kohlensäurehaltiger Eisenquellen; Glashütte, Elektroind., Sägewerk.

Polanski, Roman, poln. Filmregisseur und -schauspieler, * Paris 18.8.1933; filmte in Polen, Großbritannien und (bis 1974) in den USA, seit 1976 frz. Staatsbürger; drehte surrealistisch beeinflusste Filme wie »Das Messer im Wasser« (1962), »Ekel« (1965), »Tanz der Vampire« (1966), »Rosemaries Baby« (1968); »Macbeth« (1971); »Was?« (1972); »Chinatown« (1974), »Bitter Moon« (1992), »Der Tod und das Mädchen« (1995); auch Theater- und Opernregisseur.

polar [lat.], entgegengesetzt wirkend, unvereinbar; die Pole betreffend.

Polardiagramm, 1) *Flugzeugtechnik:* diagrammat. Darstellung der aerodynam. Eigenschaften eines Tragflügels oder eines Flugzeugs in einem rechtwinkligen Koordinatensystem durch einen als **Polare** bezeichneten Kurvenzug. Jeder Punkt dieser Kurve beschreibt für einen zugehörigen und beigeschriebenen Anstellwinkel α Größe und Richtung der resultierenden Luftkraft F_R durch deren Komponenten Widerstandskraft F_W (in Zuströmrichtung) und Auftriebskraft F_A (senkrecht dazu). Anstelle dieser Kraftkomponenten können auch deren dimensionslose Beiwerte (Widerstandsbeiwert C_W und Auftriebsbeiwert C_A) aufgetragen werden.

2) *Mathematik:* Darstellung eines funktionalen Zusammenhangs in Polarkoordinaten (↑Koordinaten).

Polare [lat.] *die,* **1)** *Flugzeugtechnik:* ↑Polardiagramm.

2) *Geometrie:* die Verbindungsgerade der Berührungspunkte *A* und *B* der beiden Tangenten durch einen Punkt *P* der Ebene an einen Kegelschnitt. *P* heißt der **Pol** zur P. in Bezug auf den gegebenen Kegelschnitt.

polare Bindung, ↑chemische Bindung.

Polarforschung, die Erforschung der Polargebiete, zunächst Entdeckungsfahrten, dann zugleich wiss. Erhebungen in geograph., geolog., geophysikal., wetter- und meereskundl., biolog. und wirtsch. Hinsicht, verbunden mit der Erkundung von Verkehrsmöglichkeiten (Schiff, Flugzeug), neuerdings auch mit strateg. Planungen. In der Gegenwart haben feste, modern ausgerüstete Landstationen mit Überwinterungsmöglichkeit besondere Bedeutung erlangt. Organisator. Zentrum der dt. P. ist das 1980 gegr. Alfred-Wegener-Inst. für Polar- und Meeresforschung in Bremerhaven. Als dt. Forschungsstationen wurden 1981 in der Antarktis die Georg-von-Neumayer-Station und 1991 in der Arktis

(Spitzbergen) die Karl-Koldewey-Station errichtet.

Polarfront, **1)** *Meereskunde:* Grenze zw. den kalten polaren und wärmeren subpolaren Wassermassen.
2) *Meteorologie:* die ↑Front zw. polarer Kaltluft und subtrop. Warmluft.

Polarfuchs, eine Art der ↑Füchse.

Polargebiete, die um die geograph. Pole der Erde gelegenen Land- und Meeresgebiete: die ↑Arktis und die ↑Antarktis.

Polargrenze, durch klimat. Faktoren bestimmter Grenzsaum, in dem polwärts die Verbreitung von bestimmten Pflanzen und Tieren, von Besiedlung u.a. endet. Da für jede Gegebenheit andere klimat. Faktoren lebensentscheidend sind, hat auch jede die für sie spezif. Polargrenze.

Polarimeter [lat.-grch.] *das,* Gerät zum Messen der Drehung der Polarisationsebene von Licht durch ein optisch aktives Material, z. B. eine Zuckerlösung **(Saccharimeter);** besteht in der einfachsten Form aus Polarisator und Analysator, zw. die die zu untersuchende Probe gestellt wird (↑Polarisation).

Polaris, der ↑Polarstern.

Polarisation [lat.] *die,* **1)** *allg.:* das Vorhandensein bzw. die Erzeugung polarer (entgegengesetzter) Eigenschaften bei naturwiss. Experimenten; das Herausbilden von Gegensätzlichkeiten, die Aufspaltung (in zwei Lager).
2) *Elektrizitätslehre* und *Magnetismus:* a) **dielektr. P.,** durch ein äußeres elektr. Feld hervorgerufene temperaturunabhängige Verschiebung der zuvor zusammenfallenden Schwerpunkte der negativen und positiven elektr. Ladungen durch Deformation der Elektronenhüllen oder Verschiebung geladener Atome oder Atomgruppen in Kristallen **(Elektronen-P.** bzw. **Atom-P.).** b) **parelektr. P.,** die temperaturabhängige Verstärkung und Ausrichtung vorhandener permanenter elektr. Dipolmomente in parelektr. Substanzen durch Vergrößerung des Abstands der Ladungsschwerpunkte polarer Moleküle **(Atom-P.)** oder Ausrichtung der vorher regellos orientierten Dipolmomente **(Orientierungs-P.);** als Maß für die Erscheinungen der dielektr. und der parelektr. P. wird die vektorielle Feldgröße $\boldsymbol{P}$, die **elektr. P.,** verwendet, $\boldsymbol{P} = \boldsymbol{D} - \varepsilon_0 \boldsymbol{E}$ ($\boldsymbol{D}$ elektr. Flussdichte, $\boldsymbol{E}$ elektr. Feldstärke, ε_0 elektr. Feldkonstante). c) **magnet. P.** ($\boldsymbol{J}$), wird als Maß für die Magnetisierung analog zur elektr. P. gebildet; $\boldsymbol{J} = \boldsymbol{B} - \mu_0 \boldsymbol{H}$ ($\boldsymbol{B}$ magnet. Flussdichte, $\boldsymbol{H}$ magnet. Feldstärke, μ_0 magnet. Feldkonstante).
3) *Elektrochemie:* (elektrochem. P., galvan. P., elektrolyt. P.), Potenzialdifferenz einer Elektrode oder eines galvan. Elements im Strom führenden und stromlosen Zustand. Die P. wird z. B. durch chem. Veränderungen an den Elektroden während des Stromflusses (Überspannungen) oder durch die bei der Elektrolyse erzwungenen Konzentrationsänderungen im Elektrolyten verursacht.
4) *Optik:* Eigenschaft elektromagnet. Strahlung, bes. des Lichts, unter bestimmten Bedingungen eine innere Ausrichtung senkrecht zur Ausbreitungsrichtung zu zeigen. Sie erklärt sich aus dem transversalen Charakter

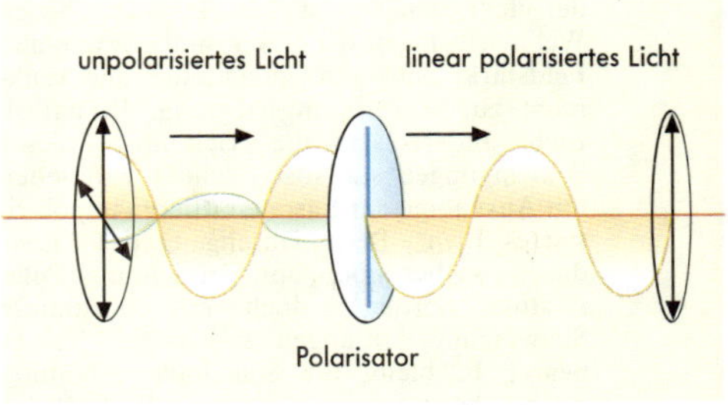

Polarisation 4): aus einem Lichtbündel wird durch einen Polarisator Licht herausgefiltert, das nur in einer Ebene schwingt

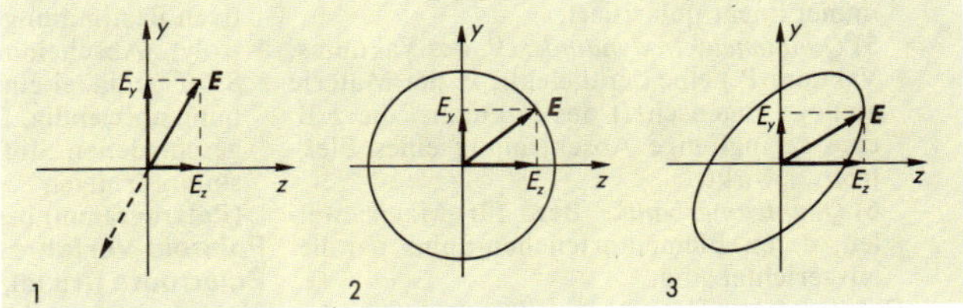

Polarisation 4): Verhalten des elektrischen Feldstärkevektors $\boldsymbol{E}$ bei 1 linearer, 2 zirkularer und 3 elliptischer Polarisation; die Welle breitet sich in x-Richtung, das heißt senkrecht zur y-z-Ebene, aus

der elektromagnet. Wellen: In einer ebenen Welle schwingen die elektr. und die magnet. Feldstärke senkrecht zueinander und senkrecht zur Ausbreitungsrichtung. In natürl. Licht ändern sich die Richtungen dieser Schwingungen statistisch; alle Lichtquellen mit Ausnahme der Laser emittieren unpolarisiertes Licht. Beim Durchgang des Lichts durch eine besondere opt. Vorrichtung **(Polarisator)** werden jedoch nur bestimmte Schwingungsrichtungen zugelassen. Bei **linearer P.** bleibt die Schwingungsrichtung zeitlich konstant; bei **zirkularer P.** läuft der Endpunkt des elektr. Vektors mit bestimmter Geschwindigkeit auf einem Kreis um, bei **ellipt. P.** auf einer Ellipse. Polarisatoren zur Erzeugung polarisierten Lichts sind in erster Linie **P.-Prismen** wie das ↑Nicol-Prisma; zunehmend werden **P.-Folien** benutzt. Das aus dem Polarisator kommende Licht wird von einer zweiten Vorrichtung der gleichen Art **(Analysator)** nur dann voll durchgelassen, wenn deren Vorzugsrichtung zur ersten parallel steht. Im anderen Fall wird es je nach der Verdrehung des Analysators gegen den Polarisator geschwächt und in der 90°-Stellung ausgelöscht. – Lässt man natürl. Licht unter einem Einfallswinkel von etwa 57° **(Brewster-** oder **P.-Winkel)** auf eine ebene Glasplatte fallen, so ist das reflektierte Licht vollständig linear polarisiert. Weitere Methoden zur Erzeugung polarisierten Lichts nutzen die Doppelbrechung oder die versch. Absorbierbarkeit der beiden senkrecht zueinander linear polarisierten Anteile des natürl. Lichtes in gefärbten doppelbrechenden Kristallen (↑Pleochroismus) wie Turmalin aus. Eine Drehung der P.-Richtung um die Fortpflanzungsrichtung als Achse bewirken Stoffe, deren Moleküle eine schraubenartige Struktur haben, z.B. Kristalle (Quarz) und Zuckerlösungen. Je nach dem Drehsinn dieses **opt. Drehvermögens** unterscheidet man links- und rechtsdrehende Stoffe (↑optische Aktivität). – Künstlich erzeugte elektromagnet. Wellen (Radiowellen, Funkwellen) sind immer linear polarisiert.

5) *Quantenelektrodynamik:* (P. des Vakuums, Vakuum-P.) eine der dielektr. P. der Materie analoge Eigenschaft des Vakuums, die z.B. eine geringfügige Abschirmung eines Elektrons bewirkt.

6) *Quantenmechanik:* Bez. für Materiewellen, deren Elementarteilchen-Spins parallel ausgerichtet sind.

Polarisationsfilter, ↑Lichtfilter.

Polarisationsmikroskop, ein mit linear polarisiertem Licht arbeitendes Mikroskop zur Untersuchung optisch anisotroper Materialien (Kristalle, Minerale, Gesteine u.a.). Das Objekt erscheint im Analysator in den durch seine Doppelbrechung und Dicke bedingten Interferenzfarben.

Polarisator [lat.] *der,* optische ↑Polarisation.

Polarität [lat.] *die,* Verhältnis der Gegensätzlichkeit zw. zwei voneinander abhängigen, sich gegenseitig bedingenden Momente.

Polaritätsprofil, Messverfahren der empir. Sozialforschung zur Bestimmung der Bedeutung oder Gefühlsqualität von Objekten für befragte Personen, das von C. E. Osgood (»semant. Differenzial«) entwickelt wurde. Es wird dabei von aus adjektiv. Gegensatzpaaren (aktiv–passiv, schön–hässlich) gebildeten Polaritätsskalen ausgegangen. Die Versuchspersonen nehmen dann eine ihren Eindrücken entsprechende Zuordnung innerhalb dieser Skala vor.

Polarkreise, die Breitenkreise in 66° 33′ nördl. **(nördl. P.)** und südl. **(südl. P.)** Breite. Die P. trennen (im mathemat. Sinn) die Polarzonen von den gemäßigten Zonen.

Polarlicht, nächtl. Leuchterscheinungen in den Polargebieten (**Nordlicht,** lat. Aurora borealis, auf der nördl., **Südlicht,** lat. Aurora australis, auf der südl. Erdhalbkugel), die in 70–1 000 km Höhe auftreten. Sie beruhen auf dem Eindringen solarer Korpuskularteilchen in die Erdatmosphäre nahe den magnet. Polen, die Gasteilchen zum Leuchten anregen.

Polarmeere, ↑Nordpolarmeer, ↑Südpolarmeer.

Polarnacht, die Zeit, während der die Sonne in den Polarzonen länger als 24 Stunden unter dem Horizont bleibt; die Länge der P. nimmt nach den Polen hin zu. Infolge der Lichtbrechung in der Erdatmosphäre erscheint die Sonne über den Horizont angehoben; deshalb ist die P. an den Polen kürzer als ein halbes Jahr. **Polartag,** die Zeit, während der in den Polarzonen die Sonne länger als 24 Stunden über dem Horizont bleibt (↑Mitternachtssonne).

Polarographie [lat.-grch.] *die,* Verfahren der chem. Analyse zur qualitativen und quantitativen Bestimmung gelöster Stoffe durch elektrolyt. Abscheidung von Ionen. Für jeden Stoff ist dabei eine bestimmte Mindestspannung notwendig. Die Art und Menge der abgeschiedenen Stoffe lässt sich daher aus der stufenförmigen Strom-Spannungs-Kurve **(Polarogramm)** bestimmen.

Polaroid-Verfahren, ↑Sofortbildfotografie.

Polarroute [-ru:tə], Flugroute über das Nordpolargebiet: a) kürzeste Flugroute von Europa über Grönland nach der W-Küste der USA (Los Angeles) und b) die Flugverbindung über den Nordpol nach Japan.

Polarstern, 1) *Astronomie:* (Nordpolarstern, Nordstern, Polaris), Stern 2. Größe, hellster Stern im Sternbild des Kleinen Bären (↑Bär). **2)** *Polarforschung:* dt. Forschungs- und Versorgungsschiff (Eigentümer: Bundesministerium für Bildung, Wiss., Forschung und Technologie, Betreiber: ↑Alfred-Wegener-Institut für Polar- und Meeresforschung), 1982 in Dienst gestellt: 118 m lang, 25 m breit, Tiefgang 11,20 m, Wasserverdrängung 17 300 t, Motorenleistung 14 000 kW, Höchstgeschwindigkeit 16 Knoten, bietet Platz für 44 Besatzungs-Mitgl. und 56 wiss. Fahrtteilnehmer. Die P., ein doppelwandiger Eisbrecher, wird in der Arktis und Antarktis (Forschungsschwerpunkt Weddellmeer) eingesetzt.

Polartag, ↑Polarnacht.

Polarzonen, die beiden Kugelkappen der Erde jenseits der beiden ↑Polarkreise.

Polazk, Stadt in Weißrussland, ↑Polozk.

Polbewegung (Polschwankung), durch ständige Verlagerung der Rotationsachse der Erde bedingte, teils period., teils irreguläre Wanderung der Erdpole. Mit der P. verbunden ist eine ständige Veränderung der geograph. Länge und Breite **(Breitenschwankung)** sowie der Grundebene des Äquatorsystems. Ursachen sind u. a. jahreszeitl. Massenverlagerungen auf der Erdoberfläche und Resonanzeffekte sowie Verlagerungen im Erdkörper (durch Erdbeben und Vulkanausbrüche).

Połčnica [ˈpɔu̯tɕnitsa], sorb. Name von ↑Pulsnitz.

Połczyn Zdrój [ˈpu̯tʃin ˈzdruj] (dt. Bad Polzin), Stadt in der Wwschaft Westpommern, Polen, auf dem Pommerschen Höhenrücken, 9 500 Ew.; Moor-, Sol- und Eisenbad; Tafelwasserabfüllung.

Polder (fries. Koog), durch Eindeichung gewonnenes und gegen Überflutung geschütztes Neuland, ↑Groden.

Polemik [grch. pólemos »Krieg«] *die,* literar. oder wiss. Auseinandersetzung, publizist. Fehde, auch unsachl. Kritik, Angriff.

Polen [zu Pol], *Metallurgie:* das Entfernen von Gasen und Oxiden aus der Metallschmelze durch Einleiten von Wasser, Wasserdampf oder Druckluft, urspr. durch Eintauchen frischen Holzes.

Polen (poln. Polacy), westslaw. Volk, das Staatsvolk Polens; größere Gruppen leben auch in den USA (6–10 Mio.), in Dtl. (1,5 Mio.), Brasilien und Frankreich (je 0,8–1 Mio.), Kanada (0,6 Mio.), Weißrussland (0,4–1 Mio.), der Ukraine (0,3–0,5 Mio.), in Litauen (0,25–0,30 Mio.) u. a. Ländern. – Die P. sind aus den im Flussgebiet der Oder und Weichsel ansässigen westslaw. Stämmen unter Führung der Polanen hervorgegangen. Die Siedlungsgebiete dieser Stämme bilden seit dem 9./10. Jh. die Kernräume der polit. Landschaften Polens.

Polen	
Fläche	312 685 km²
Einwohner	(1998) 38,66 Mio.
Hauptstadt	Warschau
Verwaltungsgliederung	16 Woiwodschaften
Amtssprache	Polnisch
Nationalfeiertag	3. 5.
Währung	1 Złoty (Zł) = 100 Groszy (Gr)
Zeitzone	MEZ

Polen (amtlich poln. Rzeczpospolita Polska), Staat im O Mitteleuropas, grenzt im W an Dtl., im N an die Ostsee, im NO an das russ. Gebiet Kaliningrad (Königsberg) und an Litauen, im O an Weißrussland und die Ukraine und im S an die Slowak. Republik und die Tschech. Republik.

Staat und Recht: Nach der Verf. von 1997 (in Kraft seit 16. 10.) ist P. eine parlamentar. Rep. Staatsoberhaupt ist der Präs. der Rep., der für fünf Jahre direkt gewählt wird und über besondere Befugnisse in der Außen- und Sicherheitspolitik sowie beim Staatsnotstand verfügt. Das Parlament besteht aus zwei Kammern, die in besonderen Fällen als Nationalversammlung zusammentreten: dem Abg.haus (poln. »Sejm«, 460 auf vier Jahre gewählte Mitgl.) und dem Senat mit 100 Senatoren, die in den 16 Woiwodschaften für vier Jahre gewählt werden. Der vom Vertrauen des Sejm abhängige, vom Staatspräs. ernannte Min.rat (Reg.), geführt von einem MinPräs., leitet die Exekutive. Wichtigste Parteien sind: Wahlaktion der »Solidarność« (AWS), Bündnis der Demokrat. Linken

Polen: Verwaltungsgliederung (1999)

Woiwodschaft	Fläche in km²	Ew. 1998 in 1000	Ew. je km²	Hauptstadt
Ermland-Masuren	24203	1460,4	60	Allenstein
Großpolen	29826	3346,0	112	Posen
Heiligkreuz	11672	1327,9	114	Kielce
Kleinpolen	15144	3206,6	212	Krakau
Kujawien-Pommern	17970	2098,0	117	Bromberg[1], Thorn[2]
Lodz	18219	2672,8	147	Lodz
Lebus	13984	1020,3	73	Landsberg an der Warthe[1], Zielona Góra[2]
Lublin	25115	2242,0	89	Lublin
Masowien	35597	5065,0	142	Warschau
Niederschlesien	19948	2985,4	150	Breslau
Oppeln	9412	1091,1	116	Oppeln
Podlasien	20180	1223,9	61	Białystok
Pommern	18293	2179,1	119	Danzig
Schlesien	12294	4894,2	398	Kattowitz
Vorkarpaten	17926	2117,3	118	Rzeszów
Westpommern	22902	1729,8	76	Stettin
Polen	312685	38695,8	124	Warschau

[1] Sitz des Woiwoden. – [2] Sitz des Parlaments (Sejmik) der Woiwodschaft.

(SLD), Freiheitsunion (UW), Poln. Bauernpartei (PSL), Bewegung für den Wiederaufbau Polens (ROP).

Landesnatur: P. ist größtenteils ein Tiefland, 75% seines Territoriums liegen unter 200 m ü.M. Es ist von eiszeitl. Ablagerungen bedeckt und durch vorwiegend ostwestlich verlaufende Niederungen im Bereich eiszeitl. Urstromtäler gegliedert. An die Jungmoränenlandschaft der Weichseleiszeit im N (Balt. Landrücken) mit ihren Seenplatten und Endmoränenzügen (Pommersche und Masur. Seenplatte) schließt sich in Mittel-P. die schwach wellige Altmoränenlandschaft der Saaleeiszeit an. Nach S tauchen aus der glazialen Decke die z.T. lössbedeckten Tafeln und Stufenlandschaften des poln. Mittelgebirges auf, das östlich der Weichsel aus dem Lubliner Hügelland und Roztoce (in P. bis 390 m ü.M.), westlich davon aus dem Kleinpoln. Berg- und Hügelland (Łysica im Kielcer Bergland, 612 m ü.M.) besteht. Das Becken von Sandomierz und die geolog. Mulde des oberschles. Beckens trennen das Bergland vom Gebirgsgürtel der Sudeten und Karpaten; die höchsten Zonen sind Riesengebirge und Hohe Tatra (Meeraugspitze, poln. Rysy, 2499 m ü.M.). Hauptflüsse sind Weichsel und Oder. P. besitzt ein Übergangsklima, das von SW nach NO zunehmend kontinentaler wird.

Bevölkerung: Die Bev. besteht fast ausschließlich aus Polen; von den etwa 1,3% Angehörigen nat. Minderheiten sind die Polendeutschen die größte Gruppe, gefolgt von Ukrainern und Weißrussen. Großstädte mit (1998) über 500000 Ew. sind Warschau, Lodz, Krakau, Breslau und Posen. Am dichtesten sind die zentral- und südpoln., am schwächsten die nordostpoln. Wwschaften besiedelt. Allg. Schulpflicht besteht vom 8. bis zum 16. Lebensjahr, 8-jährige Primar-, 4-jährige allgemein bildende Sekundarschulen; außerdem Berufs- und beruflich-techn. Fachschulen und (seit 1989) weltl. und kirchl. Gymnasien, die zur Hochschulreife führen. P. besitzt 11 Univ. (eine kath. in Lublin), 18 TH (Polytechnika) sowie 35 weitere Hochschulen. Rd. 97% der Bev. sind Christen, über 94% Katholiken.

Wirtschaft, Verkehr: P., vor dem Zweiten Weltkrieg ein Agrarland, entwickelte sich ab 1950 zu einem Industrie-Agrar-Staat. Die nach sowjet. Vorbild etablierte Planwirtschaft brachte das Land jedoch in eine schwere Krise, die 1981–83 zu großen sozialen Unruhen führte (↑Solidarność). Im Okt. 1989 wurde der Übergang zur privaten Marktwirtschaft eingeleitet, deren Verwirklichung mit erhebl. wirtsch. Problemen verbunden war (hohe Auslandsverschuldung, Arbeitslosigkeit). Das heutige Wirtschaftswachstum P.s, das alle Wirtschaftsbereiche erfasst hat, beruht auf dem privaten Sektor; es liegt in Europa mit an vorderster Stelle. In der Landwirtschaft, auch unter der sozialist.

Herrschaft zu 80% privat bewirtschaftet, herrschen Kleinbetriebe vor. Angebaut werden bes. Roggen, Kartoffeln, Futterpflanzen und Weizen, ferner Zuckerrüben, Raps und Gemüse. Bed. sind Rinder-, Schweine-, Pferde- (wegen des geringen Mechanisierungsgrades) und Geflügelhaltung (v.a. Gänse für den Export). Der Wald nimmt 28% der Landesfläche ein (zu 80% Nadelhölzer). Bed. ist die Hochseefischerei. Eine wichtige Rolle spielt der Bergbau, bes. wegen der großen Steinkohlenvorkommen in Oberschlesien. Die Braunkohle (in Südwest-P. an der Grenze zum sächs. Gebiet um Zittau, Konin, Turek, Bełchatów südlich von Lodz) wird in Großkraftwerken verstromt. In Niederschlesien werden große Kupfervorkommen abgebaut und verhüttet. Ferner werden Blei-, Zink- und Eisenerze sowie Schwefel (Tarnobrzeg), Salz, im Karpatenvorland etwas Erdgas und -öl gefördert. Neben den traditionellen Ind.standorten Warschau, Lodz, dem Oberschles. Ind.gebiet (um Kattowitz), Danzig und Stettin entstanden neue Ind.zentren in Nowa Huta (zu Krakau) und Tschenstochau (Eisenhüttenind.), Płock (Erdölverarbeitung), Puławy, Włocławek und Thorn (Chemiewerke), Konin (Aluminiumhütte), Legnica, Glogów und Lubin (Kupferhütte). Die wichtigsten Zweige der verarbeitenden Ind. sind Maschinen-, Fahrzeug- (Automobile, Lokomotiven, Waggons) und Schiffbau (v.a. in Danzig), die Nahrungsmittel-, Baustoff-, Holz- und Papier- sowie die Textilind.

Polen – Wirtschaft

(Zentrum Lodz). Exportiert werden Maschinen und Transportmittel, v.a. Schiffe, Chemikalien, bes. Schwefel, Steinkohle, Koks und Elektrizität, Metalle, bes. Kupfer, sowie Textilien und Bekleidung. Haupthandelspartner sind die EU-Staaten (v.a. Dtl.), Russland, Großbritannien, Frankreich, USA und die Niederlande. – Hauptverkehrsträger ist die staatl. Eisenbahn mit einem Streckennetz von 22 285 km (davon 50 % elektrifiziert), das befestigte Straßennetz ist 239 000 km lang, das Binnenwasserstraßennetz (Schiffsverkehr auf Oder, Weichsel, Warthe und Gleiwitzkanal) 3 812 km. Wichtigste Hochseehäfen sind Stettin (mit Außenhafen Swinemünde), Danzig und Gdynia; internat. Flughafen in Warschau. Hauptanziehungspunkte des Fremdenverkehrs sind die Hohe Tatra, Beskiden und Sudeten (bes. Riesengebirge), die Ostseeküste und die Masurischen Seen sowie Warschau, Krakau, Tschenstochau (Wallfahrtszentrum), Breslau u.a. Städte. Viele Heilquellen führten zur Entstehung von Kurorten in den Sudeten (Kudowa Zdrój, Polanice Zdrój und Duszniki Zdrój) und Beskiden (Rabka, Krynica).

Geschichte: *Der frühe Piastenstaat* (10. Jh.–1138): Erster historisch fassbarer Herrscher eines poln. Staates war Herzog Mieszko I. (um 960–992) aus dem Geschlecht der ↑Piasten. Sein Reich umfasste v.a. den Raum um die mittlere Warthe (Siedlungsgebiet der Polanen, sog. »Groß-P.«) und die mittlere Weichsel (Masowien) sowie um den Goplo-See. 966 trat er zum lat. Christentum über. Sein Sohn Boleslaw I. Chrobry (992–1025) gewann Klein-P. (Polonia Minor, um Krakau), Schlesien, vorübergehend Mähren, die Westslowakei, Pommern und die Lausitz und stieß bis Kiew (1018) vor; zugleich wurde P. (so die um 1000 bei ausländ. Chronisten aufgekommene Staatsbez.) durch die Gründung des Erzbistums Gnesen (1000) auch kirchlich selbstständig. 1025 ließ sich Boleslaw I. Chrobry zum König krönen.

Die Zeit der Teilfürstentümer (1138–1320): Nach Einführung der Senioratserbordnung durch Boleslaw III. Krzywousty (1102/07 bis 1138) zerfiel das Land in Teilfürstentümer. Pommern schied 1181 endgültig aus der losen Abhängigkeit aus, während Schlesien ab 1163 eine Sonderentwicklung nahm und sich um 1300 der böhm. Lehnshoheit unterstellte. Eine schwere äußere Bedrohung stellte der Einfall der Mongolen dar (1241 Niederlage eines polnisch-dt. Ritterheeres bei Liegnitz). Im 12. Jh. setzte eine intensive Kolonisierung aus dem Gebiet des Hl. Röm. Reiches ein, als Fürsten und kirchl. Institutionen versuchten, neue Siedler für ihre Güter heranzuziehen

Das polnisch-litauische Reich im 15. Jahrhundert

(↑deutsche Ostsiedlung). Die dt. Neusiedler prägten v. a. das Bild der Städte. Zur Abwehr der heidn. Prußen rief Herzog Konrad I. von Masowien 1226 den Dt. Orden nach Polen. Nach der 1283 abgeschlossenen Unterwerfung der Prußen weitete der Orden seine weltl. Herrschaft 1308 über das von P. beanspruchte Pommerellen aus. Die Auseinandersetzung mit dem Dt. Orden sowie das Erstarken der Bürgerschaft und des Adels bestimmten die Entwicklung im 14. und 15. Jh. maßgeblich.

Die Piasten (1320–70): Herzog Wladislaw Łokietek errang zu Anfang des 14. Jh. die Oberherrschaft über ganz P. und ließ sich 1320 in Krakau zum König krönen. Sein Sohn Kasimir III., d. Gr. (1333–70), der letzte der Piasten, verzichtete zugunsten des Dt. Ordens auf Pommerellen (Westpreußen) und dehnte das Reich nach SO (Galizien, Wolhynien, Podolien) aus. Er schuf ein allg. poln. Landrecht und gründete die Univ. Krakau (1364).

Das Haus Anjou (1370–86) *und die Jagiellonen* (1386–1572): Ludwig I., d. Gr. (1370–82), ein Neffe Kasimirs aus dem Haus Anjou, konnte sich die Zustimmung des poln. Adels zur Nachfolge für sich und seine Tochter Jadwiga (↑Hedwig 1) nur durch eine großzügige Privilegienerteilung erkaufen. In den Unionen von Krewo und Krakau 1385/86 wurde festgelegt, dass sich der bisher heidn. Großfürst Jagiełło von Litauen taufen lassen und die Erbin Jadwiga zur Frau nehmen sollte. Als König Wladislaw II. (1386–1434) vereinigte er das multinat. und mehrkonfessionelle Doppelreich P.-Litauen zunächst in Personalunion. Dieser Übermacht unterlag der Dt. Orden 1410 bei Tannenberg und dann im »Dreizehnjährigen Krieg« (1454–66). Im 2. Thorner Frieden von 1466 musste er für das ihm verbliebene Ostpreußen die poln. Lehnshoheit anerkennen, während Pommerellen mit dem Culmer Land und Ermland ein besonderer Ständestaat unter der Herrschaft des poln. Königs wurde. 1561 kam auch Livland an P., Kurland wurde poln. Lehen. Durch die Lubliner Union von 1569 wurden Litauen und der westpreuß. Ständestaat ganz mit P. verschmolzen; doch behaupteten die dt. Städte Thorn, Elbing und v. a. Danzig sowie das Bistum Ermland ihre Selbstständigkeit. Der eindringende Protestantismus wurde durch die kath. Gegenreformation zurückgedrängt. Die Königsgewalt war schon seit dem 15. Jh. durch die wachsende Macht des Adels, der »Schlachta«, geschwächt worden, die ihren polit. Mittelpunkt im poln. Reichstag fand.

Polnische Teilungen

Wahlkönigtum (1572–1795): Seitdem die Jagiellonen 1572 mit Sigismund II. August ausgestorben waren, wählte der poln. Adel ausländ. Fürsten zu Königen, so Stephan Báthory von Siebenbürgen (1575/76–86 als Stephan IV. Báthory) und die aus dem schwed. Haus Wasa stammenden Monarchen Sigismund III. (1587–1632), Wladislaw IV. (1632–48) und Johann II. Kasimir (1648–68). P. verlor 1629 Livland an Schweden und musste 1657/60 zugunsten Brandenburgs auf die Lehnshoheit über Ostpreußen verzichten. Nachdem gegenüber Russland bis 1619 einige Gebietsgewinne erzielt werden konnten und 1610–12 sogar die Übernahme des Zarenthrons möglich schien, brach in der Ukraine ein großer Aufstand der Kosaken aus, die sich 1654 unter die Herrschaft der russ. Zaren stellten. Weitere Ostgebiete (Kiew) gingen im Frieden von Andrussowo (1667) verloren. Im Kampf gegen die Türken errang P. unter Johann III. Sobieski (1674–96) im Bündnis mit Österreich militär. Erfolge (1683 Sieg in der Schlacht am Kahlenberg); es gewann Podolien zurück. Warschau (seit 1596 Hptst.) wurde im 18. Jh. ausgebaut. Die Wahl des sächs. Kurfürsten August des Starken zum König von P. (1697–1706, 1709–33) verstrickte das Land in den Nord. Krieg, in dem Russland bereits als die ausschlaggebende

Macht in P. auftrat. Sein Sohn August III. (1733–63) konnte sich im Poln. Thronfolgekrieg nur dank der russ. Hilfe gegen Stanislaus Leszczyński durchsetzen, und der letzte poln. König Stanislaus II. August Poniatowski (1764–95) musste sich der russ. Kaiserin Katharina II. beugen. Schließlich kam es zu den drei Teilungen P.s (1772, 1793 und 1795), wobei sich Russland (zu etwa $^{2}/_{3}$), Preußen und Österreich (zu je etwa $^{1}/_{6}$) des Landes bemächtigten. Noch am 3. 5. 1791 war eine demokrat. Verfassung (die erste geschriebene in Europa) verabschiedet worden. Ein nat. Aufstand 1794 unter der Führung T. Kościuszkos scheiterte an der russisch-preuß. Übermacht.

Unter der Herrschaft der Teilungsmächte (1795–1918): Das 1807 durch Napoleon I. aus preuß. Teilungsgebieten errichtete Herzogtum Warschau wurde im Ergebnis des Wiener Kongresses (1814/15) um Posen und Krakau verkleinert und als Königreich P. **(Kongress-P.)** in Personalunion mit Russland vereinigt. Krakau erhielt den Status einer Freien Stadt (bis 1846); die Österreich zugesprochenen Gebiete wurden 1849 als Kronland Galizien reorganisiert. Alle Versuche zur Wiederherstellung des Nationalstaates (Novemberaufstand 1830/31, Aufstandsversuche in Galizien 1846 und Posen 1848, Januaraufstand 1863) wurden blutig niedergeschlagen. Kongress-P. sah sich einer heftigen Russifizierungspolitik ausgesetzt. Seitdem bewahrten die Polen hier und im österr. Galizien für lange Zeit ihre nat. Identität durch Pflege ihrer Sprache und Kultur.

Der Ausbruch des Ersten Weltkriegs belebte die Hoffnung auf Wiederherstellung der Eigenstaatlichkeit (zunächst Proklamation eines poln. Königreichs ohne Territorialabgrenzung durch die Mittelmächte am 5. 11. 1916). Am 8. 1. 1918 forderte der amerikan. Präs. W. Wilson die Bildung eines unabhängigen poln. Staates mit einem Zugang zur See. Am 7. 10. 1918 rief der Regentschaftsrat die Unabhängigkeit P.s aus; Staatschef der Rep. P. war 1918–22 J. Piłsudski.

Polen zw. den Weltkriegen (1918–39): Durch den Versailler Vertrag erhielt P. den größten Teil der Provinz Westpreußen (»Poln. Korridor«) und fast die ganze Provinz Posen. Danzig wurde Freie Stadt. Oberschlesien, wo trotz mehrerer poln. Aufstände die Abstimmung vom 20. 3. 1921 eine dt. Mehrheit ergab, wurde geteilt (↑Schlesien, Geschichte). Von Österreich erhielt P. ↑Galizien; das Teschener Gebiet musste 1920 entlang der Olsa mit der Tschechoslowakei geteilt werden. Ein

Polen im 20. Jahrhundert

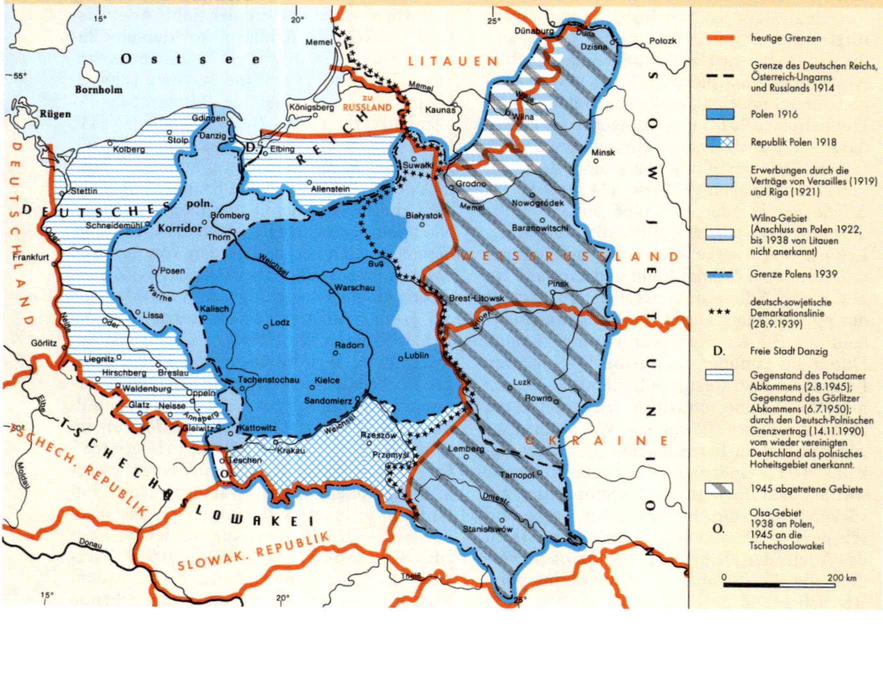

poln. Vorstoß auf Kiew (April/Mai 1920) löste den Polnisch-Sowjet. Krieg (1920/21) aus; die Gegenoffensive Sowjetrusslands scheiterte schließlich am poln. Sieg in der Schlacht bei Warschau (16. 8. 1920, »Wunder an der Weichsel«). Im Frieden von Riga (18. 3. 1921) wurde eine Grenze gezogen, die mehr als 200 km östlich der ↑Curzon-Linie verlief. 1920 hatte P. zudem das Wilnagebiet annektiert. Die innere Konsolidierung (formal beendet mit Annahme der Verf. vom 17. 3. 1921) wurde erschwert durch die polit. Zersplitterung der Parteien, die wirtsch. Rückständigkeit, die in der Teilungszeit entstandenen unterschiedl. Wirtschafts-, Bildungs-, Justiz- und Verwaltungssysteme sowie durch die Existenz starker nat. Minderheiten (31 % der Gesamtbev.). Außenpolitisch war P. in das frz. Allianzsystem einbezogen (Bündnis vom 19. 2. 1921). Die restriktive Politik gegenüber der dt. Minderheit, die dt. Weigerung, die neue dt. O-Grenze anzuerkennen, ein »Zollkrieg« um die oberschles. Kohle, andererseits der politisch-ideolog. Gegensatz zum Sowjetsystem schlossen eine Kooperation P.s mit seinen beiden größten Nachbarn aus.

Am 12. 5. 1926 übernahm Marschall Piłsudski in einem Staatsstreich die Macht (1926–28 und 1930 MinPräs., 1926–35 Kriegsmin.), errichtete unter formaler Beibehaltung von Verf. und Parlament ein autoritäres System und setzte 1935 eine autoritäre Präsidialverf. durch. Zur außenpolit. Absicherung wurden Nichtangriffsverträge mit der Sowjetunion (1932) und Dtl. (1934) abgeschlossen. Außenmin. J. Beck strebte den Aufstieg P.s zur ostmitteleurop. Führungsmacht im Rahmen eines »Dritten Europa« von der Ostsee bis zur Adria an.

Nach dem Tod Piłsudskis 1935 wurde das Militär unter Marschall E. Rydz-Śmigły staatsbestimmend. Die Verschärfung der Minderheitenpolitik, auch gegenüber der dt. Volksgruppe, engte die außenpolit. Manövrierfähigkeit ein. Im Okt. 1938 wurde die Tschechoslowakei zur Abtretung des Olsagebietes gezwungen. Der verstärkte außenpolit. Druck des Dt. Reiches 1938/39 (Forderung nach Angliederung Danzigs an Dtl. und nach Errichtung exterritorialer Verkehrswege durch den Polnischen Korridor) veranlasste P. wieder zu engerer Anlehnung an die Westmächte. Die Kündigung des Dt.-Poln. Nichtangriffspakts durch Hitler (28. 4. 1939) hoffte P. durch die brit. Garantieerklärung (31. 3. 1939) und das polnisch-brit. Beistandsabkommen (25. 8. 1939) ausbalancieren zu können. Doch im Dt.-Sowjet. Nichtangriffspakt (»Hitler-Stalin-Pakt«) vom 23. 8. 1939 war in einer Geheimklausel unter anderem die Aufteilung P.s vereinbart worden. Der dt. Angriff auf P. am 1. 9. 1939 löste den Zweiten Weltkrieg aus.

Polen im Zweiten Weltkrieg: Das poln. Heer konnte sich nicht gegen die dt. Wehrmacht und die seit dem 17. 9. 1939 einrückende Rote Armee behaupten. Ein dt.-sowjet. Grenz- und Freundschaftsvertrag (28. 9. 1939) teilte P. entlang der Flüsse Narew, Bug und San in ein dt. und ein sowjet. Gebiet auf. Die v. a. von Ukrainern und Weißrussen bewohnten östl. Gebiete (200 280 km² mit 13,5 Mio. Ew., darunter 3,5 Mio. Polen) wurden der Ukrain. SSR und der Weißruss. SSR eingegliedert (1940/41 Zwangsdeportation von weit über 1 Mio. Polen nach Zentralasien und Sibirien). West-P. (90 000 km² mit 10 Mio. Ew.) wurde am 8. 10. 1939 dem Dt. Reich angeschlossen, der Rest am 26. 10. 1939 als Dt. Generalgouv. P. (98 000 km² mit über 10 Mio. Ew.) organisiert, dem 1941 Galizien angegliedert wurde. Der nat.-soz. Terror nahm mit Zwangsverpflichtungen nach Dtl., Deportationen und der Ausrottung – anfangs der jüd., später auch anderer poln. Bev.teile – in den Konzentrations- und Vernichtungslagern immer größere Ausmaße an. 1939–45 kamen 6,03 Mio. Polen, unter ihnen rd. 3 Mio. Juden, ums Leben.

In Paris wurde 1939 unter General W. Sikorski eine Exilreg. gebildet, die eine Exilarmee aufstellte. Die von den Alliierten als Krieg führender Bundesgenosse anerkannte, nach der frz. Niederlage von London aus operierende Exilreg. schloss am 30. 7. 1941 ein Bündnis mit der Sowjetunion, das die Aufstellung einer poln. Armee aus 80 000 Kriegsgefangenen unter General W. Anders ermöglichte. Die Entdeckung der Massengräber poln. Offiziere bei ↑Katyn im April 1943 führte jedoch zum Bruch mit der sowjet. Führung. Die Exilreg. wurde von Großbritannien zu einem Ausgleich mit der Sowjetunion gedrängt, lehnte aber die Anerkennung der Curzon-Linie (bei Inaussichtstellung einer Entschädigung mit dt. Gebieten östlich der Oder) ebenso ab wie eine kommunist. Reg.beteiligung im befreiten P. Mit den ab 1943 rekrutierten Einheiten unter General Z. Berling beteiligten sich die poln. Kommunisten an der Seite der Roten Armee an der militär. Befreiung P.s. 1939 waren erste Widerstandsorganisationen entstanden, die sich im Febr. 1942 mit einer der Londoner Exilreg. unterstellten »Armia Krajowa« (Abk. AK, dt. »Armee im Lande«) eine militär. Organisation schufen. Kommunist. Widerstandsgruppen wurden in der »Armia Ludowa« (Abk. AL, dt. »Volksarmee«) zusammengefasst. Ein Aufstand im Warschauer Getto 1943, der den Abtransport der Juden in die Vernichtungslager aufhalten sollte, wurde durch die dt. Besatzungsmacht blutig unterdrückt. Als im Juli 1944 die Rote Armee den Bug überschritt und das von prosowjet. Kräften gebildete »Lubliner Komitee« (eigtl. »Poln. Komitee der Nat. Befreiung«) eine kommunist. Verw. aufzubauen begann, löste die AK den Warschauer Aufstand (1. 8.–2. 10. 1944) aus, den die dt. Wehrmacht jedoch niederschlagen konnte. Das Lubliner Komitee (am 1. 1. 1945 in »Provisor. Reg.« umbenannt) übernahm in den von der Roten Armee freigekämpften poln. Gebieten die Reg.gewalt und mit sowjet. Unterstützung auch die Verw. in den dt. Ostgebieten. Mit dem ↑Potsdamer Abkommen (2. 8. 1945) unterstellten die Siegermächte des Zweiten Weltkriegs die ehem. ostdt. Gebiete bis zur Oder und Neiße sowie das südl. Ostpreußen und Danzig poln. Verw. (vorbehaltlich einer endgültigen Regelung der W-Grenze in einem Friedensvertrag). Dafür musste P. auf das Gebiet östlich der Curzon-Linie (rd. 180 000 km^2) zugunsten der UdSSR verzichten (fixiert im polnisch-sowjet. Abkommen vom 16. 8. 1945). Das poln. Staatsgebiet umfasste nunmehr rd. 313 000 km^2. Mit der schon vor der Potsdamer Konferenz einsetzenden Vertreibung der Deutschen (Höhepunkt 1945/46) und der Zwangsumsiedlung der Polen aus den an die Sowjetunion gefallenen Ostgebieten kam es zu einer gewaltigen Bev.verschiebung..

Nachkriegszeit (1945–52): Aus Vertretern der »Provisor. Reg.« und Exilpolitikern wurde am 28. 6. 1945 eine »Reg. der Nat. Einheit« gebildet, in der Kommunisten Schlüsselpositionen innehatten. Die Sowjetunion sicherte sich einen starken Einfluss auf P. u. a. durch den Abschluss eines Freundschafts- und Beistandsvertrags (21. 4. 1945). Mit Ausnahme der oppositionellen Poln. Bauernpartei (PSL) wurden alle Parteien in einem »Demokrat. Block« zusammengefasst, der von der kommunist. Poln. Arbeiterpartei (PPR) unter Gen.-Sekr. W. Gomułka beherrscht war und die Wahl zum Parlament (19. 1. 1947) für sich entschied. Mit der Annahme der »Kleinen Verf.« (19. 2. 1947) begann die offene Kursnahme auf die Errichtung einer Volksdemokratie. B. Bierut (Kommunist) wurde Staatspräs. (1947–52) und J. Cyrankiewicz (Sozialist) MinPräs. (1947–52, 1954–70). Nach dem Ausschluss Jugoslawiens aus dem »sozialist. Lager« (1948) wurden die poln. Nationalkommunisten als »Rechtsabweichler« aus führenden Positionen entfernt und verhaftet (u. a. Gomułka). 1948 fusionierten nach Säuberungen PPR und Sozialist. Partei (PPS) zur Vereinigten Poln. Arbeiterpartei (PZPR), deren Führung Bierut übernahm. Nach einer Bodenreform und der Verstaatlichung der Ind., der Banken und des Verkehrswesens in den ersten Nachkriegsjahren vollzog sich 1947 der Übergang zur zentralen Planwirtschaft. 1949 wurden in Landwirtschaft und Kleingewerbe Zwangskollektivierungen und Enteignungsmaßnahmen eingeleitet. Damit ging eine zunehmend verschärfte Reglementierung, bald eine offene Verfolgung der kath. Kirche einher. Die nach 1949 forcierte Industrialisierung brachte unter großem Konsumverzicht der Bev. eine völlige Umgestaltung der Wirtschaftsstruktur. Im Görlitzer Vertrag (6. 7. 1950) erkannte die DDR die Oder-Neiße-Linie an.

Die Volksrepublik Polen (1952–89): Mit der volksdemokrat. Verf. vom 22. 7. 1952 nahm das Land offiziell die Staatsbez. »Volksrep. P.« an. Als Mitgl. des Rates für gegenseitige Wirtschaftshilfe (seit 1949) und des Warschauer Pakts (seit 1955) fügte sich P. in den Ostblock ein. Unter dem Eindruck der Entstalinisierung in der Sowjetunion kam es im Juni 1956 zum Posener Aufstand; im Okt. 1956 wurde Gomułka an die Spitze der PZPR zurückberufen. Bei fester Einbettung in das »sozialist. Lager« änderte er den polit. Kurs: Wiedereinführung der bäuerl. Privatwirtschaften, Fortsetzung der Industrialisierung unter Verstärkung des Konsumgütersektors, Begrenzung der sowjet. Stationierungstruppen und Entlassung der Berater (u. a. des als Verteidigungsmin. amtierenden sowjet. Marschalls K. K. Rokossowski), Normalisierung der Beziehungen zur kath. Kirche. Die poln. Beteiligung an der militär. Intervention in der ČSSR im Aug. 1968 sicherte Gomułka die Unterstützung der sowjet. Reg. bei der Zurückdrängung seiner Gegner im Innern (v. a. die nationalkommunistische Opposition um Innenmin. M. Moczar) und beim Abschluss des Dt.-Poln. Vertrages (7. 12. 1970).

Streiks und Arbeiterunruhen in den Küstenstädten führten im Dez. 1970 zur Entlassung Gomułkas und zur Machtübernahme durch E. Gierek, dem zus. mit MinPräs. P. Jaroszewicz in kurzer Zeit die polit. und wirtsch. Konsolidierung gelang (»poln. Wirtschaftswunder« bis 1973). 1972 übernahm H. Jabłonski das Amt des Staatsratsvors. (bis 1985). Nach erneuten Streiks und Arbeiterunruhen 1976 bildete sich das »Komitee zur Verteidigung der Arbeiter« (KOR). Die mit der Wahl des Krakauer Kardinals K. Wojtyła zum Papst (16. 10. 1978) Johannes Paul II. einsetzende religiöse Erneuerungsbewegung unterstützte die Forderung nach tief greifenden Reformen. Ausgelöst durch wirtsch. Schwierigkeiten (v. a. Missverhältnis zw. Kaufkraft und Warenangebot) kam es 1980 zu einer landesweiten Streikbewegung (Zentrum u. a. in Danzig); sie konnte nur durch Zulassung einer unabhängigen Gewerkschaft (am 17. 9. 1980 Gründung und am 10. 11. 1980 gerichtl. Bestätigung der ↑Solidarność unter Führung L. Wałęsas) und durch weitere Zugeständnisse (Danziger Abkommen vom 31. 8. 1980) beendet werden. Gierek wurde als 1. Sekretär der PZPR Anfang Sept. 1980 durch S. Kania ersetzt. Im Febr. 1981 übernahm General W. Jaruzelski das Amt des MinPräs., im Okt. 1981 auch das des Parteichefs. Die sich rapide zuspitzende innenpolit. und wirtsch. Situation sowie die sich abzeichnende Möglichkeit einer sowjet. Intervention veranlassten ihn zur Verhängung des Kriegsrechts (13. 12. 1981); ein »Militärrat der Nat. Rettung« unter seinem Vorsitz übernahm die Macht. Streiks wurden untersagt, viele Gewerkschaftsaktivisten und Intellektuelle interniert. Anfängl. Widerstand in den Betrieben wurde gewaltsam unterdrückt, die Gewerkschaft im Okt. 1982 endgültig verboten. Nach Aufhebung des Kriegsrechts (22. 7. 1983) wurden zwar fast alle Internierten freigelassen, doch blieben zahlr. Beschränkungen (einschl. des Verbots der »Solidarność«) aufrechterhalten. Die Ermordung des Priesters J. Popiełuszko (1984) löste neue Spannungen aus. Zur Überwindung wirtsch. Schwierigkeiten legte die Reg. ein Reformprogramm vor, das in einem Referendum im Nov. 1987 abgelehnt wurde. Da es den Reg. Z. Messner (1985–88) und M. Rakowski (1988/89) nicht gelang, die innenpolit. Krise zu überwinden (ab Aug. 1988 erneut landesweite Streiks), wurden Anfang Febr. 1989 Gespräche mit der Opposition am »Runden Tisch« aufgenommen. Ergebnisse waren u. a. die Wiederzulassung von »Solidarność« und die Einrichtung einer zweiten Parlamentskammer. Die Parlamentswahlen im Juni 1989 brachten einen überwältigenden Sieg der Opposition; das Bürgerkomitee »Solidarność« erhielt im Sejm alle 161 der Opposition zugestandenen Sitze, in der 2. Kammer 99 von 100 Sitzen. Der seit 1985 als Vors. des Staatsrats amtierende Jaruzelski wurde am 19. 7. 1989 zum Staatspräs. gewählt (im Amt bis Dez. 1990). Am 24. 8. 1989 wurde der Oppositionspolitiker T. Mazowiecki Regierungschef.

Republik Polen (seit 1989): Im Rahmen der im Dez. 1989 verabschiedeten Verf.änderungen wurde die Staatsbez. »Rep. P.« wieder eingeführt. 1990 löste sich die PZPR auf, ein Teil ihrer Mitgl. gründete die »Sozialdemokratie der Rep. P.« (SdRP). Im Dez. 1990 wurde Wałęsa zum Staatspräs. gewählt. MinPräs. J. K. Bielecki (Jan.–Dez. 1991) setzte den marktwirtsch. orientierten Reformkurs fort. Mit den wachsenden wirtsch.-sozialen Problemen bei der Umsetzung der Reg.politik büßte auch die »Solidarność«-Bewegung, die seit ihrer Einbindung in die Reg.verantwortung politisch zersplitterte, an Popularität und Einfluss ein. Die Parlamentswahlen im Okt. 1991 erbrachten keine klare Mehrheit; MinPräs. einer Mehrparteienkoalition wurde J. Olszewski, der das Tempo der marktwirtsch. Reformen zu drosseln suchte.

Nach der Abberufung Olszewskis (Juni 1992) führte Hanna Suchocka (Demokrat. Union) von Juli 1992 bis Mai 1993 als MinPräs. eine Koalitionsreg. von sieben aus der Gewerkschaft »Solidarność« hervorgegangenen Parteien. Ein Reg.programm zur »Allg. Privatisierung« (Privatisierung von rd. 600 Staatsbetrieben, Ausgabe von Volksaktien) wurde Ende April 1993 vom Sejm gebilligt. Das Abtreibungs-Ges. polarisierte die Gesellschaft und setzte die Reg.koalition einer Zerreißprobe aus. Nach vorgezogenen Neuwahlen im Sept. 1993, bei denen v. a. das Linksbündnis SLD und die Poln. Bauernpartei (PSL) Stimmengewinne zu verzeichnen hatten, wurden Korrekturen an dem prinzipiell befürworteten marktwirtschaftl. Kurs gefordert. Bei den Präsidentenwahlen setzte sich im Nov. 1995 A. Kwaśniewski, der Kandidat der Linksallianz, gegen den amtierenden Präs. L. Wałęsa durch, sah sich jedoch im Ergebnis der Wahlen von Sept. 1997 (Sieg der Wahlaktion der Solidarność) im Sejm einer liberalkonservativen Mehrheit gegenübergestellt (MinPräs. J. Buzek, seit Okt. 1997).

Im Juli 1997 traten die Flüsse Oder, Neiße und Weichsel über die Ufer und verursachten schwerste Umwelt- und Gebäudeschäden.

Im April 1999 wandelte sich das Linksbündnis SLD in eine Partei gleichen Namens um; im Juni 1999 löste sich die SdRP auf. Die Präsidentschaftswahlen im Okt. 2000 gewann Amtsinhaber Kwaśniewski.

Außenpolitisch schloss P. im Nov. 1990 mit Dtl. einen Grenzvertrag (Festlegung der Oder-Neiße-Linie als endgültige dt.-poln. Grenze), im Juni 1991 einen Nachbarschaftsvertrag. 1991 wurde P. Vollmitgl. des Europarates. Zugleich bemühte sich die poln. Diplomatie um eine aktive Nachbarschaftspolitik

(Visegrád-Allianz, ↑Visegrád). In der außen- und sicherheitspolit. Konzeption gewann die Gestaltung einer frz.-dt.-poln. »Achse« eine Schlüsselstellung (repräsentiert durch das nach dem ersten Tagungsort 1991 benannte »Weimarer Dreieck«, einem informellen Forum auf Reg.- und Parlamentarierebene). Neben dem vorrangigen Ziel seiner vollständigen Westintegration sucht P. gutnachbarl. Beziehungen zu seinen östl. Nachbarn (v. a. zu Russland). 1994 stellte die poln. Regierung den Antrag auf Aufnahme in die EU (1998 Beginn von Beitrittsverhandlungen); am 12. 3. 1999 wurde P. Mitgl. der NATO.

Rhode, G.: Geschichte P.s. Ein Überblick. Darmstadt ³1980. – Bartoszewski, W.: Uns eint vergossenes Blut. Juden u. Polen in der Zeit der »Endlösung«. Frankfurt am Main 1987. – Hoensch, J. K.: Geschichte P.s. Stuttgart ²1990. – Dönhoff, M. Gräfin: Polen u. Deutsche. Frankfurt am Main 1991. – Oberzill, G. H.: P. Olten u. a. ²1991. – Pelzer, F.: P. Eine geograph. Landeskunde. Darmstadt 1991. – P. nach dem Kommunismus, hg. v. E. Oberländer. Stuttgart 1993. – Zernack, K.: P. u. Rußland. Zwei Wege in der europ. Geschichte. Berlin 1994. – P. Geschichte, Kunst u. Landschaft einer alten europ. Kulturnation, Beiträge v. I. Bentchev u. a. Köln ⁵1996. – Schmidt-Rösler, A.: P. vom Mittelalter bis zur Gegenwart. Regensburg 1996; Urban, T.: P.. München 1998; Bingen, D.: Die Rep. P. Eine kleine polit. Landeskunde. München ²1999.

Polendeutsche, dt. Minderheit in Polen, v. a. in (Ober-)Schlesien, Ermland und Masuren, etwa 1 Million. Mit dem Verlust der ↑deutschen Ostgebiete an Polen war auch die zwangsweise ↑Vertreibung der dt. Bev. (etwa 6,9 Mio. Vertriebene) verbunden; nur eine Minderheit verblieb in ihrer alten Heimat (1950: etwa 1,1 Mio.). Bis 1990/91 offiziell ignoriert und isoliert, ist ihnen erst mit dem Dt.-Poln. Nachbarschaftsvertrag vom 17. 6. 1991 die sprachl., kulturelle und religiöse Identität nach KSZE-Norm zugesichert. Als Volksgruppenorganisation wirkt der »Zentralrat aller Dt. Freundschaftskreise«; seit Okt. 1991 im Sejm vertreten.

Urban, T.: Deutsche in Polen. Geschichte u. Gegenwart einer Minderheit. München ³1994.

Polenow, Wassili Dmitrijewitsch, russ. Maler, *Sankt Petersburg 1. 6. 1844, †Gut Borok (heute Polenowo, Gebiet Tula) 18. 7. 1927; Mitgl. der ↑Peredwischniki; vielfigurige Kompositionen zu histor. und bibl. Sujets; seine Landschaften zählen zu den besten Leistungen russ. Pleinairmalerei.

Polenta [italien.] *die,* dicker Maisgriesbrei, erkaltet in Stücke geschnitten und gebraten.

Poleposition [ˈpəʊlpəˈzɪʃən, engl.] *die, Automobilrennsport:* bester (vorderster) Startplatz für den Fahrer mit der schnellsten Zeit im Qualifikationstraining (»Qualifying«).

Polesilen (russ. Polessje, früher Pripjetsümpfe, Rokitnosümpfe), Niederung im S von Weißrussland, NW der Ukraine und W von Russland, rd. 270 000 km²; umfasst das Einzugsgebiet des Pripjet und erstreckt sich über den Dnjepr bis zur Desna. Das dünn besiedelte Gebiet besteht zu einem Viertel aus Sümpfen; durch Entwässerung wurde Acker- und Weideland gewonnen.

Polesine *der,* fruchtbare Landschaft der östl. Poebene, zw. unterer Etsch und Reno, N-Italien; v. a. Anbau von Weizen, Reis, Zuckerrüben sowie Obst- und Weinbau.

Polessk (dt. Labiau), Stadt im Gebiet Kaliningrad (Königsberg), Russland, an der Deime, vor deren Mündung in das Kur. Haff; 6 100 Ew.; Fischverarbeitung, Schuhherstellung. – Ordensburg (14.–16. Jh.). – 1258 erstmals erwähnt; erhielt 1642 Stadtrecht.

Polflucht, langsames Verschieben der Kontinente in Richtung auf den Äquator, verursacht durch die Erdrotation und die durch Schwereverteilung bedingte P.-Kraft.

Polgar, Alfred, österr. Schriftsteller, *Wien 17. 10. 1875, †Zürich 24. 4. 1955; Theaterkritiker in Wien und Berlin (1925–33), emigrierte von Paris 1940 in die USA, kehrte 1947 nach Europa zurück. Als Meister der kleinen Prosa schrieb P. Glossen, Skizzen, Essays, Novellen mit der geistvoll-iron. Skepsis der Wiener Tradition (Kritiken und Essays: »An den Rand geschrieben«, 1926; »Ja und nein«, 4 Bde., 1926/27; »Standpunkte«, 1953; Erzählungen: »Geschichten ohne Moral«, 1943; »Begegnung im Zwielicht«, 1951), Komödien.

Polhöhe, die in Winkeleinheiten gemessene Höhe des Himmelspols über dem Nordhorizont; gleich der geograph. Breite.

Polhöhenschwankung (Polschwankung, Polbewegung), die durch ständige Verlagerung der Rotationsachse der Erde bedingte Wanderung der Erdpole; bedingt eine ständige kleine Änderung der geograph. Länge und Breite **(Breitenschwankung)** aller Erdorte. Ursache der P. ist v. a. das Nichtzusammenfallen von Rotations- und Symmetrieachse sowie Massenverlagerungen auf der Oberfläche und im Inneren der Erde, die jahreszeitlich oder durch Erdbeben u. a. bedingt sind.

Poliakoff, Serge, frz. Maler und Grafiker russ. Herkunft, *Moskau 8. 1. 1906, †Paris 12. 10.

1969; lebte ab 1923 in Paris, 1938 entstanden seine ersten abstrakten Gemälde. P. entwickelte einen eigenen Stil, für den wenige streng gegliederte und verzahnte Formen von meist kräftigem Kolorit kennzeichnend sind.

Police [pɔ'li:sə, frz.] *die,* Versicherungsschein.

Policy-Mix ['pɔləsɪ-; engl.] *das,* abgestimmte Maßnahmen aus versch. wirtschaftspolit. Bereichen (u. a. Geld-, Fiskal-, Lohnpolitik), um vorgegebene gesamtwirtschaftl. Ziele (z. B. Vollbeschäftigung, Preisniveaustabilität) zu erreichen.

Polier [zu frz. parler »sprechen«], Vorarbeiter der Maurer und Zimmerleute.

Polieren [lat.], Feinbearbeitungsverfahren zum Herstellen glatter und hochglänzender Oberflächen. Beim mechan. P. werden die Werkstoffoberflächen mit Poliermitteln – z. B. feine mit Öl oder Alkohol versetzte Pulver aus Eisenoxid (Polierrot), Aluminiumoxid (Tonerde), Chromoxid (Poliergrün), Calcium- und Magnesiumoxid (Wiener Kalk) u. a. – mithilfe von rotierenden Scheiben aus weichem Tuch oder Leder oder in rotierenden Trommeln (Trommel-P.) mechanisch geglättet. Beim elektrochem. P. wird das Werkstück in einen Elektrolyten als Anode geschaltet, wodurch sich v. a. Rauheitsspitzen und Verunreinigungen auflösen. Beim chem. P. erfolgt die Glättung durch chem. Reaktionen an der Werkstückoberfläche. Dieses wird dazu in ein Glanzbad (Salpetersäure, Chromsäure) getaucht.

Poliklinik [eigtl. Stadtklinik, zu grch. pólis], einem Krankenhaus oder einer Klinik angeschlossene Abteilung zur ambulanten Untersuchung.

Poliomyelitis [grch.] *die* (Kurzbez. Polio), die spinale ↑Kinderlähmung.

Polis [grch. pólis »Stadt«] *die,* im antiken Griechenland der Stadtstaat; nach myken. Zeugnissen Bezeichnung für die »Burg« und die damit verbundene Siedlung. In archaischer Zeit Bez. für das Siedlung und Umland umfassende Gemeinwesen. Die P. verstand sich als Gemeinschaft von Bürgern **(Politen),** für die es feste soziale und ethn. Zugehörigkeitskriterien gab (Abgrenzung z. B. gegen Sklaven und Fremde, die ↑Metöken). Sie war gekennzeichnet durch Selbstverwaltung und eine Verfassung, in der die polit. Rechte und Pflichten des Einzelnen festgelegt waren. Die Verfassung konnte demokratisch oder oligarchisch sein. Die Vollbürger waren die Träger der Souveränität. Sie konnten in den Rat gewählt oder durch Los aufgenommen werden. Alle großen polit. Fragen entschied die Volksversammlung; die Blütezeit lag im 6.–4. Jh. v. Chr.

POLISARIO (Frente POLISARIO, Abk. für span. Frente **Po**pular para la **Li**beración de **Sa**guia el Hamra y **Río** de Oro, dt. »Volksfront für die Befreiung von Saguia el Hamra und Río de Oro«), Befreiungsbewegung, gegr. 1973, kämpft v. a. mithilfe Algeriens für die Errichtung eines unabhängigen Staates in der ↑Westsahara.

Politbüro, bis 1990/91 das Führungsgremium der meisten kommunist. Parteien.

Politesse [Kw. aus Polizei und Hostess] *die,* Hilfspolizistin für den ruhenden Verkehr.

Political Correctness [pɔ'lɪtɪkl kə'rektnɪs; engl. »polit. Korrektheit«] *die* Abk. **PC,** Anfang der 1990er-Jahre an den Univ. der USA geprägter, umstrittener Begriff für eine »richtige« Einstellung, die alle Handlungen und Ausdrucksweisen ablehnt, die Personen aufgrund ihrer Rasse, ihres Geschlechts, ihrer Zugehörigkeit zu einer bestimmten sozialen Schicht, ihrer körperl. oder geistigen Behinderung oder ihrer sexueller Neigung diskriminieren. – Im Hinblick auf die Unschärfe des Begriffs und seiner Inhalte wird PC von Kritikern als Mittel gesellschaftl. Zensur abgelehnt.

📖 *Behrens, M. u. Rimscha, R. von: »Polit. Korrektheit« in Dtl. Bonn ²1995.*

Politik [frz., von grch. politikḗ (téchnē) »Kunst der Staatsverwaltung«], auf die Durchsetzung bestimmter Ziele insbes. im staatl. Bereich und auf die Gestaltung des öffentl. Lebens gerichtetes Verhalten von Individuen, Gruppen, Organisationen, Parteien, Klassen, Parlamenten und Regierung. Aus der Interessenbestimmtheit ergibt sich der Kampfcharakter der P. Ihre Legitimation findet P. in einem demokrat. System letztlich in der Zustimmung (der Mehrheit) der Betroffenen, in totalitären Systemen wird sie aus der herrschenden Ideologie abgeleitet. Nach dem Gegenstand oder Bereich des polit. Handelns unterscheidet man z. B. Außen-, Wirtschafts-, Gesundheits-P., nach der jeweiligen Ebene z. B. Bundes-, Landes- und Kommunal-P., nach dem Handlungs- und Interessenträger z. B. Partei-, Verbands-P., nach den Grundsätzen des polit. Handelns z. B. Macht-, Interessen-, Hegemonial-, Friedens-, Real-P. Zu den polit. Systemen ↑Staat.

Von der Antike (Platon, Aristoteles) über das MA. (Thomas von Aquin, Scholastik) bis ins 18. Jh. war die P. der prakt. Philosophie zugeordnet. In Antike und MA. wurde sie als Lehre von der rechten Ordnung des Gemeinschaftswesens verstanden. Dagegen sind bei N. Machiavelli Erwerb, Gebrauch und Verlust von Macht durch den Fürsten Hauptinhalt der P.; von hier aus entwickelte sich die

Lehre der Staatsräson, nach der Machtgewinn Ziel und Hauptinhalt der P. bildet. Die moderne Naturrechtslehre (S. von Pufendorf, J. Locke) begreift P. als auf diesseitige Ziele ausgerichtetes Handeln zum Wohl des Gemeinwesens. Die Lehre von der Staatsräson setzte sich stärker im kontinentalen Europa durch, das seitdem das polit. Handeln vornehmlich dem Staat und seinen Organen zuordnete. Einflussreich für das P.-Verständnis des 20. Jh. wurde M. Weber, der unter P. v. a. den Kampf um die Macht verstand. Diese Ansätze wurden radikalisiert von C. Schmitt, der das Freund-Feind-Verhältnis als zentral für die P. begriff. Der Marxismus bestimmte P. wesentlich als Klassenkampf. Neuere Strömungen wenden sich gegen die Einengung des Politischen auf seine Machtstruktur und verweisen auf die gesellschaftl. Ordnung als Wirkungsbereich polit. und sozialen Handelns. In den angelsächs. Ländern wurde die Bindung an die Forderungen der prakt. Philosophie nie völlig aufgegeben; der Staat ist das Instrumentarium, das den Interessen der Gesellschaft dienlich zu machen ist.

📖 *Sternberger, D.: Drei Wurzeln der P. Tb.-Ausg. Frankfurt [6]1989. – Der Begriff der P. Bedingungen u. Gründe polit. Handelns, hg. v. V. Gerhardt. Stuttgart 1990. – P.-Lexikon, hg. v. E. Holtmann. München [2]1994. – Schmidt, Manfred G.: Wörterbuch zur P. Stuttgart 1995. – Wörterbuch Staat u. P., hg. v. D. Nohlen. Neuausg. Bonn 1998.*

Politik des billigen Geldes, ↑billiges Geld.

politische Beamte, Lebenszeitbeamte, die ein Amt bekleiden, bei dessen Ausübung sie in fortdauernder Übereinstimmung mit den grundsätzl. polit. Ansichten und Zielen der Reg. stehen müssen (§ 31 Beamtenrechtsrahmen-Ges.; z. B. Staatssekretäre, Ministerialdirektoren); sie können jederzeit in den einstweiligen Ruhestand versetzt werden.

politische Bildung, die Gesamtheit der pädagog. Bemühungen, Jugendliche und Erwachsene an die polit. Mündigkeit, das Verständnis, die Mitverantwortung und die kritisch-aktive Teilnahme am polit. Geschehen heranzuführen. Im Schulwesen tritt die p. B. als Unterrichtsprinzip innerhalb versch. Fächer (z. B. im Geschichtsunterricht) auf, seit der Weimarer Rep. als eigenes Fach (Staatsbürgerkunde), heute unter zahlr. Namen, auch mit anderen Unterrichtsinhalten zu einem »Integrationsfach« zusammengefasst: Politikunterricht, Politik, Politik/Wirtschaft, Gemeinschaftskunde, Gesellschaftslehre oder Sozialkunde. An den Hochschulen etablierte sich die polit. Wissenschaft als Studienfach; außerdem wurden polit. Stiftungen, Vereinigungen, Bundes- und Landeszentralen für p. B. u. a. geschaffen.

📖 *Gagel, W.: Geschichte der p. B. in der Bundesrep. Dtl. 1945–1989. Opladen 1994. – Sutor, B.: Politik. Ein Studienbuch zur p. B. Paderborn 1994. – Mickel, W. W.: Methoden-Leitfaden durch die p. B. Schwalbach am Taunus 1996.*

politische Dichtung (politische Literatur), unscharfer Sammelbegriff für literar. Werke, die polit. Ideen, Ereignisse und Themen behandeln, um so auf die Meinungsbildung, Handlungsweisen und Vorgänge in Staat und Gesellschaft einzuwirken. Der Begriff ist Ausdruck einer Literaturauffassung, die Literatur in erster Linie unter dem Aspekt ihrer gesellschaftskrit. oder sozialen Wirkung betrachtet, unabhängig von der Intention des Autors. I. e. S. bezeichnet p. D. Werke, die unmittelbar im Dienst der Politik – apologetisch oder scharf kritisierend – stehen (charakteristisch z. B. für die Arbeiterliteratur, die Blut-und-Boden-Dichtung und die Werke des sozialist. Realismus).

P. D. kann sich aller literar. Gattungen bedienen, bevorzugt jedoch die Kleinformen der Lyrik (Epigramm, Lied, Chanson, Song), Epik (Anekdote, Fabel, Kurzgeschichte) und des Dramas (Einakter, Sketch, Hörspiel, Lehrstück), daneben kurze Prosaformen wie Flugblatt, Traktat, Pamphlet, Dialog, Reportage usw. Häufig benutzte Verfahren sind Satire, Parodie, Travestie und Kontrafakturen bekannter Texte. Eine distanzierte Bewertung p. D. ist wegen des Zeitbezugs und der unvermeidl. Parteilichkeit kaum möglich. Dennoch zeugen Reaktionen auf p. D. und ihre Verfasser wie Verfolgung, Verbot, Zensur und Prozesse bis in die Gegenwart von ihrer über das rein Literarische hinausweisenden Bedeutung und Wirkung.

📖 *Geschichte der polit. Lyrik in Dtl., hg. v. W. Hinderer. Stuttgart 1978. – Schriftsteller u. Politik in Deutschland, hg. v. W. Link. Düsseldorf 1979. – Rudorf, F.: Poetologische Lyrik u. p. D. Frankfurt am Main 1988. – Hohmann, S.: Friedenskonzepte. Die Thematik des Friedens in der deutschsprachigen politischen Lyrik des Mittelalters. Köln 1992. – Craig, G. A.: Die Politik des Unpolitischen. Deutsche Schriftsteller u. die Macht. 1770–1871. A. d. Engl. Neuausg. München 1996.*

politische Geographie (Staatengeographie), der Zweig der Geographie, der die Wechselbeziehungen zw. den geograph. Gegebenheiten und den polit. Zuständen erforscht.

politische Kultur, nach 1945 in die amerikan. Sozialwiss. eingeführter (engl. »political culture«) und von der dt. Politikwiss. übernommener Begriff, der im wertneutralen Sinne (im Ggs. zur teilweise normativen alltagssprachl. Verwendung des Begriffs) den Zusammenhang zw. polit. Institutionen und dem Bewusstsein der Bev., d.h. zw. objektiven polit. Strukturen und ihrer subjektiven Verarbeitung beschreibt.

Die Etablierung der polit. Kulturforschung als einer sozialwiss. Disziplin erfolgte erst im 20. Jh., v.a. nach 1945. Hinsichtlich der Forschungsgegenstände haben sich empirisch orientierte Forscher auf Kernbereiche geeinigt, die der Umfrageforschung zugänglich sind. Man kann folgende Dimensionen der p. K. unterscheiden: 1) Orientierungen gegenüber dem System als Ganzem (Einstellungen zur institutionellen Ordnung und zur polit. Gemeinschaft), 2) gegenüber seinen »Output-Strukturen« (Einstellungen zum polit. Geschehen, zu Institutionen und Akteuren), 3) gegenüber seinen »Input-Strukturen« (Forderungen und Unterstützungen der Bev.) und 4) gegenüber dem Selbst (Ego) als Teilhaber des polit. Systems (Selbstwertgefühl, Bewusstsein polit. Kompetenz).

Eine der wichtigsten politikwiss. Typologien unterscheidet drei Grundtypen von p. K.: 1) die »parochiale Kultur« mit schwach ausgebildeter polit. Orientierung; 2) die »Untertanenkultur« mit voll ausdifferenziertem politisch-administrativem System, dessen Bürger sich als Objekt staatl. Handelns verstehen; 3) die »partizipative Kultur« mit voll ausdifferenzierter polit. Orientierung und Partizipationsmöglichkeiten der Bürger. Die »civic culture«, eine Bürgerkultur, vermag am ehesten die gegenwärtigen demokrat. Gesellschaften des europäisch-nordamerikan. Typs zu beschreiben und zu vergleichen.

📖 *Greiffenhagen, M. u. Greiffenhagen, S.: Ein schwieriges Vaterland. Zur p. K. im vereinigten Deutschland. München 1993. – The civic culture revisited, hg. v. G. A. Almond u. a. Neudr. Newbury Park, Calif., 1994. – P. K. in Ost- u. Westdeutschland, hg. v. O. Niedermayer u. K. von Beyme. Berlin 1994. Nachdr. Opladen 1996. – Bellers, J.: P. K. u. Außenpolitik im Vergleich. München 1999.*

politische Ökonomie, zuerst von Vertretern des Merkantilismus (z.B. A. de Montchrétien, 1615) geprägter Begriff für die Wirtschaftslehre des absolutist. Staatshaushalts. Seit dem 18. Jh. war der Begriff p. Ö. lange Zeit ein Synonym für Nationalökonomie, Sozialökonomie und ↑Volkswirtschaftslehre. Die p. Ö. als Bestandteil des ↑Marxismus **(Politökonomie)** ist das Ergebnis der marxschen Kritik der p. Ö., einer Analyse der Entstehung, Struktur und Entwicklung der kapitalist. Produktionsweise. Die **p. Ö. des Sozialismus** war als Bestandteil des Marxismus-Leninismus die wirtschaftstheoret. Grundlage der Zentralverwaltungswirtschaft in den kommunist. Staaten.

Die in den 1960er-Jahren entstandene **Neue p. Ö. (ökonom. Theorie der Politik)** wendet Methoden und Instrumente der ökonom. Analyse auf polit. (nicht marktmäßige) Entscheidungsprozesse an. Während die traditionelle Theorie der Wirtschaftspolitik den Einfluss von wirtschaftspolit. Maßnahmen auf die Wirtschaft untersucht, analysiert die neue p. Ö. das polit. und ökonom. Handeln als ein sich wechselseitig bedingendes. Die polit. Instanzen werden dabei nicht als neutrale, nur am Gemeinwohl und anderen wirtschaftspolit. Zielen orientierte und über den egoist. Interessen der Bürger stehende Akteure verstanden; vielmehr wird ihrem Verhalten die Prämisse zugrunde gelegt, dass sie, wie die übrigen Wirtschaftssubjekte auch, ihre individuellen Vorteile anstreben und sich dafür polit. Institutionen und Instrumente nutzbar machen.

📖 *Bernholz, P. u. Breyer, F.: Grundlagen der p. Ö. 2 Bde. Tübingen [3]1993–94. Kirsch, G.: Neue p. Ö. Düsseldorf [4]1997. – Petersen, T.: Die ökonom. Theorie der Politik u. die Verfassung der Freiheit. Köln 1998.*

politische Philosophie, allgemein der Bereich des philosoph. Denkens, der grundlegende Fragen des Wesens, der Prinzipien und der eth. Berechtigung und Zwecksetzung polit. Handelns thematisiert; im engeren Sinne als **Staatsphilosophie** die philosoph. Reflexion über Begriff, Idee, Entstehung, Rechtfertigung, Aufgaben, Prinzipien und Grenzen des ↑Staates.

politische Polizei, Bez. für besondere Polizeiorgane (z.T. auch **Geheimpolizei** gen.), deren Aufgabenfeld die polit. Strafsachen sind. Die p. P. bildete sich in der Monarchie aus; sie hat in allen modernen Diktaturen und totalitären Systemen eine wesentl. Funktion als Instrument der Herrschaftssicherung (z.B. GPU, Geheime Staatspolizei). Dies geschieht unter Anwendung rechtswidriger Willkür bis zu systemat. Terror. – In Dtl. gibt es keine p. P. im eigentl. (histor.) Sinne. Den Verf.schutzämtern des Bundes und der Länder stehen polizeil. Befugnisse nicht zu; die präventive und repressive Bekämpfung verfassungsfeindl. Bestrebungen obliegt den ordentl. Polizeibehörden. Bei den Behörden der Kriminalpolizei sind z.T. besondere Kommissariate oder Abteilungen zur Aufklärung und Verfolgung von Staatsschutzdelikten gebildet worden. Zur p. P. der DDR ↑Staatssicherheitsdienst.

politischer Katholizismus, im 19. Jh. entstandene Bez. zur Kennzeichnung des Katholizismus als polit. Kraft; umfasst als Sammelbegriff die verschiedenen, von der kath. Kirche und ihrer Lehre inspirierten polit. Aktivitäten zur Durchsetzung spezifisch kath. (oder »christl.«) Interessen und Grundsätze im neuzeitl. Staat und in der modernen Gesellschaft; in der gesellschaftspolit. Diskussion häufig abwertend als Inbegriff einseitig klerikaler, päpstl. und kirchenorientierter Sonderinteressen gebraucht. Organisatorisch-personell wird der p. K. von der kirchl. Hierarchie, den kath. Verbänden, Vereinen, Bildungseinrichtungen und Medien getragen, geistig hat er seine Grundlagen v. a. in der kath. Soziallehre. Eine bes. Bedeutung kommt den in polit. Parteien organisierten Katholiken zu.

Lönne, K.-E.: P. K. im 19. u. 20. Jh. Frankfurt am Main 1986.

politische Soziologie, zw. Soziologie und Politikwiss. angesiedeltes Forschungsfeld, dessen Gegenstand die Untersuchung der wechselseitigen Einflüsse und Abhängigkeiten von Politik und Gesellschaft, von polit. und gesellschaftl. Erscheinungen und Zusammenhängen ist.

politisches Testament, seit dem 16. Jh. übl. Vermächtnis eines Fürsten oder Staatsmanns an seinen Nachfolger. Unter anderem Kaiser Karl V., Richelieu, der Große Kurfürst, Friedrich d. Gr., Kaiser Franz I. von Österreich hinterließen polit. Testamente.

politische Straftaten, alle gegen Bestand oder Sicherheit des Staates, gegen die obersten Staatsorgane oder gegen die polit. Rechte der Bürger gerichteten Straftaten (bes. Hoch- und Landesverrat, Rechtsstaatsgefährdung). Im Sprachgebrauch ist die Grenze zw. p. S. im Rechtssinne und politisch motivierter Kriminalität oft fließend. In völkerrechtl. Verträgen ist häufig vereinbart, dass bei p. S. keine Auslieferung des Täters erfolgt (Ausnahmen: Tötungsverbrechen).

politische Theologie, allg. jede Theologie, insofern sie gesellschaftl. Auswirkungen zeigt oder zur Legitimation gesellschaftlicher und polit. (Herrschafts-)Strukturen eingesetzt wird; i. e. S. das von J. B. Metz entwickelte theolog. Konzept, die eschatolog. Inhalte des christl. Glaubens als krit. Korrektiv innerhalb gesamtgesellschaftl. Entwicklung zu interpretieren und so zur Überwindung ungerechter (gesellschaftl.) Strukturen beizutragen. (↑Theologie der Befreiung; ↑feministische Theologie)

politische Wissenschaft (Politikwissenschaft, Politologie), Bez. für die Wiss. von den institutionellen Formen, Prozessen, Inhalten und normativen Grundlagen der Politik. Sie untersucht hauptsächlich die Geschichte der polit. Ideen und der modernen Politiktheorien, die internat. Beziehungen der Staaten sowie die Struktur und Dynamik polit. Systeme einschließlich ihres Vergleichs. Darüber hinaus analysiert sie im Einzelnen Macht- und Herrschaftsverhältnisse sowie die polit. Organisierung und Interessenvermittlung (z. B. Parteien, Wahlverhalten, polit. Beteiligung). Dabei betrachtet die p. W. als Arbeitsfeld (traditionelle) polit. Theorien, empirisch-analyt. Methoden und thematisiert kritisch die sozialen und ökonom. Rahmenbedingungen von Politik.

Politologie *die,* ↑politische Wissenschaft.

Polizei [mlat. policia, aus grch. politeía »Staatsverwaltung«], 1) die gesamte Tätigkeit von Verw.behörden (z. B. Bau- und Gewerbeaufsicht) und Vollzugsorganen (uniformierte P.) zur Abwehr von Gefahren für die öffentl. Sicherheit und Ordnung sowie zur Beseitigung bereits eingetretener Störungen (materieller P.-Begriff); 2) die im Vollzugsdienst tätigen Dienstkräfte, d. h. die uniformierten P.-Kräfte und die Kriminal-P. (institutioneller P.-Begriff).

In Dtl. ist die P. grundsätzlich eine Angelegenheit der Länder (P.-Hoheit der Länder). Sie tragen und regeln die P.-Organisation des Landes und erlassen allg. P.-Gesetze. Während die P. -Organisation in den einzelnen Ländern Unterschiede aufweist, stimmt das Recht des polizeil. Handelns weitgehend überein. Danach ist die allg. Vollzugs-P. für den gesamten polizeil. Vollzugsdienst zuständig, soweit dieser nicht Sonderpolizeibehörden (z. B. Wasserschutz-P., Grenz-P.) vorbehalten ist. Daneben gibt es die Kriminal-P. (oft organisatorisch verbunden mit der allg. Vollzugs-P.), die Bereitschafts-P., die Landeskriminalämter als zentrale Dienststellen für kriminalpolizeil. Aufgaben und die P.-Schulen. Der Bund hat eine Regelungsbefugnis hinsichtlich einiger nur ihm zustehender P.-Behörden (Art. 73 Nr. 10 GG, z. B. Bundeskriminalamt, Bundesgrenzschutz); ferner kann er zahlr., v. a. der Gefahrenabwehr dienende Spezialmaterien wie das Gewerbe-, Lebensmittel-, Gesundheits-, Umweltschutz- und Verkehrsrecht regeln.

Um bundesweit die Fahndung der P. effektiver zu gestalten, ist beim Bundeskriminalamt ein elektron. Informationssystem (Inpol) errichtet worden, das neben seiner Funktion als Fahndungsdatei heute unter anderem auch eine Haft-, Ermittlungs- und Straftäterdatei enthält.

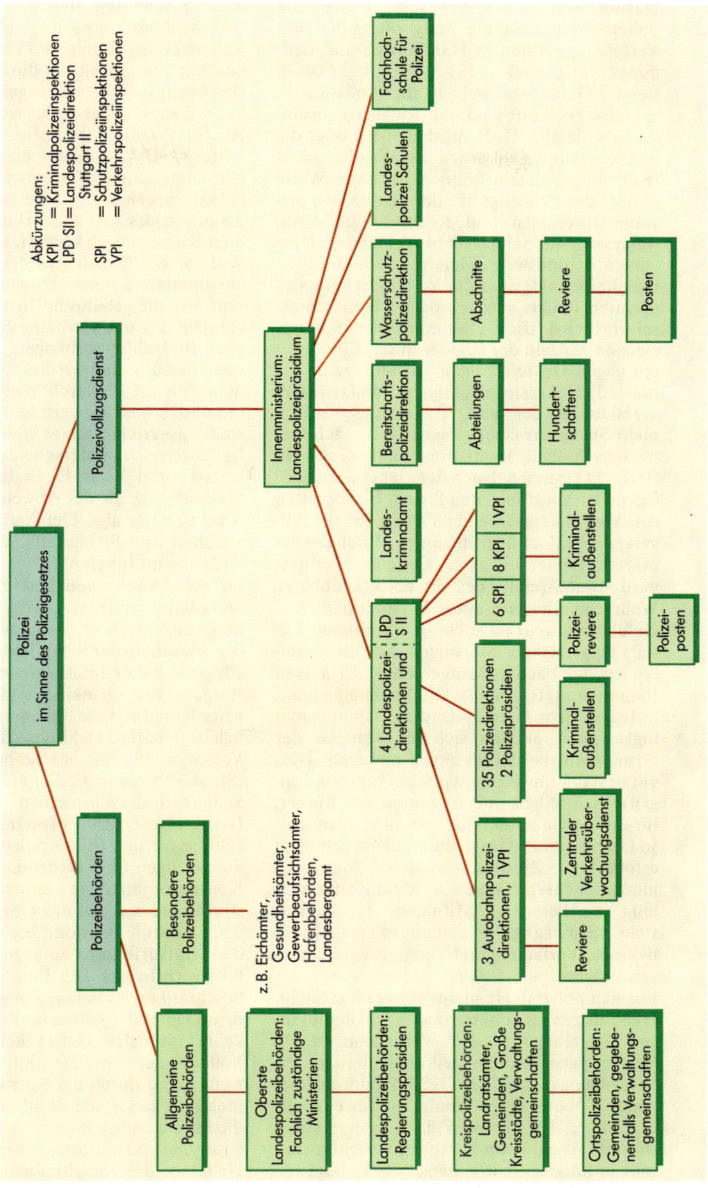

Polizei: Organisation der Polizei am Beispiel des Landes Baden-Württemberg

Hauptaufgabe der P. ist die Gefahrenabwehr. Darüber hinaus ist ein wesentl. Bestandteil polizeil. Tätigkeit die Mitwirkung bei der Verfolgung strafbarer Handlungen und Ordnungswidrigkeiten (§ 163 StPO, § 152 GVG). Bei der Gefahrenabwehr ist die (Vollzugs-)P. grundsätzlich nur insoweit (sachlich) zuständig, als die allg. Ordnungsbehörden oder die Sonderordnungsbehörden nicht oder nicht rechtzeitig handeln können. In ähnl. Weise obliegt der (Vollzugs-)P. der Schutz von privaten Interessen und Rechten nur dann, wenn gerichtl. Schutz nicht rechtzeitig zu erlangen ist und wenn ohne polizeil. Hilfe die Gefahr besteht, dass die Verwirklichung des privaten Rechts vereitelt oder wesentlich erschwert wird. Die Gefahrenabwehr kann mit eigenen Mitteln der P. oder durch Einschreiten gegen Dritte erfolgen. Grundlage ist die polizeil. Generalermächtigung (**polizeil. Generalklausel** der allg. P.-Gesetze), sofern nicht Spezialermächtigungen (z. B. nach Gewerbeordnung, Immissionsschutz-Ges.) in Betracht kommen. Nach der Generalermächtigung ist Voraussetzung für ein Einschreiten das Vorhandensein einer Gefahr für die Allgemeinheit oder den Einzelnen, durch die die öffentl. Sicherheit oder Ordnung bedroht wird. Eine Gefahr besteht bei erkennbarer Wahrscheinlichkeit eines Schadenseintritts. Gefahrenabwehr ist auch die Beseitigung bereits eingetretener Störungen. Ein Einschreiten erfolgt nach pflichtgemäßem Ermessen (Opportunitätsprinzip). Die Maßnahmen unterliegen dem Grundsatz der Verhältnismäßigkeit und müssen sich im Rahmen der Grundrechtsbeschränkungen bewegen. Dies gilt bes. für eine Reihe typischer polizeil. Eingriffe in Freiheit und Eigentum der Bürger, für die die Generalklausel oft nicht ausreicht, sodass in den P.-Gesetzen Sonderregelungen erfolgt sind. Zu diesen »polizeil. Standardmaßnahmen« gehören u. a. Identitätsfeststellung von Personen, Mitnahme zur Dienststelle (Sistierung), erkennungsdienstl. Maßnahmen, Vorladung und Vorführung, Schutzgewahrsam.

Formen polizeil. Handelns sind rein tatsächl. Handlungen (Realakte) und Rechtshandlungen (Regelungen) wie P.-Verordnungen, P.-Verfügungen und polizeil. Erlaubnisse. **P.-Verordnungen** sind der Gefahrenabwehr dienende Gebote oder Verbote, die für eine unbestimmte Anzahl von Fällen an eine unbestimmte Anzahl von Personen gerichtet sind (nur in Ländern mit materiellem P.-Begriff). **P.-Verfügungen** sind Verw.akte, die der Regelung von Einzelfällen dienen; sie richten sich an bestimmte Personen oder einen bestimmten Personenkreis (Allgemeinverfügung). **Polizeil. Erlaubnisse** sind bes. da erforderlich, wo eine Betätigung mit Gefahr verbunden ist. Vollstreckungsfähige P.-Verfügungen können mit Zwangsmitteln durchgesetzt werden (P.-Zwang). Ohne vorausgehende Verfügung kann Zwang angewendet werden, wenn dies zur Gefahrenabwehr notwendig ist. Zwangsmittel sind: Ausführung einer zu erzwingenden Handlung auf Kosten des Pflichtigen **(Ersatzvornahme),** Festsetzung eines **Zwangsgeldes** und Einwirkung auf Personen oder Sachen durch **körperl. Gewalt** und durch Waffen. Bei Ordnungswidrigkeiten ist unter bestimmten Voraussetzungen neben gebührenfreier die gebührenpflichtige Verwarnung zulässig. P.- und Ordnungsbehörden können auch Bußgelder verhängen. Gegen Maßnahmen der P.- und Ordnungsbehörden kann man sich i. d. R. durch Widerspruchsverfahren und, soweit dies erfolglos war, durch verwaltungsgerichtl. Klage wehren.

In *Österreich* unterscheidet man Sicherheits-P. und Verw.-P. Erstere umfasst jene Maßnahmen, die der Abwehr und der Unterdrückung der allg. Gefahren für Leben, Gesundheit und Sicherheit, öffentl. Ruhe und Ordnung im Inneren dienen. Die Verw.-P. ist für die Abwehr von bereichstyp. Gefahren und den Schutz von materienspezif. Ordnungsinteressen (z. B. Gewerbe-P.) zuständig. Innerhalb der Sicherheits-P. bestehen die allg. und die örtl. Sicherheits-P.; Letztere ist Aufgabe der Gemeinden. Die allg. Sicherheits-P. umfasst die Bekämpfung von gerichtlich strafbaren Delikten (Kriminal-P.), die Vorsorge für die Sicherheit des Staates (Staats-P.) sowie die Sorge für Ordnung und Sicherheit im Allgemeinen.

In der *Schweiz* sind primär die Kantone zuständig für den Erlass polizeil. Vorschriften. Sie verfügen über stehende P.-Truppen u. a. Kontrollorgane. Die kantonale P.-Hoheit erstreckt sich nur auf das Gebiet des Kantons, doch sind die Kantone bes. auf dem Gebiet der Strafverfolgung zu gegenseitiger Rechtshilfe verpflichtet. Der Bund hat hier nur eine beschränkte Gesetzgebungskompetenz auf dem Gebiet der Gewerbe-P., des Straßenverkehrs und des Gesundheitsschutzes. Der Vollzug der bundesrechtl. Erlasse erfolgt weitgehend durch die Kantone. Als bundesrechtl. Organ ist die Bundesanwaltschaft und die ihr zugeordnete gerichtl. P. zuständig für strafrechtl. Ermittlungen bei einer Reihe von Delikten, die vom Bundesstrafgericht beurteilt werden. (↑Europol, ↑Interpol)

📖 *Harnischmacher, R. u. Semerak, A.: Dt. Polizeigeschichte. Stuttgart u. a. 1986. – Götz, V.:*

Allgemeines P.- u. Ordnungsrecht. Göttingen [12]1995. – Möller, M. u. Wilhelm, J.: Allgemeines P.- u. Ordnungsrecht mit Verwaltungszwang u. Rechtsschutz. Köln [4]1995. – Handbuch des Polizeirechts, hg. v. H. Lisken u. a., bearb. v. H. Bäumler u. a. München [2]1996.

polizeiliche Generalklausel, ↑Polizei.

polizeiliches Führungszeugnis, ↑Führungszeugnis.

Polizeirufanlagen, fernmeldetechn. Einrichtungen zum Alarmieren der Polizei in Notfällen. Öffentl. P. sind das Fernsprechnetz (↑Notruf) und die ↑Fernsprechnotrufsäulen. Daneben gibt es nichtöffentl. P. zum Schutz von Banken, Geschäften u. a., die von Hand ausgelöst werden oder automatisch als Raumschutzanlagen arbeiten.

Polizeischulen, Ausbildungsstätten in den Bundesländern (Landespolizeischulen), in denen Anwärter für den mittleren Dienst Grundlagenunterrricht in rechtl. und Verwaltungsfragen, Verkehrslehre, Einsatzlehre, Staatsbürgerkunde, Soziologie, Psychologie u. a. Fächern erhalten. Das Studium der Anwärter für den gehobenen Polizeivollzugsdienst an speziellen Fachhochschulen (mit Praktika bei Polizeidienststellen) erfolgt in der Zuständigkeit der Länder (Schutz-, Wasserschutz- und z. T. Kriminalpolizei) oder des Bundes (Bundeskriminalamt und Bundesgrenzschutz).

Polizeisozialismus, Bez. für den in Russland von Sergei Wassiljewitsch Subatow (*1864, †1917; zunächst Chef der Moskauer ↑Ochrana, dann Direktor des Polizeidepartements im russ. Innenministerium) initiierten Versuch, unter Aufsicht und Führung der Polizei zarentreue Gewerkschaften zu schaffen; anfangs in Moskau (mehrere Tausend Mitgl.), dann u. a. auch in Minsk, Wilna, Kiew erfolgreich, wo Subatow ab 1901 Arbeitergesellschaften gründen ließ. Die »Subatowstschina« scheiterte aber am Misstrauen der Reg., die Subatow 1903 verbannte, und an der sozialist. Infiltration der Organisationen. 1904 gründete in der Tradition des P. der Priester und Agent der Geheimpolizei Georgi Apollonowitsch Gapon (*1870, †1906) die »Vereinigung russ. Fabrikarbeiter von Sankt Petersburg«; die von ihr ausgehende friedl. Demonstration am 22. 1. 1905 führte zum ↑Blutsonntag.

Polizeisport, organisierte sportl. Aktivitäten zur Aufrechterhaltung der Dienstfähigkeit und zur Gesunderhaltung der Polizeivollzugsbeamten in Bund und Ländern. In Disziplinen polizeirelevanter Sportarten (Selbstverteidigung, Schwimmen, Retten) werden Europa- und Weltmeisterschaften ausgetragen. Der P. wird in Dtl. vom Dt. P.-Kuratorium (DPSK; gegr. 1949, Sitz: Hamburg) organisiert.

Polizeistaat, der das polit., wirtsch. und soziale Leben durch repressive Kontrollmaßnahmen reglementierende Staat im Ggs. zum Rechts- und Verfassungsstaat. Die Regierung übt die Staatsgewalt ohne jegl. Bindung an Verfassung oder institutionalisierte Kontrolle aus und greift auch in die persönl. Freiheit und Privatsphäre der Bürger ein, gewöhnlich durch willkürl. Machtausübung seitens der Polizei, v. a. der Geheimpolizei. Polizeistaatlich geprägt waren die absolutist. Staaten des 17. und 18. Jh. sowie das zarist. Russland; im 20. Jh. wurden unter dem Nationalsozialismus und unter dem Kommunismus Varianten des P. praktiziert.

Polizeistunde (Sperrzeit, Sperrstunde), der Zeitpunkt, zu dem Schank- und Speisewirtschaften sowie öffentl. Vergnügungsstätten geschlossen werden müssen, ferner die Zeitspanne, in der keine Betriebsleistungen erfolgen dürfen und in der den Gästen ein Verweilen darin verboten ist. Die P. wird durch VO der obersten Landesbehörde festgesetzt (meist 1 Uhr); örtl. Ausnahmen sind möglich. – In *Österreich* kann die P. vom Landeshauptmann, in der *Schweiz* von den Gemeinden angeordnet werden.

Poliziano, Angelo, eigtl. Angiolo Ambrogini, italien. Humanist und Dichter, *Montepulciano 14. 7. 1454, †Florenz 29. 9. 1494; Kanzler von Lorenzo de' Medici, erhielt 1480 den Lehrstuhl für grch. und röm. Literatur der Univ. Florenz. P. war der führende klass. Philologe Italiens im 15. Jh.; seine Tanzlieder, aber auch seine lat. und grch. Gedichte gehören zu den schönsten der Renaissance. In italien. Sprache schrieb er u. a. die unvollendeten »Stanze per la giostra« (entstanden 1475–78, gedruckt 1494, dt. u. d. T. »Der Triumph Cupidos«) und »Orpheus« (1471, gedruckt 1494), das erste weltl. Drama der italien. Literatur.

Poljakow, Waleri Wladimirowitsch, russ. Arzt und Kosmonaut, *Tula 27. 4. 1942; ab 1971 am Institut für medizinisch-biologische Probleme (IMBP) in Moskau tätig, ab 1972 Ausbildung zum Kosmonauten, seit 1992 stellv. Direktor des IMBP. Nachdem er 1988/89 einen 241 Tage dauernden Aufenthalt an Bord der Raumstation ↑Mir absolviert hatte, erreichte P. 1994/1995 mit 438 Tagen die bisher längste Aufenthaltsdauer eines Menschen im All.

Polje [russ. »Feld«] *das,* großes, wannenförmiges Becken in Karstgebieten, mit flachem Boden.

Polk [pəʊk], James Knox, 11. Präs. der USA (1845–49), *Mecklenburg County (N. C.) 2. 11. 1795, †Nashville (Tenn.) 15. 6. 1849; Demokrat, 1839–41 Gouv. von Tennessee. P. verfolgte eine expansionist. Außenpolitik (↑Manifest Destiny), die den USA einen großen Gebietszuwachs brachte (brit.-amerikan. Vertrag über die Festlegung der N-Grenze Oregons auf den 49. Breitengrad 1846, Mexikan. Krieg 1846–48).

Pọlka [tschech., eigtl. »Polin«] *die,* tschech. Nationaltanz; um 1830 in Böhmen entstandener Paartanz im lebhaften $^2/_4$-Takt, neben dem Walzer beliebtester Gesellschaftstanz des 19. Jh. Varianten sind u. a. die Kreuz-P. und die P.-Mazurka (im $^3/_4$-Takt).

Pọlke, Sigmar, Künstler, *Oels 13. 2. 1941; seine großformatigen »Rasterbilder« haben die unpersönl. Reproduktionstechnik der Massenmedien zum Thema, seine Stoffbilder auf gemusterten Dekorationsstoffen ironisieren subjektiv betonten Farbauftrag und triviale Kunsterwartung. Seine geistvoll-iron., nur scheinbar naive Bildsprache gewann starken Einfluss auf die dt. Malerei seit Ende der 1970er-Jahre.

Poll [pəʊl, engl.] *der,* urspr. der Stimmzettel, in den USA bes. die Wählerliste; allg. die Stimmabgabe, übertragen auch die Meinungsumfrage (Opinion poll).

Pọllack *der* (Pollak), bis 1,2 m langer Dorschfisch.

Pollack [ˈpɔlæk], Sydney, amerikan. Filmregisseur, *Lafayette (Ind.) 1. 7. 1934; drehte u. a. »Dieses Mädchen ist für alle« (1965), »Jeremiah Johnson« (1971), »Tootsie« (1982), »Jenseits von Afrika« (1985), »Havanna« (1989), »Die Firma« (1993).

Pollaiuọlo, Antonio del, eigtl. A. di Iacopo d'Antonio Benci, italien. Bronzebildner, Goldschmied, Gießer, Maler, Kupferstecher, *Florenz 17. 1. 1432, †Rom 4. 2. 1498; als Maler tätig in Werkstattgemeinschaft mit seinem Bruder Piero (*1443, †1496). Die Darstellung der im Raum bewegten, vielansichtigen Figur ist sein Beitrag zur Skulptur der Renaissance, zunächst in der Kleinplastik. Sein Kupferstich »Kampf der nackten Männer« (um 1470/75) war wegweisend für die Aktdarstellung. Seine Hauptwerke sind die für die Peterskirche in Rom geschaffenen Bronzegrabmäler für Sixtus IV. (1481–93) und Innozenz VIII. (1493–97).

Pollakisurie [grch.] *die,* Drang zu häufiger Harnentleerung.

Pọllen [lat. »Staubmehl«] *der* (Blütenstaub), Gesamtheit der Pollenkörner (↑Pollenkorn) einer Blüte.

Pollen|allergie, der ↑Heuschnupfen.

Pollen|analyse, Methode zur Bestimmung der Flora der erdgeschichtlich jüngeren Vegetationsperioden aus Pollenkörnern. Deren für jede Pflanzenart charakterist. Form erlaubt nach Jahrtausenden noch Rückschlüsse z. B. auf die Geschichte der Kulturpflanzen.

Pollença [puˈʎensə] (span. Pollensa), Ort an der Nordspitze Mallorcas, auf der Halbinsel Formentor, 12 800 Ew.; Kunstmuseum; Musikfestspiele; Castillo del Rey, Kloster Puig de Maria.

Pollenkorn, durch Meiose aus den diploiden Pollenmutterzellen in den **Pollensäcken** der Staubblätter entstehende haploide männl. Fortpflanzungszelle (Mikrospore) der Samenpflanzen. Im P. entwickelt sich bei der Reifung der männl. Mikrogametophyt, bestehend aus einer vegetativen und einer darin eingeschlossenen generativen Zelle, die sich vor oder nach der Blütenbestäubung in zwei Spermazellen teilt. Nach Übertragung auf die Narbe (bzw. auf die nackte Samenanlage der Nacktsamer) treibt die innere Wand zum **Pollenschlauch** aus; dieser dringt dann in die Samenanlage ein, wo die Befruchtung stattfindet.

Pọller, *Schifffahrt:* kurzer, oben meist verdickter Pfosten aus Gusseisen, Stahl, seltener Holz auf dem Schiffsdeck und am Kai zum Festzurren der Taue eines anlegenden Schiffes.

Polling [ˈpəʊlɪŋ, engl.] *das* (Sendeaufruf), *Datenverarbeitung:* Abfragemethode, bei der regelmäßig ein zentraler Rechner die Empfangs- und Sendebereitschaft einer Datenendstation (untergeordneter Rechner, Peripheriegerät) prüft.

Pollịni, Maurizio, italien. Pianist, *Mailand 5. 1. 1942; zählt zu den führenden Pianisten der Gegenwart; bekannt v. a. als Interpret der Klavierwerke L. van Beethovens, F. Schuberts, F. Chopins sowie zeitgenöss. Komponisten (u. a. P. Boulez, L. Nono). Tritt seit 1978 auch als Konzert- und Operndirigent auf.

Pollock [ˈpɔlək], Jackson, amerikan. Maler, *Cody (Wyo.) 28. 1. 1912, †Easthampton (N. Y.) 11. 8. 1956; gilt als der bedeutendste Vertreter des ↑Actionpainting; verwendete die Tropf-(»Dripping«-)Methode statt des Pinsels.

Pollucịt [grch.-lat.] *der,* farbloses bis weißes kub. Mineral der chem. Zusammensetzung $(Cs,Na)[AlSi_2O_6] \cdot 12\,H_2O$; bildet meist derbe Massen in Granitpegmatiten; wichtigstes Cäsiumerz.

Pollution [lat.] *die,* spontaner, meist nächtl. Samenerguss (↑Ejakulation), oft mit sexuellen Träumen verknüpft; häufig in der Pubertät.

ꞏolnische Kunst: die Gnesener Bronzetür ꞏvon einem Vorgängerbau, um 1170) im ꞏortal der südlichen Vorhalle des 1342 ff. ꞏrbauten Doms zu Gnesen

Pollux, 1) *der, Astronomie:* Stern 1. Größe, β im Sternbild Zwillinge.

2) (grch. Polydeukes), *grch. Mythos:* einer der ↑Dioskuren.

polnische Kunst. Seit den Anfängen im 10. Jh. stand die Kunst Polens unter wechselnden Einflüssen aus Mitteleuropa und Italien. Sie entwickelte erstmals im 14. Jh. eigenständige Stilvarianten und nahm um 1800 betont nat. Charakter an. Die mittelalterliche **Baukunst** setzte zu Ende des 9. Jh. ein (Rundkapellen auf dem Wawel, dem Krakauer Burgberg). Seit Mitte des 13. Jh. verbreiteten die Zisterzienser die got. Baukunst. Eigenständige poln. Bautypen entwickelten sich mit den Domen in Krakau (1320–64) und Gnesen (1342 ff.) sowie der Kollegiatskirche in Wiślica (um 1350 ff.). Im N entstanden im 14. und 15. Jh. zahlr. Deutschordensburgen, die Städte erhielten Befestigungen und Rathäuser mit mächtigen Türmen, Krakau eine Universität (Collegium Maius, 1492–97).

König Sigismund I. berief italien. Renaissancebaumeister nach Polen: Das Wawelschloss in Krakau wurde 1536 von Meister Francesco († 1516) und B. Berecci umgebaut, der auch die Sigismund-Kapelle am Dom errichtete (1517–33). In die bürgerl. Architektur drangen Renaissanceelemente insbesondere als vorgeblendetes Dekorationssystem ein (»polnisches Attika«). Die barocke Baukunst war zunächst römisch geprägt (Jesuitenkirchen, unter anderem St. Peter und Paul in Krakau, 1596–1619), der Niederländer Tylman van Gameren baute hochbarock oder im paladian. Stil (u. a. Palais Krasiński, 1680–95; Warschau). Zum Zentrum des künstler. Lebens wurde das Ende des 17. Jh. von A. V. Locci gebaute Schloss Wilanów bei Warschau. Ende des 18. Jh. herrschte der elegante »Stanislaus-August-Klassizismus« (Umbau des königl. Schlosses und von Schloss Łazienki in Warschau durch D. Merlini).

Im 19. Jh. dominierten historist. Tendenzen, denen Ende des 19./Anfang 20. Jh. einige Architekten durch Aufgreifen nat. Formen (u. a. Holzbauweise, Landhausstil) zu begegnen suchten. Nach dem Zweiten Weltkrieg hervorragende Leistungen der Denkmalpflege bei der Rekonstruktion schwer zerstörter Städte (Warschau, Danzig, Breslau); Neugestaltung ganzer Städte. – Frühe Beispiele poln. **Plastik** sind die Gnesener Bronzetür und die Reliefsäulen von Strzelno (beides um 1170). Im 14. und 15. Jh. entstanden die Königsgräber des Krakauer Doms. Das Grabmal König Kasimirs IV. (1492) ist eine Arbeit von V. Stoß, der mit dem Marienaltar für die Marienkirche (1477–89) in Krakau auch sein Hauptwerk hinterließ. Der wichtigste Bildhauer des ausgehenden 18. Jh. war A. Le

polnische Kunst: »Maria mit Kind zwischen dem Apostel Andreas und der heiligen Barbara«; um 1510 (Posen, Muzeum Narodowe)

polnische Kunst: Holzkirche Sankt Johannes der Täufer in Orawka, westlich von Neumarkt (Nowy Targ); um 1650

Brun, in der 1. Hälfte des 19. Jh. J. Tatarkiewicz und im 20. Jh. X. Dunikowski. – Die got. **Malerei** in Polen ist durch Einflüsse v. a. aus Böhmen und dem byzantin. Bereich bestimmt. Im 16. Jh. waren mehrere Nürnberger Maler (H. von Kulmbach, H. Dürer) in Krakau tätig. Neben der am Ende des 16. Jh. ins Land gebrachten italien. Renaissancemalerei behauptete sich (bis zum Ende des 18. Jh.) ein sarmatischer Stil mit oriental. Zügen.

J.-P. Norblin markierte den Übergang vom Rokoko zum Realismus des 19. Jh., dessen Hauptvertreter P. Michałowski, J. Matejko sowie M. und A. Gierymski wurden. Symbolisten wie J. Malczewski und S. I. Witkiewicz leiteten zur Moderne über, die einen Konstruktivismus als bedeutendste poln. Eigenleistung hervorbrachte (W. Strzemiński, H. Berlewi, K. Kobro). Bedeutung erlangte v. a. in Krakau der Jugendstil um die Künstlergruppe »Sztuka«, ihr wichtigster Vertreter war der Maler, Dichter und Kunsthandwerker S. Wyspiański. Experimentelle Offenheit kennzeichnet auch die p. K. nach dem Zweiten Weltkrieg (T. Kantor, T. Brzozowski, Magdalena Abakanowicz, R. Opatka, Z. Jurkiewicz, Z. Gostomski). Die poln. Grafik erlangte internat. Ansehen, v. a. in der Plakatkunst.

Die Vielfalt der heutigen, parallel zu den westl. Strömungen verlaufenden Kunstformen spiegelt auch die relative Offenheit, die innerhalb der p. K. mit gewissen Schwankungen unter dem kommunist. Regime ab Ende der 1950er-Jahre herrschte. Im Gegensatz zur westl. Kunst spielt in Polen das Menschenbild nach wie vor eine besondere Rolle, wofür als wegweisende Persönlichkeit v. a. J. Panek zu nennen ist. In Gemälden, Skulpturen und Installationsarbeiten setzten sich Künstler wie M. Balka, L. Korokiewwicz, J. Modzelewski, E. Dwumik und Anna Beller mit der zeitgenöss. Realität auseinander. Auf einer eher symbol. Ebene arbeiten Künstler wie T. Ciecierski, A. Szewczyk, Hanna Luczak, P. Kurra und K. Klipsa. Die konstruktivist. Tradition, die in Polen Ende der 1960er- und in den 1970er-Jahren v. a. mit seriellen Untersuchungen verstärkt in Erscheinung trat, ist noch immer sehr lebendig und wird von Künstlern wie L. Tarasewicz, M. Chlanad und Zuzanna Baranowska spielerisch-assoziativ fortgeführt. Die Trennung zw. einer figurativen und einer abstrakten Kunst spielt in Polen für den einzelnen Künstler kaum eine Rolle, da beide Richtungen als Ausdruck einer ästhetisch-konstruktiven Haltung zur realen Umwelt gesehen werden.

📖 *Ostrowski, J. K.: Die poln. Malerei vom Ende des 18. Jh. bis zum Beginn der Moderne. München 1989. – Junges Polen. P. K. um 1900, Redaktion: C. Sternberg u. C. Zangs. Ausst.-Kat. Städt. Museum Schloß Rheydt, Mönchengladbach 1991. – Kunst in Polen – p. K. 966–1990. Eine Einführung, bearb. v. S. Muthesius. Königstein im Taunus 1994. – Knaurs Kulturführer in Farbe. Polen, hg. v. M. Mehling, Beiträge v. S. K. Dmitriev u. a., Fotografie: A. Milovsky. München 1995.*

polnische Kunst: Katarzyna Kobro, »Raumkomposition 4«; 1929 (Łodź, Kunstmuseum)

Polnische Legionen, 1) die 1797 von dem poln. General J. H. Dąbrowski in Italien aufgestellten poln. Freiwilligentruppen, die im Heer Napoléon Bonapartes kämpften. 2) von J. K. Piłsudski 1914 in Galizien geschaffene militär. Verbände, die bis 1917 aufseiten der Mittelmächte (Österreich-Ungarn, Dtl.) unter österr. Oberkommando gegen Russland kämpften.

polnische Literatur. Die frühesten literar. Zeugnisse, in lat. Sprache abgefasst, sind religiöse und historiograph. Prosawerke aus dem 12. Jh. Seit dem 14. Jh. entstanden Predigten, Lieder, Bibelübersetzungen, Legenden u. a. in poln. Sprache.

Renaissance (1500–1620): Unter dem Einfluss der italien. Renaissance entstand der poln. Humanismus, der erstmals eine umfangreiche Literatur in poln. Sprache hervorbrachte: zunächst Prosaübersetzungen mittelalterl. Stoffe, dann poln. Originalprosa. Erster bed. Vertreter war M. Réj. Die moralisch-didakt. und publizist. Ausrichtung zeigte sich bes. in den polit. Traktaten von A. Frycz Modrzewski und seines Gegners S. Orzechowski, in den historiograph. Werken von M. Bielski und B. Paprocki sowie in den Heiligenviten und Predigten des Jesuiten P. Skarga. Höhepunkt dieser Epoche ist die Lyrik J. Kochanowskis.

Barock (1620–1764): Die wechselvollen Ereignisse (Kriege, Kosakenaufstände) spiegeln sich in der Literatur wider: histor. Epen (W. Potocki), histor. Gesänge (W. Kochowski) und Reimchroniken (S. Twardowski), Satiren (K. Opaliński). Die Lyrik erlebte durch den »christl. Horaz«, M. K. Sarbiewski (Sarbevius), durch S. Zimorowic und J. A. Morsztyn, die den Konzeptionismus und den Marinismus übernahmen, einen neuen Aufschwung. Mitte des 18. Jh. schrieben W. Rzewuski und Urszula Radziwiłłowa an frz. Vorbildern ausgerichtete Dramen.

Aufklärung (1764–95): Sie stand im Zeichen der geistigen Erneuerung Polens. Kritik an den bestehenden Missständen übten Satiren (A. Naruszewicz, I. Krasicki, F. Bohomolec), Fabeln (Krasicki, F. D. Kniaźnin, S. Trembecki) und Komödien (Bohomolec, F. Zabłocki, J. U. Niemcewicz). Am Anfang des modernen poln. Romans stehen die Prosawerke Krasickis. Die Lyrik war durch die empfindsamen Gedichte F. Karpińskis sowie die patriot. Lieder und Liebesgedichte Kniaźnins vertreten. Neben der empfindsamen »Comédie larmoyante« hob sich die von der Folklore beeinflusste kom. Oper »Die Krakauer und die Goralen« (1794) von W. Bogusławski, dem Schöpfer des poln. Theaters, ab.

Klassizismus und Empfindsamkeit (1795 bis 1822): Nach der 3. Poln. Teilung (1795) setzte der »Warschauer Klassizismus« die aufklärer. Tendenzen fort (histor. Gesänge von J. U. Niemcewicz, 1816), förderte die Entwicklung der poln. Sprache und die Ausbildung der Tragödie (A. Feliński), Ode (K. Koźmian) und Satire (S. K. Graf Potocki). Fast gleichzeitig erschienen sentimentale Werke, wie die Idylle »Wiesław« (1820) von K. Brodziński und der Roman »Malwina« (1816) von Maria Wirtemberska. Durch »Balladen und Romanzen« (1822) und das Epos »Grażyna« sowie die dramat. Fragmente »Dziady« (1823) von A. Mickiewicz kam die Romantik zum Durchbruch.

Romantik (1822–63): Nach dem Verlust der Staatlichkeit übernahm die Literatur die polit. Aufgabe, die nat. Einheit zu wahren. Die Werke der drei großen Romantiker A. Mickiewicz, J. Słowacki und Z. Krasiński sahen in diesem Sinn v. a. im poet. Drama die den persönl. und gesellschaftl. Konflikten des Menschen am besten entsprechende Form. Die von Mickiewicz formulierte messianist. Ideologie vom Polen als Christus der Völker wurde im dramat. Schaffen Słowackis philosophisch überhöht und wich dann der myst. Vorstellung einer Revolution aus dem Geist. Beide Dichter ragten auch als Lyriker hervor. Die zeitgenöss. Bühne wurde von histor. Dramen und Komödien beherrscht (A. Graf Fredro »Zemsta«, 1834). In der Versepik sind das poln. Nationalepos »Herr Thaddäus oder der letzte Eintritt in Litthauen« (1834) von Mickiewicz und das Epos »Beniowski« (1841) von Słowacki zu nennen. Die große Prosaform wurde durch die histor. Romane J. I. Kraszewskis und die fiktiven Memoiren alter poln. Adliger (H. Rzewuski, I. Chodźko) gefördert.

Positivismus (1864–90): Nach Tendenzromanen und -erzählungen setzte sich der krit. Realismus mit verschärfter sozialer Problematik durch (Eliza Orzeszkowa, H. Sienkiewicz [Nobelpreis 1905], B. Prus). Daneben gab es histor. Romane, die den Patriotismus förderten (J. I. Kraszewski u. a.). In der Dramatik ragten die Tragödien und Komödien C. K. Norwids hervor.

Modernismus (1890–1918): In dieser auch »Junges Polen« (»Młoda Polska«) genannten Epoche nahm die Lyrik, von westeurop. Symbolisten beeinflusst, neuen Aufschwung mit der Natur- und Liebeslyrik von K. Tetmajer-Przerwa, der »L'art-pour-l'art«-Dichtung S. Przybyszewskis, den hymn. Liedern von J. Kasprowicz und der Reflexionslyrik L. Staffs. Beim Drama heben sich die Bühnenwerke von S. Wyspiański hervor (»Die Hochzeit«, 1901; histor. Dramen), auch die gesellschaftskrit. Komödien Gabriela Zapolskas, die histor. Tragödien K. H. Rostworowskis und die expressionist. Dramen T. Micińskis. Im Roman wurden die positivist. Tendenzen fortgesetzt (W. S. Reymont »Die Bauern«, 1904–09; Nobelpreis 1924). S. Żeromski behandelte gesellschaftl. und geschichtl. Themen. W. Berent und K. Irzykowski setzten sich mit jungpoln. Konzeptionen auseinander. Große Bedeutung hatte die Literaturkritik.

Zwischenkriegszeit (1918–39): Um die Zeitschrift »Skamander« (1920–28 und 1935–39) bildete sich eine Dichtergruppe, die für alltägl. Sprache und Inhalte in der Poesie eintrat, sonst aber das »Programm der Programmlosigkeit« verkündete (J. Tuwim, A. Słonimski, J. Lechoń, K. Wierzyński, J. Iwaszkiewicz). Um »Zdrój« (1917–22) gruppierten sich die Expressionisten J. und W. Hulewicz, J. Wittlin u. a., entscheidende Impulse kamen von den Futuristen T. Czyżewski, A. Stern. Die »Krakauer Avantgarde« scharte sich um T. Peiper und die Zeitschrift »Zwrotnica« (1922–27), deren Konzeption in »Linia« (1931–33) von A. Ważyk, J. Przyboś und J. Kurek weiterentwickelt wurde. Die Prosa beschäftigte sich hauptsächlich mit dem Weltkrieg und dem polit. und wirtsch. Wiederaufbau des Staates (Żeromski, A. Strug, J. Kaden-Bandrowski, J. Weyssenhof). Höhepunkte der Romanliteratur sind die Familiensaga »Nächte und Tage« (1932–34) von Maria Dąbrowska, Zofia Nałkowskas psycholog. Gesellschaftsanalyse »Die Schranke« (1935), die psycholog. Romane M. Choromańskis und Maria Kuncewiczowas, der proletar. Roman Wanda Wasilewskas sowie die antirealist., grotesken Romane von S. I. Witkiewicz, B. Schulz und W. Gombrowicz.

Nachkriegszeit: Der Zweite Weltkrieg und die Zeit dt. Okkupation forderten unter den Schriftstellern viele Opfer. Nach 1945 herrschten in der Prosaliteratur zunächst Themen wie Kriegszeit (Z. Nałkowska, W. Żukrowski), KZ-Erlebnisse (T. Borowski), Nachkriegswirren (J. Andrzejewski, »Asche und Diamant«, 1948) vor. In der Lyrik spiegelte sich der Krieg in den Gedichten von T. Różewicz, Staff, Tuwim, W. Broniewski, J. Przyboś, C. Miłosz (Nobelpreis 1980) wider. Bes. beliebt war K. I. Gałczyński mit seinen grotesk-satir. Gedichten und Liebeslyrik. Der 1949 beschlossene sozialist. Realismus wurde mit der organisator. und personellen Gleichschaltung des Kulturlebens begonnen und führte zum Verlust künstler. Vielfalt. Die künstler. Monotonie wurde 1954 durch Staffs Gedichtband »Wiklina« durchbrochen; 1955 begann die Kritik an der staatl. Kulturpolitik. Als programmat. Schrift des »Tauwetters« gilt A. Ważyks »Ein Gedicht für Erwachsene« (1955), der eine Welle der »Abrechnungsliteratur« auslöste (K. Brandys, Andrzejewski, J. Broszkiewicz). Dem polit. Umbruch im Okt. 1956 folgte eine Welle von Übersetzungen moderner Werke, von formalen und themat. Experimenten. In der Prosa entstanden große Romane (J. Iwaszkiewicz), historische Erzählwerke und Sciencefictionliteratur (S. Lem), doch bald trat die kleine Erzählform in den Vordergrund: in der Darstellung des sozialist. Alltags (M. Hłasko, A. Brycht, S. Grochowiak, M. Nowakowski, W. Odojewski), in der Schilderung des Dorflebens (E. Bryll), in grotesken und surrealen Sujets (S. Mrożek, S. Zieliński). Bes. reich an formalen Versuchen und themat. Varianten ist die Lyrik nach 1956. Zu den bereits bekannten Dichtern (T. Różewicz, W. Woroszylski, W. Wirpsza, Z. Herbert) trat eine neue Generation, für die künstler. Raffinement und iron. Haltung kennzeichnend sind (Wisława Szymborska [Nobelpreis 1996], Grochowiak, J. Harasymowicz). Als Dramatiker haben sich v. a. Grochowiak und Mrożek durchgesetzt.

Eine neue Krise des literar. Lebens begann 1968; die studentischen Märzunruhen veranlassten einige Schriftsteller zur Solidarisierung (z. B. L. Kołakowski), die Augustereignisse in der Tschechoslowakei wurden u. a. von Andrzejewski (Publikationsverbot) und Mrożek (danach im Ausland) scharf verurteilt. Die antisemit. Kampagne (seit 1967) zwang einige Autoren zum Verlassen des Landes. Die Lyrik reagierte darauf mit der sprach- und gesellschaftskritisch eingestellten Generation der »Neuen Welle« (J. Kornhauser, A. Zagajewski). In der Prosa profilierte sich die Dorfthematik (neben J. Kawalec, T. Nowak und E. Redliński v. a. W. Myśliwski), eine Hinwendung zum sprachlichen Experiment machte sich bemerkbar. Zu einer bis Ende der 80er-Jahre andauernden Polarisierung führte das im Dez. 1981 verhängte Kriegsrecht, das die Auflösung, Suspendierung oder linientreue Neugründung von Kulturverbänden zur Folge hatte. Die polit. Ereignisse dieser Zeit fanden ein vielfältiges Echo in der Literatur, die im Untergrund oder im Ausland gedruckt wurde: u. a. in den Erzählungen von M. Nowakowski, bei J. Głowacki, Brandys oder Herbert. Daneben ist jedoch nach 1985 eine Tendenz zur apolit., individualist., sprachlich-ästhetisch ausgerichteten Lyrik und Prosa festzustellen. Die Ablösung des kommunist. Regimes (1989) und die Einführung von polit. Pluralismus und Marktwirtschaft führten zu einer Krise des literar. Lebens und zur Verminderung der literar. Produktion. Durch Übersetzungen westl. Unterhaltungsliteratur ging der p. L. ein großer Teil des Lesepublikums verloren, gefragt blieben v. a. Publikationen der ehemaligen poln. Exilliteratur sowie bis dahin verbotene Werke. Einen themat. Schwerpunkt bilden in den letzten Jahren v. a. Prosawerke, die das komplizierte polnisch-jüd. Verhältnis und die dt.-poln. Beziehungen gestalten (Maria Nurowska, A. Szczypiorski, P. Huelle, J. Rymkiewicz, P. Szewc).

📖 *Maciąg, W.: Die poln. Gegenwartsliteratur 1939–1976. A. d. Poln. München 1979. – Miłosz, C.: Geschichte der p. L. Aus dem Engl. Köln 1981. – Miązek, B.: P. L. 1863–1914. Darstellung u. Analyse. Wien 1984. – Fleischer, M.: Die poln. Lyrik von 1945 bis 1985. Entwicklung – Generationenfolge – Periodisation. Essen 1986. – Kuczynski, K. A.: P. L. in dt. Übersetzung von den Anfängen bis 1985. Darmstadt 1987. – Scholze, D.: Zwischen Vergnügen u. Schock. Poln. Dramatik im 20. Jh. Berlin (Ost) 1989. – Ritz, G.: Die poln. Prosa 1956–1976. Bern u. a. 1990. – Miązek, B.: P. L. des Mittelalters u. der Renaissance. Frankfurt am Main u. a. 1993. – Dictionary of Polish literature, hg. v. E. J. Czerwinski. Westport, Conn., 1994. – Kuhnke, I.: Poln. schöne Lit. in dt. Übersetzung, 1900–1992/93. Mainz ²1995. – Die Dichter Polens. Hundert Autoren vom Mittelalter bis heute, hg. v. K. Dedecius. Neuausg. Frankfurt am Main 1996. – Kroll, W.: Epochen der p. L. Göttingen 1996. – Zeitgenössische p. L. der achtziger u. neunziger Jahre, hg. v. H.-C. Trepte. Leipzig 1996.*

polnische Musik. Älteste Musiküberlieferung findet sich im bis heute lebendigen Volkslied, zu dessen Eigenheiten fünfstufige Tonleitern (Pentatonik), Kirchentonarten, asymmetr. Rhythmen und kurzmelod. Bildungen gehören. Schon um 1100 ist das Tanzlied bezeugt, das bis in die Neuzeit die vorrangige Gattung blieb. Volkstänze wie Polonaise, Mazurka und Krakowiak zeigen in ihrer charakterist. Rhythmik nat. Eigenart.

Im 10. Jh. wurde der Gregorian. Gesang eingeführt, die ersten mehrstimmigen Quellen stammen aus dem ausgehenden 13. Jh. Vor allem italien. Musiker und Komponisten am königl. Hof (zunächst in Krakau, dann in Warschau) beeinflussten die p. M. im 16./17. Jh. Die Instrumentalmusik entwickelte sich seit Anfang des 17. Jh. Getragen von der nat. Welle des 19. Jh., gründete J. Elsner (* 1769, † 1854) in Warschau eine Musikschule, aus der u. a. F. Chopin hervorging. Im Schaffen Chopins erlangte die p. M. Weltgeltung. S. Moniuszko schuf die poln. Nationaloper »Halka« (1848). Zu einem eigenen Klangstil gelangte K. Szymanowski durch die Verarbeitung von internat. Moderne und poln. Volksmusik. J. Koffler (* 1896, † 1943 oder 1944) übernahm etwa 1928 die Zwölftontechnik. In den 1930er- und 1940er-Jahren herrschten Folklorismus und Neoklassizismus (A. Tansman, A. Panufnik) vor. Die Techniken der seriellen und experimentellen Musik nahmen insbesondere W. Lutosławski und K. Penderecki auf, die, ebenso wie K. Serocki, T. Baird und B. Schäffer, internat. Geltung erlangten. Ferner traten hervor: W. Kilar, H. M. Górecki, Z. Penherski, Z. Rudziński, T. Sikorski und Z. Krauze, K. Meyer.

Polnischer Korridor, ↑Korridor.

Polnischer Thronfolgekrieg, europ. Krieg 1733–35/38 um die Thronfolge in Polen nach dem Tod Augusts II., des Starken. Österreich und Russland unterstützten den sächs. Kurfürsten Friedrich August II. (Sohn Augusts des Starken), Frankreich den poln. Exkönig Stanislaus I. Leszczyński. Nach der Besetzung Warschaus und der Einnahme Danzigs durch russ. Truppen (1734) wurde jedoch Friedrich August II. im Wiener Präliminarfrieden (1735) als König August III. von Polen anerkannt. Frankreich setzte mit Spanien und dem Königreich Sardinien den Krieg gegen Österreich in Italien und am Rhein erfolgreich fort. Im Wiener Frieden (1738) wurde Stanislaus mit den Herzogtümern Bar und Lothringen entschädigt.

polnische Sprache, zur westl. Gruppe der slaw. Sprachen gehörende Sprache mit etwa 37 Mio. Sprechern in Polen und rd. 10 Mio. im Ausland. Kennzeichnende Merkmale sind die Erhaltung der urslaw. Nasale und die feste Betonung auf der vorletzten Silbe sowie das fein differenzierte System palataler Zischlaute (ś, ź, ć). Geschrieben wird das Polnische mit lat. Buchstaben. Für die spezifisch poln. Laute benutzt man Buchstabenkombinationen oder diakrit. Zeichen, z. B. ą [ɔ̃], cz [tʃ], ę [ɛ̃], ł [unsilb. kurzes u], rz [ʒ], sz [ʃ], ż [ʒ]. Die p. S. ist mit Personen- und Ortsnamen in lat. Chroniken seit dem 10. und 11. Jh. sowie in Glossen seit dem 12. Jh. überliefert. Älteste literar. Sprachzeugnisse stammen aus dem 14. Jahrhundert.

Polnische Teilungen (1772, 1793, 1795), ↑Polen (Geschichte).

Polnisch-Sowjetischer Krieg, 1920-21 geführter Krieg zw. Polen (verbündet mit der

»Ukrain. Nationalrepublik« unter Ataman S. Petljura) und Sowjetrussland um die Grenzziehung zw. beiden Staaten (↑Polen, Geschichte).

Polo [tibet.] *das,* (Pferdepolo) Torspiel zweier Mannschaften von je vier berittenen Spielern, die mit 1,2–1,4 m langen Schlägern (P.-Stöcken) ausgerüstet sind und den etwa 130 g schweren Hartball von etwa 8 cm Durchmesser ins gegner. Tor spielen sollen. Die an den Beinen bandagierten Pferde haben gewöhnlich unter 1,5 m Widerristhöhe. Das Spielfeld ist 274 m × 182 m groß, die Tore 7,3 m breit und oben offen. Gespielt werden vier bis acht Gänge zu je 7,5 Minuten.

Polo, Marco, venezian. Reisender und Kaufmann, *Venedig (?) 1254, †ebd. 8. 1. 1324; begleitete nach eigener Darstellung seinen Vater Niccolò und dessen Bruder Maffeo 1271–75 auf einer Reise nach China an den Hof des Mongolenherrschers Kubilai, dessen Gunst er gewann und der ihn 1275–92 zu versch. Missionen eingesetzt haben soll (zeitweilig Statthalter einer Provinz). Laut seinen Berichten bereiste P. große Teile des Reiches und erhielt zus. mit seinen Verwandten erst 1292 die Erlaubnis, das Land zu verlassen (Rückkehr über Sumatra, Vorderindien, Persien, Armenien und Trapezunt, 1295 Ankunft in Venedig). 1298/99 in genues. Gefangenschaft diktierte er einem Mitgefangenen seinen Reisebericht, der großen Einfluss auf die geograph. Vorstellungen des 14./15. Jh. hatte. Die Authentizität seines schon zu Lebzeiten angezweifelten Berichtes über seine Reise nach China wurde in der Gegenwart wieder von Forschern in Zweifel gezogen, da P. vieles, was die Kultur Chinas wohl unübersehbar prägte (u. a. die Große Mauer), nie erwähnte und weil bisher für seinen Aufenthalt dort keine hinreichenden schriftl. chines. Belege gefunden wurden.

Ausgaben: Il milione. Die Wunder der Welt, übers. v. E. Guignard. Zürich ⁶1994. – Von Venedig nach China. Die größte Reise des 13. Jh., hg. v. T. A. Knust. Neuausg. Darmstadt 1996.

📖 *Zorzi, A.: M. P. Düsseldorf ²1983. – M. P. u. die Seidenstraße, bearb. v. J.-P. Dège u. a. Aus dem Frz. Ravensburg 1992.*

Polohemd, Sport- und Freizeithemd mit kurzer vorderer Knopfleiste, offenem Kragen und kurzen Ärmeln, meist aus Trikot; zum Beginn des 20. Jh. in Indien zum Polospiel aufgekommen.

Polonaise [polo'nɛːzə, frz.] *die,* im 16. Jh. entstandener poln. paarweiser Schreittanz im überwiegend geraden Takt, der bis heute in Europa als Eröffnung von Tanzveranstaltungen dient, sowie seit dem 17. Jh. ein Instrumentalstück v. a. im $^3/_4$-Takt.

Polonium [nach der poln. Heimat (nlat. Polonia) der Entdeckerin Marie Curie] *das,* chem. Symbol **Po,** radioaktives Element aus der sechsten Hauptgruppe des ↑Periodensystems der chem. Elemente; Ordnungszahl 84, relative Atommasse 209, Dichte 9,2 g/cm³, Schmelzpunkt 254 °C, Siedepunkt 962 °C. P. ist ein silberhelles, in zwei Modifikationen unterschiedlicher Dichte auftretendes Schwermetall. Infolge seiner Radioaktivität regt es im Dunkeln die umgebende Luft zu hellblauem Leuchten an. Verwendet wird P. als Strahlungs- und Ionisationsquelle. Von den mehr als 30 instabilen Isotopen kommen einige in den radioaktiven Zerfallsreihen vor und tragen eigene Bez., z. B. **Radium F** für ^{210}Po, **Radium A** für ^{218}Po, **Thorium A** für ^{216}Po. In sehr geringen Mengen ist P. in Uranmineralen enthalten, z. B. in der Pechblende (↑Uranpecherz), in der es 1898 durch P. und M. Curie entdeckt wurde. Künstlich hergestellt wird P. in Kernreaktoren durch Neutroneneinfang aus dem Wismutisotop ^{209}Bi. – In seinen chem. Eigenschaften liegt P. zw. Tellur und Wismut; in seinen Verbindungen tritt es v. a. in den Oxidationsstufen +2, +4 und +6 auf.

Polonnaruwa, ehem. königl. Residenz (780–1290) und buddhist. religiöses Zentrum im NO Ceylons; heute archäolog. Stätte. Bedeutende Palast- und Kultanlagen mit Meisterwerken singhales. Bildhauerkunst wurden freigelegt (UNESCO-Weltkulturerbe).

Polowzer, russ. Name der ↑Kumanen.

Polozk (weißruss. Polazk), Stadt im Gebiet Witebsk, Weißrussland, an der Düna, 84 000 Ew.; Produktion von Glaswolle und Kunststofferzeugnissen, Baustoff- und Textilindustrie, Holzverarbeitung.

Pol Pot (auch Saloth Sar), kambodschan. Politiker, *Memot (Prov. Kompong Thom) 19. 5. 1928, †(nahe der Grenze zu Thailand) 15. 4. 1998; Mitbegründer der KP, deren Führung er 1963 als Sekretär des ZK übernahm. Gestützt auf die ↑Roten Khmer, kämpfte er in einem Bürgerkrieg (1970–75) gegen die »Khmerrepublik« unter Lon Nol. Nach dem Sieg seiner Truppen (1975) errichtete er als MinPräs. (1976–79) ein Terrorregime, dem zw. 1 und 2 Mio. Kambodschaner zum Opfer fielen. 1979 durch eine militär. Intervention Vietnams gestürzt, ging er wieder in den Untergrund. 1979 wurde P. P. wegen Völkermordes in Abwesenheit zum Tode verurteilt; seit 1997 von ehem. Anhängern gefangen gehalten.

Polschwankung, ↑Polhöhenschwankung.

Polsequenz (internationale P.), Bez. für 329 um den Nordpol des Himmels gruppierte Sterne mit abnehmender, präzise bestimmter Helligkeit der 2. bis 20. Größenklasse. Sie dienen als Standard bei der Helligkeitsbestimmung anderer Sterne.

Polstärke (magnetische P.), magnetostat. Größe, die der elektr. Ladung der Elektrostatik entspricht (»magnet. Ladung«); wird durch den ↑magnetischen Fluss gemessen.

Polstelle, *Mathematik:* ↑Pol.

Polster, Anton (Toni), österr. Fußballspieler, *Wien 10. 3. 1964; spielte zw. 1973 und 1998 bei Austria Wien, AC Turin, FC Sevilla, CD Logrones, Rayo Vallecano Madrid, 1. FC Köln und seitdem bei Borussia Mönchengladbach; 94 Länderspiele (1982–98, 44 Tore). In Österreich Torschützenkönig 1985–87 und Fußballer des Jahres 1986.

Polsterpflanzen, ausdauernde, polsterig-buschig verästelte und dicht beblätterte Wüsten-, Felsen-, Alpenpflanzen; im Gartenbau zum Bepflanzen von Freiflächen, Trockenmauern u. Ä.

Polt, Gerhard, Kabarettist und Schauspieler, *München 7. 5. 1942; seit 1975 Auftritte als Kabarettist, 1979–83 in der Fernsehserie »Fast wia im richtigen Leben«. P. spielt in seinen Programmen meist den Kleinbürger, dessen Denken er durch satir. Überzeichnung entlarvt; erhielt 1980 den Dt. Kleinkunstpreis.

Poltawa, Hptst. des Gebiets P., Ukraine, in der Dnjeprniederung, 325 000 Ew.; Observatorium der Ukrain. Akademie der Wiss., mehrere Hochschulen, Museen; Maschinen-, Gerätebau, Textil-, Nahrungsmittel-, Lederind.; Eisenbahnknotenpunkt, Flughafen. – Im Großen Nord. Krieg errang hier Peter d. Gr. 1709 den entscheidenden Sieg über die Schweden.

Poltermette, andere Bez. für ↑Pumpermette.

Polwanderung, vermutete Verlagerung der Rotationspole der Erde relativ zur Erdoberfläche im Lauf der Erdgeschichte, im Ggs. zur period. ↑Polbewegung.

poly... [grch.], **1)** *allg.:* viel...
2) *Chemie:* Vorsilbe für Verbindungen mit sich wiederholenden Atomgruppen.

Polyacrylharze, Acrylharze, Polymere der Acrylsäure und der Methacrylsäure sowie deren Ester, Amide und Nitrile.

Polyacrylnitril *das,* Abk. **PAN,** durch Polymerisation von ↑Acrylnitril z. B. in wässriger Emulsion hergestellter Thermoplast. Wegen der stark polaren Nitrilgruppen (CN-Gruppen) sind die Anziehungskräfte zw. den Kettenmolekülen sehr groß, sodass P. sich beim Schmelzen zersetzt und nur in stark polaren Lösungsmitteln löslich ist. Bedeutung hat P. v. a. für die Herstellung von Polyacrylnitril- und Kohlenstofffasern.

Polyaddition, Reaktion meist versch. Monomere zu Polymeren **(Polyaddukte)** unter Anlagerung reaktionsfähiger Gruppen (z. B. –OH) an Mehrfachbindungen (z. B. Polyurethane) oder unter Öffnung ringförmiger Moleküle (z. B. Epoxidharze). Die P. verläuft ohne Abspaltung niedermolekularer Stoffe (z. B. Wasser).

Polyamide, Abk. **PA,** Polymere mit der wiederkehrenden Gruppe –CO–NH– (Carbonsäureamid). P. sind teilkristalline Thermoplaste (↑Kunststoffe). Sie lassen sich durch Polykondensation von Diaminen (z. B. Hexamethylendiamin) mit Dicarbonsäuren (z. B. Adipinsäure) herstellen, ein anderer Syntheseweg geht von Aminocarbonsäuren oder deren zykl. Säureamiden, den Lactamen, aus. So entsteht z. B. bei der ringöffnenden Polymerisation von ε-Caprolactam in Gegenwart von etwas Wasser zunächst die ε-Aminocapronsäure, die unter Rückbildung des Wassers der Polykondensation unterliegt. P.-Typen werden nach der Anzahl der zusammenhängenden Kohlenstoffatome bezeichnet. Die größte techn. Bedeutung haben P. 6 (PA 6, Perlon) und P. 66 (PA 66, Nylon). Bis Mitte der 1950er-Jahre nur zum Verspinnen von Polyamidfasern genutzt, haben P. seitdem als zähe und abriebfeste techn. Kunststoffe im Fahrzeugbau (z. B. Lenkräder, Gaspedale), in der Elektrotechnik oder für Folien zunehmende Bedeutung erlangt. Aromat. P. heißen ↑Aramide.

Polyandrie *die,* eine Form der Polygamie, ↑Ehe.

Polyarthritis, akute oder chron., an mehreren Gelenken gleichzeitig auftretende Entzündung.

Polyäthylen (Polyethylen), Abk. **PE,** durch Polymerisation von Äthylen hergestellter, teilkristalliner, thermoplast. Kunststoff. P. niedriger Dichte **(LDPE, PE-LD,** Abk. für **l**ow **d**ensity **p**oly**e**thylene) wird durch Polymerisation bei hohem Druck in Gegenwart von Sauerstoff oder Peroxiden als Radikalbildnern hergestellt. Die geringe Dichte ist auf verzweigte und damit sperrige Molekülketten zurückzuführen. P. hoher Dichte **(HDPE, PE-HD,** Abk. für **h**igh **d**ensity **p**oly**e**thylene) wird in W-Europa v. a. in Gegenwart von Ziegler-Natta-Katalysatoren bei niedrigem Druck und Temperaturen unter 100 °C hergestellt. PE-HD besteht überwiegend aus unverzweigten Molekülketten. P. hat im Vergleich zu anderen Kunststoffen niedrige Festigkeit und Härte, aber hohe Zähigkeit. P. ist ein Massenkunststoff mit breitem Anwendungsspektrum. Aus PE-LD werden v.a. Folien (Tragetaschen, Säcke), aber auch Rohre und Kabelisolierungen hergestellt. PE-HD wird v.a. durch Blasformen (zu Flaschen für Reinigungsmittel, Benzinkanister u.a.) und Spritzgießen (zu Mülltonnen, Flaschenkästen u.a.), aber auch zu Folien (z.B. für Deponieabdichtungen) verarbeitet. PE-Abfälle können recycelt werden.

Schipp, C.: Untersuchungen von Polyestermischungen u. Polyethylen mit Hilfe der Neutronenkleinwinkelstreuung. Aachen 1992.

Polybios, grch. Geschichtsschreiber, * Megalopolis in Arkadien um 200 v.Chr., † um 120 v.Chr.; war 170/169 Reiterführer des Achaiischen Bundes, kam 168 als Geisel nach Rom, wurde Erzieher und Freund des Scipio Aemilianus. Er verfasste eine die Epoche von 264 bis 144 v.Chr. umfassende Weltgeschichte in 40 Büchern (nur Buch I–V vollständig erhalten).

Polycarbonate, Abk. **PC,** Polyester der Kohlensäure, die durch Polykondensation von Diphenolen mit Phosgen oder Diphenylcarbonat gewonnen werden. P. sind bes. schlagzähe, glasklare, schwer entflammbare Kunststoffe mit Dauereinsatztemperaturen bis etwa 135°C. Sie werden, z.T. glasfaserverstärkt, für Gehäuse (Trafos, Kameras u.a.), Verglasungen, Schutzhelme, Essgeschirr u.a. verwendet.

Polychemotherapie, Kombinationsbehandlung bei bösartigen Gewebeneubildungen (Tumoren) mit versch. zytostat. Mitteln mit unterschiedl. Wirkungsmechanismus.

Polychlorbiphenyle (polychlorierte Biphenyle), Abk. **PCB,** Chlorkohlenwasserstoffe, die durch Chlorierung von ↑Biphenyl in Gegenwart von Eisenchloridkatalysatoren hergestellt werden. P. eignen sich wegen ihrer hohen therm. und chem. Stabilität und ihres hohen elektr. Widerstandes bes. als Isolier-, Hydraulik- und Kühlflüssigkeiten. Sie können Leberschäden und Hautkrankheiten (Chlorakne) hervorrufen, ein Krebs erregendes Potenzial ist erwiesen. Wegen ihrer hohen Beständigkeit und Fettlöslichkeit reichern sie sich über die Nahrungskette an. Die Anwendung von P. ist deshalb heute auf geschlossene Systeme beschränkt. In Dtl. sind Herstellung, In-Verkehr-Bringen und Verwendung von PCB verboten.

Polychord [grch.»Vielsaiter«] *das,* aus dem ↑Monochord hervorgegangenes Saiteninstrument.

Polychromie [zu grch. chrõma »Farbe«] *die,* Vielfarbigkeit; die farbige Gestaltung in Malerei, Plastik, Kunsthandwerk, Architektur. Polychromgestaltung findet sich, abgesehen von klassizist. Strömungen des 18./19. Jh. in Europa und z.T. im 20. Jh., in allen Epochen und Kulturbereichen.

Polydämonismus, *Religionswissenschaft:* der Glaube an eine Vielzahl numinoser (un- bzw. halbpersonaler) »Kräfte«, deren einzelne Gestalten meist wenig scharf umrissen sind, die vielmehr kollektiv als ↑Gespenster, Natur- und Totengeister, ↑Trolle, ↑Elfen, ↑Dschinns oder in monströsen Mischformen auftreten.

Polydeukes (lat. Pollux), *grch. Mythos:* ↑Dioskuren.

Polyeder [grch.] *der* (Vielflach), aus Vielecken zusammengesetzte geschlossene Fläche oder der von ihr begrenzte Körper, z.B. Würfel, Pyramide usw.

Polyene, Sammelbez. für organ. Verbindungen, die mehrere Kohlenstoffdoppelbindungen enthalten. P. sind sehr reaktionsfähig. Besitzen sie mehr als vier konjugierte Doppelbindungen im Molekül, so sind sie farbig. Natürliche P. sind z.B. die Carotinoide.

Polyester, Polymere mit der wiederkehrenden Estergruppe – CO – O –, die durch Polykondensation von Dicarbonsäuren mit mehrwertigen Alkoholen hergestellt werden. **Gesättigte P.** (Abk. **SP**) sind amorphe oder teilkristalline Thermoplaste mit hoher Steifigkeit und Härte; sie werden meist aus Terephthalsäure (bzw. deren Derivaten, z.B. Dimethylterephthalat) und Äthylenglykol oder 1,4-Butandiol hergestellt und zur Erzeugung von Synthesefasern (Handelsname z.B. Diolen), Folien und techn. Artikeln sowie als Lackharze verwendet. Bei der Polykondensation von Alkoholen mit ungesättigten Dicarbonsäuren (z.B. Maleinsäure) entstehen **ungesättigte P.** (Abk. **UP**), die meist in Styrol gelöst als flüssige Reaktionsharze in den Handel kommen. Ungesättigte P. werden ohne Zusätze als Gießharze sowie als Bindemittel in härtbaren Formmassen und Lacken verwendet. Durch die Schichtung von ungesättigten P. und Glasgeweben (Laminieren) werden z.B. Tanks, Schwimmbecken, Bootskörper u.a. hergestellt.

Polygamie [zu grch. gámos »Ehe«] *die,* **1)** eine Form der ↑Ehe.

2) *Biologie:* Bez. für die geschlechtl. Verbindung mit mehreren Partnern.

Polyglobulie [zu lat. globulus »Kügelchen«] *die,* Vermehrung der roten Blutkörperchen und des roten Blutfarbstoffs infolge Sauerstoffmangels.

polyglott [grch.], in mehreren Sprachen abgefasst; mehrere Sprachen sprechend.

Polygnot (grch. Polygnotos), grch. Maler aus Thasos, tätig etwa 480–440 v.Chr., schuf

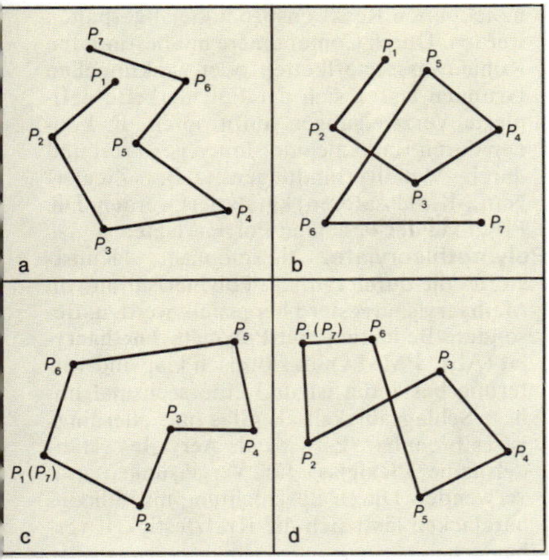

Polygon: ebenes, einfaches, nicht geschlossenes (a), konvexes Polygon (b), nicht konvexes Polygon (c) und überschlagenes Polygon (d)

nach den Perserkriegen aus Beschreibungen des Pausanias bekannte Wandgemälde. P. wandte als einer der Ersten Schattierung und perspektiv. Mittel an.

Polygon [grch.] *das* (Vieleck), geometr. Gebilde aus n Punkten $P_1, P_2, ..., P_n$, den **Ecken,** und n Verbindungsstrecken (geschlossenen ebenen **P.-Zügen**) $\overline{P_1P_2}$, ..., $\overline{P_{(n-1)}P_n}$, $\overline{P_nP_1}$ den **Seiten** des P.; nach der Anzahl der Ecken unterscheidet man Dreieck, Viereck, allg. n-Eck. Verlaufen die Verbindungsstrecken nicht benachbarter Ecken, die **Diagonalen,** im Inneren des P., so bezeichnet man es als **konvexes P.,** überschneiden sich zwei oder mehr Seiten, wird es **überschlagenes P.** genannt.

Polyklet: Amazone Sciarra; auf eine Skulptur von Polyklet zurückgehende römische Kopie (Berlin, Antikensammlung)

Polygonboden, in Gletschernähe auftretender Frostmusterboden, gekennzeichnet durch polygonale, meist sechseckige Spaltensysteme.

Polygonum [zu grch. polýgonos »vielsamig«], die Pflanzengattung ↑Knöterich.

Polygynie [grch.] *die,* eine Form der Polygamie, ↑Ehe.

Polyhistor [grch.] *der,* Gelehrter, der über das Gesamtwissen seiner Zeit verfügt. Diese umfassende Bildung (Enzyklopädismus) galt bes. dem 17. und 18. Jh. als Ideal. Beispiele sind Aristoteles, Maimonides, Albertus Magnus und Leibniz.

Polyhymnia (grch. »viele Lieder«) *grch. Mythos:* die Muse der Pantomime und des ernsten Liedes.

Polykarp, Bischof von Smyrna, *um 79/89, †155/156 oder 168/169. Der Bericht über sein Martyrium ist eine der ältesten christl. Märtyrerakten. Heiliger, Tag: 23. 2.

Polyklet (grch. Polykleitos), grch. Bildhauer aus Argos (nach Plinius d. Ä. aus Sikyon), tätig etwa 450–410 v. Chr., neben Phidias der bedeutendste grch. Bildhauer. Seine Bronzestatuen sind in zahlr. röm. Marmorkopien erhalten und gelten als Hauptwerke der klass. Epoche der grch. Kunst. Seine Schrift »Kanon« (↑Kanon) legte die Maßverhältnisse des menschl. Körpers fest. P. wendete den ↑Kontrapost an und gab seinen Statuen damit eine s-förmige, rhythmisierte Kurve.

📖 *Steuben, H. von: Der Kanon des P. Doryphoros u. Amazone. Tübingen 1973. – P. Der Bildhauer der griech. Klassik, hg. v. H. Beck u. a., Ausst.-Kat. Liebighaus, Frankfurt am Main. Mainz 1990.*

Polykondensation, Reaktion, bei der meist zwei versch., mit reaktionsfähigen Gruppen ausgestattete Monomere unter Abspaltung kleinerer Moleküle (z. B. H_2O, CH_3OH) zu Polymeren **(Polykondensaten)** umgesetzt werden.

Polykrates, Tyrann von Samos (seit etwa 538 v. Chr.), † Magnesia am Mäander 522 v. Chr.; beherrschte mit seiner Flotte weithin das Ägäische Meer. Er entfaltete eine großartige Bautätigkeit und zog Dichter und Künstler an seinen Hof. Durch den pers. Satrapen Oroites wurde er nach Magnesia gelockt und grausam getötet. – Ballade von Schiller: »Der Ring des P.« (1797).

Polykristall (Vielkristall), aus vielen Kristalliten (Kriställchen) aufgebautes Kristallaggregat; Ggs.: Einkristall.

Polymenorrhö [grch.], Zyklusstörung, zu häufige, in zu kurzen Abständen auftretende Regelblutung; beruht auf hormonaler Fehlregulation.

Polymerase-Kettenreaktion, Abk. **PCR** (von engl. **p**olymerase **c**hain **r**eaction«], von dem amerikan. Chemiker K. B. Mullis entwickelte molekulargenet. Methode zur Vervielfältigung von DNS-Abschnitten, mit den entscheidenden Vorteilen, dass das zu vervielfältigende Stück DNS nicht in gereinigter Form vorliegen muss und dass kleinste DNS-Mengen genügen, um ausreichende Mengen eines zu untersuchenden Abschnitts zu erzeugen.
Die PCR-Methode ist für die verschiedensten Bereiche von großer Bedeutung. Sie wird in der vergleichenden Sequenzanalyse von Allelen angewendet, weiterhin in der Diagnose von Gendefekten (auch in der pränatalen Diagnostik), zur Erstellung von Genkarten z. B. in der Populationsgenetik, der Evolutionsbiologie und der Taxonomie. In der Medizin wird sie u. a. zur raschen Identifikation von Krankheitserregern genutzt. Weitere Anwendungsgebiete sind die forens. Medizin (genet. Fingerabdruck) und die Archäologie.

Polymere [zu grch. méros »Teil«], Verbindungen, deren Moleküle aus einer großen Anzahl Struktureinheiten **(Monomere)** aufgebaut sind. Die **Homo-P.** bestehen aus gleichen, die **Co-P.** aus verschiedenen Monomeren. Die mittlere Anzahl der im P.-Molekül enthaltenen Monomere heißt **Polymerisationsgrad. Bio-P.** sind am Aufbau der belebten Natur beteiligt, z. B. Cellulose, Stärke, Nucleinsäuren. **Synthetische P.** werden durch Polyreaktionen (Polymerisation, Polykondensation, Polyaddition) hergestellt. Nach ihrer Struktur unterscheidet man **ataktische** (organ. Reste liegen regellos auf der einen oder der anderen Seite der Hauptkette), **syndiotaktische** (organ. Reste liegen in regelmäßiger Abfolge auf der einen und der anderen Seite der Hauptkette) und **isotaktische P.** (alle organ. Reste sind nach einer Seite ausgerichtet). Die P. haben als Kunststoffe und Chemiefasern große Bedeutung.

Polymer handbook, hg. v. J. Brandrup u. a. New York u. a. 1989. – Elias, H.-G.: P. Von Monomeren u. Makromolekülen zu Werkstoffen. Zug u. a. 1996.

Polymerisation *die,* Reaktion zur Synthese von ↑Polymeren, bei der meist ungesättigte Monomere (z. B. Alkene) an aktive Atomgruppen (Radikale, Ionen) angelagert und im Ggs. zur ↑Polykondensation keine niedermolekularen Reaktionsprodukte abgespalten werden. Durch Comonomere mit bestimmten Kohlenwasserstoffketten oder funktionellen Gruppen lassen sich der Polymerkette definierte Verzweigungen aufpfropfen. P. können durch Radikale oder Ionen gestartet und durch Metallverbindungen (z. B. ↑Ziegler-Natta-Katalysatoren) katalysiert werden. Die Produkte der P. heißen **Polymerisate.**

Polymeth|acrylate, thermoplast. ↑Kunststoffe, die durch radikal. Polymerisation von Methacrylsäureestern hergestellt werden. Besondere Bedeutung hat **Polymethylmethacrylat** (Abk. **PMMA**), das optisch klar und witterungsbeständig ist und eine sechsmal höhere Schlagzähigkeit als Glas hat; allerdings ist es brennbar. Es wird als **Acrylglas** (Handelsname **Plexiglas**) für Verglasungen u. a. verwendet. Durch Beschichtung mit Siliconharzlacken lässt sich die Kratzfestigkeit verbessern.

Polymetrik (Polymetrie), in der mehrstimmigen Musik das gleichzeitige Gegeneinanderstellen verschiedener metr. Bildungen, z. B. eine Gruppe im $^3/_4$- gegen eine Gruppe im $^4/_4$-Takt.

Polymorphie [grch.] *die* (Polymorphismus), **1)** (Hetero-, Pleomorphie, Poly-, Pleo-, Heteromorphismus), *allg. fachsprachlich:* Vielgestaltigkeit.

2) *Genetik:* das gleichzeitige Vorkommen mehrerer genetisch verschiedener diskontinuierl. Phänotypen (↑Variabilität) innerhalb einer Population als Folge chromosomaler Strukturveränderung **(Chromosomenpolymorphie).**

3) *Kristallographie:* Bez. für das Auftreten von zwei oder mehr kristallinen Phasen (Modifikationen) und entsprechenden Kristallformen bei gleicher chem. Zusammensetzung (z. B. Pyrit und ↑Markasit bei FeS_2). Die P. von chem. Elementen heißt auch ↑Allotropie. Das Auftreten zweier spiegelbildlich gleicher Modifikationen wird als **Enantiomorphie** bezeichnet.

4) *Morphologie:* Ausbildung versch. Formen der Individuen einer Art, z. B. Verschiedengestaltigkeit der beiden Geschlechter **(Sexualdimorphismus),** geschlechtl. und ungeschlechtl. Generation bei Generationswechsel oder der Individuen zeitlich getrennter Generationen **(Saisondimorphismus).** Bei Staaten bildenden Insekten ist meist eine **soziale P. (Kasten-P.)** vorhanden.

5) *Sprachwiss.:* das Vorhandensein mehrerer Formen für eine grammat. Kategorie; z. B. wird im Deutschen der Plural des Substantivs durch versch. Endungen wie *-n* (Bauern), *-en* (Frauen), *-er* (Rinder), *-e* (Tage), Umlaut

(Mütter), Umlaut und Endung *-er* (Bücher), *-e* (Bäume) u.a. gebildet.

Polyneikes, *grch. Mythos:* Sohn des Ödipus und der Iokaste; einer der ↑Sieben gegen Theben.

Polynesilen, zusammenfassende Bez. für die Inseln im zentralen Pazifik, auf denen traditionell Polynesier leben oder lebten; zu Ozeanien gehörend. Im Grenzbereich zu Melanesien liegt Fidschi. P. erstreckt sich von den Hawaii-Inseln bis Neuseeland und von den Ellice-Inseln bis zur Osterinsel. Neben den Staaten Kiribati (Phoenix-, Linieninseln), Neuseeland, Tonga, Tuvalu (Ellice-Inseln) und Westsamoa umfasst P. folgende nichtselbstständige Inseln und Inselgruppen: Amerikanisch-Samoa, Cookinseln, Frz.-P., Hawaii-Inseln, Niue, Pitcairn, Tokelauinseln, Wallis und Futuna sowie zahlr. einzelne kleine Inseln. Die polynes. Inseln liegen in einem Meeresgebiet von rd. 50 Mio. km² und haben zus. eine Landfläche von 294000 km² und eine Bev. von rd. 5 Mio. Menschen.

📖 *Feinberg, R.: Polynesian seafaring and navigation. Kent, Oh., 1988. – Schellhorn, K. M.: Polit. Entwicklungen im Südpazifik. Sankt Augustin 1988. – Kreisel, W.: Die pazif. Inselwelt. Darmstadt 1991.*

Polynesiler, die einheim. Bewohner von ↑Polynesien, etwa 1,06 Mio. Menschen. Einer ersten Besiedlung Zentralpolynesiens (Tonga, Samoa) um 1200 v.Chr. folgten Ausbreitungen zu allen bewohnbaren Inseln, z.T. mit Mehrfachbesiedlungen. Trotz der großen Entfernungen zeigen die Inselgruppen sprachliche und kulturelle Gemeinsamkeiten: Polytheismus, Priester als Verbindung zu den Gottheiten (höchster Gott ist der Weltschöpfer Tangaroa), eine soziale Schichtung in Adlige, Freie und z.T. auch Sklaven sowie – anders als in den anderen Kulturen Ozeaniens – eine Berufsgruppe von Handwerkern und Künstlern, die sogar einen eigenen Gott hatte. Aus Holz, seltener aus Stein (↑Osterinsel) gefertigte figurale Götterdarstellungen haben bes. auf Hawaii (hier neben vorzügl. Federarbeiten), den Marquesasinseln, Neuseeland (Maori) und auf Nukuoro ein hohes Maß an künstler. Entfaltung erreicht. Eine bed. Rolle spielt die ornamentale Oberflächengestaltung, die sich an die Tatauierung menschl. Gesichter anlehnt. Hoch entwickelt waren Bootsbau und Navigation. Wesentl. Vorstellungen der P. waren Mana (die überaus wirkungsvolle Kraft) und Tabu (der Inbegriff des zu Meidenden).

📖 *Stingl, M.: Kunst der polynes. Inselwelt. A. d. Tschech. Leipzig 1990.*

Polyneuritis [grch.], ↑Nervenentzündung.

Polynja [russ., zu polyj »offen«] *die,* Bez. für eine bis mehrere Tausend Quadratkilometer große offene Wasserfläche in den eisbedeckten Polarmeeren.

Polynom [grch.] *das,* math. Ausdruck aus zwei oder mehr additiv oder subtraktiv verknüpften Gliedern, in denen neben Konstanten, den **Koeffizienten** des P., eine oder mehrere Unbestimmte auftreten. Ein Ausdruck der Form $P(x) = a_0 + a_1x + ... + a_nx^n$ mit $a_n \neq 0$ heißt P. vom Grade n in einer Unbestimmten, die **Nullstellen** sind die Werte von x, bei denen $P(x) = 0$ ist.

Polylolefine, durch Polymerisation von Alkenen (Olefinen) hergestellte Kunststoffe (z.B. ↑Polyäthylen, ↑Polypropylen).

Polyomaviren, DNS-Viren, deren Name Polyoma sich von der Eigenschaft, bei der Übertragung auf Versuchstiere in vielen versch. Organen Tumoren erzeugen zu können, ableitet. In ihren natürl. Wirten (Mensch, Affe, Nagetiere u.a.) verursachen P. meist unauffällige, latente Infektionen und sind nicht onkogen.

Polyosen, die ↑Hemicellulosen.

Polyp [grch. »Vielfuß«] *der,* **1)** *Medizin:* gestielte, meist gutartige Schleimhautgeschwulst, z.B. im Magen, in Gebärmutter, in Nase oder bes. zahlr. im Darm **(Polyposis).**
2) *Zoologie:* die festsitzende Form der ↑Hydrozoen und der ↑Scheibenquallen. Auch fälschl. Bez. für ↑Kraken.

Polyphem, *grch. Mythos:* ein ↑Kyklop, Sohn des Poseidon. Odysseus landete auf seiner Insel und wurde von ihm gefangen gehalten, doch konnte er ihn überlisten und blenden. Deshalb verfolgte Poseidon Odysseus mit seinem Zorn.

Polyphonie *die,* die Mehrstimmigkeit einer Komposition, bei der jeder Stimme selbstständige melod. Bedeutung zukommt; Ggs.: Homophonie. Die Lehre von der Nebeneinanderführung versch. selbstständiger Stimmen ist der ↑Kontrapunkt. Ein wichtiges Kunstmittel der P. ist die ↑Nachahmung. Blütezeiten des rein polyphonen Stiles liegen im 14.Jh. (G. de Machault) und im 16.Jh. (A-cappella-P. von G. P. da Palestrina und O. di Lasso) sowie im frühen 18.Jh. (harmon. P., J. S. Bach) und im frühen 20.Jh. (atonale P., A. Schönberg).

📖 *Bukofzer, M. F.: Music in the Baroque era. Neuausg. London 1948, Nachdr. ebd. 1983. – Apel, W.: Die Notation der polyphonen Musik, 900–1600. A. d. Amerikan. Leipzig ⁴1989.*

Polyphylie *die* (Mehrstämmigkeit), *Biologie:* stammesgeschichtliche Herkunft systemat. Gruppen von Organismen von nicht miteinander verwandten Vorfahren.

Polyploidie *die,* das Vorhandensein von mehr als 2 Chromosomensätzen in Zellen oder Geweben. P. entsteht durch Mutation oder künstlich, z. B. durch Colchicin; wird bei der Züchtung neuer Kulturpflanzen genutzt.

Polypol *das,* ideale ↑Marktform, bei der vielen kleinen Anbietern viele kleine Nachfrager gegenüberstehen (beiderseitiges P.) und sich der Preis auf einem vollkommenen Markt frei bildet (vollständige oder atomist. Konkurrenz). Ein P. auf einem unvollkommenen Markt heißt monopolist. Konkurrenz (↑Monopol).

Polypropylen, Abk. **PP,** durch Polymerisation von Propylen hergestellter thermoplast. Kunststoff. Bei 30–80 °C, niedrigem Druck (1–5 bar) und in Gegenwart von ↑Ziegler-Natta-Katalysatoren wird überwiegend **isotakt. P.** gebildet. Es ist teilkristallin, hat eine höhere Festigkeit und eine höhere Erweichungstemperatur als Polyäthylen. Isotakt. P. wird u. a. durch Spritzguss zu Teilen für die Elektrotechnik, den Automobilbau und Haushaltsgeräte sowie durch Extrudieren zu Fasern und Folien verarbeitet. **Ataktisches P.** ist klebrig-weich bis gummiartig.

Polyptychon [grch.] *das,* aus mehr als drei Teilen bestehende, zusammenklappbare Schreibtafel des Altertums; im MA. wurde die Bez. P. auf einen Flügelaltar mit mehr als zwei Flügeln übertragen. (↑Diptychon, ↑Triptychon)

Polyrhythmik, das gleichzeitige Erklingen unterschiedl. Rhythmen; ein wichtiges Stilmittel in der Neuen Musik und vielfältig ausgeprägt in der außereurop. Musik, im Jazz sowie in der populären Musik (z. B. lateinamerikan. Tänze).

Polysaccharide (Glykane), hochpolymere Kohlehydrate, in denen Monosaccharide oder ihre Derivate durch glykosid. Bindungen miteinander verknüpft sind, z. B. Cellulose, Pektine.

Polysäuren, polymere anorgan. Säuren, die durch Wasserabspaltung aus einfachen anorgan. Säuren entstehen. Bei den **Iso-P.** ist am Aufbau der P. nur ein säurebildendes Element beteiligt (z. B. bei den Kieselsäuren). Bei den **Hetero-P.** liegen zwei versch. säurebildende Elemente vor (z. B. bei der 12-Molybdophosphorsäure).

Polysemie [grch.] *die, Sprachwiss.:* Vorhandensein mehrerer Bedeutungen bei einem Wort, z. B. *Pferd* (Tier, Turngerät, Schachfigur); im Sprachgebrauch (im Kontext) eindeutig verwendet.

Polysklerose, die ↑multiple Sklerose.

Polystyrol, Abk. **PS,** durch Polymerisation von Styrol hergestellter amorpher, thermoplast. Kunststoff. P. ist glasklar, hat mittlere Festigkeit und Härte sowie geringe Schlagzähigkeit. Der billige Massenkunststoff wird zu Bauteilen für Radio- und Fernsehgeräte, Einwegverpackungen für Lebensmittel u. a. verarbeitet. **Schlagfestes P.** ist ein Zweiphasensystem aus hartem P. und darin eingelagerten Kautschukpartikeln (Styrol-Butadien-Copolymerisate), die dem Werkstoff höhere Zähigkeit verleihen. Es wird für Maschinenverkleidungen, Gehäuse von Elektrogeräten, Kühlschrankinnenteile und Sanitärartikel verwendet.

Polysyndeton *das, Sprachwiss.:* Aneinanderreihung gleichgeordneter syntakt. Einheiten (Wörter, Wortgruppen, Sätze) durch dieselbe Konjunktion. Ggs.: Asyndeton (↑Redefiguren, Übersicht).

polysynthetisch [grch.] *Sprachwiss.:* vielfach zusammengesetzt; ein Sprachtypus, ↑Sprache.

Polytechnikum, in versch. Ländern Bez. für eine höhere techn. Fachschule, auch für eine Hochschule (Frankreich, Schweiz); in Dtl. wurden die höheren techn. Fachschulen in Ingenieurschulen und diese 1968 in Fachhochschulen überführt.

polytechnische Bildung, technisch-wirtsch. Grundbildung, i. e. S. die prakt. Kenntnis von Arbeitswelt und Technik (Produktion) und ihrer gesellschaftstheoret., wirtschaftstheoret. und wiss. Grundlagen, die für alle allgemein bildenden Schulen der sozialist. Staaten verpflichtender Bestandteil war und in enger Verbindung zw. Schule und Betrieben vermittelt wurde. In Dtl. wird eine polytechn. Grundbildung als Einführung in die Arbeits- und Berufswelt unter Bez. wie Arbeitslehre (Polytechnik), Arbeit/Beruf, techn. Werken, Wirtschaftslehre u. a. angeboten.

Polytetrafluoräthylen (Polytetrafluorethylen), Abk. **PTFE,** durch Suspensions- oder Emulsionspolymerisation von Tetrafluoräthylen hergestellter Kunststoff (Handelsname u. a. Teflon). P. zersetzt sich beim Schmelzen, sodass eine Formgebung nur durch Pressen und Sintern möglich ist. Es ist chemikalien- und temperaturbeständig, unbrennbar und zeichnet sich durch geringe Haftfähigkeit und sehr gute Gleiteigenschaften aus; Verwendung im chem. Apparatebau, in der Elektrotechnik, zum Beschichten von Bratpfannen u. a.

Polytheismus [grch.] *der,* die gleichzeitige Verehrung einer Vielzahl von Göttern, die meist nach Art menschl. Personen vorgestellt werden, deren Beziehungen die jeweiligen soziokulturellen menschl. Verhältnisse widerspiegeln: neben den antiken Religionen der

Hinduismus in seiner volkstüml. Form und versch. Naturreligionen. Ggs.: ↑Monotheismus.

Polytonalität, das gleichzeitige Erklingen mehrerer, meistens zweier (Bitonalität) Tonarten, findet sich in vielen Werken seit 1910, so bei I. Strawinsky und D. Milhaud.

Poly|urethane, Abk. **PUR,** Kunststoffe, die durch Polyaddition aus mehrwertigen Alkoholen (Polyole, z.B. 1,4-Butandiol) und mehrwertigen Isocyanaten (z.B. Toluoldiisocyanat) hergestellt werden. Bei Zusatz von etwas Wasser reagiert ein Teil der Isocyanatgruppen unter Abspaltung von Kohlendioxid (CO_2), das als chem. Treibmittel das Polyaddukt zum Aufschäumen bringt. **P.-Schaumstoffe** werden nach direktem Vermischen der Reaktionskomponenten (unter Zusatz von Hilfsstoffen) als Blöcke oder durch direktes Ausschäumen von Hohlräumen (z.B. Kühlmöbel, Autositze, Schuhsohlen) hergestellt. Zweikomponentenlacke mit P. als Bindemittel **(DD-Lacke)** haben als Anstriche für Schiffe, Kraftfahrzeuge, Holz, Beton und als Elektroisolierlack große Bedeutung.

📖 *Leppkes, R.: P. Werkstoff mit vielen Gesichtern. Landsberg a. Lech 1993.*

Poly|urie *die* (Harnflut), Ausscheidung abnorm erhöhter Harnmengen (bis zu 20 Liter täglich); tritt u.a. bei Diabetes, bestimmten Nierenerkrankungen oder bei Ausschwemmung von Wasseransammlungen im Gewebe (Ödeme) auf.

Polyvinylchlorid, Abk. **PVC,** thermoplast. Kunststoff, der aus Vinylchlorid durch Polymerisation hergestellt wird. P. ist wegen seines hohen Chlorgehalts gegen Chemikalien sehr beständig. Es dient deshalb als **Hart-PVC** im chem. Apparatebau zum Auskleiden von Behältern oder zur Herstellung von Rohrleitungen (Abflussrohre, Dachrinnen) oder Formteilen. P. wird z.B. im Spritzguss- und Strangpressverfahren verarbeitet, lässt sich biegen, schweißen, verformen und verschäumen. Das durch Zusatz von Weichmachern hergestellte **Weich-PVC** dient zur Isolierung und Ummantelung von Drähten und Kabeln, zur Herstellung von Wand- und Betonbelägen, Schläuchen, Schaumstoffen u.a. – P. ist zwar schwer entflammbar, brennt aber in der Flamme unter Freisetzung von Chlorwasserstoff (Salzsäure). Aus diesem und anderen ökologischen Gründen ist die Verwendung von P. umstritten.

📖 *Pohle, H.: PVC u. Umwelt. Eine Bestandsaufnahme. Berlin u. a. 1997.*

Polyxena, *grch. Mythos:* Tochter des Priamos und der Hekabe, die nach dem Fall Trojas von den Griechen auf dem Grab des Achill (wie dieser in einer Erscheinung gefordert hatte) geopfert wurde.

polyzyklische Aromaten (polyzyklische aromatische Kohlenwasserstoffe), Abk. **PAK,** aus mehreren kondensierten (anellierten) Benzolringen bestehende Kohlenwasserstoffe, die bei der Pyrolyse organ. Substanzen entstehen und sich in geringen Mengen in Teer, Pech, Bitumen, Ruß, Räucherrauch u.a. finden. P. A. mit vier bis sechs Benzolringen gehören zu den Krebs erzeugenden Stoffen, v.a. das ↑Benzpyren.

Polyzythämie *die,* Blutkrankheit mit Vermehrung der roten Blutkörperchen, des roten Blutfarbstoffs, der Gesamtblutmenge sowie der weißen Blutkörperchen und der Blutplättchen. Die Kranken zeigen eine auffallend rote, etwas ins Bläuliche spielende Farbe der Haut und der Schleimhäute und neigen zu Thrombosen. Die Ursache der P. ist unbekannt.

Polzin, Bad, ↑Połczyn Zdrój.

Pomaken (bulgar. Pomazi), die im 16.–18. Jh. zum Islam übergetretenen Bulgaren.

Pombal [põm'bal], Sebastião José de Carvalho e Mello, Graf von Oeyras (seit 1755), Marquis von P. (seit 1770), portugies. Staatsmann, *Lissabon 13. 5. 1699, †Pombal (bei Leiria) 8. 5. 1782; 1750–77 leitender Min. König Josephs I., führte im Geist des aufgeklärten Absolutismus umfassende Reformen durch, die von Josephs Nachfolgerin, Maria I., meist aufgehoben wurden.

Pombo, Álvaro, span. Schriftsteller, *Santander 23. 6. 1939; schreibt anspruchsvolle Romane, in denen er sich mit den Problemen der Persönlichkeitsentwicklung und Identitätssuche (v.a. Heranwachsender) beschäftigt (»Der Held der Mansarden von Mansard«, 1983; »Leichte Vergehen«, 1986, u.a.); auch Erzählungen.

Pomelos [engl.] *Pl.,* die ↑Pampelmusen.

Pomeranze [italien.] *die* (Bitterorange, Citrus aurantium), in SO-Asien beheimateter, u.a. im Mittelmeerraum kultivierter Baum; Früchte, Fruchtschalen und Blätter werden in der Parfümerie- und Likörind. verwendet. Die innere Fruchtschale wird kandiert zu Orangeat verarbeitet.

Pomerol, Weinbaubereich (Appellation contrôlée) im Bordelais, Frankreich, bei Libourne (v.a. Merlotreben); erzeugt hervorragende Rotweine.

Pomesani|en, altpreuß. Landschaft östlich von Nogat und Weichsel zw. Grudziądz und Elbing. – Urspr. slawisch, im 6. und 8. Jh. von Pruzzen besiedelt, 1233/36 vom Dt. Orden erobert (ab 1283 dt. Besiedlung). Das 1243 begründete Bistum umfasste P. und Pogesanien sowie den Marienburger Werder; sein zum Herzogtum Preußen gehörender Teil wurde 1525 luth.; die kath. gebliebenen Teile fielen an das Bistum Culm, 1821 an das Bistum Ermland.

Pommer, altes Holzblasinstrument, der ↑Bomhart.

Pommerellen (Pomerellen), Gebiet in Polen, westlich der unteren Weichsel und nördlich der Netze, der östl. Teil des Pommerschen Höhenrückens; hügelige, seenreiche Landschaft.
Geschichte: Während der Völkerwanderung vom westslaw. Stamm der Pomoranen besiedelt. Ende des 12. Jh. entstand das slaw. Herzogtum P. mit dem Hauptort Danzig unter der Herrschaft der Samboriden (bis 1294). 1308 besetzte der Dt. Orden das Land, das 1466 unter poln. Hoheit kam und 1772 mit Ausnahme Danzigs an Preußen fiel; bildete bis 1919 den Hauptteil der Provinz Westpreußen; danach als Wwschaft P. bis 1939 im Wesentlichen identisch mit dem Poln. Korridor; 1939–45 zum (dt.) Reichsgau Danzig-Westpreußen, 1945 wieder an Polen.
📖 *Schumacher, B.: Geschichte Ost- u. Westpreußens. Würzburg* [7]*1987.*

Pommern, dt. Neustamm an der Ostseeküste zw. Rügen und der Danziger Bucht, seit dem 12. Jh. entstanden aus der westslaw. Urbev. und niederdt., holländ. sowie wenigen schwed. Kolonisten. In Sprache und Kultur überwog in Vorpommern und an der Küste niedersächs., zw. Zara und Rega niederfränk. und in Ostpommern mitteldt. Einschlag. Die östlich der Oder lebenden P. wurden 1945 ausgewiesen (↑Vertreibung).

Pommern, Großlandschaft südlich der Ostsee von der Darßer Nehrung im W bis zum Zarnowitzer See im O. Die untere Oder mit Dammschem See, Papenwasser und Stettiner Haff trennt das in Dtl. (Meckl.-Vorp.) gelegene **Vorpommern** (West-P.) von **Hinterpommern** (Ost-P.) in Polen. Die Oberflächengestalt P.s ist von eiszeitl. Aufschüttungen geformt worden. Ost-P. wird vom **Pommerschen Höhenrücken** mit der **Pommerschen Seenplatte** (u. a. Dratzig-, Vilm-, Großer Böthinsee), 200–260 m ü. M., durchzogen. Dem Hügelland ist eine breite Ausgleichsküste mit Strandseen (u. a. Jamunder See, Garder See, Lebasee) vorgelagert. Die flache Küste West-P.s ist durch buchtenreiche Inseln (Rügen, Hiddensee, Greifswalder Oie, Usedom, Wollin), Bodden und Haffs reich gegliedert. Im S des Stettiner Haffs liegen waldreiche Heidegebiete (Ueckermünder, Gollnower Heide), im SW um den Madüsee (35,5 km^2) das Madütiefland. In der Wirtschaft überwiegen Land- und Forstwirtschaft; an der Küste Fischerei. Die Industrie West-P.s ist in Stralsund und Greifswald, die Ost-P.s in Stettin, Koszalin, Kołobrzeg, Słupsk, Stargard Szczecinski und Piła konzentriert (v. a. Verarbeitung landwirtsch. Erzeugnisse). An der Küste Bäderverkehr, in Ost-P. Heilbäder.
Geschichte: Nach dem Abzug ostgerman. Stämme wanderten bis zum 6./7. Jh. slaw. Stämme ein, die das Land Pomorje (»Küstenland«) nannten. In Kämpfen mit Deutschen, Dänen und Polen entstanden im 12./13. Jh. das slaw. Herzogtum der Samboriden mit Sitz in Danzig (das spätere Pommerellen), westlich davon das Herrschaftsgebiet des slaw. Fürstenhauses der Greifen mit der Stammburg Stettin. Die Christianisierung seit der 2. Hälfte des 12. Jh. zog dt. Siedler nach sich. 1181 wurde Herzog Bogislaw I. als Reichsfürst anerkannt und mit P. belehnt. Nach mehreren Teilungen (1295 in P.-Stettin und P.-Wolgast) besaß Bogislaw X. (* 1454, † 1523) 1478 ganz P. und erhielt 1521 den kaiserl. Lehnsbrief. Brandenburg erwarb im Westfäl. Frieden (1648) den östlich der Oder gelegenen Teil P.s (später **Hinterpommern** gen.); das spätere **Vorpommern** mit Stettin und den Inseln Usedom, Wollin und Rügen sowie ein schmaler Landstreifen östlich der Oder fiel an Schweden. Im 1. Nord. Krieg (1658) gewann Brandenburg-Preußen Lauenburg und Bütow, im 2. Nord. Krieg (1720) Vor-P. bis zur Peene, 1815 den Rest (Neu-Vorpommern) und bildete die preuß. Provinz P. (Hptst.: Stettin). 1945 kam Vor-P. zur SBZ (Land Meckl.-Vorp.; 1952–90 aufgeteilt in die DDR-Bez. Rostock und Neubrandenburg, 1990 wiederhergestellt); Hinter-P., Stettin und Swinemünde fielen an Polen (↑Oder-Neiße-Linie).
📖 *Histor. Atlas von P., auf zahlr. Bde. ber. Köln u. a. 1959 ff. – Eggert, O.: Geschichte P.s. Neuausg. Hamburg 1974. – Barran, F. R.: Städte-Atlas P. Leer 1989.*

Pommern, Woiwodschaft (poln. Województwo Pomorskie), Wwschaft (seit 1999) im N Polens, 18 293 km^2, (1998) 2,18 Mio. Ew.; Verwaltungszentrum ist Danzig.

Pommersches Haff, das ↑Stettiner Haff.

Pommersfelden, Gemeinde im Landkreis Bamberg, Bayern, 2 600 Ew.; 1297 erstmals erwähnt. Das Barockschloss Weißenstein wurde für Fürstbischof Lothar Franz von Schönborn 1711–18 von J. Dientzenhofer und J. L. von Hildebrandt erbaut.

Pommes frites [pɔmˈfrɪt] *Pl.*, roh in Fett gebackene Kartoffelstäbchen.

Pomo, Gruppe der kaliforn. Indianer. Die etwa 3 000 P. leben in ihren traditionellen

Wohngebieten nördlich von San Francisco, z. T. als Landarbeiter auf Reservationen, z. T. in Städten; hoch entwickelte Korbflechtkunst.

Pomodoro, Arnaldo, italien. Bildhauer, *Morciano di Romagna 23. 6. 1926; wurde mit seinem Bruder Giò P. (*1930) bekannt durch Metallplastiken (v. a. Kugel- und Zylinderformen), deren Aushöhlungen komplizierte Innenstrukturen zeigen.

Pomologie [lat.] *die,* Obstsorten- und Obstbaukunde.

Pomona [pəˈməʊnə], die Orkneyinsel ↑Mainland.

Pomoranen [slaw. »Küstenbewohner«], alte ostseeslaw. Stammesgruppen zw. Oder, Weichsel, Netze, zu denen bes. die Kaschuben gehörten.

Pomorze [pɔˈmɔʒɛ], poln. Name für ↑Pommern.

Pomp [mhd. pomp(e) »festl. Aufzug«] *der,* prachtvolle Aufmachung, Prachtentfaltung, (als übertrieben empfundener) Prunk.

Pompadour [ˈpɔmpaduːr, auch pɔ̃paˈduːr, frz.] *der,* in der 2. Hälfte des 18. Jh. aufgekommene und erneut im späten 19. Jh. verwendete Beuteltasche.

Pompadour [pɔ̃paˈduːr], Jeanne Antoinette Poisson, Marquise de (seit 1745), Mätresse König Ludwigs XV. von Frankreich, *Paris 29. 12. 1721, †Versailles 15. 4. 1764; bürgerl. Herkunft, förderte Künstler und Literaten. Übte auch politischen Einfluss aus (unter anderem Mitwirkung am Bündnis mit Österreich 1756), der allerdings lange überschätzt wurde.

Pompeius, Gnaeus (P. Magnus), röm. Feldherr und Staatsmann, *29. 9. 106 v. Chr., †28. 9. 48 v. Chr., aus altröm. plebejischen Geschlecht; kam als Anhänger Sullas empor (Triumph 79); schlug 71 die Reste des Sklavenheeres des Spartakus, bekämpfte 67 die Seeräuber und 66–63 Mithridates VI. Eupator. 60 schloss er mit Cäsar und Crassus das erste Triumvirat, das 56 erneuert wurde. Im Streit mit Cäsar vertrat er die Sache des Senats. Im Bürgerkrieg unterlag er 48 bei Pharsalos und wurde auf der Flucht in Ägypten ermordet. Seine Söhne, der Feldherr **Gnaeus P. Magnus** (*um 78 v. Chr., ermordet 45 v. Chr.) und der Flottenkommandant **Sextus P. Magnus** (*um 68 v. Chr., hingerichtet Milet 35 v. Chr.), führten den Kampf gegen Cäsar und Oktavian weiter.

📖 *Meyer, Eduard: Caesars Monarchie u. das Principat des Pompejus. Stuttgart ³1922, Nachdr. Frankfurt am Main 1984. – Gelzer, M.: P. Neuausg. Stuttgart 1973, Nachdr. ebd. 1984.*

Pompeji (italien. Pompei, bis 1928 Valle di Pompei), Stadt in der Prov. Neapel, Italien, südöstlich des Vesuvs, 25 200 Ew.; Wallfahrtsort; geophysikal. Observatorium mit Vesuvmuseum. – Die antike Stadt **Pompeii,** nacheinander von Oskern, Etruskern und Samniten bewohnt, wurde unter Sulla röm. Kolonie und von da an beliebter Wohnort der röm. Mittelschicht; außerhalb der Stadt ent-

Pompeji – Lageplan

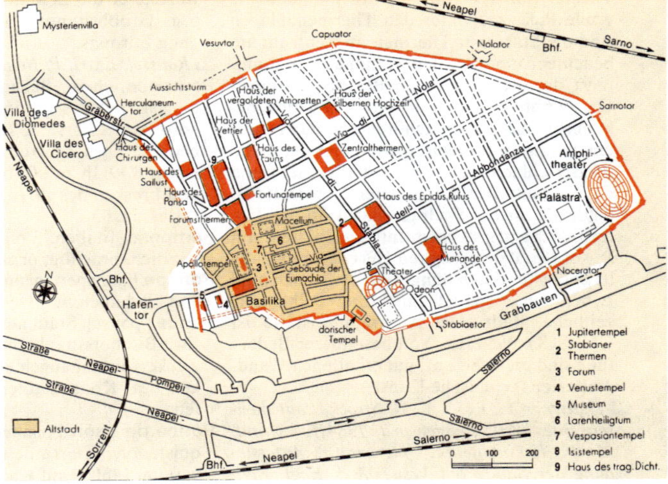

Pompeji: Forum, im Hintergrund der Vesuv

standen bed. Landvillen (»Mysterienvilla«). Durch ein Erdbeben 62 (oder 63) n. Chr. schwer beschädigt und erst z. T. wieder aufgebaut, wurde die Stadt (etwa 12000–15000 Ew.) durch den Vesuvausbruch vom 24. 8. 79 n. Chr. völlig verschüttet. 1860 begannen systemat. Ausgrabungen. Die städtebaul. Anlage ist in den versch. Planungsphasen gut erhalten; mehrere Befestigungsanlagen sind nachweisbar, die letzte, mit Mauern und Türmen, aus der Zeit um 100 v. Chr. Im SW lag der Altstadtkern mit dem Forum und seiner zweigeschossigen umlaufenden Säulenhalle (Portikus), umgeben von Tempeln, Amtsgebäuden, Wirtschaftsbetrieben und Basilika (Handelsbörse), im S das große und kleine Theater, im SO das Amphitheater und die große Palästra. Unter den Thermenanlagen sind die Stabianer Thermen im Zentrum am bedeutendsten. Bei den Wohnhäusern dominiert das Atriumhaus, später oft um einen Gartenhof (Peristyl) erweitert. Zu den bekanntesten Häusern gehören v. a. das »Haus des Fauns« mit einem Mosaikbild der ↑Alexanderschlacht, das »Haus der Vettier« und das »Haus der vergoldeten Amoretten«, beide mit reicher Skulpturenausstattung. Unter den ausgegrabenen antiken Städten gibt P. – neben dem reicheren Herculaneum – die lebendigste Vorstellung vom Aussehen und Leben einer späthellenist. und frühkaiserzeitliche Stadt. Die Ausgrabungsstätte ist UNESCO-Welterbe. Von besonderer Bedeutung sind die zahlr., oft gut erhaltenen Wandmalereien (↑römische Kunst).

📖 *Häuser in P., hg. v. V. M. Strocka, auf mehrere Bde. ber. Tübingen u. a. 1984 ff. – Grant, M.: P., Herculaneum. Untergang u. Auferstehung der Städte am Vesuv. A. d. Engl. Neuausg. Bindlach 1988. – La Rocca, E. u. a.: P. Archäolog. Führer. A. d. Italien. Bergisch-Gladbach 1990. – Étienne, R.: P. Das Leben in einer antiken Stadt. A. d. Frz. Stuttgart ⁵1998. – Nappo, S.: Pompeii. A guide to a lost city. London 1998.*

Pompidou [pɔ̃piˈdu], Georges, frz. Politiker, * Montboudif (Dép. Cantal) 5. 7. 1911, † Paris 2. 4. 1974; Gymnasiallehrer, Gaullist, seit 1944 enger Mitarbeiter General de Gaulles, 1954–62 auch in der Wirtschaft tätig (Generaldirektor im Bankhaus Rothschild), 1959–62 Mitgl. des Verf.rates, war 1962–68 MinPräs. Nach de Gaulles Rücktritt wurde er 1969 zum Präs. gewählt. P. trieb die wirtsch. Modernisierung voran, außenpolitisch befürwortete er die Erweiterung der EG (Beitritt u. a. Großbritanniens) und die polit. Einigung Europas.

📖 *Roussel, E.: G. P. Neuausg. Verviers 1985.*

Pompọsa, ehem. Benediktinerabtei im Mündungsgebiet des Po, in der Gemeinde Codigoro, Prov. Ferrara, Italien; gegr. im 7. Jh., bed. geistiges Zentrum im 11./12. Jh.; Abteikirche 8./9. Jh. mit Campanile aus dem 11. Jh. und Fresken des 14. Jh.; 1496 wegen Malaria verlassen.

pompọso [italien.], musikal. Vortrags-Bez.: feierlich, prächtig, prunkhaft.

Ponape [ˈpɔnəpeɪ, ˈpəʊnɑːpeɪ], früherer Name von ↑Pohnpei.

Ponce [ˈpɔnsɛ], Stadt auf Puerto Rico, 190000 Ew.; Bischofssitz; kath. Univ.; Zentrum eines Zuckerrohranbaugebietes mit Zuckerfabriken u. a. Konsumgüterind.; Hafen, Flughafen.

Ponce de Leọn [ˈpɔnθe -], Juan, span. Konquistador, * Tierra de Campos (Prov. Palencia) um 1460, † auf Kuba Juni 1521; eroberte

1509 Puerto Rico und entdeckte 1513 Florida.

Poncelet [pɔ̃sˈlɛ], Jean Victor, frz. Ingenieur und Physiker, *Metz 1. 7. 1788, †Paris 22. 12. 1867; ein Begründer der techn. Mechanik, Schöpfer der projektiven Geometrie.

Ponchielli [pɔŋˈkjɛlli], Amilcare, italien. Komponist, *Paderno Fasolaro (heute Paderno Ponchielli, bei Cremona) 31. 8. 1834, †Mailand 16. 1. 1886; komponierte, anknüpfend an G. Meyerbeer und G. Verdi, v. a. Opern (»La Gioconda«, 1876).

Poncho [ˈpɔntʃo, span.] *der,* traditionelle Oberbekleidung der Indianer Mittel- und Südamerikas: eine rechteckige Decke unterschiedl. Länge mit längs gerichtetem Kopfschlitz.

Pond [lat.] *das,* Einheitenzeichen **p,** veraltete Einheit der Kraft; 1 p = $9{,}80665 \cdot 10^{-3}$ N (Newton) = 0,001 kp (Kilopond), entspricht der Gewichtskraft von 1 g.

Ponderabilien *Pl.,* kalkulierbare, fassbare, wägbare Dinge; Ggs. ↑Imponderabilien.

Ponderation [lat.] *die, Bildhauerkunst:* Ausgleich der Gewichtsverhältnisse des Körpers; bekannteste Art ist der ↑Kontrapost.

Pondicherry [pɔndɪˈtʃerɪ, engl.] (frz. Pondichéry), Unionsterritorium an der SO-Küste von ↑Indien; Hptst. ist P. (203 100 Ew.). – Das Gebiet von P. wurde 1674 von der frz. Ostind. Kompanie erworben; kam als Bestandteil Frz.-Indiens 1954 durch einen Vertrag an Indien; bildet seit 1962 zus. mit Karikal, Mahé und Yanam ein Unionsterritorium.

Ponferrada [pɔnfɛˈrraða], Ind.stadt in der Prov. León, Spanien, 61 000 Ew.; Eisen- und Stahlerzeugung, chem. Ind., Kohlekraftwerk. – 1178 gründeten die Templer das Castillo de Templarios mit Vorburg, in der sie bis zur Ordensauflösung (1312) residierten; Hospital de la Reina (1498 gegr.; mehrfach umgebaut), Wallfahrtsbasilika Santa María de la Encina (1577, im 17. Jh. verändert).

Pongau, Talschaft der mittleren Salzach im österr. Bundesland Salzburg, zw. Taxenbacher Enge und Pass Lueg einschl. der Nebentäler; Hauptort ist Bischofshofen; Fremdenverkehr.

Ponge [pɔ̃ʒ], Francis, frz. Schriftsteller, *Montpellier 27. 3. 1899, †Bar-sur-Loup (Dép. Alpes-Maritimes) 6. 8. 1988. Seine Prosaskizzen und -gedichte porträtieren Objekte des Alltags in einer Sprache, die durch Etymologien, Neologismen, Klangassoziationen usw. zum Medium der Erkenntnis wird (»Einführung in den Kieselstein«, 1942; »Die Seife«, 1967; »Kleine Suite des Vivarais«, 1983). Auch Kunstkritiker.

Poniatowska, Elena, mexikan. Schriftstellerin, *Paris 19. 5. 1933; veröffentlichte mehrere »Reportageromane«, die wegen ihrer polit. Brisanz – wie »La noche de Tlatelolco« (1971) über das Studentenmassaker von 1968 – und stilist. Qualitäten herausragen. – *Weitere Werke:* Romane: Allem zum Trotz ... Das Leben der Jesusa (1969; dt.); Lieber Diego (1978; dt.); Tinissima (1992; dt.).Reportagen: Stark ist das Schweigen (1987; dt.).

Poniatowski, 1) Józef Fürst, poln. General und napoleon. Marschall, *Wien 7. 5. 1763, †bei Leipzig 19. 10. 1813; zunächst österr. Offizier, trat 1789 als Generalmajor ins poln. Heer über, nahm 1794 am Aufstand unter T. Kościuszko als Divisionskommandeur teil, wurde 1807 Kriegsmin. im Herzogtum Warschau; führte im Russ. Feldzug von 1812 das poln. Korps der Großen Armee und deckte Napoleons I. Rückzug bei Leipzig. Schwer verwundet, ertrank er in der Elster.

2) Stanisław August, König von Polen, ↑Stanislaus.

Pönitent [mlat.] *der, kath. Kirche: veraltend:* Büßender, Beichtender. – **Pönitenz** *die,* in der Beichte auferlegte Buße.

Pönitentiarie *die* (Apostol. P.), päpstl. Gerichtshof, zuständig für die dem Papst vorbehaltenen Fälle von Absolution.

Ponor [serbokroat. »Abgrund«] *der* (grch. Katavothre), Schluckloch in Karstgebieten, wo Wasser in den Untergrund verschwindet.

Pons [zu mlat. pons asinorum »Eselsbrücke«] *der,* Bezeichnung für die gedruckte Übersetzung eines altsprachl. Textes, die besonders bei Klassenarbeiten in Schulen heimlich benutzt wird.

Ponta Delgada, größte Stadt der Azoren, Hptst. der portugies. Autonomen Region Azoren, auf der Insel São Miguel an einer Bucht der S-Küste, 21 100 Ew.; Univ., Lehrerseminar, Wetterwarte; bed. Hafen, Flughafen. Die Ind. ist nur gering entwickelt (Nahrungs- und Genussmittel, Gummi, Bekleidung u. a.; Zementwerk). – Im Stadtbild zahlr. Kirchen und Klöster des 16. und 17. Jh. sowie Häuser und Paläste des 18. Jahrhunderts.

Pont-Aven, Schule von [- pɔ̃taˈvɑ̃], Gruppe von Malern, die sich ab 1886 für einige Jahre in dem Hafenort Pont-Aven in der Bretagne (Dép. Finistère) und im benachbarten Le Pouldu um P. Gauguin und É. Bernard sammelten. Linie, Form und Farbe wurden als elementare Ausdrucksträger aufgefasst. Die Schule wirkte auf die Nabis, auf Fauvismus und Expressionismus.

Pont du Gard [pɔ̃dyˈgaːr], röm. Aquädukt bei Nîmes, ↑Gard.

Ponte, Lorenzo da, italien. Librettist, ↑Da Ponte.

Pontevedra [-'βeðra], **1)** Provinz in SW-Galicien, Spanien, 4495 km², (1991) 896800 Ew.
2) Hptst. von 1), an der NW-Küste Spaniens, 70400 Ew.; Museen; Holz-, Papierind., Maschinenbau; Sardinenfischerei; Seebad; Marine- und Handelshafen. – Maler. Altstadt, Häuser mit großen verglasten Hausfronten, zahlr. Barockkirchen.

Ponthieu [pɔ̃'tjø], histor. Landschaft in der Picardie, N-Frankreich, nördlich der unteren Somme. Die Grafschaft P. gehörte 1279–1345 und 1361–63 zu England, im 15. Jh. zum Herzogtum Burgund, fiel 1477 an die frz. Krone.

Ponti, 1) Carlo, italien. Filmproduzent, *Mailand 11. 12. 1913 (1910?); Rechtsanwalt, gründete mit Dino De Laurentiis (*1919) eine Produktionsfirma, die u.a. »La Strada« (1954) und »Krieg und Frieden« (1956) produzierte; seit 1956 selbstständiger Produzent v.a. von Filmen mit seiner Frau S. ↑Loren.
2) Gio, eigtl. Giovanni P., italien. Architekt und Industriedesigner, *Mailand 18. 11. 1891, †ebd. 16. 9. 1979; baute das mathemat. Institut der Univ. Rom, ein Werk des ↑Internationalen Stils, und das Pirelli-Hochhaus in Mailand (1955–58, mit P. L. Nervi).

Pontiac ['pɔntıæk], Stadt in Michigan, USA, 71000 Ew.; gehört zur Metropolitan Area von Detroit; Standort von Werken der General Motors Corporation.

Pontiac ['pɔntıæk], Häuptling der Ottawa-Indianer, *um 1720, †(ermordet) 20. 4. 1769; Führer des Indianerkrieges (1763–66) gegen die Briten.

Pontianak, Hafenstadt an der W-Küste Borneos, Indonesien, 343000 Ew.; Erzbischofssitz, Univ.; Papierfabrik, Werft.

Ponticello [pɔnti'tʃɛllo, italien.] *der,* der ↑Steg bei Streichinstrumenten; **sul ponticello,** Anweisung für Streicher, den Bogen nahe am Steg aufzusetzen (erzeugt einen harten Ton).

Pontifex [lat. »Brückenbauer«] *der,* im alten Rom Mitgl. des höchsten Priesterkollegiums mit dem **P. maximus** an der Spitze.

Pontifex maximus [lat.] *der, kath. Kirche:* ↑Papst.

Pontifikalamt (Hochamt), *kath. Kirche:* die von einem Diözesanbischof oder einem dazu berechtigten Prälaten zelebrierte feierl. Messe (lat. Missa solemnis).

Pontifikale [lat.] *das, kath. Kirche:* das liturg. Buch für die bischöfl. Amtshandlungen; wird seit 1968 revidiert.

Pontifikalien [lat.], *kath. Kirche:* die dem Bischof vorbehaltenen Insignien, z.B. Mitra und Stab; auch Handlungen, bei denen der Bischof Mitra und Stab benutzt, z.B. Firmung und Priesterweihe.

Pontifikat [lat.] *das* oder *der,* Amtsdauer eines Papstes oder Bischofs.

Pontinische Inseln, die ↑Ponzainseln.

Pontinische Sümpfe (Agro Pontino), Landschaft an der tyrrhen. Küste, Italien, rd. 40 km südöstlich von Rom, am Fuß der Monti Lepini, nördlich vom Monte Circeo; rd. 800 km². Die ehem. Lagune, durch die Etrusker trockengelegt, versumpfte im 4. Jh. v. Chr. Seit 1899–1928 wieder trockengelegt, werden die P. S. landwirtsch. genutzt.

pontisch [grch. pontos »Meer«], *Biogeographie:* aus südost- und osteurop. Steppenzonen stammend.

Pontisches Gebirge (Nordanatolisches Randgebirge), alpid. Gebirgssystem, das den N-Rand von Anatolien bildet, über 1000 km lang, bis 3937 m ü. M., verzahnt sich bei Erzincan mit dem Inneren Osttaurus; bildet eine deutl. Klimascheide zw. dem feuchten Schwarzmeerbereich und dem trockenen Inneranatolien.

Pontius Pilatus, ↑Pilatus.

Ponto, 1) Erich, Schauspieler, *Lübeck 14. 12. 1884, †Stuttgart 4. 2. 1957; Engagements u.a. in Dresden, Stuttgart, Göttingen; auch Filmrollen.
2) Jürgen, Bankier, *Bad Nauheim 17. 12. 1923, †(von RAF-Terroristen ermordet) Oberursel (Taunus) 30. 7. 1977; Jurist, ab 1969 Vorstandssprecher der Dresdner Bank AG.

Pontoise [pɔ̃'twa:z], Teil von ↑Cergy-Pontoise.

Ponton [pɔ̃'tɔ̃; frz. »Brückenboot«] *der,* kastenförmiger Schwimmkörper, meist aus Stahl. Die P. dienen als Träger von **P.-Brücken** (Behelfsbrücken für militär. Zwecke, Baustellen) oder P.-Stegen (bes. für veränderl. Wasserstände geeignete Anlegestellen), ferner Schwimmkörper von Docks, Schwimmkränen u.a.

Pontoppidan, Henrik, dän. Schriftsteller, *Fredericia 24. 7. 1857, †Kopenhagen 21. 8. 1943; bed. Vertreter des dän. Naturalismus, v.a. in Erzählungen und Romanen wie »Das gelobte Land« (3 Tle., 1891–95), »Hans im Glück« (8 Bde., 1898–1904), »Totenreich« (5 Bde., 1912–16). 1917 Nobelpreis für Literatur (zus. mit K. A. Gjellerup).

Pontormo, Iacopo da, eigtl. I. Carrucci, italien. Maler, *Pontormo (heute Pontorme, bei Empoli) 24. 5. 1494, begraben Florenz 2. 1. 1557; wandte sich vom Stil der Hochrenaissance ab und schuf, angeregt von A. Dürer, Lucas van Leyden, auch von Michelangelo einen antiklass. Ausdrucksstil. Seine komplizierten, ornamental verschlungenen Kompo-

sitionen gewinnen durch schattenlose, unstofflich transparente Farbigkeit eine ekstat. geistige Intensität und machen P. zu einem der eigenwilligsten Manieristen.
Werke: Fresken in der Certosa del Galluzzo bei Florenz (1523/24); Verkündigungsfresko (1525) und Altarbild mit Kreuzabnahme Christi (1526–28, ebd., Santa Felicità); Bildnis einer Dame im roten Kleid (um 1533, Frankfurt am Main, Städelsches Kunstinstitut).

Beckers, P.: Die Passionsfresken P.s für die Certosa del Galluzzo, 2 Bde. Salzburg 1985.

Pontos [grch. »Meer«, »Meeresküste«] *der* (lat. Pontus), **1)** nördl. Küstenlandschaft des antiken Kleinasien. Mithridates I. (König um 281–266 v. Chr.) gründete hier 301 das **Pont. Reich,** das Mithridates VI. Eupator auf die O- und N-Küste des Schwarzen Meeres ausdehnte. Nach dessen Niederlage durch Pompeius (63 v. Chr.) wurde der westl. Teil vom P. mit der röm. Provinz Bithynien vereinigt. 40 v. Chr. bis 64 n. Chr. nochmals Königreich, danach endgültig unter röm. Herrschaft.
2) (Pontos Euxinos), der antike Name für das Schwarze Meer.

Pontresina, Sommerfrische und Wintersportort im Kt. Graubünden, Schweiz, im Oberengadin, 1 777 m ü. M., 1 900 Ew.; oberhalb der Straße und Bahnlinie über den Berninapass gelegen.

Pontuskonferenz, Zusammenkunft Großbritanniens, Frankreichs und des Osman. Reiches in London 1871; die nach dem Krimkrieg verhängte Neutralität des Schwarzen Meeres wurde aufgehoben, die Dardanellendurchfahrt für russ. Kriegsschiffe blieb jedoch von osmanischer Erlaubnis abhängig.

Pontypool [pɔntɪˈpuːl], Industriestadt im Verw.-Distrikt Torfaen, S-Wales, 35 600 Ew.; Chemiefaser-, Glas-, Leichtindustrie.

Pontypridd [pɔntɪˈpriːð], Industriestadt im Verw.-Distrikt Rhondda Cynon Taff, S-Wales, 28 500 Ew.; Univ.; Metall-, Leichtindustrie.

Pony Express [ˈpəʊnɪ ɪksˈpres], berühmter amerikan. Postdienst (April 1860 bis Okt. 1861) zwischen Saint Joseph (Mo.) und Sacramento (Calif.); vor dem Bau der transkontinentalen Eisenbahn die schnellste Postverbindung zwischen nordamerikan. O- und W-Küste mit 190 Zwischenstationen. Die (entlang der Strecke nach etwa 300 km wechselnden) Postreiter, darunter Buffalo Bill und J. B. Hickok, bewältigten die rd. 3 000 km lange Distanz in 9–10 Tagen. Der privat betriebene P. E. wurde nach Fertigstellung der transkontinentalen Telegrafenleitung eingestellt.

Ponys [engl.], kleine Hauspferderassen (in Dtl. bis 1,48 m Stockmaß).

Ponzainseln (Pontinische Inseln, italien. Isole Ponziane), vulkan. Inselgruppe vor der W-Küste Italiens. Die größte der sechs Inseln ist **Ponza** (7,3 km^2) mit dem gleichnamigen Hafen; Fischfang; Kaolin- und Bentonitabbau; Fremdenverkehr. Im Altertum waren die P. Verbannungsorte.

Pool [puːl, engl.] *der,* Zusammenschluss von Unternehmen, bei dem die Gewinne zentral in einem gemeinsamen Fonds erfasst und nach einem Schlüssel verteilt werden **(Gewinn-P.),** bzw. von Beteiligungen versch. Aktionäre, um größeren Einfluss auf die Unternehmenspolitik der betreffenden AG nehmen zu können **(Aktienpool).**

Poolbillard [ˈpuːlˈbɪljart] (American Pool), ↑Billard.

Poole [puːl], Hafenstadt in der Cty. Dorset, an der S-Küste Englands, auf einer Halbinsel am buchtenreichen Naturhafen **Poole Harbour,** 118 900 Ew., mit dem benachbarten Bournemouth baulich zusammengewachsen. Elektrotechn., chem. Ind.; Maschinen- und Bootsbau, Töpfereien.

Poona [ˈpuːnə], Stadt in Indien, ↑Pune.

Poons [puːnz], Larry, eigtl. Lawrence P., amerikan. Maler, *Tokio 1. 10. 1937. Seine Malerei bewegt sich zw. abstraktem Expressionismus und Farbfeldmalerei.

Poopó, Lago de (Lago Aullagas), See in Bolivien, 3 690 m ü. M., 2 600 km^2, fast 100 km lang, bis 50 km breit, 3 m tief, mit stark salzhaltigem Wasser.

Popanz [slaw.] *der, urspr.:* Schreckgestalt, Vogelscheuche. Heute *umgangssprachlich* bes. Ausdruck für etwas, was aufgrund vermeintl. Bedeutung einschüchtert, Furcht o. Ä. hervorruft und in diesem Sinn bewusst instrumentalisiert wird: **einen P. aufbauen.** – *Abwertend* auch für: willenloses (zum P. gemachtes) Geschöpf; unselbstständiger, von anderen abhängiger Mensch.

Pop-Art [ˈpɔpɑːt, engl., gekürzt aus popular art »volkstüml. Kunst«] *die,* Strömung der zeitgenöss. Kunst, die v. a. in Großbritannien und in den USA seit Mitte der 1950er-Jahre und in den 60er-Jahren die Kunstszene beherrschte. – Die P.-A. entdeckte die Welt der Unterhaltungsindustrie und der Werbung als ästhet. Wirklichkeit. Banale Objekte des Massenkonsums wurden durch Isolierung, Ausschnitt, Vergrößerung, Reihung entweder der Objekte selbst oder durch Imitationen verfremdet und parodiert. Die P.-A. wollte die Kunst mit moderner Lebenswirklichkeit verbinden. Grelle Farbzusammenstellungen (»Popfarben«) und große Formate dominieren. Der rasche Erfolg amerikan. Künstler wie R. Rauschenberg, J. Johns, J. Dine, R. Lichtenstein, C. Oldenburg, J. Rosenquist, G. Segal, A. Warhol, T. Wesselmann, R. Indiana und E. Kienholz hing auch mit der Neubewertung der Volkskunst in den USA zusammen. In Großbritannien (R. Hamilton, P. Blake, D. Hockney, A. Jones, R. B. Kitaj, P. Phillips, J. Tilson, P. Caulfield) erhielt die P.-A. Impulse von E. Paolozzi und F. Bacon.

Pop art, bearb. v. L. R. Lippard. A. d. Engl. Neuausg. München 1969. – Pierre, J.: Du Mont's kleines Lexikon der Pop-art. A. d. Frz. Köln 1978. – Osterwold, T.: Pop-art. Köln 1989.

Pop-Art: Andy Warhol, »Marilyn Monroe«; Siebdruckserie, 1967

Popayán, Hptst. des Dep. Cauca, Kolumbien, 1 760 m ü. M., am Fuß des Vulkans Puracé (4 756 m ü. M.); 210 100 Ew.; Erzbischofssitz; Univ.; Textil-, Nahrungsmittel-, Schuhindustrie. – Die prächtige Kolonialarchitektur wurde durch ein Erdbeben 1983 stark zerstört.

Pope [russ.] *der,* kirchenslaw. Bez. für einen orth. Priester; seit dem 17. Jh. abwertend gebraucht.

Pope [pəʊp], Alexander, engl. Dichter, *London 21. 5. 1688, †Twickenham (heute zu London) 30. 5. 1744; Hauptvertreter des Klassizismus in England. Auf preziöse Schäferdichtung und sentimentale Naturbeschreibung folgte sein Hauptwerk, das komisch-heroische Epos » Der Lockenraub« (1712). Zum Problem der Dichtung und der Welt nahm P. in 2 Versabhandlungen Stellung (»Versuch über die Kritik«, 1711; »Versuch vom Menschen«, 4 Tle., 1732–34). Auf die Kritik an den Schwächen seiner Shakespeare-Ausgabe, insbesondere durch L. Theobald, antwortete P. mit der brillantesten seiner Satiren, »Die Dummkopfiade« (1728, bis 1748 mehrfach erweitert).

Kowalk, W.: A. P. An annotated bibliography of twentieth-century criticism 1900–1979. Frankfurt am Main 1981. – Mack, M.: A. P. A life. New Haven, Conn., 1985. – Hammond, B. S.: P. Atlantic Highlands, N. J., 1986.

Popelin [frz.] *der* (Popeline), fein geripptes Gewebe in Leinwandbindung mit höherer Kett- als Schussfädenzahl aus Kunst- oder Naturfasern für Oberbekleidung.

Popiełuszko [pɔpjɛˈłuʃkɔ], Jerzy, poln. Priester, *Okopy (Wwschaft Białystok) 23. 9. 1947, †(ermordet) 19. 10. 1984; wurde 1980 Vikar in Warschau; verurteilte in vielen Predigten die Ausrufung des Ausnahmezustands (Dez. 1981) und das Verbot der Gewerkschaftsorganisation »Solidarność«. Die Entführung und Ermordung P.s durch Mitarbeiter des poln. Sicherheitsdienstes löste Demonstrationen der Opposition gegen den kommunist. Staat aus. Der Prozess gegen die für die Ermordung P.s politisch verantwortl. Generäle des Geheimdienstes wurde 1997 in zweiter Instanz wieder aufgenommen. Die kath. Kirche Polens leitete im gleichen Jahr ein Verfahren zur Seligsprechung P.s ein.

Popitz, Johannes, Politiker, *Leipzig 2. 12. 1884, †(hingerichtet) Berlin-Plötzensee 2. 2. 1945; Jurist, 1933 bis Juli 1944 preuß. Finanzmin.; entwickelte sich zum Gegner des nat.-soz. Regimes. Nach dem misslungenen Attentat auf Hitler (20. 7. 1944) wurde er verhaftet.

Pople [pəʊpl], John A., brit. Chemiker, *Burnham-on-Sea (Somerset), 31. 10. 1925. P. erhielt zus. mit W. Kohn 1998 den Nobelpreis für Chemie für seine Arbeiten zu Berechnungsmethoden in der Quantenchemie.

Popmusik [engl.], eine Musikform, die sich aus dem Rock 'n' Roll der Zeit um 1955 (B. Haley, E. Presley) entwickelt hat und später von engl. Musikgruppen (Beatles, Rolling Stones) fortgeführt wurde; i. w. S. zählt dazu jede, bes. durch Massenmedien verbreitete Art von Unterhaltungsmusik (Schlager, Filmlied, kommerzialisierte Folklore, Operette, Musical, Countrymusic, Tanzmusik), als Ggs. zur sog. ernsten Musik. (↑Rockmusik)

Ziegenrücker, W. u. Wicke, P.: Sachlexikon Popularmusik. Pop, Rock, Jazz, Folk. Mainz u. a. 7.–11. Tsd. 1989. – Bruckmoser, B. u. Wulff, P.: Ein umfassendes Lexikon der Pop- &

Rock-Musik. Basis-Informationen in über 2000 Schubladen. Landshut 1996.

Popocatépetl, Vulkan am Rand des Hochlands von Mexiko, südöstlich der Stadt Mexiko, 5452 m ü. M.; 1997 verstärkte Aktivitäten. – Die frühen Klostergründungen der Franziskaner, Dominikaner und Augustiner Anfang des 16. Jh. im Bergmassiv des P. bildeten die Ausgangsbasis für die Errichtung von Missionsstationen im ganzen Land. 14 repräsentative Anlagen wurden von der UNESCO ausgewählt und zum Weltkulturerbe erklärt.

Popol Vuh [-'vux], Mythen- und Legendensammlung, entstanden etwa 1554–58, in der Sprache der Quiché-Indianer aus dem Hochland von Guatemala; enthält Traditionen der Quiché kurz vor der span. Eroberung, berichtet über die Erschaffung der Welt, enthält Wandersagen der Quiché sowie eine Aufzählung histor. Stammesgruppen und Könige. Das P. V. entstand etwa 1554–58.

Popow, **1)** Alexander, russ. Schwimmer, *Swerdlowsk (heute Jekaterinburg) 16. 11. 1971; u. a. Olympiasieger (1992, 1996) und Weltmeister (1994) über 50 und 100 m Freistil, Weltmeister über 100 m Freistil (1998), Europameister über 50 und 100 m Freistil (1993, 1995, 1997) und über 100 m Freistil (1991).

2) Jewgeni Anatoljewitsch, russ. Schriftsteller, *Krasnojarsk 5. 1. 1946; urspr. Geologe; begann mit Erzählungen, die wegen Beteiligung an dem Samisdat-Almanach »Metropol« kaum veröffentlicht wurden (1979 Publikationsverbot). P. thematisiert den russ. Alltag, v. a. in der Provinz, wobei er das Sujet ins Groteske wendet. Sein bisher bekanntestes Werk ist der Roman »Die Wunderschönheit des Lebens. Kapitel aus einem Roman mit Zeitung, der niemals begonnen wurde und niemals beendet wird« (1990; dt.). – *Weitere Werke:* Romane: Das Herz des Patrioten oder Diverse Sendschreiben an Ferfitschkin (1989; dt.); Restaurant »Berezka« (1991); Vorabend ohne Ende (1993; dt.); Erzählungen: Wie es mit mir bergab ging (1997, dt. Auswahl).

3) Oleg Konstantinowitsch, russ. Clown, *Wyrubowo (Gebiet Moskau) 31. 7. 1930; ausgebildet als Seiltänzer und Jongleur; seit 1955 internat. bekannter Clown am Moskauer Staatszirkus.

Popowa, Ljubow Sergejewna, russ. Malerin und Grafikerin, *bei Moskau 6. 5. 1889, †Moskau 25. 5. 1924; setzte sich mit Kubismus, Suprematismus und Konstruktivismus auseinander. Ab 1921 widmete sie sich v. a. der Textilkunst, entwarf Bühnendekorationen und Kostüme sowie Plakate und Typographien.

Popp, Lucia, österr. Sängerin (Sopran), *Ungeraiden (heute Záhorská Vers, bei Preßburg) 12. 11. 1939, †München 16. 11. 1993; wurde 1963 Mitgl. der Wiener Staatsoper; trat bes. als Mozart- und Strauss-Interpretin hervor; auch Konzert- und Liedsängerin.

Poppaea Sabina, röm. Kaiserin, *um 31 n. Chr., †65 n. Chr.; wurde bereits im Jahr ihrer Heirat mit dem späteren Kaiser ↑Otho (58) die Geliebte ↑Neros, der sie nach seiner Scheidung von Octavia heiratete.

Pöppelmann, Matthäus Daniel, Baumeister, *Herford 3.(?) 5. 1662, †Dresden 17. 1. 1736; seit 1686 im Dienst des kursächs. Hofs, 1718 Oberlandbaumeister. P. trug mit seinen Hauptwerken (Dresdner Zwinger, 1711–28; Schloss Pillnitz, ab 1720; Umbau Schloss Moritzburg, ab 1723) entscheidend zur Ausbildung des sächs. Barocks bei. – Abb. S. 276.

Popper *der,* Jugendlicher, der sich durch gepflegtes Äußeres und mod. Kleidung bewusst (von einem ↑Punk) abheben will.

Popper, Nebenfluss des Dunajec, ↑Poprad.

Popper, Sir (seit 1965) Karl Raimund, engl. Philosoph und Wissenschaftstheoretiker österr. Herkunft, *Wien 28. 7. 1902, †London 17. 9. 1994; war 1949–69 Prof. in London; in der Auseinandersetzung mit dem ↑Wiener Kreis entwickelte Popper seine Erkenntnis- und Wissenschaftstheorie des ↑kritischen Rationalismus: wissenschaftl. Allgemeinaussagen sind nicht aus dem empirisch Gegebenen ableitbar. So ist auch ihre Wahrheit nicht beweisbar, sie können lediglich falsifiziert werden. Theorien sind Entwürfe; lebendige Wissenschaft ist ein permanenter Prozess von Falsifikationen und Revisionen, die das Wissen sukzessive erweitern (gegen diese Vorstellung richtete sich T. S. Kuhns Konzeption des wiss. Paradigmenwechsels; ↑Paradigma, ↑wissenschaftliche Revolution). – Gedanken von Platon (Ideenlehre) und Hegel (objektiver Geist) kritisch aufnehmend, stellte P. in seiner Theorie der »objektiven Erkenntnis« – gegen den Psychologismus gewendet – die These einer gewissen Autonomie und Eigenständigkeit der vom Menschen geschaffenen Welt der geistigen Produkte (Gedanken, Mythen, wissenschaftl. Theorien u. a.), der »Welt 3«, auf, die sich mittels »Versuch und Irrtum« weiterentwickle (↑evolutionäre Erkenntnistheorie). – In die Debatte um ein Verständnis der Quantenphysik griff P. – gegen die positivistisch orientierte ↑Kopenhagener Deutung gewendet – mit einem realist. Interpretationsansatz ein. – In seiner Totalitarismus- und Holismuskritik argumentierte P. gegen die Möglichkeit, den Geschichtsverlauf vorherzusagen, und trat für punktuelle Reformen in einer »offenen Gesellschaft« ein. – *Werke:* Logik der Forschung (1935); Die offene Gesellschaft und ihre Feinde, 2 Bde. (1945); Das Elend des Historizismus (1957); Objektive Erkenntnis (1972); Das Ich und sein Gehirn (1977, mit J. C. Eccles); Quantum theory and the schism in physics (1982).

Döring, E.: K. R. P. Einführung in Leben u. Werk. Hamburg 1987. – Geier, M.: K. P. Reinbek 1994.

Poppers *das,* **1)** der Schnüffelstoff ↑Amylnitrit.

2) Jargon-Bez. für Rauschmittel, dessen Dämpfe eingeatmet werden.

Popponen [nach dem Leitnamen Poppo], ein im 9. und 10. Jh. nachweisbares ostfränk. Grafengeschlecht **(ältere Babenberger).**

Poprad, 1) (dt. Deutschendorf) Stadt in der Zips im Ostslowak. Gebiet, Slowak. Rep., am Fuß der Hohen Tatra am Poprad; 51 000 Ew.; Tatramuseum; Maschinen-, Holz- u. a. Ind.; Fremdenverkehr. – Im 12. Jh. von dt. Siedlern (Zipser Sachsen) als freie Stadt gegründet.

2) *der* (dt. Popper) rechter Nebenfluss des Dunajec, entspringt im **P.-See** in der Hohen Tatra (Slowak. Rep.), bildet streckenweise die polnisch-slowak. Grenze, fließt nach Polen und mündet oberhalb von Neusandez; 174 km lang.

Popstar, erfolgreicher Künstler auf dem Gebiet der Popmusik.

populär [lat.], **1)** *allg.:* allgemein bekannt; breite Zustimmung findend; volkstümlich, beliebt.

2) *Sprachstil:* gemeinverständlich, volksnah.

Popularen [lat. populares »Volksmänner«], Anhänger der sich in der 2. Hälfte des 2. Jh. v. Chr. herausbildenden röm. »Volkspartei«; waren Gegner der Optimaten (Senatspartei) und versuchten, ihre Ziele unter Umgehung des Senats allein mithilfe der zur Gesetzgebung befugten Komitien durchzusetzen. P. waren u. a. die beiden Gracchen, Marius und Cäsar.

Popularklage, Rechtsbehelf, den jeder bei Gericht erheben kann, ohne in seinen eigenen Rechten betroffen zu sein. Nach dt. Recht ist die P. nur ganz ausnahmsweise in Patentverfahren und nach einzelnen Landesverf. zulässig.

Popularphilosophie, allgemeine Bezeichnung für Versuche, in philosoph. Schulzusammenhängen entstandene Lehren von prakt. Relevanz einem breiten Publikum in vereinfachter Form darzustellen; philosophiegeschichtlich die philosoph. Richtung der dt. Aufklärung des 18. Jh., die deren Emanzipationsideal gemäß eine weite und allgemein verständl. Verbreitung aufklärer. Ideen vor allem über Wiss., Moralität und Freiheit anstrebte (Vertreter unter anderem C. F. Nicolai, H. S. Reimarus).

Matthäus Daniel Pöppelmann: Dresdner Zwinger, Innenhof; 1711–28

Population [lat.] *die,* **1)** *allg. (veraltet):* Bevölkerung.

2) *Astronomie:* (Stern-P.) Einteilung von einander ähnlichen Sternen in Gruppen, die sich in ihren physikal. Eigenschaften, ihrem Alter und ihrer räuml. Verteilung in unserer Galaxis voneinander unterscheiden. Nach der Anordnung der Sterne im ↑Hertzsprung-Russell-Diagramm unterschied W. Baade 1944 die **P. I** in der galakt. Ebene von der **P. II** des galakt. Halos; heute unterscheidet man zusätzlich noch einige Zwischenstufen.

3) *Biologie:* Gesamtheit der Individuen einer Organismenart eines Gebietes.

4) *Statistik:* die ↑Grundgesamtheit.

Populationsgenetik, Teilgebiet der Genetik, das die Gesetzmäßigkeiten der Evolution untersucht. Die Häufigkeit jedes einzelnen Gens im Genpool der Population kann durch Mutationen, Auslese, gerichtete Partnerwahl, Zufall, Populationsgröße u. a. Faktoren verändert werden.

Populismus [lat.] *der,* **1)** *allg.:* Schlagwort (mit z. T. negativer Tendenz) für eine um »Volksnähe« bemühte Politik, die Stimmungen der Unzufriedenheit und akute Konfliktlagen aufgreift.

2) *Literatur:* (frz. Populisme), frz. literar. Bewegung, begründet 1929 von L. Lemonnier und A. Thérive, um der mondänen Romanlit. Werke vom Leben des einfachen Volkes in realist. Stil zur Seite zu stellen. Hauptvertreter neben Lemonnier und Thérive: E. Dabit, J. Prévost, H. Poulaille.

Populorum progressio [lat. »Fortschritt der Völker«], Enzyklika Pauls VI. vom 26. 3. 1967; behandelt umfassend Fragen des Verhältnisses von Ind.ländern und Dritter Welt; betont u. a. die Sozialverpflichtung des Privateigentums.

Populus [lat.], Gattung der Weidengewächse, ↑Pappel.

Populus Romanus [lat.] *der,* Gesamtheit der Bürger im alten Rom. (↑SPQR)

Pop-up-Menü [pɔp'ʌp-; von engl. pop »aufspritzen« und up »nach oben«], *Datenverarbeitung:* ein Menü, das durch Anklicken einer Fläche, die keine Menüleisten enthält (z. B. auf dem Bildschirm), erscheint.

Pordenone, 1) Provinz in der Region Friaul-Julisch-Venetien, Italien, 2 273 km², (1997) 276 800 Einwohner.

2) Hauptstadt von 1), südwestlich von Udine, 49 300 Ew.; Baumwoll- und Rohseideverarbeitung, Maschinenbau, keram., Fahrrad-, Elektroindustrie. – Die Altstadt ist geprägt von Häusern und Palästen aus Gotik, Renaissance und Barock mit Laubengängen und Fassadenmalereien.

Pordoijoch (italien. Passo Pordoi), Pass der Dolomitenstraße in Italien, zw. Sella- und Marmoladagruppe, 2 239 m ü. M.

Pore [grch.] *die,* **1)** *Biologie:* Öffnung eines Kanals, z. B. des Ausführganges einer Schweißdrüse auf der Haut.

2) *Materialkunde:* kleiner Hohlraum.

Poreč ['pɔrɛtʃ] (italien. Parenzo), Stadt in Kroatien, auf einer Halbinsel, an der W-Küste Istriens, 4 300 Ew.; kath. Bischofssitz; Fischereihafen; Nahrungsmittelind.; Fremdenverkehrszentrum. – Byzantin. Basilika Euphrasiana (6. Jh., bed. Goldmosaiken), röm. Ruinen und got. Bauten (Altstadt und Basilika wurden zum UNESCO-Welterbe ernannt).

Porenvolumen (Porenraum), Gesamtheit der mit Gasen und Flüssigkeiten erfüllten Hohlräume von Gesteinen und Böden.

Porète [pɔ'rɛ:t], Marguerite, frz. Mystikerin und Philosophin, * um 1255, † Paris 1. 6. 1310 (verbrannt); vermutl. der Beginenbewegung zugehörig; behauptete, dass die mit Gott geeinte Seele über den Maßstäben kirchl. Moral stehe und das herkömml. tugendhafte Leben verweigern dürfe; postulierte ein uneingeschränktes Freiheitsideal. – P. beeinflusste Meister Eckhart und Heinrich Seuse.

Pori ['pɔri] (schwed. Björneborg), Stadt in SW-Finnland, am Kokemäenjoki nahe seiner Mündung in den Bottn. Meerbusen, 76 400 Ew.; Buntmetallhütte, Zellstoff-, Papier-, Textil- u. a. Ind.; zwei Außenhäfen. – 1558 gegr., 1564 Stadtrecht.

Porifera [lat.], die ↑Schwämme.

Porkkala, Halbinsel südwestlich von Helsinki, Finnland, 1944–56 an die UdSSR als Marinestützpunkt verpachtet.

Porlinge (Löcherpilze), Sammelbegriff für meist konsolenförmig an Holz wachsende Pilze. Der Name bezieht sich auf die röhren- oder porenförmige, Sporen bildende Schicht.

Pornographie [grch.] *die,* urspr. die Beschreibung von Leben und Sitten der Prostituierten und ihrer Kunden, im Laufe der Jh. zum Begriff für die Darstellung sexueller Akte überhaupt verallgemeinert. Obwohl die Fantasien, die in P. erscheinen, überwiegend zeitloser Natur sind, gewann P. als sexuelles Phänomen und soziales Problem erst im Kontext der modernen westl. Gesellschaft Bedeutung. Im Unterschied zu explizit sexuellen Darstellungen früherer Epochen und anderer Kulturen steht bei P. die gewollte sexuelle Reizwirkung im Vordergrund. Während sexualbezogene Darstellungen früherer Zeiten individuelle Werke einzelner Künstler und i. d. R. nur den jeweiligen Oberschichten zugänglich waren, hat sich P. seit dem 19. Jh. zu einer Massenware und zu einem Bestandteil der allg. Freizeit- und Unterhaltungskultur entwickelt. Die Wirkung von P., die Methoden ihrer Herstellung und Verbreitung sowie die Art ihres Konsums wurden maßgeblich durch die Entwicklung der modernen Informationssysteme und Reproduktionstechniken bestimmt. Durch die zunehmende Verlagerung des Konsums auf visuelle Massenmedien ist medial vermittelte P. im Verlauf der letzten Jahrzehnte zu einem signifikanten Phänomen des gesellschaftl. Austauschs über Sexualität geworden. (↑erotische Literatur)

Recht: Das Verbreiten, Abbilden oder Darstellen von P. (in Schriften, auf Bild- und Tonträgern, Abbildungen u.a.) ist in bestimmten Fällen nach § 184 StGB strafbar; Jugendliche unter 18 Jahren sind generell geschützt, Erwachsene sollen nicht gegen ihren Willen von pornograph. Darstellungen Kenntnis nehmen müssen. Kinder-P. ist mit höheren Strafen bedroht. Die Schriften unterliegen ggf. der ↑Einziehung und ↑Unbrauchbarmachung. (↑jugendgefährdende Schriften)

📖 *Pornography, hg. v. D. Zillmann u.a. Hillsdale, N.J., 1989. – Dworkin, A.: P. Männer beherrschen Frauen. A.d. Amerikan. Neuausg. Frankfurt am Main 1990. – Lautmann, R. u. Schetsche, M.: Das pornograph. Begehren. Frankfurt am Main u.a. 1990. – Schmidt, Gunter: Das große Der Die Das. Über das Sexuelle. Neuausg. Reinbek 14.–16. Tsd. 1993. – Vogel, W.: ... u. wendet eure Augen nicht ab ... Kulturgeschichtl. Betrachtungen zur P., mit einem Beitr. v. E. Brongersma. Pfungstadt u.a. 1995.*

Porphin [grch.] *das* (Porphyrin), dunkelrote kristalline Substanz. Vom heterozykl. Ringsystem des P. leiten sich wichtige Naturfarbstoffe ab (z.B. Hämoglobin, Chlorophyll).

Porphyr [von grch. porphýreos »purpurfarbig«] *der,* Sammelbez. für vulkan. Gesteine mit großen Einsprenglingen in dichter oder feinkörniger Grundmasse (porphyr. Gefüge). Der Name wird heute nur noch in Zusammensetzungen gebraucht, z.B. Granit-P., Quarz-P. (Ganggesteine).

Porphyrie [grch.] *die,* angeborene oder erworbene Störung in der Struktur des roten Blutfarbstoffs, die mit Anreicherung (in Knochen, Zähnen) und vermehrter Ausscheidung (Harn, Kot) von Stoffwechselprodukten der Porphyrinsynthese verbunden ist.

Porphyrine [grch.], körpereigene Farbstoffe, die sich vom Porphin durch Substitution der Wasserstoffatome in den CH-Gruppen der Pyrrolkerne durch Methyl-, Vinyl-, Essigsäure- und Propionsäurereste ableiten. P.-Derivate sind Chlorophyll, Hämoglobin und Myoglobin sowie Enzyme. P. werden v.a. in Leber, Knochenmark und Milz zu »Gallenfarbstoffen« abgebaut. Störungen im P.-Stoffwechsel führen zu ↑Porphyrie.

Porphyrios, grch. Philosoph, *Tyros um 233, †Rom um 304; Neuplatoniker, bes. als Aristoteles-Kommentator bedeutend. P. gab die Werke seines Lehrers Plotin heraus.

Porphyrit [grch.] *der,* dem Andesit entsprechendes altes Ergussgestein.

Porree [frz.] *der* (Breitlauch, Winterlauch, Allium porrum), aus dem Mittelmeergebiet stammende Art des ↑Lauchs mit stängelförmiger, weißer, sehr milder Zwiebel; als Gemüse (meist Winter-P.) und Gewürz (meist Sommer-P.) genutzt.

Porrentruy [pɔrɑ̃ˈtrɥi, frz.] (Pruntrut), Bezirkshauptort im Kt. Jura, Schweiz, an der Allaine, 7000 Ew.; Strumpffabrik, Uhren-, Schuh- und Metall verarbeitende Industrie. – Schloss P. war von 1527–1792 Sitz der Fürstbischöfe von Basel.

Porridge [ˈpɔrɪdʒ, engl.] *das* oder *der,* dicker Haferbrei, der bes. in den angelsächs. Ländern zum Frühstück gegessen wird.

Porsangerfjord, 10–20 km breiter Fjord östlich des Nordkaps, mit 125 km längster Fjord N-Norwegens; im S zahlreiche Inseln.

Porsche, Ferdinand, Kraftwagenkonstrukteur, *Maffersdorf (heute Vratislavice nad Nisou, bei Liberec, Tschech. Republik) 3. 9. 1875, †Stuttgart 30. 1. 1951; konstruierte Auto- und Flugmotoren sowie Automobile, bes. seit 1934 den Volkswagen. 1931 gründete P. in Stuttgart ein eigenes Konstruktionsbüro, die heutige Dr. Ing. h.c. F. Porsche AG. 1948/49 entwickelte er mit seinem Sohn Ferdinand P. (Ferry; *1909, †1998) den P.-Sportwagen.

Porsche AG, Dr. Ing. h.c. F., Kfz-Unternehmen, Sitz: Stuttgart, gegr. 1931 von F. Porsche, seit 1972 AG; neben dem Bau von Sportwagen v.a. Durchführung von Forschungs- und Entwicklungsaufträgen. Die stimmberechtigten Aktien sind im Besitz der Familien Porsche und Piëch.

Porsenna, etrusk. König von Clusium (heute Chiusi) vom Ende des 6. Jh. v. Chr.; belagerte Rom und eroberte die Stadt nach der Vertreibung der Tarquinier.

Porst (Ledum), Gattung der Heidekrautgewächse mit unterseits rostrot-filzigen Blättern und stark duftenden, weißen Blüten; steht unter Naturschutz. Einzige Art in Dtl. ist der bis 1,5 m hohe **Sumpfporst** (Ledum palustre).

Port [engl. pɔːt; engl. »Pforte«] *der,* bei einem Mikroprozessor die Schnittstellenschaltung zw. dem internen und einem äußeren Bussystem oder den Schnittstellen zum Anschluss von Peripheriegeräten.

Portable ['pɔːtəbl, engl.] *der,* auch *das,* tragbares, netzunabhängiges Gerät, v. a. Fernsehgerät oder Computer.

Portal [lat.] *das,* Außentür eines Gebäudes, architektonisch, oft auch plastisch reich ausgestaltet.

Portalegre [purta'lɛɣrə], **1)** Distrikt in SO-Portugal, 6065 km², 132900 Einwohner.

2) Distrikthauptort in Portugal, 15200 Ew.; kath. Bischofssitz; städt. Museum (Keramiksammlung), Museo Casa de José Regio (sakrale Kunst); Kunststoff-, Kork-, Textil- (u. a. Bildteppichweberei) und Nahrungsmittelindustrie, Herstellung von Kunstfasern. – Zahlr. barocke Adelspaläste und Häuser des 17./18. Jh., Kathedrale (16. Jh., Fassade 18. Jh.). – Gegr. 1259.

Portamento [italien., zu ergänzen: di voce »das Tragen des Tons, der Stimme«] *das,* beim Gesang und Streich- und Blasinstrumentenspiel das gleitende Übergehen von einem Ton zum anderen.

Porta Nigra [lat. »schwarzes Tor«] *die,* röm. Stadttor in ↑Trier.

Port Arthur [pɔːt 'ɑːθə, engl.], **1)** früherer Name von Lüshun, heute Teil der chines. Stadt ↑Dalian.

2) ehem. Stadt in der kanad. Prov. Ontario, gehört seit 1970 zu ↑Thunder Bay.

Portatile [lat.] *das,* der Tragaltar (↑Altar).

Portativ [frz.] *das,* kleine, tragbare Orgel mit etwa 6–28 Pfeifen (1–2 Oktaven Umfang), deren Klaviatur mit der rechten Hand gespielt wird, während die linke den Balg bedient. Das P. war besonders im 13.–15. Jh. beliebt.

portato [italien.], musikal. Vortragsbezeichnung für eine leicht artikulierte (nicht völlig gebundene) Ausführung zusammengefasster Noten.

Port Augusta [pɔːt ɔː'gʌstə], Hafenstadt am Spencergolf, South Australia, 14600 Ew.; Verkehrsknoten an der Transkontinentalbahn; Salzgewinnung und -aufbereitung; Stützpunkt des Royal Flying Doctor Service.

Porst:
Sumpfporst

Port-au-Prince [pɔrto'prɛ̃s], Hauptstadt der Rep. Haiti, an der W-Küste der Insel Hispaniola, im Innern des Golfes von Gonaïves, 846200 Ew.; Erzbischofssitz, Univ., Museen; wichtigster Hafen und Wirtschaftszentrum des Landes, internat. Flughafen. – 1749 gegründet.

Porta Westfalica [lat.], **1)** *die,* die ↑Westfälische Pforte.

2) Stadt und Luftkurort im Kr. Minden-Lübbecke, NRW, an der Weser, 35900 Ew.; Besucherbergwerk (ehem. Eisenerzgrube); elektrotechn., Möbel-, Kunststoff-, Metallind., Maschinenbau. – 1973 durch Zusammenschluss von 15 Gemeinden entstanden.

Portbou [pɔr'bu], Fischerort an der Costa Brava, 1900 Ew.; Grenzbahnhof nach Frankreich; Gedenkstätte für W. Benjamin von D. Karavan.

Port-de-Bouc [pɔrdə'buk], Hafenstadt im Dép. Bouches-du-Rhône, Frankreich, am Golf von Fos, 18800 Ew.; bildet mit Lavéra einen Hafenkomplex für Erdölimporte und petrochem. Industrie.

Portées [pɔr'teː, frz.] *Pl.,* gezinkte, d. h. zu betrüger. Zwecken mit Zeichen versehene Spielkarten.

Portefeuille [pɔrt'føːj, frz.] *das,* **1)** *allg. (veraltet):* Brieftasche, Mappe.

2) *Bank-* und *Börsenwesen:* Bestand an Wertpapieren u. a. Vermögenswerten z. B. eines Bankkunden, Unternehmens oder Investmentfonds.

3) *Politik:* Geschäftsbereich eines Ministers. **Minister ohne P.,** ein Minister ohne eigenen Geschäftsbereich.

Port Elizabeth [pɔːt ɪ'lɪzəbəθ], Hafenstadt in der Prov. Ost-Kap, Rep. Südafrika, an der Algoabucht, 303400 Ew. (städt. Agglomeration mit **Uitenhage** und **Kirkwood**: 853200 Ew.); Kulturzentrum, Univ., Technikum, Ozeanarium; Wollbörse; Handels- und Ind.zentrum (Gießereien, Kfz-Montage, Motoren- und Maschinenbau, chem., Textil-, Nahrungsmittel- u. a. Industrie); Flugplatz. – P. E. wurde 1820 von brit. Siedlern gegründet.

Portemonnaie [pɔrtmɔ'neː, frz.] *das* (Portmonee), Geldbörse.

Porten, Henny, Bühnen- und Filmschauspielerin, * Magdeburg 7. 1. 1890, † Berlin 15. 10. 1960; gefeierter Star des dt. Stummfilms; spielte u. a. in den Filmen »Kohlhiesels Töchter« (1920, Remake 1930), »Anna Boleyn« (1920), »24 Stunden aus dem Leben einer Frau« (1931).

Portepee [frz. »Degenträger«] *das,* silberbestickter Lederriemen mit geschlossener, versilberter Quaste, entstand aus dem Faustriemen am Griff von Degen oder Säbel; wurde in Dtl. bis 1945 an der Seitenwaffe der Offiziere und Feldwebel (Wachtmeister) getragen; für die Bundeswehr ↑Unteroffizier.

Porter [engl.] *der,* auch *das* engl. dunkles, obergäriges Bier mit 12–16% Extraktgehalt.

Porter [ˈpɔːtə], **1)** Cole, amerikan. Komponist, *Peru (Ind.) 9. 6. 1891, †Santa Monica (Calif.) 15. 10. 1964; bed. amerikan. Musicalkomponist (»Kiss me, Kate«, 1948; »Can-Can«, 1953, u. a.); viele seiner Songs auf eigene Texte wurden zu Evergreens; schrieb auch Filmmusiken (u. a. »High Society«, 1956).

2) Sir (seit 1972) George, brit. Chemiker, *Stainforth (Cty. South Yorkshire) 6. 12. 1920; erhielt für Untersuchungen der Kinetik von äußerst schnellen chem. und biochem. Reaktionen mit R. G. W. Norrish und M. Eigen 1967 den Nobelpreis für Chemie.

3) Katherine Anne, amerikan. Schriftstellerin, *Indian Creek (Tex.) 15. 5. 1890, †Silver Springs (Md.) 18. 9. 1980; schrieb Kurzgeschichten und dramatisch zugespitzte Erzählungen: »Unter heißem Himmel« (1930), »Der schiefe Turm« (1944); außerdem »Das Narrenschiff« (R., 1962).

4) Rodney Robert, brit. Biochemiker, *Newton-le-Willows (Cty. Lancashire) 8. 10. 1917, †(Verkehrsunfall) Winchester 7. 9. 1985; wies unabhängig von G. M. Edelman, mit dem er 1972 den Nobelpreis für Physiologie oder Medizin erhielt, nach, dass das Molekül eines Antikörpers aus zwei Kettenpaaren aufgebaut ist.

5) William Sidney, amerikan. Schriftsteller, ↑Henry, O.

Port-Étienne [pɔreˈtjɛn, frz.], Stadt in Mauretanien, ↑Nouadhibou.

Portfolioinvestition (indirekte Investition), Erwerb von ausländ. Aktien, festverzinsl. Wertpapieren, Zertifikaten von Investment- oder Immobilienfonds u. a. Forderungen, die keine direkten Eigentumsrechte begründen, durch Inländer. Im Ggs. zur ↑Direktinvestition besteht das Ziel der P. nicht darin, Einfluss auf die Unternehmenspolitik des Emittenten zu nehmen; vielmehr soll durch diese Kapitalanlage eine maximale Rendite erzielt und das Risiko gestreut werden.

Portfoliomanagement [-mænɪdʒmənt], **1)** *Bankwesen:* ↑Portfolio Selection.

2) *Betriebswirtschaftslehre:* Ansatz der strateg. Unternehmensplanung; in einer Grafik werden die einzelnen Geschäftsfelder eines Unternehmens in Bezug auf das Wachstum des entsprechenden Marktes und des Marktanteils des Geschäftsfelds im Vergleich zur Konkurrenz in Nachwuchs-, Verkaufs-, Spitzen- und Problemprodukte eingeordnet (Marktanteils-Marktwachstums-Portfolio). Nach Einschätzung der künftigen Absatzmöglichkeiten hat die Unternehmensleitung zu unterscheiden, welche Geschäftsfelder künftig gefördert oder welche Produkte aus dem Markt zu nehmen sind.

Portfolio Selection [pɔːtˈfəʊljəʊ sɪˈlekʃn, engl.] (Portefeuilleauswahl), Verteilung eines Vermögensbestandes auf unterschiedl. Vermögensobjekte unter dem Gesichtspunkt der zu erwartenden Rendite (Wertentwicklung, Performance) und des Risikogrades. Es wird i. d. R. nach Finanzanlagen (z. B. festverzinsl. Wertpapiere) und Realanlagen (Aktien, Immobilien u. a.) unterschieden. Die wiss. Grundlage für eine optimale P. S. legte H. M. Markowitz in seiner 1952 entwickelten **Portfoliotheorie.** Dabei wird die optimale Zusammensetzung eines Vermögensbestandes (Portefeuille) in Abhängigkeit von den Ertragsätzen der einzelnen Anlageobjekte, ihrem Risiko, der Höhe des Anlagebetrages und der Risikobereitschaft des Anlegers ermittelt. Da jede Anlageform mit bestimmten Chancen und Risiken behaftet ist, lässt sich durch eine breite Streuung des Vermögens auf versch. Anlageobjekte das Risiko (im Vergleich zur Anlage mit max. Rendite) minimieren. Die Portfoliotheorie unterstützt das Management von Wertpapierdepots, Investmentfonds und größeren Vermögen **(Portfoliomanagement).**

Port-Francqui [pɔrfrãˈki], Stadt in der Demokrat. Rep. Kongo, ↑Ilebo.

Port-Gentil [pɔrʒãˈti], Hafenstadt und Provinz-Hptst. im Delta des Ogowe, Gabun, 78 200 Ew.; Wirtschaftszentrum mit bed. Ind.: Holzverarbeitung, Erdölraffinerie, chem., Textil-, Nahrungsmittelind.; Tiefwasserhafen; internat. Flughafen. In der Umgebung bedeutende Erdölförderung.

Port Harcourt [pɔːt ˈhɑːkət], Hptst. des Bundesstaates Rivers, Nigeria, am O-Rand des Nigerdeltas, 371 000 Ew.; zwei Univ., wichtiger Hafen; bed. Ind.standort (Lkw- und Fahrradmontage, Aluminiumwalzwerk, Reifenfabrik, Nahrungsmittel- u. a. Ind.); südöstlich von P. H. Erdölraffinerie; internat. Flughafen.

Portia, ein Mond des Planeten Uranus.

Portici [ˈpɔrtitʃi], Hafenstadt und Seebad in der Prov. Neapel, Italien, am W-Fuß des Vesuvs, 65 300 Ew.; landwirtsch. Fakultät der Univ. Neapel; chem., Textil-, Nahrungsmittelindustrie.

Portikus [lat.] *der* (grch. Stoa), *Baukunst:* Säulenhalle mit geschlossener Rückwand, im Unterschied zur offenen Kolonnade.

Portinari, Cândido, brasilian. Maler italien. Herkunft, * Brodósqui (São Paulo) 29. 12. 1903, † Rio de Janeiro 7. 2. 1962; wandte sich unter dem Einfluss des Muralismo einer sozialkritisch engagierten, expressiven figurativen Malerei zu.

Portio [lat.] *die, Medizin:* Teil, Anteil; häufig als Kurzbez. für **P. vaginalis cervicis** (in die Scheide ragender Gebärmutterteil).

Portiuncula, Marienkapelle bei Assisi; Lieblingskirche des Franz von Assisi, seit dem 16./17. Jh. von der dreischiffigen Basilika Santa Maria degli Angeli umschlossen.

Port Jackson [pɔ:t ˈdʒæksn], die fjordartige Bucht in Australien, an der Sydney liegt; von der Harbour Bridge überspannt.

Port Kelang [pɔ:t-], ↑Kelang.

Port Kembla [pɔ:t ˈkemblə], Hafen von ↑Wollongong.

Portland [ˈpɔ:tlənd], **1)** (Isle of P.), Halbinsel an der engl. Kanalküste (Cty. Dorset), mit der Stadt P. (10 900 Ew.) und dem Kriegshafen P. Harbour; Kalksteinbrüche.

2) größte Stadt von Maine, USA, an der Cascobay, 63 000 Ew.; anglikan. und kath. Bischofssitz; Univ., Kunstmuseum; Fischfang, Holzverarbeitung; Seehafen. – Wurde 1631 als Falmouth gegründet.

3) Stadt in Oregon, USA, an der Mündung des Willamette River in den Columbia River, 450 800 Ew.; Erzbischofssitz; zwei Univ.; Holzverarbeitung, Stahlwerk, Aluminiumhütte, Maschinen- und Schiffbau; Seehafen (180 km von der Pazifikküste entfernt).

Port Louis [pɔ:t ˈlʊɪs, engl.], Hptst. von Mauritius, an der NW-Küste der Insel, 143 500 Ew.; kath. Bischofssitz; Elektronik-, Textil-, Möbel- u. a. Ind., Zuckerfabrik. Fischerei; Freihandelszone, Überseehafen. – 1735 von Franzosen gegründet.

Port Lyautey [pɔrljoˈtɛ, frz.], 1932–56 Name der marokkan. Hafenstadt ↑Kenitra.

Portman [ˈpɔ:tmən], John Calvin jr., amerikan. Architekt, * Walhalla (S. C.) 4. 12. 1924; errichtete zahlreiche Hotel- und Geschäftshäuser, alle um überdachte Wandelhallen gruppiert. Seine luxuriösen Bauten leiten sich aus der europ. Hallen- und Passagenarchitektur des 19. Jh. ab.

Portmann, Adolf, schweizer. Biologe, * Basel 27. 5. 1897, † Binningen (bei Basel) 28. 6. 1982; Arbeiten u. a. zur vergleichenden Morphologie, zur allg. Biologie und zur Entwicklungsgeschichte; in seinen anthropolog. Studien befasste er sich mit der biolog. Sonderstellung des Menschen.

Port Moresby [pɔ:t ˈmɔ:zbɪ], Hauptstadt von Papua-Neuguinea, an der O-Küste des Papuagolfs, 193 200 Ew.; Erzbischofssitz; Univ. (gegr. 1965), medizin. Forschungsinstitut, Ozeanarium; Handelszentrum, Hafen, internat. Flughafen.

Pörtner, Rudolf, Schriftsteller, * Bad Oeynhausen 30. 4. 1912; Sachbuchautor (»Mit dem Fahrstuhl in die Römerzeit«, 1959; »Operation Heiliges Grab«, 1977, u. a.) und Herausgeber.

Porto [italien. »Transport(kosten)«] *das,* Gebühr für die Beförderung von Postsendungen.

Porto [portugies. ˈportu »Hafen«], **1)** Distr. im NW Portugals, 2 395 km^2, 1,65 Mio. Einwohner.

2) (früher Oporto), Hauptstadt des Distrikts P. in Portugal, am rechten Ufer des Douro, 5 km oberhalb seiner Mündung, 309 500 Ew.; wichtigste Hafen- und Handelsstadt im N des Landes; Univ.; Kunstakademie, Museen, Oper, Theater; Erdölraffinerie, Metall-, chem., Textil-, Leder- u. a. Ind.; internat. Flughafen. Am linken Ufer des Douro liegt **Vila Nova de Gaia** mit den Portweinkellereien. Nördlich von P. der Hafen **Leixões.** – Die Altstadt ist UNESCO-Weltkulturerbe, u. a. Kathedrale (12. Jh., mit Silberaltar), barocker Bischofspalast, Kirche São Pedro dos Clérigos (1732–50; frei stehender, 75 m hoher Glockenturm, das Wahrzeichen der Stadt). Doppelstöckige Straßenbrücke sowie Eisenbahnbrücke (von A. G. Eiffel) über den Douro. – P. ist das antike **Portus Cale** (röm. seit dem 1. Jh. v. Chr.); die sueb., dann westgot. Siedlung war 716–997 arabisch, im 11. Jh. war P. Hptst. der Grafschaft Portucalia.

Pôrto Alegre [ˈportu aˈlɛgri, portugies.], Hptst. des Bundesstaates Rio Grande do Sul, Brasilien, Hafen an der Mündung des Rio Guaíba in die Lagoa dos Patos, 1,26 Mio. Ew.; Erzbischofssitz, Kulturzentrum mit zwei Univ.; Handels- und Ind.zentrum: Brauereien, Spinnereien, Webereien, Schiffswerften, Maschinen-, Möbelind., Erdölraffinerie; Flughafen. – 1742 als **Pôrto dos Casais** gegründet.

Portoferraio, Hauptort der italien. Insel Elba, Prov. Livorno, 10 800 Ew.; Hafen; Handelsstadt und Seebad; Erzausfuhrhafen (bis 1982).

Portofino, Seebad an der italien. Riviera, Prov. Genua, am Vorgebirge von P. (610 m ü. M.), 700 Ew.; maler. Stadtbild. – Abb. S. 282

Port of Spain [ˈpɔ:t əv ˈspeɪn], Hptst. von Trinidad und Tobago, auf Trinidad, am Golf von Paria, 45 300 Ew.; botan. und zoolog. Garten; Erzbischofssitz; wichtigstes Ind.- und Handelszentrum der Insel, bed. Schiffsverkehr, internat. Flughafen.

Portoghesi [porto'ge:si], Paolo, italien. Architekt und Architekturschriftsteller, *Rom 2. 11. 1931; zählt zu den frühesten Vertretern postmoderner Architektur: Casa Baldi bei Rom (1958–61, mit V. Gigliotti), Islam. Zentrum und Moschee in Rom (1976–78, mit Gigliotti und S. Mousawi), Italien. Generalkonsulat in Berlin (1987), Neugestaltung des Exerzierplatzes in Pirmasens (1994).

Portolane (Portulane), bis ins 16. Jh. verwendete mittelalterl. Navigationsanleitungen für Seefahrer mit Küstenbeschreibungen. In den **Portolankarten** sind zahlr. Windrosen eingetragen, deren sich netzartig überschneidende Windstrahlen (Rumben) als Navigationshilfe dienten.

Porto-Novo, Hauptstadt der Rep. Benin, Westafrika, an einer Lagune, 177 700 Ew.; Nationalmuseum (traditionelle afrikan. Kunst); Nahrungsmittelind., Seifenfabrik; Lagunenfischerei, Hafen. – 1752 von Portugiesen gegründet.

Porto Rico (Portoriko), Staat, ↑Puerto Rico.

Porto Santo ['pɔrtu 'santu], portugies. Insel 41 km nordöstlich von ↑Madeira, 42,5 km², 3 000 Ew.; bis 517 m ü. M.; vulkan. Ursprungs (S-Küste mit Sandstrand). Dauernd Wasser führende Flüsse fehlen, Wasser wird eingeführt. Weizen- und Weinbau.

Pôrto Velho ['portu 'vɛʎu], Hptst. des Territoriums Rondônia, Brasilien, im Amazonastiefland, 286 500 Ew.; Hafen am Rio Madeira; nahebei Zinnerzbergbau.

Porträt [-'trɛ, auch -'trɛ:t, frz.] *das* (Portrait), **1)** *allg.:* bildl. Darstellung eines menschl. Gesichts (meist als Brustbild) in Malerei, Zeichnung und Grafik oder als fotograf. Aufnahme; Charakterstudie.

2) *bildende Kunst:* (Bildnis) Je nach dem Menschenbild einer Epoche ist das Bildnis zw. überindividueller, sozialer, individuell-physiognom. und physiolog. Wiedergabe angesiedelt. Man unterscheidet das Einzel-P., zu dem auch das Selbst-P. gehört, das Doppel-P. und das Gruppen-P. Nach der Wendung des Kopfes unterscheidet man Vorderansicht (en face) oder Seitenansicht (Viertel-, Halb- oder Dreiviertelprofil).

Das P. gehörte zu den Hauptaufgaben der Kunst, die jedoch bis zum Ausgang des MA. meist nicht von äußerer Ähnlichkeit ausging, sondern, wie im Alten Orient (mit Ausnahme der Amarnazeit), in Griechenland (bis zum 4. Jh. v. Chr.) und im MA. (bis ins 14. Jh.), aus der Vorstellung gestaltete Idealbildnisse schuf und den Dargestellten durch den allg. Typus, auch durch Inschrift, Wappen, Kleidung usw., kennzeichnete. Das individuell ähnl. P. dagegen setzte eine realist. Kunst wie die hellenist., die röm. und die europ. seit Beginn der Neuzeit voraus.

📖 *Reinle, A.: Das stellvertretende Bildnis. Plastiken u. Gemälde von der Antike bis ins 19. Jh. Zürich 1984. – Boehm, G.: Bildnis u. Individuum. Über den Ursprung der Porträtsmalerei*

Portofino: am Hafen

in der italien. Renaissance. München 1985. – Giuliani, L.: Bildnis u. Botschaft. Hermeneut. Untersuchungen zur Bildniskunst der röm. Republik. Frankfurt am Main 1986.

Port-Royal des Champs [pɔːrrwaˈjal dɛ ˈʃɑ̃], 1204 gegr. Zisterzienserinnenkloster bei Versailles; im 17. Jh. unter Äbtissin A. ↑Arnauld Zentrum des Jansenismus; 1710 zerstört.

Pọrt Said [-zaɪt] (arab. Bur Said), Hafenstadt in Ägypten, am N-Ende des Suezkanals, auf einer schmalen Nehrung zw. Mittelmeer und Mansalasee, 461 000 Ew.; Sitz der Suezkanalverwaltung; chem. und Nahrungsmittelind., Salzgewinnung, Erdölraffinerie; Hafen (mit Freihafen), internat. Flughafen.

Pọ̈rtschach am Wọ̈rther See, Fremdenverkehrsort am N-Ufer des Wörther Sees, Kärnten, Österreich, 2 500 Einwohner.

Portsmouth [ˈpɔːtsməθ], **1)** Stadt in der Cty. Hampshire, S-England, an der Kanalküste, auf der Halbinsel Portsea, an der Einfahrt zum P. Harbour, nördlich der Insel Wight, 174 700 Ew.; anglikan. und kath. Bischofssitz; Univ. (gegr. 1992), Museen (u. a. Charles-Dickens-Museum); Docks, Werften, Flugzeugbau u. a. Ind.; Seebad. – Erhielt 1194 Marktrecht und wurde seit 1496 zum Hauptkriegshafen Englands ausgebaut.

2) Hafenstadt im Bundesstaat Virginia, USA, 111 000 Ew.; Marinewerft und -stützpunkt, Fischerei, chem. und Holzindustrie.

Port Stanley [pɔːt ˈstænlɪ], Hauptort der Falklandinseln, ↑Stanley.

Pọrt Sudan (Bur Sudan), Hafenstadt in der Rep. Sudan, am Roten Meer, 305 400 Ew.; Textil-, Metallind., Erdölraffinerie, Baumwollentkernung, Meersalzgewinnung; bed. Hafen, Flughafen.

Port Swettenham [pɔːt ˈswetnəm], ↑Kelang.

Port Talbot [pɔːt ˈtɔːlbət], Zentrum der County Borough Neath P. T. (442 km², 139 600 Ew.) in S-Wales, Großbritannien, an der Swansea Bay, 37 600 Ew.; Stahl-, chem. Ind.; moderner Tiefwasserhafen.

Pọrtugal (amtl. portugies. República Portuguesa), Staat im SW Europas, umfasst den W-Teil der Iber. Halbinsel (grenzt an den Atlant. Ozean und Spanien), die Azoren und Madeira.

Portugal	
Fläche	92 389 km²
Einwohner	(1999) 9,873 Mio.
Hauptstadt	Lissabon
Verwaltungsgliederung	18 Distrikte und zwei autonome Regionen (Azoren, Madeira)
Amtssprache	Portugiesisch
Nationalfeiertage	10. 6. und 5. 10.
Währung	Euro; Untereinheit 1 Escudo (Esc) = 100 Centavos (ctvs)
Zeitzone	WEZ

Staat und Recht: Nach der Verf. von 1976 (mehrfach, zuletzt 1997, geändert) ist P. eine parlamentarisch-demokrat. Rep. Staatsoberhaupt und Oberbefehlshaber der Streitkräfte ist der auf fünf Jahre direkt gewählte Präs. Er ernennt den MinPräs. und auf dessen Vorschlag die übrigen Mitgl. des Kabinetts, das sowohl dem Präs. als auch dem Parlament verantwortlich ist. Der Staatsrat (10 Mitgl.) fungiert als Beratungsorgan des Präs. Die Legislative liegt bei der Nationalversammlung (230 Abg., für vier Jahre gewählt). Die jüngste Verf.-Änderung sieht vor, die Zahl der Abg. auf 180 zu reduzieren. Einflussreichste Parteien: Sozialist. Partei (PS), Sozialdemokrat. Partei (PSD), Volkspartei (PP) sowie das Linksbündnis Demokrat. Einheitskoalition (CDU).

Landesnatur: Im N und O hat P. Anteil am inneren Hochland der Iber. Halbinsel mit Gebirgen bis fast 2 000 m ü. M. (Serra da Estrêla 1 991 m ü. M.). An der Küste und im S herrscht Tiefland vor, nur stellenweise von kleineren Gebirgen durchzogen. Die Hauptflüsse Tejo, Douro, Guadiana, Minho kommen in engen Tälern vom span. Hochland und sind nur im Unterlauf schiffbar. Das Klima ist im N mild und feucht; bis über 2 500 mm Niederschlag fällt im nordwestl. Bergland, nach O und zum subtrop. sommerheißen S nimmt er bis auf 400 mm ab. Die jahreszeitl. und episod. Schwankungen in der Wasserführung der Flüsse zählen zu den höchsten der Erde. Die nördl. Gebirge sind reich an Wäldern (Eichen, Kastanien), im S herrschen immergrüne Buschheiden, Kork-, Eichen- und Olivenhaine vor.

Portugal

Bevölkerung: Die Bev. besteht fast ausschl. aus ↑Portugiesen. Dicht besiedelt ist der rd. 50 km breite Küstenstreifen von der N-Grenze bis Lissabon. Ein Drittel der Bev. lebt in Städten (Großstädte sind Lissabon und Porto). Trotz einer hohen Geburtenrate nimmt die Bev. wegen der starken Auswanderung kaum zu (Hauptaufnahmeland ist Frankreich). – Allg. achtjährige Schulpflicht (7. bis 14. Lebensjahr). Es gibt 18 Univ., eine TU sowie weitere Hochschuleinrichtungen.

Wirtschaft, Verkehr: P. ist ein rohstoffarmes Land. – Die Landwirtschaft nutzt knapp 50% der Staatsfläche. Angebaut werden bes. Weizen (im feuchten NW stattdessen Mais, im Bergland Gerste und Roggen), Wein, Oliven und Baumwolle. In der Viehwirtschaft überwiegt die Schafhaltung, ferner Haltung von Schweinen, Rindern, Ziegen. Der Wald nimmt 32,4% der Fläche ein; Korkeichen liefern über die Hälfte der Welterzeugung an Kork. Aufforstung und Bewässerung (Alentejo-Bewässerungsprojekt) werden gefördert. An Bodenschätzen werden Wolfram, Eisen, Zinn, Kupfer, Mangan, Gold und etwas Kohle gewonnen; bed. Uranlager sind bekannt. Zur Deckung des Energiebedarfs ist P. weitgehend auf Importe angewiesen. Durch den Beitritt P.s zur EG 1986 verbesserte sich die Wirtschaftslage wesentlich. Das ausländ. Interesse am Investitionsstandort P. führte zur Verbesserung der Infrastruktur und zum Ausbau v. a. der Schuh-, Leder- und Textilind. (u. a. im neuen Ind.gebiet des Vale do Ave im Norden des Landes). Bed. sind weiterhin die chem. Ind. (Düngemittel, Zement, Phosphate, Erdölverarbeitung), die Papiererzeugung, Stahl- und Kfz-Ind. sowie die Fertigung von Textilmaschinen und Haushaltgeräten. Eine große Rolle spielt die Seefischerei (200-Meilen-Zone seit 1977). P.s Außenhandel ist durch Einfuhrüberschüsse gekennzeichnet. Ausfuhrprodukte sind Textilrohstoffe und -erzeugnisse, Maschinen und Apparate, Kork, Wein, Fischkonserven, Holz. Eine wichtige Einnahmequelle ist der Fremdenverkehr (1996: 23 Mio. Auslandsgäste). Haupthandelspartner sind Spanien, Dtl., Frankreich, Italien und Großbritannien. – Die Verkehrsinfrastruktur ist weitgehend auf die Küste orientiert und weist deutl. Lücken auf. Das Straßennetz umfasst 70 176 km, darunter sind 86% befestigte Straßen (587 km Autobahnen), das Eisenbahnnetz hat eine Länge von 3 072 km, davon sind 461 km elektrifiziert. Im N sind 765 km Schmalspurstrecken in Betrieb; sonst besitzen alle Strecken die span. Breitspur. Bed. Häfen sind Lissabon, Leixões (Porto), Setúbal, Aveiro und Sines; internat. Flughäfen: Lissabon, Porto, Faro, Funchal (Madeira) und Santa Maria (Azoren).

Geschichte: Zur Vorgeschichte ↑Mittelmeerraum, zur Antike ↑Spanien, Geschichte. Das heutige P. gehörte z. Z. der arab. Herrschaft zum Kalifat Córdoba. 1055–64 eroberte Ferdinand I. von Kastilien-León den Norden. Sein Nachfolger Alfons VI. belehnte 1095 seinen Schwiegersohn, den Grafen Heinrich von Burgund, mit dem Gebiet (Grafschaft P.).

Portugal: Fischereihafen Sines an der Atlantikküste

Dessen Sohn Alfons-Heinrich setzte die Eroberung nach S fort und nahm 1139 den Königstitel an (Alfons I., der Eroberer). Damit begann die staatl. Selbstständigkeit P.s. Mithilfe eines Kreuzfahrerheeres konnte 1147 Lissabon eingenommen werden. P. erlebte unter König Dinis (1279–1325) die erste Blütezeit. Die Eroberung Süd-P.s (Algarve) beendete die portugies. Reconquista, der Sieg über Kastilien (Aljubarrota, 1385) sicherte die Unabhängigkeit des Landes und brachte das Haus Avis an die Macht. Durch Johann I. (1385–1433), Alfons V., den Afrikaner (1438–81), Johann II. (1481–95) und Emanuel I., d. Gr. (1495–1521), stieg P. zur führenden See- und Kolonialmacht W-Europas auf. Prinz Heinrich der Seefahrer veranlasste ab 1418 Entdeckungsfahrten längs der W-Küste Afrikas; zugleich wurden Madeira, die Azoren und die Kapverd. Inseln besiedelt. In Marokko eroberten die Portugiesen Ceuta (1415), Tanger (1471) u.a. Küstenplätze. Vasco da Gama gelangte 1498 als Erster auf dem Seeweg um Afrika herum nach Indien, wo durch Almeida und Albuquerque 1505–15 die wichtigsten Handelsplätze (Goa, Hormus, Diu, Malakka) portugiesisch wurden; als P. dann auch Ceylon (1518) und die Molukken (1512/29) gewonnen hatte, beherrschte es den ganzen Handel im Ind. Ozean. Ferner setzte es sich an der west- und ostafrikan. Küste fest; Kolonie in Amerika wurde 1500 Brasilien. In den Verträgen von Tordesillas (1494) und Saragossa (1529) einigten sich P. und Kastilien auf die Aufteilung ihrer Interessensphären. Im Geist des strengen Katholizismus vertrieb Emanuel I. den größten Teil der Juden und Mauren, 1536 wurde die Inquisition eingeführt. Als 1580 das portugies. Königshaus ausstarb, nahm Philipp II. von Spanien das Land in Besitz. Unter der Herrschaft der span. Könige verlor P. seine wertvollsten ostind. Kolonien (Molukken, Ceylon) an die Niederländer. Ein

Portugal: Algarveküste

Volksaufstand erhob den Herzog Johann von Bragança als Johann IV. zum König von P. (1640–56), er sicherte die Unabhängigkeit, die erst 1668 von Spanien anerkannt wurde. Die Reg. Johanns V. (1706–50) brachte P., v. a. durch das brasilian. Gold, eine kulturelle Blüte. Unter Joseph I. (1750–77) regierte Min. Pombal im Geist des aufgeklärten Absolutismus. 1807 ließ Napoleon I. P. besetzen (↑Napoleonische Kriege), Prinzregent Johann VI. (seit 1792, dann 1816–26 König) floh nach Brasilien; 1808–14 war P. Stützpunkt des brit. Feldherrn Wellington.

Die liberale Revolution von 1820 hatte die Einführung einer Verf. zur Folge, die den Cortes weitgehende Rechte gegenüber dem König einräumte. 1822 erklärte sich Brasilien unter Pedro I. (Peter I.), dem Sohn Johanns VI., für unabhängig. Pedros Tochter Maria da Glória erhielt 1826 die portugies. Krone; sie wurde 1828 von Johanns jüngerem Sohn Dom Miguel verdrängt, bis Pedro 1832–34 den Thron für seine Tochter zurückeroberte. Durch ihre Heirat (1836) mit einem Prinzen von Sachsen-Coburg entstand das Königshaus Sachsen-Coburg-Bragança. Die folgenden Jahrzehnte waren von ständigen Parteienkämpfen gekennzeichnet, ein Volksaufstand wurde 1846/47 mit brit. und span. Hilfe niedergeschlagen. Ende des 19. Jh. dehnte P. seinen Kolonialbesitz an der west- und ostafrikanischen Küste ins Hinterland aus. Doch blieb es wirtschaftlich rückständig, die Staatsfinanzen waren zerrüttet. Am 1. 2. 1908 wurden König Karl I. und sein ältester Sohn durch ein Attentat ermordet, sein 2. Sohn, Emanuel II., wurde am 5. 10. 1910 gestürzt. Die Ausrufung der Rep. (1910) brachte dem Land keine Stabilität (1911–26: 44 Regierungen). Die Beteiligung am Ersten Weltkrieg (an der Seite der Entente) belastete P. zusätzlich.

portugiesische Kunst: Sarkophag König Peters I. in der Klosterkirche der ehemaligen Zisterzienserabtei in Alcobaça; um 1370

Ende Mai 1926 errichtete Gomes da Costa eine Diktatur, trat jedoch im Juni die Macht an General Carmona ab, der 1928–51 Staatspräs. war. Sein leitender Min. Oliveira Salazar wurde 1932 MinPräs. und schuf durch die ständisch-autoritäre Verf. von 1933 den »Neuen Staat« (»Estado Novo«), jede Opposition wurde unterdrückt. Am Zweiten Weltkrieg nahm P. nicht teil. 1949 trat es der NATO bei. Als letzte europ. Kolonialmacht bemühte sich P. um Erhaltung seiner Kolonien, auch mit militär. Einsatz. 1968 wurde der schwer kranke Salazar durch M. J. das Neves Alves Caetano abgelöst. Am 25. 4. 1974 stürzte die »Bewegung der Streitkräfte« (portugies. Abk. MFA) in einer unblutigen Revolution (»Nelkenrevolution«) das diktator. Regime. Eine Militärjunta unter General A. S. R. de Spínola übernahm die Reg.; Parteien konstituierten sich neu, die eigentl. Macht konzentrierte sich beim Revolutionsrat. Nach Spannungen mit der stark linkssozialistisch ausgerichteten MFA musste Spínola zurücktreten. Unter seinen Nachfolgern Präs. F. da Costa Gomes (1974–76) und MinPräs. V. dos Santos Gonçalves (1974/75) gewann die KP zeitweilig großen Einfluss, die Reg. verstaatlichte Bahnen und Großbetriebe und enteignete Großgrundbesitz. Die Kolonien hatten bereits 1974 die Unabhängigkeit erhalten (in der Folge starke Rückwanderungsbewegungen). 1976 trat eine neue Verf. in Kraft. Bei den Wahlen zur Nationalversammlung (1976) siegte die Sozialist. Partei (M. Soares MinPräs. 1976–78). Mit der Wahl von General A. Eanes zum Staatspräs. (Juni 1976, wieder gewählt im Dez. 1980) setzten sich gemäßigte Kräfte durch, die auch die Reg.koalitionen der Folgejahre beherrschten. Der Großgrundbesitz wurde zurückgegeben, eine Verf.reform schaffte 1982 den Revolutionsrat ab. Die Staatsbetriebe wurden reprivatisiert. Soares wurde 1986 zum Präs. gewählt (bestätigt 1991). Bei den Parlamentswahlen 1987 erreichten die Sozialdemokraten die absolute Mehrheit (erneut 1991). MinPräs. Cavaco Silva gelang es – nach dem Beitritt zur EG 1986 (Ratifizierung der Verträge von Maastricht Ende 1992) –, die Inflation zu bremsen und einen deutl. Wirtschaftsaufschwung zu erreichen. Nach den Wahlen im Okt. 1995 mussten die Sozialdemokraten die Regierungsverantwortung wieder an die Sozialist. Partei abgeben, deren Vors. A.-M. Guterres zum MinPräs. gewählt wurde. Bei den Präsidentschaftswahlen im Jan. 1996 siegte der Sozialist Jorge F. Branco de Sampaio über Cavaco Silva und löste Soares im Amt ab. Auch unter der sozialist. Reg., die 1999 bestätigt wurde, setzte sich der wirtsch. Aufschwung fort, v. a. die Erfüllung der Euro-Kriterien gilt als großer Erfolg des einst rückständigen Landes.

P. bemüht sich um eine enge wirtschaftl., soziale und kulturelle Zusammenarbeit mit den anderen Ländern portugies. Sprache (Angola, Brasilien, Guinea-Bissau, Kap Verde, Moçambique und Saõ Tomé e Príncipe): 1996 wurde die lusophone Gemeinschaft Comunidade dos Países de Língua Portugesa gegründet.

📖 *Jacob, E. G.: Grundzüge der Geschichte P.s u. seiner Übersee-Provinzen. Darmstadt 1969. – Marques, A. H. de: History of P., 2 Bde. A. d. Portugies. New York 1972. – Salentiny, F.: Aufstieg u. Fall des portugies. Imperiums. Wien 1977. – Weber, P.: P. Räuml. Dimension u. Abhängigkeit. Darmstadt 1980. – Freund, B.: P. Stuttgart ²1981. – Sperling, U.: P. – von Salazar zu Soares. Marburg 1987. – Birmingham, D.: A concise history of P. Cambridge 1993. – Sänger, R.: P.s langer Weg nach »Europa«. Frankfurt am Main u. a. 1994. – Iking, B.: Die Auswirkungen des EG-Beitritts auf die Industriepolitik P.s Frankfurt am Main 1997. – P. heute. Politik, Wirtschaft, Kultur, hg. v. D. Briesemeister u. A. Schönberger. Frankfurt am Main 1997. – Saraiva, J. H.: P. A companion history. A. d. Portugies. Machester 1997. – Vom Ständestaat zur Demokratie. P. im zwanzigsten Jahrhundert, hg. v. F. Rosas. A. d. Portugies. München 1997. – Golder, M. u. Rahden, M. von: Studien zur Zeitgeschichte P.s. Hamburg 1998. – Kustos, N. u. Schümann, B.: Das große P.-Buch. Hamburg 1998. – Ruhl, K.-J.: Spanien-P.-Ploetz. Freiburg im Breisgau ⁴1998.*

Portugiesen, Staatsvolk Portugals; roman. Volk, mit den nördlich benachbarten Galiciern nahe verwandt; römisch-kath. Glaubens. Sie sind eine ethn. Mischung aus ligur. Urbev. im S, Iberern in der Mitte und Kelten im N. Der S wurde früh romanisiert und durch arabisch-berber. Einwanderung beeinflusst. P. leben auch in den USA, den ehem. portugies. Kolonien und bilden den Grundstock der brasilian. Bevölkerung.

portugiesische Kunst. Trotz vielfacher Einwirkungen aus Spanien sowie Italien und Frankreich nahm die p. K. seit der Römerzeit eine eigenständige Entwicklung, v. a. in Architektur und Baudekoration. Dies tritt bes. in der Blütezeit in der 1. Hälfte des 16. Jh. (Zeitalter der Entdeckungen) und in der 1. Hälfte des 18. Jh. (Gold- und Diamantenfunde in Brasilien) hervor.

Baukunst: Wichtigste Fundorte der Römerzeit sind Conimbriga (zerstört 468) und der

portugiesische Kunst: Blick in einen der Kreuzgänge (15. Jh.) des Christusritterklosters in Tomar, im Hintergrund die Templerkirche (12. Jh.)

Tempel von Évora (2./3. Jh.). Aus dem 7. und 10. Jh. sind schlichte frühroman. Kirchenbauten erhalten (São Frutuoso bei Braga; Lourosa). Unter der ersten portugies. Dynastie aus dem Haus Burgund Ausbildung der roman. Baukunst, v. a. kleine, wehrhafte Kirchen mit schmalem, tiefem Sanktuarium (São Martinho de Cedofeita in Porto, 12. Jh.). Bei den zw. 1140 und 1170 errichteten Kathedralen in Braga, Coimbra, Lissabon und Porto mit Chorumgang und Kapellenkranz dienten die Pilgerkirchen von Santiago de Compostela und Saint-Sernin in Toulouse als Vorbild. Got. Elemente zeigen zuerst die Zisterzienserbauten (Alcobaça, 1178 ff.; Kathedrale von Évora). Beim Bau des Klosters Santa Maria de Vitória Ende des 14. bis Mitte des 16. Jh. erfolgte die künstler. Entwicklung von der Hochgotik zum voll ausgebildeten ↑Emanuelstil. Weitere Höhepunkte bilden die Christusritterkirche in Tomar, das Hieronymitenkloster von M. Boytac und J. de Castilho sowie der Torre de Belém von F. de Arruda. Reine Renaissancewerke sind u. a. der Große Kreuzgang des Klosters von Tomar sowie die Kirche Nossa Senhora da Conceição (ebd.). Aus der Barockzeit: Kloster Mafra (1717 ff. von J. F. Ludwig), Schloss Queluz bei Lissabon (1747–55), Univ.bibliothek von Coimbra (1717–23). 1784–1811 entstand die Wallfahrtskirche Bom Jesús do Monte bei Braga. Wichtigste städtebaul. Leistung ist der Wiederaufbau von Lissabon nach dem Erdbeben von 1755 unter Min. Pombal. Im

19. Jh. entstanden historist. Bauten (Palácio da Pena in Sintra, Börse in Porto, Kuppelbau des Rathauses in Lissabon); unter den techn. Bauwerken ist v. a. die doppelstöckige Brücke »Dom Luis I.« (1881–85) in Porto bedeutend. Die Architektur des 20. Jh. wird maßgebend vertreten durch die »Schule von Lissabon« und v. a. durch die »Schule von Porto« unter Führung von A. Siza Vieira.

Skulptur: In der Gotik gelangte die Grabmalkunst zu bedeutenden Leistungen (Alcobaça: Sarkophage für Pedro I. und Inês de Castro, um 1370; Braga: Sarkophag des Erzbischofs G. Pereira). Der Emanuelstil griff von der Architektur auch auf Mobiliar und Goldschmiedekunst (G. Vicente) über. Höhepunkte der Renaissanceplastik sind das Chorgestühl, die Kirchenväterkanzel (1552) und die Grabmäler in Santa Cruz in Coimbra. Als Zentren der großen Holzaltäre und der figuralen Plastik (J. Machado de Castro) der Barockzeit bildeten sich Coimbra, Lissabon und Évora heraus. Im 19. Jh. traten vor allem António Soares dos Reis (* 1847, † 1889) und Victor Bastos (* 1832, † 1894), im 20. Jh. Francisco Franco (* 1885, † 1955), Leopoldo de Almeida (* 1898, † 1975), Virgilio Domingos (* 1932), José Rodrigues (* 1936), Alberto Carneiro (* 1937) sowie Zulmiro de Carvalho (* 1932) hervor.

Malerei: Die got. Tafelmalerei des 15. Jh. zeigt eigenwillige Anlehnung an die fläm. Kunst (N. Gonçalves: Vinzenzaltar, zw. 1465 und 1467, Lissabon, Museum alter Kunst). Unter Emanuel I. bildeten sich Künstlergemeinschaften (»oficinas«) mit Zentren in Viseu (Hauptmeister: Grão Vasco) und Lissabon (J. Afonso). Der bedeutendste portugies. Maler des 16. Jh. war der Mönch Carlos, der bei Évora tätig war. Die Barockmalerei wandte sich neben religiösen Themen v. a. dem Porträt zu (unter anderem F. Vieira), das auch im 18. und 19. Jh. gepflegt wurde (D. A. de Sequeira, C. Bordalo de Pinheiro). Zu den Vertretern moderner Malerei gehören António Soares (* 1894, † 1979), Carlos Botelho (* 1899, † 1982), Maria Elena Vieira da Silva, Nadir Afonso (* 1920), Fernando Lanhas (* 1923), Carlos Calvet (* 1928), João Vieira (* 1934), Ângelo de Sousa (* 1938).

Kubler, G. u. Soria, M. S.: Art and architecture in Spain and Portugal and their American dominions, 1500 to 1800. Harmondsworth 1959, Nachdr. ebd. 1969. – Smith, Robert C.: The art of Portugal 1500–1800. London 1968.

portugiesische Literatur. Die älteste p. L. lehnte sich eng an frz.-provenzal. Vorbilder an. Sie brachte keine Epen, sondern ausschließlich Lyrik in galicisch-portugies. Sprache hervor, die in drei Liederbüchern (»Cancioneiros«, etwa 3 000 Liebes-, Spott-, Frauenlieder von über 200 Dichtern aus versch. Ständen) überliefert ist. Zu den Dichtern gehören auch die Könige (Sancho I., Dinis); von Alfons X., dem Weisen, von Kastilien sind über 400 Marienlieder (»Cantigas de Santa Maria«) in portugies. Sprache erhalten. Mit dem erwachenden Nationalbewusstsein entstand seit dem 14. Jh. historiograph.

portugiesische Kunst: Maria Elena Vieira da Silva, »Die Hochbahn«; 1955 (Düsseldorf, Kunstsammlung Nordrhein-Westfalen)

Prosa (u. a. Chroniken nach dem Sieg von Aljubarrota über die Kastilier 1385). Der berühmte Ritterroman um ↑Amadis von Gaula, wahrscheinlich vor 1325 in Portugal entstanden, ist nur in span. Fassung erhalten. Im 15. Jh. orientierte sich die höf. Gelegenheitsdichtung an span. Mustern (»Cancioneiro geral«, zusammengestellt von G. de Resende, 1516).

16. Jh. (Renaissance und Humanismus): Der Begründer des portugies. Dramas, Gil Vicente, füllte die mittelalterl. Formen – Mysterienspiel und Auto – mit humanist. Geist; weitere Renaissancedramatiker waren J. Ferreira de Vasconcelos, A. Ferreira, der die klass. Tragödie in die p. L. einführte (»Tragédia muy sentida e elegante de D. Inês de Castro«, um 1558, hg. 1587), und F. de Sá de Miranda, der wichtigste Vertreter des portugies. Humanismus, auch bed. Lyriker. Die Mode des Schäferromans griff der spanisch schreibende J. de Montemôr (span. Montemayor) mit großem Erfolg auf (»Diana«, 1559, unvollendet). Die historiograph. Tradition wurde u. a. mit den Schilderungen der Eroberung Indiens fortgeführt (J. de Barros, G. Correia). Bedeutendster Vertreter der p. L. überhaupt war L. Vaz de Camões, dessen histor. Epos »Die Lusiaden« (1572) das portugies. Nationalgefühl vollendet zum Ausdruck bringt.

17. und 18. Jh. (Barock, Aufklärung): Durch die Personalunion zw. Spanien und Portugal (1580–1640) ist die p. L. dieser Zeit stark durch die literar. Strömungen in Spanien beeinflusst (bes. L. de Góngora y Argote). F. Rodrigues Lobo führte die span. Kunstromanze ein, das vielseitige Werk von F. M. de Melo (Dramen, Lyrik, Satiren) zeigt barocken Formenreichtum. Bed. tolerante Schriften verfasste der Jesuit A. Vieira. Im 18. Jh. stand die p. L. im Zeichen der frz., auch der engl. Aufklärung und der Politik des Min. Pombal. Die literar. Gesellschaften »Arcádia Lusitana« (1756–74) und »Nova Arcádia« (1790–94) wurden zum Sammelpunkt klassizist. Strömungen. Wichtige Vertreter der klassizist. Dichtung waren A. Dinis da Cruz e Silva, F. Manuel do Nascimento, M. M. Barbosa du Bocage.

19. Jh.: Die Romantiker erneuerten alle literar. Gattungen. Beherrschende Persönlichkeit war J. B. da Silva Leitão de Almeida Garrett, sein Drama »Manuel de Sousa« (1844) hatte europ. Bedeutung, der Roman »Der Mönch von Santarem oder Wanderungen in meinem Vaterlande« (1846) markiert den Beginn moderner Prosa in der p. L. Erfolgreiche Gesellschaftsromane und Novellen schrieb C. Castelo Branco, großen Einfluss hatte die Lyrik von A. F. de Castilho. Die Gegenbewegung zur Romantik ging von der »Generation von Coimbra« aus, ihre Wortführer waren die Lyriker A. de Quental und J. M. Eça de Queirós, mit dessen Romanen die p. L. die Hinwendung zum Realismus vollzogen hat.

20. Jh.: Seit etwa 1890 bestimmten die Richtungen der frz. Lit. des Fin de Siècle die p. L. (Lyrik von A. Nobre, E. de Castro, R. G. Brandão u. a.). Mit der Ausrufung der Rep. (1910) gewann der neoromant. Saudosismo Einfluss, der eine geistige Erneuerung durch Rückbesinnung auf nat. Werte erstrebte (Teixeira de Pascoaes). C. Pessoa, der bedeutendste portugies. Lyriker des 20. Jh., wurde vom Saudosismo angeregt, nutzte aber alle Möglichkeiten des Modernismo, ähnlich J. Régio. Vielseitiger Romancier war A. Ribeiro, er gab dem Regionalismus bed. Impulse. Andere Erzähler erweiterten den regionalist. Roman um neorealist. Züge (A. A. Redol, J. M. Ferreira de Castro, F. Namora). Auch die p. L. der 2. Hälfte des 20. Jh., die mit der Rückkehr vieler Autoren aus der Emigration nach 1974 aufblühte, knüpft an Tradition und Gesch. an, sucht aber gleichzeitig durch Weltoffenheit und moderne Gestaltungsweisen ihre krit. Verarbeitung (im Roman u. a. M. Torga, J. Saramago, A. Lobo Antunes, J. R. Direitinho, C. de Oliveira, Lídia Jorge, Ilse Losa; in der Dramatik u. a. B. Santareno, J. Cardoso Pires, A. M. de Sousa Aragão; in der Lyrik u. a. A. Osório, H. Helder, A. Franco Alexandre).

📖 *Rossi, G. C.: Geschichte der p. L. Aus dem Portugies. Tübingen 1964. – Franzbach, M.: Abriß der span. u. portugies. Literaturgeschichte in Tabellen. Frankfurt am Main u. a. 1968. – Hess, R.: Die Anfänge der modernen Lyrik in Portugal: 1865–1890. München 1978. – Kreutzer, W.: Stile der portugies. Lyrik im 20. Jh. Münster 1980. – Mendes, J.: Literatura portuguesa, 4 Bde. Lissabon ²1981–83. – Saraiva, A. J. u. Lopes, Ó.: História da literatura portuguesa. Porto ¹³1985. – Portugies. Romane der Gegenwart. Interpretationen, hg. v. R. Hess. Frankfurt am Main 1992. – Hasebrink, G.: Wege der Erneuerung. Portugies. Romane nach der »Nelkenrevolution«. Berlin 1993. – Die Schwestern der Mariana Alcoforado. Portugies. Schriftstellerinnen der Gegenwart, hg. v. E. Engelmayer u. a. Berlin 1993. – Siepmann, H.: P. L. des 19. u. 20. Jh. in Grundzügen. Darmstadt ²1995.*

portugiesische Musik. Im 12. Jh. traten neben der Musikübung am Hof und beim Volk v. a. die Klöster (u. a. Braga, Coimbra) als musikal. Zentren hervor. Die Vokalpolypho-

Christian de Portzamparc: Empfangsbereich in der »Cité de la Musique« in La Villette in Paris; 1986–90 und 1990–94

nie des 15./16. Jh. stand unter niederländ. Einfluss. Einen Höhepunkt erreichte sie im 16./17. Jh. mit Komponisten wie D. Lobo, M. Mendes, König Johann IV., J. L. Rebello, M. S. Pereira, F. de Magalhães u. a. Mit seinen »Flores de música« (1620) veröffentlichte M. R. Coelho die erste gedruckte portugies. Instrumentalmusik. Bed. Musikzentren waren Lissabon, Évora, Vila-Viçosa und Coimbra. Seit Beginn des 18. Jh. wurde bes. die Oper nach italien. Vorbild gepflegt. Wichtigster Repräsentant wurde F. A. de Almeida. Nat. Tendenzen wurden wirksam mit dem Lisztschüler J. Viana da Mota. Im 20. Jh. folgten der allg. europ. Entwicklung u. a. L. de Freitas Branco (* 1890, † 1955), R. Coelho (* 1891, † 1986), F. Lopes Graça (* 1906, † 1994). Neueste Techniken bis zur elektron. Musik vertreten A. L. Cassuto (* 1938), J. Peixinho (* 1940), E. Nunes (* 1941).

📖 *Branco, J. de F.: História da música portuguesa. Mem Martins [3]1995.*

portugiesische Sprache, roman. Sprache, wird in Portugal (einschl. Madeira und Azoren), in den ehem. portugies. Kolonien und in Brasilien gesprochen; Muttersprache von rd. 140 Mio. Menschen. Eng verwandt ist das ↑Galicische in NW-Spanien; die beiden Sprachen entwickelten sich erst im 12. Jh. getrennt. Vom Altportugiesischen (12. bis Mitte 16. Jh.) wird das Neuportugiesische abgegrenzt. – Das Portugiesische ist v. a. im Wortschatz und in den Flexionsformen altertümlicher als das Spanische; so besitzt es einen persönl. Infinitiv (aus dem lat. Futurum exactum entstanden). Der melod. und weiche Sprachcharakter basiert auf den fünf leicht nasalierten Vokalen, den zwölf Diphthongen, die auch nasaliert auftreten, dem Ausfall von Konsonanten zw. Vokalen in unbetonten Silben, der stimmhaften Aussprache von s bei entsprechender Umgebung und der Palatisierung von Reibelauten. Das brasilian. Portugiesisch weicht erheblich vom europ. Portugiesisch ab.

📖 *Dietrich, W.: Bibliografia da língua portuguesa do Brasil. Tübingen 1980. – Hundertmark-Santos Martins, M.-T.: Portugies. Grammatik. Tübingen 1982. – Lind, G. R.: Weltsprache Portugiesisch, 2 Tle. München [7]1982–89. – Figueiredo Brauer, F. V. u. Brauer, U.: Langenscheidts prakt. Lehrbuch Portugiesisch, 2 Bde. Berlin u. a. [11–13]1991.*

Portugiesisch-Guinea [-giˈnea], bis 1974 Name von ↑Guinea-Bissau.

Portugiesisch-Indien, ehem. portugies. Besitzungen in Indien: ↑Goa, ↑Daman und ↑Diu.

Portugiesisch-Ostafrika, ehem. portugies. Kolonie, ↑Moçambique.

Portugiesisch-Timor, ehem. portugies. Kolonie, ↑Timor.

Portugiesisch-Westafrika, ehem. portugies. Kolonie, ↑Angola.

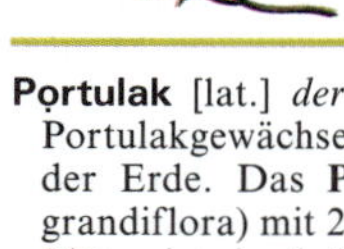

Portulak: Portulakröschen

Portulak [lat.] *der* (Portulaca), Gattung der Portulakgewächse in den wärmeren Gebieten der Erde. Das **Portulakröschen** (Portulaca grandiflora) mit 2–4 cm großen, häufig roten Blüten ist eine beliebte Sommerblume.

Portwein [nach der Stadt Porto], roter (seltener weißer) Likörwein aus Trauben vom oberen Dourotal (N-Portugal). Verarbeitung und Ausbau (5–120 Jahre) erfolgt in Vila Nova de Gaio (gegenüber von Porto).

Porzellan: Vase; Kopenhagen, um 1900 (Karlsruhe, Badisches Landesmuseum)

Portzamparc [pɔrzã'park], Christian de, frz. Architekt, *Casablanca 9. 5. 1944; Vertreter der Postmoderne; er pflegt eine lebendige Formensprache bei klaren Farbharmonien und einer gelegentlich prätentiösen Gestaltung der Innenräume (Cité de la Musique in La Villette, Paris, 1986–90 und 1990–94).

Porvoo (schwed. Borgå), Handelsstadt in der Prov. Uusimaa, Finnland, am Finn. Meerbusen, 21 000 Ew. (7 400 schwedischsprachig); Sitz des Bischofs (seit 1727) der schwed. Kirchengemeinden in Finnland; Museen; Holz verarbeitende und Druckindustrie, Maschinenbau, Erdölraffinerie. Auf dem hohen linken Ufer des für die heutige Schifffahrt unbedeutenden **Porvoonjoki (Borgåå)** liegt die alte Stadt. – In der Altstadt stattl. Bürgerhäuser (v. a. 18. Jh.) und der got. Dom (1458 vollendet) mit frei stehendem Glockenturm; daneben eine kleine Holzkirche (1740). Im Alten Rathaus (1764) das Stadtmuseum. Am Flussufer Speicher aus der 2. Hälfte des 18. Jahrhunderts.

Porvoo-Erklärung [nach der finn. Stadt Porvoo], eine von den Bischöfen der anglikan. Kirchen Großbritanniens und Irlands und der luth. Kirchen Estlands, Finnlands, Islands, Litauens, Norwegens und Schwedens am 28. 11. 1996 unterzeichnete Übereinkunft, in der die beteiligten Kirchen gegenseitig Taufe, Abendmahl und das geistl. Amt anerkennen.

Porz, rechtsrhein. Stadtteil (seit 1975) von Köln mit dem Flughafen für Köln und Bonn, der Dt. Forschungsanstalt für Luft- und Raumfahrt; Glas- und Elektroind., Fahrzeugbau.

Porzellan [italien.] *das,* aus Gemischen von Kaolin, Feldspat und Quarz durch Brennen hergestelltes feinkeram. Erzeugnis mit weißem, dichtem, in dünnen Schichten transparentem Scherben, das glasiert oder unglasiert verwendet wird. Man unterscheidet das hochschmelzende, gegen Temperaturschwankungen unempfindlichere **Hart-P.** aus 50% Kaolin, 25% Feldspat und 25% Quarz und das leichter schmelzbare, gegen Temperaturschwankungen empfindlichere **Weich-P.** aus 25% Kaolin, 45% Quarz und 30% Feldspat. Zur Herstellung wird das Kaolin geschlämmt und gesiebt, Quarz und Feldspat werden feinkörnig zerkleinert. Die wasserhaltige Mischung wird durch Drehen, Strangpressen, Nasspressen oder Gießen zu Gegenständen geformt. Vor dem Brennen (in Kammer-, Ring- oder Tunnelöfen) werden die Rohlinge getrocknet. Die Brennvorgänge unterschei-

Porzellan: Terrine und Schüssel, Worcester; um 1760/70 (Düsseldorf, Hetjensmuseum)

Porzellan: Deutsche Porzellanmarken: 1 Meißen (AR [Augustus Rex], Besitzermarke Augusts II. und III., um 1720 bis um 1740); 2 Meißen (nach 1722–63, 1815–1924 und ab 1934, ab 1972 auch mit Schriftzug »Meissen«); 3 Fürstenberg (seit 1753); 4 Nymphenburg (Reutenschild, 1754–1810); 5 Nymphenburg (Hexagramm, 1763–65); 6 Frankenthal (Löwe mit PH [Paul Hannong]; 1755–59); 7 Ludwigsburg (Krone mit dem Monogramm Herzog Karl Eugens von Württemberg, 1758–93); 8 Berlin (Zeptermarke seit 1763; in der vorliegenden Form seit 1870); 9 Berlin (Zepter mit KPM [Königliche Porzellan-Manufaktur], 1837–44); 10 Höchst (Rad mit Kurhut, 1765–74); 11 Rosenthal AG in Selb (seit 1879); ausländische Marken: 12 China (Marke aus der Zeit der Songdynastie [960–1280]); 13 Japan (Aritaporzellan, 17. Jh.); 14 Chelsea (1755–58); 15 Derby (seit etwa 1784); 16 Tournai (1751–56); 17 Den Haag (1776–90); 18 Chantilly; 19 Sèvres (1760); 20 Sèvres (1793–1804); 21 Neapel; 22 Doccia; 23 Wien (Schild, 1770–1810); 24 Porzellanfabrik Augarten in Wien ((seit1922); 25 Kopenhagen (Königliche Manufaktur, um 1897)

den sich nach der Art des P.: Weich-P. wird nur einmal auf 1 200–1 300 °C erhitzt. Hart-P. wird (im sog. Glüh- oder Biskuitbrand) auf 1 000 °C erhitzt, danach wird die aus Quarz, Marmor, Feldspat und Kaolin zusammengesetzte, fein gemahlene Glasur aufgetragen und im anschließenden Gar- oder Glattbrand bei 1 380–1 450 °C 24 Stunden gebrannt, wobei die Glasur zu einer Glasschicht ausfließt. Unterglasurdekore werden mit dem Garbrand eingebrannt; bei Aufglasurdekoren ist ein zusätzl. Dekorbrand nötig. – P. wird in großem Umfang zur Herstellung von Geschirr verwendet, bes. zusammengesetzte P. mit hoher mechan., therm. und chem. Beständigkeit dienen u. a. der Herstellung von Laborgeräten und Hochspannungsisolatoren.

Geschichte: Das Ursprungsland des P. ist China, wo es vermutlich vom 7. Jh. n. Chr. an hergestellt wurde. Seit Ende des 13. Jh. gelangten Einzelstücke chines. P. nach Europa. Versuche, P. nachzuahmen, wurden bereits um 1500 in Venedig und in der 2. Hälfte des 16. Jh. an mehreren italien. Höfen unternommen (↑Mediciporzellan), im 17. Jh. gelangten die Delfter Fayencen (↑Delft) zur Blüte. In Dtl. gelang nach Experimenten des Naturforschers E. W. Graf von Tschirnhaus und des Alchimisten J. F. Böttger zunächst die Herstellung roten Steinzeugs **(Böttgersteinzeug®),** um 1708/09 die Herstellung von weißem Hart-P. 1710 wurde die P.-Manufaktur Meißen gegründet (↑Meißner Porzellan®). Bald wurde auch in anderen Manufakturen P. hergestellt (↑Berliner Porzellan, ↑Höchst, ↑Kopenhagener Porzellan, ↑Ludwigsburger Porzellan, ↑Nymphenburger Porzellan, ↑Sèvresporzellan, ↑Wiener Porzellan, ↑Worcesterporzellan).

📖 *Newman, M.: Die dt. P.-Manufakturen im 18. Jh., 2 Bde. Braunschweig 1977. – Hofmann, F. H.: Das P. der europ. Manufakturen. Neuausg. Frankfurt am Main 1980. – Meister, P. W. u. Reber, H.: Europ. P. Stuttgart 1980. – Danckert, L.: Hb. des europ. P. Neuausg. München*

Porzellan: Timo Sarpaneva, Service »Suomi«; 1976

Porzellan: Johann Gottfried Schadow, »Königin Luise von Preußen«; Berlin um 1795–97 (Mannheim, Städtisches Reiß-Museum)

1992. – Poche, E.: P.-Marken aus aller Welt. A. d. Tschech. Hanau ⁹1992. – Weiß, G.: Ullstein-Porzellanbuch. Eine Stilkunde u. Technikgeschichte mit Markenverzeichnis. Frankfurt am Main u. a. 1994.

Porzellanblümchen, ↑Steinbrech.

Porzellanblume, ↑Wachsblume.

Porzellanerde, ↑Kaolin.

Porzellanschnecken (Cypraeidae), Familie der Schnecken mit zahlr. Arten in allen Meeren; Schale eiförmig, porzellanartig, meist stark gemustert und prächtig gefärbt. Zu den P. gehören u. a. Panther-, Tiger- und Kaurischnecke.

Porzellanstraße, Deutsche, ↑Ferienstraßen (Übersicht).

Pọrzig, Walter, Sprachwissenschaftler, * Ronneburg (bei Gera) 30. 4. 1895, † Mainz 14. 10. 1961; Prof. in Bern, Jena, Straßburg, Mainz; schrieb »Das Wunder der Sprache« (1950), »Die Gliederung des indogerman. Sprachgebiets« (1954).

Posamẹnten [frz.], textile Besatzartikel wie Borten, Fransen, Quasten, Schnüre an Textilien.

Posaune [frz., aus grch.-lat.] *die* (italien. Trombone), Blechblasinstrument mit Kesselmundstück und weichem, füllendem Klang; die zylindr., eng mensurierte Schallröhre verläuft in zwei U-Bogen, wovon einer ausziehbar ist **(Zug-P.).** Der Außenzug ermöglicht eine kontinuierl. Verlängerung bzw. Verkürzung der Rohrlänge (Luftsäule) der P. und damit eine gleitende Veränderung der Tonhöhe (↑glissando, ↑Portamento). – Die P. entstand wahrscheinlich im 15. Jh. aus der Zugtrompete. Im 16. Jh. vereinigte man mehrere P. zu Chören, bes. in der Oper (C. Monteverdi) und in der Kirchenmusik (G. Gabrieli); heute werden v. a. Tenor- und Tenorbass-P. verwendet.

Pọsavina *die,* Landschaft (Aufschüttungsebene) in der Saveniederung, überwiegend zu Kroatien, im N von den Kroatisch-Slawon. Inselgebirgen, im S von den nördl. Randgebirgen Bosniens begrenzt; Altwässer, Sumpfland und ausgedehnte Auwälder, auf höher gelegenen trockenen Terrassen Feldbau (Mais, Weizen, Hirse, Zuckerrüben), am Gebirgsrand Pflaumenkulturen.

POS-Banking [ˈpɔs bæŋkɪŋ], ↑POS-Systeme.

Poschiavo [posˈkiaːvo] (dt. Puschlav), Talschaft im Kt. Graubünden, Schweiz, zw. Berninapass und der Grenze zu Italien, von Berninabahn und -straße durchzogen. Hauptort: P. (3 600 Ew.); Fremdenverkehr.

Pọse [frz., zu poser »hinstellen«] *die,* **1)** gekünstelte Stellung; gesuchte, unnatürliche, affektierte Haltung.

2) Schwimmkörper an der Angelleine, Schwimmer.

Poseidon, *grch. Mythos:* der mächtige, oft grollende Gott des Meeres, Sohn des Kronos und der Rhea; Bruder des Zeus und des Hades, die gemeinsam mit ihm das Universum unter sich aufteilten; von den Römern dem Neptun gleichgesetzt. Seine Gemahlin ist Amphitrite, Begleiter sind Tritonen und Nereiden. Attribute: Dreizack, Fisch, Delphin.

Poseidon, Name dt. *Forschungsschiffe:* 1) das Forschungsschiff der Dt. Wiss. Kommission für Meeresforschung (DWKfM) und des Dt. Seefischerei-Vereins 1902–14, später (1919–39) Reichsforschungsdampfer der DWKfM und des Dt. Reiches, fiel 1945 als Kriegsbeute an die UdSSR; 2) das For-

Porzellanschnecken: Pantherschnecke (Länge 5–8 cm)

schungsschiff des Landes Schlesw.-Holst., Betreiber ist das Inst. für Meereskunde an der Univ. Kiel, 1976 in Dienst gestellt: 60,8 m lang, 11,4 m breit, Wasserverdrängung 1 509 t, Reisegeschwindigkeit 12,5 Knoten; ausgestattet für multidisziplinäre Forschungen in Nord- und Ostsee sowie im Nordatlantik. Ab 1980 verstärkt Einsatz im Rahmen internat. Großprojekte und für regionale Forschungsprogramme von Spitzbergen bis zu den Kanarischen Inseln und von den Bermudainseln bis ins Mittelmeer (seit Indienststellung bis 1997 235 Expeditionen).

Posen (poln. Poznań), **1)** Hauptstadt der Wwschaft Großpolen, Polen, an der Warthe, 581 800 Ew.; kath. Erzbischofssitz, Univ., TU, mehrere Akad. und Hochschulen, Inst. der Poln. Akademie der Wiss., West-Inst. (für dt.-poln. Beziehungen), Nationalmuseum, archäolog. Museum, Theater, Philharmonie (mit berühmtem Knaben- und Männerchor), botan. und zoolog. Garten; Metallverarbeitung, Maschinen- und Transportmittelbau, elektrotechn., Bekleidungs- und Lebensmittelind.; internat. Messen; Verkehrsknotenpunkt, Flughafen. – Dom (urspr. 10. Jh., nach Zerstörung im 11. Jh. wieder errichtet, heute im Zustand des 14./15. Jh.), zahlr. Kirchen aus MA. und Barock; Rathaus (urspr. 13./14. Jh., 1550–60 umgebaut), Bürgerhäuser (15.–17. Jh.); Bauten des 20. Jh., u. a. Theater, Univ.bibliothek, neoklassizist. Oper. – Um eine frühslaw. Burg des 8./9. Jh. entstanden, war P. im 10. Jh. Hauptsitz der poln. Herzöge, seit 968 Bischofssitz und seit 1138 Sitz der Herzöge von Großpolen. 1253 legten dt. Kaufleute die Neustadt nach dt. Recht an. 1394 erwarb P. das Stapelrecht, im 16. Jh. erlebte es eine wirtsch. und kulturelle Blüte. 1793 kam P. an Preußen, 1815 wurde es Hptst. des Großherzogtums (Prov.) sowie Sitz des Erzbistums P.-Gnesen. 1848 Zentrum der poln. Nationalbewegung in Preußen. Durch den Aufstand vom 27. 12. 1918 fiel die Stadt an Polen. Im Zweiten Weltkrieg (1939–45) unter dt. Besetzung (Hauptort des Reichsgaues Wartheland). – Der **Posener Aufstand** (Juni 1956) führte im Okt. 1956 zu einer Umbesetzung der Partei- und Staatsführung in Polen.

2) ehem. preußische Provinz **Großherzogtum P.,** 1815 gebildet aus bereits zwischen 1793 und 1807 an Preußen gefallenen polnischen Gebieten, kam 1919 an Polen zurück, Randgebiete zur Provinz **Grenzmark Posen-Westpreußen.**

Posidonienschiefer, 1) Schiefer des unteren Karbon im östl. Rhein. Schiefergebirge und Harz; 2) Schiefer des oberen Lias; beide benannt nach ausgestorbenen Muschelgattungen.

Position [lat.] *die,* **1)** *allg.:* Ort, Lage; (berufl.) Stellung; Standpunkt, Einstellung, Standort.

2) *Astronomie:* Ort eines Gestirns an der Himmelskugel (↑astronomischer Ort).

3) *Sport:* 1) Rang eines Sportlers oder einer Mannschaft im Gesamtklassement oder im laufenden Wettbewerb. 2) Platz eines Spielers in einer Mannschaftsaufstellung.

4) *Tanz:* die Grundstellung der Füße (als Grundlage der klass. Balletttechnik); man unterscheidet fünf P., die von P. Beauchamps festgelegt wurden.

Positionsastronomie, die ↑Astrometrie.

Positionslichter (Positionslaternen, Positionslampen), Leuchten zur Kennzeichnung von Wasser- und Luftfahrzeugen (↑Lichterführung).

Positionssystem, *Mathematik:* das ↑Stellenwertsystem.

positiv [lat.], **1)** *allg.:* bejahend, zustimmend; günstig, vorteilhaft; sicher, tatsächlich.

2) *Mathematik:* p. heißen Zahlen, die größer als 0 sind. Zeichen: +. Eine Drehung heißt p., wenn sie der Drehung des Uhrzeigers entgegengesetzt ist.

Positiv, 1) *das,* kleine, transportable Orgel mit nur einem Manual, wenigen Registern und ohne Pedal. Das P. diente als Solo- wie auch als Begleitinstrument; Blütezeit 15.–18. Jahrhundert.

2) *das, Fotografie:* tonwert- (und seiten)richtige, als Farb-P. auch farbenrichtige Kopie von einem fotograf. Negativ.

3) *der, Sprachwiss.:* Grundstufe, die nicht gesteigerte Form des Adjektivs (↑Komparation).

positives Denken, auf prakt. »Lebenshilfe« zielende neureligiöse Bewegung, deren Lehre christl. Grundvorstellungen (Glaube, Gebet, Heilung) mit einem lebensphilosoph. Konzept verbindet, dessen zentrale Gedanken als unbedingtes Vertrauen in die eigenen Fähigkeiten, unbedingter Mut zum eigenen Handeln und unbedingter Glaube an den eigenen Erfolg definiert werden. Die Bewegung für p. D. (»positive thinking«) entstand in der 2. Hälfte des 19. Jh. in den USA (u. a. beeinflusst durch die ↑Neugeistbewegung) und ist in der heutigen westl. Welt v. a. über die Bücher ihrer in Millionenauflagen verbreiteten »Erfolgsautoren«, Joseph Murphy (* 1895, † 1981), Dale Carnegie (* 1888, † 1955) und Norman Vincent Peale (* 1898, † 1994) präsent, speziell vermarktet bes. in an Prinzipien des p. D. ausgerichteten Weiterbildungsangeboten, v. a. Managerkursen und Vertreterschulungen.

positive Vertragsverletzung (positive Forderungsverletzung), innerhalb eines Schuldverhältnisses jede schuldhafte, nicht unerhebl. Pflichtverletzung im Sinne einer Schlechterfüllung, die nicht in Schuldnerverzug oder Unmöglichkeit der Leistung besteht. Als p. V. kommt jede Handlung oder Unterlassung in Betracht, die zu mangelhafter Erfüllung einer vertragl. Pflicht führt, z. B. Lieferung eines kranken Tieres, das andere Tiere des Gläubigers ansteckt. Rechtsfolgen sind Rücktrittsrecht oder Schadenersatz (analog §§ 280, 286, 325 ff. BGB).

Positivismus [lat.] *der,* i. e. S. eine Richtung der Philosophie und Wiss.theorie im 20. Jh.; i. w. S. ein Methodenideal. – Im Ggs. zum Rationalismus geht der P. davon aus, dass die Quelle der Erkenntnis das erfahrungsmäßig Gegebene (»Positive«), die »Tatsache«, sei. Dieser Tatsachenstandpunkt ist z. T. im Sinn des Realismus und Empirismus auf das empirisch Gegebene, z. T. im Sinn eines »Bewusstseinsidealismus« auf die vermittelnde Empfindung (Esse est percipi) gerichtet. Allg., wiss. Aussagen seien durch Induktion aus dem Gegebenen gewonnen. Als Ideal der Erkenntnis gilt die in den exakten Naturwiss. erstrebte, auf dem Experiment beruhende Feststellung von Gesetzmäßigkeiten in mathemat. Form; dieser Typus des Denkens soll nach Möglichkeit auch in den Geisteswiss. verwirklicht werden. – Der P. beeinflusste viele wiss. Disziplinen hinsichtl. ihrer Methodik. – Ansätze zum P. finden sich im Altertum bei einigen Sophisten. In der Neuzeit vertraten D. Hume, J. S. Mill, E. Mach, R. Avenarius, E. Dühring, E. Laas, H. Vaihinger u. a. ein positivist. Weltbild. A. ↑Comte erhob den P. zu dem Wissenschaftsideal, das seit etwa 1850 mehrere Jahrzehnte herrschend wurde. Radikalisiert wurde der positivist. Ansatz im ↑Neopositivismus des Wiener Kreises.

📖 *Kamitz, R.: P. München 1973. – Kolakowski, L.: Die Philosophie des P. Aus dem Poln. München ²1977. – Halfpenny, P.: Positivism and sociology. London 1982, Nachdr. Aldershot 1992. – Bryant, C. G. A.: Positivism in social theory and research. New York 1985. – Habermas, J.: Erkenntnis u. Interesse. Frankfurt am Main ¹¹1994.*

Positivismusstreit, gesellschaftstheoret. Auseinandersetzung der 1960er-Jahre über Methoden und Werturteile in den Sozialwiss., in der die Vertreter der ↑kritischen Theorie (T. W. Adorno, J. Habermas) gegenüber denen des ↑kritischen Rationalismus (K. R. Popper, H. Albert) den Vorwurf des Positivismus erhoben.

Positivmodulation, *Fernsehtechnik:* Amplitudenmodulationsverfahren, bei dem große Bildhelligkeit großen Bildträgeramplituden entspricht; Ggs.: Negativmodulation.

Positiv-Positiv-Verfahren (Direktduplikatverfahren), fotograf. Verfahren zur Herstellung positiver Duplikate von positiven Vorlagen ohne den Umweg über ein Negativ.

Positron [lat.] *das,* Symbol $\mathbf{e}^+$, Elementarteilchen aus der Gruppe der ↑Leptonen mit gleicher Masse und dem Betrag nach gleicher Ladung wie das ↑Elektron, jedoch mit positivem Vorzeichen der Ladung. Das P. ist das ↑Antiteilchen des Elektrons. Die Existenz des P. wurde 1928 von P. Dirac aufgrund seiner relativist. Theorie des Elektrons postuliert, 1932 wurde es von C. D. Anderson in der kosm. Strahlung nachgewiesen. P. entstehen u. a. beim Zerfall bestimmter künstl. Radionuklide (↑Betastrahlung) und durch ↑Paarbildung. Energiearme P. zerstrahlen mit einem Elektron zu zwei oder drei Gammaquanten.

Positronen|emissionstomographie (Positronen-CT), Abk. **PET,** bildgebendes Verfahren, bei dem mithilfe der ↑Computertomographie die Aktivitätsverteilung der in den Körper aufgenommenen, Positronen abstrahlenden Radiopharmaka aufgezeichnet wird; angewendet z. B. zum Nachweis von Stoffwechselstörungen des Herzens und des Gehirns und in der geburtshilfl. Diagnostik.

Positronium [lat.] *das,* Symbol **Ps,** ein ↑exotisches Atom.

Posse [eigtl. »Zierrat«, »Scherzfigur«], die in der Tradition des Mimus, des Fastnachtsspiels und der Commedia dell'Arte stehenden Formen des volkstüml. kom. Theaters in der neuzeitl. Lit.; kennzeichnend sind bes. das oft improvisierte einfache Handlungsgefüge, die vordergründige Situations- oder Charakterkomik; im Mittelpunkt steht meist die kom. Person. Im volkstüml. Rahmen entwickelte sich seit der 2. Hälfte des 18. Jh. die **Wiener Lokal-P.** mit »Hans Wurst«, »Kasperl«, »Thaddädl« und »Staberl« als kom. Personen; Höhepunkt waren die P. von J. Nestroy.

Possessivpronomen [lat.], ↑Pronomen.

possessorisch, *Recht:* den Besitz betreffend.

Pößneck, Stadt im Saale-Orla-Kr., Thür., in der Orlasenke, 14 800 Ew.; Großdruckerei, Brauerei, Schokoladen-, Leuchten-, Maschinenfabrik, Kunststoffverarbeitung, Herstellung von Verpackungsfolien. Südlich von P., bei **Moxa,** seismolog. Station. – Spätgot. Pfarrkirche (1390 ff.), Rathaus (1478–1531). – 1324 als Stadt gen.; bis 1994 Kreisstadt.

Poßruck (slowen. Kozjak), Teil des Steir. Randgebirges, in Österreich und Slowenien, bis 1049 m ü. M.; über den Kamm (außer im O) verläuft die österr.-slowen. Grenze.

POS-Systeme [POS Abk. für **P**oint **o**f **S**ale], (POS-Banking), bargeldloses Zahlungsverfahren im Einzelhandel und Dienstleistungsbereich mittels Kunden-, Kredit- oder Eurochequekarte (ec-Karte). Ausgangspunkt ist ein Datenerfassungsgerät (POS-Terminal) im Kassenbereich. Das **Electronic-Cash-System** ist ein Online-POS-S., bei dem sich der Kunde unter Verwendung einer ec- oder Kundenkarte durch Eingabe seiner persönl. Identifikationsnummer (PIN) gegenüber dem System legitimiert und den Rechnungsbetrag bestätigt. Die vom Kartenleser aus dem Magnetstreifen (bzw. dem Chip) gelesenen Daten werden direkt verschlüsselt an ein Autorisierungssystem der Kreditwirtschaft zu Prüfungszwecken (Legitimation, Sperrvermerk, Zahlungsfähigkeit) übertragen. Bei positivem Ergebnis garantiert das Kreditgewerbe dem Händler die Zahlung des Betrages, der dann vom Bankkonto des Kunden abgebucht und dem des Händlers gutgeschrieben wird. Beim **elektron. Lastschriftverfahren (ELV)** mittels ec-Karte und Prüfung der Unterschrift erfolgt keine Echtheits-, Sperren- oder Zahlungsprüfung sowie keine Zahlungsgarantie. Beim **POZ-Verfahren** (POS ohne Zahlungsgarantie) zahlt der Kunde ebenfalls mit ec- oder Kundenkarte und per Unterschrift. Bei Überschreitung eines bestimmten Betrages erfolgt lediglich eine Sperrdateiabfrage (keine Zahlungsprüfung). – Im Rahmen von POS-S. können auch Chipkarten eingesetzt werden, auf denen ein Guthaben gespeichert ist, das bei einem Kauf am POS-Terminal um den zu zahlenden Betrag reduziert wird.

Post [italien., von mlat. posita »Standort (für Pferdewechsel)«], ↑Post- und Fernmeldewesen.

Post, Herbert, Schriftkünstler, Buchgestalter, *Mannheim 13. 1. 1903, †Bayersoien (Kr. Garmisch-Partenkirchen) 9. 7. 1978. Seine aus der Schreibschrift entwickelten Druckschriften fanden weite Verbreitung, z. B. P.-Antiqua (1932).

post... [lat.], nach..., hinter...

Postament [lat.] *das,* Sockel, Unterbau (einer Säule oder Statue).

post Christum [lat.], Abk. **p. Chr.,** nach Christus; **post Christum natum,** Abk. **p. Chr. n.,** nach Christi Geburt.

Postdienst, ↑Deutsche Post AG.

Poster [engl. ˈpəʊstə; engl. »Plakat«] *das,* auch *der,* Variante des ↑Plakats ohne direkte Information; Druck (mit Motiven aus Kunst oder Fotografie), vorwiegend als Dekorationselement bestimmt, auch als Anschlag, wobei das P. dem Werbeplakat ähnlich sein kann. Das P. kam in den 1960er-Jahren v. a. als Pop-P. aus den USA nach Europa.

Postgeheimnis, ↑Brief-, Post- und Fernmeldegeheimnis.

Postgesetz, ↑Postreform.

postglazial [lat.], nacheiszeitlich.

Postglossatoren [lat.] (Kommentatoren), die Mitgl. einer italien. Rechtsschule von 1250 bis 1500 (bes. Bartolus de Sassoferrato und Baldus de Ubaldis), die auf den Leistungen der ↑Glossatoren fußten; Begründer der europ. Rechtswissenschaft.

postgraduell, nach der Graduierung, dem Erwerb eines akadem. Grades erfolgend.

Posthornschnecke

Posthornschnecke (Planorbarius corneus), Wasserlungenschnecke mit scheibenförmigem, bis 3 cm breitem Gehäuse; lebt in pflanzenreichen Kleingewässern Europas und Westasiens.

Postille [zu lat. post illa (verba) »nach jenen Worten«], Bezeichnung für die Auslegung eines Bibeltextes; Predigtsamml. für den kirchl. und häusl. Gebrauch; z. B. M. Luthers Kirchen-P. (1527) oder die Haus-P. L. Goffinés (1690).

Postillon d'Amour [pɔstijõdaˈmu:r, frz.] *der, scherzhaft* für: Überbringer eines Liebesbriefes.

postindustrielle Gesellschaft (nachindustrielle Gesellschaft), gesellschaftstheoret. Bez. für den Übergang der Ind.gesellschaft in andere Gesellschaftsformen, die z. B. gekennzeichnet sind durch die Verschiebung der Produktions- und Erwerbsstruktur hin zu Dienstleistungen (↑Dienstleistungsgesellschaft) oder der zunehmenden Bedeutung von Information und Kommunikation (↑Informationsgesellschaft). Die p. G. unterliegt zunehmendem Einfluss von Verwissenschaftlichung, Technisierung und Informationstechnologie, lässt aber neben der fortschreitenden Globalisierung auch das Bedürfnis nach Selbstverwirklichung in den Vordergrund treten.

Inglehart, R.: Kultureller Umbruch. A. d. Engl. Frankfurt am Main 1989. – Bell, D.: Die nachindustrielle Gesellschaft. A. d. Amerikan. Neuausg. Frankfurt am Main 1996.

postlagernd, Vermerk für Briefsendungen, die nicht zugestellt, sondern beim Zustellstützpunkt (frühere Bez. Zustellpostamt) 14 (Nachnahmesendungen sieben) Werktage zur Abholung bereitgehalten werden sollen.

Postleitzahl, postal. Leitangabe nach einem numer. Code zur eindeutigen Bez. des Bestimmungsortes sowie zur Vereinfachung und Beschleunigung des Postverkehrs. In Dtl. gilt seit 1. 7. 1993 ein einheitl. P.-System mit fünf Ziffern. Die ersten beiden Ziffern stehen für die Region, die drei letzten Ziffern bilden den Zustellschlüssel für Stadt, Stadtteil, Straße bzw. für Großkunden oder Postfachschränke. P. wurden 1941 in Dtl. eingeführt, 1961 in der Bundesrep. Dtl., 1964 in der Schweiz, 1966 in Österreich. Bei Auslandssendungen wird vielfach das Nationalitätenkennzeichen für Kfz vorangesetzt.

Postmoderne [lat. »Nachmoderne«], zentraler Begriff der Kulturtheorie, der in den 1930er-/1940er-Jahren seinen Ursprung hat und seit Ende der 1960er-Jahre gebräuchlich ist für Wandlungen und Umbrüche v. a. in Architektur, bildender Kunst, Lit., Musik und Tanz. Der Name steht für eine Vielfalt von Konzeptionen, die sämtlich eine Relativierung überkommener Wertmaßstäbe spiegeln. Der entscheidende Unterschied zur klass. Moderne besteht einerseits in der Ablehnung ihrer Forderung nach ständiger Neuerung, andererseits in einem neuen Interesse für Tradition und Gesch. – Den zuvor schon in der literarisch-philosoph. Diskussion vorgeprägten Begriff der P. führte der amerikan. Architekturtheoretiker C. Jencks mit der Schrift »The language of post-modern architecture« (1977; dt. »Die Sprache der postmodernen Architektur«) in die Architekturtheorie ein. Wie auch schon bei R. Venturi und A. Rossi wendet sich die von Jencks vorgetragene Kritik gegen die Entwicklungen einer kommerzialisierten, modernen Architektur (»Spätmoderne«). Die postmoderne Architektur, als deren Hauptvertreter u. a. H. Hollein, Isozaki Arata, C. W. Moore, Rossi, R. Stern, J. Stirling, Venturi und O. M. Ungers gelten, die aber ebenso im Werk zahlr. anderer Architekten (u. a. R. Bofill) ihren Stellenwert erhält, wendet sich gegen die Folgen der modernen Architektur, wie sie von Le Corbusier, W. Gropius, L. Mies van der Rohe, F. L. Wright u. a. begründet wurde. Sie wendet sich gegen Purismus und Monofunktionalisierung, gegen die Abwendung von der Gesch., gegen den Internationalismus (↑Internationaler Stil) und die Vernachlässigung lokaler und regionaler Identität. Gegenüber dem funktionalist. Purismus kehrt die Architektur der P. äußerlich zum histor. Eklektizismus zurück und kann insofern als rekursive P. bezeichnet werden. Anders als im 19. Jh. vollzieht sich die Verwendung eines histor. Formenvokabulars und des von der Ästhetik des Neuen Bauens disqualifizierten Ornaments freilich in ironisch-parodist. oder schockierender Weise, als Collage versch. Stile. Ziel der postmodernen Architekten ist ein »kontextuelles« Bauen, das einen Bezug zur regionalen Umgebung, zum gewachsenen urbanen Gefüge hat und mit den divergierenden Geschmackskulturen seiner Bewohner vermittelt ist. – In der bildenden Kunst wurde von dem Kunsthistoriker A. Bonito der Begriff Transavantgarde geprägt für Tendenzen eines radikalen Individualismus, der in seine vielfältigen Ausdrucksmöglichkeiten histor. Stilzitate, überlieferte oder private Mythologien (↑individuelle Mythologie) einschließt (↑Neue Wilde, ↑Arte cifra, ↑New image painting). – In der Lit. wird der Prozess- und Spielcharakter betont, Fiktion und Realität sollen nicht mehr unterscheidbar sein. Häufige Stilmittel sind Groteske, Satire und Parodie; Mythos, Sciencefiction, Kriminalroman und Comic werden postmodernistisch umfunktioniert. – Pluralität ist auch die Grundtendenz jener zeitgenöss. Philosophie, die unter der Zusammenfassung P. allg. übergreifende Ideen und Bekenntnisse ablehnt.

📖 *Jencks, C.: Die Sprache der postmodernen Architektur. A. d. Engl. Stuttgart ³1988. – Postmodern fiction in Europe and the Americas, hg. v. T. d'Haen u. a. Amsterdam 1988. – Fechner, F.: Politik u. P. Postmodernisierung als Demokratisierung? Wien 1990. – Technolog. Zeitalter oder P.?, hg. v. W. C. Zimmerli. München*

Postmoderne: Ricardo Bofill, »Le Palacio d'Abraxas« in Marne-la-Vallée, bei Paris; 1978–83

[2]1991. – P. Zeichen eines kulturellen Wandels, hg. v. A. Huyssen u. K. R. Scherpe. Neuausg. Reinbek 1993. – Wellmer, A.: Zur Dialektik von Moderne u. P. Frankfurt am Main [5]1993. – Jenseits des Diskurses. Literatur u. Sprache in der P., hg. v. A. Berger u. a. Wien 1994. – Mocek, R.: Die P. – intellektuelle Mode oder Kulturzeichen der Gegenwart? Velten 1995. – Welsch, W.: Unsere postmoderne Moderne. Berlin [5]1997.

Postmonopol, ↑Postreform, ↑Postzwang.

post mortem [lat.], Abk. **p. m.,** nach dem Tod.

postnumerando [lat.], nachträglich zahlbar (oder gezahlt); Ggs.: pränumerando.

Postojna [slowen. pɔsˈtoːjna] (dt. Adelsberg), Stadt in Slowenien, auf einer Karsthochfläche, 550 m ü. M., 6 300 Ew.; Inst. für Höhlenforschung; bed. Fremdenverkehr dank der nordwestlich gelegenen **Adelsberger Grotten (Postojnska jama),** eines der großartigsten Tropfsteinhöhlensysteme, seit 1213 bekannt; bisher 22 km erforscht, davon 4 300 m für Touristen erschlossen.

Postpainterly Abstraction [pəʊstˈpeɪntəlɪ æbˈstrækʃn] (Neue Abstraktion), Bez. für Richtungen der zeitgenöss. Malerei, die sich (im Ggs. zum Actionpainting) auf die Ausdruckskraft der reinen Farbe konzentrieren (Farbfeldmalerei, Hardedge).

Postproduktion (engl. Preproduction), *Film:* Phase der Nachbearbeitung zw. Abschluss der Dreharbeiten und der Herstellung der Kinokopien; dazu gehören v. a. der ↑Schnitt, die Nachsynchronisierung (↑Synchronisierung) und Spezialeffekte (↑Special Effects).

Postreform, die seit 1989 schrittweise erfolgte Neuordnung des Post- und Fernmeldewesens in Dtl. Die mit dem Poststruktur-Ges. vom 8. 6. 1989 zum 1. 7. 1989 in Kraft getretene **P. I** umfasste im organisator. Bereich die Trennung der politisch-hoheitl. Aufgaben von den betrieblich-unternehmer. Funktionen und im ordnungspolit. Bereich die Öffnung des Telekommunikationssektors für den Wettbewerb unter Aufhebung des Fernmeldemonopols bis auf ein eingeschränktes Netzmonopol und das Sprachtelefonmonopol. Die bislang von der Dt. Bundespost (DBP) wahrgenommenen unternehmer. Aufgaben wurden auf die drei als Gesellschaften neu gegründeten öffentl. Unternehmen DBP Postdienst, DBP Postbank und DBP Telekom übertragen; die Hoheitsaufgaben, wie Regulierung und Wahrnehmung der Eigentümerrechte und -pflichten, verblieben beim Bundesministerium für Post- und Fernmeldewesen, das in Bundesministerium für Post und Telekommunikation (BMPT) umbenannt wurde.

Mit der im Postneuordnungs-Ges. vom 14. 9. 1994 geregelten und zum 1. 1. 1995 in Kraft getretenen **P. II** erhielten die drei Postunternehmen die Rechtsform einer AG. Seit der Änderung des Art. 87 Abs. 1 Satz 1 GG ist das Anbieten postal. und telekommunikativer Dienstleistungen keine öffentl. Aufgabe mehr, sondern eine ausschließlich private Tätigkeit, die von der ↑Deutschen Post AG, der ↑Deutschen Postbank AG, der ↑Deutschen Telekom AG und privaten Anbietern wahrgenommen wird. Wegen des von der EU-Kommission beschlossenen Wegfalls des Netz- und Sprachtelefonmonopols zum 1. 1. 1998 wurde durch ein neues Telekommunikations-Ges. der ordnungspolit. Teil der P. I vollzogen (umgangssprachl. P. III). Sie regelt die Bedingungen für den Markteintritt von privaten Netzbetreiberdiensten und stellt ein flächendeckendes Angebot an Telekommunikationsdienstleistungen, den »Universaldienst«, sicher. Die Aufsicht über den Post- und Telekommunikationsbereich übernahm am 1. 1. 1998 die ↑Regulierungsbehörde für Telekommunikation und Post; das ↑Bundesamt für Post und Telekommunikation wurde zum 31. 12. 1997 aufgelöst. Mit der P. wurde auch die Aufhebung des Postmonopols beschlossen (↑Postzwang).

Ähnliche grundlegende Reformen des Post- und Fernmeldewesens wurden bzw. werden auch in Österreich und der Schweiz durchgeführt.

Postregal, früher das ausschließlich dem König, Landesherrn, Staat vorbehaltene Recht, Postanstalten zu errichten und zu betreiben, v. a. das Beförderungsmonopol für bestimmte Gegenstände.

PostScript, imperative Programmiersprache für die geräteunabhängige Beschreibung von Druckseiten, die alle auf einer Druckseite auszugebenden Daten (Text, Bilder, Grafiken) und ihre Positionen auf eine normierte Datenstruktur bringt. P. wurde etwa 1982 von der amerikan. Firma Adobe Systems entwickelt und hat sich mittlerweile zu einem Quasistandard herausgebildet. Eine Weiterentwicklung stellt P. Level 2 dar, unter anderem mit einer verbesserten Datenkompression.

Postskript (Postskriptum) [lat.] *das,* Abk. **PS,** Nachschrift (zu einem Brief).

Post & Telekom Austria AG, Abk. **PTA,** das in Österreich für das Post-, Postauto- und Fernmeldewesen zuständige Unternehmen; 1996 hervorgegangen aus der Österr. Post- und Telegraphenverwaltung, die dem Bundesmin. für öffentl. Wirtschaft und Verkehr zugeordnet war.

Postulat [zu lat. postulatum »Forderung«] *das,* **1)** unbedingte (sittl.) Forderung.
2) *Philosophie:* unbeweisbare, aber unentbehrl. Annahme. Nach Kants Vernunftkritik sind die Willensfreiheit, die Unsterblichkeit der Seele und das Dasein Gottes P. der prakt. Vernunft, zwar unbeweisbar, aber notwendige Voraussetzungen moral. Handelns.
3) *Politik:* im Sprachgebrauch des schweizer. Parlaments (selbstständiger) Antrag, der sich auf einen vorliegenden Verhandlungsgegenstand bezieht und die Reg. auffordert, Bericht zu erstatten oder Anträge zu stellen.

postum [lat. postumus »der Letzte«], nach jemandes Tode erfolgend (eine Ehrung, Rehabilitierung, Veröffentlichung eines nachgelassenen Werkes), nachgeboren.

Postumus, Marcus Cassianius Latinius, Usurpator (Gegenkaiser) in Gallien (seit 260), † (ermordet) bei Mogontiacum (heute Mainz) 269; Heerführer des Kaisers Gallienus; wurde zum Kaiser ausgerufen und begründete ein von Rom unabhängiges gall. Sonderreich (Gallien, Britannien, Teile Spaniens), das bis 273 bestand.

Post- und Fernmeldewesen (Postwesen, Post), Zweig des Sektors Dienstleistungen, der die Bereiche Nachrichten-, Güter-, Zahlungs- und Personenverkehr (Postbus) umfassen kann; Kernbereiche des Postwesens sind der Brief- und der Paketdienst, Kernbereich des Fernmeldewesens (heute meist Telekommunikation gen.) ist der Fernsprechdienst. In den meisten entwickelten Ländern war das P.-u. F. lange Zeit in Form von staatl. Dienstleistungsunternehmen mit Monopolstellung, Annahmezwang, Tarif- und Betriebspflicht organisiert (↑Deutsche Bundespost). Durch grundlegende Neuordnung (↑Postreform) wird die vormals öffentl. Aufgabe zunehmend privatisiert und dem Wettbewerb mit privaten Anbietern von Postdienstleistungen ausgesetzt. Institutionen des P.-u. F. in *Österreich* sind die ↑Post & Telekom Austria AG, in der *Schweiz* die ↑Schweizerische Post und die ↑Swisscom AG.
Geschichte: Ende des 15. Jh. begann der Aufbau des Postwesens im heute übl. Sinne. Die Familie Taxis, später das Haus Thurn und Taxis, übernahm die Trägerschaft des Nachrichtenwesens in weiten Teilen Dtl.s und Mitteleuropas. Franz von Taxis (* 1459, † 1517) richtete die erste durch Dtl. führende Postlinie von Innsbruck nach Mecheln ein. Kaiser Rudolf II. erklärte 1579 die Post zu einem kaiserl. Regal. Nach dem Span. Erbfolgekrieg verlor das Haus Thurn und Taxis seine Posteinrichtungen in den span. Niederlanden und verlegte die Zentralverw. von Brüssel nach Frankfurt am Main. 1806 verlor die Thurn und Taxis'sche Post ihren Charakter als kaiserl. Reichspost. 1867 übernahm Preußen die Thurn und Taxis'sche Postverwaltung.
Die Möglichkeit der Nachrichtenübermittlung durch Telegrafie wurde in größerem Maße seit dem 19. Jh. genutzt. In Preußen bestand von 1833 bis 1849 eine opt. Telegrafenlinie von Berlin nach Koblenz. Erste größere Zusammenschlüsse im Bereich des Postwesens waren der Dt.-Österr. Postverein (1850–66) und der Dt.-Österr. Telegraphenverein (1850–65). Im Norddt. Bund wirkte als Verkehrsanstalt die Norddt. Bundespost bis zur Reichsgründung 1871. Die dann entstandene Reichspost umfasste auch Elsass-Lothringen und Baden, während Bayern und Württemberg ihre eigenen Postverw. noch bis 1920 behielten. 1924 entstand die Dt. Reichspost mit eigener Haushalts- und Rechnungsführung; sie bestand bis 1945. Nach dem Zweiten Weltkrieg wurden in den vier Besatzungszonen zunächst eigene Postverw. gebildet; 1950 wurden diese in der Bundesrep. Dtl. dem Bundesministerium für das P.-u. F. unterstellt und die Dt. Bundespost geschaffen. – Die internat. Postsprache ist Französisch (↑Weltpostverein).

📖 *Behringer, W.: Thurn u. Taxis. Die Geschichte ihrer Post u. ihrer Unternehmen. München u. a. 1990. – Ihlefeld, H. u. Lotz, W.: Bilder aus der Postgeschichte. Heidelberg 1990. – Die Post in ihrer Zeit. Eine Kulturgeschichte menschl. Kommunikation, bearb. v. H. Glaser u. T. Werner. Heidelberg 1990.*

Postwertsendungen, Briefe und Pakete, die gegen besonderes Entgelt unter Wertangabe versandt werden. Die Post haftet innerhalb bestimmter Grenzen.

Postwertzeichen, Wertzeichen zum Freimachen von Postsendungen (↑Briefmarke).

Postwurfsendungen, aufschriftlose Infopost oder Warensendungen mit gleichem Inhalt, die von der Post meist an alle Haushalte in einem Zustellbezirk verteilt werden sollen.

Postzwang, Bez. für die histor., dem königl. Postregal des MA. entsprechende Befugnis des Staates, die entgeltl. Beförderung von Nachrichtensendungen bei der Post zu monopolisieren. Das bis 31. 12. 1997 gültige Post-Ges. regelte einen mit dem P. nicht mehr vergleichbaren Beförderungsvorbehalt nur für eine Beförderung von Sendungen mit schriftl. Mitteilungen (Monopoldienstleistung). Mit der Postreform wurde die Aufhebung des Postmonopols beschlossen, jedoch der Dt. Post AG bis Ende 2002 das ausschließl. Recht zugesprochen, Briefe und adressierte Kataloge bis 200 g gewerbsmäßig zu befördern (§ 51 Post-Ges. vom 22. 12. 1997).

Pot [engl.] *das,* Jargon-Bez. für Marihuana.

potamogen [grch.], *Geomorphologie:* durch Flüsse entstanden.

Potamologie [grch.] *die,* Forschungszweig der Hydrologie und Geomorphologie zur Erforschung von Flüssen.

Potchefstroom ['pɔtʃɛf-], Stadt in der Prov. Nord-West, Rep. Südafrika, 1 340 m ü. M., am Mooi River, 97 000 Ew.; Kultur- und Forschungszentrum mit Universität.

Potemkin [-'tjɔm-], ↑Potjomkin.

potent [lat.], **1)** *allg.:* mächtig, einflussreich; finanzstark, zahlungskräftig.
2) *Medizin:* fähig, den Geschlechtsverkehr zu vollziehen (in Bezug auf den Mann); zeugungsfähig.

Potentat [aus lat. potentatus »Macht«] *der,* Machthaber, Herrscher.

Potentilla [lat.], die Pflanzengattung ↑Fingerkraut.

Potenz [lat.] *die,* **1)** *Biologie:* die Fähigkeit einer Zelle, eines Keimes oder eines Gewebes zu Entwicklungsleistungen.
2) *Mathematik:* das Produkt einer Anzahl n gleicher Faktoren a, geschrieben a^n (gesprochen »a hoch n« oder »a in der n-ten P.«); a heißt **Basis** (Grundzahl), n **Exponent** (Hochzahl); z. B. $a \cdot a = a^2$ (zweite P. oder Quadrat von a); $a \cdot a \cdot a = a^3$ (dritte P., Kubikzahl oder Kubus von a). Man setzt für $a \neq 0$

$$a^0 = 1 \text{ und } a^{-n} = 1/a^n,$$

für $a > 0$ und ganzzahlige n und m ($n > 0$)

$$a^{1/n} = \sqrt[n]{a}, \quad a^{m/n} = \sqrt[n]{a^m} = \left(\sqrt[n]{a}\right)^m.$$

Für das Rechnen mit P. gelten die P.-Gesetze:

$$a^x \cdot a^y = a^{x+y}, \quad a^x \cdot b^x = (a \cdot b)^x,$$
$$(a^x)^y = a^{xy}, \quad \frac{a^x}{a^y} = a^{x-y}, \quad \frac{a^x}{b^x} = \left(\frac{a}{b}\right)^x.$$

3) *Pharmazie:* bei homöopath. Mitteln der Verdünnungsgrad; **Dezimal-P.** (D 1 = 1 : 10; D 2 = 1 : 100) und **Centesimal-P.** (C 1 = 1 : 100; C 2 = 1 : 10 000).
4) *Philosophie:* Möglichkeit, Vermögen, innewohnende Kraft. Von Aristoteles und von der Scholastik wird P. (grch. dynamis) vom **Akt** (der Wirklichkeit eines Seienden, grch. energeia) unterschieden; von Aristoteles entwickeltes Begriffspaar, um Bewegung und Veränderung widerspruchsfrei erklären zu können.
5) *Sexualwiss.:* Zeugungsfähigkeit oder das Vermögen des Mannes zum Geschlechtsverkehr.

Potenza, 1) Prov. in der Region Basilicata, Italien, 6 545 km², (1997) 402 300 Einwohner.
2) Hptst. von 1) und der Region Basilicata, auf schmalem Höhenrücken gelegen, 67 200 Ew.; Erzbischofssitz; Handels-, Verw.- und Schulstadt; Verkehrsknotenpunkt. – Dom (18. Jh.) mit Resten des Vorgängerbaus.

Potenzial [lat. »Vermögen«, »Kraft«] *das* (Potential), **1)** *allg.:* die Gesamtstärke der für einen bestimmten Zweck einsetzbaren Mittel (z. B. Ind.-P., Kriegs-P.), Leistungsfähigkeit (z. B. eines Wirtschaftszweiges).
2) *Physik:* i. e. S. eine skalare physikal. Größe $V = V(\boldsymbol{r})$, die nur von den Ortskoordinaten (x, y, z) bzw. dem Ortsvektor $\boldsymbol{r}(x, y, z)$ abhängt, z. B. Gravitations-P., Strömungs-P. Das P. ist eine für ein wirbelfreies Vektorfeld (↑Feld) kennzeichnende Größe, aus der durch Gradientenbildung die auf einen Massenpunkt wirkende Kraft bzw. Feldstärke folgt. Ist das Vektorfeld ein Kraftfeld $\boldsymbol{F}(\boldsymbol{r}) = \operatorname{grad} V(\boldsymbol{r})$, so ist das zugehörige P. $V(\boldsymbol{r})$ die potenzielle Energie, die häufig kurz als P. bezeichnet wird. Die **P.-Differenz** $V(\boldsymbol{r}_2) - V(\boldsymbol{r}_1)$ ist ein Maß für die Arbeit, die verrichtet werden muss, um einen Massenpunkt längs eines beliebigen Weges von $\boldsymbol{r}_1$ nach $\boldsymbol{r}_2$ zu bringen. Beim **elektr. P.** ergibt dessen negativer Gradient die elektr. Feldstärke eines elektr. Feldes; die P.-Differenz zw. zwei Raumpunkten ist die elektr. Spannung. – I. w. S. wird als P. eine von bestimmten physikal. Größen (z. B. Ortskoordinaten) abhängende Funktion **(P.-Funktion)** V bezeichnet, die der **P.-Gleichung** (↑Laplace-Gleichung) $\Delta V = 0$ genügt. So können aus **thermodynam. P.**, wie innere Energie, Enthalpie, die wichtigsten Zustandsgrößen des Systems, wie Druck, Volumen, abgeleitet werden. Bei Stoffgemischen wird außerdem das **chem. P.** oder, wenn geladene Teilchen vorliegen, das **elektrochem. P.** eingeführt.

Potenzialwall (Potenzialbarriere), ↑Tunneleffekt.

Potenziometer [zu Potenzial] *das,* stetig regelbarer elektr. Widerstand, ausgeführt als Schiebe- oder Drehwiderstand; Anwendung z. B. zur Einstellung von Lautstärke, Helligkeit und Kontrast.

Potenziometrie [lat.-grch.] *die,* elektrochem. Verfahren der Maßanalyse, bei dem der Endpunkt einer Titration aus der Änderung des elektr. Potenzials zw. zwei in die Elektrolytlösung eintauchenden Elektroden (z. B. einer Wasserstoff-, Glas- oder Metallelektrode als Indikatorelektrode und einer Kalomelelektrode als Bezugselektrode) bestimmt wird.

Potestas [lat. »Gewalt«, »Macht«] *die,* im antiken Rom Amtsgewalt der Magistrate sowie der Volkstribunen, die polit. und administrative Handlungsfähigkeit verleiht. (↑Patria Potestas)

Poti, Stadt in Georgien, an der O-Küste des Schwarzen Meeres, an der Mündung des Rioni, 51 000 Ew.; Zentrum der Kolchis; Maschinenbau, elektrotechn., Nahrungsmittelindustrie; Reparaturwerft; Hafen (Fähre nach Burgas, Bulgarien). Bei P. Ölterminal Supsa (Erdölleitung von Baku in Aserbaidschan).

Potiphar, *A. T.:* nach 1. Mose 39, 1 Befehlshaber der Leibwache des Pharaos, dessen Frau versuchte, Joseph zu verführen.

Potjomkin (Potemkin), Grigori Alexandrowitsch Fürst, Reichsfürst (seit 1776), Fürst Tawritscheski (seit 1783), russ. Feldherr und Staatsmann, *Tschischowo (Gebiet Smolensk) 24. 9. 1739, †bei Iași 16. 10. 1791; seit 1774 Günstling Katharinas II.; wurde 1776 Generalgouverneur der südl. Provinzen, besetzte 1783 die Krim, leitete den Aufbau der Schwarzmeerflotte und veranlasste zahlr. Stadtgründungen (unter anderem Cherson, Sewastopol); im Türkenkrieg (1787–92) Oberkommandierender des Heeres und der Flotte. – P. soll Katharina II. auf ihrer Krimreise 1787 mit Dorfattrappen Wohlstand vorgetäuscht haben; daher leitet sich die Redewendung **potemkinsche Dörfer** für Vorspiegelungen ab.

📖 *Adamczyk, T.: Fürst G. A. Potemkin. Untersuchungen zu seiner Lebensgeschichte. Emsdetten 1936, Nachdr. Osnabrück 1966.*

Potocki [pɔ'tɔtski], Jan Graf, poln. Historiker und Schriftsteller, *Pików (Podolien) 8. 3. 1761, †Uładówka (Podolien) 2. 12. 1815; untersuchte in histor. und archäolog. Arbeiten die Vorgeschichte der Slawen. Reich an fantast. Abenteuern ist sein Roman »Die Handschrift von Saragossa« (1803–15).

Potomac River [pə'təʊmək 'rɪvə] *der,* Fluss im O der USA, 462 km lang, entspringt im Alleghenygebirge, durchbricht die Blaue Kette und mündet in die Chesapeake Bay.

Potosí, Hptst. des Dep. P., Bolivien, 3 976 m ü. M., am Fuß des Cerro P. (4 829 m ü. M.), 112 300 Ew.; Univ.; Zinnbergbau (früher Silber). P. wurde 1545 nach der Entdeckung der Silbervorkommen gegründet. Fast zwei Drittel des im 17. Jh. weltweit geförderten Silbers stammten aus Potosí. – Die Stadt mit ihren vielen Bauten aus der Kolonialzeit (u. a. die königl. Münze Casa Real de la Moneda) und die Silberminen gehören zum UNESCO-Weltkulturerbe. Viele Kirchen sind durch indian. Einflüsse geprägt.

Potpourri ['pɔtpuri, frz.] *das,* seit dem 18. Jh. Bez. für eine Folge von beliebten, urspr. nicht zusammengehörigen Melodien.

Potsdam, Hptst. von Brandenburg und kreisfreie Stadt, grenzt im NO an Berlin, an der Mündung der Nuthe in die Havel, die sich im NO und SW der Stadt zu mehreren Seen erweitert, 131 200 Ew.; zahlr. wiss. Einrichtungen (viele davon im Stadtteil ↑Babelsberg), darunter Univ. (gegr. 1991), Hochschule für Film und Fernsehen, FH, wiss. Institute, As-

Potsdam: Nikolaikirche; 1830–37 (links) und Rathaus; 1753–55

trophysikal. Inst. mit Einsteinturm, Geo-Forschungs-Zentrum, Niederlassung des Dt. Wetterdienstes, Inst. für Klimafolgenforschung, Max-Planck- und Fraunhofer-Inst., Brandenburg. Landeshauptarchiv, Armee-, Filmmuseum u. a. Museen; Filmerlebnispark Babelsberg. P. ist Filmstandort mit Tradition sowie wichtiger Medienstandort. Die Industrie (v. a. in Babelsberg und im SO von P.) ist mit Lebensmittel-, Baustoffindustrie, Sicherheitsglasherstellung und Orgelbau vertreten; S-Bahn-Verbindung nach Berlin. – Dem Wiederaufbau nach dem Zweiten Weltkrieg fielen zahlr. Gebäude zum Opfer, deren Ruinen abgetragen wurden, u. a. das Schloss (1664 ff.) und die Garnisonkirche (1731–35). Erhalten sind u. a. das Holländ. Viertel (1733–42, von J. Boumann), die barocke Frz. Kirche (1751–53, von G. W. v. Knobelsdorff), die frühklassizist. Alte Wache (1795–97), das neugot. Nauener (1754–55) und das Brandenburger Tor (1770), der Einsteinturm (1920/21, von E. Mendelsohn). Wiederhergestellt wurden u. a. das barocke Rathaus (1753–55, von Boumann), die klassizist. Nikolaikirche (1830–37, von K. F. Schinkel, Kuppel von L. Persius und F. A. Stüler, 1843–50). Am Rand der Stadt Schloss und Park ↑Sanssouci; nach W schließen sich Park und Schloss Charlottenhof (1826–28) an; im Neuen Garten (1817–25, von P. J. Lenné zum Landschaftspark umgestaltet) Schloss ↑Cecilienhof (1913–16) und Marmorpalais (1787–91, von K. von Gontard und C. G. Langhans; vollendet 1845); bed. auch Schloss Babelsberg (1834/35 ff.) mit Parkanlage (von Lenné ab 1833, von H. Fürst v. Pückler-Muskau weiter ausgeführt). Schlösser und Gärten von P. sind UNESCO-Weltkulturerbe. Zu den zahlreichen Neubauten gehört das Geschäfts- und Büroquartier »P.-Center« am Bahnhof. – Ursprünglich slaw. Siedlung neben einer slaw. Burg (9./10. Jh.), 993 erstmals erwähnt **(Poztupimi);** nach 1150 dt. Neugründung unter Markgraf Albrecht dem Bären; 1317 erstmals als Stadt gen. Seit 1416 im Besitz der Hohenzollern; seit 1660 (neben Berlin zweite) Residenz der Kurfürsten, seit 1701 der Könige in Preußen, fortan rege Bautätigkeit (u. a. Stadtschloss anstelle der ehem. askan. Burg); unter den Königen Friedrich Wilhelm I. und Friedrich II., d. Gr., ab 1713 Ausbau zur Garnisonstadt (u. a. Erweiterung durch die Neustadt, 1720–42, sowie durch das Holländ. Viertel, 1737–42). Seit 1939 (u. a. Eingemeindung von Babelsberg) Großstadt; 1945/46–52 und seit 1990 Hptst. von Brandenburg; 1952–90 Hptst. des gleichnamigen DDR-Bezirks. Im **Edikt von P.** (8. 11. 1685) gewährte Friedrich Wilhelm, der Große Kurfürst, den frz. Hugenotten Glaubensfreiheit, Niederlassung und wirtsch. Privilegien in Brandenburg und Preußen. – Mit dem Festakt vom 21. 3. 1933 **(Tag von Potsdam)** in der Garnisonkirche, mit dem der am 5. 3. 1933 gewählte Dt. Reichstag konstituiert wurde, versuchte A. Hitler, das Anknüpfen an preuß. Traditionen zu dokumentieren. – Am 2. 8. 1945 Abschluss des ↑Potsdamer Abkommens im Schloss Cecilienhof.

📖 *P. u. seine Umgebung. Ergebnisse der heimatkundl. Bestandsaufnahme, bearb. v. G. Engelmann. Berlin (Ost) 1969. – Mielke, F.: Potsdamer Baukunst. Das klass. P. Berlin 1981. – Werner, F.: P. Städtebau u. Raumentwicklung seit 1935. Berlin 1988. – Volk, W.: P. Berlin ³1993.*

Potsdamer Abkommen, die am 2. 8. 1945 auf der ↑Potsdamer Konferenz von den Reg.chefs der USA (Truman), der Sowjetunion (Stalin) und Großbritanniens (Churchill, später Attlee) zur Regelung der Nachkriegsprobleme gefassten Beschlüsse, denen Frankreich am 7. 8. 1945 mit Vorbehalten zustimmte; legte u. a. die polit. und wirtsch. Grundsätze für die Behandlung des besiegten Dt. Reiches fest und regelte die militär. Besetzung Dtl.s, u. a. die Entmilitarisierung, Entnazifizierung, Verfolgung der Kriegsverbrecher, die Erneuerung des Erziehungs- und Gerichtswesens. Die dt. Wirtschaft unterlag alliierter Kontrolle, wobei Dtl. als wirtsch. Einheit behandelt werden sollte; das dt. Auslandsvermögen wurde durch den Alliierten Kontrollrat übernommen, Reparationszahlungen wurden festgelegt. Vorbehaltlich einer endgültigen friedensvertragl. Regelung wurden die Stadt Königsberg (Pr) und das anliegende Gebiet unter die Verw. der Sowjetunion gestellt und die W- und N-Grenze Polens festgelegt (↑Oder-Neiße-Linie). Die ↑Vertreibung der dt. Bev. aus Ostpreußen, Polen, der Tschechoslowakei und Ungarn wurde geregelt; außerdem wurde vereinbart, einen Rat der Außenmin. zu bilden. Das P. A. bestimmte die Dtl.politik nach 1945 entscheidend, wurde aber infolge des Ost-West-Konflikts bedeutungslos.

📖 *Das P. A. Dokumentensammlung. Berlin (Ost) ⁴1984. – Jaksch, W.: Europas Weg nach Potsdam. München ⁴1990. – Benz, W.: Potsdam 1945. Besatzungsherrschaft u. Neuaufbau im Vier-Zonen-Dtl. München ³1994.*

Potsdamer Konferenz, Zusammenkunft (17. 7. bis 2. 8. 1945) in Potsdam (Schloss Cecilienhof) zw. Präs. H. S. Truman (USA), Marschall Stalin (UdSSR) und Premier-Min.

W. Churchill (Großbritannien), an dessen Stelle Ende Juli C. Attlee trat. Die alliierten Siegermächte des Zweiten Weltkriegs beschlossen die **Potsdamer Deklaration** (26. 7.; ultimative Aufforderung an Japan zur bedingungslosen Kapitulation) und das ↑Potsdamer Abkommen (2. 8.).

📖 *Mee, C. S.: Das Ende des Zweiten Weltkrieges. Die P. K. 1945. A. d. Amerikan. München ⁴1995.*

Potsdam-Mittelmark, Landkreis in Brandenburg, 2683 km², (1998) 195800 Ew.; Krst. ist Belzig.

Pottlasche, ↑Kalium (Verbindungen).

Pottenstein, Stadt im Landkreis Bayreuth, Bayern, Luftkurort im Felsental der Püttlach in der Fränk. Schweiz, 5500 Ew.; in der Umgebung Tropfsteinhöhlen, u. a. die **Teufelshöhle.**

Potter, Paulus, niederländ. Maler, getauft Enkhuizen 20. 11. 1625, begraben Amsterdam 17. 1. 1654; stellte in meist kleinformatigen, helltonigen Bildern Weiden mit Vieh in sonniger Beleuchtung dar.

Potteries ['pɔtərɪ:z; engl. »Töpfereien«] (The P., Pottery District), Ind.gebiet im westl. Mittelengland, im Tal des oberen Trent; Hauptstandort der engl. Steingut- und Porzellanind. (seit 1769); Mittelpunkt ist Stoke-on-Trent.

Pottwale [zu Pott »Topf«] (Physeteridae), Familie der Zahnwale mit großem asymmetr. Schädel, der das ölige **Walrat** enthält. Der **Pottwal** (**Spermwal,** Physeter catodon) frisst Tintenfische; Männchen bis 20 m, Weibchen bis 13 m lang, bis über 40 t schwer; der **Zwergpottwal** (Kogia breviceps) wird bis 4 m lang. Wegen starker Bejagung sind P. in ihren Beständen bedroht.

Pougny [pu'ɲi], Jean, eigtl. Iwan Albertowitsch Puni, auch I. A. Punji, frz. Maler russisch-italien. Herkunft, *Kuokkala (heute Repino, Gebiet Sankt Petersburg) 20. 2. 1892, †Paris 28. 12. 1956; 1916 gehörte er zu den Unterzeichnern des suprematist. Manifests. 1919 emigrierte er nach Berlin und ließ sich 1923 in Paris nieder. Bis etwa 1924 blieb sein Werk (Gemälde und Montagen) konstruktivistisch, danach war er mit preziösen, kleinformatigen Bildern in der Nachfolge É. Vuillards und P. Bonnards erfolgreich.

Pouilly-Fuissé [pujifɥi'se], trockener Weißburgunder aus dem Hügelland um den gleichnamigen Ort am Solutré westlich von Mâcon, Frankreich; bereitet ausschl. aus Chardonnaytrauben, ergibt volle Weine ohne betonte Säure.

Pouilly-Fumé [pujify'me], frischer und fruchtiger weißer Loirewein aus der Umgebung von Pouilly-sur-Loire, Frankreich, wird reinsortig aus Sauvignontrauben bereitet.

Poularde [pu-, frz.] *die,* noch nicht geschlechtsreifes männl. oder weibl. Masthuhn.

Poulenc [pu'lɛ̃k], Francis, frz. Komponist, *Paris 7. 1. 1899, †ebd. 30. 1. 1963; Mitgl. der ↑Groupe des Six; komponierte in neoklassizist. Stil Opern, Ballette, Konzerte, Klaviermusik, Lieder, geistl. Vokalwerke.

Poulet [pu'lɛ, frz.] *das,* sehr junges (8–12 Wochen altes) Masthuhn oder -hähnchen im Gewicht bis zu 1 kg.

Poulsen ['pɔulsən], Valdemar, dän. Radiotechniker *Kopenhagen 23. 11. 1869, †New York 6. 8. 1942; erfand u. a. 1898 die Fixierung von Tönen auf einem Stahldraht, der an den Polen eines Elektromagneten vorbeigeführt und entsprechend den Tonwerten magnetisiert wird (Telegraphon), und 1903 den P.-Generator (Lichtbogensender zur Erzeugung ungedämpfter elektr. Schwingungen).

Pound [paʊnd; engl. »Pfund«] *das,* Einheitenzeichen **lb** (von »libra«), in Großbritannien und den USA Masseneinheit des ↑Avoirdupois-Systems: 1 lb = 0,45359237 kg.

Pottwale: Spermwal (Gewicht bis über 40 t)

Pound [paʊnd], Ezra, amerikan. Schriftsteller, *Hailey (Id.) 30. 10. 1885, †Venedig 1. 11. 1972; lebte 1922–45 in Rapallo, sympathisierte mit dem italien. Faschismus und wurde wegen antiamerikan. Propagandareden 1945 in einem amerikan. Militärlager interniert, später in eine Nervenheilanstalt in Washington überführt, 1958 entlassen; lebte seitdem wieder in Italien. P. war Begründer der literar. Bewegungen des ↑Imagismus und ↑Vortizismus und W. B. Yeats, T. S. Eliot und J. Joyce eng verbunden. 1915 begann er den Zyklus der »Cantos«, daneben schrieb er weitere große Gedichte (»Hugh Selwyn Mauberley«, 1920). P. verband einen ästhet. Avantgardismus mit Zeitkritik; in seinem Werk stellt er der entwerteten kommerziell-kapitalist. Welt eine humanist. Utopie gegenüber, die sich auf Kulturtraditionen, unter anderem der Antike, beruft. P. gilt als wichtiger Lyriker und Anreger der literar. Moderne. Essays (»ABC des Lebens«, 1934, u. a.), Übersetzungen.

📖 *Link, F.: E. P. Eine Einführung. München 1984. – Schmied, W.: E. P. Innsbruck 1994.*

Pour le Mérite [pur lə meˈrit; frz. »für das Verdienst«] *der,* **1)** höchster preuß. Verdienstorden, 1740 von Friedrich II., d. Gr., gestiftet, 1810–1918 nur an Offiziere verliehen.

Pour le Mérite 1) (links) und Pour le Mérite für Wissenschaften und Künste (rechts)

2) (Orden P. le M. für Wiss. und Künste), Friedensklasse des Ordens P. le M., wurde als höchste Auszeichnung für wiss. und künstler. Verdienste 1842 von Friedrich Wilhelm IV. gestiftet; 1952 wieder belebt.

Pourtalès [purtaˈlɛs], Guy de, schweizer. Schriftsteller frz. Sprache, *Berlin 4. 8. 1881, †Lausanne 12. 6. 1941; schrieb Musikerbiographien (über F. Chopin, 1927, R. Wagner, 1932, H. Berlioz, 1939), kultur- und literaturhistor. Studien und Romane aus dem Genfer Großbürgertum (»Der wunderbare Fischzug«, 1937).

Pousseur [puˈsœːr], Henri, belg. Komponist, *Malmédy 23. 6. 1929; gründete 1958 in Brüssel ein Studio für elektron. Musik; 1970 Dozent an der Univ. Lüttich, wo er das »Centre de recherches musicales« gründete.

poussieren [pu-, frz.], *umgangssprachlich* (veraltend, noch landschaftlich) für: flirten, anbändeln.

Poussin [puˈsɛ̃], **1)** Gaspard, eigtl. Dughet, frz. Maler, *Rom 7. 6. 1615, †ebd. 25. 5. 1675, Schwager und Schüler von 2); seine »idealen Landschaften« verweisen bereits auf die ↑Landschaftsmalerei des 19. Jahrhunderts.

2) Nicolas, frz. Maler, *Villers-en-Vexin (Dép. Eure) 15. 6. 1594, †Rom 19. 11. 1665, Schwager und Lehrer von 1); tätig in Rom. P. malte Themen der antiken Geschichte und Mythologie, religiöse Darstellungen und südl. Landschaften mit mytholog. und bibl. Figuren. P. gilt als Schöpfer der ins Ideale und Erhabene gesteigerten »heroischen Landschaft«. In der Ordnung seiner Bilder fanden Maß und Klarheit der frz. Klassik ihre Vollendung.

📖 *Michalkow, J.: N. P. A. d. Poln. Leipzig ²1991.*

Powell [ˈpaʊəl], **1)** Bud, eigtl. Earl P., amerikan. Jazzpianist, *New York 27. 9. 1924, †ebd. 1. 8. 1966; gilt neben T. Monk als bedeutendster Pianist des Bebop.

2) Cecil Frank, brit. Physiker, *Tonbridge (Cty. Kent) 5. 12. 1903, †bei Belluno (Italien) 9. 8. 1969; entdeckte 1947 gemeinsam mit G. P. S. Occhialini die π-Mesonen (Pionen) und klärte 1949 den Zerfall des π-Mesons. 1950 Nobelpreis für Physik.

Nicolas Poussin: Das Reich der Flora; 1631 (Dresden, Staatliche Kunstsammlungen)

3) Colin Luther, amerikan. General und Politiker, *New York 5. 4. 1937; 1989–93 Vors. der Vereinigten Stabschefs der US-Streitkräfte; während des 2. Golfkriegs maßgeblich an der Vorbereitung der alliierten militär. Operationen gegen den Irak beteiligt; wurde 2001 als erster schwarzer Amerikaner Außenmin. der USA.

Power ['pauə, engl.] *die,* Kraft, Stärke, Leistung; *umgangssprachlich* bes. im Sinne des modernen Lebensgefühls (Lifestyle) gebraucht: z. B. **P.-Frau** für erfolgreiche Frau.

Powerplay ['pauəpleɪ; engl. »Kraftspiel«] *das, Eishockey:* der anhaltende Ansturm aller Feldspieler auf das gegner. Tor, wobei die Abseitsregelung zur Einschnürung der verteidigenden Mannschaft genutzt wird.

Powerslide ['pauəslaɪd; engl. »Kraftrutschen«] *das, Automobilrennsport:* Kurventechnik, bei der der Fahrer das Fahrzeug, ohne die Geschwindigkeit zu vermindern, seitlich in die Kurve rutschen lässt, um es mit möglichst hoher Geschwindigkeit geradeaus aus der Kurve herausfahren zu können.

Powest *die,* in der russ. Lit. eine mittlere Prosaerzählung; die P. kann eine eposhafte, novellist. oder romanhafte Ausprägung haben.

Powwow ['pauwau, Algonkin] *das,* urspr. Bez. für Schamane oder Priester, dann von den Weißen allg. für indian. Versammlungen verwendet. Heute versteht man unter P. weit verbreitete intertribale Tanzveranstaltungen nordamerikan. Indianer.

Powys ['pəuɪs], Cty. in Wales, umfasst den östl. zentralen Teil des Landes, 1590 km², 11 3500 Ew., Verw.sitz ist Llandrindod Wells.

Powys ['pəuɪs], John Cowper, engl. Schriftsteller, *Shirley (Cty. Derbyshire) 8. 10. 1872, †Blaenau Ffestiniog (Gwynedd, Wales) 17. 6. 1963; verbindet kelt. Mystik und tiefe Symbolik (»Wolf Solent«, R., 1929; »A Glastonbury romance«, R., 1932); auch Gedichte sowie literar. und kulturphilosoph. Studien.

Poyang Hu (Pojanghu), natürl. Rückstausee des Jangtsekiang in der chines. Prov. Jiangxi, der durch sein Sommerhochwasser den Gan Jiang und drei weitere Flüsse vor der Einmündung zu einem riesigen See (bis zu 5070 km²) anschwellen lässt. Im Winter fällt der größte Teil der Seefläche trocken; durch Eindeichung wurden Anbaugebiete für Weizen und Raps gewonnen.

Poynting ['pɔɪntɪŋ], John Henry, brit. Physiker, *Monton (bei Manchester) 9. 9. 1852, †Birmingham 30. 3. 1914; arbeitete über Gravitation und Elektrodynamik, führte den Begriff der Energiestromdichte **(P.-Vektor)** als Vektorprodukt der elektr. Feldstärke E und der magnet. Feldstärke B ein.

Požarevac ['pɔʒarɛvats] (früher dt. Passarowitz), Stadt in Serbien, Jugoslawien, südöstlich von Belgrad, 33000 Ew.; Zentrum eines Agrargebiets. – Im **Frieden von Passarowitz** (21. 7. 1718) musste die Türkei das Banat, das nördl. Bosnien, das nördl. Serbien mit Belgrad und die Kleine Walachei an Österreich, Venedig die Peloponnes an die Türkei abtreten.

Poznań ['pɔznajn], poln. Name für ↑Posen.

Pozsony ['poʒonj], ungar. Name für ↑Preßburg.

Pozzo, Andrea, italien. Maler und Baumeister, *Trient 30. 11. 1642, †Wien 31. 8. 1709; Jesuiten-Laienbruder, führte die scheinräuml. Wand- und Deckenmalerei zur Vollendung und verband sie mit Bildnerei und Architektur zu einem dekorativ durchgestalteten Gesamtkunstwerk.

Pozzuoli, Hafenstadt in der Prov. Neapel, Italien, Hauptort der Phlegräischen Felder, 79200 Ew.; Maschinen- und Anlagenbau, elektrotechn., Gummi-, Textil-, Nahrungsmittelindustrie; Bade- und Kurort. – Dom San Proculo (im 11. Jh. in die Ruinen eines Augustustempels eingebaut, 1634 erneuert, nach Brand [1964] restauriert), Ruinen zweier röm. Amphitheater, »Serapeion« (eine prachtvolle Marktanlage).

pp, *Musik:* Abk. für pianissimo; **ppp,** Abk. für pianissimo piano.

PP, Abk. für ↑**P**oly**p**ropylen.

pp., Abk. für **p**erge, **p**erge [lat. »fahre fort!«], und so weiter.

P. P. (p. p.), Abk. für **p**raemissis **p**raemittendis [lat. »nach Vorausschickung des Vorauszuschickenden«], Ersatz für Anrede und Titel, als Überschrift in Rundschreiben und dergleichen.

ppa. (auch pp.), Abk. für **p**er **p**rocur**a**, ↑Prokura.

pp-Einheiten, für die Angabe sehr kleiner Konzentrationen, u. a. in der Chemie, übl. Einheiten: **parts per million,** Einheitenzeichen **ppm,** bedeutet 1 Teil auf 1 Mio. Teile, **parts per billion,** Einheitenzeichen **ppb,** 1 Teil auf 1 Mrd. Teile und **parts per trillion,** Einheitenzeichen **ppt,** 1 Teil auf 1 Billion Teile. Die pp-E. entsprechen nicht dem SI-System. Korrekt muss es heißen: 1 g/t anstelle 1 ppm, 1 mg/t anstelle 1 ppb und 1 µg/t anstelle 1 ppt.

Pr, chem. Symbol für ↑Praseodym.

PR, Abk. für ↑**P**ublic **R**elations.

prä... [lat. prae...], vor..., vorher...

Präambel [lat.] *die,* Vorspruch, feierl. Erklärung als Einleitung, z. B. bei Staatsverträgen, Verfassungsurkunden.

Präbichl, Pass in der Steiermark, Österreich (↑Alpenstraßen, Übersicht).

Prabuty (dt. Riesenburg), Stadt in der Wwschaft Pommern, Polen, 8000 Ew.; Schiffsgerätebau; Marienkirche (14. Jh.) und Reste der Stadtmauer.

Prachensky, Markus, österr. Maler, * Innsbruck 21. 3. 1932; Vertreter einer informellen, auf Rottöne konzentrierten, expressiv-kalligraph. Malerei; seit 1975 verwertet er Eindrücke, die er von italien. Landschaften empfing.

Prachtfinken:
Zebrafink

Prachtfinken (Astrilden, Estrildidea), Familie bis meisengroßer Singvögel in Afrika, SO-Asien und Australien; meist prächtig bunt gefärbte Vögel, u. a. Amadinen, Reisfink, Zebrafink; beliebte Stubenvögel.

Prachtkäfer:
Buchenprachtkäfer

Prachtkäfer (Bupretidae), artenreiche Käferfamilie, bes. in den Tropen; 2–80 mm lang, häufig metallisch glänzend. In Mitteleuropa kommt v. a. der 6–9 mm große, grün, blau oder kupferfarben schillernde **Buchen-P.** (Agrilus viridis) vor.

Prachtlein (Linum grandiflorum), aus N-Afrika stammendes, rot blühendes Leingewächs, Gartenformen auch mit rosafarbenen oder violetten Blüten.

Prachtlein
(Höhe bis 40 cm)

Prachtlilie, die Pflanzengattung ↑Ruhmeskrone.

Prädestination [lat. »Vorherbestimmung«] *die* (Gnadenwahl), die Vorherbestimmung des Menschen zur ewigen Seligkeit oder Verdammnis durch Gott; als systemat. Lehre von der P. **(P.-Lehre)** in der christl. Theologie, aufbauend auf den paulin. Schriften des N. T. (Röm. 8,28–30, Eph. 1,3–14), durch Augustinus in der Auseinandersetzung mit dem ↑Pelagianismus begründet. Das theolog. Problem liegt dabei in der Fragestellung, inwieweit die P. als »Ratschluss Gottes« von Ewigkeit her feststeht und ob bzw. inwieweit der Mensch kraft seines (freien) Willens den Glauben wählen und durch sein Handeln an seinem Heil mitwirken kann. Für Augustinus und in seiner Nachfolge die Reformatoren (am stärksten durch Calvin betont) ist die Menschheit in ihrer Gesamtheit durch die Erbsünde unfähig zum Guten. Allein die durch die Gnadenwahl Gottes zum Glauben Berufenen sind zum Heil, die Übrigen zum Unheil prädestiniert **(doppelte P.).** Die Auffassungen der *kath.* und *orth.* Theologie, wurzelnd im P.-Verständnis der frühen Kirche, sehen in dem in Jesus Christus offenbarten ewigen Heil das Angebot, das Gott in seiner Liebe jedem Menschen macht und das dieser in Freiheit annehmen oder ablehnen kann. Eine P. zum Unheil wird verworfen. Die *luth.* Theologie betont seit der Konkordienformel (1577) im Ggs. zur *ref.* Theologie (modifiziert erst bei K. Barth) die grundsätzl. P. des Menschen zum Heil. Unter den nichtchristl. Religionen wird der Gedanke der P. (↑Kismet) am konsequentesten vom Islam vertreten.

Prädikantenorden [lat.], Predigerorden, ↑Dominikaner.

Prädikat [lat.] *das,* **1)** *allg.:* auszeichnende Bewertung, z. B. eines Produktes, einer Leistung oder eines Examens.
2) *Adel:* (Adelsprädikat) Titel und Rangstufe (z. T. Anrede) des Adels, z. B.: Reichsfürst (Großherzog, Herzog, Fürst), Graf, Freiherr (Baron), Namenszusatz »von«.
3) *Sprachwiss.:* Satzaussage; Satzteil, der eine Aussage über das Subjekt enthält (↑Syntax, Übersicht).

Prädikatenlogik, log. Disziplin, ↑mathematische Logik.

Prädikatsnomen, *Sprachwiss.:* Teil des Prädikats, entweder ein (Satz-)Adjektiv oder ein (Gleichsetzungs-)Nominativ (↑Syntax, Übersicht).

Prädiktion [lat.] *die,* Vorhersage durch wiss. Verallgemeinerung.

Prado [span. »Wiese«] *der,* **1)** Parkanlage in span. Städten, bes. in Madrid.

2) (Museo del P.), Nationalmuseum in Madrid, Spanien, ben. nach dem Park P. de San Jerónimo, in dem der Bau 1785 von J. de Villanueva begonnen wurde; 1819 wurde er als königl. Museum für Malerei und Bildhauerkunst eröffnet, seit 1868 Nationalmuseum. Seine Bestände an alter Malerei gehören zu den bedeutendsten der Erde (G. B. Tiepolo, Tizian, P. P. Rubens, A. van Dyck, El Greco, D. Velázquez, B. E. Murillo, F. de Goya u. a.).

Prado Calvo ['praðo 'kalβo], Pedro, chilen. Schriftsteller, * Santiago de Chile 8. 10. 1886, † Viña del Mar 31. 1. 1952; Architekt; schrieb eigenwillige Gedankenlyrik sowie Romane, u. a. den lyrisch-philosoph. Roman »Alsino« (1920), in dem er den Ikarusmythos auf chilen. Verhältnisse überträgt.

praecox [lat.], *Medizin:* vorzeitig, zu früh auftretend, z. B. ↑Pubertas praecox; Ejaculatio praecox (↑Ejakulation).

Praeferendum [lat.] *das* (Behaglichkeitszone), *Ökologie:* von einem Organismus bevorzugte Zone, deren Reize optimal mit seinen Umweltansprüchen übereinstimmen.

Praeneste, alte Stadt in Latium, heute ↑Palestrina.

Praeputium [lat.] *das,* ↑Penis.

Praesepe [lat.], der Sternhaufen ↑Krippe.

Praesumptio [lat.] *die, Recht:* lat. Bez. für die ↑Vermutung.

Praetexta [lat.] *die,* altröm. ernstes Nationaldrama, benannt nach der purpurgesäumten Amtstoga, die der Held trug. Bed. Autoren waren Naevius und Ennius.

Praetorius, Michael, eigtl. M. Schultheiß, Komponist, * Creuzburg (Wartburgkreis) 15. 2. 1571 oder 1572, † Wolfenbüttel 15. 2. 1621; einer der bedeutendsten dt. Musiker des 17. Jh., bes. wichtig für die evang. Kirchenmusik. Sein Werk spiegelt den Übergang vom spätpolyphonen, mehrchörigen Satz zum italien. konzertierend-monod. Stil und umfasst Psalmen, Kirchenlieder, Motetten, Magnifikate, Tanzstücke.

Vogelsänger, S.: M. P. beim Wort genommen. Zur Entstehungsgeschichte seiner Werke. Aachen 1987.

Präfation [lat. »Vorrede«] *die, christl. Liturgie:* der Eingangsteil des eucharist. Hochgebets der kath. Messe bzw. des luther. Abendmahlsgottesdienstes.

Präfekt [lat.] *der,* **1)** (Praefectus) im antiken Rom Amtsträger in Verw. oder Heer.

2) (frz. Préfet) in Frankreich bis 1982 oberster Verw.beamter eines Dép. Durch das Dezentralisierungs-Ges. von 1982 wurde der P. durch den »Commissaire de la République« ersetzt, seine Befugnisse wurden zugunsten derer des Präs. des Dép. beschränkt.

Präferenz [lat.] *die,* **1)** *allg.:* Vorzug, Vorrang, Begünstigung, Bevorzugung.

2) *Wirtschaft:* Vorliebe bezüglich des Nutzens wirtsch. Güter; P. können sachlich (Markentreue), räumlich (Einkauf im nahe gelegenen Supermarkt), zeitlich (Mode) oder persönlich (Bindung an ein bestimmtes Fachgeschäft wegen Verkaufsberatung) sein. Das Fehlen von P. ist eine Voraussetzung für einen vollkommenen Markt.

Präferenzsystem, gegenseitige handelspolit. Vorzugsbehandlung zw. zwei oder mehreren Ländern. Die beteiligten Staaten vereinbaren aus wirtsch. oder polit. Gründen im Vergleich zu Drittstaaten z. B. Vorzugszölle **(Präferenzzölle).** Das P. verstößt zwar gegen das Prinzip der Meistbegünstigung, wird jedoch von der Welthandelsorganisation toleriert, sofern es sich um Zollunionen bzw. Freihandelszonen handelt. Größere Bedeutung erlangte das P. zunächst innerhalb des Commonwealth (Empire-Präferenzen); 1972 wurde zw. der EG und der EFTA auf der Grundlage eines **Präferenzabkommens** eine Freihandelszone geschaffen, die zum Europ. Wirtschaftsraum weiterentwickelt wurde. Ein Beispiel für die Gewährung von Zollpräferenzen für Entwicklungsländer sind die ↑Lomé-Abkommen.

Präfix [lat.] *das, Sprachwiss.:* Vorsilbe, unselbstständiges Wortbildungsmorphem.

Präformationstheorie, bis zur Mitte des 18. Jh. herrschende Lehre über die Individualentwicklung der Organismen, nach der alle Lebewesen in den Geschlechtszellen bereits fertig vorgebildet sind und sich nach der Befruchtung nur noch entfalten.

Prag (tschech. Praha), Hptst. der Tschech. Rep. und Verw.sitz des Mittelböhm. Gebiets, liegt auf fünf Hügeln beiderseits der Moldau, bildet verwaltungsmäßig eine eigene Region mit 496 km², (1994) 1,215 Mio. Ew. P. ist Sitz eines Erzbischofs, Wiss.zentrum des Landes mit der Karls-Univ. (1348 gegr.), TH u. a. Hochschulen; Kunstakademie, Konservatorium, Forschungsinst., zahlr. Bibliotheken, wiss. Gesellschaften, darunter die Akademie der Wiss., mehrere Museen und Gemäldegalerien, 22 ständige Theater, zwei Opernhäuser; Goethe-Inst. (seit 1990); im Stadtteil Barrandov Filmateliers. P. ist wichtigstes Ind.- und Handelszentrum des Landes mit chem., Gummi-, Maschinen-, Fahrzeug-, Bekleidungs-, Papier-, elektrotechn./elektron. Ind. sowie Verkehrszentrum mit internat. Flughafen Ruzyně und Flusshafen (Beginn der Moldauschifffahrt); U-Bahn (seit 1974).

Stadtbild: In beherrschender Lage die Prager Burg, der **Hradschin,** dessen älteste Grundmauern ins 9./10. Jh. reichen (heute Sitz des

Prag: Wenzelsplatz in der Neustadt mit dem Denkmal des heiligen Wenzel an dessen SO-Ende

Staatspräs.). Zum alten Palast gehören der spätgot. Wladislawsaal (vollendet 1502), der Ludwigsbau (1503–10) und der Alte Landtagssaal (1560–63, beide Renaissance). Zentrum der Burg ist der got. Sankt-Veits-Dom (begonnen 1344, Chor, Querschiff und S-Turm 1353–85 von P. Parler, Innenausstattung: u. a. Grabmäler der Přemysliden und 21 Bildnisbüsten von P. Parler im Triforium). Zur inneren Anlage des Hradschin gehört auch das Georgskloster mit der roman. Basilika (Mitte 12. Jh.). Außerhalb des Burgkomplexes zahlr. Paläste: u. a. Schwarzenberg-Palais (1545–63); Sternberg-Palais (1696 bis 1730, heute Nationalgalerie), Černín-Palais (1669 ff.), das Lustschloss Belvedere (1536–63), das Loretokloster (1600 ff.) und das Kloster Strahov (12.–18. Jh., heute Museum des Nat. Schrifttums). Unterhalb der Burg erstreckt sich bis zur Moldau die **Kleinseite** mit der Nikolauskirche (1703 ff., von C. und K. I. Dientzenhofer). Die Karlsbrücke (1357 ff., got. Brückentürme, barocke Skulpturen) führt in die histor. **Altstadt** (UNESCO-Weltkulturerbe): im Zentrum (Altstädter Ring) das Altstädter Rathaus (1338 ff.) mit der astronom. Uhr (1410), die got. Teynkirche und die Nikolauskirche (1732–35, von K. I. Dientzenhofer); in der Altstadt befinden sich außerdem das Karolinum (Sitz der Univ., Kernbau 14. Jh.), die got. Bethlehemskapelle, Predigtkirche des J. Hus (1391 ff., 1786 abgerissen, wiederhergestellt 1948–52), das Klementinum (Jesuitenkolleg, 1556 ff.) und das Clam-Gallas-Palais (1713 ff. von J. B. Fischer von Erlach). Die **Neustadt** wurde ab 1348 zw. Altstadt und Vyšehrad um zwei lang gestreckte Plätze angelegt: Karlsplatz mit dem Neustädter Rathaus (14.–16. Jh.) und Wenzelsplatz (mit Nationalmuseum und Standbild des hl. Wenzel, vollendet 1922). Weitere bed. Bauten der Neustadt sind u. a. die got. Mariä-Schnee-Kirche und das Nationaltheater (1868–81). Vom ehem. Judenviertel sind u. a. die frühgot. Altneu-Synagoge (um 1270) und der jüd. Friedhof erhalten. Von den Bauten des 20. Jh. sind v. a. Bauwerke des Jugendstils (u. a. Grandhotel Europa, 1906) und des tschech. Kubismus bemerkenswert; neben Rekonstruktions- und Restaurierungsmaßnahmen an zahlr. Gebäuden tragen heute

Prag: Blick über die Moldau auf Karlsbrücke, Hradschin und Sankt-Veits-Dom

v. a. die neu entstandenen Hotels, Büro- und Geschäftsbauten zur Veränderung des Stadtbildes bei, u. a. Bürohaus Rašín (»Ginger and Fred«) von F. O. Gehry und Vladimir Milunić (1994–96).

Geschichte: P. entwickelte sich aus mehreren Siedlungen zw. den beiden Burgen Vyšehrad und Hradschin. 973 wurde das Bistum P. (seit 1344 Erzbistum) gegründet. Durch intensive, auch dt. Besiedlung entstand die sog. Kleinseite, die 1257 Stadtrechte erhielt; die Altstadt besaß Stadtrecht seit 1230. Blütezeit unter Kaiser Karl IV. (seit 1346 dessen Residenz): u. a. 1348 Bau der Neustadt und Gründung der Univ. Von P. gingen die Bewegung des J. Hus (**1. Prager Fenstersturz,** 30. 7. 1419; ↑Hussiten) und der Böhm. Aufstand (**2. Prager Fenstersturz,** 23. 5. 1618; ↑Dreißigjähriger Krieg) aus. 1784 Vereinigung der vier Prager Städte (Altstadt, Kleinseite, Neustadt, Hradschin); 1848 Zentrum der fehlgeschlagenen nationaltschech. Revolution. 1918–92 Hptst. der Tschechoslowakei. 1939 von dt. Truppen besetzt, danach (bis Mai 1945, Einmarsch sowjet. Truppen) Hptst. des Protektorates Böhmen und Mähren. Im Aug. 1968 gewaltsame Niederschlagung des ↑Prager Frühlings. Seit 1969 Hptst. der Tschech. Rep. (innerhalb der Föderation); seit 1993 Hptst. der unabhängigen Tschech. Rep. – Der **Friede von Prag** zw. Kursachsen und Kaiser Ferdinand II. (30. 5. 1635), dem sich viele prot. Reichsstände anschlossen, sah eine begrenzte Festschreibung des konfessionellen Status quo vor; Kursachsen erhielt die Ober- und Niederlausitz. – Der **Friede von Prag** am 23. 8. 1866 beendete den Dt. Krieg.

📖 *Janáček, J.: Das alte P. Aus dem Tschech. Leipzig ²1983. – Wachmeier, G.: P. Stuttgart ⁵1990. – Unvergängl. P. Die Goldene Stadt in Geschichte u. Gegenwart, bearb. v. H. Pleticha u. Wolfgang Müller. Freiburg im Breisgau ³1991. – Gruša, J. u. a.: P. Einst Stadt der Tschechen, Deutschen u. Juden. A. d. Tschech. München 1993. – Vorel, L.: P. Ostfildern ⁷1997.*

Praga, Stadtteil von ↑Warschau.

Prägedruck, *Drucktechnik:* der von gravierten oder tief geätzten Platten auf Druckmaschinen hergestellte reliefartige Druck mit oder ohne Farbe, z. B. für Buchdecken, Packungen u. a.

Prägen [ahd. prahhen, zu brechen] *das, Fertigungstechnik:* Verfahren der Kaltumformung, bei dem metall. Werkstücke durch Einwirkung von Druck (in mechan. oder hydraul. Pressen) verformt werden. Beim **Voll-P.** durch Stauchen können beide Seiten des Werkstücks unterschiedlich strukturiert werden, z. B. bei der Münzproduktion. Beim **Hohl-P.** werden Bleche ohne wesentl. Veränderung der Materialdicke geringfügig verformt.

Prager, Heinz-Günter, Bildhauer, *Herne 19. 12. 1944; entwickelte Formsysteme aus wenigen Metallelementen, die bildhauer. Probleme wie Körperlichkeit und Körpermaß behandeln.

Prager Frühling, *Zeitgeschichte:* Bez. für den Liberalisierungs- und Demokratisierungsprozess in der ČSSR von Jan. bis Aug. 1968 unter A. Dubček (»Sozialismus mit menschl. Antlitz«; ↑Tschechoslowakei, Geschichte). Durch die militär. Intervention der UdSSR und vier weiterer Staaten des Warschauer Paktes (zwei Divisionen der NVA auf DDR-Territorium in Grenznähe in Bereitschaft gehalten) am 20./21. 8. 1968 gewaltsam unterbunden (94 Todesopfer; pseudolegitimiert durch die Breschnew-Doktrin; als treibende Kraft wirkte v. a. W. Ulbricht (u. a. Geheimtreffen der Gen.-Sekr. der KPdSU, der SED sowie der ungar., poln. und bulgar. KP am 18. 8.). Im »Moskauer Protokoll« vom 26. 8. 1968 wurde das in die UdSSR verschleppte Politbüro der KPČ gezwungen, dem Abbau der Reformen zuzustimmen (»Normalisierung«). – Die Niederwerfung des P. F. brachte das Ende reformkommunist. Versuche; Repräsentanten des P. F. wurden zu Trägern der sich formierenden Bürgerbewegung in der ČSSR (u. a. Charta 77).

📖 *Bollinger, S.: Dritter Weg zw. den Blöcken? P. F. 1968: Hoffnung ohne Chance. Berlin 1995. – Wenzke, R.: Die NVA u. der P. F. 1968. Die Rolle Ulbrichts u. der DDR-Streitkräfte bei der Niederschlagung der tschechoslowak. Reformbewegung. Berlin 1995. – Pauer, J.: Prag 1968. Der Einmarsch des Warschauer Paktes. Hintergründe – Planung – Durchführung. Bremen 1995.*

Prager Kreis, lockere, in ihrer Zusammensetzung wechselnde Gruppe deutschjüd. Schriftsteller in Prag in den Jahren etwa zw. 1910 und 1938; dazu gehörten u. a. M. Brod, F. Kafka, L. Winder, F. Werfel, E. E. Kisch. Als allg. Charakteristika der künstlerisch inhomogenen Gruppe können die Verbundenheit mit Prag, die Sympathie für die tschech. Kultur und ein ausgeprägtes jüd. Selbstbewusstsein genannt werden.

Prager Schule (Prager Strukturalismus), funktionelle Richtung der Linguistik, geht zurück auf den 1926 von V. Mathesius (*1882, †1945) gegr. Kreis von Linguisten (R. ↑Jakobson, N. S. Trubetzkoi), hatte bes. Bedeutung für den Ausbau der ↑Phonologie. Ähnlich den phonolog. Systemen wird auch die Sprache selbst als ein System betrachtet, dessen Glieder durch wechselseitige Beziehungen semant. und funktioneller Art miteinander verbunden sind (↑Strukturalismus). Durch die Verbindung von Sprach- und Literaturwiss., die Arbeiten zur Stilistik, Ästhetik sowie der allg. Zeichentheorie beeinflusste die P. S. die moderne Semiotik.

präglazial [lat.], voreiszeitlich.

Pragmatik [grch. prãgma »Tat«] *die* (linguist. P.), *Sprachwiss.:* Lehre vom sprachl. Handeln (↑Sprechakt); jüngere sprachwiss. Disziplin, deren theoret. Basis in der ↑Semiotik und in der sprachanalyt. Philosophie liegt. Während die Syntax die formale Relation der sprachl. Zeichen zueinander untersucht und die Semantik die Beziehung zw. den Zeichen und den Gegenständen analysiert, denen sie zugeordnet sind, behandelt die P. die Beziehung zw. sprachl. Zeichen und Zeichenbenutzer und versteht Sprechen generell als Form menschl. Handelns, d. h. im Rahmen komplexer sozialer und kommunikativer Prozesse. (↑Soziolinguistik)

Mey, J. L.: Pragmatics. Oxford u. a. 1993. – Hindelang, G.: Einführung in die Sprechakttheorie. Tübingen ²1994.

Pragmatische Sanktion, 1) die P. S. von Bourges, ein frz. Grundgesetz, das König Karl VII. am 7. 7. 1438 aufgrund der Beschlüsse des Basler Reformkonzils unterzeichnete und das darauf abzielte, den Einfluss des Papstes auf kirchl. Stellenbesetzungen und die kirchl. Gerichtsbarkeit zu beschränken (↑Gallikanismus).

2) von Kaiser Karl VI. am 19. 4. 1713 verkündetes (und 1724 zum Staatsgrundgesetz erhobenes) Hausgesetz der Habsburger; es sprach die Unteilbarkeit des habsburg. Länderbesitzes und die Regelung der Erbfolge nach dem Erstgeburtsrecht im männl. und weibl. Stamm aus. Dennoch musste Maria Theresia ihr Erbe im Österr. Erbfolgekrieg (1740–48) verteidigen.

Pragmatismus [zu ↑Pragmatik] *der, Philosophie:* Ende des 19. Jh. von C. S. Peirce, W. James und J. Dewey ausgebildete philosoph. Lehre, die das Handeln als Voraussetzung oder Ziel des Erkennens betrachtet. Das Erkennen erhält hierdurch den Charakter eines Instrumentes der Lebenspraxis **(Instrumentalismus);** Begriffe und Hypothesen müssen induktiv erweisbar sein (Empirismus); Wert und Wahrheit einer Aussage sind durch ihren Nutzen bzw. prakt. Erfolg bestimmt (W. James). Dies gilt auch für die Ethik, die von Lebenserfahrungen ausgeht und als »Instrument« dem Leben in der menschl. Gemeinschaft dient. Als System war der P. bes. im angloamerikan. Raum wirksam; er beeinflusste den ↑Behaviorismus (J. Dewey) und die analyt. Philosophie.

Peirce, C. S.: Über die Klarheit unserer Gedanken. Frankfurt am Main ³1985, dt. u. engl.

Prägung, *Verhaltensforschung:* ein sich sehr schnell und nur während einer sog. sensiblen Phase vollziehender Anpassungsvorgang, der ein angeborenes Instinktverhalten mit einem Auslöser verbindet. Bei Tieren ist diese Fixierung des Jungtiers (z. B. auf das Muttertier, einen Pfleger, eine Attrappe) nicht auslöschbar.

Praha, Hauptstadt der Tschech. Rep., ↑Prag.

Prähistorile [lat.], ↑Vorgeschichte.

Prahova *die,* Nebenfluss der Ialomița, im S Rumäniens, 183 km lang; entspringt in den Südkarpaten, durchfließt die Große Walachei; am Oberlauf Gebirgskurorte (bes. Sinaia, Predeal), das mittlere und untere P.-Tal ist stark industrialisiert.

Praia, Hauptstadt der Rep. Kap Verde, auf der Insel São Tiago, 61 700 Ew.; Bischofssitz; Hafen, Flugplatz.

Prälimplantationsdiagnostik, Untersuchungsverfahren, das zum Feststellen eines Gendefekts beim Embryo noch im Präimplantationsstadium dient; in Dtl. nach dem Embryonenschutzgesetz verboten.

Präjudiz [lat. »vorausgegangenes Urteil«] *das, Prozessrecht:* zeitlich frühere Entscheidung einer Rechtsfrage, die sich in einem anderen Rechtsstreit erneut stellt. Anders als im angloamerikan. Rechtskreis, wo eine weitgehende rechtl. Bindung an Präjudizien besteht, sind die dt. Gerichte nur an das Gesetz gebunden, in dessen Auslegung aber grundsätzlich frei. Ausnahmen hiervon bilden die Entscheidungen des Bundesverfassungsgerichts, die z. T. Gesetzeskraft haben. Innerhalb der obersten Gerichtshöfe ist jedoch, wenn ein Senat von einem früheren Urteil eines anderen Senats abweichen will und dieser auf seiner Rechtsauffassung beharrt, die Entscheidung des ↑Großen Senats herbeizuführen.

Präkambrium, der Zeitraum (Ära) seit Entstehung der Erdkruste vor dem Kambrium, der von größerer Dauer war als die ganze spätere Erdgeschichte zusammen; Beginn vor rd. 4 600 Mio. Jahren, das älteste Gestein (Grönland) mit biogenem Kohlenstoff ist rd. 3 800 Mio. Jahre alt. Die Frühzeit der Erde wird als **Archaikum** bezeichnet und vielfach in das **Abiotikum** (früher Azoikum), die Zeit ohne überlieferte Lebensspuren, sowie das **Archäozoikum,** die Zeit ersten Lebens, gegliedert. **Proterozoikum** (früher Algonkium) nennt man die Zeit und die Ablagerungen aus der Frühzeit der Entwicklung des Tierlebens.

Präkanzerosen [lat. cancer »Krebs«] (Präneoplasien), Gewebeveränderungen mit den Zeichen eines Krebsvorstadiums.

Präklusion [lat.] *die,* Ausschluss von Rechtshandlungen oder Rechten, wenn sie innerhalb der gesetzl. Frist nicht vor- oder wahrgenommen werden.

Präkognition [lat.] *die, Parapsychologie:* Form der außersinnl. Wahrnehmung; sie besteht im Wissen um zukünftige Ereignisse.

präkolumbisch, die Zeit Amerikas vor der Invasion der Europäer (»Entdeckung« durch C. Kolumbus) betreffend.

Prakrit [altind. prakrta »urtümlich«, »gewöhnlich«] *das,* mittelind. Mundart bzw. regional versch. Mundarten (P.s), die spätestens seit dem 5. Jh. v. Chr. (zu Zeiten Buddhas) bis um 1000 n. Chr. neben der Hochsprache des Sanskrit gebraucht wurden (↑indische Sprachen).

Praktik [grch.] *die,* Ausübung einer Tätigkeit; Handhabung; Verfahrensweise; (nicht immer einwandfreie) Methode, Kniff, Kunstgriff.

Praktikum [nlat.] *das, Bildungswesen:* 1) zur prakt. Anwendung des Erlernten eingerichtete Übungsstunde, Übung (bes. an den naturwiss. Fakultäten einer Hochschule); 2) im Rahmen einer Ausbildung außerhalb der (Hoch-)Schule abzuleistende prakt. Tätigkeit.

praktische Philosophie, i. e. S. Bez. für Ethik oder Moralphilosophie, i. w. S. heute auch Begriff für die philosoph. Grundlagen der Gesellschafts- und Staatswissenschaften.

praktischer Arzt, frühere Bez. für Arzt für Allgemeinmedizin.

praktische Theologie, theolog. Teildisziplin (in der kath. Theologie auch **Pastoraltheologie**), deren Gegenstand das kirchl. Handeln in seiner Gesamtheit ist. Ziel der p. T. ist die Umsetzung theolog. Erkenntnisse in die Praxis der christl. Gemeinde im Rahmen der verschiedenen kirchl. Handlungsfelder. Hauptgebiete der p. T. sind die Liturgik (Gottesdienstlehre), Homiletik (Predigtlehre), Poimenik (Seelsorgelehre), Katechetik (Lehre vom kirchl. Unterricht) und Diakonik (Lehre von der kirchl. Sozialarbeit).

Prälat [mlat., eigtl. »der Vorgezogene«] *der,* **1)** *evang. Kirche:* in den evang. Landeskirchen von Baden und Württemberg ein geistl. Amtsträger mit besonderen Aufgaben; in der evang. Kirche von Kurhessen-Waldeck Titel des ständigen geistl. Stellvertreters des Landesbischofs.

2) *kath. Kirche:* i. e. S. alle Kleriker, die von Amts wegen Träger ordentlicher kirchl. Jurisdiktion für den äußeren Bereich sind; daneben geistl. Ehrentitel: Apostol. Protonotar; Ehren-P. seiner Heiligkeit und Kaplan seiner Heiligkeit.

Prälatur *die, kath. Kirchenrecht:* ein vorläufiger kirchl. Jurisdiktionsbezirk; Vorform einer Diözese. Eine Sonderform bildet die ↑Personalprälatur.

Präliminarilen [lat.] *Pl.,* Vorverhandlungen; vorläufige Abmachungen. **Präliminarfrieden,** Vorfrieden (↑Friedensvertrag).

Prallbrecher (Prallmühle), Zerkleinerungsmaschine. Das eingegebene Gut wird von einem rasch umlaufenden Schlagwerk grob gebrochen und gegen Prallplatten geschleudert, wobei es weiter zerkleinert wird.

Prallhang (Prallufer), der steile, äußere Talhang einer Flusskrümmung, gegen den die Hauptströmung des Wassers gerichtet ist, im Unterschied zum gegenüberliegenden, sanfteren **Gleithang.**

Pralltriller (Schneller), musikal. Verzierung, die in dem einmaligen schnellen Wechsel zw. Hauptnote und oberer großer (oder kleiner) Sekunde besteht; Zeichen: 𝆗.

Präludium [lat.] *das, Musik:* seit dem späten 15. Jh. ein einleitendes instrumentales Vorspiel v. a. für ein Tasteninstrument oder eine Laute, auf das z. B. eine Fuge (z. B. bei J. S. Bach) oder ein Suitensatz folgt. Im 19. und 20. Jh. selbstständige Komposition in freier Fantasieform (F. Chopin, C. Debussy u. a.).

Prambanan, größte shivaitische Tempelanlage (9. Jh.) in Zentraljava, Indonesien, 20 km nordöstlich von Yogyakarta. Auf einer Terrasse befindet sich eine Gruppe von acht Tempeln mit dem Haupttempel Lara Jonggrang (9./10. Jh.) sowie zwei dem Gott Vishnu und dem Gott Brahma geweihte Tempel; umgeben von 224 kleinen Tempeln, die in drei konzentr. Reihen auf einer niedrigeren Terrasse stehen. Die Anlage wurde im 16. Jh. durch ein Erdbeben zerstört; seit 1918 Wiederaufbau- und Restaurierungsarbeiten (UNESCO-Weltkulturerbe).

Prämedikation [lat.] *die,* medikamentöse Narkosevorbereitung eines Patienten am Vorabend und am Operationstag; dient v. a. zur allgemeinen Beruhigung des Patienten und zur Herabsetzung der Speichel- und Bronchialsekretion.

Prämile [lat.] *die,* **1)** *Börsenwesen:* Reugeld beim Prämiengeschäft; Optionspreis beim ↑Optionsgeschäft.

2) *Versicherungswesen:* vertraglich vereinbarter, vom Versicherten regelmäßig zu zahlender Beitrag für die Risikoübernahme durch den Versicherer **(laufende P.);** auch **Einmal-P.** als Abgeltung für die gesamte Laufzeit des Vertrages. Die Rückzahlung von P. in der Privatversicherung **(P.-Rückgewähr, P.-**

Rückerstattung) kann an die Entstehung eines Überschusses beim Versicherer gekoppelt sein oder bei Nichteintreten eines Versicherungsfalles in der Vertragsdauer gewährt werden.

Prämi|enanleihe, die ↑Losanleihe.

Prämi|engeschäft, bedingtes Termingeschäft, bei dem ein Vertragspartner innerhalb einer bestimmten Frist gegen Zahlung einer Prämie (Reugeld) vom Vertrag zurücktreten kann.

Prämi|ensparen, eine von Volks- und Raiffeisenbanken und Sparkassen eingeführte, auch als **Gewinnsparen** bezeichnete Sparform, bei der der Prämiensparer innerhalb einer Sparperiode einen bestimmten Sparbetrag und einen Auslosungsbetrag einzahlt. Die Auslosungsbeträge fließen in einen Prämienfonds, der nach Abzug der Lotteriesteuer durch Los an die Sparer ausgeschüttet wird. P. ist auch die Bez. für eine Sparform, bei der der Sparer einen längerfristigen Sparvertrag abschließt und regelmäßig Sparbeträge einzahlt; am Ende der Laufzeit erhält der Sparer eine Prämie als Zusatzverzinsung. Diese auch als **Bonussparen** bezeichnete Sparform wurde bis 1980 als **prämienbegünstigtes Sparen** staatlich gefördert.

Prämisse [lat.] *die,* die Voraussetzung, aus der in einem log. Schluss auf das Ergebnis (Konklusion) geschlossen wird.

Prämolaren [lat.], die vorderen Backenzähne (↑Zähne).

Prämonstratenser (lat. Ordo Praemonstratensis, Abk. OPraem, auch Norbertiner), kath. Klerikerorden; 1120 von Norbert von Xanten in Prémontré bei Laon gegründet; weibl. Zweig die **Prämonstratenserinnen.** Der Orden entstand aus der Klerikerreform des 11. und 12. Jh.: gemeinsames Leben auf Grundlage der Augustinusregel, Armut, zurückgezogene Beschaulichkeit und Wanderapostolat. Die P. spielten, mit Magdeburg als wichtigstem Zentrum, eine zentrale Rolle bei der Ostsiedlung und -mission.

Prampolini, Enrico, italien. Maler, Architekt, Bühnenbildner und Kunsttheoretiker, *Modena 20. 4. 1894, †Rom 18. 6. 1956; Mitgl. zahlreicher Künstlervereinigungen (Dada, Novembergruppe, Cercle et Carré, Abstraction-Création); gab Zeitschriften und Manifeste heraus, malte futuristisch und abstrakt.

pränatal [lat.], der Geburt vorausgehend.

Pränataldiagnostik, Untersuchung zur Erfassung von vorwiegend genetisch bedingten Missbildungen und Stoffwechselerkrankungen bei dem noch ungeborenen Kind. Die P. beruht in erster Linie auf dem Nachweis von Chromosomenveränderungen und auf biochem. Untersuchungen an den im Fruchtwasser befindlichen kindl. Zellen.

pränatale Psychologie, Zweig der Entwicklungspsychologie, der sich mit der Erforschung seel. Vorgänge, Reaktionen und Inhalte des Menschen vor, während und unmittelbar nach seiner Geburt befasst. Die p. P. hält Erfahrungen und Prägungen im Mutterleib und während der Geburt (»Geburtstrauma«) für gegeben.

Prandtauer (Prandauer), Jakob, österr. Baumeister, getauft Stanz bei Landeck (Tirol) 16. 7. 1660, †Sankt Pölten 16. 9. 1726; der bedeutendste Klosterbaumeister des österr. Barock. Sein Hauptwerk ist die mächtige Baugruppe des Benediktinerstiftes ↑Melk.

Prandtl, Ludwig, Physiker, *Freising 4. 2. 1875, †Göttingen 15. 8. 1953; Direktor des Kaiser-Wilhelm-Instituts für Strömungsforschung in Göttingen. P. ist einer der Begründer der modernen Aero- und Hydrodynamik. Seine Untersuchungen zur Theorie der Unterschall- und Überschallströmung (u. a. mithilfe von Windkanälen) führten zu wichtigen Verbesserungen im Schiff- und Flugzeugbau.

Prandtl-Rohr [nach L. Prandtl], schlanke, zylindr. Strömungssonde zur Messung des Gesamtdrucks und des stat. Drucks eines strömenden Mediums; aus der Differenz dieser Drücke, dem ↑Staudruck, kann auf die Strömungsgeschwindigkeit geschlossen werden. Das p. S. besitzt als Kombination von Pitot-Rohr und stat. Drucksonde eine Öffnung, die gegen die Strömung gerichtet ist (Staupunkt), sowie mindestens eine seitl. Öffnung.

Pranger [mhd., zu pfrengen »drücken«] *der* (Schandpfahl), steinerner oder hölzerner Pfahl, an dem bis zur Mitte des 19. Jh., v. a. aber im MA. Verbrecher zur Schau gestellt wurden; bewirkte ↑Ehrlosigkeit.

Prantl, Karl, österr. Bildhauer, *Pöttsching (Burgenland) 5. 11. 1923; schuf Steine und Bronzen in geschlossener blockhafter Form mit Zeichen setzenden Vertiefungen (»Meditationsplastiken«).

pränumerando [lat.], im Voraus zahlbar oder gezahlt; Ggs.: postnumerando.

Präparat [lat.] *das,* **1)** *Biologie* und *Medizin:* aus Lebewesen hergestellte Demonstrationsobjekte für Forschung und Lehre. Sie werden als **Frisch-P.** in frisch präpariertem, lebendem Zustand zur Untersuchung physiolog. Vorgänge und zur Beobachtung natürl. Strukturen verwendet. Vorbehandelte P. mit fixierten, eingebetteten, geschnittenen und gefärbten Objekten sind **Dauerpräparate.**

2) *Pharmazie:* gebrauchsfertiges Arzneimittel.

Präposition [lat.] *die, Sprachwiss.:* Verhältniswort, nicht flektierbare Wortart zum Ausdruck syntakt. (lokaler, temporaler, kausaler, modaler) Beziehungen, erfordert im Deutschen eine bestimmte Rektion (z.B. *mit* immer den Dativ).

Präproduktion (engl. Preproduction), *Film:* die Planungsphase bis zu Beginn der Dreharbeiten; dazu gehören u.a. die Entwicklung des ↑Drehbuchs, das Erstellen des ↑Storyboards sowie das ↑Casting.

Präraffaeliten, eine 1848 von D. G. Rossetti, William Holman Hunt (1827–1910), J. E. Millais u.a. unter dem Namen **Pre-Raphaelite Brotherhood** (»Präraffaelitische Bruderschaft«) gegründete Vereinigung brit. Maler, die, angeregt von den ↑Nazarenern, eine Reform der Kunst erstrebten, indem sie, in Opposition zur Londoner Royal Academy, an die italien. Maler vor Raffael anzuknüpfen suchten. Die Vereinigung gab die Zeitschrift »The Germ« (1850) heraus; literar. Wortführer war J. Ruskin. In der Malerei und Dichtung Rossettis mischte sich Madonnen- und weltl. Liebeskult, bei W. Morris, der neben E. Burne-Jones zu den bedeutendsten P. gerechnet wird, Religiosität des MA. und moderner Sozialismus, in der Ästhetik von J. Ruskin Klassizismus und Romantik. Die Kunst der P. war eine der Voraussetzungen des engl. Jugendstils.

Metken, G.: Die P. Köln 1974.

Prärie [von frz. prairie »Wiese«] *die,* das natürl. Grasland im Inneren Nordamerikas, in großen Teilen der Great Plains und des Zentralen Tieflands; umgeben im O und SO von der Laubwaldzone des Zentralen Tieflands, im SW von Dornstrauchsavannen, im W von den Rocky Mountains, im N von borealem Nadelwald.

Präriehunde (Cynomys), Gattung der Hörnchen, vorwiegend in den Prärien des westl. Nordamerika (z.B. Schwarzschwanz-P.); bis 35 cm körperlange, kurzschwänzige, hundeartig bellende Tiere; in Kolonien mit unterird. Gangsystemen.

Prärieprovinzen, die Prov. Manitoba, Saskatchewan und Alberta in Kanada; die P. liegen größtenteils im Bereich der Prärie, das natürl. Grasland ist weitgehend in Ackerland (v.a. Weizenanbau) umgewandelt.

Prärie- und Plains-Indianer [-pleɪnz-], die auf den riesigen Grasländern zw. Mississippi und Rocky Mountains lebenden Indianerstämme Nordamerikas; in Dtl. als **Prärie-Indianer,** in Nordamerika als **Plains-Indianer** bezeichnet. Die Prärie, im O mit fruchtbaren Schwarzerdeböden, wurde v.a. in den Flusstälern von sesshaften, Anbau treibenden Stämmen bewohnt. Die westlich gelegenen, nicht zum Anbau geeigneten Great Plains wurden in größerem Umfang erst mit der Intensivierung der Bisonjagd besiedelt, die nach Einführung des Pferdes durch die Spanier möglich geworden war. Die sesshaften Präriestämme wohnten in festen Häusern aus Balken mit Erd- und Grasabdeckungen. Die nichtsesshaften Jägerstämme der Great Plains lebten in kegelförmigen Stangenzelten (Tipis). Nahrung, Kleidung, Unterkunft und Werkzeuge lieferten Bison u.a. Jagdtiere. Rang und Ansehen eines Kriegers zeigte der Kopfschmuck; höchste Auszeichnung war die Adlerfederhaube mit Rückenschleppe. Waffen waren Keulen, Pfeil und Bogen sowie Lanzen, später auch Gewehre, Tomahawk (Axt mit Stahlklinge) und bemalter Rundschild. In der Religion hatten Visionen und Glaube an Schutzgeister große Bedeutung; zeremonielles Rauchen aus geschnitzten Tabakspfeifen war Kultopfer. Wichtigstes Ritual war der Sonnentanz. Mit der Ausrottung der Bisonherden durch weiße Jäger und Siedler um die Mitte des 19.Jh. brach die Kultur rasch zusammen. Krankheiten und Kämpfe gegen die vordringenden Weißen dezimierten die P.- u. P.-I. Die Überlebenden wurden in Reservationen eingewiesen. Seit den 1960er-Jahren streben die P.- u. P.-I. nach kultureller Erneuerung (u.a. Wiederaufleben des Sonnentanzes) und fordern die Rückerstattung von Land.

Hartmann, H.: Die Plains- u. Prärieindianer Nordamerikas. Berlin 1973. – Bolz, P.: Ethn. Identität u. kultureller Widerstand. Die Oglala-Sioux der Pine-Ridge-Reservation in South Dakota. Frankfurt am Main 1986.

Präriewolf (Heulwolf, Coyote, Kojote, Canis latrans), zu den Hunden gestelltes Raubtier in Prärien und Wäldern Nord- und Mittelamerikas (Körperlänge bis 95 cm) mit bu-

Präriewolf

schig behaartem Schwanz; ernährt sich überwiegend von Kleintieren und Aas, ist für den Menschen ungefährlich.

Prärogativ [lat.] *das* (Prärogative), früher im staatsrechtl. Sinn das dem Monarchen zustehende Vorrecht, das er unabhängig von der Mitwirkung einer Volksvertretung ausüben konnte, u.a. Oberbefehl über das Heer, Min.ernennung und Begnadigung; in der konstitutionellen Monarchie durch die verfassungsrechtl. Bindung beschränkt.

Prasad, Rajendra, ind. Politiker, *Zeeradai (Bihar) 3. 12. 1884, †Saduguat Ashram (bei Patna) 28. 2. 1963; Jurist, mehrmals Vors. der Kongresspartei, wurde 1946 Vors. der verfassunggebenden Versammlung. 1950–62 war er Staatspräsident.

Präsens [lat.] *das, Sprachwiss.:* Gegenwart, Verbform zur Bez. eines gegenwärtigen Zustands oder einer in der Gegenwart ablaufenden Handlung. (↑Verb, Übersicht)

Präsentation [lat.] *die, Handelsrecht:* das Vorlegen eines Wechsels oder Schecks zur Geltendmachung der Forderung.

Präsenz [lat.] *die,* **1)** *allg.:* Anwesenheit, Gegenwart.

2) *Psychologie:* Zustand des Gegenwärtigseins von Wahrnehmungsinhalten im Bewusstsein. Als unmittelbare Gegenwart wird ein Zeitabschnitt von wenigen Sekunden erlebt.

Präsenzbibliothek, Bibliothek, deren Bestände nur in den bibliothekseigenen Räumlichkeiten genutzt werden dürfen.

Praseodym [zu grch. praseĩos »lauchgrün« und Didym gebildet] *das,* chem. Symbol **Pr,** Element aus der Reihe der ↑Lanthanoide im ↑Periodensystem der chemischen Elemente; Ordnungszahl 59, relative Atommasse 140,9077, Dichte 6,475 g/cm^3, Schmelzpunkt 935 °C, Siedepunkt 3 017 °C. P. ist ein silberweißes, an Schnittflächen gelblich anlaufendes, unedles Metall, das in zwei Modifikationen mit unterschiedl. Dichte auftritt. In seinen gelb- bis blaugrün gefärbten Verbindungen hat es i. Allg. die Oxidationsstufe +3. P. kommt stets vergesellschaftet mit den übrigen Seltenerdmetallen vor, v.a. in den Mineralen Cerit, ↑Monazit und ↑Orthit. – P.-Verbindungen, z.B. das grüne P.-Oxid, Pr_2O_3, werden zum Färben von Glas und Email verwendet.

Präservativ [lat.] *das,* das ↑Kondom.

Präserve *die,* die Halbkonserve, ↑Konserve.

Präses [lat., eigtl. »vor etwas sitzend«] *der, evang. Kirchen:* der gewählte Vors. einer Synode; in den Evang. Landeskirchen des Rheinlands und von Westfalen und in der »Evang.-ref. Kirche (Synode evang.-ref. Kirchen in Bayern und Nordwestdeutschland)« zugleich der Vors. der Kirchenleitung.

Präsident [frz., zu lat. praesidere »vorsitzen«, »leiten«] *der,* Vorsitzender, Leiter (einer Behörde, Organisation o.Ä.), Amtstitel in staatl. Organen und Behörden (z.B. Bundespräsident).

Präsidialrat, Organ der Richtervertretung, das nach §§ 54 ff. des Dt. Richter-Ges. und Vorschriften des Landesrichter-Ges. vor der Ernennung oder Wahl eines Richters oder einer Änderung seines Richterstatus zu beteiligen ist. Ein P. ist bei jedem obersten Gerichtshof des Bundes errichtet; in den Bundesländern in jedem Gerichtszweig.

Präsidialsystem (präsidentielles System), Erscheinungsform der repräsentativen Demokratie, bei der im Ggs. zum parlamentar. Regierungssystem (↑Parlamentarismus) die Spitze der Exekutive (zugleich Staatsoberhaupt) nicht vom Parlament bestimmt wird und von diesem unabhängig ist (ausgeprägt in den USA; daneben gibt es Mischformen). Kennzeichnend für das P. ist der vom Volk gewählte Präs., der die Funktionen des Staatsoberhaupts und des Reg.chefs vereinigt; er kann vom Parlament nicht abgewählt werden; ihm steht demgegenüber nicht das Recht zu, das Parlament aufzulösen. Die Mitgl. des »Kabinetts« sind seinen Anweisungen unterworfen. Der Präs. besitzt kein Recht zur Gesetzesinitiative, sondern nur ein suspensives ↑Veto gegenüber Gesetzesvorlagen des Parlaments. Kein Mitgl. der Exekutive darf zugleich der Legislative angehören.

📖 *Steffani, W.: Parlamentar. u. präsidentielle Demokratie. Strukturelle Aspekte westl. Demokratien. Opladen 1979. – Fraenkel, E.: Das amerikan. Regierungssystem. Neuausg. Wiesbaden 1986.*

Präsidium [lat.] *das, Gerichtsverfassungsrecht:* das bei allen Gerichten aus dem Präs. des Gerichts und gewählten Richtern bestehende weisungsfreie Selbstverwaltungsorgan, das die Richter den Spruchkörpern zuordnet, Vertretungen regelt, Ermittlungsrichter bestellt, die Geschäfte verteilt.

Prasiolith [span. prasiolita »grüner Stein«] *der,* Bez. für den durch Brennen grün gewordenen Amethyst oder Citrin.

prästabilierte Harmonie, These von G. W. von ↑Leibniz.

Präsupposition [lat.] *die,* **1)** *allg.:* stillschweigende Voraussetzung.

2) *Sprachwissenschaft:* einem Satz, einer Aussage zugrunde liegende, als gegeben angenommene Voraussetzung, die zwar nicht unmittelbar ausgesprochen ist, aber meist gefolgert werden kann.

Prätendent [lat.] *der,* jemand, der auf etwas Anspruch erhebt; i.e.S. ein Fürst, der Ansprüche auf einen ihm vorenthaltenen Thron geltend macht **(Thronprätendent).**

Prater *der,* Naherholungsgebiet im II. Wiener Bezirk, Österreich, zw. Donaukanal und Donau; mit dem Vergnügungspark **Wurstel-P.** (u.a. das 64m hohe Riesenrad, seit 1897) und dem weitläufigen **Grünen Prater** (mit Trabrennbahn und anderen Sportstätten).

Präteritum [lat.] *das,* i.w.S. Sammelbez. unterschiedlicher Vergangenheitsformen, i.e.S. Imperfekt. (↑Verb, Übersicht)

Prätigau, Hochtal in der Schweiz, ↑Prättigau.

Prato, 1) Provinz in der Toskana, Italien, 366 km², (1997) 223900 Einwohner.

2) Hauptstadt von 1), am Bisenzio, 166700 Ew.; Zentrum der Textilind. (bes. Wolle), Lederwarenindustrie. – Dom Santo Stefano (auf das 9.Jh. zurückgehend, mit Außenkanzel von Donatello und Michelozzo), Renaissancekirche Santa Maria delle Carceri (15.Jh., von G. da Sangallo), Kastell Kaiser Friedrichs II. (1237–48), Palazzo Pretorio (13./14.Jh.), Centro per l'Arte Contemporanea Luigi Pecci (Neubau 1988 eröffnet).

Pratolini, Vasco, italien. Schriftsteller, *Florenz 19. 10. 1913, †Rom 12. 1. 1991; schrieb seit den 1940er-Jahren sozial engagierte Romane, auch mit neorealist. Mitteln (»Chronik armer Liebesleute«, 1947). In der Trilogie »Una storia italiana« gestaltet er am Einzelschicksal die Entwicklung Italiens von 1875 bis 1945 (Bd. 1: »Metello, der Maurer«, 1955; Bd. 2: »Lo scialo«, 1960; Bd. 3: »Allegoria e derisione«, 1966); auch Novellen, Gedichte.

Prätor (lat. Praetor) *der,* im antiken Rom der Oberbefehlshaber des Königs; in der Frühzeit der Rep. die obersten Magistrate, seit 367 v.Chr. der für die Gerichtsbarkeit unter röm. Bürgern zuständige Beamte **(Praetor urbanus),** zu dem später noch ein zweiter P. kam, der für Prozesse zwischen röm. Bürgern und Fremden zuständig war **(Praetor peregrinus).**

Prätorianer [lat.], seit dem 2.Jh. v.Chr. persönl. Schutzgarde röm. Feldherren, seit Augustus die Leibwache der Kaiser.

Pratteln, Stadt im Kt. Basel-Landschaft, Schweiz, südlich von Basel, 15400 Ew.; Waggon- und Maschinenbau, Metallverarbeitung, chem. u.a. Industrie.

Prättigau *das,* auch *der* (Prätigau, bündnerroman. Val Partens), Talschaft der bei Landquart in den Rhein mündenden Landquart in Graubünden, Schweiz, 40 km lang, zw. dem Rätikon und den Plessuralpen; Landwirtschaft, Fremdenverkehr (v.a. Klosters); wird von der Straße über den Flüelapass ins Engadin und der Bahnlinie nach Davos durchzogen.

Prau [aus niederländ. prauw, über engl. proa von malaiisch perahu »Boot«] *die,* malaiisches Boot oder Doppelrumpfsegelboot.

Praunheim, Rosa von, eigtl. Holger Mischwitzky, Filmregisseur, *Riga 25. 11. 1942; aggressiv-parodist., auch gesellschaftskrit. Filme (bes. über Minderheiten); u.a. »Nicht der Homosexuelle ist pervers, sondern die Situation, in der er lebt« (1971), Aidstrilogie (»Schweigen = Tod«, 1989; »Positiv«, 1990; »Feuer unterm Arsch«, 1990), »Affengeil« (1991), »Ich bin meine eigene Frau« (1992).

Prävarikation [lat.] *die,* der ↑Parteiverrat.

Prävention [lat.] *die,* **1)** *Medizin:* vorbeugende Maßnahmen in der Gesundheitspflege, Maßnahmen der ↑Präventivmedizin durch Ausschaltung schädlicher Faktoren **(primäre P.)** oder durch möglichst frühzeitige Behandlung einer Erkrankung **(sekundäre Prävention).**

2) *Strafrecht:* Vorbeugung gegen künftige Delikte. Die Strafe sucht künftigen Verbrechen vorzubeugen durch abschreckende Wirkung auf andere **(General-P.)** oder Schutz der Gesellschaft vor einem bestimmten Verbrecher durch erzieher. Einwirkung oder Sicherung **(Spezialprävention).**

präventiv [lat.], einer unerwünschten Entwicklung zuvorkommend, vorbeugend, verhütend.

Präventivkrieg, Angriffskrieg, mit dem man dem vom Gegner geplanten Krieg zuvorkommen will.

Präventivmedizin (Vorsorgemedizin), ärztl. und gesundheitspolit. Maßnahmen zur Früherkennung von chron. Krankheiten oder bösartigen Tumoren, zur Verhütung einer drohenden Erkrankung sowie zur Verhütung der Verschlimmerung einer bestehenden Erkrankung.

Prawda [russ. »Wahrheit«] *die,* russ. Tageszeitung, gegr. 1912, seit 1918 hg. in Moskau; bis 1991 Organ des ZK der KPdSU.

Prawdinsk (dt. Friedland/Ostpreußen), Stadt im Gebiet Kaliningrad (Königsberg), Russland, an der Alle, 3000 Ew.; Schuhfabrik. – Die Schlacht bei Friedland (14. 6. 1807) führte durch den Sieg Napoleons I. über die Preußen und Russen zum Frieden von Tilsit.

Praxiteles, grch. Bildhauer des 4.Jh. v.Chr., Schüler seines Vaters Kephisodot d.Ä., neben Skopas und Lysipp der bedeutendste Bildhauer der Spätklassik. Durch hohe Meisterschaft in der Oberflächenbehandlung und feinste Ausgewogenheit der Körperrhythmen gab er seinen Skulpturen eine neuartige poet. Anmut. Literarisch sind etwa 60 Werke bezeugt. Durch kaiserzeitl. Kopien bekannt sind der »Einschenkende Satyr« (um 370/360 v. Chr.; u. a. Dresden, Staatl. Kunstsammlung) und die halb bekleidete »Aphrodite von Arles« (um 360/350; Paris, Louvre). Der »Angelehnte Satyr« (um 340; u. a. Rom, Kapitolin. Museum) zeigt die für P. charakterist. S-Linie des Körpers, ebenso der »Apollon Sauroktonos« (»Eidechsentöter«, um 340; u. a. Rom, Vatikan. Sammlung). In seinem Hauptwerk, der »Aphrodite von Knidos« (um 330; Rom, Vatikan. Sammlung; weitere Kopie z. B. München, Glyptothek), wird zum ersten Mal in der grch. Kunst in einer Großplastik die Schönheit des unbekleideten Frauenkörpers dargestellt. Der im Heratempel von Olympia gefundene »Hermes mit dem Dionysosknaben« wird als Originalwerk des P. (um 330) oder als Kopie des 1. Jh. v. Chr. angesehen.

Präzedenzfall, Musterfall, der späteren Sachverhalten als Vorbild dienen kann, zum Beispiel in der politischen Verwaltung; an rechtswidrig entschiedene P. ist die Verwaltung nicht gebunden. Für gerichtl. Entscheidungen ↑Präjudiz.

Präzeptor [lat.] *der, veraltet:* Lehrer, Schulmeister, Erzieher.

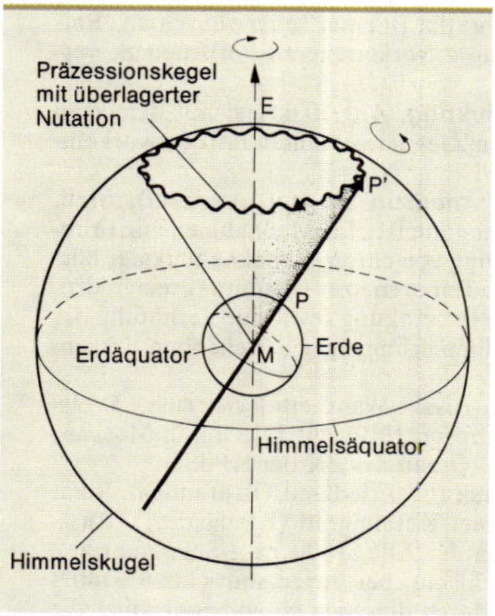

Präzession 1): (mit überlagerter Nutation) der Erdachse *P'* um die Achse *E* der Ekliptik (*M* Mittelpunkt, *P* Pol der Erde)

Präzession [lat. »das Vorangehen«] *die,* **1)** *Astronomie:* Verlagerung der Rotationsachse der Erde v. a. aufgrund des von Sonne und Mond auf die abgeplattete Erde ausgeübten Drehmoments **(Lunisolar-P.).** Entsprechend dem Kreiselverhalten bewegt sich dadurch die Erdachse auf einem Kegelmantel um den Pol der Ekliptik in rechtläufiger Drehung. Der halbe Öffnungswinkel des P.-Kegels ist gleich der Schiefe der Ekliptik (23° 27′). Ein voller Umlauf dauert etwa 25 850 Jahre **(platon. Jahr).** Der P. überlagert ist eine period. Schwankung von etwa 19 Jahren, die **Nutation.** Aufgrund der Nutation beschreibt die Rotationsachse der Erde keinen glatten, sondern einen gewellten P.-Kegel. Die Einwirkung der Planeten auf die Erde bewirkt die **Planeten-P.;** Lunisolar- und Planeten-P. ergeben zus. die **allg. P.,** die bewirkt, dass der Frühlingspunkt auf der Ekliptik jährlich um 50,26″ zurückläuft. – Durch die P. verschiebt sich die Lage der Himmelspole. Dadurch kann jeder Stern Polarstern werden, der um den Betrag der Schiefe der Ekliptik von deren Pol entfernt ist.

2) *Physik:* ↑Kreisel.

Präzipitation [lat. »das Herabfallen«] *die,* **1)** *Chemie:* ↑Fällung.

2) *Immunchemie:* die Entstehung unlösl. Immunkomplexe infolge einer ↑Antigen-Antikörper-Reaktion zw. körperfremden Antigenen (Präzipitinogene) und vom Organismus gebildeten Antikörpern (Präzipitine), die zu einem sichtbaren Niederschlag (Präzipitat) führt. Als Grundlage wichtiger immunolog. Untersuchungsmethoden dient sie z. B. zur Unterscheidung von menschl. und tier. Proteinen, zum Nachweis von Milzbrandantigenen oder in der Lebensmittelkontrolle zur Feststellung von Fleisch- und Milchverfälschungen.

Pré [engl. dpreɪ, frz. pre], Jacqueline du, brit. Violoncellistin, *Purley (heute zu London) 26. 1. 1945, †London 19. 10. 1987; war ∞ mit D. ↑Barenboim, bildete mit ihm und P. Zukerman ein Trio.

Prebisch, Raúl, argentin. Volkswirtschaftler und Politiker, *Tucumán 17. 4. 1901, †Santiago de Chile 29. 4. 1986; 1950–63 Generaldirektor der UN-Wirtschaftskommission für Lateinamerika, 1964–69 Gen.-Sekr. der Welthandelskonferenz (UNCTAD). Bekannt wurde P. v. a. durch die Theorie des peripheren Kapitalismus (↑Zentrum-Peripherie-Modell) und durch die gemeinsam mit Hans W. Singer (*1910) entwickelte **P.-Singer-These,** nach der die Verschlechterung der ↑Terms of Trade zulasten der Entwicklungsländer eine zentrale Ursache für deren Unterentwicklung ist.

Prechtl, Michael Mathias, Maler, Zeichner und Grafiker, *Amberg 26. 4. 1926; entwickelt in Landschaften, Porträts u. a. einen z. T. ironischen, vieldeutigen realist. Stil; oft von polit. und sozialem Engagement getragen

(Entwürfe für die Ausmalung des Nürnberger Rathaussaales, 1987/88).

Précieuses [pre'sjø:z; frz. »die Kostbaren«], gebildete Damen der Pariser Aristokratie, die in der 1. Hälfte des 17. Jh. Salons begründeten; tonangebend war der Salon der Marquise de Rambouillet, in dem sich Staatsmänner, Gelehrte und Schriftsteller trafen; die P. legten den Grund für die frz. Kultur des geselligen Gesprächs und bereiteten den Stil der frz. Klassik vor. Übertreibungen verspottete Molière in der Komödie »Die lächerl. Preziösen« (1659).

precipitando [-tʃi-, italien.], musikal. Vortrags-Bez.: beschleunigend, überstürzend; fordert eine plötzl., starke Beschleunigung des Tempos.

Pred., Abk. für **Pred**iger Salomo (A. T.).

Predeal *der* (Tömöscher Pass), Pass an der Grenze zw. Ost- und Südkarpaten in Rumänien, 1 032 m ü. M.; Straßenverbindung, Bahnlinie Kronstadt–Ploieşti in zwei Tunneln (1 015 m ü. M.). Südlich des P. liegt der Kurort Predeal, 7 200 Ew.; Wintersport.

Predella [italien. »Stuhl«, »Sockel«] *die* (Altarstaffel), Unterbau eines Flügelaltars, ↑Altar.

Prediger [ahd., zu lat. praedicare »öffentlich ausrufen«], in den christl. Kirchen der haupt- oder nebenamtl. Verkündiger des Evangeliums (durch Predigt); als Bez. für die Mitarbeiter im Verkündigungsdienst v. a. in den evang. Freikirchen gebräuchlich.

Predigerorden, der Orden der ↑Dominikaner.

Prediger Salomo (hebr. Kohelet), Abk. **Pred.,** Buch des A. T.; von der jüd. Tradition König Salomo (dem Vater der Weisheit) zugeschrieben; enthält durch eine skept. Weltsicht geprägte Sprüchegruppen und Einzelsprüche; entstanden im 3. Jh. v. Chr.

Predigerseminar, landeskircheneigene Ausbildungsstätte für evang. Theologen zur Vorbereitung auf den kirchl. Dienst.

Predigt, in den christl. Kirchen die i. d. R. an Bibeltexte gebundene Form der Verkündigung, i. e. S. die Kanzelrede während des Gottesdienstes; theologisch verstanden die »Übersetzung« der bibl. Botschaft (des »Wortes Gottes«) in den Sprach- und Lebenskontext der konkreten Gemeinde mit den Zielen der Stärkung im bzw. der Einladung zum Glauben und der Vermittlung der christl. (kirchl.) Lehre. – In der Kirchengesch. erhielt die P. starke Impulse durch die Bettelorden (Dominikaner, Franziskaner); zum Mittelpunkt des Gottesdienstes wurde sie in den evang. (bes. den ref.) Kirchen. In der kath. Kirche gewann sie seit dem 2. Vatikan. Konzil wieder an Bedeutung; in den orth. Kirchen trat sie, nach einer anfangs großen P.-Tradition (Johannes Chrysostomos), später in den Hintergrund.

📖 *Arens, H. u. a.: Kreativität u. Predigtarbeit. München [4]1982. – Bohren, R.: Predigtlehre. Gütersloh [6]1993.*

Predil *der,* Pass in den Julischen Alpen (1 156 m ü. M.), an der italienisch-slowen. Grenze, verbindet das Gailtal mit dem Isonzotal.

Předmostí ['prʃɛdmostji:], Stadtteil von Prerau (Přerov, Tschech. Rep.) mit altsteinzeitl. Freilandstation, in der seit 1880 Skelettreste von über 1 000 Mammuten sowie ein Massengrab mit 20 Hockerskeletten, ferner Steinartefakte, Kleinfiguren und Gravierungen gefunden wurden.

Prednison *das,* synthetisch herstellbarer Abkömmling des Nebennierenrindenhormons Cortison (dehydriertes Cortison), als Glucocorticoid vier- bis fünfmal stärker wirksam als Cortison.

Preemphasis [lat.-grch.; engl.], *Funkwesen:* Vorverzerrung (Verstärkung) der hohen Töne, um sie von Störungen zu unterscheiden; im Empfänger erfolgt die ↑Deemphasis.

Preetorius, Emil, Bühnenbildner und Illustrator, * Mainz 21. 6. 1883, † München 27. 1. 1973; seine Buchillustrationen (u. a. zu »Tartarin« von A. Daudet, 1913), Buchschmuckgrafiken (Exlibris, Signete, Vignetten) und Plakate sind vom japan. Holzschnitt beeinflusst. Als Bühnenbildner knüpfte er an den romant. Klassizismus an; ab 1923 war er für die Münchner Kammerspiele und für die Bayreuther Festspiele tätig.

Preetz, Stadt im Kr. Plön, Schlesw.-Holst., an der Schwentine, zw. Lanker See und Postsee, 15 300 Ew.; Luftkurort; Nahrungsmittel- und Spirituosenfabrik. – Das ehem. Benediktinerinnenkloster (1211 gegr.) ist heute Damenstift; Stiftskirche (1325–40). – Seit 1870 Stadt.

Preference [prefe'rã:s, frz.] *die,* Kartenspiel für drei Spieler mit 32 Karten.

Pregel *der* (russ. Pregolja), Fluss in Russland, im Gebiet Kaliningrad (Königsberg), 128 km lang, entsteht bei Insterburg aus dem Zusammenfluss von Inster und Angerapp, mündet westlich von Königsberg ins Frische Haff; über die Deime mit dem Kurischen Haff verbunden.

Pregl, Fritz, österr. Chemiker, * Ljubljana 3. 9. 1869, † Graz 13. 12. 1930; gilt als der Schöpfer der quantitativen Mikroanalyse organ. Verbindungen. P. erhielt 1923 den Nobelpreis für Chemie.

Pregnan *das,* gesättigter Steroidkohlenwasserstoff, Baustein der Gelbkörper- und Nebennierenrindenhormone.

Preis [zu lat. pretium »Wert«, »Lohn«, »Kauf(preis)«], **1)** *allg.:* Siegergewinn bei Wettkämpfen, Wett- und Glücksspielen.
2) *Wirtschaft:* Austauschverhältnis zw. Wirtschaftsgütern. Seit Einführung des Geldes bedient man sich der Geldeinheit als einheitl. Bezugsgröße, in der der Tauschwert eines Gutes angegeben wird. Die pro Einheit eines bestimmten Wirtschaftsgutes geforderte bzw. gezahlte Geldmenge ist damit der **absolute P.** Die Tauschrelation in Einheiten anderer Güter wird auch als **relativer P.** bezeichnet. (↑Preistheorie)

Preis-Absatz-Funktion, Beziehung zw. der nachgefragten Menge eines Gutes und seinem Preis, beschreibt das Nachfrageverhalten der Konsumenten aus der Sicht des Anbieters.

Preisausschreiben, die öffentl. Aussetzung einer Belohnung für eine Leistung binnen einer bestimmten Frist. Über die Zuerkennung des Preises entscheidet meist ein Preisgericht (§ 661 BGB). Bei P. zu Werbezwecken liegt oft ein verdeckter ↑Lotterievertrag vor. – *Österreich* hat ähnliche Bestimmungen (§§ 860/860 b ABGB), in der *Schweiz* entspricht dem P. die Auslobung (Art. 8 OR).

preisbereinigt, Zusatz bei Wertangaben, der verdeutlichen soll, dass die Preisentwicklung berücksichtigt wurde. P. werden z. B. Umsatzzahlen, um darzustellen, inwieweit die Umsatzsteigerung auf einer mengenmäßigen Absatzsteigerung oder auf Produktpreissteigerungen beruht. Eine Preisbereinigung erfolgt auch durch ↑Deflationierung.

Preisbildung, Bestimmung der Preise auf dem Markt im Ergebnis des Zusammentreffens von Angebot und Nachfrage. Eine Vermehrung des Angebots bewirkt bei gleich bleibender Nachfrage ein Sinken, eine Erhöhung der Nachfrage bei gleich bleibendem Angebot ein Ansteigen der Preise. Angebot und Nachfrage bestimmen die Preishöhe und werden selbst rückwirkend durch die Preise beeinflusst. Stehen sich viele Anbieter und Nachfrager auf einem vollkommenen Markt gegenüber, so bildet sich der sog. **Gleichgewichtspreis,** d. h. der Preis, bei dem angebotene und nachgefragte Gütermenge übereinstimmen. Das Ausmaß, in dem der Preis auf Angebot und Nachfrage reagiert, wird als **Preisflexibilität** bezeichnet; dessen Kehrwert ist die Preiselastizität (↑Elastizität). Daneben wirken die Preise der Konkurrenzgüter auf die Preishöhe. – Voraussetzung für die Herausbildung der Marktpreise ist der freie Wettbewerb **(Konkurrenzpreise).** Monopole sind versucht, ihre marktbeherrschende Stellung zu nutzen, um höhere Preise durchzusetzen **(Monopolpreise)** oder unterschiedl. Preise für versch. Käuferschichten festzusetzen **(Preisdifferenzierung).** – In der Planwirtschaft werden die Preise behördlich festgelegt. Da staatl. Festpreise keinen automat. Ausgleich von Angebot und Nachfrage bewirken, sind ergänzende Maßnahmen der Produktions- und Verbrauchssteuerung durch die Preispolitik erforderlich. Unter gesamtwirtsch. Gesichtspunkt ist der Preis das zentrale Koordinierungsinstrument **(Preismechanismus, Marktmechanismus)** zw. Produktion und Nachfrage.

Preisbindung (vertikale Preisbindung), Vertragssystem, in dem sich der Abnehmer gegenüber dem Hersteller verpflichtet, beim Weiterverkauf einer Ware den vom Hersteller festgesetzten Preis einzuhalten und weitere Abnehmer ebenfalls zur Einhaltung bestimmter Preise zu verpflichten. Außer für Verlagserzeugnisse (§ 15) ist die P. gemäß § 14 Ges. gegen Wettbewerbsbeschränkungen i. d. F. v. 26. 8. 1998 unzulässig. Unverbindl. **Preisempfehlungen** (bei Markenartikeln) sind weiterhin gestattet, unterliegen jedoch verschärfter Missbrauchsaufsicht.

Preis der Nationen (Nationenpreis), *Pferdesport:* Mannschaftswettbewerb im Springreiten von Equipen von mindestens drei Nationen im Turnier.

Preiselbeere [tschech. bruslina »Streifbeere«] (Kronsbeere, Vaccinium vitis-idaea), bis 15 cm hohes Heidekrautgewächs auf trockensauren Heideböden, im N von Europa, Asien und Nordamerika, zwergstrauchig, mit wintergrünen, oben dunklen Blättern, dichten Träubchen rötlich weißer Blüten und erbsengroßen, scharlachroten, festen, herb-säuerl. Beeren.

Preisempfehlung, ↑Preisbindung.

Preiser, Erich, Volkswirtschaftler, * Gera 29. 8. 1900, † München 16. 8. 1967; beschäftigte sich v. a. mit der Konjunktur- und Verteilungstheorie.
Werke: Grundzüge der Konjunkturtheorie (1933); Wachstum und Einkommensverteilung (1961); Wirtschaftspolitik heute (1967).

Preisgeld, *Sport:* ↑Startgeld.

Preisgleitklausel, vertragl. Vereinbarung, bei der die Fixierung des endgültig zu zahlenden Preises von der Preisentwicklung bestimmter Kostenelemente (z. B. Lohn) abhängig gemacht wird.

Preis|index, *Statistik:* Messziffer aus Mittelwerten, bei der eine konstante Menge als Gewicht dient (Ggs. ↑Mengenindex). In der amtl. Statistik ist der P. eine Kurz-Bez. für diejenigen Indexzahlen, die die Preisentwicklung in wichtigen Bereichen erfassen. Wichtige P. sind die der Erzeugerpreise industrieller und landwirtsch. Produkte, der Ein- und Ausfuhrpreise, der Einzel- und Großhandelspreise, der Aktienkurse (Aktienindex) sowie insbesondere der P. der Lebenshaltung (↑Lebenshaltungskosten). Der P. misst den Einfluss der Inflation auf die Kaufkraft und ist daher für Fragen der Einkommensverteilung wichtig.

Preislied, episches Lied in der altgerman. Dichtung, das im Unterschied zum Heldenlied nicht vergangene Heldentaten ins Mythische erhebt, sondern eine zeitgenöss. Persönlichkeit oder ein bed. Ereignis unmittelbar verherrlicht.

Preisniveau [-nivo], Durchschnitt aller wichtigen Preise einer Volkswirtschaft; zur Berechnung dient ein repräsentativer Preisindex. Der Kehrwert des P.-Wertes drückt die ↑Kaufkraft des Geldes aus.

Preisnotierung, in Dtl. gebräuchlichste Art der Kursfeststellung (↑Kurs).

Preispolitik, **1)** *Betriebswirtschaft:* wichtiges Teilgebiet der betriebl. Absatzpolitik, das die autonome Preisfestsetzung sowie Preisveränderungen auf der Grundlage von Kalkulationen, Marktforschung und allg. Geschäftspolitik umfasst.

2) *Volkswirtschaft:* Preisüberwachung, örtl. Preiskontrolle und Preisfestlegung (z. B. Festpreis, Richtpreis) durch den Staat oder einzelne Wirtschaftsverbände; i. e. S. Maßnahmen des Staates zur Beeinflussung des Preisniveaus, bestimmter Preisrelationen oder einzelner Preise.

Preisrecht, die Gesamtheit der Rechtsvorschriften über eine mögliche staatl. Preisregelung; Rechtsgrundlage ist das Preis-Ges. vom 10. 4. 1948. Die staatl. Preisbewirtschaftung ist weitgehend beseitigt worden. Preisregelungen gibt es heute nur noch im Energiebereich, für Mieten im sozialen Wohnungsbau, im Gesundheitsbereich sowie für Bauleistungen bei öffentl. oder mit öffentl. Mitteln finanzierten Aufträgen.

Preisstopp, Mittel staatl. Preispolitik in Form von Höchst-, Fest- oder Mindestpreisen. Die inflationsdämmende Wirkung von Höchst- und Festpreisen ist umstritten, da sich Schwarzmärkte mit höheren Preisen bilden können oder die Inflation nur zeitweilig unterbrochen wird, weil der aufgestaute Nachholbedarf bei Aufhebung des P. für neuerl. Preisauftrieb sorgt (zurückgestaute Inflation).

Preis|tender, Form eines Pensionsgeschäfts mit Wertpapieren (↑Tenderverfahren).

Preistheorie, Teilgebiet der Mikroökonomik; sie untersucht, wie sich die Preise für Produktionsfaktoren und für Güter bilden. Neben den ↑Werttheorien im Rahmen der P. unterscheidet man **objektive** und **subjektive P.** Die objektiven basieren auf der Arbeitswerttheorie, die subjektiven P. stellen die subjektive Wertschätzung (↑Nutzen) der Käufer und Verkäufer in den Mittelpunkt (↑Grenznutzenschule). Die moderne P. berücksichtigt in ihren Analysen objektive Elemente wie Marktformen, Produktionsbedingungen und subjektive Faktoren wie Bedürfnis- und Präferenzskalen, Ziele (Nutzen- oder Gewinnmaximierung) und Verhaltensweisen der Wirtschaftssubjekte (z. B. private Haushalte und Unternehmen als Anbieter und Nachfrager). Method. Ansätze der modernen P. sind die Methode des partiellen Gleichgewichts (für nur einen Markt) und die totale Gleichgewichtsanalyse (simultane Preisbestimmung für eine ganze Volkswirtschaft).

Preisüberhöhung (Preistreiberei), das Fordern, Annehmen oder Vereinbaren von unangemessen hohen Entgelten für Gegenstände oder Leistungen des lebenswichtigen Bedarfs; eine mit Geldbuße bedrohte Ordnungswidrigkeit nach dem Wirtschaftsstraf-Ges. Entsprechendes gilt für P. bei Vermietung und bei Wohnungsvermittlung.

prekär [frz.], schwierig, misslich, heikel.

Prellball, Rückschlagspiel zweier Mannschaften (2 × 10 Minuten), meist zu je vier Spielern auf einem 8 × 16 m großen Feld. Der Hohlball wird mit der Faust nach unten geprellt und muss spätestens nach dem dritten Schlag über eine (meist) 40 cm hohe Leine (Balken, Prellbock) in die gegner. Spielfeldhälfte treffen.

Preller, Friedrich d. Ä., Maler, * Eisenach 25. 4. 1804, † Weimar 23. 4. 1878; lehrte seit 1832 an der Zeichenschule in Weimar. Angeregt von J. A. Koch in Rom (1828–31), malte P. »heroische Landschaften« von klassizistisch-romant. Charakter, später bevorzugte er mytholog. Themen.

Prellung, Körperverletzung durch stumpfe Gewalt (Schlag, Stoß, Fall) ohne Durchtrennung der Haut; oft sehr schmerzhaft, stets mit Bluterguss verbunden.

Prelog, Vladimir, schweizer. Chemiker, * Sarajevo 23. 7. 1906, † Zürich 7. 1. 1998; für Untersuchungen über den räuml. Bau organ. Moleküle erhielt er 1975 mit J. W. Cornforth den Nobelpreis für Chemie.

Prélude [pre'lyd, frz.] *das, Musik:* Vorspiel, ↑Präludium.

Premadasa, Ranasinghe, Politiker in Sri Lanka, * Colombo 23. 6. 1924, † (ermordet) ebd. 1. 5. 1993; ab 1976 stellv. Vors. der Vereinigten Nationalpartei, 1978–89 Premiermin., war ab 1989 Staatspräs.; fiel einem Bombenattentat zum Opfer.

Premiere [-ˈmje:rə, frz.] *die,* Ur- oder Erstaufführung eines Bühnenstücks; erste Aufführung eines neu inszenierten Stücks.

PREMIERE WORLD [-ˈmje:rə ˈwə:ld], durch Zusammenschluss der Privatsender Premiere (seit 1991) und DF 1 (seit 1996) im Okt. 1999 gestarteter Pay-TV-Sender für digitales Abonnentenfernsehen (Programmpakete mit Spielfilmen, Sport-, Familiensendungen u. a.); Sitz: München. Gesellschafter: Kirch-PayTV (100 %).

Premierminister [prəˈmje-, frz.] *der,* Kurzbez. **Premier,** erster Min., Regierungschef (z. B. in Frankreich, Großbritannien).

Preminger, Otto Ludwig, amerikan. Regisseur und Filmproduzent österr. Herkunft, * Wien 5. 12. 1906, † New York 23. 4. 1986; emigrierte 1935 in die USA; drehte in Hollywood u. a.: »Carmen Jones« (1954), »Der Mann mit dem goldenen Arm« (1955), »Porgy und Bess« (1959), »Exodus« (1960), »Der Kardinal« (1963), »Der menschliche Faktor« (1979).

Premio Miguel de Cervantes [miˈɣɛl de θɛrˈβantes] (Cervantespreis), span. Nationalpreis für Literatur, der seit 1976 jährlich an einen span. oder spanisch schreibenden lateinamerikan. Schriftsteller verliehen und am Todestag von M. de Cervantes Saavedra (23. April) überreicht wird. Preisträger waren u. a.: J. L. Borges, O. Paz, E. Sábato, C. Fuentes, M. Vargas Llosa.

Premio Nadal, 1944 gestifteter span. Literaturpreis, der jährlich (v. a. an Nachwuchsautoren) für den besten noch unveröffentlichten Roman in spanischer Sprache verliehen wird.

Premio Strega, 1947 begründeter, jährlich verliehener italien. Literaturpreis für Werke der erzählenden Literatur.

Premio Viareggio [- viaˈreddʒo], 1929 gestifteter, jährlich (ausgenommen 1940–45) verliehener italien. Literaturpreis, (bis 1949) für erzählende Werke, heute auch für Lyrik, Dramen und Essays.

premium [lat.-engl.], Bez. für Produkte (und Dienstleistungen), die sich durch deutlich höhere Qualität (und höheren Preis), aber auch durch natürl. oder künstl. Knappheit von denen der Mitbewerber unterscheiden.

Premnitz, Stadt im Landkr. Havelland, Brandenburg, an der Havel; 9 400 Ew.; Chemiefaserwerk. – 1375 erstmals gen., seit 1962 Stadt.

Přemysliden [prʃɛmis-] (Przemysliden), böhm. Herrschergeschlecht; nach der Legende von dem Bauer Přemysl begründet, der mit ↑Libussa vermählt war; Ottokar I. erlangte 1198 die erbl. Königswürde; König Ottokar II. Přemysl (1253–78) machte Böhmen zur Großmacht; die P. starben 1306 mit Wenzel III. im Mannesstamm aus.

Prenzlau, Krst. des Landkreises Uckermark, Brandenburg, am Austritt der Uecker aus dem Unterueckersee; 21 200 Ew.; Sternwarte; Trockenmilchwerk, Herstellung von Speiseeis, Holz-, elektrotechn. Industrie, Armaturenbau; Eisenbahnknoten. – Reste der Stadtmauern (13. Jh.) mit Türmen und Wiekhäusern; frühgot. Dreifaltigkeitskirche (ehem. Franziskanerkirche; Mitte 13. Jh.) und Klostergebäude des ehem. Dominikanerklosters (Mitte 14. Jh.; heute Museum); die zugehörige Kirche (heutige Nikolaikirche; 1275 begonnen) wurde wiederhergestellt, ebenso die got. Marienkirche (1325 bis 1340, auf Vorgängerbau des 13. Jh.) mit reich gegliedertem Ostgiebel. – Urspr. slaw. Siedlung; dt. Neugründung bei einer 1107/08 errichteten Burg; erhielt 1235 Magdeburger Stadtrecht und kam 1250 an Brandenburg.

Prenzlauer Berg, VerwBez. von Berlin.

Preradović [-vitʃ], Paula von, österr. Schriftstellerin, * Wien 12. 10. 1887, † ebd. 25. 5. 1951; schrieb formstrenge Lyrik und Erzählungen, verfasste den Text der neuen österr. Bundeshymne.

Přerov [ˈprʃɛrɔf] (dt. Prerau), Stadt im Nordmähr. Bez., Tschech. Rep., an der Bečva, 50 200 Ew.; Maschinen-, chem., opt. Ind., Flugplatz. – Renaissanceschloss (Comeniusmuseum), roman. Georgskirche. – Seit 1252 königl. Stadt; später Zentrum der Böhm. Brüder.

Prerow [-ro], Gem. im Landkreis Nordvorpommern, Meckl.-Vorp., im N der Halbinsel Darß, 1 800 Ew.; Seebad; Darßmuseum; Seemannskirche (1726–28).

Presbyakusis [grch.] *die,* die ↑Altersschwerhörigkeit.

Presbyopie [grch.-lat.] *die,* die ↑Alterssichtigkeit.

Presbyter [kirchenlat., von grch. presbýteros »der Ältere«] *der,* **1)** *Christentum:* a) Urkirche: ein im Glauben bewährtes, zus. mit anderen P. zur Gemeindeleitung berufenes Gemeindeglied; b) in einigen evang. Kirchen Bez. für die Mitgl. des Gemeindekirchenrats (Kirchenälteste).

2) *Judentum:* urspr. das Familien- und Ortsoberhaupt (der Älteste), später das Mitgl. des Gemeindevorstands.

Presbyterianer, v. a. im angelsächs. Raum (bes. Schottland und USA) die Mitgl. der presbyterial-synodal verfassten ↑reformierten Kirchen. Die ersten presbyterialen Kirchenordnungen entstanden auf der Grundlage der Theologie J. Calvins in Frankreich

(1559, Kirchenordnung der Hugenotten) und Schottland (1560); die allen P. gemeinsame Bekenntnisgrundlage ist die »Westminster Confession« (1647). Die presbyterian. Kirchen gehören mehrheitlich zum Ref. Weltbund.

Presbyterium *das,* **1)** *Baukunst:* der Hochaltarraum in der Apsis.

2) *evang. Kirchen:* in einigen Kirchen der ↑Gemeindekirchenrat.

Prescott ['preskət], William Hickling, amerikan. Historiker, *Salem (Mass.) 4. 5. 1796, †Boston (Mass.) 28. 1. 1859; einer der Begründer der polit. Geschichtsschreibung in den USA; Werke zur Gesch. Spaniens und der span. Eroberungen in Amerika.

Preselection [prɪsə'lekʃn; engl. »Vorwahl«], *Telekommunikation:* ↑Call-by-Call.

Prešeren [prɛ'ʃerən], France, slowen. Dichter, *Vrba (bei Bled) 3. 12. 1800, †Kranj 8. 2. 1849; romant. Lyriker, führte die slowen. Dichtung aus ihrer Begrenzung auf das Volkslied heraus; Schöpfer der modernen slowen. Literatursprache.

Presley ['preslɪ], Elvis Aron, amerikan. Rocksänger und Gitarrist, *East Tupelo (Miss.) 8. 1. 1935, †Memphis (Tenn.) 16. 8. 1977; stilprägender Interpret des Rock 'n' Roll; seit Mitte der 50er-Jahre einer der kommerziell erfolgreichsten amerikan. Show- und Plattenstars (»Heartbreak hotel«, »Love me tender«, »Don't cry daddy«); wirkte in über 30 Filmen mit, u. a. »Elvis – that's the way it is«, 1970 (Dokumentarfilm).

📖 *Seibel, B. u. Unucka, C.: E. P. u. seine Filme. Herbertshausen 1988. – Tilgner, W.: E. P. Berlin ³1989.*

Prešov ['prɛʃɔu] (dt. Preschau, auch Eperies, ungar. Eperjes), Stadt im Ostslowak. Bez., Slowak. Rep., nördlich von Kaschau, 90 100 Ew.; Abteilung der Univ. Kaschau; Maschinen-, Zement- und Nahrungsmittelindustrie. – Spätgot. und Renaissancebauten. – Um 1200 von dt. Siedlern gegr.; seit Anfang des 14. Jh. königlich-ungar. Freistadt; gehörte bis 1919 zu Ungarn.

Prespasee (makedon. Prespa, alban. Liqeni i Prespës, grch. Megali Prespa), zweitgrößter der Dessaretischen Seen, auf der Balkanhalbinsel, zu Makedonien, Albanien und Griechenland, 285 km², bis 54 m tief; allseitig von Gebirgen umgeben; Fischerdörfer, einige Klöster. Durch eine Sandbarre vom größtenteils in Griechenland liegenden **Kleinen P.** getrennt. Der grch. Teil ist als Nationalpark ausgewiesen (Pelikanbrutkolonien).

Pressage [-'sa:ʒ, frz.] *die, Kunst:* innerhalb der Objektkunst das Zusammenpressen von Metallgegenständen (z. B. Autoteile) und die daraus entstehenden Plastiken; von César als destruktives Element seiner Kunst in den 1950/60er-Jahren praktiziert.

Preßburg (slowak. Bratislava, ungar. Pozsony), Hauptstadt der Slowak. Rep. und Verw.sitz des Westslowak. Bez., links der Donau, am Fuß der Kleinen Karpaten, als verwaltungsmäßig eigene Region 368 km², (1993) 446 700 Ew.; Slowak. Akademie der Wiss., Komenský-Univ., TU, Wirtschafts-, Kunsthochschule, Goethe-Inst. (seit 1990), Slowak. Nationalgalerie, Slowak. Nationalmuseum, Slowak. Nationaltheater; petrochem. Ind., Maschinenbau, Papier- und Baustoff- sowie Nahrungsmittelind.; Weinbau an den Hängen der Kleinen Karpaten; Messestadt; wichtiger Donauhafen, internat. Flughafen. – Auf einem Hügel an der Donau erhebt sich die im Kern mittelalterl. Burg (im 17./18. Jh. umgestaltet, 1811 durch Brand zerstört, 1953 ff. rekonstruiert); Dom St. Martin (1302–1452; später erweitert; bis 1580 Krönungskirche der ungar. Könige); Franziskanerkirche (urspr. got. Bau des 13. Jh.; nach Zerstörung im 17./18. Jh. barock wieder aufgebaut), St.-Johannes-Kapelle (1380); zahlr. Paläste, darunter das klassizist. Primatialpalais (1777–81) sowie das Palais der Städt. Galerie, ein Rokokobau von 1768–70; Nationaltheater im Stil der Neurenaissance (1866). – Befestigter Platz der Römer, im 9. Jh. slaw. Burg mit Siedlung (907 erwähnt), in der 2. Hälfte des 13. Jh. zerstört, Neugründung durch den ungar. König Andreas III. (1291). 1526–1784 Haupt- und Krönungsstadt (bis 1848) des habsburg. Ungarn; 1825–48 Tagungsort des ungar. Landtages; kam 1919 an die Tschechoslowakei; 1919–39 Hptst. der Slowakei (im Rahmen der ČSR). 1939–45 Hptst. der selbstständigen Slowakei. 1969–92 Hptst. der Slowak. Rep. der ehemaligen ČSFR. – Der frz.-österr. **Friede von P.** vom 26. 12. 1805 beendete den 3. Koalitionskrieg (↑Napoleonische Kriege).

Presse, 1) *Publizistik:* i. w. S. und v. a. bis Mitte des 19. Jh. Bez. für alle durch die Druckerpressen hergestellten Druckschriften, (Buch, Flugblatt, Flugschrift, Plakat, Zeitschrift, Zeitung); heute (i. e. S.) häufig synonym gebrauchte Bez. für alle gedruckten Medien **(Printmedien),** v. a. für die periodisch erscheinenden Medien Zeitung und Zeitschrift. Die P. war das erste Medium, das Informationen, Meinungen, Belehrung und Unterhaltung an eine prinzipiell unbegrenzte Öffentlichkeit vermitteln konnte. Durch die P. erreichte der Einfluss von Medien auf die öffentl. Meinung, die polit. Willensbildung, die Integration und das Selbstverständnis von Gruppen und Gesamtgesellschaft, die Verbreitung innovativer oder gar revolutionärer Ideen eine neue Qualität. Die Entwicklung der P. ist eng mit der Entfaltung der bürgerl. Freiheiten verknüpft, bes. mit der ↑Pressefreiheit. – Die ersten P.-Erzeugnisse wurden Ende des 15. Jh. verbreitet (Einblattdrucke, Flugschriften). Die ersten Zeitungen entstanden Anfang des 17. Jh. in Europa, die erste Tageszeitung 1650 in Leipzig. Zu einer Trennung von ↑Zeitung und ↑Zeitschrift kam es im Lauf des 18. Jh. Der Beruf des Journalisten kam im 19. Jh. auf. – Die Akquisition von Anzeigen (Anzeigengeschäft) bildet bereits seit dem 18. Jh. eine wesentl. Einnahmequelle für P.-Verlage. Mit der Weiterentwicklung der Nachrichtenübermittlung durch Nachrichtenagenturen und der Auflagensteigerung durch Rotations- und Setzmaschinen setzte sich im letzten Drittel des 19. Jh. in Dtl. nach frz. und englisch-amerikan. Vorbildern die **Massen-P.** durch. Die hohe Auflage begünstigte die Entstehung von publizist. Großunternehmen, die als Mehrzeitungsverlage oder P.-Gruppen P.-Konzerne bildeten (Mosse-Konzern, Scherl-Verlag, Ullstein-Verlag u. a). Daneben behauptete sich jedoch stets die Regional- und Lokal-P., und es entwickelten sich zahlr. Fachzeitschriften. Die ↑Pressekonzentration wurde zum Problem gegen Ende der 1920er-Jahre, dann nach dem Zweiten Weltkrieg. Neuerungen der letzten Jahrzehnte stellen die ausschließlich durch Anzeigen finanzierten Anzeigenblätter dar sowie die von den P.-Verlagen im Bereich der neuen Medien und des elektron. Publizierens (z. B. Internetausgaben) entfalteten Aktivitäten. (↑Massenkommunikation)

📖 *Stamm. Leitfaden durch P. u. Werbung. Essen 1972 ff. jährl.; früher u. a. Titeln. – Dovifat, E.: Zeitungslehre, 2 Bde. Berlin ⁶1976. – Hagelweide, G.: Literatur zur dt.-sprachigen P. Eine Bibliographie von den Anfängen bis 1970, auf mehrere Bde. ber. München u. a. 1985 ff. – Medienökonomie, hg. v. M. Schenk u. a. München 1989.*

2) *Technik:* Maschine, die durch Druckkräfte Anpress-, Umform- oder Trennvorgänge bewirkt. Ein Gestell enthält den festen oder bewegl. Presstisch und den in Führungen bewegl. Pressschlitten (Stößel), die jeweils Ober- und Unterwerkzeug (Gesenk, Matrize) aufnehmen. P. werden als Ständer-P. oder Säulen-P. gebaut. Mechan. P. übertragen die Antriebskraft über Schwungmasse und Getriebe: **Kurbel-P.** (der Stößel ist über ein Pleuel mit der Schwungmasse verbunden und muss immer seine Tiefstellung durchlaufen), **Exzenter-P.** (die Bewegung eines außermittig auf der Antriebswelle angebrachten Exzenterzapfens wird auf den Stößel übertragen), **Kniehebel-P.** (erzeugen die Presskraft durch einen mit dem Kurbeltrieb verbundenen Kniehebel), **Spindel-P.** (der Stößel sitzt an einer senkrechten Spindel, die durch Drehen auf und ab bewegt wird und sich selbst nicht dreht) und **Reibspindel-P.** (die steilgängige Spindel und der Stößel werden über ein Schwungrad mit angedrückter Reibscheibe angetrieben). Kolben-P. arbeiten als hydraul., pneumat. oder Dampf-P. Am verbreitetsten sind die **hydraul. P.** mit Öl als Druckmittel. Durch einen Pumpenkolben wird das Öl über ein Ventil angesaugt und durch das Druckventil in den Presszylinder gedrückt.

Presseagentur, andere Bez. für ↑Nachrichtenagentur.

Presse, Die, österr. Tageszeitung, erscheint seit 1946 in Wien.

Pressefreiheit, durch Art. 5 GG gesichertes Grundrecht, das die freie Meinungsäußerung durch Presse (d. h. alle Druckerzeugnisse), Rundfunk und Film sowie das Pressewesen selbst und bes. die Informationsbeschaffung schützt. Die – im GG selbst nicht definierte – P. umfasst nach Auslegung durch die Rechtsprechung die Freiheit der Berichterstattung, das Recht auf das Äußern und Verbreiten von Nachrichten (aktive P.), das Verbreitungsrecht, durch das der Weg von Presseerzeugnissen vom Verlag bis zum Empfänger geschützt wird, und das Informationsrecht, nach dem der Presse nicht nur die Nutzung allg. zugängl. Quellen, sondern auch ein Anspruch auf Auskunfterteilung durch die Behörden zusteht. – Ihre Schranken findet die P. gemäß Art. 5 Abs. 2 GG »in den Vorschriften der allg. Gesetze, den gesetzl. Bestimmungen zum Schutze der Jugend und in dem Recht der persönl. Ehre«. Die P. ist die Begründung für den in Presseverlagen geltenden Tendenzschutz (↑Tendenzbetriebe). Streitig ist, ob auch die **innere P.** geschützt ist, d. h. das Weisungsrecht von Verlegern gegenüber Redakteuren eingeschränkt ist. – *Österreich* (Art. 13 Staatsgrund-Ges.) und die *Schweiz* (Art. 55 Bundesverf.) erkennen grundsätzlich die P. an.

Pressegeheimnis (Redaktionsgeheimnis), das Zeugnisverweigerungsrecht der Personen, die bei der Vorbereitung, Herstellung oder Verbreitung von period. Druckwerken oder Rundfunksendungen berufsmäßig mitwirken, über die Person des Verfassers, Einsenders oder Gewährsmanns von Beiträgen und Unterlagen sowie über die ihnen im Hinblick auf ihre Tätigkeit gemachten Mitteilungen, soweit es sich um Beiträge, Unterlagen und Mitteilungen für den redaktionellen Teil handelt (§53 Abs. 1 Nr. 5 StPO). Die Beschlagnahme- und Durchsuchungsmöglichkeit ist nach §§97, 98, 111 m, 111 n StPO eingeschränkt.

Pressekonzentration, die Zusammenfassung von Zeitungen und Zeitschriften in immer weniger Verlagen. Der Vorteil der P. liegt in der Verbilligung der Herstellung bei Steigerung des auflagenabhängigen Anzeigenerlöses sowie der Vereinfachung des Vertriebes und der Leistungssteigerung der Redaktionen. Die P. birgt die Gefahr, dass sie den Wettbewerb um Preis und Qualität der Presse beschneidet, die Chancen zum Marktzutritt für Neulinge beschränkt und der Vernachlässigung der Interessen von Minderheiten Vorschub leistet, während sie den kommerziellen Interessen der Großverlage dient. Die P. führt zu einem Rückgang der **publizist. Einheiten** (Zeitungsredaktionen, die nicht nur den Lokalteil, sondern auch den Mantel selbst herstellen) und einer Zunahme der **Ein-Zeitungs-Kreise** (Kreise, in denen nur noch eine lokale Zeitung erscheint).

Pressepost, Geschäftsfeld der Dt. Post AG zur Beförderung von P.-Sendungen. Dabei unterscheidet man die Sendungen **Postvertriebsstücke,** die an Zustellstützpunkte zur Auslieferung an Einzelbezieher versandt werden, **Pressesendungen,** die an Sammelempfänger zur Weitervermittlung gerichtet sind, sowie **Streifbandzeitungen** und **Zeitungssendungen,** die beide an Einzelempfänger zugestellt werden.

Presserecht, die Gesamtheit der für die Presse geltenden Rechtsnormen. Das P. regelt die Befugnisse und Pflichten der Presse unter besonderer Berücksichtigung der ↑Pressefreiheit. In Dtl. ist das P. v. a. in den **Landespressegesetzen** enthalten; daneben hat der Bund die Möglichkeit, über die allgemeinen Rechtsverhältnisse der Presse Rahmenvorschriften zu erlassen (Art. 75 Nr. 2 GG). Bestimmte Angelegenheiten sind in allgemeinen Bundesgesetzen (z. B. im Ges. über die Verbreitung jugendgefährdender Schriften, Betriebsverfassungs-Ges., Kartell-Ges., Urheberrechts-Ges.) geregelt.

Die Pressegesetze der Länder gehen von einer öffentl. Aufgabe der Presse aus und verpflichten die Behörden zur Information der Pressevertreter. Alle Nachrichten sind vor der Veröffentlichung mit der nach den Umständen gebotenen Sorgfalt auf Inhalt, Herkunft und Wahrheit zu prüfen. Nach der Rechtsprechung ist eine einseitige oder entstellende Darstellung sowie das Eindringen in die Privatsphäre zur Befriedigung der Sensationsgier durch das Informationsrecht der Presse nicht gedeckt. Auf allen Druckwerken sind Name oder Firma und Anschrift des Druckers und des Verlegers zu nennen (Impressumspflicht). Jeder, der durch eine in einem period. Druckwerk aufgestellte Tatsachenbehauptung betroffen ist, hat einen Anspruch auf ↑Gegendarstellung. Die Presse-Ges. regeln, unbeschadet der in anderen Bestimmungen (bes. der StPO) vorgesehenen Fälle, die Beschlagnahmung von Druckerzeugnissen wegen ihres Gedankeninhalts. Sie darf nur unter bestimmten Umständen und nach richterl. Anordnung erfolgen, das ↑Pressegeheimnis bleibt gewahrt. Die Verbreitung beschlagnahmter Druckwerke ist untersagt. Verstöße gegen das P. können strafrechtlich oder als Ordnungswidrigkeiten verfolgt werden.

In *Österreich* ist das P. ähnlich geregelt; am 1. 1. 1982 trat das Bundesgesetz vom 12. 6. 1981 über die Presse und andere publizist. Medien (Mediengesetz) in Kraft.

In der *Schweiz* sind verwaltungsrechtl. Vorschriften zum P. selten. Behörden und Gerichte sind aber zunehmend dazu übergegangen, Reglements oder Verordnungen über die Information der Presse (z. B. Gerichtsberichterstattung) zu erlassen. Nach bundesgerichtl. Rechtsprechung besteht dabei kein allgemeines und umfassendes Recht auf Information über Vorgänge in Verwaltung und Justiz. Soweit eine Behörde aber die Presse orientiert, hat sie das Rechtsgleichheitsgebot und die Pressefreiheit zu beachten.

📖 *Löffler, M. u. Ricker, R.: Hb. des P. München* [3]*1994. – Wenzel, K. E.: Das Recht der Wort- u. Bildberichterstattung. Hb. des Äußerungsrechts. Köln* [4]*1994. – Branahl, U.: Das P. Remagen 1995. – Fricke, E.: Recht für Journalisten. Grundbegriffe u. Fallbeispiele. Konstanz 1997.*

Presse- und Informationsamt der Bundesregierung, Abk. **BPA,** Kurzbezeichnung **Bundespresseamt,** eine dem Bundeskanzler unmittelbar unterstellte oberste Bundesbehörde, gegr. 1949; Sitz (ab 1999): Berlin und Bonn. Aufgaben sind u. a. Unterrichtung des Bundespräs. und der Bundesreg. über die allg. Nachrichtenlage, Erforschung und Darstellung der öffentl. Meinung, Information der Bürger und der Medien über die Politik der Bundesregierung.

Pressing [engl.] *das, Mannschaftssport:* in den Ballsportarten Spieltaktik, bei der der Gegner u. a. durch konsequente und enge Manndeckung bereits in seiner eigenen Spielfeldhälfte stark unter Druck gesetzt und gestört wird, mit dem Ziel, dass er seinerseits keine

Pretoria: die Union Buildings (1910–13), der Sitz der Regierung von Südafrika

Gelegenheit zum Angriff findet (bes. im Fußball).

Pressluft, veraltet für ↑Druckluft.

Pressluftatmer, frei tragbare ↑Atemschutzgeräte, die den Träger aus Druckluftflaschen mit frischer Atemluft versorgen.

Pressspan (Glanzpappe), sehr feste, aus hochwertigen Rohstoffen (vorwiegend Hadern) hergestellte Feinpappe mit glänzender, glatter Oberfläche, die in unterschiedl. Dicke (bis 1,5 mm) hergestellt wird; sie wird oft mit Harzlacken getränkt und im ↑Kalander (häufig anschließend noch mit Steinglättmaschinen) geglättet.

Pressuregroups ['preʃə'gru:ps; engl. »Druckgruppen«], aus dem Amerikanischen übernommene Bez. für Interessenverbände oder andere organisierte Interessengruppen, deren Ziel die Beeinflussung der öffentl. Meinung und die Einflussnahme auf polit. Entscheidungsträger ist, um die Ziele der Gruppe oder des Verbandes durchzusetzen. Mittel: u. a. Mobilisierung zu gezielten Protesten, Sponsoring, Lobbyismus.

Presswehen, Austreibungswehen (↑Geburt).

Prestige [prɛs'ti:ʒə; frz., eigtl. »Blendwerk«] *das, Sozialwiss.:* die Anerkennung und Wertschätzung einer Person, einer Gruppe oder einer (berufl.) Position in einem durch andere Gesellschafts-Mitgl. gebildeten Rahmen.

presto [italien. »schnell«], musikal. Tempobez. für ein sehr schnelles Zeitmaß; **prestissimo,** so schnell wie möglich. **Presto** bezeichnet einen in diesem Zeitmaß zu spielenden musikal. Satz.

Preston ['prestən], Stadt in NW-England, Verw.sitz der Cty. Lancashire, am Ribble nahe der Mündung in die Irische See, 87 000 Ew.; Teil der New Town Central Lancashire; Lancashire Polytechnic (FH), College für Acker- und Gartenbau; Seehafen; Textilfabriken, Textilmaschinen-, Kessel-, Schiff-, Fahrzeugbau u. a. Industrie; landwirtschaftl. Märkte (bes. Viehmarkt).

Prestwick, Stadt in South Ayrshire, SW-Schottland, am Firth of Clyde, 13 600 Ew.; Seebad, Segel- und Golfsportzentrum, Flugzeugind.; Flughafen.

Prêt-à-porter [prɛtapɔr'te:; frz., eigtl. »fertig zum Tragen«] *das,* Konfektionskleid nach dem Entwurf eines Modeschöpfers.

Pretiosen [lat.], ↑Preziosen.

Pretoria, Hauptstadt (Reg.sitz) der Rep. Südafrika, am Fuß der Magalisberg-Kette, 525 600 Ew. (städt. Agglomeration: 1,08 Mio. Ew.); Sitz eines kath. Erzbischofs und eines anglikan. Bischofs; Bildungs- und Kulturzentrum, Südafrikan. Akademie für Wiss. und Kunst, zwei Univ., bed. Forschungsinstitute, Staatsbibliothek, -theater; bed. Ind.standort: Stahl- und Walzwerk, Auto-, elektrotechn., Nahrungsmittel- u. a. Ind., Eisenbahnwerkstätten; Bahn- und Straßenknotenpunkt, internat. Flughafen. – Die 1855 gegr. Stadt, nach dem Burenführer Andries Pretorius (* 1798, † 1853) ben., wurde mit schachbrettartigem Grundriss als Gartenstadt angelegt; wurde 1860 Hptst. von Transvaal, 1910 Regierungssitz (Union Buildings, 1910–13) der Südafrikan. Union.